艮山 四柱命理 日柱論

간산 사주명리 일주론

간산 사주명리 **일주론**
- 증보신판

ⓒ 남창환, 박재열, 최지현, 황원일, 2022

개정증보판 1쇄 발행 2022년 7월 6일

지은이   남창환, 박재열, 최지현, 황원일
펴낸이   이기봉
편집   좋은땅 편집팀
펴낸곳   도서출판 좋은땅
주소   서울특별시 마포구 양화로12길 26 지월드빌딩 (서교동 395-7)
전화   02)374-8616~7
팩스   02)374-8614
이메일   gworldbook@naver.com
홈페이지   www.g-world.co.kr

ISBN   979-11-388-1121-7 (03180)

K-일주론의 대표주자

[증보신판]

간산 사주명리

일주론

[增補新版]

艮山 四柱命理 日柱論

艮山 命·易·占 研究所長
艮山 철학원('사주와 소통') 院長
艮山 南昌煥(간산 남창환)

*共著者(가나다 순)
槿山(근산) 박재열
檇山(내산) 최지현
茱山(수산) 황원일

"공부는 **官/印**(관/인)이요, 재물은 **食/財**(식/재)다"

공부는 관성과 인성을 봐야하고, 재물은 식상과 재성을 봐야한다는 말(간산 說)

좋은땅

I 편. 일주론을 이해하기 위한 전제

일주론 색인

Ⅳ편. 부록

※ 저자와 공저자 소개

著者 艮山 남창환.

前 1979년 3월~2017년 8월. 중등교사 재직(경북 포항고/서울 성신여고).
現 간산 철학원장('사주와 소통'). 現 간산 命·易·占 연구소장.

※ 기어이 저(필자)를 만나 [상담/사주감정]을 원하시는 분, 정통 주역점을 한번 쳐 보고 싶다는 분,
   책이 필요한 분, [주역/사주명리학]에 관한 공부질문을 하고 싶은 분들을 위해 저자의 연락처와
   주소를 알려 드립니다. 사연을 보낼 때는 자신의 [연락처/전화번호/성명]을 반드시 명기해 주시
   기 바랍니다.

• **E-mail:** 1717nam@hanmail.net

• **사무실(연구실) 주소:** 서울특별시 송파구 올림픽로 35길 104, 장미(아파트) A상가 2층 206호(우
   체국 옆). 艮山 철학원 (우편번호 05504).

• **국민은행 계좌:** 016702-04-037773(예금주 남창환).

※ **共著者 소개**
  박재열: 호 槿山(근산)/경북 포항高/서울大/사회복지학과/現 한국씨티은행.
  최지현: 호 榛山(내산)/경북大/농경제학과/'艮山 사주명리 日柱論' 공저/現 타로연구.
  황원일: 호 茱山(수산)/한양大/토목공학과/삼성중공업/현대건설/現 NHN KCP(IT회사).

독자들과 초급입문자들로부터, '초판(2019년)'에 이어서, 작년(2020년) '2쇄판'도 좋은 호응을 받아 퍽 다행이었습니다("너절하고 불편한 책이었지만, 다양성과 깊이와 솔직함이 있어 좋았다." 라는 한 초급입문자의 평가가 가장 기억에 남습니다).

이번 '(증보신판) 艮山 사주명리 일주론'은 한국 일주론의 '이론체계 정립을 위한 일주론'으로 서의 기능이 제1 목표이며, [초급입문자/중급/고급/프로] 모두가 안심하고 공부할 수 있는 '일주론다운 일주론'으로서의 자리매김이 제2 목표입니다.

槿山 박재열 프로(용신론/격국론), 榛山 최지현 프로(일주론), 茱山 황원일 선생(그래프/도표/디자인/편집) 수제자 세 분의 도움으로 이 '증보신판'을 출간하게 되었습니다. [24절기 계절변화와 기상이변, 기후변화/용신론/격국론/일주론에 추가된 60갑자 물상과 그에 따른 조언/性的 편향성과 특이한 性的 취향/명리학 공부의 비중문제/사주의 [감정/통변]이 어렵거나, 잘 안될 때의 요령/*명리학 용어해설 사전] 그리고 세세한 부분까지 새로운 학설과 개념을 [첨삭/수정/보완]하였으니, 눈 밝은 독자들과 명리학연구자들에게 좋은 교과서이자 길잡이 구실은 충분하리라 자부합니다.

1 실제 사주감정(통변) 時 필요한 핵심테크닉 100가지, 2 [生/剋/合/沖/刑(생/극/합/충/형)] 時 주의사항, 3 개인 운세의 큰 흐름을 쉽고, 선명하게 파악하는 그래프 기법, 4 사주명리학의 수준별 자격검정 시험.
"이 4가지만이라도 제대로 [학습/이해/응용]할 수 있다면 언제 어디서도 사주감정에 자신감 충만하며, 어떤 프로들에게도 밀리지 않는 [감정/통변]이 가능하니 자부심을 가져도 좋습니다."

한국을 대표하는 '사주명리 일주론(혹은 개론)'이라는 과분한 찬사도 받았기에 부담도 적지 않았지만, 독자들이 보내준 꾸준한 성원에 가슴 뿌듯했습니다. 특히 교정시설 속 어려운 환경에서 제 책으로 열공하시는 많은 재소자분들, 수많은 독자분들, 공저자 선생님들, 여러 제자님들, 출판사의 수고하신 여러분들에게도 속 깊은 감사와 고마움을 전합니다.

그리고 2020년 9월에 타계하신 제 어머니(이 책을 가장 먼저 읽어보고, 만져보고 싶어 하셨던) 故 서영주(徐英珠) 님에게, 더하여 2021년 6월 캐나다에서 태어나서 제 장래 희망(할애비)을 이뤄준 손자 남유진(南流進) 君에게 이 책을 가장 먼저 보여주고 싶습니다.

追: 필자는 사주명리학도 결국 공간을 전제로 한 시간 좌표(사주는 특정한 사람의 특정 공간에서의 출생시간 좌표)라는 점에서 '시공간' 문제에 당연히 집착할 수밖에 없었습니다. [時間/空間/人間]이라는 '3間'을 화두로 삼아온 필자로서는 어쩌면 당연한 귀결일지도 모릅니다. 더하여 광활한 우주에서 펼쳐지는 '시공간' 속의 점 하나보다 더 작은 인간의 미래를 [예단/예측]하려는 '사주명리학'에서 이 '시공간'에 대한 [전제/이해/접근] 없이는, '사주명리학' 성립 자체가 아예 불가능한 일이라고 생각하고 있습니다.

1. 우주의 크기(범위)는 약 [930억 광년]이라고 합니다. 물론 천체 물리학에서의 추정치입니다.

2. 우주 전체가 아닌, '우리 은하'계만의 별 개수는 2천억~4천억 개(항성)라고 알려져 있습니다.

　　우주에 존재하는 별의 개수는 지구의 모든 사막과 바다에 존재하는 모래알의 개수보다 많은, 약 $[7 \times 10^{22}]$ 개라고 알려져 있습니다(둘의 개수가 거의 비슷하다고 보는 학자들도 있습니다).

3. 보통의 은하는 평균적으로, 1천만~100조 개의 별(항성)을 품고 있으며, 우주 전체에는 이런 은하가 대략 1천 7백억 개(관측 가능한 범위 內) 이상 존재하는 것으로 관측되고, '우리 은하'와 가장 가까운 '안드로메다 은하'는 약 300만 광년 거리에 떨어져 있습니다.

　　대부분의 은하는 중심부에 블랙홀을 갖고 있으며, 은하와 은하 사이에는 진공상태와 다름없는 거대한 공간만이 있을 뿐입니다.

4. 평범한 크기의 별인 태양은 약 45억 6천만 년 전에 '우리 은하'(The Milky Way Galaxy/Our Galaxy)에서 만들어졌으며, 그리고 약 1억 년 후에 지구를 포함한 8개 행성(명왕성 인정여부에 따라서는 9개)들이 순차적으로 형성되었습니다.

5. 137억 9,900만±2,100만 년 前, 바로 그때 빅-뱅(대폭발)이라고 불리는 찰나的 순간! 우리 우주가 처음으로 태어나면서, [시간/공간/물질/에너지 등]이 생겨났습니다. 당시의 우주는 지금의 원자보다 작은 점에 불과했습니다. 물론 이것은 우주의 팽창속도를 역으로 계산해서 밝혀진 사실이지만. 지금 우리가 알고 있는, [팽창 진행 中인 '우주']는 시간적으로 약 138억 년이 경과되었으며, 공간적으로는 우리와 약 465억 광년(관측 가능한 거리)의 거리를 유지하고 있습니다.

*빅-뱅: 산산조각 내는 폭발이 아니라, [물질/시공간]을 만들어낸 급팽창과정을 '빅-뱅'이라 한다.

6. 우리는 빅-뱅 以前의 우주가 어떤 [상태/모습]이었는지를 알 수가 없습니다. 따라서 이런 질문 자체가 무의미하다는 뜻입니다. 빅-뱅 이전엔, 하나님과 부처님은 물론 [시간/공간/인간]이라는 존재나 생명 자체 혹은 개념의 첫출발조차도 없었기 때문입니다.

7. 가까이 있는 것을 보려면 눈을 크게 떠야 하고,

　　멀리 있는 것을 보려면 눈을 작고 가늘게 떠야 합니다(프로들은 깊이 생각해 보세요).

8. 사주명리학을 한마디로 압축 요약하면 '음양5행의 간지로 표현된 시공간 좌표'입니다. 우리가 알고, 느끼고, 말하는 '시간'은 진짜 '시간'이 아닙니다. 인식의 주체인 '나'를 포함한 '나'의 주변 '공간'이 단절되지 않고, 연속적으로 이어진 상태, 이게 바로 '시간'입니다. 시간은 공간의 일부로 종속되어 있기에, 공간이 없는 상황에선 물론 시간도 존재할 수가 없습니다.

　　　　　　　　　　　　　　2022년 02월 18일. 04:00(壬寅년 壬寅월 壬寅일 壬寅시).

　　　　　　　　　　　　　　　　　　　　　　　　艮山 남창환 삼가 씀.

* 증보신판 序文-공저자 槿山(근산) 朴 在烈(박 재열)

　　삶의 괴로움을 등산을 통해 풀었던 적이 많았습니다. 10여 년 동안 매주 토요일 어김없이 산을 찾았고 처음에는 '더 멀리' 그리고 '더 높이'를 고집했지만, 나중엔 자연 속에 '얼마나 오래 머물렀는지'가 중요하다는 것을 깨닫기까지는 그리 오래 걸리지 않았습니다.

　　대자연의 품에서 시시각각 사시사철 바뀌는 강산을 바라보며, 자연이 무엇인지 그리고 자연스럽다는 것이 무엇인지를 어렴풋이 알게 되었습니다. 만물이 태동하는 봄이 와야만 녹음 짙은 여름이 오고, 여름이 지나가야만 결실의 계절 가을이 오며, 낙엽이 떨어져야만 동토의 겨울이 온다는, 너무나 상식적인 '자연의 법칙'을 명리학을 배우면서 머리가 아닌 몸으로, 마음으로 새삼 깨닫게 되었습니다. 과연 세상사 어떤 것이 이 '대자연의 법칙'에서 벗어날 수 있는지…….

작게는 개인의 길흉화복을, 크게는 삶의 철학을 제시해주는 명리학을 접한 지 짧지도 길지도 않은 세월이었지만, 삶의 지침이 되는 명리학의 세계로 이끌어 주신 艮山 남 창환 선생님께 다시금 감사드리며, 앞으로도 부족하나마 더욱더 정진 또 정진하겠다고 스스로 다짐해봅니다.

* 증보신판 序文-공저자 榛山(내산) 崔 知賢(최 지현)

지난 반백년을 뒤돌아보니 수 없이 많은 날, 제 자신을 찾아보려는 방황도 있었고 많이 아프기도 했습니다. 삶의 해답을 찾지 못한 괴로운 날들이 이어지면서, 삶의 극단에 대한 두려움과 공포감도 만나 봤습니다. 다행스럽게도 삶의 극단이 아닌 선생님의 '艮山 命理學'을 만나게 되었고……. 명리학을 통해서 제 모습을 조금씩 알아가는 과정이 곧 저에겐 치유였으며, 도무지 수용이 불가능했던 가족과 지인들의 모습도 조금씩 보였습니다.

아직도 명리공부가 재미있는 걸 보면, 제게 명리학은 호기심을 넘어선 '숙명'이라는 생각이 자꾸 듭니다. 그 모든 중심에 艮山 선생님이 계셔서 큰 다행입니다. 계속 공부하고 연구하시는 선생님 모습에 저도 저렇게 품격 있게 나이 들고 싶다는 욕심도 생깁니다. 선생님께 깊이 감사드리며, 특히, 개정 증보신판 '日柱論' 작업을 계기로 명리학에 대한 '저의 숙명'을 다시 窮究해 봅니다.

* 증보신판 序文-공저자 茱山(수산) 黃 元一(황 원일)

책 출간에 별 힘도 보태지 못한 제자에게 '공저자'라는 무거운 이름에다, 증보신판 序文의 기회까지……. 艮山 선생님! 많이 고맙습니다. 선생님의 건강과 학문적 성취를 진심 기원합니다.

不惑을 지난 지 오래지만 과거, 현재, 미래에 대한 질문과 방황으로 迷惑의 생활 中, 艮山 남 창환 선생님께 가르침을 받을 기회가 다시 찾아온 戊戌년 여름. 힘들고 아팠던 제 정신과 영적 감각을 끓어오르게 만든 선생님과의 인연은 참으로 큰 행운이었습니다.

간절하고 애절한 마음이라 모든 것들에 대해 질문할 수 있었고, 궁리와 고뇌를 통해 답을 찾는 법도 조금 깨우쳤으니, 이제 새로운 일을 시작할 수 있는 용기와 힘도 얻었습니다.

내방객의 사주를 풀이하며 같이 아파하고 위안과 희망을 안겨주시는 선생님의 삶을 옆에서 지켜보면서 많이 깨달았습니다. 요즘은 "나는 맞고 너는 틀렸다"가 아닌 "너와 나는 다르다"라며 그 '다름'을 인정하는 것이 중요하다고 합니다. 이 '다름'을 여덟 글자(八字. 사주팔자)에 담아 기본데이터로 삼고서, 드라마틱하게 풀이하는 인문학적 해석 프로그램이 바로 '사주명리학'이라고 저 나름대로 정의를 내렸습니다. 이제 독자들께서도 이 매력에 깊이 그리고 흠뻑 빠져 보시기를 진심으로 기대합니다.

** 초판 艮山 解題(于 漢江邊 蠶室. 初心을 잃지 말자는 생각에, 2019년 초여름에 작성한 초판 원문을 그대로 실었습니다.)

주역책(『간산 주역점법』, 『간산 주역점법과 간산 사주명리학의 60갑자』 2014년 출간) 두 권을 펴낸 지 5년 만에, 다시 제자(공저자) 선생님들과 함께 『간산 사주명리학 개론』과 『간산 사주명리 일주론』 두 권을 출간하게 되었다. '언어'에 대한 食傷적 욕망과 '공부의 명예'라는 印星의 욕구에 넘어간 것이다.

　부끄럽지만(정말 부끄러워서 하는 말이다), 감회가 새롭다. 주역을 읽기 시작한 것이 40여 年, 사주명리학을 들여다본 지가 30여 年이 넘었지만, 아직도 자신이 없다. 유명한 [선생님/전문가/학자/프로]들이 흘러넘치는 요즘이지만, 마땅한 강의교재도 없고 해서 덜컥 손을 댄 것이 화근이었다. 이 책은 원래 2008년부터 제자들과 '실전 강의교재용(복사본)'으로 만들어서 이미 사용한 지가 제법 된 것인데, 다시 손을 봐서 이번에 책자로 출간한 것이다.

　독자 여러분들이 이 책을 통해서 사주명리학의 '전부'를 이해하겠다고 덤비면 오산이다. 이 사주명리학의 세계에선 '전부'란 없다. 공부는 스스로 혼자 하는 법(독학, 자율학습). 그리고 이 사실은 만고불변의 진리. 이 책의 용도는 그 사주명리학 공부의 길잡이(가이드) 정도의 역할뿐이다. 그래서 제목을 '-개론'이라고 했고, '개론書'로서의 역할에 충실하고자 했다. 더 이상의 기대는 하지 마시길 바란다.

　그러니 어쩌겠는가? 혼자서 궁리, 또 궁리해 볼 일이다. 즉, 외로운 my way, 獨學, 獨考뿐이다. 그렇다고 허술하게 지은 책은 아니다. 國內外의 현대 사주명리학의 최신 이론과 개념을 대부분 [적용/수록]했고, 누구의 [학설/이론]인지 출처를 밝히면서 [비교/대조/분석/비판]했으니 [초급/중급/심화/고급/프로] 모두에게 긴요한 공부거리를 제공해 줄 것임을 자신한다(저자의 학설과 견해는 따로 '간산 設'로 표시함).

　초급입문자를 위한 사주명리학의 효율적 공부방법과 순서를 제시한 것도 장점이라면 장점이다.
　프로들에게도 『간산 사주명리 일주론』은 기존에 경험하지 못했던 새로운 느낌과 감각을 제공해 줄 것이다.
　** Ⅰ편. 6부. 개인 운세의 큰 흐름을 쉽고, 선명하게 파악하는 법(간산 說)
　** Ⅱ편. 2부.실제 사주감정(통변) 時 필요한 핵심 테크닉 100가지
　　　　　3부. 사주명리학의 수준별 자격검정 시험(실제 예시)
　** Ⅲ편. '간산 사주명리 일주론'(개인별 일주 검색과 분석)
　위 4개 분야(** 표시)만큼은, 다른 책에서는 보기 힘든, 저자만의 자부심이 배어 있는 내용들이다. 독자 여러분의 진정성 어린 열공을 기대한다. 이 부분만 제대로 공부해도, 시중에 개업 中인 다른 프로들과의 경쟁력에서 절대 밀리지 않을 것임을 자부한다.

　우리나라에 아직 제대로 된 [사주명리학 개론서]가 없다는 현실에, 참으로 안타깝고 부끄러운 마음으로 집필을 시작하였다. 물론 [사명감/책임의식]까지 들먹이기가 민망한 노릇이지만.
　'개론서'로서의 자격여부는 독자들로부터 평가받을 날이 오리라 생각하고, 후배 선생님들과 제자님들의 열정과 관심으로 [증보/개정/보완/수정]판이 하루빨리 나오기를 학수고대하는 마음을 숨김없이 전한다.
　사주명리학 이외에도 관련되는 인접 분야, 즉 [주역/주역 점법/일반 점법/성명학(작명학)/종교/철학/미래 예측/시간과 공간의 문제/죽음의 문제] 등에 관해서도 이것저것 참고사항들을 선별해서 언급하였으니, 눈 밝고 귀 밝은 독자들의 공부가 더욱 깊어지기를 바라는 마음 간절하다.
　특히, 죽음과 占(점)의 문제에 대한 보편타당한 인식과 접근을 통해서, 음양오행學 연구자들의 더욱 넓고 깊은 四柱와 運勢 감정 그리고 3間, 즉 [時間/空間/人間]에 대한 깊은 통찰이 있기를

진심으로 기대한다.

결과론적으로 보면, 사주명리학은 결국 말(언어)과 命(天命)을 다루는 세계이다.

하늘이 부여해 준 天命(천간)의 기운을 이 지구상의 현실(지지)에서 어떻게 [실현/실천/변화/적용]시켜 나가는가의 시험 문제지를 동양 인문학에서는 '四柱(사주)'라고 불렀다. 그래서 통상 우리는 '사주를 풀이한다.' 혹은 '사주를 본다.' 혹은 '사주팔자를 고친다, 못 고친다.'라고 말하는 것이다.

프로들끼리도 이 시험 문제지를 풀이하고, 통변하는 솜씨가 천차만별이어서, [수준차/감정료의 차이]가 엄청나게 벌어지기도 하는 것이 작금의 현실이다. 또 이 둘([수준/감정료]의 차이)은 다행스럽게 정비례하기도 하지만, 엉뚱하게 반비례하기도 한다. 100% 자신만의 개념과 이론으로 무장한 [학자/전문가/프로]는 없다. 그저 한 10~20% 정도만이라도 자신만의 독창적인 [이론/개념]을 갖고 있다면, 상당히 주목받는 [학자/전문가/프로]일 것이다. 우리 명리학계도 이제 솔직해졌으면 좋겠다. 자신의 이론과 학설이 아니라면, [출처/출전]을 분명하게 밝히기 바란다. 마치 오리지널하고도 신선한 자신의 이론인 양 제발 포장하지 말기 바란다.

"모르는 사람은 重言復言, 말이 많고.
쪼끔 아는 사람은 슬슬 말을 아끼고.
진짜 아는 사람은 아예 말이 없다.
아, 부끄럽기 짝이 없구나."

蔽一言 하고.
1. 道(도): 一陰一陽之謂道(일음일양지위도. 한번은 陰이 되었다가 그 다음엔 陽이 되는 것을 일러 '道'라 한다. 出-주역).
2. 窮卽通(궁즉통, 궁하면 통한다):
사물이 窮極(궁극. 극단의 상태)의 상태에 이르면, 반드시 '通'(소통, 관통, 문제해결/해법제시)하게 된다. 여러분의 사주공부도 궁극의 경계까지 가 보라, 결국 '통'하는 바가 있을 것이다.
3. 物極必反(물극필반):
사물이 지극한 상태에 도달하면, 그 양상이 정반대의 [성질/방향]으로 전개되기 시작한다.
4. 時間(시간)은 '흩어져 지나'가고, 空間(공간)은 '모여서 흘러' 간다(간산 說).
세상의 모든 [사물/현상/사건]은 모이면 흩어지고, 흩어지면 모이게 되어 있는 법.
5. 분노[火]는 못[澤]의 물[水]로 막고 욕심[水]은 산(山)의 흙[土]으로 덮는다.
6. "天開於子 地闢於丑 人生於寅(천개어자 지벽어축 인생어인)."
解1) 하늘은 子時에 열리고, 땅은 丑時에 깨어나고, 사람은 寅時에 일어난다.
解2) 하늘 일은 子時에 묻고, 땅의 일은 丑時에 묻고, 사람 일은 寅時에 물어야 한다.
解3) 하늘의 주기는 子(자), 땅의 주기는 丑(축), 사람의 주기는 寅(인)에서 비롯된다.
解4) 하늘 기운은 子月(양력 12월)에 시작되고, 땅 기운은 丑月(양력 1월)에 시작되고, 사람의 한해 기운은 寅月(양력 2월. 입춘 절기: 2월 4일경)에 시작된다.

지지 子(자), 丑(축), 寅(인)의 시공간적 본질을 이처럼 예리하게 지적한 문장을 본 적이 없다. 名文이다!

특히 周易, 易占, 占法, 陰陽五行, (觀)相學, 占星術, 四柱命理學, 기타 [易學/易術] 등을 공부

하는 사람들은 음미, 또 재음미해 볼만한 문장이다.

7. 주역:

陰陽의 분야[2 분법/陰陽/2 진법(숫자 '0/1', 電氣, 電子적인 'on/off'를 사용)의 철학 체계].

'주역'을 한마디로 정의하면 2진법의 陰陽學(음양학)이다.

8. 사주명리학:

五行의 분야[목/화/토/금/수. 오행의 生/剋/沖/合(생/극/충/합)에 따른 물리적 인과 체계].

'사주명리학'을 한마디로 정의하면 '[하늘 10진법/땅 12진법]의 五行學(오행학)'이다.

달리 표현하면, '음양5행의 간지로 표현된 시공간 좌표'이다.

9. 天干의 마지막 癸水(계수)와 地支의 첫 시작 子水(자수)는 서로 水기운으로 연결되어 [순환/반복]한다는 사실과, 地支는 물(子水, 첫 생명)에서 시작하여 물(亥水, 끝 생명)로 끝난다는 순환 반복의 논리를 주목할 것(간산 說).

10. [사주명리를 처음 공부하는 분/초보 입문학습자]들에게 많은 신뢰와 인기를 얻었던, 한국 현대명리학의 학자들[강헌/김동완/맹기옥/박주현/박청화/이정호 선생 등]의 학설을 비중있게 [비교/검토/분석]했음. [우열/경중]의 순서가 아닌 가나다 순서임. 물론 이분들이 꼭 최고 수준이라는 말은 아니니 오해 없기 바람.

　　고전명리학의 학설과 현재 학자들의 견해는 가능하면 [출전/출처]를 밝혔으니, 사주공부를 처음 시작하는 분들은 반드시 참고하기 바란다.

11. 이 책에 소개된 개념과 이론들의 비중('우열'의 순서가 아닌 '가나다' 순).

11-1. 현재까지 명리학 공부의 기본으로 삼는 고전명리학의 대표 저작물(1~3)에서 [인용/차용] 약 30~40% 정도.

　1. 궁통보감(窮通寶鑑, 일명 '난강망欄江網').

　2. 자평진전(子平眞詮).

　3. 적천수(滴天髓). *간혹 연해자평(淵海子平)을 4번째로 추가하기도 한다.

11-2. 한국의 대표적 사주명리학자 1, 2그룹에서 [인용/차용] 30~40% 쯤.

　1 그룹: [도계 박재완/제산 박재현/자강 이석영] 선생(가나다 순).

　2 그룹: [강헌/김동완/맹기옥/박주현/박청화/이정호] 선생 등(가나다 순).

11-3. 저자의 개인적 견해와 학설('艮山 設'로 표시됨)에서 [인용/차용] 약 30% 정도.

12. 굳이 공부의 [단계/과정/순서]를 물어오는 초보 학습자들이 많다.

12-1. 우열의 순서가 아닌 학습 효율성의 순서를 말한 것이니 오해 없기 바람.

　　저자의 주관적인 생각이니, 공부의 [단계/과정/순서]를 달리해도 좋다.

　　그러나 많은 제자들의 공부과정 관찰과 그들의 경험담을 참고한 것이다.

12-2. 처음 입문하는 초급자들은 사주만세력 책자를 꼭 준비해서 공부를 시작하기 바란다.

　　손으로 사주를 작성(세우다, 정립하다)하면서, 반드시 만세력 책자로 확인하는 습관을 들일 것.

　　(자동화된 [특정 프로그램/특정 앱] 등을 너무 신뢰하지 말 것.)

12-3. 초급 입문자들의 효율적인 학습 순서(이름은 가나다 순).

　　1단계: [김동완+박주현(낭월)+박청화+이정호 선생 등]의 저서.

　　2단계: [강헌+맹기옥 선생 등]의 저서.

　　3단계: 필자의 저서(『간산 사주명리학 개론』 혹은 『간산 사주명리 일주론』).

4단계: [도계 박재완+제산 박재현+자강 이석영 선생]의 저작물(단순 참고로만 할 것).

5단계: 고전명리학 [궁통보감/자평진전/적천수] 등(단순 참고로만 할 것).

13. 요즘 속성으로 몇 개월 공부하고, 남의 사주를 감정하는 사람들을 본다.

그저 놀라울 뿐이다.

아, 깃털보다 더 가벼운 운명의 무게여.

그 무게조차 감당 못하는, 영악하고도 무상한 세월이여.

14. 우리 사주명리학계 큰 흐름은 두 개 그룹으로 나뉜다. 형식론자들은 격국과 용신 쪽을 너무 강조하는가 하면, 현실주의자들은 신살(12신살/일반 신살)과 12운성 쪽의 영향력을 꽤 비중 있게 인정하고, 실전 감정에서도 상당 부분 비중 높게 적용하고 있다.

격국과 용신만을 정통으로 보는 과거 교과서적 형식논리에서 빨리 벗어나야 할 필요성은 충분하다. 물론 격국의 개념과 용신이론도 사주감정에 꼭 필요한 요소임은 부정할 수 없지만 격국과 용신 없이는 사주감정이 불가능하다는 주장과, 격국과 용신을 너무 금과옥조로 여기는 우리 사주명리학계의 고답적 풍토에는 결코 동의할 수 없다. 본서에서는 격국과 용신의 비중을 대폭 줄이고, 대신 현재까지의 국내외 사주명리학의 다양한 이론을 최대한 많이 [인용/소개]하고자 했다.

신살(12신살/일반 신살)과 12운성은 비록 보조적 개념이긴 하지만, 더하여 다소 논리적으로 초라하게 보일 때도 있지만, 찌르고 들어오는 맛이 예사롭지 않을 때도 가끔 있다. 몇몇의 신살과 12운성은 사주감정에서 상당히 유용하게 쓰일 수 있는 중요한 도구임을 부정하기도 어려워서, 본서에서는 영향력 있는 몇 가지 신살과 12운성의 핵심부분을 간략하게 다루었음을 미리 밝힌다.

물론 너무 미신적인 부지기수(약 500~1000개 정도로 추정됨)의 신살에 깊이 빠져, 상대에게 겁을 주거나 굿을 강요하거나 부적을 써야 한다는 등의 작금 사주명리학계와 무속업계의 현실도 비판받아 마땅하다.

15. 초급입문자들의 바람직한 실제 사주감정 공부요령.

우리 명리학계의 학습병폐 中 하나. 실전 사주감정이랍시고 유명인들(대통령/재벌총수/장차관/배우/가수/인기 연예인/스포츠 선수/예술인/정치인 등)의 출처 불명확한 사주명식(사주원국. 대체로 본인 확인을 거치지 않은 편리한 명식[인명 사전/위키/개업 中인 철학원/명리학원/특정 블로그/카더라式 팟캐스트/유튜브 강의나 동영상] 등을 출처로 하는 명식)을 갖고 와서.

"~ 이렇게 해서, ~ 이렇게 될 수밖에 없었다."라는 끼워 맞추기式 풀이는 대단히 위험하고, 특히 초급입문자들에겐 百害無益하며, 심지어 혼동과 불신마저 초래한다. 극단적 예지만 [박정희/박근혜/문재인] 대통령의 사주는 시중에 돌아다니는 명식만 개인당 최소 5개가 넘는다. 북쪽의 정치지도자 [김일성/김정일/김정은]은 심지어 개인당 10가지가 넘는 명식들이 난무하고 있는 실정이다. 프로들마다 제각기 장님 코끼리 만지는 방식으로 풀이해 놓고서는 자신의 사주감정이 최고라고 믿어 달라 하니.

처음 초급입문자는 말빨에 속기도 하고, 분위기에 압도되기도 하고, 저자들의 이름값에 눌리기도 하면서, 마냥 주입식으로 받아들이는 모습에서 필자는 상당한 [위험/불안/불신]을 동시에 체감한다. 정확한 명식이라 해도 제대로 된 감정이 어려운 판에, 부정확한 사주명식과 사람을 마구잡이로 결합하여 저렇게 중구난방 식으로 사주풀이를 해 대니, 정말 이현령비현령이라고 볼 수밖에 없다. 더하여 사주공부에 도움 될 리도 만무한 실정이다.

아래는 초급입문자들에게 강조하고 싶은, 사주풀이 실제 감정의 효율적인 학습요령이다.

위에서 언급한 시중 프로들의 [설명/풀이/감정/통변] 방식을 따라가지 말고 자신만의 방법으로 밤을 새워 궁리해 보고, 자신의 손과 눈으로 사주를 직접 작성해 보고, 자신의 입으로 직접 [설명/풀이/감정/통변]해 봐야 사주공부는 쭉쭉 뻗어 나간다. 아니 성공한다.

자신이 직접 확인한 자기 사주를 한 1,000시간만 들여다보면서 궁리 또 궁리해 보라.

그다음엔 생년월일시를 확실하게 검증할 수 있는 가족 사주다. 그다음이 친척들과 믿을 만한 친구들의 사주다. 이 정도 규모만 해도 작게는 10명, 많게는 50명 정도는 된다. 이 기본 사주들만 우선적으로 집중 공략해서 확신을 가질 수 있다면, 그때 비로소 타인의 사주를 풀이하라. 감정하라. 통변하라. 10명의 사주만이라도 제대로 통변하고 설명할 수 있다면, 사주감정 공부의 기본은 완성된 셈이니 자신감을 가져도 좋다.

정확성을 담보하지 못한 어정쩡한 사주원국에다가 맨날 남 사주풀이나 구경하다 보니, 실제 다른 사람 사주를 받아 놓고는 꿀 먹은 벙어리가 될 수밖에 없는 것이다. 게다가 용신까지 잘못 짚어놓으면, 사주풀이 자체가 뒤엉켜서 엉망이 돼버리는 상황을 여러 번 목격했다.

유명 [프로/대가/전문가]들도 최소한 '자신의 사주'만을 들여다보고 궁리한 게 평균 1천~5천 시간 정도는 된다. 우선 자기 사주를 자신 있게 설명할 수 있어야 하고 그다음 가족 사주, 그다음이 [친구/친척/주변인]들의 사주다. 자신감이 붙으면 남의 사주를 봐도 무섭지 않다. 두려운 게 없어야 우선 사주명식이 눈에 들어오는 법이다. 더하여 대운도 직접 자기 손으로 계산할 줄 알아야 한다. 기계가 계산해 준 대운을 너무 믿지 마라. 시중에 개업 중인 프로들 가운데 대운을 계산할 줄 모르는 사람이 의외로 많다는 현실이 이 책의 간접적인 집필 동기이기도 하다.

초급 입문자와 제자들이 필자에게 가장 많이 던지는 질문을 소개하고, 답한다.

문: 사주책으로 최소한의 [개념/이론/지식] 익히기+자기사주 떠듬떠듬 수준이나마 풀이하기?

답: 아무리 빠르게 잡아도, 소요시간 통상 1年(성실한 모범생 기준)!

장황하게 설명했지만 핵심은 "우선 자신의 사주부터 확실하게 공부하세요!"

16. 주역과 사주명리학을 몇 십 년 하고 나서, 딱 하나 깨달은 것이 있다.

'過(over)'하면 없는 것과 같다.

'過(over)'하면 없는 것만 못하다.

'過(over)'하면 쓰러진다.

'過(over)'하면 죽는다.

'過(over)'하면 사라진다(없어진다).

'過(over)'하면 새로 시작하게 된다.

17. 특히, 형님 內外분(남창근 교장선생님, 박선희 선생님)의 전폭적인 지원과 격려가 없었다면 출판을 꿈꾸지 못했을지도 모른다. 진심으로 고개 숙여 감사의 말씀을 올린다. 제자들 중에서도 槿山 박재열 군(십신論/신살論), 楙山 최지현 양(천간論/간산 60갑자 일주論), 溜山 허욱 군(지지論/지장간論), 萊山 황원일 군(오행論/생극합충형論/그래프와 도표)은 맡은 분야에서 [감수/수정/교정/편집]의 노고를 아끼지 않았다. 늦게나마 공저자 선생들의 [땀/피/눈물]에 대해 진심으로 고마움을 表하고, 마땅히 공저자로 이름을 같이 올렸다.

공저자 못지않게 책 출판에 음양으로 物心兩面의 도움과 조언을 아끼지 않았던, 南爺 김광태 군/南式 김연수 군/南居 김종수 군/南枚 박동식 군/芳山 박태근 군/南可 안기훈 군/樸山 유주연 양/南材 이상혁 군/지리산 이정훈 군/在山 임선무 양/棟山 임정일 군/南奕 장경수 군/浿山 정재

- 19 -

석 군/미국의 조성길 군/圢山 최재경 군/南息 홍광표 군(가나다 순)과 [주역/명리학]을 통해 인연을 맺었던 수많은 바깥세계 제자님들, 학교 쪽 10년차, 20년차 제자님들에게도 이 지면을 빌려서 못난 선생의 고마운 마음을 꼭 전하고 싶다. 출판사 좋은땅의 허남 매니저 님, [교정팀/디자인팀]과 외부 디자이너 이수진 님께 수고와 마음고생 많으셨음에 저자 머리 숙여 깊이 감사드린다.

18. 가능하면 누구의 [학설/견해]인지를 제시했지만, 책 본문 속에서 미처 출전이나 인용을 明記하지 못한 부분이 있다면, 그것은 모두 '[참고/인용] 도서와 저작물'에서 따온 것이며, 이는 필자 개인의 불찰과 미숙함에서 비롯된 것이며, 惡意는 아니라는 점을 덧붙인다. 그리고 이 책에 사용된 모든 [시간/시각/月/24절기] 표시는 양력을 기준으로 한다. 음력이 아님을 재차 강조한다.

追 1: [고급/프로] 과정의 '일주론'을 보완하여 따로 『艮山 사주명리 일주론』이라는 제목으로 출간하였다. 사주명리학은 모르지만, 사람을 쉽고 간명하게 파악하고자 할 때 [유용성/실용성/적중률]이 뛰어난 책이다. 이미 많은 [프로/전문가/학자]들의 검증을 거쳤고, 좀 민망한 이야기이지만 '한국 최고 수준의 일주론'이라는 찬사도 몇 번 들었다. 독자들의 일독을 권한다. 물론, 시중에 [개업/개원] 중인 프로들에게도 참고해 보라는 말씀을 정중히 드린다.

追 2: 통상 '사주명리학'은 북반구 그중에서도 동북아시아(주로 한국, 중국, 일본, 동남아 정도) 사람들이 주된 감정대상인데, 최근 박경호 선생이 북반구 아닌 남반구를 대상 지역으로 [연구/고안]하여 새로운 '남반구 사주만세력'을 선보인 바 있다. 물론 남반구 사람들을 상대로, 개인 사주 검증 작업을 거쳐야 함은 필수적 과정이다. 우리가 흔히 말하는 '만세력'은 사실 엄밀히 말하면 '북반구 사주만세력'을 의미하는 것이다. 이제 호주 사람이나, 남미의 페루나 칠레 사람들의 사주를 감정하려면 '남반구 사주만세력'을 사용해야 하지 않을까 조심스럽게 진단한다. 책의 [객관성/합리성/정확성] 등은 아직 검증의 단계를 거치지 못했기에, 조심스럽게 필자의 주관적인 생각일 뿐이라는 사실도 덧붙인다. [고급/프로] 과정에 있는 독자들을 위한 '개론서'로서의 서비스다.

追 3: 여기 저자 서문에 언급된 내용을 이미 알고 있거나, 고개를 끄덕일 수 있는 분들은 필자의 책 『간산 사주명리학 개론』과 『간산 사주명리 일주론』은 無用之物이니, 공부할 필요가 없다. 이미 제 수준을 넘어섰기 때문이다.

追 4: 이제 책은 내 품을 떠났으니, 좀 쉬고 싶다. 독자들의 열공을 진심으로 기원하면서.
　　　　책 몇 권 보따리에 넣고, 당분간 지리산으로.

'己'亥년 '己'巳월 '己'酉일 '己'巳시(2019년 초여름 입구. 天'己'四通).
漢江邊 蠶室에서, 艮山 命·易·占 研究所長/艮山 철학원장.
艮山 南 昌煥(간산 남창환) 삼가 씀.

[참고/인용] 도서와 저작물, A그룹

0. 초 연수-『焦氏易林(초씨역림)』

0. 양 계초, 풍 우란 외(김 홍경 편역)-『음양오행설의 연구』-신지서원, 1993.

0. 나가다 히사시(심 우성 역)-『역과 점의 과학』-동문선, 1992.

0. 로렌스 크라우스(박 병철 옮김)-『無로부터의 우주』-승산, 2013.

0. 리하르트 빌헬름(진 영준 옮김)-『주역강의』-소나무, 1996.

0. 칼 구스타프 융 外-『인간과 상징』-열린책들, 1996.

0. 하이젠베르크(김 용준 옮김)-『부분과 전체』-지식산업사, 1982.

0. 하이젠베르크(최 종덕 옮김)-『철학과 물리학의 만남』-도서출판 한겨레, 1985.

0. 풍 우란(정 인재 옮김)-『중국철학사』-형설출판사, 1989.

0. 헤르만 와일(김 상문 옮김)-『수리철학과 과학철학』(대우학술총서 번역7)-민음사, 1987.

0. 스티븐 에프 메이슨(박 성래 옮김)-『과학의 역사 I, II』-까치글방, 1987.

0. 조셉 니담(이 석호 外 2인 옮김)-『중국의 과학과 문명 I, II, III』-을유문화사, 1986.

0. 야마다 케이지(김 석근 옮김, 김 용옥 해제)-『朱子의 自然學』-통나무, 1991.

0. 미르치아 엘리아데(이 재실 옮김)-『종교사개론』-까치, 1993.

0. 스티븐 호킹(현 정준 옮김)-『시간의 역사』-삼성이데아, 1988.

0. 김 영현-『그래, 흘러가는 시간을 어쩌자고』-사회평론, 2014.

0. 군지 페기오-유키오(박 은철 옮김)-『시간의 정체』-그린비, 2019.

0. 플로리안 아이그너(서 유리 옮김)-『우연은 얼마나 내 삶을 지배하는가』-동양북스, 2018.

0. 카를로 로벨리(이 중원 옮김)-『시간은 흐르지 않는다』-쌤앤파커스, 2019.

0. 제프리 웨스트(이 한음 옮김)-『스케일』-김영사, 2018.

0. 찰스 프레드 앨퍼드(이 만우 옮김)-『인간은 왜 악에 굴복하는가』-황금가지, 2004.

0. 더글러스 호프스태터·에마뉘엘 상데(김태훈 옮김)-『사고의 본질』-아르테, 2017.

0. 데즈먼드 모리스(과학세대 옮김)-『맨 워칭』-까치, 1994.

0. 최 창조-『한국의 풍수사상』-민음사, 1984.

0. 최 창조-『한국 자생 풍수의 기원, 도선』-민음사, 2016.

0. 무라야마 지쥰(김 희경 옮김)-『朝鮮의 鬼神』-동문선, 1990.

0. 백 승종-『한국의 예언 문화사』-푸른 역사, 2006.

0. 히로세 다치시게(김 슬기 옮김)-『우주의 탄생과 대칭』-승산, 2013.

0. 브라이언 그린(박 병철 옮김)-『엘러건트 유니버스』-승산-2002.

0. 파드마삼바바(류 시화 옮김)-『티벳 死者의 書』-정신세계사, 1995.

0. 서 규석 편저-『이집트 死者의 書』-문학동네, 1999.

0. 한 동석-『우주변화의 원리』-대원출판, 2001.

0. 맥스 테그마크(김 낙우 옮김)-『유니버스』-동아시아, 2017.

0. 신시아 브라운(이 근영 옮김)-『BIG HISTORY, SMALL WORLD』-해나무, 2020.

0. 최 준식-『너무 늦기 전에 들어야 할 카르마 강의』-김영사, 2021.

0. 남 창환-『간산 주역점법』-좋은땅, 2014.

[참고/인용] 도서와 저작물, B그룹

0. 김 석진-『대산 주역강의 1, 2, 3』(전 3권)-한길사, 1999.
0. 박 재완-『명리요강(증보판)』-역문관, 2012.
0. 백 영관(본명 최영철)-『비전 사주정설』-명문당, 2002.
0. 이 정호-『사주 이야기』-한겨레신문사, 2005.
0. 박 주현-『자평명리학(개정판)』-삼명, 2009.
0. 박 청화-『춘하추동 신사주학(4권)』-청화학술원, 2005.
0. 공주대학교 정신과학연구소(편저)-『사주명리학 총론(논문집)』-명문당, 2010.
0. 맹 기옥-『나이스 사주명리(이론편)』-상원문화사, 2012.
0. 맹 기옥-『나이스 사주명리(고전편)』-상원문화사, 2013.
0. 강 헌-『명리』-돌베개, 2015.
0. 강 헌-『명리(심화편)』-돌베개, 2017.
0. 황 충연-『성공할 사주 실패할 팔자』-생각굽기, 2020.
0. 남 창환-『간산 사주명리학 개론(초판)』-좋은땅, 2019.
0. 남 창환-『간산 사주명리 일주론(초판)』-좋은땅, 2019.

※ A그룹:

솔직하게 말한다. 필자가 책 몇 권 더 읽었다고 자랑하려는 것이 결코 아니다.

사주명리학을 제대로 이해하고 공부하기 위해서, 독자 여러분들이 꼭 읽어봤으면 하는 필자의 바람이 A그룹에 속한 책이다. 그 책속의 생각과 개념을 밑바탕에 깔고 사주명리를 바라보면, 훨씬 더 깊은 맛의 [사주명리학/음양오행학]의 세계를 만나고, 이해하고, 고개를 끄덕이게 된다. 또 보이지 않던 것들이 점차 선명하게 보이고, 다가오기도 한다. 그래서 욕을 먹더라도 '참고도서 A그룹'을 기어이 제시한다. 굳이 중국까지 가서 奇人과 高手와 숨은 大家를 찾을 필요도 없고, 고전과 한문으로 재무장할 필요는 더더욱 없다(여유가 된다면 중국 공부도 굳이 말릴 이유는 없지만). 晝耕夜讀의 아름다움과 螢雪之功의 빛남을 설파하신 옛 성현들이 새삼 그리워진다.

※ B그룹:

이제 국내에서 발간된 책들도 상당한 수준의 책들이 많고도 다양하다. 물론 B그룹에서 소개한 책들이 최고라는 뜻은 아니다. 사주명리학을 [이해/학습]하는 데 필요한 최소한의 수준만 제시했다. 서문에서 밝혔듯이, 사실 이 정도만 소화해도 충분하다. B그룹 책의 절반만 마스터해도 실력 있는 프로로서 손색이 없다 하겠다. 나중에 여러분이 [상급자/고수]가 되었을 때, 무슨 책을 공부해야 하나 고민할 필요가 없다. 스스로 보이게 되고, 깨닫게 된다. 그걸 굳이 먼저 제시할 필요는 없고. 사주원국을 제대로 파악하지 못하고, 통변이 시원찮은 것은, 책을 적게 읽어서가 아니다! 학습 분량이 적어서가 아니다! 스스로 [생각/관찰/궁리/사색/통찰]의 작업이 부실했기 때문이다!

사주 책 많이 봤다고, 사주를 잘 감정하는 게 절대 아니다(가방 크다고 공부 잘하나요?).

혼자서 많이 생각하고 궁리하는 것만이 통변의 핵심이고, 감정의 지름길이다.

밤을 새워 궁리하고, 또 궁리하라!

I 편. 일주론을 이해하기 위한 전제

1부. 음양(陰陽)

1장. 陰陽(음양)의 이해

1). 음양: 太極(태극. 원시적 카오스chaos 상태)이 [변화/운동/분화]하고 있는 구체적 상황.
　　　[태극 직전의 상태를 無極(무극)이라 함. 순서: 무극->태극->음양->오행].

2). 음양(음양의 비율)은 반드시 [유동성/상대성/동시성]을 전제한다.
　　즉, 陰과 陽은 따로 독립하여 나타나지 않는다는 말이다. 모든 사물과 현상에서 [음:양], [양:음]의 비율이 아주 극단적으로 [1:99]는 있어도 [0:100]은 없다는 뜻이다.

3). 태극에서 음양이 분화되는 순간을 서양물리학에서는 '빅-뱅(Big-bang, 대폭발)'이라고 함.

4). 양이 성장하면 '반드시' 음은 감소하고, 음이 성장하면 '필연적으로' 양은 감소한다.
　　(음양은 항상 상대적이다. 상대적이지 않으면 음양이 아니다. 태극기의 태극 원형 참고).

5). 음양의 핵심을 한마디로 압축하면 '변화의 상대적 양상' 그 자체다.

6). 陰은 아래로 내려가려는 무겁고, 차갑고, 응축되는 [기운/성질/물질]. 뒤끝 있음. 복잡다양.
　　陽은 위로 올라가려는 가볍고, 뜨겁고, 확산되는 [기운/성질/물질]. 뒤끝 없음. 단순명료.

7). 5행(木목/火화/土토/金금/水수) 中, 陰의 대표선수는 水[물]이고, 陽의 대표선수는 火[불]이다(간산 說).
　　[時間/空間/人間]의 모든 존재와 양태는 물(水. 陰기운의 대표)과 불(火. 陽기운의 대표)의 균형과 조화를 그 본질로 삼는다. 실제 사주원국의 [통변/감정]에서 水, 火의 오행기운이 가진 에너지의 강약과 균형 상태를 최우선적으로 보는 것이다. 즉, 프로들이 [木/金/土]보다 [水/火]를 우선해서 본다는 말은 바로 이런 경우를 두고 하는 말이다.

　　陽기운의 남자는 陰기운 水[물], 陰기운의 여자는 陽기운 火[불]가 [조화/균형]을 갖춰야 일단 인생살이가 순조롭게 풀린다. 그래서 남자 사주는 우선 水기운을 유심히 봐야하고, 여자 사주는 가장 먼저 火기운이 괜찮은지 여부를 관심 있게 봐야하는 것이다. 프로들은 특히 명심할 것.

8). 사주의 변화와 움직임(길흉화복 생성)을 초래하는 요소들.
　　1. 생/극[상생/상극]의 소용돌이.
　　2. [합/충/형(合/沖/刑)]의 적용과 변화.
　　3. [대운/세운/용신운] 개입.
　　이 3가지가 사주원국에 개입하면, 고정된 사주원국에 드디어 '길흉화복 변화'가 시작된다.
　　'사주를 본다.'라는 말은, 바로 이 '길흉화복의 변화를 본다.'를 의미한다.

2장. 음(陰)의 특성

1). 음(陰)의 개념과 성향

공간, 여자, 수축, 축적, 수렴, 마무리(子/午/卯/酉), 끝(내기), 수동성, 소극(내향적), 계산적, 실리 추구, 차분, 조용, 모임, 어둠, 무겁다, 정지, 느리다, 탁하다, 부드럽다, 느림, 현실주의, 弱(약), 곡선(的), 凹(오목할 '요'), 下向性(하향성), 응집성, 陰地(음지)/응달(그늘진 곳), 그림자, 차갑고 춥다.

2). 힘의 강약과 방향성 비교:

水↓↓> 金↓([金/水] 오행기운은 둘 다 陰에 속한다. 金보단 水가 陰기운이 더욱 강함).
실리(물질적 가치, 현재적 가치)에 집착, 모임, 靜的. [金/水] 중에서도 음의 대표는 물[水].

3). 五陰從勢無情義(오음종세무정의): 5음(5개의 陰의 천간)은 勢力(세력. [힘/재물/물질/생존환경]의 有不利)을 따르니, 情과 義理[의리. 정신적 가치]가 없다(出: 적천수).

4). 10천간의 5陰: [乙을, 丁정, 己기, 辛신, 癸계]. 체와 용이 모두 같음.

5). 12지지의 6陰: [子자, 丑축, 卯묘, 午오, 未미, 酉유]. 體(체)가 아닌 用(용)을 기준으로 함.

3장. 양(陽)의 특성

1). 양(陽)의 개념과 성향

시간, 남자, 팽창, 발산, 시작(寅/申/巳/亥), 출발, 추진, 능동성, 적극(외향적), 즉흥적, 충동적, 명분, 생동적, 산란, 밝음, 가볍다, 움직임, 맑다, 빠르다, 단단하다, 이상주의, 强(강), 직선(的), 凸(볼록할 '철'), 上向性(상향성), 확산성, 陽地(양지. 햇볕이 드는 곳), 따뜻함, 뜨겁고 덥다.

2). 힘의 강약과 방향성 비교:

火↑↑> 木↑([木/火] 오행기운은 둘 다 陽에 속한다. 木보단 火가 陽기운이 더욱 강함).
명분(정신적 가치, 미래적 가치)에 집착, 분산, 動的. [木/火] 중에서도 양의 대표는 불[火].

3). 五陽從氣不從勢(오양종기부종세): 다섯 양(陽의 천간)은 氣(기. 정신적 가치의 기운)를 따를 뿐, 勢力(세력. [힘/재물/물질/생존환경]의 有不利)을 따르지 않는다(出: 적천수).

4). 10천간의 5陽: [甲갑, 丙병, 戊무, 庚경, 壬임]. 체와 용이 모두 같음.

5). 12지지의 6陽: [寅인, 辰진, 巳사, 申신, 戌술, 亥해]. 體(체)가 아닌 用(용)을 기준으로 함.

4장. 음양의 구분

1). 10天干:
* 앞에 나오면 양(+), 뒤에 나오면 음(-). * 오행 土: 土(토)는 음도 양도 아닌 중간상태(±,〒).
* 5행의 순서와 음양의 순서가 일치함. 천간은 [體체/用용]이 서로 일치된 상태.
* [음(-)/양(+)]의 강약 표시: 강(++/--), 약(+/-) * 천간은 '陽/陰(양/음)의 순서'의 세계이다.

갑(甲)+/ 을(乙)-	병(丙)+/ 정(丁)-	무(戊)+/ 기(己)-	경(庚)+/ 신(辛)-	임(壬)+/ 계(癸)-
木(+)	火(++)	토(중간. ±,〒)	金(-)	水(--)

음양의 구분

陽(+)	甲 丙 戊 庚 壬 : 외향적/적극/능동/밖으로/겉으로/발산
陰(-)	乙 丁 己 辛 癸 : 내향적/소극/피동/속으로/안으로/수용

2). 12地支(月계절 기준):
   * 12지지는 계절 기준으로, 앞에 나오면 양(+) 뒤에 나오면 음(-). 양력 기준임.
   * 아래 지지의 [火, 水] 부분에서 體와 用이 어긋남. * 지지는 '陰/陽(음/양)'의 세계이다.
   * 아래 지지의 [음(-)/양(+)] 표시는 體가 아닌 用을 기준으로 배열되어 있음.
   木(봄):   2월 寅목+/3월 卯목-/4월 辰토+
   火(여름): [[5월 巳화+/6월 午화-]]/7월 未토-
   金(가을): 8월 申금+/9월 酉금-/10월 戌토+
   水(겨울): [[11월 亥수+/12월 子수-]]/1월 丑토-

3). 계절변화의 추이[환절기: 辰토/戌토/丑토/未토. 음(-), 양(+)의 강약: 강(++/--), 약(+/-)]

寅+/卯-	辰+	巳+/午-	未-	申+/酉-	戌+	亥+/子-	丑-
木+ 봄+	春+ →(夏++). 아직은 봄	火++ 여름++	陽동네 →陰동네. 아직은 여름	金- 가을-	秋- →(冬--). 아직은 가을	水-- 겨울--	陰동네 →陽동네. 아직은 겨울

2부. 오행(五行)

1장. 오행(五行)의 이해

*도표 <오행의 생/극 5각형>

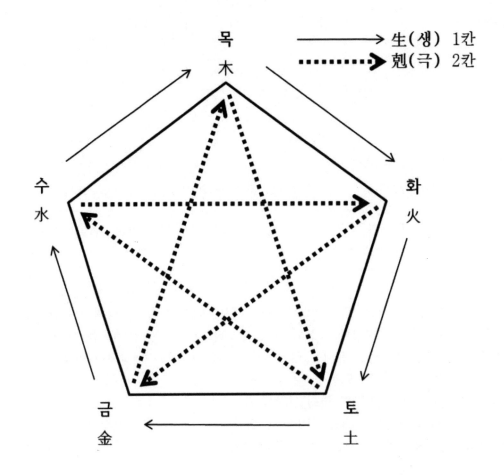

五行(오행): 우주 森羅萬象(삼라만상. 인간을 포함한 우주 만물 전체)의 [존재/운동/흐름/변화/行]의 樣態(양태)와 특성을 자연의 5가지 모습(목木, 화火, 토土, 금金, 수水)으로 [비유/대입/적용]한 개념과 그 구체적 이름을 '오행'이라고 한다.

1. ['木목'/'火화'/'土토'/'金금'/'水수'] 5가지 이름으로 불렸기에, '5행'이라고 한다.

2. 초급입문자를 위한 아주 간략한 설명이다(너무 심취할 필요는 없다). 하늘의 5행 기운이 땅의 4행(4계절. 목/화/금/수) 기운으로 치환될 때, 陰(음. -)도 아니고, 陽(양. +)도 아닌 土(토)를 어떻게 봐야할 것인가를 두고 벌어진 해석의 차이가, 바로 저 유명한 火土동법(土를 火와 같이 보는 입장. 연해자평式 관점)과 水土동법(土를 水와 같이 보는 입장. 명리정종式 관점)의 논리 구분이다. 특히 이 문제는 12운성의 논리전개에서 논쟁거리가 되기도 한다.

3. 行(행): 움직이다/변화하다/특정한 기운이 나타나다/돌아다니다/가다(go)/일하다/흐르다/쓰이다(기능과 작용)/발휘하다/시스템/모습(꼴, 모양, 행태).

* 전개 순서: 木목-->火화-->土토-->金금-->水수[尅(극)이 아닌 生(생)을 기준으로 했을 때].
　　　　목생화->화생토->토생금->금생수->수생목.
　　　　목尅토->토尅수->수尅화->화尅금->금尅목.

4. [時間/空間/人間]의 모든 존재와 양태는 물(陰기운의 대표)과 불(陽기운의 대표)의 균형과 조화를 그 본질로 삼는다. 실제 사주원국의 [통변/감정]에서 水, 火의 오행기운이 가진 에너지의 강약과 균형 상태를 최우선적으로 보는 것이다. 통상, 프로들이 실전에서 개인 사주를 [감정/통변]할 때, [木/金/土]보다 [水/火] 기운을 우선해서 본다는 말은 바로 이런 경우를 두고 하는 말이다(간산 說).

5. 일단, 陽기운의 남자는 陰기운 水[물]가, 陰기운의 여자는 陽기운 火[불]가 [조화/균형]을 갖춰야 큰 흐름의 인생살이가 대체적으로 순조롭게 풀린다. 그래서 남자 사주는 우선, 자신에게 꼭 필요한 陰의 세계인 水기운의 흐름을 유심히 살펴 봐야하고, 여자 사주는 가장 먼저, 자신에게 없는 陽의 세계인 火기운이 괜찮은지 여부를 관심 있게 봐야하는 것이다. 프로들은 특히 水, 火 기운을 살필 때는 유념할 것(간산 說).

2장. 오행 각론

① 木목

1. 木목. 나무의 [성질/성향]으로 비유하여 '木(목)'이라 한 것일 뿐, 진짜 '나무'만을 의미하는 것은 아니다.

2. 생겨나서 시작한다. 봄, 새벽과 아침, 東쪽.
 [추진력/적응력/강한 생명력]. 뻗어나가는 기운. 계속 움직이고 이동하는 운동 에너지(바람).
 [출발/시작/전진/직진(목표 지향성)/도전정신/두려움 없음], 활동성, 생장, 성장 에너지.
 명예, 의지, [소유욕/욕심/자기주장/이기주의], 오만, 성취 욕구.
 [미래지향적/이상 추구/장애물에 취약(좌절, 포기 빠름)/좌충우돌/인내심 취약], 발전.
 과거는 없고 현재와 미래만 생각함, [교육/의학/보험/기획].
 천진난만, [순박/단순/솔직/동심], [경쟁심/예민/탐욕/시기/질투/신경성].
 발전 에너지, 뻗어나가는 기운. 탄력성.
 [靑/靑綠]색, 자존심, 자제력 굴절.
 신맛, [눈(활, 양궁, 사격 종목의 예리한 눈)/간/담장/뼈/신경조직/어금니(牙아)/눈물],
 강원도, 한국(甲목), 일본(乙목), 극동아시아.

3. 천간의 甲목, 乙목. 지지의 寅목, 卯목.
 유교(유교적 가치관). 숫자 3과 8. 仁(어질 인. 유교의 덕목).
 木+木=[경쟁/라이벌]적 만남.

4. [한국어 성명학(작명학) 적용: 자음 ㄲ, ㄱ, ㅋ, ㅇ(받침 ㅇ). 牙흡(아음)//모음 ㅏ(아). 필자는 한국어의 받침 'ㅇ'글자의 음가를 오행상 木으로 보는 성명학적 입장이다(국내 유일 간산 說). 出: 훈민정음 해례(解例) 제자해(制字解)].

* [甲목/寅목]=건조 木. [乙목/卯목]=습기 木.

* 사주원국을 볼 때의 오행별 관전 포인트(간산 說).
 火, 水: 그 사람의 [정신/기본/에너지/마음/성격/심리 경향/본능/寒暑 燥濕(한서 조습)] 등을 보려면 사주의 계절(월지)과 더불어, 火와 水를 중점적으로 보라.
 木, 金: 그 사람의 [몸/외모/외형/물질/부(재물)/질병/결실] 등을 보려면 사주의 木, 金을 중점적으로 보라.
 土: 이런 것들이 이뤄지는 [상황/여건/환경/공간/분위기/대인 관계] 등을 보려면 土를 중점적으로 보라.

② 火화

1. 火화. 불(빛/열)의 [성질/성향]으로 비유하여 '火(화)'라 한 것일 뿐, 진짜 '불(빛과 열)'만을 의미하는 것은 아니다.

2. 발산하고 확산된다, 여름, 낮, 南쪽.
　화려함, 빛(光), 열, 현실 위주(과거 망각/미래 없음), 현실 집착.
　빠르게 나아감, [발전/발산/확장/팽창/직진(성)], [난폭/맹렬/폭발(성)/휘발성].
　[급변성/부화뇌동], 밝음, 열기, 명명백백, 男性性, [창의/창조성].
　[보여주기/꾸미기/과시하기/포장하기/시각예술/디자인/미술].
　[자신감/성급함/참견/오지랖/호기심], [인테리어/선전/광고].
　예측 불가, 넘치는 의욕, [추진력/적극성/화끈/다혈질].
　[열정/정열/격정적], [짝짓기/수정/射精].
　[저항/반골기질/죽음을 두려워하지 않는 용맹], 無邪公正.
　붉은색, 쓴맛, [심장/소장/혀(舌설)/피/땀].
　경상도, 영남지방, 적도지방, 인도, 아프리카, [온기/열기/조명].

3. 천간의 丙화, 丁화. 지지의 巳화, 午화.
　불교. 숫자 2와 7. 禮(예의. 유교의 덕목).
　화+화=[감성적/열정적] 만남.

4. [한국어 성명학(작명학) 적용: 자음 ㄴ, ㄷ, ㄹ, ㅌ, ㄸ. 舌音(설음)//모음 ㅗ(오). 出: 훈민정음 해례(解例) 제자해(制字解)].

* 은근 丁화. 화끈 丙화.
* 丁화=열(곡선적). 丙화=빛(직선적).

* 木, 火의 공통성:
　빠름, 욕심, 적극성, 상향성, 흩어짐(산란), 분산성, 에너지 분출과 발산, 형태 확장성, 활동성, 사교성, 적극적 외향성, 마무리 취약, [성장/목표] 지향성, 못 참음, 과시 욕구.

* 火기운이 왕성한 여성: [남자/오빠/남편/아버지/시아버지/남친] 덕을 은근히 본다.
　　　　　　　　　[에너지의 역동성/삶의 활력소]가 넘친다.

③ 土토

1. 土토. 흙(존재 공간/토양/배경/환경/지구/대기권)의 [성질/성향]으로 비유하여 '土(토)'라고 한 것일 뿐, 진짜 '흙/토양'만을 의미하는 것은 아니다. [흙/토양/공간/대기권/허공/생태환경/가이아/지구]를 의미할 때가 오히려 많다. 원래 '土(토)'는 음양의 구분이 없거나, 그 구분이 [무의미/무력]할 때가 많다.

2. 중간에서 조절한다, 환절기, 방위적으로는 중앙 쪽.
  지구 자체를 의미하기도 함, [사이(間)/중간/매개].
  [조심성/느림/완곡/애매모호], [다양성/복잡성/양면성/생각 많음].
  [종합능력/명석], [제어능력(강도, 속도 조절)/충격 완화/고정성/안전성 추구].
  [믿음/신용/중재/교섭/협상], 조정, 적응, 조화, 정리(해결), 끝장(특히 丑토).
  [중용/끈기/고집], 중화, 중립, 포용, 수용(성).
  黃색, [중심/균형/안정감(중력, 인력)/사람 모으기(정치)/운동성 취약].
  [조심/조절/환절기/음양운동의 전환/금화교역/강약 조정/여유 아닌 조심성].
  단맛, [위장/비장/입/침/입술(脣순)].
  경기도, 서울, 충청도, 황해도, 중국, 러시아.

3. 시공간적으로, 천간의 [戊/己]토는 중앙 방위를, 지지의 [辰/戌/丑/未]토는 환절기를 뜻함.
  이슬람. 숫자 5와 10. 信(신뢰/믿음. 유교의 덕목).
  토+토=[어정쩡/무덤덤]한 만남.

4. [한국어 성명학(작명학) 적용: 자음 ㅁ, ㅂ, ㅍ, ㅃ. 脣音(순음)//모음 ㅡ(으), ㅣ(이), ㅢ(의). 出: 훈민정음 해례(解例) 제자해(制字解)].

  * 계절적 土는 중간색(혼합색)으로 본다.
    辰토(보라: 청+적). 未토(분홍: 적+백). 戌토(회색: 백+흑). 丑토(암청: 흑+청).

  * 土는 [잡다/뒤섞임/혼잡/미묘/다양성]을 갖고 있기에, 생각도 많고 느리게 보인다(간산 說).

  * 천간은 5행으로 살펴보고, 지지는 土 없이 4행으로 살펴본다(맹기옥 說).

  * 천간: 戊토=생명력 없는 건조土, 己토=축축한 생명 습土.
    지지: 辰토=습기찬 생명土, 戌토=습기 없는 건조土, 丑토=얼어붙은 凍土(동토).
      未토=뜨거운 조열土(토의 [성질/기능]이 가장 선명한 土, 火土동법의 土).

④ 金금

1. 金금. 쇠(철/쇠붙이/바위/광물/암석/보석/칼/흉기/무기/단단하고 예리한 것/ 등)의 [성질/성향]으로 비유하여 '金(금)'이라 한 것일 뿐, 진짜 '[쇠/쇠붙이/금속/보석/바위/암반/광물질]'만을 의미하는 것은 아니다.

2. 내려가서 정리한다, 가을, 저녁, 西쪽.
   결단(성), 단단함/날카로움/예리한 직관/비판/잔소리.
   바늘/침/창/칼/지하광물질(안 보이면서도 존재함)/금속성 재물(엽전/동전)/보석.
   자존감(자존심, 정체성, 내면의 주인, 내면적 자아). 정신(인간의 본질).
   엔지니어링(공학)/정밀/축소/끝장내기.
   브레이크/제어(control).
   肅殺之氣(숙살지기), 단절/하강/수축/감소, 의리, 냉정/살벌/절제, 뾰족함, 결실.
   수렴/수축/움츠림, 결단력/강인함.
   고정성/정체성/주체성/형태 불변성, 고집/완고/견고/보수성.
   열매/결실/수확/수렴/갈무리, [생명력/성장력] 억압.
   반성/정리(마무리 시점-시작과 출발 금지), 전달-계승.
   흰색(白색), 공허, 투명(색깔 없음), 호흡, 쉼, 노동에서 휴식으로.
   매운맛, [코/콧물/대장/폐/호흡기/이빨(齒치)].
   전라도, 평안도, 호남지방, 독일, 프랑스, 유럽.

3. 천간의 庚금, 辛금. 지지의 申금, 酉금.
   지칭할 때는, '辛金(신금)'=>'천간 辛금', '申金(신금)'=>'지지 申금'이라고 구분해서 부를 것.
   기독교. 숫자 4와 9. 義(의리. 유교의 덕목).
   금+금=[이성적/냉정한] 만남.

4. [한국어 성명학(작명학) 적용: 자음 ㅅ, ㅈ, ㅊ, ㅆ, ㅉ. 齒音(치음)//모음 ㅓ(어). 出: 훈민정음 해례(解例) 제자해(制字解)].

* 오행 土, 金, 水의 공통성
   느림, 활동성 미약, 현상 유지(지속성/보수성), 하향성, 접착성, 겉으로는 차갑지만 속으로는 따뜻함, 에너지 절약, 형태 축소, 운동성 취약, 현실 집착(은근한 과시), 정지, 여유, 잘 참음, 극단적 사교성, 낯가림, 소극적 내향성, 적극성 부족.

* 오행 土, 金, 水가 느린 이유
   土(수용/포용/조절). 金(브레이크 기능. 숙살지기). 水(휴식/재충전/에너지 비축/수면).

⑤ 水수

1. 水수. 물(액체/기체[수증기]/고체[얼음]/빗물/흐르는 것/채우는 것/차가운 것/ 등)의 [성질/성향]으로 비유하여 '水(수)'라 한 것일 뿐 진짜 '물'만을 의미하는 것은 아니다.

2. 쉬면서 다음을 준비한다, 겨울, 밤, 北쪽.
   終卽有始(종즉유시), 차가움(냉기), 추위. 어둠, 흐름(流動性, 역마 기질).
   女性성/섬세함, 소리/청각예술/음악.
   [대화/수다/말(언어)]의 욕구, 사교성/친밀성, 대기/기다림/준비성.
   부드러움/느림/정지/모여듦(會)/모임.
   물, 바다, 비, 호수, 변화/변신/환경 適應力(적응력).
   可變성(고체->액체->기체 3가지 체형을 가진 지구상의 유일한 물질, 물의 순환과 윤회).
   축소/응고/저장/응집/응축/수축, 가라앉음, 마지막 정리.
   사유/사고/관조/성찰/반성.
   꿈/수면/무의식/심연/죽음/공포(심).
   충전/저장/휴식/정신.
   본능/생명 욕구/성욕/음란.
   종자(가장 작고 효율적 형태를 유지-압축된 생명)/씨앗(水기운 없는 여성-불임 가능성).
   지혜/깨달음/철학/수학/심리학/프로파일링(추상화/내면 성찰).
   다양성/양면성/유연성/무정형/형태 가변성.
   망상/잡념/재잘거림(소리와 소리의 만남).
   암흑/암청/검은색(黑색).
   함경도, 제주도, 미국, 영국, 캐나다, 알래스카, 북극.

3. 천간의 壬수, 癸수. 지지의 子수, 亥수.
   짠맛, [귀/신장/방광/목구멍(喉후)/생식기(성욕)/오줌/정자/난자].
   도교, 신선사상, 샤머니즘, 숫자 1과 6. 智(지혜. 유교의 덕목).
   水+水=[사교적/본능적/친화적] 만남.

4.[한국어 성명학(작명학) 적용: 자음 ㅎ. 喉音(후음)//모음 ㅜ(우). 出: 훈민정음 해례(解例) 제자해(制字解)].

 * 癸수: 하향 유동성(그래서 소리를 내며, 구체적 형태를 가진다. 간산 說).
   壬수: 상향 분포성(그래서 소리가 없고, 추상적 분포성을 가진다. 간산 說).

 * 水기운이 왕성한 남성: [욕망/업무능력/언변/이성 관심/특이한 性的 취향]의 가능성이 크다.

3부. 천간(天干)

1장. 천간의 이해

1). 천간의 특성

하늘이 지배하는 10가지의 원리와 힘(하늘, 필연성, 父, 엄정함, 단호함), [천부적/선천적]이어서 변화가 없음, 본인의 [가치관/마음/뜻/의도/의지/생각의 힘/기운], 10진법 원리, 구체적 [물질화/현실화]에 대한 [자극/계기/인과 관계]로 작용함.

1. 천간에서는 5행(목, 화, 토, 금, 수)의 순서대로 그 [작용/기능]이 전개되고 나타남.

* 10천간 순서: 甲(갑목), 乙(을목), 丙(병화), 丁(정화), 戊(무토), 己(기토), 庚(경금), 辛(신금), 壬(임수), 癸(계수). ['천간 辛(신금)'과 '지지 申(신금)'을 혼동하지 말 것].

2. 천간의 5행과 음양 구분('+'='양'/'-'='음')
   木(목): 甲목+/乙목-
   火(화): 丙화+/丁화-
   土(토): 戊토+/己토-
   金(금): 庚금+/辛금-
   水(수): 壬수+/癸수-

3. 천간은 순수일관성의 동네라서 '體/用(체/용)'이 동일하고 오행의 순서(목/화/토/금/수)도 일관되게 전개되지만, 지지는 복잡다양한 동네라서 '體체'와 '用용'이 서로 다르게 나타나고 오행의 순서도 일관성이 없다(에너지 운동의 밀도가 높은, 지지의 [火/水]에서만 '체/용'의 음양이 반대로 나타난다.

<천간 體 기준>
   양(陽)의 천간 5글자: 甲갑, 丙병, 戊무, 庚경, 壬임.
   음(陰)의 천간 5글자: 乙을, 丁정, 己기, 辛신, 癸계.

<천간 用 기준>
   양(陽)의 천간 5글자: 甲갑, 丙병, 戊무, 庚경, 壬임.
   음(陰)의 천간 5글자: 乙을, 丁정, 己기, 辛신, 癸계.

2). 天干(천간. '간지'에서 앞의 글자 '간干')은 선천적인 특성으로서, 후천적 교육과 경험으로는 도저히 고칠 수도 없고 또 그리고 속일 수도 없고, 변하지도 않는 天性이다. 즉, 하늘이 나에게 자연스럽게 부여한 '절대 불변의 성분'인 동시에, 아주 [간명/선명/솔직담백]하게 나타나는 성분인 것이다. 그래서 특정인의 일간을 보면, 그 사람의 대체적인 천성과 속성을 알 수 있는 것이다.

3). 천간은 겉으로 확연히 드러난 사람의 천부적인 [성품/뜻/상(象)/마음/단순명료함/정신적 가치/형이상학적 경향/의지/욕망/하늘(乾. 天)/父의 단호함/생각/의도] 등을 드러낸다고 본다(잘 변하지 않는 사람의 천성).

4). 천간습
  1. 陽의 천간과 陰의 천간끼리는 서로 습쳐지려는 본능적 성향이 있는데, 이것을 天干습(천간합. 약칭 '干습(간합)')이라 한다.
  2. 사주명리학에선 '3합' 이론과 더불어 가장 중요하고 비중 있는 개념의 한 부분이다.
  3. 甲-己 합, 乙-庚 합, 丙-辛 합, 丁-壬 합, 戊-癸 합 5가지가 있다.
  4. 甲/丙/戊/庚/壬 5개 陽의 천간은 겉으로는 5陰을 극(컨트롤)하는 것처럼 보이나, 실제로는 乙/丁/己/辛/癸 5개 陰의 천간에게 [습합/유혹/관리/지배] 당하는 경우가 대부분이다
  예시) 甲-己 습에서 실제는 음간 己土가 양간 甲목을 간접적으로 지배하는 경우가 많다.

5). 정신건강 주의가 필요한 천간(일간)
  乙목, 己토, 辛금, 癸수는 [弱약/溫順온순]한 陰干(음간)이라 다치기 쉽다.
  특히 辛금은 음간이면서도 뾰족하고 냉정하다. 지지 酉금도 마찬가지.
  陰간(음의 일간)은 심하게 [극/충] 받거나, 심하게 얼어붙었을 때, 정신건강을 잃기 쉽다.
  간혹, 陽간이지만, 丙화도 차가운 냉기에 과하게 포위되면 정신건강을 놓칠 때가 있다.

6). 한국을 甲목, 일본을 乙목으로 보는 학자들이 많다. [해석/적용]이 쉽고 적확하다.
  * 참고: 마치 사람의 일주처럼 국가도 대표성을 가진 코드(간지)로 표현하면 다음과 같다.
       [전문가/프로]들도 약간의 견해차가 있다.

  대한민국(남한) 대표 간지=甲辰. 북한(조선 민주주의 인민공화국) 대표 간지=甲戌.
  중국=戊午/戊申/戊戌/戊辰. 인도=戊辰/丙辰/丁亥/丁未.
  미국=癸巳/癸亥. 영국=壬子/壬午.
  러시아=戊申/戊子/庚子/庚戌. 일본=乙丑/乙酉.
  프랑스=辛卯/辛巳. 독일=庚申/庚午. 이탈리아=辛丑/辛巳.
  유럽 전체(EU. 영국 제외)=庚금/辛금.

2장. 10 천간 각론

① 甲(갑목)

0 전진, 성장, 하늘의 뜻, [통제/관리]의 욕구(개인주의/이기주의/경쟁심/선두기질/과시욕구/스타일 집착).

0 [生의 본능/생명 에너지/호흡 에너지/탄력성/용수철(스프링)/봄기운/童心 기질(솔직담백/천진난만/생동감)/운동 에너지/논리적 설득력].

0 괜찮은 기획능력(시작은 좋은데 마무리가 약함. '편재'의 즉흥성과 충동성 때문. 용두사미)).

0 희망, 목표 지향적, 얼어붙은 땅을 뚫고 나오는 생명력, 안 되면 [좌절/포기], [명예/자존심] 집착.

0 배려심 부족, [조급/서두름(속도감)], 다소의 경직성. 뻗어 나가고자 하는 에너지.

0 한 방향으로만 뻗어 나감(중력 거부/직선적 상향성/동물적 운동/직진성).

0 싸움으로는 甲寅 일주(전투력 최강. 지지에서 火기운 보유),
  살아남기는 甲辰 일주(생존력 최강. 지지에서 水기운 보유).

0 甲목이 가장 좋아하는 것은 [丙화/辰토/己토(습기능. 合化하면 또 다른 생명의 땅)/壬수/庚금].

0 외모 단정, 뚜렷한 골격, 유연성은 떨어짐, 여린 마음, 한 템포 늦은 [감각/판단].

0 축축한 己토(水기운이 있는 [흙/생존 환경/토양/타일/토기/벽돌])를 좋아함.

0 甲목은 乙목을 좋아하지 않음(乙목의 [실리/실속] 집착 경향 때문). 乙목은 甲목을 좋아함.

0 庚금(도끼/가지치기 기능), 丁화(겨울의 온기/庚금 제련), 丙화(태양/甲목에겐 가장 중요한 필수요소)를 가장 필요로 하고, 또 좋아함(식물에겐 광합성 햇빛은 생존에 절대적임).

0 주체성[고집의 차이(甲목: 경쟁과 시기질투의 고집/庚금: 폭력과 제압의 고집)].

0 [甲/甲子] 대세운에서 [방향전환/급변상황/새로운 일/전직/공간 이동/자리이동] 등이 나타남.

0 甲甲 竝立(병립. 별칭 '竝存병존')[극심한 길흉화복, 강력한 경쟁심 유발, 막강 돌파력, 의기투합 동업자 만남, 왕성한 추진력, 급변 상황, 생이별, 死別수, 운동 집착, 사건사고와 구설수].

0 장기: 쓸개[膽囊담낭].   신체: 머리 부분, 팔다리, 신경, 뇌.

* 해당 오행이 [너무 강성/아주 쇠약]할 때 발생되는 [증세/질환]:
  심신장애, 현기증, 만성피로, [근육/신경/두]통.
  신경쇠약/불면증/분노조절장애(水火 기운의 불균형은 급기야, 木의 불안정을 초래한다).

0 物象(물상) 관련: 바람(風), 落落長松(낙락장송), 쭉쭉 뻗은 나무, 드릴, 자동차, 威風堂堂(위풍당당), 자기과시, 진행, 상승, 미래지향(이상주의자), 로켓, 욕심, 집안을 리드하는 가장, 추진력, 고집(甲목-경쟁의 고집. 庚금-제압의 고집), 돌진, 합판, 양육, 幼兒, 대들보, 목재, 가구, 농업, 원예, 과일(과수원), 섬유(옷), 종묘, 건축업종, 조림산업, 통제력(권력자/정치지도자), '편재'적 특성.

* 학자에 따라서는 甲목=동물(적 성향)로, 乙목=식물(적 성향)로 物象(물상)을 설정하기도 한다.
* [甲甲병립(의기투합/돌파력), 丁丁병립(훨씬 밝음/친구 도움)]만을 긍정적으로 해석(맹기옥 說).
* 필자는 모든 '竝立[병립. 혹은 竝存(병존)]'을 일단 부정적으로 본다(간산 說).

② 乙(을목)

0 [실속/실리] 추구, 관리의 성향과 욕망, 끈질김, 최고의 [생존력/생명력(음식 에너지)].
0 밋밋한 골격, 규모(크기)는 작음, [사교성(대인관계↑)/친화력/섬세/유연성/온유/적응력].
0 [일본/일본어] 관련, 타협(설득력과 호소력), 생존 적응력(은폐 위장 능력과 처세술)↑.
0 아주 현실적임, [결실/실리/이해타산]을 중요시함(치밀함. '정재'적 특성).
0 자기 위주의 수용성. 이기주의와 개인주의的 성향.
0 [물질적/경제력(금융)/소유/충족]의 욕구, [친밀/침착/환경 적응].
0 넘치면 정신질환([섬세/치밀/집착] 때문. 감정기복 심함)이나 접신 가능성.
0 주변(특히 甲목, 庚금, 己토)을 잘 이용함, 강자에게 의존적, 막히면 돌아감.
0 식물적 적응과 곡선적 운동에너지. 내면 충족의 에너지.
0 [잔걱정/욕심/생각]이 많음. [재물/실리/생존]에 집착 경향.
0 乙목 식물에겐 광합성 햇빛(丙화)은 생존에 거의 절대적임.
0 고민과 갈등을 내면화시키거나, 자신의 문제로 귀결시키는 바람에 정신건강 손상의 위험성.
0 庚금(紳士道/武士道 정신)과 힘 있는 동업자 甲목(휘돌아 감아 타기의 대상)을 좋아함.
0 다양성 乙목(방향을 가리지 않음)은 고정성 庚금(정관)과 일관성 甲목(겁재. 방향을 가림)을 좋아하고 잘 이용함.
0 丙화(金극木 → 火극金 기능)와 癸수(비, 실제 물. 水생木 기능)를 좋아함.

0 乙乙 병립[고독, 끈기와 인내력, 성실성, 독립심, 간난신고, 薄福(박복), 고립무원, 서로 엉기면 무질서, 동업 불가, 자수성가형].
0 장기: 간(肝).   신체: 눈, 손, 척추, 내장, 손발, 정수리 부분.
* 해당 오행이 [너무 강성/아주 쇠약]할 때 발생되는 [증세/질환]:
  [신경쇠약/불면증/분노조절장애(水기운의 문제)], 현기증, 두통, 수족 장애, 당뇨, 비만, 만성피로, [근육/신경]통, 장염.

0 物象 관련: 화초, 잡초, 초목, 약초, 넝쿨식물, 쌀, 곡식, 요식업 관련, [교육/강의] 관련, [건축/건설/토목(土)] 관련, 학원(운영)강사, [숙식/숙박/여행/레저/유통(소매)/취업 컨설팅(생존)] 업종, 일본(乙목) 관련, 유럽과 독일(庚금) 관련, [종이/가구/문구/책/출판] 업종과 인연, '정재'적 특성(꼼꼼함). 甲목=동물(적 본능), 乙목=식물(적 본능)로 物象(물상)을 설정하기도 한다.

* [甲목/乙목]의 차이(간산 說)
  甲목: 동물적인 외향적 발산의 에너지. 뻣뻣하고 직선적인 木기운.
  乙목: 식물적인 내면적 충족의 에너지. 은근히 파고드는 곡선적인 木기운.

③ 丙(병화)

0 폭발, 복종 강요, 독선, 자연의 불(火)과 빛(光), 神(영체), 순진, 직진, 영상, 광학, 광합성.
0 적극적인 목표돌진성(빠르고 [성급/조급]함), 밝고 명랑함, 활달, 분산, 집착, 소유욕망, 산만.
0 리더십(권력지향/지배욕구), 화려/사치/의외의 섬세함과 열등의식/호기심, 낙천성.
0 단순 명료(他人무시/화끈/대담/안하무인/시건방짐/시원시원/명약관화).
0 큰 스케일/확실한 公私구분/시시비비를 확실하게 드러냄/자기주장↑. 외형적 [정열/열정].
0 현재 이 순간만을 중요시함, 명확성(공평무사). 권력지향성이 강함.
0 통상적으로 丙화는 [낮 활동/낮 직업]이 좋고, 丁화는 [밤 활동/밤 직업]이 좋다.
0 [분노/호전성/저돌성/사건사고] 유발.
0 丙화 일간의 남성을 상당히 긍정적으로 평가했음(고전 명리학적 입장. 논리적 비약으로 보임).
0 직설적(편관적 특성)/자기과시/폭로/탄로/보여주기/과감/무례/역동성.
0 헌신(자기파괴 본능. 역시 편관的 특성).
0 靈的 직관력, [희생/봉사/이타적(남의 길을 비춰줌. 오지랖)/스트레스 유발].
0 뒤끝 없음. 많이 돌아다님. 말실수. 다사다난. 他人간섭. 의협심.
0 辛금(빛마저 삼키는 블랙홀)을 두려워 함[丙화가 財성(辛금)에 흡수되는 경향 때문].
0 丙화는 金을 제련만 할 뿐이지만, 丁화는 金을 녹여 버린다.
0 庚금을 두려워하지 않음. 癸수를 꺼리고(丙화는 癸수가 무계슴 해주기를 원함) 壬수를 좋아함.

0 丙丙 병립(이동성 역마기질, 끊임없는 변동수, 폭발성/폭력성/성급함, 쓸데없이 많은 친구).
0 장기: 소장(小腸).   신체: 치아, 눈, 혀, 혈압, 체온, 어깨, 얼굴 부분.
* 해당 오행이 [너무 강성/아주 쇠약]할 때 발생되는 [증세/질환]:
  심장 질환(壽命관련 주의), 패혈증[패혈성], 고혈압, 수족냉증, 안면마비, 임파선, 심신불안.

0 物象 관련: 태양, 화산, 조명, 밝은 물질, 폭발물, 보일러, 엔진, [전기/전자] 관련, [석탄/석유/
가스/에너지] 관련 산업, [무대예술/시각예술/디자인/전시/광고/미술/영상/디스플레이] 관련 직
업, 종교(神) 관련(특히 불교), [화려/사치품/액세서리/보석], [광학/렌즈/카메라] 관련 업종, 빛 관
련 [직업/산업/전공/비즈니스], [속도/이동/보여주기/포장해서 꾸미기] 관련 업종, 빠른 美的 감
각, '편관'적 특성.

* 靈的 에너지(정신적 깨달음/철학/종교/역학/역술)와 깊은 관련성을 갖는다.
* 일장기 태양의 상징성으로 일본의 대표 코드(간지)를 '乙목' 아닌 '丙화'로 보는 학자도 있음.
* 주체丙화+辛금=흡수당한 빛(블랙홀). 주체辛금+丙화=빛나는 보석. 주체辛금+壬수=깨끗한 보석.
* 권력 지향적 태도의 차이
  천간: 丙화(특수 권력/폭력성)>戊토(일반 행정 권력)>庚금(절대자/주체성 권력). 주로 양의 천간.
  지지: 巳화(사법행정 권력)>寅목(경제 권력)>申금(언론 권력)//辰토(정치 권력. 지지4토中 유일).
     주로 3刑(형)과 많이 관련됨.

④ 丁(정화)

O 합리성, 온화, 인공적인 빛과 열(문명), 온정, 원칙주의, 집중, 심장, [전기/전자/열], 용광로.
O 깔끔, 명랑, 합리적 현실인식('정관'의 특성: 느리지만 끈기 있음, 현실적/보수적/원칙적).
O [소박/조용/침착성/소심/은은함/신사적], [상상력/부드러움/섬세함/곡선적].
O [결단성↓/실천력↓], [소극적/완곡함/외로움], [아궁이/전열기/난로/온천탕].
O 예의, 좋은 외모, 내재적 [정열/열정], 남을 배려하는 온정, 건드리지만 않으면 얌전함.
O 속마음 감추기/음흉/曖昧模糊(애매모호)/附和雷同(부화뇌동), 생각이 많음(결단력 부족).
O 느리지만 성실함, [현실/현재]를 중요시함('정관'적 특성), 은근한 원칙주의.
O 용모단정하고 얼굴이 갸름한 편이다.
O 接神(접신)의 기회, 接神 기질, 서비스 업종 종사(외교/접대/봉사/감성노동) 관련.
O 辛금은 丁화를 두려워함(녹여 버리기 때문).
O 丙화는 金을 제련만 할 뿐이지만, 丁화는 金을 녹여 버린다.
O 壬수를 좋아함.
O 왕성한 癸수를 두려워하기에 戊癸 合을 해주는 戊토를 반긴다.
O [甲목과 寅목(건조 木)/庚금(가지치기)]를 좋아함.
O [乙목/卯목]을 꺼림(습기 때문).
O 丙화(태양)를 두려워 함([밝기/속도/힘]에서 열등하기 때문).

O 丁丁 병립(긍정적인 주변 도움, 좋은 인상, 배려심 깊은 친구, 문명, 문화, 人德 없음, 외로움).
O 장기: 심장(心臟).
　신체: 혀, 혈관, 신경, 시력, 턱, 복부 부분.
* 해당 오행이 [너무 강성/아주 쇠약]할 때 발생되는 [증세/질환]:
　심장 질환(壽命관련 주의), 심신 장애, [水기운 관련성: 신경쇠약/분노조절장애/불면증/신내림(接神접신) 경향], 시력 장애, 신경통.

O 物象 관련: 달, 별, [전기/전자/인공 열/인공 빛/전시/광고/홍보/컴퓨터/디스플레이] 관련 업종, 금융/유통, 뜨거운 물질관리, 안내/봉사, 주유, 가스, 사진, 레이저, 통신, 전파, 반도체, 모터, 보일러, 감성 풍부(시각예술/미술/디자인 관련), '정관'적 특성.

　* 丁丁 병립도 [人德/人福]이 없다고 부정적으로 해석(강헌 說).

* 丁화 일간은 [여성 상대/밤 활동/밤 직업/열 관련] 직종이 좋다.
　丙화 일간은 [남성 상대/낮 활동/낮 직업/빛 관련] 직종이 좋다(간산 說).

⑤ 戊(무토)

O 중력, 자연의 땅(공간/허공/대기권), 방대/신비, 자존감.

O 陽운동의 끝(甲목->乙목->丙화->丁화->'戊토'). * 좁게는 地表 위의 공간(동물적 공간).

O 고집불통/강직/뻣뻣/융통성 부족, 메마른 토양(己토는 습토), 종합과 통일, 사회와 집단중심.

O 포용성(몸집 또는 허리가 굵은 경향), 내면적 허약성(허세/교만/자부심/자기주장-강).

O 흩어지지 않게 중심을 잡아줌(균형/안정감/중력). 조절/중화/촉매/중개.

O 무뚝뚝함/독선/고독/고지식/답답함/느림/노련함/신비/종교/철학('편인'적 특성).

O 대기권/만유인력/끌어당김, 믿음/자기 확신, 신뢰, 중립(중재, 양다리 걸치기와는 다름).

O 광범위/방대/광활(큰 스케일). 단기 목표에는 집착. 끈기가 약하고, [포기/체념]이 빠르다.

O [장남/장녀]의 역할(맡는 주로 [甲목/丙화/戊토]가 많다).

O 겁 많고 귀 얇은 보수 성향과 신중함(변화 없음. 상황 대처능력 미흡).

O 은근히 [음식/파티/고기/술/모임] 등을 좋아하고, 즐김.

O 광활한 저장성(큰 창고. 비대 혹은 살집이 좋음), 탁월한 기억력, 부담감, 원만함, 폐쇄적.

O 신강한 戊토: [힘/주체성]도 좋고 강한 [카리스마/과시욕구], 무간섭주의, 과시(권력 지향적).
  신약한 戊토: 신용문제 발생, 미약한 주체성(주변의 업신여김), 소외, 왕따, 종교적 맹신/광신.

O 癸수를 좋아함(戊토는 甲목과 스며드는 癸수를 꼭 필요로 함).

O 戊토와 己토는 사이는 별로지만 서로에게 상대적 [이익/실리]를 제공한다.

O 戊토는 火기운을 필요로 하지만, 火기운의 왕성을 반기지는 않는다.

O 戊토를 불편하게 만드는 것은 오직 甲목(乙목은 위협이 되지 못함)이다.

O 월지 辰토를 가장 반긴다(비겁 土기운을 보강하면서, 癸수는 '약방의 감초격'이기 때문).

O [월지/시지]에서의 寅申 沖(충)을 가장 두려워한다(주변의 안정을 좋아하는 戊토는 지지에서 역마적 성향의 寅申 충이 오는 것을 본능적으로 싫어한다. 물론, 辰戌 충도 아주 꺼린다).

* 고립 戊토(주변의 충극을 받는 戊토)+지지 인신 충: [건강문제/신체손상/몸 상실]의 위험성.

O 戊戊 병립(큰 스케일, 광활한 해외 역마 기질, 원대한 [꿈/목표]이지만 실속 없음, 지나친 아집, 주변을 불편케 함, 큰 몸집, 둔중/둔감/느림).

O 장기: 위(胃).   신체: 입, 발, 코, 살(지방), 허리, 옆구리 부분.

* 해당 오행이 [너무 강성/아주 쇠약]할 때 발생되는 [증세/질환]:
  장 [염증/팽창], 소화불량, 구토, 피부 감염, 당뇨, 결석, 비만, 요통.

O 戊토의 시공간적 특성: 대지/대기권/놀이터/활동 공간/삶의 환경/먹고 살아가는 현실세계.

O 物象 관련: 온천, 제방/뚝, 광활한 [산/평야], 토목/건축, 지구, 집, 건물, 대지, 대기권 공간, 기체 공간(戊토 속의 壬수), 건조 토양, [종교/철학/활인업(의약)] 관련 업종, '편인'적 특성.

O 戊토 일간이거나 戊토 식신일 때 나타나는 성향(간산 說).
  1. [음식/고기/술/유흥/파티/모임/만남/즐김/특이한 식욕과 성욕]과 관련된 성향이 나타남.
  2. [느림/게으름/낙천적 성향/긍정적 태도/수용성] 등의 경향성.
  3. 식신(모임/술자리/같이 밥 먹기) 生 재(재물/고객/사업/계약 성사/人的 네트워크).
  4. 식상을 잘 사용하면, 그 결실(재성, 재물)의 가능성이 훨씬 높아진다.

⑥ 己(기토)

O 수용(성), 생명력의 땅(생존 공간), 내면 지향, 안정감/현실감/자질구레/소규모.
O 陰운동의 출발('己토'->庚금->辛금->壬수->癸수). * 좁게는 地表와 그 아래 공간(식물적 공간).
O [가정적/포용성(경청 체질)/안정감/정리정돈] 기질, 나(개인주의) 중심, 몸(이기주의) 중심.
O 온화한 습토(윤습한 토양), 가이아, 지구.
O 냉정함(양면성)/의심/신중, 비밀과 사연이 많음.
O 母性/母性愛(모성애)/생명성/키움([교육/양육/보육]의 기능), '정인'적 특성.
O 중화/중립, 느긋함(느림), 명상, 단조로운 편안함.
O 내면 지향적/마음상처 잘 받음/감정 은폐(화병)/은근한 고집.
O 수동적 방어(정신 건강 조심). 손해 안 보는 체질(실리 집착). 낮은 이혼율.
O 타인 배려/경청/치밀한 표현능력/자질구레/섬세함/다정다감.
O 자기주장 弱, 불만표출 弱(화를 잘 참지만, 한번 터지면 감당이 안 됨).
O 경쟁과는 어울리지 않음(과하면 고집, 약하면 이기심), 인내심.
O 戊土와 己土는 사이는 별로지만, 서로에게 상대적인 [이익/실리]를 제공한다.
  이런 상황에선, 戊土에게는 약간의 이익이고, 己土에게는 약간의 손해로 나타난다.
O 戊土는 쉽게 포기하는 경우도 제법 있지만, 己土는 절대 포기하지 않는 [집념/끈기]가 있다.
O 공간적 범위를 지표 아래 공간(식물적 공간)으로 보기도 한다.
O 戊土는 水와 木의 왕성함을 두려워하지 않음.
O [壬수/辛금]은 己土를 싫어함.
  1. 己土濁壬(기토탁임): 己土는 壬수의 맑은 물을 흐리게 함.
  2. 흙으로 덮어서 辛금의 빛남을 방해함.
O [축미] 沖(충)을 아주 꺼린다.
O 甲乙목(동식물的 성향/성장/생존/생명력)은 모두 己토(생물적 생존환경)를 필요로 하고 좋아함.
O 己토는 [丙화/癸수]를 좋아함. 己토에게 가장 필요한 것은 丙화.

O 己己 병립(소규모 역마기질, 수동적 안정감 추구, 일과 사업에서의 기질적 장애, 일은 많은데 실속이 없음, 느림. 서로 같은 己토끼리는 싫어하고 오히려 戊土를 반김).

O 장기: 비장(脾臟. 지라).   신체: 팔, 무릎, 허리, 배, 피부, 가슴(흉부) 부분.
* 해당 오행이 [너무 강성/아주 쇠약]할 때 발생되는 [증세/질환]:
  장 [염증/팽창], 소화불량, 구토, 피부감염, 아토피 체질, 당뇨, 결석, 비만, 요통.

O 物象 관련: 옥토, 논밭, 담장, 성벽, 바둑, 중개자, 매개자, 벽돌, 도로, 도자기, [고체/액체] 공간(己토 속의 癸수), 과수원, 삼림, 묘지, 주차장, 지구, 습한 토양, 교과서, 액체, 어머니, [유동성/수동성/안정성/동식물] 관련 업종, '정인'적 특성.
* 土 속에 水가 존재함(토훼수: 土는 水를 감싸고 관리하는 存在의 집. 土는 水를 포용함).

⑦ 庚(경금)

0 독립적 주체(성), 고치다, 단단함, 개선, 결실, 수확, 브레이크 기능, 금전(재물), 형체 고착.
0 금지/정지/엄숙/예의/상하 수직적 질서/가지치기(비판/잔소리/정리), 肅殺기운(성장 억제).
0 독일(유럽)的, 자주성/정체성/독립성('비견'적 특성. 자기과시 기질), 자아, 정신.
0 일관성/오만한 원칙주의/독선적/천진난만/우직(세련미 없음).
0 고집은 있으나 私心은 없음. 이해가 안 되면 승복하지 못함.
0 꼼꼼한 준비, 결과 중심주의, 결과에 집착, 끝장 보기, 불굴의 의지, 자기 확신.
0 주체성[고집(甲목: 경쟁과 시기질투의 고집. 庚금: 폭력과 제압의 고집)].
0 적응, 환경적 제약(열악한 환경-생명력 제약-약자에 대한 배려와 집착).
0 잘 안되면 [좌절/포기] 경향, 두려워하는 마음(스트레스, 자폐증 경향성)도 內在되어 있음.
0 지적 이해력↑, 비판적 논리(성), 정신적 삶(형이상학/인문철학)을 중시.
0 무거움과 느림, 새로운 [환경/변화]를 싫어함(보수적), 성찰/반성/관조/엄격/완벽주의.
0 乙목(약하고 부드러운 존재)에게 끌림.
0 여성 庚금 일간은 특히 배우자(남편)와의 관계 정립에 유념할 필요가 있다.
0 丁화(온기, 제련)와 甲목(도끼 庚금의 입장에서 가지치기 활동의 대상)을 좋아함.
0 庚금은 甲목을 좋아하지만, 甲목(특히 寅/卯/辰 월)은 庚금(가지치기)이 부담될 때도 있다.
0 같은 괴강이라도 庚辰보다 庚戌이 힘이 세고, 부정적 영향력이 크다.
   庚금은 濕土(습토)인 丑토, 辰토를 반기지만. 乾燥土(건조토)인 未토와 戌토를 싫어한다.
0 庚금은 戊土를 만나면 매몰됨(그래서 庚금은 戊土를 제압하는 甲목을 좋아함).
0 戊土를 좋아하는(무계 合) 癸수를 꺼림. 戊土와 合의 관계가 없는 癸수는 무관함.
0 뜨거운 丁화(庚금을 녹여버리는 열)와는 거리를 두려고 한다. 단, 온화한 丁화는 괜찮다.

0 庚庚 병립[자기과시/독선적/방랑 경향으로 인한 역마 기질, 주변과의 부딪침/불협화음(싸움 소
리)↑/불화/상처/심신 손상, 너무 강한 힘, 타인을 피곤케 하는 힘].
0 장기: 대장(大腸).   신체: 털[체모], 뼈, 치아, 인후(목구멍)/성대(목소리), 허벅지 부분.
* 해당 오행이 [너무 강성/아주 쇠약]할 때 발생되는 [증세/질환]:
   [호흡기/기관지/신경계/대장/치주] 질환, 치질/변비/설사, [뼈/골수] 관련 질환, 인후염.

0 物象 관련: 원석, 원철광, 금속, 탄광, 철강, 기계공학 관련, 방앗간, 조선(소), 검/경/군/의사/
폭력(성), 타인을 [제압/구속]하는 성향, 殺氣, 무기(무겁고 중후한 무기), 차량, 중기, 광업, 호흡,
정신, '비견'적 특성.
* 庚/辛 금은 일단, 물(水)이 있어야 기능이 활성화된다.
* 민족의 성웅 이순신 장군도 일간이 庚금으로 알려져 있음.
* [무기/흉기/도구/기계]의 차별성(간산 說).
   庚금: 둔중한 무기나 기계. 탱크, 큰 칼, 창. 수술 장비, 은폐 불가, 남의 관심을 끌지 못함.
   辛금: 가볍고 빠른 무기나 도구. 권총, 활, 면도날, 칼, 침, 메스, 은폐 가능, 빛나서 이목 집중.

⑧ 辛(신금)

0 경쟁(심)적 주체성, '겁재'적 특성, 질투(심).

0 庚금 보다 더 물질지향的이며, 더 차갑고 작고 단단한 결정체.

0 보석과 면도날의 이미지, 자존심, 매운 맛, 세밀/섬세/예민/정리정돈/예리/맵고 독함.

0 까탈/독선/깐깐/냉소적(복수심과 뛰어난 기억력), 주변을 긴장케 함, 찌르기.

0 빛 흡수력/블랙홀/빨아들임, 총명/명석/분석비판력/논리정연/좋은 학습능력, 새로움.

0 살균, 절제, 부지런(솜씨/손재주), 혹독함, 경쟁, [구체적/물질적] 제어와 억제.

0 [목적/결과]를 중시, 살상무기/사냥도구, 압축, 칼, 가위, 다이아몬드.

0 억압, 싸늘함, 보석-뽐내기/냉정/과시/빛남/강력한 인정욕구(잘난 척/자기주장), 자존심.

0 [검/경/군] 특성, [냉혹/통제/칼날] 같은 단호함, [세련미/단정/깔끔/외모] 중시.

0 [자질구레함/천박함/복잡성]을 싫어함.

0 丙화(조명, 시선/이목 집중)를 좋아함(자신을 빛내 주기 때문).

0 辛금은 '자신이 날카롭게 빛나고 드러남'을 파묻어 버리는 己土를 싫어한다.
  [원만/온후]한 己土는 예리한 辛금을 부담스러워한다.

0 丙화는 辛금(블랙홀)을 두려워 함(丙화인 빛마저 흡수해버리기 때문).

*블랙홀: 자기 중력을 견디지 못하고 급격하게 붕괴되어 극단적인 초고밀상태의 천체를 '블랙홀'
이라고 한다(주변의 모든 것을 빨아들임). '홀'이라고 구멍이 아니며, 밝게 빛나는 블랙홀도 많다.

0 辛금은 丁화를 두려워(녹여 버리기 때문)한다.

0 辛금은 乙목이 두려워할 만큼의 영향력을 가진다.

0 壬수를 좋아하지만([세척/정화]시켜 주기 때문), 癸수를 꺼린다(무계습으로 戊土의 合去 때문).

0 戊土를 반긴다(자신을 녹이는 강한 丁화를 제어함).

0 辛금(신금 일간) 자체가 [예리/불안/예민]하기에 정신건강의 안정에 각별히 신경 써야 한다.

0 목적지향성 강함('한다면 하는' 성격).

0 水의 넘침(세척/빛남)은 괜찮지만 土의 과다(자신을 [매몰/함몰/탈광]시킴)함을 특히 경계함.

0 辛辛 병립(삶의 기복, 칼의 운명/예리/잔인/투쟁/냉정/복수심/인명 구제/인명 손상, 의사, 일
식집 주방장, 대장장이, 이미용 업종, 도살 업종 등).

0 장기: 폐(肺, 허파).   신체: 코, 피부, 인후(목구멍), 성대(목소리), 유방(가슴), 기관지, 다리.

* 해당 오행이 [너무 강성/아주 쇠약]할 때 발생되는 [증세/질환]:
  [호흡기/기관지/신경계/대장/치주] 질환, 치질/변비/설사, 피부염, [뼈/골수] 관련질환, 인후염.

0 物象 관련: 광물질, 정밀기계, 시계, 계산기, 의사, 대장장이, 조각가, 이미용사, 백정, 주방기구,
바늘, 가위, 침, 주사기, 칼, 면도날, 단단한 결정물(씨앗/견과류/보석/정밀기계), 과일, 결실, 찬
서리, 빛나는 보석(세공/연마) 관련업종, 장신구/액세서리/사치품, '겁재'적 특성.

* [庚/辛] 금은 일단, 물(水)이 있어야 기능이 활성화된다.

* 주체辛금+丙화: 빛나는 보석, 주체辛금+壬수: 깨끗한 보석, 주체丙화+辛금: 흡수당한 빛.

* 金水雙淸(금수쌍청).
  壬수+庚금(맑고 차다. 종합적 [분석/직관/예지/예측] 능력. 외향적 [종교/철학/역학]적 기질).
  癸수+辛금(맑고 차다. 분석적 [정리/직관/예지/예측] 능력. 내성적 [종교/철학/역학]적 기질).

⑨ 壬(임수)

0 궁리/상상력/표현/창조성/다양성. 자칫하면 [변덕/음흉/간사/비밀스러움]으로 비침.
0 [안정감/자기통제/적응력/기획력] 탁월. 새로운 시작. [흐름/변화/출발] 준비.
0 [통찰력/연구/탐구/깨달음]의 길('식신'적 특성. [종교/철학]에 심취, 심신 수련).
0 의지박약, 상승 後 형체 초월, [하강/이탈] 後 산만해짐, 크고 넓음(막힘 없음).
0 안 보임/하늘로 향함(상향성)/큰 활동 범위(子수<壬수), [활동 자제/정지/정체/움츠림].
0 휴식-침착-느림(적극성/행동력/실천력/협조성 부족). 정신적인 삶. 추상적. 형태 없음.
0 통상의 '水'기운 관련: 안개, 습도, 수증기, 종교, 철학, 범위가 큰 학문, 논리성.
0 큰 스케일/범위(대기권), 큰 무대의 청각예술.
0 기획 능력, 총명한 경영자의 象, 폭넓은 사고와 인식.
0 비판적 냉정함/차분/성실/침착/애교 없음/무표정/비협조.
0 유연한 사고(논리성), 생활력, 외부영향에 민감함, [몽상/생각/변덕성]이 많음.
0 [현실적 재물/물질/실리]를 중시(음흉함으로 오해 받음).
0 냉기/냉매/취약한 생식력/흡수력, 유동성, 戊토 속을 가득 채운 물질이나 존재가 壬수.
0 丁화를 좋아함. 丙화의 빛을 차단함. 木火기운이 왕성하면서 水기운이 위축되면 종교 투신.
0 [丙화/庚금(金水雙淸금수쌍청. 내면 성찰/辛금]을 좋아함. 己토를 싫어함(己土濁壬기토탁임).
0 싫어하는 己토를 합해 주는 甲목(갑기 合)을 좋아함.
0 [壬+壬]보다 [壬+癸]의 힘이 더욱 막강.
0 水기운 너무 旺하면:
    1. 戊己토(토剋수)로는 안 되고, 木으로 설기해야 함.
    2. [생각/아이디어/잡념]이 많아지고, 일거리도 겹쳐진다.

0 壬壬 병립[왕성한 도화 기질(인기/사랑/경쟁), 신중한 실패(너무 많은 생각), 연예인(서태지-3개 壬수) 기질, (인기)강사, 예능. 어렵게 얻은 작은 성공, 쉽게 당하는 큰 실패, 무서운 기세/쓰나미 (지진 해일)/홍수/큰물].
0 장기: 방광(膀胱, 오줌통).   신체: 머리카락, 입(입술), 혈액, 장딴지(종아리) 부분.
* 해당 오행이 [너무 강성/아주 쇠약]할 때 발생되는 [증세/질환]:
    [신장/비뇨기/순환계/性的(性慾)] 관련 질환, 당뇨, 만성 피로. 비만, 허리 통증, 코피.

0 物象 관련: 기체, 대기(공기), 큰물, 홍수, 쓰나미(지진 해일), 휴식, 큰 바다, 호수, 눈, 빙산, [종교/철학], [선전/홍보/광고] 관련, [발명/발상/창의/특허] 관련, [유류/주류/해운] 업종, 에어컨 관련업종, [연구/기획/강의] 관련, 저장성([창고/물류/유통] 업종), 침착, 무뚝뚝함, '식신'적 특성.
* 식상의 특성인 [자식 문제/性的 문제]에 대한 관심이 확장됨.
* 水 기운에 대한 일부 학자들의 다른 해석과 다른 견해가 있음을 구분할 것.
    [壬수(방광. 천간)+亥수(신장. 지지)]: 氣(기) 혹은 [정지된 水기운/허공의 水기운]으로 해석함.
    [癸수(신장. 천간)+子수(방광. 지지)]: 質(질) 혹은 '실제 흐르는 물의 본질'로 해석함.

⑩ 癸(계수)

O 사교(성), 온화(弱)/여림/의지박약/인정에 약함/충동성/정의감/눈물/내성적.

O 지혜/명석/논리적 설득력(외교 분야). 가장 똑똑하지만, 잘 속기도 한다(사기를 잘 당함).

O 생명력(木)의 근원, 시원 상큼, 女性(性), 물, 눈물, 습기, 혈액. 弱하지만 陰氣는 최고.

O 근토 속을 가득 채운 물질이나 존재(하향성). 진짜 물. 생명의 水기운(女-생리혈).

O [정서/감정]이 풍부하고 다양함, 유약/재치/발랄. 재물 인연 취약.

O 귀 얇음/의존성/외형중시/無定形(내리는 비는 고정된 형태가 없다).

O 이중성/변덕성(명랑과 우울의 양면성. 복잡성. [음란/변태]로 흐를 때가 간혹 있음).

O 신약한 癸수 일간은 특히 정신건강(우울증, 공황장애)에 주의할 것.

O 다양성(물의 변형: 액체/기체/고체 3단 변화). 대부분 근토 속에 존재하는 癸수 형태.

O 화술/사교성/소리감각 탁월(재잘재잘/졸졸/출렁출렁/촐랑촐랑). 水식상이면 말재주 최고.

O 활달/발랄재치/변덕(집중력 취약), 언변/논리/수다, 유희, 시원함-차가움-추위. '상관'적 특성.

O 작은 스케일, 하강-흡수-응고-응집-응축-집착-흐름-모임, 영혼의 정화(임종/죽음).

O 만남/모임(약하고 부드러워서 모이고, 만나서 재잘거리는 것을 좋아함. 소리. 청각예술).

O 운동성(하향. 上善若水. 流動性), 까다로움/정교/섬세/감수성/세심한 관찰/정확한 상황 파악.

O 의심 많음, 괜찮은 외모, 친밀한 외교력(비겁/주변 도움 있으면 큰 성장).

O 다정다감(감성 풍부), [호기심/질투심]↑, 일관성, 예술적 창의성, 부지런함.

O 신강한 癸수는 어디로 튈지 예측 불가하며, 壬수조차 두려워하지 않는다.

O 신약한 癸수라도 火, 土를 두려워하는 법이 없다. 지극히 [현실적/실리적]인 판단에 능하다.

O 戊土를 좋아함(무계 合). [세정-세척-세탁-정화] 작용.

O 의심 많은 癸수는 金의 생조(금생수)를 믿지 않고, 자신과 비슷한 [癸/亥/子]수, [丑/辰]토(특히 월지 자리)를 반긴다. 일상적 [생/극]에는 관심과 두려움이 없다.

O 끈질기게 흐르고(시냇물), 모이고(강물), 습하고, 도달하는(호수/바다) 성향이 물의 본성이다.

O 癸癸 병립(여성성 강화, 긍정적인 도화기운, 이중적 양면성, 우울증, 음란퇴폐 가능성, 일과 사업에서의 [추진력 부족/느림/결실 미약/힘든 성취]).

O 장기: 신장(腎臟, 콩팥). 신체: 뼈, 귀, [정액/난자/생리/골수/오줌/땀/침/눈물], 생식기 부분.

* 해당 오행이 [너무 강성/아주 쇠약]할 때 발생되는 [증세/질환]:
  [신장/비뇨기/순환계/性的] 관련 질환, 당뇨, 만성 피로, 허리 통증, 코피.

O 物象 관련: 액체, 작은 물, 움직이는 물, 눈물, 샘물, 빗물 그 자체(나머지는 빗물의 [변형/변질]), 시냇물, 우유, 온천, 목욕(탕), 하수, 소변, 물 관련 업종, 외교 관련, 감성 풍부(청각예술/음악 관련), 이중성(겨울/봄, 어둠/밝음, 오염/정화, 사교성(명랑)/내성적(우울), '상관'적 특성.

* 水는 土속으로, 속속들이 스며든다(간산 說).
  [무계 合. 토剋수. 水의 이런 성질을 적용하여, 土가 水를 관리한다고 말한다.]

* 癸수: 하향 유동성(그래서 소리를 내며, 구체적 형태를 가진다. 간산 說).
  壬수: 상향 분포성(그래서 소리가 없고, 추상적 공간 확보의 경향성을 띤다. 간산 說).

4부. 지지(地支)

1장. 지지(地支)의 이해

1). 지지의 특성

땅이 지배하는 12가지 원리와 힘, 지구(땅) 그 자체, 母, 자상함, 사람이 살아가는 물질세계, 후천적으로 다양하게 나타나는 변화가능성, 길흉화복이 現實化되는 공간, 寒暖燥濕(한난조습)의 변화 공간, 구체적 현실 여건, 생로병사가 일어나는 삶의 환경, 12진법의 원리.

1. 천간은 5행의 순서(목=>화=>토=>금=>수)대로 기능과 작용이 나타나지만, 지지에서 계절변화는 4행[4계절. 木(봄)=>火(여름)=>金(가을)=>水(겨울)]으로 나타날 뿐이다.

　화생금: 여름에서 가을로. 4계절에선 土가 없음으로 나타난다.

2. 12지지 순서: 子(자수), 丑(축토), 寅(인목), 卯(묘목), 辰(진토), 巳(사화), 午(오화), 未(미토), 申(신금), 酉(유금), 戌(술토), 亥(해수). ['천간 辛(신금)'과 '지지 申(신금)'을 혼동하지 말 것].

3. 지지의 5행과 음양 구분('+'='양', '-'='음', 體가 아닌 用을 기준으로 함)

　木(목): 寅목+/卯목-

　火(화): 巳화+/午화-

　土(토): 辰토+/戌토+/丑토-/未토-

　金(금): 申금+/酉금-

　水(수): 亥수+/子수-

4. 천간은 순수일관성의 동네라서 '體/用(체/용)'이 동일하고 오행의 순서(목/화/토/금/수)도 일관되게 전개되지만, 지지는 복잡다양한 동네라서 '體체'와 '用용'이 서로 다르게 나타나고 오행의 순서도 일관성이 없다(에너지 운동의 밀도가 높은, 지지의 [火/水]에서만 '체/용'의 음양이 반대로 나타난다.

<지지 體 기준>

　양(陽)의 지지 6글자: 子자, 寅인, 辰진, 午오, 申신, 戌술.

　음(陰)의 지지 6글자: 亥해, 丑축, 卯묘, 巳사, 未미, 酉유.

<지지 用 기준>

　양(陽)의 지지 6글자: 亥해, 寅인, 辰진, 巳사, 申신, 戌술.

　음(陰)의 지지 6글자: 子자, 丑축, 卯묘, 午오, 未미, 酉유.

2). 天干의 마지막 [癸수]와 地支의 첫 시작 [子수]는 서로 같은 '생명의 水기운'으로 연결되어 순환반복하게 된다는 사실(간산 說).

3). 지지는 물에서 시작(子수=陰의 水기운)하고, 물에서 끝(亥수=陽의 水기운)이 난다(간산 說).

　우리의 생존 공간에서 일어나는 생명[물. 水]의 순환반복성을 극명하게 보여 준다.

4). 地支(지지)는 후천적 교육과 경험, 본인의 의지와 노력 등으로 변화될 수 있으며 그리고 얼마든지 감출 수 있거나, 변화될 수 있는 성격과 심리를 말한다. 즉, 땅(생존 환경)이 나에게 부여해 준 것이라서 [노력/의도] 여하에 따라서는 '변화 가능성이 충분한 성분'인 동시에, 아주 다양하게 나타나는 복잡한 성분인 것이다.

5). 지지를 달리 말하면, 사람이 땅에서 살아가는 현실적 여건[구체적이며 복잡 다양함/물(物) 자

체/현실 환경(지구)/물질적 가치 중심/형이하학的/母/자주 변화를 일으킴]이라고 볼 수 있다.

6). 지지의 첫 시작 子(하늘 기운의 시작과 열림), 丑(땅 기운의 시작과 열림), 寅(사람 기운의 시작과 열림) 3개 지지에서 이미 목화토금수 5행을 모두 갖추게 되면서, 우주의 [생명/물질]系는 드디어 변화무쌍한 먼 여정을 시작할 수 있게 되었다.

7). 지지의 강약 비교: 학자들마다 지지의 강약 판단은 천차만별이다.

　　월지(계절)>시지(낮밤)>일지>년지(맹기옥 說).

　　월지>일지>년지>시지(일반 학설 1).

　　월지>일지>시지>년지(일반 학설 2).

8). 물상(物象) 결합[하나의 柱 안에서 같은 오행의 天干과 地支의 결합. 맹기옥 說].

　　하나의 柱에서 천간(象)과 지지(物)의 오행이 일치하면 천간[마음속의 생각/욕구/의도/욕심/'象']이 지지[현실적인 물질/환경/'物']에서 구체적 결합력이 발생하여, 실제로 무엇이 이루어진다고 본다. 즉, 천간의 뜻이 지지에서 구체적 형질로 실현된다는 말이다.

* 여기서의 '물상'은 '물상론(별칭 형상론. 자연에 존재하는 사물과 현상에 빗대어서, 추상적인 명리학의 개념과 현상을 보다 쉽게, 마치 그림처럼 보여주는 체계와 방법)'에서 말하는 '물상'과는 다른 뜻이니, 혼동하지 말기 바란다.

9). 간지와 같은 5행이 지장간에서라도 있어 지장간이 [刑/沖]으로 개고(開庫)되면, 뜻밖의 상황(1. 간지 결합. 2. 안 되던 合이 가능. 3. 드라마틱한 길흉화복)을 맞이할 수도 있다(맹기옥 說).

10). 특히 [직업활동/사회활동]을 살필 때는 월간을 기준으로 놓고. 월지의 십신(월지 지장간의 십신)과, 월지의 12운성(월지 지장간의 12운성)을 살펴보면 예상 밖의 직업사회활동과 관련된 정보를 알 수 있게 된다(간산 說).

　* 용어 정리: 지장간 초기=여기, 중기=본기, 말기=정기.

　* 왕지 [자/오/묘/유]의 중기(본기)는 午화를 제외하고, 대체로 성분이 순수(같은 5행)하다.

　* 더구나 3합의 중기(본기)는 모두 5행 성분이 같다는 사실에 주목할 것.

　* 예시 1) [申-子-辰]의 水 3합은 중기[壬수-癸수-癸수]가 모두 水기운으로 동일하다.

　　　　　　 그래서 사회직업활동을 살필 때 월지 지장간 중기를 비중 있게 보는 것이다.

　　예시 2) 水 방합 [亥/子/丑]의 중기는 [甲목/癸수/辛금] 등으로 아주 다양하게 나타난다.

11). 뒤에 나오는 지지의 지장간 첫 글자(초기=여기)는 반드시 앞 지지의 지장간 맨 뒤(말기=정기)의 글자와 같다. 즉, 같은 기운으로 반드시 연결되어 있다는 말이다(간산 說).

　* 예시 寅목의 마지막 지장간(말기)은 甲목, 뒤의 卯목 지장간 첫글자(초기)도 甲목이다.

　　　　반드시 같은 기운으로 연결되어 있다는 것을 잘 보여준다.

12). 겨울에서 봄으로 혹은 여름에서 가을로 접어드는 [寅/申]月처럼, 계절의 음양이 변하는 달에는 조심해야 한다. 未월(7월)의 지장간 말기(己토)가 申월의 초기(己토)로 비록 미세(己토1. 1/30 비중)하지만 같은 기운으로 반드시 연결되어야 한다. 己토로 끝났는데 갑자기 戊토로 시작할 수는 없는 것이다. 12개 지지가 모두 같은 원리로 적용되면서, 앞 지지의 말기와 뒷 지지의 초기는 동일 성분으로 연결되어야 자연스러운 것이다(간산 說).

2장. 12 지지 각론

① 子(자수). <오행 水. 음양 -. 지장간: 壬10-癸10-癸10(여기-본기-정기=초기-중기-말기)>

▲ 지지에서 하늘 기운의 첫 시작(간산 說).

0 [주역 24 지뢰복 괘 ䷗], 양력 12월, 한 달, 쥐(띠), 子正(자정. 子시의 정중앙=24시=00시, 終卽有始) 전후, 한밤중(子正).
  하루의 시작인 子時(자시)를 통상 한국 사주명리학에서는 23:30~01:30 사이의 2시간으로 본다.
0 天開於子(천개어자):
  하늘은 子時에 열리고, 하늘의 일은 子時에 묻고, 하늘의 주기는 子에서 비롯된다.
0 한겨울, 大雪 후 한 달, 正北 방향, 陰기운 절정(차가움/냉기/추위 절정), 冬至, 밤 활동.
0 액체(운동성, 유연성, 유동성, 변신변화, 은밀/은폐), 진짜 물(내리는 비, 액체).
0 얼음(응축 에너지), 어둠(야행성), 바다, 재주는 있으나 패가망신하기 쉽다, 생명(성).
0 정자-난자(종자, 견고-압축, 씨앗, 응축된 생명에너지, 多産, 성욕), 과잉 색정(패가망신).
0 꾀-잔머리-총명, 감수성-예민, 온도-낮음, 휴식, 수면. 사교성-水 식상이면 말재주는 최고.
0 최초의 일점 陽기운 시작됨(5陰1陽 지뢰복 괘 ䷗ 참조).
  밤이 가장 긴 동지(冬至)에 벌써 陽기운의 첫 발생이 시작됨을 주목해야 한다.
0 새로운 시작(씨앗, 종자, 생명의 시작, 응축된 에너지-웅크림-휴식 후 준비 자세)을 예비함.
0 쥐(多産성, 번식력). 움직이고 흐르는 물, 강, 하천, 에너지 비축(非활동성).

0 子子 병립: 주변의 인기, 막강한 영향력, 낮과 밤이 바뀌는 직업 인연, 桃花기질 발현.
  [연예(인)/의술/의학/생명] 관련, 어둠, 지하의 생활환경.

0 신장(腎臟. 콩팥), 뼈, 귀, [피/정액/난자/생리/뇌수/골수/오줌/땀/침/눈물], 생식기.
* 해당 오행이 [너무 강성/아주 쇠약]할 때 발생되는 [증세/질환]:
  [신장/비뇨기/순환계/性的(性慾)] 관련 질환. 당뇨. 만성 피로. 비만, 요통. 코피.

0 子대운/子세운[방향전환의 계기/급변상황 발생/새로운 일과 사업의 시작/큰 변화/은밀성/큰 활동 범위(子수<壬수). 특히 甲子대운일 때 큰 변화가 더욱 선명하게 나타남)].

0 子時: 23:30~01:30. 子月: 양력 12월(12월 6~7일경 대설부터, 1월 6~7일경 소한 직전까지).
  子時는 前날의 마지막 亥시가 끝난 직후부터 시작된다. 물론 하루의 시작은 子시부터다.

② 丑(축토). <土, -, 지장간: 癸9-辛3-己18>

▲ 지지에서 땅 기운의 첫 시작(간산 說).

0 [주역 19 지택림 괘 ䷒], 양력 1월, 새벽 2시 전후, 겨울, 소(띠).
0 地關於丑(지벽어축):
   땅은 丑時에 깨어나고, 땅의 일은 丑時에 묻고, 땅의 주기는 丑에서 비롯된다.
0 [월지/시지(丑월/丑시)에서 丑토는 土아닌 水로 판단. 계절적 조후를 중시].
0 소한 후 한 달(환절기), 습토, 차갑고 얼어붙은 토양, 혹한.
0 새로운 시작을 준비하는 냉혹한 끝 정리(뒤집어엎음), [냉기/추위] 절정(子수 바로 뒤).
0 여름에는 반갑지만 겨울에는 반갑지 않음, 번쩍이는 감각(아이디어/기획력)과 목표성취 열정.
0 싫은 일을 죽어도 못(안)하는 고집, 우직함, 습한 골짜기, 겨울 땅, 얼어붙은 동토(凍土).
0 陰운동이 陽운동으로 전환되는 변곡점.
   1. 陰운동의 [가을/겨울]=>(土개입 없음)=>陽운동의 [봄/여름].
   2. 未土: 陽운동이 陰운동으로 전환되는 변곡점(봄/여름=>(土개입)=>가을/겨울).
0 [미약/외형적 온순/소극/은근한 끈기/온화], 지하실, 굴, 터널, 논밭, 습지, 묘지, 감옥.
0 金(巳/酉/丑 金 삼합) 기운이 끝나가는 墓地(묘지)이자 水(亥/子/丑 水 방합) 기운을 마지막으로 보관하는 庫地(고지. 창고기능)이기도 하다.

0 丑丑 병립: 생각이 많고 너무 서둘러서 禍를 자초, 서두르면 위험, 일어날 수 있는 경우의 수를 미리 다 파악하는 준비성, 눈물 많고 상처 잘 받음, 강한 집중력, 꼼꼼함, 일관된 지속성, 자영업, 프리랜서, 소극적, 자질구레한 사건사고↑, 잦은 위기, [지배/억압/종속/갈등]을 못 참는 성격.

0 비장(脾臟. 지라), 췌장(膵臟. 이자), 피부, 무릎, 허리, 팔, 배, 가슴(흉부).
* 해당 오행이 [너무 강성/아주 쇠약]할 때 발생되는 [증세/질환]:
   아토피 피부염, [식욕/소화] 문제, 장 [팽창/가스], 당뇨, 결석, 요통.

0 지축의 변화(丑↔未 충, 특히 丑토일 때)
   뒤집어엎는 기운-->[지진/쓰나미/해일/화산 폭발] 등의 천재지변과 깊은 관련성(간산 說).
   진술 沖보다 축미 沖의 파괴력이 훨씬 더 크다.

0 丑時: 01:30~03:30.
   丑月: 양력 1월(1월 5~6일경 소한부터, 2월 4~5일경 입춘 직전까지).

* [子월/丑월]은 아직 새해가 아니다. 사주명리학에서의 새해 첫 시작은 寅월(양력 2월) '입춘(양력 2월 4~5일경의 절기) 절입시각'부터이다. 당연히 그해(年) 띠(동물띠)의 시작도 '입춘 절입시각'부터이다.

③ 寅(인목). <木, +, 지장간: 己1-戊6-丙7-甲16(간산 說)//戊7-丙7-甲16(일반 說)>

▲ 지지에서 사람 기운의 첫 시작(간산 說).

0 [주역 11 지천태 괘 ䷊], 양력 2월, 새벽 4시 전후, 봄기운 시작, 범/호랑이(띠), 立春 후 한 달.
0 人生於寅(인생어인):
  사람은 寅時에 일어나고, 사람 일은 寅時에 묻고, 사람의 주기는 寅에서 비롯된다.
0 火('寅'/午/戌 火삼합) 기운의 [시작/조짐/징조], 추진력.
0 뚜렷한 주관과 강한 권력욕심(3刑: '寅', 巳, 申).
  간혹, [승진/큰 성취/정면승부/전면전 기질/신체 손상/감방/수형 생활] 등의 현상으로 나타남.
0 "권력과 재물 욕심이 없으면 刑(형)에 걸릴 일이 없다"(간산 說).
0 생명활동 출발점, 권력욕심(3형의 강도: 巳>寅>申), 스프링, 탄력성.
0 [직진성/상향성/큰 나무/活木(활목)] 기질.
0 성급, 덜렁댐, 활동성(역마기질), 해동, 다소의 [밝음/따뜻함/뜨거움].
0 새롭게 시작하고, 변화하려는 기질적 특성. [자존심/명예/품위]를 중요시 여김.
0 사람 일과의 첫 시작, 힘찬 생명의 첫 움직임, 닭의 울음, 새벽 종, 가출(출가) 경향성.
0 寅목은 주관이 뚜렷하고, 卯목은 개성이 뚜렷한 것이 2개 木기운의 차이라면 차이다.
0 인신 沖 할 때는, [교통사고/신체 손상/골절] 가능성이 있다.

0 寅寅 병립: 생동감/경쟁력/활동성↑, [품위/명예/권력]에 강한 집착, 과잉 실천, over 기질, 질병과 신체손상의 역마 기질(특히 인신 沖일 때).

0 쓸개[膽囊담낭], 사지, 머리카락, 신경계, 머리 부분.
* 해당 오행이 [너무 강성/아주 쇠약]할 때 발생되는 [증세/질환]:
  심신 장애, [신경쇠약/불면증/분노조절장애(水기운의 문제)], 현기증, 만성 피로, 근육통, 신경통, 두통.

0 시작은 했지만 아직은 춥고 어려운 시기, 주변 火에 대해서 목생화 기능.
0 除濕(제습): [丙화의 힘+水기운 흡수기능] 때문. 불(火)을 살리고, 습기(水)를 제거하기도 함.
0 양력 2월 초순 寅월생들은 겨울(해자축 月)의 여파로 水기운을 제법 소유함(제거된 습기까지).
0 화폐, 가구, 직물, 목재, 섬유, 의류, 화폐, 문구, 생명의 첫 움직임(아픔과 고통이 수반됨).
0 나무줄기 甲목의 성격과 다소 비슷함.
0 寅時: 03:30~05:30. 寅月: 양력 2월(2월 4~5일경 입춘부터, 3월 6~7일경 경칩 직전까지).
  寅월 입춘(정확히 '입춘 절입시각') 절기부터가 새해의 시작이며, 그해의 동물띠를 결정짓는다.
  [사주명리학/자연과학]的으로는 寅월의 입춘(정확히는 입춘 절입시각)부터 새해가 시작된다.
  입춘 절기는 통상 양력 2월 4~5일 정도에 해당하는 절기이다.
  즉, 새해 시작의 기준 시점은 입춘(입춘 절입시각)부터이다. 초급입문자들은 명심할 것.

④ 卯(묘목). <木, -, 지장간: 甲10-乙10-乙10>

0 양력 3월, 토끼(띠), [주역 34 뇌천대장 괘 ䷡], 오전 6시 전후, 경칩 이후 한 달.
0 나무 뿌리, 봄(木)기운 최강, 정 東쪽 방향.
0 활발하고 끈질긴 생명력(성장성/활동성↑, 재잘거림/재기발랄/청소년 시기).
0 겁 많음, 침착성, 일관성(순수한 고집), 예술적 감수성(개성), 현명함, 잦은 사건사고, 파종.
0 妙한 [매력/끼/이중성/숨겨진 양면성/복합성/변태성/노출 경향] 기질.
0 寅목은 주관이 뚜렷하고, 卯목은 개성이 뚜렷한 것이 두 木기운의 차이라면 차이다.
0 木의 왕지(旺支: 자, 오, '묘', 유), 주변에 [안정/화평/즐거움]을 주는 능력.
0 중간 관리자나 참모로서의 역할.
0 주변과의 관계를 고려한 현명하고 이성적인 판단.
0 초목, 화초, 곡물, 과일, 야채, 간, 서책, 신문, 문방구류, 문서.
0 예측 불가한 방향전환.
0 잦은 이사와 이동, 직장을 자주 바꿈, 사업 아이템의 잦은 변화.
0 월지 卯목: 심미안/개성 뚜렷/탐미주의/순수 이상주의/탁월한 업무능력/멋과 바람기/도화기질.
0 동심의 세계, 청소년 기질, 사소함에 집착(특히 [일지/시지]일 때), 다양하고 자질구레한 사건.

0 卯卯 병립: [성장력/활동성/확산력/생명력] 최강, 微妙(미묘)한 끼와 매력(길흉판단 불가), 뼈 골절 조심(특히 卯酉 충에서).
　특히 [일지/시지]에서의 병립이 오면, 사소한 일로 많은 스트레스 받거나 반대로 남을 괴롭히는 경우(소외/왕따 의 가해자)로도 나타남.

0 간(肝), 눈, [손/발]가락, [손/발]목, 근육, (말초)신경, 혈관, 창자, 목, 척추, 정수리 부분.
* 해당 오행이 [너무 강성/아주 쇠약]할 때 발생되는 [증세/질환]:
　[신경쇠약/불면증/분노조절장애(水기운의 문제)], 현기증, 두통, [심신/수족] 장애, 만성 피로, [근육/신경]통, 장염(腸炎. 창자 염증).

0 잔가지와 잎, 나무 乙목의 재질과 성격.
0 환경적응력이 뛰어남, 현실과 잘 타협함.
0 특히 [卯/酉] 충에서 신체 손상, 뼈 손상(골절)이 오기 쉽다.
0 높은 교육열과 자식사랑.
0 신앙 체질, 종교에 귀의하기 쉬움. [맹신/광신]의 위험성.
0 새로운 일들이 만들어지고, 일어나지만 [실속/실리]가 별로 없다.

0 卯時: 05:30~07:30.
　卯月: 양력 3월(3월 6~7일경 경칩부터, 4월 4~5일경 청명 직전까지).

⑤ 辰(진토). <土, +, 지장간: 乙9-癸3-戊18>

0 양력 4월, [주역 43 택천쾌 괘 ䷪], 오전 8시 전후.
  龍(띠) (*龍: 水기운. 권력 의지. 왕. 황제. 가장 극심한 변화), 완연한 봄, 청명 이후 한 달.
0 [월지/시지(辰月/辰時)]에서는 辰토는 土아닌 木으로 판단. 계절적 조후를 중시.
0 식물의 배양과 파종에 가장 좋은 생명력이 넘치는 땅(기름진 흙+생명수 癸수+생존 의지).
  [生命 土(흙+습기+온도+영양+생명력)/辰월생 여성들의 높은 임신 가능성].
0 甲辰(甲목이 뿌리내리기 가장 좋은 토양. 옥토에 뿌리 내린 나무).
0 화창한 봄날/풍류와 예술적 재능/관광/아름다운 자연, 따스함/피부 질환/활동적.
0 극심한 변화(변신/배신/봄기운 절정의 환절기이지만, 이미 전환과 급변의 기운이 깔림).
0 4월 변덕스러운 봄 날씨, 자신과 주변을 피곤케 함, 주변과 타협 필요성.
0 밤(陰-)의 일이 끝나고 낮(陽+)의 일이 시작됨.
0 [완벽주의/고집/주변 피곤/편집증]的 성향.
0 지지 4토(진술축미 土) 中 유일하게 [권력 의지(龍)/지배 욕구]를 갖고 있음.
0 水(申子辰 삼합)기운이 끝나가는 墓지이자, 木(寅卯辰 방합)기운을 보관하는 庫지(창고기능).
0 문자와 생명력이 모인 공간이며 [유치원/학교/교육/도서관/책/지식/정보]의 기능도 있다.
0 좋은 [성장배경/성장조건/성장환경] 그 자체, 최적의 생명성 습지(木이 가장 좋아하는 토양).
0 시원한 상태, 높아진 기온, 한랭한 계절에는 아직도 결빙 가능(약점), 습지, 진흙.

0 辰辰 병립: 변화무쌍, 自刑, 변덕스러움, 균열/붕괴/갈라 터짐, 원치 않는 임신 가능성, 쌍둥이
가능성, 정신건강 조심, 피부 관련 질병가능성, 아토피 증세.

0 위(胃), 입, 발, 코, 살(지방), 허리, 옆구리 부분.
* 해당 오행이 [너무 강성/아주 쇠약]할 때 발생되는 [증세/질환]:
  장 [염증/팽창], [식욕/소화] 문제, 구토, 비만, 권태증[싫증], 피부감염, 요통, 결석.

0 댐, 저수조, 부엽토, 완벽주의, 편집 성향, 갯벌, 물탱크, 하루 일과(일/사업/작업/생활)의 시작,
풍류와 예술적 재능, 유치원, 학교, 도서관, 본격적 생명활동 시작, 생산력과 생명력 최강.

0 辰時: 07:30~09:30.
  辰月: 양력 4월(4월 5~6일경 청명부터, 5월 6~7일경 입하 직전까지).

* 辰/戊(진/술) 土 비교(간산 說)
  辰토: [시작/출발/생명] 활동으로서의 변화. 水(신자'진') 기운의 묘지.
  戊토: [상실/마무리/결실/정리] 활동으로서의 변화. 火(인오'술') 기운의 묘지.

⑥ 巳(사화). <火, +, 지장간: 戊7-庚7-丙16>

0 양력 5월, [주역 01 중천건 괘 ䷀], 오전 10시 전후, 뱀(띠), 늦봄에서 초여름.
0 더위 시작, 별, 달, 입하 이후 한 달.
0 빛나는 [물질/사물/현상] 관련, 본격적인 陽기운이 점차 [확산/강화]됨. 화려.
0 여름 시작, 낮 시작.
0 丙화적 기질, 지장간 庚금(火훼金 지장간끼리 극하는 유일한 생지)에 주의.
0 뱀: 왕홀, 권위, 의약, 권력(지향성), 왕관, 복장, 신성성 등에서 대표 상징성을 갖고 있음.
0 陽기운의 절정(6陽의 중천건 괘 ䷀, 지장간이 모두 극강한 陽기운).
0 거칠 것 없는 청년기, 왕성, 욱하는 성격, 다혈질, 과잉한 性的 본능, 감정조절 미숙, 독단, 타
협불허, 유아독존.
0 어두운 곳을 비춤, 의심 많음.
0 상대를 의식하며, 예의를 지키는 깔끔한 성격. 섬세한 감수성과 예민함.
0 직설적 언어, 구설수(舌禍).

0 巳巳 병립: 막강 金기운 내포, [인내심/지구력/지속성] 취약, 권력 집착, 역마기질 갖춘 활동성,
적극성은 좋음, 과잉 대처나 over 기질, [일관성/끈기/조심성/꼼꼼함] 부족의 문제점.
* [丑丑 병립=꼼꼼/집중력/지속력 막강]과 강한 대비를 이룸.

0 소장(小腸), 치아, 눈, 혀, 혈압, 체온, 어깨, 얼굴 부분.
* 해당 오행이 [너무 강성/아주 쇠약]할 때 발생되는 [증세/질환]:
  심장질환(壽命관련 주의), 패혈증[패혈성], 고혈압, 수족 냉증, 안면 마비, 임파선, 심신 장애.
  [水火 충돌 時: 신경쇠약/분노조절장애/불면증/구강 건조/마비 증세/신내림(接神접신)].

0 [적극적/진취적] 행동化, 인내심/끈기] 취약, 開花 시작, 짝짓기, 뱀.
  자동차, 전기/전자, 기차(철로), 광선, 혈압, 빛, 性的 욕망.
0 권력의지/권력욕심(강도: 巳>寅>申). [활동적/정열적/자기표현] 능력. 강한 개성.
0 金기운의 [시작/조짐/징조], 丙화 주성분(인신'사'해: 4生地), 직진, 화급, 성급.

0 巳時: 09:30~11:30.
  巳月: 양력 5월(5월 6~7일경 입하부터, 6월 6~7일경 망종 직전까지).

⑦ 午(오화). <火, -, 지장간: 丙10-己9-丁11>

0 양력 6월, [주역 44 천풍구 괘 ䷫], 낮 12시(正午) 전후, 말(띠), 夏至, 한여름.
0 시작, 망종 이후 한 달.
0 정 南쪽 방향, 火의 旺地.
0 午화(5陽1陰, 천풍구 괘 ䷫)는 낮이 가장 긴 하지(夏至)에 벌써 陰기운의 첫 발생이 시작됨을 주목해야 한다.
* 巳화(6陽으로 極陽한 상태임).
* 실제로는 巳화, 午화의 다음 단계인 [未월/未시]에 최강의 [열기/따뜻함/무더위]가 나타남.

0 불, 열기, 본질은 丁화(열/더위)이지만 넘치면 暴炎(폭염), 도화 기질, 파괴력.
0 陽기운 절정(최초의 일점 미세한 陰기운 시작됨). 주역 44 천풍구 괘 ䷫ 참조.
0 火기운 절정(시각-눈[目] 관련), 태양, 전기/전자, 엔진, 화약, 총포, 폭발, 연소.
0 시각 예술적 재능, 감수성, 정열/열정/맹렬. 힘 좋고 선이 굵은 스타일.
0 권력 집착보다 권력 파괴적 형태로 많이 나타남.
0 丙화, 丁화 근접의 폭발성을 차단하고자 중간에 지장간 己토(물기운을 가진 濕土)가 개입함.
0 본의 아니게 감추지 못하고 드러내는 성향.
0 외부의 시선을 의식함, 과시욕구↑, 창조적 자기 표현력↓, 감수성 좋고, 감각적임.
0 조명, 카메라, 화려함/화장품, 네온사인, 언론, 광고, 홍보.
0 외모 집착.

0 午午 병립: 활동 에너지 막강, 주변 인기, [폭력성/폭발성/파괴력] 있음, 연예인 기질↑, 길흉 선명, 막강한 영향력, 낮과 밤이 바뀌는 직업 인연, 桃花기질 발현[시각예술/연예/엔터테인먼트] 관련 직종.

0 심장(心臟), 혀, 정신, (심)혈관, 눈(시력), 신경, 맥(맥박), 복부 부분.
* 해당 오행이 [너무 강성/아주 쇠약]할 때 발생되는 [증세/질환]:
  심장질환(壽命관련 주의), 심신 장애, 시력 장애, 임파선, 패혈증, 신경통.
  [水火 충돌 時: 신경쇠약/분노조절 장애/불면증/구강 건조/신내림(接神접신)].

0 절정의 火기운이지만, 이미 밑바닥에선 陰기운이 시작되었음.
0 본초子午선의 기준점: 영국 그리니치 천문대 통과(경도 결정 기준).

0 午時: 오전 11:30~오후 13:30.
  午月: 양력 6월(6월 6~7일경 망종부터, 7월 7~8일경 소서 직전까지).

⑧ 未(미토). <土, -, 지장간: 丁9-乙3-己18>

0 양력 7월, [주역 33 천산돈 괘 ䷠], 오후 2시 전후, 진짜 여름 기운, 염소/양(띠).
0 [월지/시지(未월/未시)]에서는 未토는 土아닌 火로 판단.
  * 계절적 조후를 중시, 소서 이후 한 달.
0 늦더위, 가뭄(火의 質이 최강, 水기운 필요성).
0 陽운동을 끝내고 陰운동이 시작됨(봄/여름=>가을/겨울: 금화교역을 주도하는 未토).
0 未토는 가장 土다운 土기운.
  * 생물 성장능력의 진짜 土기운.
  * 물(水)만 갖추면 최선의 土([소나기/폭우/강우량]이 최고인 7월임을 잘 생각해 볼 것).
0 [열기/무더위] 절정(午화 바로 뒤), 서서히 성장이 중지됨, 다양한 사건사고, 삼복더위.
0 木(亥卯未 삼합)기운이 끝나가는 墓지이자 火(巳午未 방합)기운을 보관하는 庫지(창고기능).
0 나무의 성장을 막아 가을의 결실을 준비한다. 성장의 완성 시점이자 종착역.

0 未未 병립: 자질구레한 사건사고↑, 다사다난, 파란곡절, 잦은 위기에 대한 대응력 提高(제고)
필요성, 공간이동을 줄여야 함.

0 비장(脾臟, 지라), 췌장(膵臟, 이자), 피부, 무릎, 허리, 팔, 배, 가슴(흉부).
* 해당 오행이 [너무 강성/아주 쇠약]할 때 발생되는 [증세/질환]:
  아토피 피부염, 일반 피부감염, [식욕/소화] 문제, 장 [팽창/가스], 당뇨, 결석, 요통.

0 종교적 火기운: 불교[사찰/절].   종교적 水기운: 기독교[교회/성당].
* 불(火) 관련성: 未토, 戌토(火 방합 '사오미'의 未토. 火 3합 '인오술'의 戌토).
  물(水) 관련성: 丑토, 辰토(水 방합 '해자축'의 丑토. 水 3합 '신자진'의 辰토).

0 건조 토양, 주차장, 마을, 도로, 전신주, 건축재.
0 자존심 막강/섬세/예민/두통/스트레스/끈기.
0 丑토(癸/辛/己)와 대비되는, 사물을 길러 주는 뿌리 未토(丁/乙/己).
* 丑토: 골짜기 습한 토양. 未토: 고원의 넓은 평원(열기 포함).
0 火/土 기운 최강, 뜨겁고 건조한 토양(절대적으로 水기운 필요).

0 未時: 13:30~15:30.
  未月: 양력 7월(7월 6~7일경 소서부터, 8월 7~8일경 입추 직전까지).
* 겉으로는 土기운 막강이지만, 실질적이고 피부적인 느낌으로는 火기운의 절정에 가깝다.

⑨ 申(신금). <金, +, 지장간: 己1-戊6-壬7-庚16(간산 說)//戊7-壬7-庚16(일반 說)>

0 양력 8월, [주역 12천지비 괘 ䷋], 오후 4시 전후, 가을기운 시작, 잔나비/원숭이(띠).
0 입추 이후 한 달, 광물(질), 水기운의 [시작/조짐/징조], 金水의 기운을 공유함.
0 만물이 익어가고 단단해짐(申금에서 곡식은 익어가고, 酉금에서 완전 결실化).
0 肅殺之氣(숙살지기).
0 고개 숙인 벼, 서늘함(싸늘함), 역동적(陽의 기운이 점차 [약화/수습] 됨), 응고, 결실.
0 다재다능/재치/적확한 공간 인식능력/미적 감수성(화가, 조각가).
0 산만함(마무리 취약, 마무리의 왕은 酉금).
0 권력 욕심(강도: 巳>寅>申).
0 申금+식신([정치 평론/뉴스/언론/방송]에 관심): 분석하고, 지적하고, 찌르고 들어가는 맛과 멋.
  특히, [일/월]지 申금: [신뢰/영향력/인기]를 등에 업은 [언론/방송/예능] 계통(손석희, 김제동, 김어준 등)

0 申申 병립: 살벌함, 신체손상 사고 가능성(상체보단 하체 쪽), 권력집착, 변동성 큼(길흉 예측불가), 허리 아래(다리/발) 부상 혹은 질병 가능성, 질병성 역마 기질(특히 인신沖일 때).

0 대장(大腸), 털[체모], 뼈, 치아, 인후(목구멍)/성대(목소리), 허벅지 부분.
* 해당 오행이 [너무 강성/아주 쇠약]할 때 발생되는 [증세/질환]:
  [호흡기/기관지/신경계/대장/치주] 질환, 치질/변비/설사, [뼈/골수] 관련 질환, 인후염.

0 인/신 沖: [교통사고/신체손상/골절] 가능성, 중년 이후 몸이 불어날 가능성 대두.
0 예능적 감각+인문학적 소양+다소 파란만장한 인생.
0 강한 金기운 생성(생지의 공통점).
0 지지 申金(신금)의 지장간(戊/壬/庚)은 모두 [辰/戌]토와 만나서 魁罡殺(괴강살. 庚戌, 庚辰, 戊戌, 壬辰 일주)을 이룸(간산 說).
0 [서유럽/독일/프랑스/일본] 관련성.
0 가끔 산만, 감각적 재치, 다재다능, 미적 감각↑(화가/조각가/설치미술).
0 일주에 申금이 자리하면 특히 [건강/질병/신체손상] 등에 조심할 것(특히 인/신 沖당할 때).
0 차갑고 단단한 성분. 암반, 금속, 선박, 기계, 대장간, 정미소, 절단기, 바퀴, 다리, 발, 초가을.
0 금속성 [도구/물건] 사용. 큰 부자는 아니지만, 의식주에 큰 지장 없음.
0 [언론/매체/권력] 지향성(특히 언론권력 쪽).

0 申時: 15:30~17:30.
  申月: 양력 8월(8월 7~8일경 입추부터, 9월 7~8일경 백로 직전까지).

⑩ 酉(유금). <金, -, 지장간: 庚10-辛10-辛10>

O 양력 9월, [주역 20 풍지관 괘 ䷓], 오후 6시 전후, 완연한 가을, 닭(띠), 백로 이후 한 달.
O 결실, 추수, 수확, 매서운 서리 기운.
O 내성적/섬세함/기회상실(머뭇거림)/순간적 판단 취약.
O 가을(申금에서 곡식은 익어가고, 酉금에서 완전 결실化). 쇠붙이를 잘 다루는 [기술/재주].
O 성장의 [乙목/卯목]에게는 위험/치명타[최강의 金기운인 辛금의 성격(잠재적 폭력성) 때문].
O 보석/칼/패물, 金기운 中 최강, 의사, 한의사, (정밀)기계, 공학, 바늘, 가위, 종, 재봉틀(옷 관련), 침. [공학/엔지니어링/컴퓨터/IT] 쪽의 직업 관련성.

O 酉酉 병립: 살벌함, 인기/생명(의료)/연예(인)/강의(화술↑), 인기강사, 컨설팅 관련 직종, 영향력의 강화, 도화 기질.

O 폐(肺. 허파), 코, 피부, 인후(목구멍), 성대(목소리), 유방(가슴), 기관지, 다리 부분.
* 해당 오행이 [너무 강성/아주 쇠약]할 때 발생되는 [증세/질환]:
  [호흡기/신경계/대장/치주] 질환, 치질/변비/설사, [뼈/골수] 관련 질환, 인후염, 아토피 피부염, 천식.

O 서유럽, 독일, 프랑스, 일본 관련성.
O 金기운의 旺地. 金의 물질화. 천간의 辛금과 흡사.
O 正西 방향.
O 특히 卯酉 沖에서 신체 손상, 뼈 손상(골절)을 당하기 쉽다.
O 잠재력↑, 결단성↓, 안정성 추구.
O 불상, 액세서리, 암석, 광산, 주사기, 컴퓨터, 정밀 계산, 설계, [정밀/기계/전기/전자/금속] 공학, 금형 틀, 깔끔/냉정, 횟집 주방장, 조폭(칼), 살벌함↑.

O 酉時: 17:30~19:30.
  酉月: 양력 9월(9월 7~8일경 백로부터, 10월 7~8일경 한로 직전까지).

⑪ 戌(술토). <土, +, 지장간: 辛9-丁3-戊18>

0 양력 10월, [주역 23 산지박 괘 ䷖], 오후 8시 전후, 개(띠), 마지막 [추수/결실/정리/수습].
0 [월지/시지(戌월/戌시)] 에서 戌토는 土아닌 金으로 판단.
  * 계절적 조후를 중시, 한로 이후 한 달.
0 조열한(건조+미열, 丁화 때문, 인오술 火 3합) 토양, 늦가을.
0 투철한 신념(과격한 운동권), 자존심, 극단적 성패, 사색/성찰/반성/자서전/관조/관망.
0 싸늘함, 건조, 생명력 최약[조후상 金기운(금剋목, 木=생명). 戌월생 여성은 임신이 다소 힘듦].
0 잔존하는 마지막 열기(약간의 열기). 5陰1陽 산지박 괘 ䷖.
0 火(불, 寅午戌 삼합)기운이 끝나가는 墓地. 金(申酉戌 방합)기운을 보관하는 庫地(창고기능).
0 낮의 일은 끝나고 밤일이 시작됨(극단적 결실이나 극단적 재능).
0 무미건조한 토양(조토, 사막), 본격적 反생명활동(상실, 肅殺之氣, 거두절미) 시작.
0 영양가와 수분이 없는 토양.
0 戌월생 여성들의 임신의 어려움이 다소 있음(왕성한 식상기운이나, 水기운이 받쳐주면 해결됨).
0 결실 後의 쓸모없는 땅.

0 戌戌 병립: 주변 적막/쓸쓸, 저장성(창고/정리/마무리/끝장), [이익/실리/결실/결과물] 상실, 길게는 활동성 저하, 짧게는 과격한 행동화 경향, 영향력 축소, 광활한 역마기질(해외 근무/유학/방랑/이민/여행).

0 위(胃), 입, 발, 코, 살(지방), 허리, 옆구리 부분.
* 해당 오행이 [너무 강성/아주 쇠약]할 때 발생되는 [증세/질환]:
  장 [염증/팽창], [식욕/소화] 문제, 비만, 구토, 권태증[싫증], 피부 감염, 요통, 결석.

0 집, 부동산, 창고, 사찰, 墓地(丑토/戌토), 하루 일과(일/사업) 마무리.
0 心身이 분주하거나 과격해짐(지장간 丁화 때문). 역마기질과 바람(風. 주역 5손풍 괘 ☴).
0 풍류와 예술적 재능, [관광/아름다운 자연], 겉보단 속이 차분함.
0 戌(술)은 戈(과. 창/무기/흉기)의 象을 갖고 있다.
  사건/사고, 칼부림, 수술, 상처 등의 [흉터/흔적]을 몸에 남기기도 한다.
0 戌時: 19:30~21:30.
  戌月: 양력 10월(10월 7~8일경 한로부터, 11월 7~8일경 입동 직전까지).

* 辰/戌(진/술) 土 비교(간산 說)
  辰토: [시작/출발/생명] 활동으로서의 변화. 水(신자'진') 기운의 묘지.
  戌토: [상실/마무리/결실/정리] 활동으로서의 변화. 火(인오'술') 기운의 묘지.
* [불교/기독교]의 종교적 관련성(간산 說)
  불(火): 불교(적) 未토, 戌토(西쪽. [西方정토/저녁/일몰] 중요시). 아시아 대륙.
  물(水): 기독교(적) 丑토, 辰토(東쪽. [동방 박사/아침(해)/일출] 중요시). 유럽, 남북미 대륙.

⑫ 亥(해수). <水, +, 지장간: 戊7-甲7-壬16>

O 양력 11월, [주역 02 중지곤 괘 ䷁], 오후 10시 전후, 돼지(띠), 밤과 겨울 기운의 시작.
O 활동성과 에너지가 점차 약화되면서 줄어듦.
O [열기/에너지]의 충전과 휴식의 필요성. 陽기가 하나도 없는 6陰 중지곤 괘 ䷁.
O 하루 일과의 끝([동면/수면/꿈/휴식]의 시작점), 입동 이후 한 달.
O 비축한 에너지를 가동할 준비작업 시작. 씨앗 저장.
O 봄의 木기운을 서서히 끌어당김.
O 木기운의 [시작/조짐/징조]가 나타남.
O 씨앗 형태로 가고자 하는 운동에너지(甲목: [발아/응축]의 생명에너지)를 포함.
　봄 甲목을 키워내는 영양가 있는 생명수(다양한 성분의 지장간 戊甲'壬'. 목의 생지 '亥'묘미).
O 활동성 미약, 바다, 호수, 우물, 고여 있는 큰물, 바다, 빙과(류), 약수, 국물.
O [물/소리(청각 예술)/음란/섹시美] 관련 직종.
O 降雪(강설. 내리는 눈), 온순, 우직, 소심, 총명, 수동적/소심/낯가림, 베풀기를 좋아함.
O 가수(소리 감각), [휴식/수면] 직전(에너지 충전), 반성과 성찰, 흐르는 물, 소리의 힘.
O 해외 역마기질, 욕심 壬수의 특성(저장, 비축성).
O '밖으로' 보다는 '안으로'(휴식과 성찰을 통한 재충전. 간산 說).

O 亥亥 병립:
　1. [은퇴/은둔/칩거] 형태로 많이 나타남, 힘 빠짐.
　2. 범위 넓은 역마기질(특히 바다를 건너는 해외 역마).
　3. [인기/생명/의술/해외 비즈니스/국제 무역/힐링/연예] 분야의 직업적성.
　4. 분주하나 실리는 없음.

O 방광(膀胱, 오줌통), 머리카락, 입(입술), 혈액, 생식기, 장딴지(종아리) 부분.
* 해당 오행이 [너무 강성/아주 쇠약]할 때 발생되는 [증세/질환]:
　[신장/비뇨기/순환계/性的(性慾)] 관련 질환, 당뇨, 만성 피로, 허리 통증. 코피.

O 亥時: 21:30~23:30.
　亥月: 양력 11월(11월 7~8일경 입동부터, 12월 6~7일경 대설 직전까지).

* [壬수(방광. 천간)/亥수(신장. 지지)]를 정지된 水기운으로 보는 해석(맹기옥 說).
　대기 중에 체류하는 [존재/기운]으로 본다는 것이다.
　자연적으로, [癸수(신장. 천간)/子수(방광. 지지)]를 흐르는 물(質질. 流류)로 인정함.
* [인기 연예(인)] 업종: 子子, 午午, 亥亥 병립. 水가 식상이면 말재주는 최고.
　[인기 강사/강의] 업종: 酉酉 병립.

5부. '사주 원국'의 구성과 大運의 [계산/배열]법

1). '사주 원국'의 구성

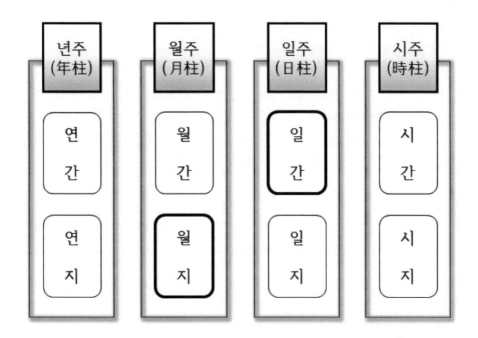

1. 사주는 그 사람이 태어난 [년(연주)/월(월주)/일(일주)/시(시주), 4개의 柱]를 간지(천간+지지)法으로 만들어 기둥(기둥 柱주)처럼 상하로 세워 2글자로 표기한 모습인데, 마치 큰 건물(운명의 건물)을 지탱하는 기둥처럼 보인다는 형상에 착안하여 '四柱(사주. 운명을 떠받치는 네 개의 干支기둥)'라고 부르면서, 통상 '인간의 운명을 지배하는 4개의 기둥'이라는 뜻으로 사용하기 시작했다. 개인의 사주를 기록한 형태를 '四柱 原局(사주 원국)', '四柱 命式(사주 명식)'이라고 부른다.

2. 사주 원국 8글자 중에서는 **'일간'이** 제일 중요함(일간=그 사람 자체, 본원).
    통상 개인의 '사주 명식'을 살필 때 '일간'을 가장 먼저, 가장 비중을 두고 살핀다.
    그다음은 세력과 배경이 되는 **'월지'** 자리(영향력과 비중이 최강). 다음은 '일지' 자리.
    4주 中에서는 日柱(일주)가 그 사람을 대표하는 柱(주, 기둥 주)라고 본다.
    그래서 일주만 보면 사람의 대체적인 [윤곽/특성/심리/성향 등]을 파악했다고 해도 과언이 아니다(간산 說. '간산 사주명리 일주론' 참고). 바로 이점이 '일주론'의 등장 배경이기도 하다.

3. 年柱(연주. 태어난 해의 간지): 年干(연간, 출생한 해의 천간)+年支(연지, 출생한 해의 지지).
    2015 乙未년 出生(염소띠, 양띠)이라면 연간=乙(을)목. 연지=未(미)토, 연주=乙未(을미).

4. [연주/월주/일주/시주] 모두 4개의 柱(주. 기둥 주)로 구성되었기에 四柱(사주, 4주)라 한다.
    연주(내 조부모)에서 12개 단위가 분화되어 월주(내 부모)가 되고, 일주(나 자신)에서 12개 단위가 분화되어 시주(내 자식)가 된다. 거꾸로 말하면 12개 時(시주)가 모이면 하나의 日(일주)이 되고, 12개 月(월주)이 모이면 하나의 年(연주)이 된다.

5. 하나의 柱는 2개 글자의 干支(간지. 천간+지지)로 이루어져서 모두 8개의 글자가 된다. 그래서 八字(팔자. 8자)라고 하는 것이다. 물론 간지 2글자는 천간 1글자와 지지 1글자가 순서대로 결합한 형태로 모두 60개(일명 60갑자)의 간지가 있다.

6. 사주(사주 원국, 사주 명식)를 작성할 때는, 반드시 만세력을 보고 확인 또 확인하여야 한다. 실수를 줄이기 위해서 책자 만세력과 컴퓨터 만세력(프로그램化된 자동 만세력) 두 가지로 교차 확인하는 것이 가장 좋은 방법이다. 프로그램化된 자동 만세력을 너무 믿지 말기 바란다. 많은 [프로/전문가/학자]들이 초급입문자들에게 꼭 해 주고 싶어 하는 한결같은 충고다.

7. 사주의 작성 배열순서는 [좌->우], [우->좌] 보통 2가지 방식이 있지만, 고전명리학에선 [우->좌] 고정배열 방식이었다. 그러나 현대명리학에선 [좌->우]의 방식이 보다 효율적이라고 필자는 생각하고 또 그렇게 사용하고 있지만, 강요할 생각은 없다. 어디까지나 그것은 개인의 자유다.

2). 대운의 [계산/배열]법

1. 1년의 운을 歲運(세운. 별칭 小運소운, 年運연운), 10년의 운을 大運(대운)이라고 한다.
    대운을 [계산/작성]하기가 상당히 까다롭고 복잡하기에 요즘은 거의 자동화된 프로그램이나 앱을 이용하는 대세다. 시중에 [개원/개업] 중인 프로들조차도 手記의 대운 [계산/작성]법을 모르고 있으니 참 난감하고도 부끄러운 일이다. [프로/전문가/학자]가 아니더라도 자신의 사주에 해당되는 대운은 스스로 계산하고 작성할 수 있어야 한다.
    대운을 흔히 '가장 좋은 운'이라고 오해하는 사람들이 많은데 10년 세월이 1년보다 길고 크다는 의미에서 '큰 大'字를 사용했을 뿐이다.

2. 大運은 '일간'의 음양이 아니라, '출생 연간의 음양을 기준'으로 구분하고, 다시 남녀로 나누어 살핀다.

3. 대운 진행은 '월주를 기준'으로 순행하거나 역행한다.
    순행: 陽 연간 남성, 陰 연간 여성.
    역행: 陽 연간 여성, 陰 연간 남성.

4. 대운의 계산은 예시를 보면서 직접 체득하는 것이 가장 빠르다.

5. 대운을 적을 때는 반드시 100살 넘어가게 적는 습관을 들이도록 할 것(특히 市中에 개업 중인 프로들은 유념할 것). [來訪客(내방객)/고객/상담 의뢰자]에 대한 최소한의 [예의/배려]이다.

3-1). [예시 1] 남성 사주 원국(고전적 명칭: 男命남명, 乾命건명)
　　　 2018. 08. 15. 20:00 출생(양력)한 남성--> 四柱: 무술년, 경신월, 기묘일, 갑술시.

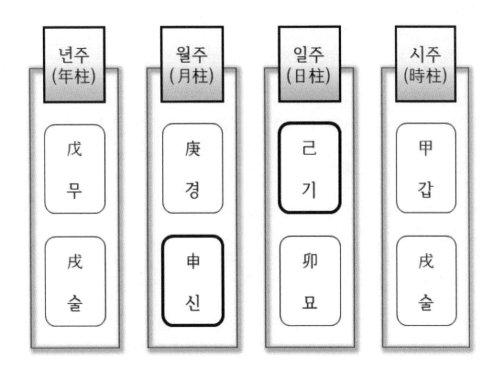

　　다시 강조하여 말한다. 大運은 일간(태어난 날)이 아니라, 연간(태어난 해)의 음양을 기준으로
구분하고, 다시 남녀로 나누어 살핀다.

　　대운 진행은 '월주(태어난 달)를 기준'으로 [순행/역행] 한다.
　　順行: 陽 연간 남성, 陰 연간 여성.
　　逆行: 陽 연간 여성, 陰 연간 남성.

　　[예시 1]의 남성은 연간 戊토가 양이고 남성이기에, 대운 진행은 '순행'이다.
　　(월주 '경신' 기준: 8세 신유대운->18세 임술대운->28세 계해대운->38세 갑자대운->48세 을축
대운->58세 병인대운->68세 정묘대운->78세 무진대운->88세 기사대운->98세 경오대운. 出: 프
로그램化된 자동 만세력).

　1. 생일 [2018년 08월 15일] 이후로 순행. 8월 절기 입추는 이미 지나갔고.
　　　다음 9월 절기 '백로'(2018. 09. 08. 01:30. 만세력 기준)로 향하는 순행.
　2. 본인 사주: [2018. 08. 15. 20:00]
　3. 순행의 결과: (순행하는 '백로'절기=2018. 09. 08. 01:30)-(본인 생일=2018. 08. 15. 20:00)
　　　　　　　　　=23일 05시간 30분=[23일 2.75시진. *참고: 1시진=2시간. 12시진=24시간].
　4. 3번 항목의 결과치 [23일 2.75시진]을 나누기 3(÷3) 하면: [몫 7. 나머지 2. 2.75시진].

5. [몫 7. 나머지 2. 2.75시진]을 환산하면.
   [몫 7=>7년//나머지 2=>240일(2×120일=240일)//2.75시진=>27.5일(2.75×10=27.5일)].

6. [7년 240일(8개월) 27.5일].

7. 본인 사주[2018년. 08월. 15일. 20:00] + 6번 항목의 결과치[7년 240일(8개월) 27.5일].

8. [2018년. 08월. 15일. 20:00]+[7년 240일(8개월) 27.5일]=[2025년 16개월 42.5일]
   [2025년 17(개)월 12.5일]=[2026년 05(개)월 12.5일].

9. 2025(2018+7)년+1년=>2026년.
   16(8+8)개월+1개월=>5월(16+1개월=17개월. 1년을 상위로 올려주고도 나머지 5개월 남음)
   42.5(15+27.5)일=>12.5일(30일=1개월. 1개월을 상위로 올려 주면 17개월. 나머지는 12.5일).
   8, 9번 항목의 결과를 확인하면 **2026년 05월 12.5일**.

10. 순행하니 +(플러스)로 계산. 첫 번째 '辛酉'대운(기준 庚申 월주, 천간 庚금+1=辛금, 지지 申금+1=酉금. [천간 '辛신'+지지 '酉유']='신유'대운 성립).

    이 남성에게 첫 번째 '신유'대운은 정확하게 2026년 05월 12~13일에 들어온다. 물론 두 번째 '임술'대운은 그로부터 10년 뒤인 2036년 05월 12~13일 정도에 찾아올 것이다.

11. 자동으로 (0'경신'월주기준)->1신유->2임술->3계해->4갑자->5을축->6병인->7정묘->8무진->9기사->10경오 대운 -----> 이런 식으로 대운이 순행으로 배열되는 것이다.

12. 대운 계산時 참고사항.
    * 차이(뺄셈)=출생시점과 출생월의 절기시점과의 차이(순행/역행 조심).
    * 1시진(우리 조선식 기준으로 하루는 12시진)=2시간(서양식 기준으로 하루는 24시간)
    * 12시진(만 하루, 1日)×10=120일. 1시진을 10일로 계산. 12시진(1일)이면 120일.
    * 3일이면 1년(360일)으로 계산. 30일이면 10년(대운 10년)이 된다.
    * 120일이면 상위의 '나머지' 단위가 하나 올라감.
      [만 하루=1일]=[나머지 1]
    * 120일×3=360일. 360일 이면 상위의 년(年) 단위가 하나 올라감.
      그래서 나누기를 3으로 하는 것임.

    * 자신의 생일을 기준으로 놓고 보면 방금 지나온 절기(역행) 혹은, 다음에 나타날 절기(순행)는 아무리 차이가 많이 나도 통상 1개월(약 30일)을 넘지 않는다. '차이가 30일이면 대운 10년'으로 환산된다(30일÷3=몫10. 나머지 없음. 몫10=10년).

    * 그래서 만세력에서 같은 날에 태어난 [남/녀]의 대운(예를 들면 '남자 7대운, 여자 3대운' 정도로 표기되어 있음)을 더해보면 정확히 '10'이 되는 것이다.

3-2). [예시 2] 여성 사주 원국(고전적 명칭: 女命여명, 坤命곤명)
　　　2018. 08. 15. 20:00 出生(양력)한 여성--> 四柱: 무술년, 경신월, 기묘일, 갑술시.

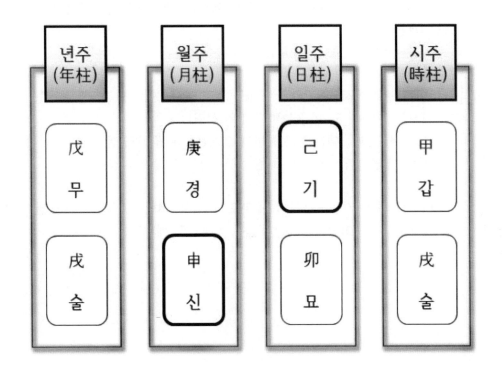

大運은 '일간'이 아니라, '연간의 음양을 기준'으로 구분하고, 다시 남녀로 나누어 살핀다.

대운 진행은 '월주를 기준'으로 [순행/역행]한다.
순행: 陽 연간 남성, 陰 연간 여성.
역행: 陽 연간 여성, 陰 연간 남성.

[예시 2]의 여성은 연간 戊土가 양이고 여성이기에, 대운 진행은 '역행'이다(월주 '경신' 기준: 3세 기미 대운->13세 무오 대운->23세 정사 대운->33세 병진 대운->43세 을묘 대운->53세 갑인 대운->63세 계축 대운->73세 임자 대운->83세 신해 대운->93세 경술 대운. 出: 프로그램화된 자동만세력).

 1. [생일 2018년 08월 15일] 이전으로 역행. 생일 이전 8월 절기 입추(2018. 08. 07. 22:30. 만세력 기준)로 역행, 즉 거꾸로 나아감.
 2. 본인 사주: [2018. 08. 15. 20:00]
 3. 역행 결과: (본인 생일=2018. 08. 15. 20:00)-(역행하는 입추 절기=2018. 08. 07. 22:30)
　　　　　　=[7일 21시간 30분]=[7일 10.75 시진].
 4. 3번 항목의 결과치 [7일 10.75시진]을 나누기 3(÷3) 하면: [몫 2. 나머지 1. 10.75시진].
 5. [몫 2. 나머지 1. 10.75시진]을 환산하면.

[몫2=>2년//나머지1=>120일(1×120일=120일)//107.5일(10.75시진×10=107.5일=3개월17일)].

6. [2년 120일(4개월) 약 107일]=[2년 227일]=[2년 7개월 17일].

7. 본인 사주[2018. 08. 15. 20:00]+6번 항목 결과치 [2년 7개월 17일].

8. [2018. 08. 15. 20:00] + [2년 7개월 17일]=[2020년 15개월 32일]=[2020년 16개월 2일]
   =[대략 2021년 04월 02일]

9. 8번 항목의 결과를 확인하면 2021년 04월 2일.

10. 역행하니 -(마이너스)로 계산. 첫 번째 '己未' 대운(기준 '庚申' 월주. 천간 庚금-1=己토.
지지 申금-1=未토. [천간 '기'+지지 '미']='기미' 대운 성립).

    이 여성에게 첫 번째 **'기미' 대운**은 정확하게 **2021년 04월 02일**에 들어온다. 물론 두 번째
'戊午' 대운은 그로부터 10년 뒤인 2031년 04월 02일 정도에 찾아올 것이다.

11. 자동으로 (0'경신' 월주 기준)->1기미->2무오->3정사->4병진->5을묘->6갑인->7계축->8임
자->9신해->10경술 대운 ---> 이런 식으로 대운이 역행으로 배열되는 것이다.

**6부. 개인 운세의 큰 흐름을 쉽고 선명하게 파악하는 그래프 기법(간산 說)
-개인 운세의 큰 흐름을 살피는 다양한 方法의 그래프 그려보기-

1). 사람의 '운세 24절기'(인간의 삶의 전개 과정, 개인 운세의 진행 과정)는 '자연 24절기'의 흐름과 아주 관련이 깊다. 사람 운세의 24절기(60년 사이클)도 자연의 24절기(1년 12개월 사이클)와 순환원리에서는 놀라울 정도로 흐름이 일치하고, 전개되는 사이클의 모습도 아주 흡사하다.

2). 木火 陽기운이 지배하는 [봄/여름]이 1년의 절반이라면, 金水의 陰기운이 지배하는 [가을/겨울]도 1년의 절반을 차지하는 것은 필연적이다.
　　陽의 기운 [아침/낮]이 하루의 절반이라면, 陰기운이 지배하는 [저녁/밤]이 하루의 절반을 차지하는 것도 동일한 원리이다.

3). 사주의 운세흐름 파악의 대표적 방법으로 大運(대운, 10년운), 용신운, 歲運(세운 혹은 小운, 1년운) 등이 있지만, 실제 임상에서 적용시켜보면 반신반의 경우도 많고, 어떤 때는 '과연 대세운이 맞는지?' 하는 의문마저 생기기도 했던 경험이 대부분의 프로들도 몇 번 있을 것이다.
　　이때 적용시켜 볼 수 있는 것이 바로, 이 [그래프 그려보기] 방법이다. 개인 일간을 중심으로 10년, 혹은 12년마다 운세의 높낮이를 잘 판단해 보면 의외로 효과적인 그래프를 얻을 수 있다. 같은 방법으로 자신의 월지(12년 차), 일지(12년 차), 월지와 같은 오행의 3합 기운의 2개 지지(12년 차), 월지와 沖하는 지지(12년 차)를 중심으로 한 5~6개 정도의 그래프를 그려보면 큰 흐름의 개인 운세파악이 쉽게 파악될 것이다.
　　더하여 대세운 혹은 용희신(기구신 포함)을 기준으로 한 운세판단보다 더 확실한 감각으로 다가올 때가 있음에 아주 놀라울 정도이다.

예시1). 일주 甲午, 월주 庚辰이라면 일간이 '甲목'이니, 甲子년, 甲戌년, 甲申년, 甲午년, 甲辰년, 甲寅년(천간이 같아 모두 10년 차이)의 운세의 높낮이(기복, 좋고 나쁨)를 잘 [관찰/판단/적용]하여 운이 좋았던 해는 x축 위로, 운이 나빴던 해는 x축 아래로(혹은 조금 덜 위로) 高低(고저)를 표시하고 나중에 이것들을 연결해 보면 아래(*예시1 그래프, *예시2 그래프)와 비슷한 그래프 형태를 얻을 수 있을 것이다.

　　<개인의 '운세 24절기' 區分點(구분점)>
　입춘 점(운세 기운의 최저점)
　춘분 점(아직은 어렵고 힘든 느낌)
　입하 점(운세 기운의 중간점. 희미하지만 상승세의 느낌)
　하지 점(긴 터널을 막 빠져나오는 느낌의 지점)
　입추 점(운세 기운의 최고점)
　추분 점(아직은 안정되고 기분은 괜찮은 지점)
　입동 점(운세 기운의 중간점. 그러나 이미 하향세의 분위기)
　동지 점(긴 터널로 들어가는 느낌의 지점) 등

입춘점에서 입추점까지는 정확히 60년의 절반인 30년. 하지점에서 동지점까지도 30년. 입하점에서 입동점까지도 30년이다.

60년 주기의 높낮이가 확실한 사이클 곡선으로 표시해서 '자신의 개인 운세 그래프'[⌒⌣ 형태혹은 ⌣⌒ 형태]를 그려 볼 수 있다.

이런 기법은 중국과 대만에서는 약 30~40 년 전부터, 국내에서는 김태규 선생이 약 10여 년전부터 '일간'을 중심으로 하여 개인의 운세흐름 파악과 주식투자의 테크닉으로 활용한 바가 있다는 정도로만 소개한다(물론 양극단의 평가를 받고 있는 현실이다). 일간이 아닌, 다른 간지를 기준으로 해서 살펴보는 기법과 이론은 아마도 필자가 최초일 것이다.

일간이 아닌, [월지/일지/충/3합/기타 등등]을 이용하여 개인운세의 큰 흐름을 그래프로 [예단/예측/유추]하는 기법을 이때까지 본 적이 없다. 특히 월지를 기준으로 한 개인운세의 흐름을 파악하고, 적용하고, 예측해 보는 기법은 상당히 的確하면서도 有意味한 기법이라고 자부한다. 큰흐름의 그래프가 완성되었다면 각각의 세운에서 어떤 흐름의 운세를 맞이할지 대체적인 모습을 미리 알 수가 있다.

예시2).
일주가 甲午, 월주가 庚辰이라면 월지 '辰土'가 들어가는 甲辰년, 丙辰년, 戊辰년, 庚辰년, 壬辰년(지지가 같기에 모두 12년 차이)의 운세의 높낮이(기복, 좋고 나쁨)를 [관찰/판단/적용]하여 60년주기의 높낮이가 확실한 사이클 곡선으로 표시해서 '자신의 개인 운세 그래프'[⌒⌣ 형태 혹은 ⌣⌒형태]를 그려 볼 수 있다. 월지는 [사회직업 활동/외부적 대인관계]를 드러내주는 지지이니 이런 것을 파악하고자 할 때는 월지 중심 그래프를 그려 보면 아주 유용할 것이다.

예시3).
일주가 甲午, 월주가 庚辰이라면 일지 午화가 들어가는 甲午년, 丙午년, 戊午년, 庚午년, 壬午년(지지가 같기에 모두 12년 차이)의 운세의 높낮이(기복, 좋고 나쁨)를 [관찰/판단/적용]하여 60년 주기의 높낮이가 확실한 사이클 곡선으로 표시해서 '자신의 개인 운세 그래프'[⌒⌣ 형태 혹은 ⌣⌒ 형태]를 그려 볼 수 있다. 일지는 배우자궁(남편/아내)이니 일지 午화를 기준으로 그린 그래프는 배우자와의 함수관계를 알아보는 데 아주 유용할 것이다.

예시4~5).
일주가 甲午, 월주가 庚辰이라면 [사회 직업활동/외부적 대인관계]를 드러내 주는 월지 '辰土'가 소속된 3합(신 자 '진')에서 월지 '辰土'를 제외한 [申금/子수]가 들어가는 해[(예시 4: 甲申, 丙申, 戊申, 庚申, 壬申년. 예시 5: 甲子, 丙子, 戊子, 庚子, 壬子년). 물론 지지에서는 모두 12년차이]의 그래프 두 개를 앞의 요령처럼 그려 볼 수도 있을 것이다.

예시6).
월주가 乙未라면 월지 '未미'토와 충을 이루는 '丑축'토가 들어가는 해(乙丑, 丁丑, 己丑, 辛丑, 癸丑년. 물론 지지가 같기에 모두 12년 차이)를 앞의 요령처럼 그려 볼 수도 있을 것이다. 월지와 충을 하기에 '乙丑, 丁丑, 己丑, 辛丑, 癸丑년'은 [사회 직업활동/대외적 인간관계]에서 [갈등/마찰/직업 전전/실직/이직/소외/관계 충돌]이 예상되는 해(年度, 세운)이며, 이런 내용을 기준으로 잘 관찰해 보면, '丑축' 字가 들어가는 해에서 자신의 운세의 높낮이를 보다 쉽게 판단할 수 있을 것이다.

가령 '乙丑년은 조금 괜찮았는데, 丁丑년은 아주 고통스러웠다.'라고 한다면, 을축년을 x축 위로, 정축년을 x축 아래로(혹은 조금 덜 위로) 해서 운세의 높낮이 기준을 설정하고, 그래프의 [하향/상향] 기울기를 조정하여 그려 볼 수 있는 것이다.

위의 예시처럼 대략 한 6개(1. 일간 중심, 2. 월지 중심, 3. 일지 중심, 4~5. 월지3슴 중심 2개, 6. 월지沖 중심) 정도로 자신의 개인운세 그래프를 종합해서 그려 보면, 자신에게 적용되는 큰 운세 흐름의 윤곽을 알 수 있고, 또 미래시점의 운세까지도 충분히 예상할 수 있다.

4). 30년이 부정적 운세(겨울~봄 운세/밤~아침 운세, 취약한 고통의 운세)가 먼저 왔다면, 뒤의 30년은 반드시 긍정적 운세(여름~가을 운세/낮~저녁 운세, 기분 좋은 결실의 운세)가 필연적으로 오게 된다. 물론 그 반대의 순서로 올 수도 있다.

5). 이 '개인운세 그래프'가 어떤 때는 기존의 10년짜리 대운이나 용신운(혹은 기신운)의 흐름보다 훨씬 더 감각적으로 정확하게 와 닿을 때가 있으며, 응용해서 다양하게 써 먹을 수 있는 利點도 있다(개인의 사주 감정에서, 대운 혹은 [용신/기신]운보다는 세운이 훨씬 더 적중률이 높다는 필자의 주관적인 임상경험을 조심스럽게 전한다. 간산 說).

6). 사람에 따라서는, '예시1'의 '일간 중심 운세흐름 그래프'보다, '예시2'의 '월지 중심 운세흐름 그래프'가 훨씬 더 감각적으로 정확한 느낌을 주는 경우도 있고, '沖' 혹은 '3슴'으로 그려 본 그래프가 더 선명하게 느껴지기도 한다.
한창 춥고 배고플 때인 '입춘점'을 먼저 찾아 기준점을 설정할 수 있다면 전체 그래프를 완성하기가 훨씬 쉽다는 점을 강조해 둔다. 반대로 좋은 시절 '입추점'을 찾기가 오히려 [어렵다/곤란하다/힘들다]는 반응이 많았음을 참고하도록 한다(많은 제자들과 개인감정 의뢰인들의 직접 경험담이니 충분히 신뢰할 만하다).

7). '인생 24절기 운세그래프'와 '자연 24절기 운세그래프'는 [개념/내용/흐름의 전개]를 기준으로 할 때, 동일한 순환 반복의 필연적 [법칙성/주기성]이 항시 적용됨을 잊어서는 안 된다.

8). 개인의 운세에서, 대운 혹은 [용신/기신]운보다는 세운이 훨씬 더 영향력도 크고 적중률도 높다는 필자의 주관적인 임상경험을 아주 조심스럽게 전한다(간산 說).

참고용: <일간을 기준으로 한 운세 그래프 * 예시1/* 예시2>

1. [* 예시1: 37세 立秋 운세 * 예시2: 38세 立春 운세]에 해당하는 그래프.
　사람에 따라서는 입추운세가 07세, 28세, 33세(자동으로 입춘운세는 30년 전후인 37세(07세 입추운세 기준), 58세, 03세 혹은 63세에 해당될 것이다) 등등으로도 올 수 있다. 더하여 입춘운세도 08세, 16세, 45세(자동으로 입추운세는 30년 전후인 38세, 46세, 15 혹은 75세에 해당될 것이다) 등으로 올 수 있다. 즉, 개인 운세는 천차만별이라서 얼마든지 다양하게 전개될 수 있는 것임을 전제하고 그래프를 정확하게 그려 보고, 다가올 미래 운세를 [유추/예상/판단]하는 데 유용하게 사용하기 바란다.

2. * 예시1 그래프는 어렸을 때(7세 전후한 입춘 시점)부터 춥고 고달픈 인생이다. 37세 전후한 입추 시점에서 햇살이 들기 시작하여, 다시 말년 60~70代 즈음부터 그늘진 하강의 운세를 보여 주고 있는 그래프이다.

3. * 예시2 그래프는 어린 시절(8세 전후의 입추 시점) 유복한 집안에서 기름진 삶을 구가했지만, 청장년기(38세 전후의 입춘 시점) 즈음해서부터 인생이 꼬이기 시작하는 이른바 '先吉後凶(선길후흉)'의 전형적인 삶의 곡선을 보여 주고 있다. 그나마 다행인 것은, 말년에 다시 펴지기 시작하는 생활에서 위안을 찾을 수 있다 하겠다.

4. 보통, 20~50代까지는 [상승/하강]의 선명한 맛을 느껴볼 수 있지만, 60~70代 이후부터는 상승운세이든, 하강운세이든 그 영향력과 느낌이 그렇게 선명하지 않고 좀 희미하게, 좀 약하게 나타난다는 점을 명심해야 한다. 나이가 들면 운세의 힘과 에너지도 그만큼 [취약/희미]해진다는 사실은 누구에게나 적용되는 사주명리학의 대원칙이다.

5. 일간 말고도 [월지/일지/월지 沖/월지 合]을 중심으로 운세 그래프를 그려 볼 수도 있다. 일간이나 월지를 중심으로 그려 본 그래프가 대체적으로 개인 운세를 [유추/예측]하는 데 상당히 유효하다는 것을 실감할 수 있지만, 사람에 따라서는 오히려 [월지 충/월지 합]을 중심으로 그려 본 그래프가 훨씬 더 실제 운세에 유의미하게 접근하는 경우도 상당수 있었다.

6. 독자들이 앞서 제시한 6가지 정도의 그래프를 그려 보고, 이중에서 자신의 운세를 비교적 정확하게 제시해 주는 자신만의 그래프를 찾을 수 있다면, 특정한 미래시점에서 자신의 운세가 어떤 起伏(기복)과 屈曲(굴곡)을 보여 줄지를 미리 [예단/예측]할 수 있는 효험을 맛볼 수 있다. 더하여 有備無患(유비무환)의 대비책과 조심성을 미리 준비하는 여유와 피해를 最小化하는 효과마저 챙길 수 있을 것이다.

*도표 <일간을 기준으로 한 운세 그래프 예시1>

*예시1 그래프: 37세에 立秋(입추. 최고치 운세) 운세를 맞이한 경우의 그래프

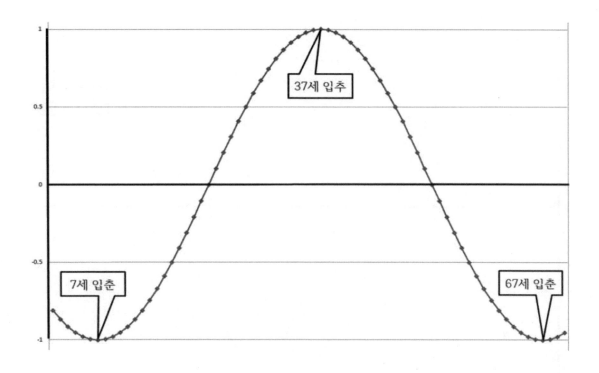

*도표 <일간을 기준으로 한 운세 그래프 예시2>

*예시2 그래프: 38세에 立春(입춘. 최저치 운세) 운세를 맞이한 경우의 그래프

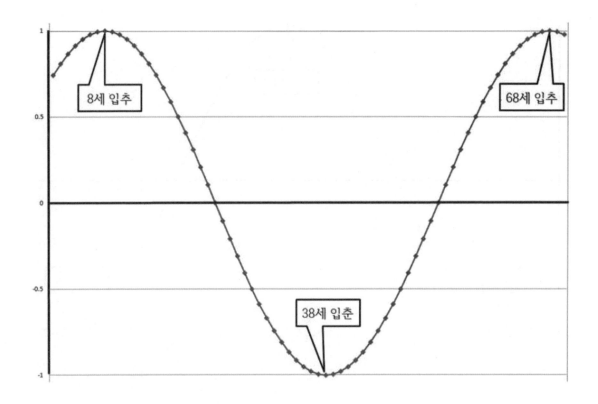

7부. [기상 이변/기후 위기]에 따른 12지지(계절)의 변화 예상(간산 說)

현재 진행中인 [기상 이변/기후 위기]에 따른 12지지 계절의 극심한 변화와 이동이 예상된다.
현재 추세는 여름은 점차 길어지고, 겨울은 점차 짧아지는 모습을 보여주고 있다(지구 온난화/온실가스/이산화탄소 과잉 배출/해수면 상승/빙하의 해동 등등).
더불어 특이한 [홍수/한파/산불/화산 폭발/토네이도/장마/가뭄/사막化 등등]의 기상 이변이 산발적으로, 시공간을 가리지 않고 발생하고 있으며, 이 상황은 점차 확산적 추세를 보이고 있다.

1. 벌써 지구 온난화로 말미암아 새들은 몸집을 줄이고, 물고기는 심해로 숨어들기 시작했다.

2. 물론 현재의 흐름으로 봤을 때, 여름은 더욱 길어지고, 겨울은 점차 짧아질 것으로 보인다.
앞으로, 봄은 [寅2/卯3/辰4월] 3개월이 아니라, [卯3/辰4월] 2개월이 될 것으로 보인다.
봄 2개월(卯3월/辰4월), 여름 4개월(巳5월/午6월/未7월/申8월), 가을 2개월(酉9월/戌10월), 겨울 4개월(亥11월/子12월/丑01월/寅02월)로 [변화/배치]될 것이라고 예상한다.

3. [중화/중용]의 계절인 [봄/가을]은 3개월에서 2개월로 줄어들고, [극단/강왕]의 계절인 [여름/겨울]은 3개월에서 4개월로 늘어날 것으로 보이기에, 12지지 4각형을 再설정해야 할 것임. 즉, 과잉 탄소배출과 지구온난化로 나타난 기상의 이변과 계절의 양극化현상이다(우리나라는 겨울보단 여름쪽으로 확대될 것으로 보임).

4. 혹시나, 앞으로 4계절(봄, 여름, 가을, 겨울)의 구분이 무의미한 시대가 올지도 모른다.
하루의 때[時. 朝/晝/夕/夜(조/주/석/야)]의 변화도 마찬가지이다. 물론, [조/주/석/야(아침/낮/저녁/밤)]는 관습적인 시간관념과 생활문화의 패턴이 오랫동안 누적되어 결정된 것이라, 현실적 적용과 인식전환이 다소 늦은 편이다.

5. 2030~40년대 전후는 [봄/가을]은 각각 2개월, [여름/겨울]은 각각 3~5개월 정도라고 예상함.
(물론 조심스런 예상일뿐이다. 잘 대처한다면 이런 변화를 충분히 막을 수도 있다.)
봄 2개월(卯3월/辰4월).　　여름 4개월(巳5월/午6월/未7월/申8월) 혹은 여름 5개월.
가을 2개월(酉9월/戌10월).　　겨울 4개월(亥11월/子12월/丑1월/寅2월) 혹은 겨울 3개월.

6. 2050~60년대 전후는 [봄/가을]은 각각 1~2개월, [여름/겨울]은 각각 3~6개월 정도라고 예상함(물론 조심스런 예상일뿐이다. 잘 대처한다면 이런 변화를 충분히 막을 수도 있다).
봄 1~2개월(辰4월).　　여름 5개월(巳5월/午6월/未7월/申8월/酉9월) 혹은 여름 6개월.
가을 1~2개월(戌10월).　　겨울 5개월(亥11월/子12월/丑1월/寅2월/卯3월) 혹은 겨울 3~4개월.

7. 이제는 고전명리학에서 말하던 각 계절(춘하추동)당 3개월로 배정되는 고정화된 모델이 아니라, 계절의 길이가 변화무쌍한 형태로 나타날 것이라고 보는 것이다.
'과거 30년(1912~1940년)과 최근 30년(1991~2020년)을 비교해보면, 여름은 20일이나 길어졌고, 겨울은 22일 짧아졌다. 지구온난화로 한반도 전역이 따뜻해지고 있기 때문이다.'(出: 손석우/ 서울대 지구환경과학부 교수. 2022. 4/24. 한겨레 기사)

8. 그 다음 2-2)의 2개 도표(A 이상론/B 현실론)를 예를 들어 [비교/분석]해보면 다음과 같다.

이상론 丑월엔 대기권 하늘에 햇빛이 일점 없으니, 땅속의 열기도 없다. 현실론 丑월에서는 햇빛은 없으나, 땅속 열기는 조금 남아 있기에 앞으로는 2월(寅월)이 더 춥게 느껴질 것이다.

이상론 未월에 하늘 햇빛도 땅속 열기(지열)도 최고조이지만, 현실론 未월엔 햇빛은 최강이나 땅속 열기는 최고조를 향해서 달려가는 중이다. [대류/복사/순환]에 시간이 걸린다면 1달 뒤쯤 가서야 기온은 가장 높을 것이다. 오히려 앞으로는 8월 申월이 가장 뜨거울 것이라 추정한다.

지상의 [습기/습도(구름/비/태풍/장마 등)]도 이상론에선 [午월/未월]이 강세이지만, 현실론에서는 [未월(7월)/申월(8월)/酉월(9월)]이 앞으로는 더 강세를 이룰 것이라 예상하는 바이다. 특히 우리나라에서는 지상의 [습기/습도]가 낮아 건조해지는 丑월(1월), 寅월(2월), 卯월(3월), 辰월(4월)에 약간의 바람(木기운. 동해안의 양간지풍)만 가세하면 동해안쪽 7번 국도(고성, 강릉, 동해, 삼척, 울진, 영덕, 포항 등)를 따라 큰 산불이나 화재가 많아질 것은 분명해 보인다.

9. 물론 지구 전체가 슬기롭게 이런 기후 위기상황에 잘 대처한다면, 이 부분도 필자의 섣부른 예측으로 끝나게 되리라고 본다.

*도표 <艮山 12지지 계절의 [이동/변화]표>

[기상 이변/기후 위기/지구 온난화/탄소 과잉배출] 등으로 4계절의 극심한 [변화/이동] 예상.

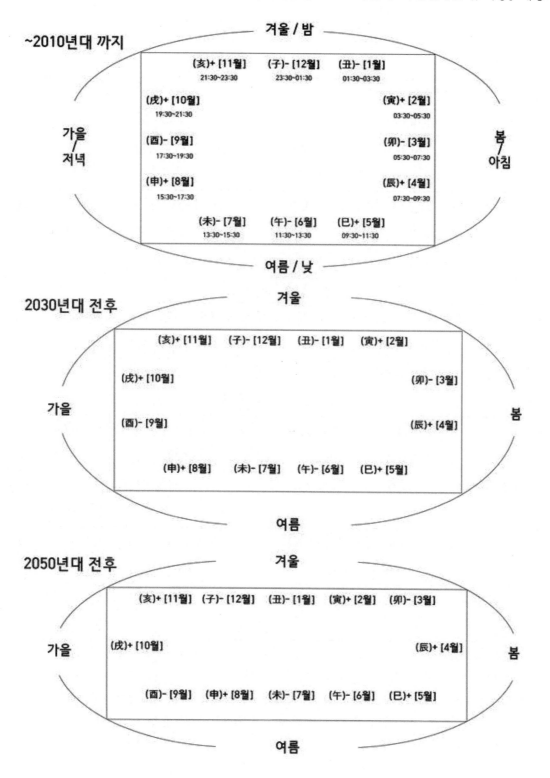

*도표 <艮山 12地支 寒暖燥濕(한난조습) 調候(조후)분석표 이상론>

子 12월 大雪·冬至	↘ (壬10癸10癸10) 濕 [대기권] / [지표면] 水水 / 熱 … 水水水	↘↘ (丙10己9丁11) 濕濕濕 / ↘↘↘ [대기권] 濕濕 / 熱熱熱 [지표면] 水 / 熱熱	午 06월 芒種·夏至
丑 01월 小寒·大寒	(癸9辛3己18) [대기권] / [지표면] 水水水 / 水水水	↘↘↘ (丁9乙3己18) 濕濕濕 / ↘↘↘ [대기권] 濕濕濕 / 熱熱熱 [지표면] / 熱熱熱	未 07월 小暑·大暑
寅 02월 立春·雨水	(己1戊6丙7甲16) 濕 / ↘ [대기권] / 熱 [지표면] 水水 / 水水水	↘↘↘ (己1戊6壬7庚16) 濕濕濕 / ↘↘ [대기권] 濕濕 / 熱熱 [지표면] / 熱熱熱 水	申 08월 立秋·處暑
卯 03월 驚蟄·春分	(甲10乙10乙10) 濕濕 / ↘↘ [대기권] / 熱熱 [지표면] 水 / 水水水	↘↘↘ (庚10辛10辛10) 濕濕濕 / ↘ [대기권] 濕 / 熱 [지표면] / 熱熱熱 水水	酉 09월 白露·秋分
辰 04월 淸明·穀雨	(乙9癸3戊18) 濕濕濕 / ↘↘↘ [대기권] / 熱熱熱 [지표면] 水水水	↘↘↘ (辛9丁3戊18) 濕濕濕 / [대기권] / [지표면] / 熱熱熱 水水水	戌 10월 寒露·霜降
巳 05월 立夏·小滿	↘ (戊7庚7丙16) 濕濕濕 / ↘↘↘ [대기권] 濕 / 熱熱熱 [지표면] 水水 / 熱	↘↘ (戊7甲7壬16) 濕濕 / [대기권] / [지표면] 水 / 熱熱 水水水	亥 11월 立冬·小雪

* ↘ : 햇빛/햇볕/햇살   熱: 땅속 열기   濕: 대기中 습기(습도)   水: 땅속의 물(水기운)

* 곡우/상강: 봄/가을의 필수적인 風流 절기   * 지장간 근土: 순환 연결用(寅목/申금).

1. [地上 햇빛/地下 열기/地上 습기]는 완벽하게 정비례(음양 대비, 상보적 관계).

2. 地上 습기와 地下 水기운의 습이 정확하게 6(반비례). 질량 불변.

3. 地下 水기운과 地下 열기는 정확하게 반비례(음양 대비. 음양 대응).

*도표 <艮山 12地支 寒暖燥濕(한난조습) 調候(조후)분석표 현실론>

子 12월 大雪·冬至	(子 내용)	(午 내용)	午 06월 芒種·夏至
子 12월 大雪·冬至	↘ (壬10癸10癸10) 濕濕 [대기권] [지표면] 水 熱熱　　水水水	↘↘ (丙10己9丁11) 濕濕濕 ↘↘↘ [대기권] 濕 熱熱熱 [지표면] 水水 熱	午 06월 芒種·夏至
丑 01월 小寒·大寒	(癸9辛3己18) 濕 [대기권] [지표면] 水水 熱　　水水水	↘↘↘ (丁9乙3己18) 濕濕濕 ↘↘↘ [대기권] 濕濕 熱熱熱 [지표면] 水 熱熱	未 07월 小暑·大暑
寅 02월 立春·雨水	(己1戊6丙7甲16) ↘ [대기권] [지표면] 水水水 水水水	↘↘↘↘ (己1戊6壬7庚16) 濕濕濕 ↘↘ [대기권] 濕濕濕 熱熱熱 [지표면] 熱熱熱	申 08월 立秋·處暑
卯 03월 驚蟄·春分	(甲10乙10乙10) ↘↘ [대기권] 濕 熱 [지표면] 水水 水水水	↘↘↘ (庚10辛10辛10) 濕濕濕 ↘ [대기권] 濕濕 熱熱 [지표면] 熱熱熱　　水	酉 09월 白露·秋分
辰 04월 淸明·穀雨	(乙9癸3戊18) ↘↘↘ [대기권] 濕濕 熱熱 [지표면] 水 熱　　水水水	↘↘↘ (辛9丁3戊18) 濕濕濕 [대기권] 濕 熱 [지표면] 熱熱熱　　水水	戌 10월 寒露·霜降
巳 05월 立夏·小滿	↘ (戊7庚7丙16) ↘↘↘ [대기권] 濕濕濕 熱熱熱 [지표면] 水水水	↘↘ (戊7甲7壬16) 濕濕濕 [대기권] [지표면] 熱熱熱　　水水水	亥 11월 立冬·小雪

* ↘: 햇빛/햇볕/햇살　熱: 땅속 열기　濕: 대기中 습기(습도)　水: 땅속의 물(水기운)
* 곡우/상강: 봄/가을의 필수적인 風流 절기　* 지장간 己土: 순환 연결用(寅목/申금).
1. 地上 햇빛과 地下 열기가 일정 부분 정비례(한 개 차이).
2. 地上 습기와 地下 열기는 완벽 정비례(음양 대비, 상보적 관계).
3. 地下 水기운과 地下 열기는 정확하게 반비례(음양 대비. 음양 대응).
4. 地上 습기와 地下 水기운의 합이 정확하게 6(반비례). 질량 불변.

8부. 24절기

1장. 24절기의 이해

1). 24절기는 태양운동(황도 기준)과 직접적인 관련을 갖기에, 사주명리학과 관련된 시간 개념과 용어는 모두 양력 기준으로 사용하고, 알아두는 것이 좋다.

2). 12'절'기와 12중'기'를 합쳐 통상 '24 절기'라 한다.

3). 절기나 [입춘 절입시각/일출/일몰/낮길이/밤길이/하지/동지/춘분/추분] 등의 시각 결정은 국립천문대와 국립기상청 등의 슈퍼-컴퓨터로 정밀하게 계산하여 [달력/만세력] 제작 혹은 시각 조정, 기상 예보 등등에 [적용/반영]하여 사용된다.

4). 절기와 중기 사이는 약 보름(15일, 한 달의 절반) 차이다.

5). 동양의 사주명리학은 절기를 기준으로 하고, 서양의 점성술은 중기가 기준이다.
[원리/개념/논리전개] 방법론은 동양이나 서양이나 큰 차가 없다.

6). 인생 24절기(인간의 삶의 전개 과정, 개인 운세의 진행 과정)도 자연의 24절기의 운행과 정확하게 정비례하며, 아주 관련이 깊다.

7). 인간 삶의 24절기(60년 사이클. 인생 계절 15년 단위)는 자연의 24절기(1년 12개월 사이클. 자연 계절 3개월 단위)의 순환원리와 똑같다.

8). 木火 陽의 기운이 지배하는 [봄/여름]이 1년의 절반이라면, 金水의 陰기운이 지배하는 [가을/겨울]도 1년의 절반을 차지하는 것은 너무도 당연하며 필연적이다.

9). 陽기운의 [아침/낮]이 하루의 절반이라면, 陰기운이 지배하는 [저녁/밤]도 하루의 절반을 차지하는 것은 너무도 당연하며 필연적이다.

10). 30년이 부정적 운세라면, 뒤의 30년은 반드시 긍정적 운세가 필연적으로 오게 된다. 거의 정비례하면서 유사한(동일한) 순환 반복의 필연적 법칙성이 항시 적용된다.

11). 초복: 하지 후 3번째 경(庚)일.
중복: 하지 후 4번째 경(庚)일(초복 뒤 10일째)
말복: 입추 후 첫 경(庚)일(보통은 중복 뒤 10일째이지만, 여름이 길면 중복 후 20일째도 됨).

12). '절기'는 매월 4~8일, '중기'는 매월 19~24일에 온다.
해에 따라 약 1~2일 정도의 차이가 있음.

13). 동지 후 105일째 되는 날: 양력 4/4~5일경. [청명/한식/식목일] 부근.

14). 양력 8/23 일경(처서)~2/19 일경(우수)=180일.
2/19 일경(우수)~8/23 일경(처서)=185와 1/4일.
그래서 1년의 총합은 약 365와 1/4일(日)이다.

15). 중요한 절기와 세시풍속일 정리:
정월 대보름=음력 1/15. 단오=음력 5/5. 유두=음력 6/15. 하지=양력 6/22~23 전후.
칠월 칠석=음력 7/7. 백중=음력 7/15. 중양절=음력 9/9. 한가위=음력 8/15.
동지=양력 12/22~23 전후.

16). 설날에 대한 [인식/문화/관습]의 차이
설날 1: 新正. 주로 일본式. 양력 1월 1일. 한국式 표현 '양력설'.

설날 2: 舊正(구정). 한국과 중국式. 음력 1/1. 한국式 표현 '(진짜)설', '큰 설', '음력설'.
설날 3: 서양의 12/24~25 크리스마스. 한국의 '동지(양력 12/22~23)'와 같은 개념이다.
설날 4: 동지 절기(동지 팥죽). 양력 12/22~23. 한국式 표현 '작은 설'.

17). 양(陽) 기운의 절정에 대한 인식 차이
　　'端午(단오)'=음력 5/5(주로 한국). '重陽節(중양절)'=음력 9/9(주로 중국).

18). '입춘 절입시각'(매년 국립천문대와 국립기상청의 미세한 시각 조정으로 1~2분 오차 있음).
　　=입춘(양력 2월 4일 전후쯤의 절기. [황도/황경] 315도)의 기운이 정확하게 들어오는 시각.
　　=[자연과학/음양오행학/사주명리학]的 기준의 '정확한 설날이 시작되는 시점'.
　　=사주명리학에서는 띠를 결정짓는 그해 '설날의 시작점'을 '입춘 절입시각'으로 본다.

* 2019[기해己亥-돼지띠]년 입춘 절입시각[2019. 02. 04. 낮 12시 14분(양력)] 출생부터 2020년 02월 04일 18시 01분 출생까지 '정확한 돼지띠'로 인정.
경자庚子년 입춘 절입시각[2020. 02. 04. 18시 02분(양력)] 출생부터는 쥐띠로 인정함.

* 2018[무술戊戌-개띠]년 입춘 절입시각[2018. 02. 04. 06시 28분(양력)]출생부터 '정확한 개띠'로 인정.
부언하면 입춘 절입시각[2018. 02. 04. 06시 28분(양력)]부터 [2019. 02. 04. 낮 12시 13분(양력)]까지 출생한 아이는 개띠(戊戌년 生)에 해당한다.
개띠 다음인 돼지띠(2019 己亥년 生)의 정확한 시작(입춘 절입시각)은 2019. 02. 04. 낮 12시 14분(양력)부터서다.

* 2022[壬寅년-범띠]년 입춘 절입시각[2022. 02. 04. 05시 51분(양력)] 출생부터 '정확한 범(호랑이)띠'로 인정한다. 만약, 2022년 2월 4일 오전 05시 50분에 출생한 아이라면, 범띠(壬寅년 生)가 아니고 소띠(辛丑년 생)로 인정한다.

2장. *도표 <艮山 24節氣 정리(기상/세시풍속 중심. 陽의 계절 봄/여름) 도표1>

계절	12支 (月)	절기名 시기(양력)	특 성
봄	寅月 (己1) 戊06	입춘(立春) 2월 4일경	* 한 해의 첫시작(자연과학的으로는 새해와 설날의 시작 기준점). * '입춘 절입시각' 결정. * 음력설(음력1/1) 근접. * 농사준비와 계획. * '立春大吉'/'建陽多慶' 등의 立春帖(입춘첩)을 대문, 기둥에 써 붙임.
	丙07 甲16	우수(雨水) 2월 19일경	* 날씨가 풀려 봄기운이 돌고 초목이 싹트는 때. * 꽃샘추위 조심. * 논밭두렁 태우기와 본격적 영농 준비. * 생명준비의 봄비가 필요함.
	卯月 甲10	경칩(驚蟄) 3월 6일경	* 땅 속에서 잠자던 동물들이 봄기운에 깨어나 꿈틀대기 시작함. * 개구리들이 물 괸 곳에 까놓은 알을 경칩日에 먹는 풍습이 전해옴.
	乙10 乙10	춘분(春分) 3월 21일경	* 낮이 점점 길어져 밤낮의 길이가 똑같아지는 날. * 음력으로 아직 2월이며 꽃샘추위가 남아 있음. * 봄기운이 나타남.
	辰月	청명(淸明) 4월 5일경	* 강남제비 돌아온다는 삼월 삼짇날(음력 3/3). * 한식날과 근접(식목일과 겹침). * 하늘이 맑고 밝아지며, 농가에서는 봄일을 시작함.
	乙09 癸03 戊18	곡우(穀雨) 4월 20일경	* 풍류(風流)를 즐김에 최적의 절기(온화한 날씨, 아름다운 자연 때문). * 소풍(逍風)과 상춘(賞春)의 계절. * 가물면 한해 농사를 망침. * 봄비 내리고, [성장/생명] 현상 활발. * 辰월생 여성은 임신 잘 됨.
여름	巳月 戊07	입하(立夏) 5월 6일경	* 여름이 다가옴. * 더위가 시작되며, 농작물이 잘 자라기 시작함. * 잡초와 해충도 많아져 제거 작업에 바쁨. * 신록을 재촉하는 절기.
	庚07 丙16	소만(小滿) 5월 21일경	* 식물이 빠르게 성장하는 절기. * 농촌에서는 모내기 준비가 시작되면서 바빠짐.
	午月 丙10 己09 丁11	망종(芒種) 6월 6일경	* '망종'이란 이삭에 까끄라기가 있는 종자(벼, 보리, 밀)라는 뜻. * 익은 보리를 베고, 모심기철이라 농부들이 일년 中 가장 바쁜 때. * 단오(음력 5월5일)에 즐기는 밀가루 음식은 이때가 가장 맛있다.
		하지(夏至) 6월 22일경	* 일년 中 낮이 가장 길다(서울기준 2008년 낮 길이: 14시간 35분). * 하늘의 양(陽)기운 절정. * 비가 적으면 王이 직접 祈雨祭(기우제).
	未月	소서(小暑) 7월 7일경	* 본격적 더위 시작. * 온갖 과일과 채소 풍성(초복). * 장마의 시작.
	丁09 乙03 己18	대서(大暑) 7월 23일경	* [소서/대서] 부근에 [초복/중복]이 옴. * 제철 참외(중복). * 땅의 양(陽) 기운이 절정이며, 하지 1달 뒤가 가장 뜨겁고 무덥다. * 녹음이 우거지고 과일이 영글고 맛이 듦(火/土 기운 절정). * 하늘의 뒤틀림(큰 장마/태풍/잦은 천둥 번개)이 무섭다. * 陽운동이 陰운동으로 바뀌는 큰 변화(金火交易).

*24절기 명칭의 유래와 기후조건의 기준점: 옛날 중국의 화북지방 기준.

*도표 <艮山 24節氣 정리(기상/세시풍속 중심. 陰의 계절 가을/겨울) 도표2>

계절	12支 (月)	절기名 시기(양력)	특　　　　　성
가을	申월 (己1) 戊06 壬07 庚16	입추(立秋) 8월 8일경	* 무, 배추를 심고 서리 前에 거두어 겨울 김장 대비. * 햇빛에 곡식이 익어 감. * 제철 수박(말복). * 농촌이 한가해지기 시작해서, '어정 7월 건들 8월(음력)'이라 함.
		처서(處暑) 8월 23일경	* 여름이 지나가니 '더위 멈춤'의 뜻. * '천고마비(天高馬肥)'의 시작. * 풀이 더 자라지 않기에 산소에 벌초를 함. * 복숭아의 절기.
	酉월 庚10 辛10 辛10	백로(白露) 9월 8일경	* 백로는 '맑은 이슬'을 뜻함. * 가을 기운이 완연해 짐. * 포도의 절기. * 秋收(추수) 시작.
		추분(秋分) 9월 23일경	* 낮이 점점 짧아져, 밤과 낮의 길이가 같다[추석(음력8/15) 부근].
	戌월 辛09 丁03 戊18	한로(寒露) 10월 8일경	* '한로'는 찬 이슬이 맺힌다는 뜻. * [추수/타작/결실]이 한창인 때. * 중양절(음력 9월9일)과 비슷한 시기. * 국화전과 국화술을 즐김.
		상강(霜降) 10월 23일경	* 서리가 내린다는 뜻. * 戌월생 여성은 임신이 다소 어려움. * 풍류(風流)를 즐기기에 최상의 절기(서늘한 날씨와 아름다운 자연).
겨울	亥월 戊07 甲07 壬16	입동(立冬) 11월 7일경	* 겨울로 접어든다는 뜻을 가진 절기로, 입동 전후에 김장을 담금.
		소설(小雪) 11월 22일경	* 살얼음이 잡히고 땅이 얼기 시작하니, 겨울 기분이 드는 때. * 바람이 심해 외출을 삼가고 뱃길을 조심함. * 본격적 겨울 시작.
	子월 壬10 癸10 癸10	대설(大雪) 12월 7일경	* 대설은 눈이 많이 내린다는 뜻(우리나라에 눈이 많은 것은 아님)
		동지(冬至) 12월 22일경	* '동지 팥죽을 먹어야 나이를 한 살 더 먹는다.'라는 속담(작은 설). * 일년 中 밤이 가장 긴 날. 밤이 짧아지기 시작(태양의 부활-제사). * 하늘의 음(陰)기운 절정. * 서울기준 2008년 낮 길이가 9시간 33분. * [크리스마스/동지]를 새해 첫날(설)로 생각하는 [민족/나라]가 많다.
	丑월 癸09 辛03 己18	소한(小寒) 1월 5일경	* 대한보다 소한이 더 추울 때가 많다. * '대한이 소한이 집에 놀러 왔다, 얼어 죽었다'는 속담이 있음. * 우리나라에서는 본격적인 추위의 시작점.
		대한(大寒) 1월 20일경	* 땅의 음(陰)기운과 겨울추위 절정(동지 1달 뒤가 가장 춥다). * 계절적 연말연시로 여김(음력기준 풍습). * 땅의 뒤틀림이 무섭다. * 자연의 강제적 [구조조정/정리/결산]. * 陰운동이 陽운동으로 바뀜.

*24절기 명칭의 유래와 기후조건의 기준점: 옛날 중국의 화북지방 기준.

9부. [작명(개명)법/작명학/성명학]의 핵심 원리와 실제 예시

1장. 한글 자모(한국어 이름에 사용되는 글자)의 오행 소릿값

간단하게 [원리/개념/참고사항]만을 소개한다(이하 모두 간산 說).

한국어의 子音, 母音 체계는 철두철미하게 음양5행 이론을 따르고 있다[出: 훈민정음 해례(解例) 제자해(制字解)].

명리학을 다루는 개론서이니만큼, 고전적 [성명학/작명학]의 세세한 이론은 생략한다.

*<자음 도표>

ㄱ,ㅋ,받침ㅇ, ㄲ	ㄴ,ㄷ,ㅌ,ㄹ, ㄸ	ㅁ,ㅂ,ㅍ, ㅃ	ㅅ,ㅈ,ㅊ, ㅆ,ㅉ	ㅎ
木(牙아)	火(舌설)	土(脣순)	金(齒치)	水(喉후)
甲3, 乙8	丙7, 丁2	戊5, 己10	庚9, 辛4	壬1, 癸6

*<모음 도표>

아/ㅏ	오/ㅗ	이/ㅣ, 으/ㅡ, 의/ㅢ	어/ㅓ	우/ㅜ
木	火	土	金	水
甲3, 乙8	丙7, 丁2	戊5, 己10	庚9, 辛4	壬1, 癸6

예시1) 의(土+土), 와(火+木), 외(火+土), 요(이+오, 土+火), 왕(오+아+ㅇ, 火+木+木).
겹(木+土+金+土), 세(ㅅ+어+이, 金+金+土).

예시2) 甲3, 乙8은 甲목을 상징하는 숫자는 3이고, 乙목을 드러내주는 숫자는 8이라는 뜻.
ㄱ 계통 자음과 받침ㅇ, '아' 모음은 모두 오행의 기운으로 木에 해당한다는 말이다.

2장. 작명(作名)과 개명(改名)의 원리

* 성(姓)과 이름[名] 글자의 획수와 글자 자체의 음양오행학적 특성을 관련지어 사람(회사, 정당, 조직, 단체, 가게 상호 포함) 이름을 짓거나, 고치면서 길흉을 따지는 것이 보편적인 성명학[작명학]이다.

* 보통 본인 사주는 필수이며, 부모, 형제자매, 회사 社主(사주)나 가게 주인의 四柱(사주)와 이름을 함께 봐서 [작명/개명]해야 하는데 적용 이론과 학설이 너무 [衆口難防/배타적]인 것이 문제다.

* 실제 성명(이름 글자의 오행)이 삶(운명)에 대해 끼치는 실질적 영향력을 10~15% 정도라고 본

다(무시할 수준도 아니지만, 운명을 좌지우지할 만큼 절대적인 힘과 비중도 아니다. 간산 說).
* 이름을 [작명/개명]할 때는 뒤따르는 [복잡한 절차/경비/후유증/귀찮음/행정적인 힘 낭비/정체성 혼란/주변의 오해] 등을 잘 고려하여 결정하도록 한다.
* [성명 철학관/작명원]에 가서 [작명/개명]할 때, 최소한의 음양오행학적 수준을 갖춘 프로에게 찾아갈 것을 권한다. 시중 작명가들 중 약 80~90% 정도는 似而非라고 보면 된다. 또 중국식 [획수/부수] 중심의 오행이론에 집착한 작명법은 현대의 [작명/개명]에는 부족한 수준이다. 이름만 잘 지으면 혹은 잘 고치면 갑자기 운세가 확 펴진다든가, 로또 당첨의 대박운이 찾아올 것처럼 혹세무민하는 프로들을 특히 조심하길 바라는 마음이다. 정말 그렇게만 된다면 당장 필자부터 이름을 고쳤을 것이다. 더하여 고액의 [작명료/개명료]를 지불했다고 해서, 결코 좋은 이름은 아니란 사실도 유념해야 할 것이다. 좋은 이름의 [효과/영향력]은 약 ±15% 정도로 본다. 물론 뭇사람들의 입에 자주 오르내리는 [연예인/정치인/유명 인사]들의 경우는 이름의 비중과 영향력이 상당히 높아서 이름을 신중하게 [작명/개명]할 필요가 있다(간산 說).
* 좋은 예로 '삼성'의 '李 아무개'라는 이름이 돈을 적게 주고 작명했기 때문에 감방을 갔겠는가?
  심지어 자신이 지어 준 이름을 몇 개월 뒤에 다시 가서 물어보면 '나쁜 이름이니 새 이름으로 개명하라'고 하는 웃지 못 할 일도 자주 보았다.
* 운명에서 실제적으로 비중 있게 나타나는 영향력은, '좋은 이름으로 [작명/개명]하는 것'보다는 그 사람의 이름을 '[1 살갑게], [2 옆에서], [3 직접], [4 자주], [5 기분 좋은 목소리로] 불러줌'이라는 사실을 명심하라. 연예인이나 정치인이라면 몰라도, 일반적인 張三李四(장삼이사)들은 이름에 크게 구애받지 않으니 안심하시길 바란다. 단, 운세가 꽉 막히고 심신이 아주 고달플 때, 시공간을 바꿔본다든가(역마적 기법의 응용. 간산 說), 새로운 이름으로 바꿔 보면 숨통이 트이는 정도의 효과는 맛볼 수 있으니 부디 신중하게 생각하고 결정하길 바란다.

     3장. 소리[子音, 母音]의 5행 구분에서 나타나는 가장 극단적인 견해 차이
 1). 우리나라 대부분의 [프로 성명학자/프로 작명가]들은 대체로 다음의 1, 2 두 그룹으로 나뉜다.
    1그룹: [ㅁ, ㅂ, ㅍ, ㅃ]=오행 土. [받침ㅇ, ㅎ]=오행 水. 극소수의 전문가와 작명가들의 견해.
    2그룹: [ㅁ, ㅂ, ㅍ, ㅃ]=오행 水. [받침ㅇ, ㅎ]=오행 土. 대다수의 전문가와 작명가들의 견해.
 2). 필자는 1그룹 주창자이며, 지금도 이 이론을 [적용/응용]하고 있으며, 훨씬 더 정확하다고 본다.
 3) 'ㅇ자음 글자(받침)'는 오행 상으로 水, 土가 아니라 木에 해당한다.
 * 물론 'ㅇ자음(ㅇ받침)'에 대한 오행 분석은 학자들 간에도 판단의 차이가 크다.
 * 필자는 'ㅇ자음(ㅇ받침)'을 土도 아니고, 水도 아닌 木이라고 보고, 또 그렇게 적용해서 작명한다.
 * 'ㅇ자음(ㅇ받침. [ŋ])'=[ㄴ/n/(火)]+[ㄱ/g/(木)]의 연합 성분이지만, 대표 오행값을 잡을 때는 '木(ㄱ/g)'으로 잡는다.
 4) 이런 견해차가 있다는 사실조차 모르는 전문가나 작명가가 너무 많다는 사실이 민망할 뿐.
   그리고 제대로 된 작명 여부의 검증에는, 시간이 많이 걸린다는 단점이 있다.
   우리 한글(한국어)은 창제의 기본과정과 철학적 배경이 바로 음양오행 사상 그 자체이다.

 5) 우리 이름의 성명학(작명학. 개명 포함) 핵심이론 요약
    (이 정도만 제대로 알고 적용시켜도 아주 좋은 이름을 지을 수 있다. 반드시 본인 四柱와의 관련

함수를 고려하여 작명할 것.)

木(목): 牙(아. 어금니)音, 자음글자(ㄱ, ㅋ, ㄲ, 받침ㅇ), 모음글자(아=ㅏ), 숫자(陽木 3, 陰木 8).
火(화): 舌(설. 혀)音, 자음글자(ㄴ, ㄷ, ㄹ, ㅌ, ㄸ), 모음글자(오=ㅗ), 숫자(陰火 2, 陽火 7).
土(토): 脣(순. 입술)音, 자음(ㅁ, ㅂ, ㅍ, ㅃ). 모음(으=ㅡ, 이=ㅣ, 의=ㅢ), 숫자(陽土 5, 陰土 10).
金(금): 齒(치. 이)音, 자음글자(ㅅ, ㅈ, ㅊ, ㅆ, ㅉ), 모음글자(어=ㅓ), 숫자(陰金 4, 陽金 9).
水(수): 喉(후. 목구멍)音, 자음글자(ㅎ), 모음글자(우=ㅜ), 숫자(陽水 1, 陰水 6).

* 적용 例示: 애(아木+이土), 야(이土+아木), 요(이土+오火), 최(ㅊ金+오火+이土), 황(ㅎ水+오火+아木+받침ㅇ木), 남궁(ㄴ火+아木+ㅁ土+ㄱ木+우水+받침ㅇ木), 경(ㄱ木+여土金+받침ㅇ木), 요셉(요土火+ㅅ金+에金土+ㅂ土), 찰스(ㅊ金+아木+ㄹ火+ㅅ金+으土), 삼성(ㅅ金+아木+ㅁ土+ㅅ金+어金+받침ㅇ木), 현대(ㅎ水+여土金+ㄴ火+ㄷ火+애木土)]

6). 漢字 획수와 부수(글자)의 음양오행을 따지는 [전통적/고전적/중국式] 작명 원리.
* 劃數(획수)와 部首(부수)의 음양오행을 따져 이름의 吉凶으로 적용시켜 사용하는 방법.
* [성+이름 첫 글자]의 획수와 부수(글자)를 분석하여 음양오행으로 변환시켜 사용하는 방법.
* [이름 첫글자+이름 둘째글자]의 획수와 부수를 분석하여 음양오행으로 변환시켜 사용하는 방법.
* [성+이름 둘째글자/성+이름 첫글자/성+이름의 모든 글자]의 획수와 부수(글자)를 분석하여 음양오행으로 변환시켜 사용하는 방법.
* 성과 이름에 사용된 漢字 부수글자 자체를 음양오행으로 [분석/적용/변화]시켜 사용하는 방법.
　 등등의 고전적 방법이 옛날, 중국에서부터 [성명학/작명학]에 사용되고 있지만, 그렇게 효용성을 검증받지 못한 것이 사실이다. 이 책은 명리학을 다루는 개론서이니만큼, 고전적 [성명학/작명학]의 세세한 이론은 생략한다.
7). 전문가들은 사람의 이름(이름 글자의 음양오행)이 삶(운명)에 대해 끼치는 실질적 영향력을 10~15% 정도라고 본다. 이름만 잘 지으면 모든 일이 잘 풀린다는 식의 논리는 참으로 위험한 발상이며, 제대로 공부한 성명학자나 작명가는 절대 그런 式으로 작명, 개명 작업을 하지 않는다.

8). 요즈음, 자신의 본명 혹은 본명 이외의 이름을 [글로벌한 느낌의 이름/집안의 行列 글자를 꼭 넣는 경우의 이름/기독교式 이름/천주교式 이름/세례명式 이름/영어式 이름/순 우리말式 이름/본명 외의 雅號(아호)/불교式 이름 혹은 법명/漢字를 적용시킬 수 있는 영어式 이름/문학, 예술 계통의 筆名(필명)이나 藝名(예명)/특정한 영업이나 업무에서 따로 사용하는 비즈니스式 이름/인터넷 이름/연예계 예명] 등으로 지어달라는 요구가 점차 늘어나는 현재의 추세를 알려 드린다.
(예: 최 필립, 필립 최, 박 모세, 황 성철, 문 법정, 팀장 찰리, 캡틴 윤, 다이아나 박, 브라운 김, 김 마리아, 데이비드 리, 권 세실리아 등)

9). 작명 작업에 사용한 종이(이름을 쓴 종이)가 있다면, 나중에 쓰레기통에 버리지 말고 꼭 불로 완전 연소시켜야 한다는 사실을 명심할 것(프로들 중에서도 이 사실을 모르는 사람이 많다).

10부. 占[점. 점복(占卜), fortune-telling, destiny, divination]에 관한 총정리

*도표 <주역 대성괘 64 卦表[괘표. 卦象(괘상)/卦序(괘서)/卦名(괘명)]>

䷀ 01 중천 건乾	䷁ 02 중지 곤坤	䷂ 03 수뢰 둔屯	䷃ 04 산수 몽蒙	䷄ 05 수천 수需
䷅ 06 천수 송訟	䷆ 07 지수 사師	䷇ 08 수지 비比	䷈ 09 풍천 소축小畜	䷉ 10 천택 리履
䷊ 11 지천 태泰	䷋ 12 천지 비否	䷌ 13 천화 동인同人	䷍ 14 화천 대유大有	䷎ 15 지산 겸謙
䷏ 16 뇌지 예豫	䷐ 17 택뢰 수隨	䷑ 18 산풍 고蠱	䷒ 19 지택 림臨	䷓ 20 풍지 관觀
䷔ 21 화뢰 서합噬嗑	䷕ 22 산화 비賁	䷖ 23 산지 박剝	䷗ 24 지뢰 복復	䷘ 25 천뢰 무망无妄
䷙ 26 산천 대축大畜	䷚ 27 산뢰 이頤	䷛ 28 택풍 대과大過	䷜ 29 중수 감坎	䷝ 30 중화 리離
䷞ 31 택산 함咸	䷟ 32 뇌풍 항恒	䷠ 33 천산 돈遯	䷡ 34 뇌천 대장大壯	䷢ 35 화지 진晉
䷣ 36 지화 명이明夷	䷤ 37 풍화 가인家人	䷥ 38 화택 규睽	䷦ 39 수산 건蹇	䷧ 40 뇌수 해解
䷨ 41 산택 손損	䷩ 42 풍뢰 익益	䷪ 43 택천 쾌夬	䷫ 44 천풍 구姤	䷬ 45 택지 취萃
䷭ 46 지풍 승升	䷮ 47 택수 곤困	䷯ 48 수풍 정井	䷰ 49 택화 혁革	䷱ 50 화풍 정鼎
䷲ 51 중뢰 진震	䷳ 52 중산 간艮	䷴ 53 풍산 점漸	䷵ 54 뇌택 귀매歸妹	䷶ 55 뇌화 풍豊
䷷ 56 화산 려旅	䷸ 57 중풍 손巽	䷹ 58 중택 태兌	䷺ 59 풍수 환渙	䷻ 60 수택 절節
䷼ 61 풍택 중부中孚	䷽ 62 뇌산 소과小過	䷾ 63 수화 기제既濟	䷿ 64 화수 미제未濟	

*도표 <상괘와 하괘를 결합한 주역 64본괘(대성괘 점괘) 생성표>

상괘 하괘	일건천 ☰	이태택 ☱	삼리화 ☲	사진뢰 ☳	오손풍 ☴	육감수 ☵	칠간산 ☶	팔곤지 ☷
1건천 ☰	01 중천건 重天乾	43 택천쾌 澤天夬	14 화천대유 火天大有	34 뇌천대장 雷天大壯	09 풍천소축 風天小畜	05 수천수 水天需	26 산천대축 山天大畜	11 지천태 地天泰
2태택 ☱	10 천택리 天澤履	58 중택태 重澤兌	38 화택규 火澤睽	54 뇌택귀매 雷澤歸妹	61 풍택중부 風澤中孚	60 수택절 水澤節	41 산택손 山澤損	19 지택림 地澤臨
3리화 ☲	13 천화동인 天火同人	49 택화혁 澤火革	30 중화리 重火離	55 뇌화풍 雷火豊	37 풍화가인 風火家人	63 수화기제 水火旣濟	22 산화비 山火賁	36 지화명이 地火明夷
4진뢰 ☳	25 천뢰무망 天雷无妄	17 택뢰수 澤雷隨	21 화뢰서합 火雷噬嗑	51 중뢰진 重雷震	42 풍뢰익 風雷益	03 수뢰둔 水雷屯	27 산뢰이 山雷頤	24 지뢰복 地雷復
5손풍 ☴	44 천풍구 天風姤	28 택풍대과 澤風大過	50 화풍정 火風鼎	32 뇌풍항 雷風恒	57 중풍손 重風巽	48 수풍정 水風井	18 산풍고 山風蠱	46 지풍승 地風升
6감수 ☵	06 천수송 天水訟	47 택수곤 澤水困	64 화수미제 火水未濟	40 뇌수해 雷水解	59 풍수환 風水渙	29 중수감 重水坎	04 산수몽 山水蒙	07 지수사 地水師
7간산 ☶	33 천산돈 天山遯	31 택산함 澤山咸	56 화산려 火山旅	62 뇌산소과 雷山小過	53 풍산점 風山漸	39 수산건 水山蹇	52 중산간 重山艮	15 지산겸 地山謙
8곤지 ☷	12 천지비 天地否	45 택지취 澤地萃	35 화지진 火地晉	16 뇌지예 雷地豫	20 풍지관 風地觀	08 수지비 水地比	23 산지박 山地剝	02 중지곤 重地坤

*도표 <주역의 기본이 되는 8괘(소성괘)표>

1건천(1乾天)☰   2태택(2兌澤)☱   3리화(3離火)☲   4진뢰(4震雷)☳
5손풍(5巽風)☴   6감수(6坎水)☵   7간산(7艮山)☶   8곤지(8坤地)☷

* 실제 현실에서는 간명단순하게 이 8개의 소성괘로 점을 치는 경우도 많다. 절체절명의 순간에는 복잡다양한 64개의 64대성괘보다는 아주 단순한 8개의 8소성괘로 점의 판단(점단)을 받아 보는 것이 더 유용할 때도 있다.

1장. 占의 정의와 개념

1). 占(점): 미래 시점의 길흉화복(吉凶禍福)을 [예단/예언(豫斷/豫言)]하고자 여러 도구와 기법을 사용하여 그 결과[占卦(점괘)]를 얻고 의미를 덧붙여 해석하는 일련의 작업. 옛날 한자문화권에서 엄밀하게 구분해서 점치는 것을 '복(卜)'이라 하고 그것을 입으로 말하는 것을 '점(占)'이라고 했다. 기원은 인류 역사의 시작과 함께이다.
* 점/점복(占卜): fortune-telling, destiny, divination.

2). 命(명)과 運(운) 그리고 卦(괘)와 爻(효)
命(명): 선천적, 유전적 기질과 그 흐름. 理(父의 원리, 수직의 원리, 시간의 원리, 복종과 지배의 원리), 불변의 특성을 지닌다.

運(운): 후천적, 변환적 기질과 그 흐름. 氣(母의 원리, 수평의 원리, 공간의 원리, 화평과 조화의 원리), 항상 변화 가능한 특성을 지닌다.

卦(괘): 3효(음이나 양을 나타내는 가로획이 3개인 소성괘) 혹은 6효(가로획이 6개인 대성괘)를 하나의 단위로 보고 '卦'라고 함. 만물의 이치가 걸려(掛: 걸 괘) 있다는 뜻. 卦는 '不變(불변)'을 전제로 한다.

爻(효): 하나로 그려진(그어진) 음획(음효, --)이나 양획(양효, ―)을 '爻'라고 한다. 음양의 변화를 본받는다(效: 본받을 효)는 뜻이 있음. 爻는 '變化(변화)와 움직임(動)'을 전제로 한다.

3). 8개의 소성괘=8개의 3획괘(3개의 효로 구성)=8개의 작은 괘='기본 8괘'=8개의 單卦(단괘).
아래 例示는 '기본 8괘(8개의 소성괘)'의 상하 대칭 여부를 기준으로 한 구분이다.

8개의 소성괘.
건(乾☰), 곤(坤☷), 감(坎☵), 리(離☲) 4괘=>4 정괘(正卦: 方正한 모양).
진(震☳), 손(巽☴), 간(艮☶), 태(兌☱) 4괘=>4 편괘(偏卦: 치우친 모양).

4). 64개의 대성괘=64개의 6획괘(6개의 효로 구성)=64개의 큰 괘=64개의 중괘=일반적으로 말하는 보통의 '64괘'=占칠 때, 주로 쓰이는 여섯 개의 효로 만들어진 64개의 점괘.

대성괘 예시) 30중화리괘= ䷝ 52중산간괘= ䷳ 56화산려괘= ䷷ 64화수미제괘= ䷿

5). 처음의 占卦(점괘. 問占한 내용을 알려 주는 결과로서의 온전한 하나의 점괘)는 本卦(본괘)가 되며, 그 뒤의 爻變(효변. 동효나 변효를 적용시킴)을 적용시키면 다음 점괘인 之卦(지괘, 변괘)가 된다. 이 2가지를 합친 것이 바로 우리가 흔히 말하는 '점괘'다.
* 온전한 '占卦(점괘)'=본괘+지괘(변괘).   問占(문점)=占으로 묻는 행위.

6). 동효[=변효. 효변(동효가 변하는 것)]가 없으면 점괘의 힘이 크게 발휘되지 않는다.
  효변: 극에 달한 태양은 소음으로, 지극한 음기운의 태음은 소양으로 변함.
         쉽게 말하면 음효(음획, --)는 양효(양획, ─)로, 양효는 음효로 변하는 것.
         특정 문점 사례에서 역점 전문가나 역술가들은 다음과 같이 답해야 할 때가 있다.
  1 '너무 어두워서 보이지 않는다.' (혹은) '솔직히 모르겠다.'
  2 '불가능이다.'
  3 '하늘의 뜻에 맡겨라.'
  4 '길흉판단 불가.' (혹은) '점괘는 나왔는데 답이 없다.'
  5 '어찌 미래의 일과 하늘의 뜻을 나(자신)의 입이나 머리로 한정짓겠는가?'
     주역점법 전문가나 프로는 무슨 말인지 감을 잡겠지만, 초심자는 심사숙고해야 함.

2장. 여러 가지 점과 점법
1). 가장 고전적이며 정통인 주역점법(出: 『주역』 계사상전)

  蓍草(시초) 50줄기[50가지, 50개]로 점치는 법이다. 시초를 구하기 어려우니 통상 대나무 가지[서죽筮竹(점을 치는 상서로운 대나무). 일명 댓가지, 산가지, 산대, 점대 50개]로 점친다.

  참고 1. 주역점: 주역의 64괘(卦)와 386효(爻)의 운용과 변화를 이용한 占法으로 전 세계에 통용되는 가장 보편적이며 전통적인 점법임. 도구, 기법, 형태는 매우 다양함.
  참고 2. 역학이나 점술 관련 사이트에서 검색해 보면 주역점의 도구를 '서죽', '시초', '산가지', '댓가지', '산대', '점대'라는 이름으로 아주 다양하게 판매하고 있다. 가격은 천차만별이나 대략 5만~100만 원 정도임. 비싸다고 적중률이 좋은 것이 절대 아니다. 재차 반복한다. 적중률을 결정짓는 것은 問占者(문점자. 점으로 묻는 사람)의 '진정성과 몰입의 자세'뿐이다.
  참고 3. 실제 프로들도 평소엔 서죽을 잘 쓰지 않는다. 과정이 복잡하고 시간이 오래 걸려, 계속 집중하기가 어렵기 때문이다. 그래서 손때 묻은 책, 간편한 주사위, 흔하디흔한 동전을 선호한다. 적중률은 진정성과 집중의 문제이지 도구의 문제가 아니기 때문이다.
  참고 4. 정통의 주역점법 순서는 다음과 같다.

1. 점치는 사람이 沐浴齋戒하고 衣冠을 整齊한 뒤 북쪽을 향해 香을 올리는 정성을 表하고, 50개의 서죽을 두 손으로 잡고 향불 위에서 몇 번 왕래하여 서죽에 정성 어린 향이 배이게 함과 동시에 잡념을 물리치고 정신을 집중한다.

2. 問占하고자 하는 내용[사연]을 告(고)하고 천지신명께 밝은 이치로 선명하게 보여 주실 것을 간절하게 빈다. 문점 내용에 집중하면서 다음의 '18변(變)' 과정을 진행시켜 6효[여섯 효로 이루어진 하나의 괘, 즉 첫 번째 점괘, 즉 본괘]를 구한다.

3. 서죽[시초, 산가지, 댓가지, 산대] 50개를 양손에 쥐고 1개를 빼서 책상 위에 수평으로 놓는다[이 하나의 서죽이 불변의 '태극'을 상징함. 실제로는 나머지 49개로 점을 친다].

4. 나머지 49개 서죽을 무심결에, 무의식적으로 양손으로 나눈다.

5. 왼손의 서죽[天策천책]은 하늘을 상징하는 것이니 그대로 들고 있고, 오른손의 서죽[地策지책]은 땅을 상징하는 것이니 오른쪽 바닥에 내려놓고, 그중 한 개[人策인책]를 빼서 왼손 새끼손가락과 넷째 손가락[무명지] 사이에 끼운다(天地人 3才의 定立원리 적용).

6. 왼손의 서죽을 4개씩 제거하면서 세어나가면 나머지는 1~4개이다. 4는 0과 같다. 그 나머지를 다시 왼손 중지[셋째 손가락]와 넷째 손가락 사이에 끼운다(4개씩 제거함은 4계절의 순환을 뜻하며 그 나머지를 끼우는 것은 윤달을 뜻한다).

7. 오른쪽 바닥에 놓인 서죽을 오른손에 잡고 역시 4개씩 제거하면서 왼손으로 세어 나간다. 남은 것을 왼손 둘째 손가락과 셋째 손가락[중지] 사이에 끼우고 4개씩 제거된 것들은 오른쪽 바닥에 내려놓는다.

8. 왼쪽 손가락 사이사이에 끼인 서죽을 모두 합하면 5개 아니면 9개가 되고, 이것을 태극 상징인 수평 댓가지[서죽] 맨 좌측에 수직되게 배열한다. 합이 5개 혹은 9개가 아니면 잘못된 것이니 처음부터 천천히 다시 시작한다(여기까지가 제 1變이다).

9. 제 1변 후에 태극을 상징한 서죽과 수직으로 걸쳐진 5개 혹은 9개를 제외한 나머지 서죽 모두를 합쳐 사용하여 제 1변의 과정을 다시 되풀이한다. 그 결과는 4개 아니면 8개가 된다. 물론 태극 상징의 수평 서죽은 전체 점괘를 구할 때까지 건드리지 아니한다(여기까지가 제 2변이다. 제 2변의 결과물인 4개 혹은 8개의 서죽을 제 1변 결과물 우측에 배열한다).

10. 제 2변 후에 다시 제 2변의 과정을 되풀이한다. 물론 얻은 결과는 4개 아니면 8개가 된다(여기까지가 제 3변이다. 제 3변의 결과물을 제 2변 결과물 우측에 배열한다).

11. 제 3변까지를 마치면 구하고자하는 점괘[본괘] 여섯 효 중 첫 효[초효, 1효]를 얻은 것이다.

한 효에 3변이 필요하니 여섯 효 모두를 구하려면 총 '18변'이 필요하다. 제 1변, 제 2변, 제 3변 모두의 과정을 합하면 다음 4가지 경우로 나타난다.

태음(9,8,8): 현재는 태음이나 나중에 動하면(變하면) 소양. 49-25=24(4×'6': 태음)
소양(9,8,4)(5,8,8): 음양 변화 없음. 49-21=28(4×'7': 소양)
소음(9,4,4)(5,8,4): 음양 변화 없음. 49-17=32(4×'8': 소음)
태양(5,4,4): 현재는 태양이나 나중에 동하면(변하면) 소음. 49-13=36(4×'9': 태양)

12. 초효[제 1효. 여섯 효 중 맨 아래 효]를 얻었으니 위와 같은 방법으로 2효, 3효, 4효, 5효, 6효(上효. 제일 위에 놓이는 효)를 차례대로 얻으면 하나의 점괘[문점한 내용을 알려 주는 결과로서의 온전한 하나의 점괘 혹은 본괘]가 완성된 것이다.

13. 완성된 점괘[문점한 내용을 알려주는 결과로서의 온전한 하나의 점괘]는 본괘가 되며, 효변[동효, 변효]을 적용시키면 지괘[변괘]가 된다. 이렇게 본괘와 지괘를 구하면 점칠 수 있는 한 set의 온전한 '점괘'가 완성된 것이다.

'효변': 아래 예시처럼 5효가 음(6 태음)에서 양(7 소양)으로 효의 음양이 변함.

6효: 8 소음 --   ⇒   음양 변화 없음: 8 소음 --
5효: [6 태음 --] ⇒ [효변] ⇒ 음양 변화 있음: [7 소양 ─]
4효: 8 소음 --   ⇒   음양 변화 없음: 8 소음 --
3효: 7 소양 ─   ⇒   음양 변화 없음: 7 소양 ─
2효: 7 소양 ─   ⇒   음양 변화 없음: 7 소양 ─
1효: 7 소양 ─   ⇒   음양 변화 없음: 7 소양 ─

11(11지천태 본괘 ䷊) ⇒ [5효가 '효변'함] ⇒ 05(05수천수 지괘 ䷄)

결과: 11(11지천태 본괘 ䷊)-05[5효 효변]-05(05수천수 지괘 ䷄)
간산式 표기법: '11-05-05'(出: 간산 주역점법).

14. 문점자가 자신의 '문점 내용(비밀, 고민, 미좀 간의 선택적 판단, 기타 문제 상황)'을 어느 누구에게도 발설치 않고 점괘를 구했는데도 점괘에서 그 '문점 내용(비밀, 고민, 미좀 간의 선택적 판단, 기타 문제 상황)'을 이미 알고 있다는 투로 답변을 줄 때가 많다. 주역의 점법이 참으로 놀랍고 신기하고 무섭다. 문점자의 진정성과 집중의 마음가짐만 있다면 통하지 못할 이유가 없다.
구하라. 그러면 통할 것이다(성경 말씀 '두드려라. 열릴 것이다.'와 연결됨).
어떤 때는 문점자가 마음속으로만 생각했던 핵심관련 표현이나 특정하고도 유의미한 단어 자체가 점괘에 등장하는 놀라운 사실도 생생하게 체험할 것이다. 결코 이상한 일이 아니라, 지극히 당연한 사실일 뿐이다.

15. 점치는 데 동효나 효변이 필요한 이유

15-1. 모든 세상의 [사건/사물/인간/현상]들은 매순간마다 변화가 진행 중이며, 변화를 전제하지 않으면 존재 자체가 부정된다. 변화하는 흐름의 시공간 속에서만 우리 인간들은 존재할 수 있기 때문이다. 전체를 [6 시기/6 부분/6 단계] 등등으로 일단 나누고 나서, 그 변화를 살펴보겠다는 발상은 탁월하다.

15-2. 효가 변하지 않으면. 변괘(지괘)가 생기지 않는다. 본괘만으로 점치는 [위험성/주관성/부분적 일관성]의 늪에서 빠져나올 수 있는 것이다.

15-3. 물질세계가 갖는 가장 원초적인 변화의 과정을 [철학/자연과학] 기타 등등에서는 '인과 관계'라고 보았다. '因果(인과. 원인과 결과)'는 시간적 선후와 에너지 순환의 필연적 흐름을 설명하고 이해하는 기초 관문이 되기 때문이다.

2). 주역점법을 변형시킨 기타 점법

1. 역점의 1인자 소 강절(邵 康節) 선생의 매화역수법(梅花易數法, 梅易法, 觀梅法)
   1-1. 선천수 작괘법: 먼저 數(수)를 일으키고 그 數에 의해 卦(괘)를 정하고 점침.
       선기수 후작괘(先起數 後作卦).
   1-2. 후천수 작괘법: 먼저 물체나 물상을 보고 卦를 만든 뒤에 數를 붙여 점을 침.
       선작괘 후기수(先作卦 後起數).
   1-3. 소 강절 선생 말씀 "부동(不動)이면 부점(不占)": "움직임(변화)이 없으면 占도 없다"는 뜻으로 [사람/사물/현상]에서 갑작스런 변화와 움직임은 반드시 그 뒤에 일어날 일의 조짐(낌새, 전조, 기미, 징조)을 보여 주는 것이다.

2. 동전점(척전점擲錢占이라고도 함. 가장 일반적, 보편적인 점법)

2-1. 동전 1개로 점치는 법(숫자가 있는 앞면=陽, 그림이 있는 뒷면=陰)
(1) 동전을 연달아 3번 던져 본괘의 상괘를 구하고, 다시 3번을 던져 본괘의 하괘를 구한다.
(2) 다시 동전 앞면의 생산 연도(例: 2009년이라면 2+0+0+9=11. 11÷6=나머지 5. 5효가 효변(동효, 변효)했음을 적용시켜 지괘(변괘)를 구해서 점을 침. 이때 동전은 무작위적으로 선택된 것이어야 한다.
(3) 지괘를 위한 효변을 구할 때는 '6'으로 나누어 나머지를 효변 숫자로 취한다.

2-2. 동전 3개를 가지고 한 번 던져 상괘, 다시 던져 하괘를 구하기도 한다. 3개 중에서 하나를 무작위로 선택하여 효변과 지괘를 구하고 점침(3개 동전의 앞면과 뒷면 모두 6면에 1~6의 숫자를 임의로 정하고 무작위 선택하여 효변을 구함. 효변을 구하고 나면 지괘는 자동적으로 결정됨).

2-3. 동전 6개(1~6의 순서가 정해진 동전)를 던져 앞뒷면의 음양 구분으로 본괘를 구하고, 6개 중에서 하나를 무작위로 선택하여 효변을 구하여 점침(효변을 구하고 나면 지괘는 자동적으로 결정됨).

3. 자동차 번호로 점치는 법(예시는 3가지이지만 얼마든지 다양하게 점칠 수 있음)

예시) 내 앞을 지나가는 차의 넘버가 만약 '7852'라면 다음처럼 점쳐서 [52-1-22], [18-2-52], [03-1-08] 3가지 점괘를 얻을 수 있다.
(1) 앞 숫자 7+8=15. 15÷8=나머지 7. 상괘 7간산. 뒤 숫자 5+2=7. 7÷8=나머지 7. 하괘 7간산. 상하괘 합하여 52중산간 본괘를 구함. 중앙 숫자 8+5=13. 13÷6=나머지 1. 초효(1효)가 효변한 22산화비 지괘를 구함. 간산 주역점법 [52-1-22] 적용.
(2) 1(첫 번째), 2(두 번째)의 위치 숫자 7과 8. 7+8=15. 15÷8=나머지 7. 상괘 7간산. 2위치 8과 3위치 5. 8+5=13. 13÷8=나머지 5. 하괘 5손풍. 18산풍고 본괘를 구함. 4위치 2. 2÷6(효변)=나머지 2. 2효변이니 52중산간 지괘를 구하여 점침. 간산 주역점법 [18-2-52] 적용.
(3) 앞 숫자 78÷8=나머지 6. 6감수 상괘. 뒷 숫자 52÷8=나머지 4. 4진뢰 하괘. 중간 숫자 85÷6= 나머지 1. 1효(초효) 효변. 03수뢰둔 본괘-(1효변)-08수지비 지괘. 간산 주역점법 [03-1-08] 적용.

4. 시계점
문득 어떤 문제(내용, 사연, 고민 등)가 절실하게 다가오거나 '점기(占機)'가 동(動)했을 때의 그 순간(just) 자신의 눈에 들어온 시계의 시각 표시를 이용한 점괘.
*점기(占機): 점을 치게 된 계기나 기회 혹은 그 간절함이나 필요성.

예시) 08시 39분 27초[15-3-02의 점괘]
상괘: 08시. 8÷8=1...나머지 0(나머지 8). 8곤'지'.
하괘: 39분. 39÷8=4...나머지 7. 7간'산'. 합하여 15'지산'겸 본괘를 구함.
효변과 지괘: 27초. 27÷6=4...나머지 3(3효). 3효가 효변한 02중지곤 지괘를 구하여 점침.

<'6'이나 '8'로 나누는 이유>
(1) 상괘나 하괘를 구할 때는 소성괘(3획괘)가 8개라서 '8'로 나누어 나머지를 취한다.
(2) (지괘를 얻기 위한) 효변을 구할 때는 '6'으로 나누어 나머지를 효변 숫자로 취한다.
  본괘든 지괘든 64괘는 모두 6효(6획, 6개)로 이루어져 있기에 '6'으로 나눈다.
  물론 기본 8괘는 모두 3효(3획)로 이루어져 소성괘라 하고, 본괘 64괘는 모두 6효(6획)로 이루어져 대성괘라고도 부른다.

5. 팔산(八算) 점괘법
8개의 산가지[시초(蓍草), 산대, 댓가지, 점대, 서죽(筮竹)]로 득괘하여 점치는 주역점. 간명하고 쉽다. 50개, 60개, 100개보다 적은 8개를 사용하니 쉽다는 뜻이 아니다. 주로 중국, 홍콩, 대만, 마카오, 비엣남(베트남), 싱가포르 등지에서 비중 있게 사용됨.

6. 황극책수(黃極策數)

소 강절 선생의 주역 이론에 입각한 점법. 초한지, 삼국지, 통감 등에 두루 능통해야 해석과 적용이 가능함. 비교적 난해한 편.

7. 주사위 점법(가장 일반적, 보편적인 점법)

* 홀수(1, 3, 5)는 陽. 짝수(2, 4, 6)는 陰. 6면 주사위를 6번 던져 본괘를 결정.
  다시 한 번 더(일곱 번째) 던져 나온 숫자로 효변 결정(효변이 결정되면 지괘는 자동 결정됨).

* 아래 소개하는 '전문가 用'이 실제로 점을 치는 실전에서 가장 많이 사용되고 있다.
  專門家 用: 상괘를 결정짓는 빨간색 8면 주사위, 하괘를 결정짓는 검은색 8면 주사위, 효변(동효)을 결정짓는 검은색 6면 주사위, 모두 3개를 같이 던져서 점침. 상괘 하괘가 결합한 본괘와 효변한 지괘가 동시에 결정됨.

* 현재 3개의 주사위를 한 set로 판매하고 있음. 역학이나 점술 관련 다양한 사이트에서 검색해 보면 '占卜專用骰子[점복전용투자: 대만 某(모) 출판사 수입품. 큰 것 한 set가 대개 1만~10만 원, 작은 것 한 set가 1만~5만 원 내외]라는 것도 있다. 하나의 예를 제시했을 뿐이다. 오해 없기 바란다. 다른 좋은 것도 얼마든지 많이 있다.

* 8면 주사위에는 각 면마다 8개의 漢字가 새겨져 있다. 그리고 周易占法(주역점법)을 이해하기 위해서 아래의 漢字와 8개의 소성괘(기본 8괘) 정도는 암기할 필요가 있다.

(1) 새겨진 8개의 漢字(소성괘 기본 괘는 8개이다. 괄호 속 숫자는 괘의 순서이다)
  건乾(1), 태兌(2), 리離(3), 진震(4), 손巽(5), 감坎(6), 간艮(7), 곤坤(8).

(2) 암기할 때 '기본 8괘'의 [순서/괘명/괘상//획상(소성효 혹은 소성괘)]
  * 주역의 '기본 8괘(일명 소성괘)'는 주역 공부에서 필수적임. 명리학에서도 알아두면 유용함.

  [1/건/천(1/乾/天) // ☰]
  [2/태/택(2/兌/澤) // ☱]
  [3/리/화(3/离/火) // ☲]
  [4/진/뢰(4/震/雷) // ☳]
  [5/손/풍(5/巽/風) // ☴]
  [6/감/수(6/坎/水) // ☵]
  [7/간/산(7/艮/山) // ☶]
  [8/곤/지(8/坤/地) // ☷]

(3) 주역에서 많이 사용되는 한자: /양(陽),음(陰)/강(剛),유(柔)/길(吉),흉(凶)/괘(卦)/효(爻)/'反'(反

易의 '반')/'變'(變易의 '변')/'交'(交易의 '교')/역(易)/본(本)/지(之)/호(互)/상(象)/덕(德)/도(道)/점(占)/리(离, 離)[필요에 따라 기본 8괘 '3리화☲'의 '리(离)괘☲'와 64괘 中에서의 '30중화리괘䷝'의 '리(離)괘䷝'를 구분해서 사용하기도 함]

(4) 기본 8괘의 괘명, 괘상, 획상(上, 中, 下의 순서로 배열. 위에서부터 아래로 볼 것)

　　　기본 8괘의 괘명(卦名): 건 태 리 진 손 감 간 곤
　　　기본 8괘의 괘상(卦象): 천 택 화 뢰 풍 수 산 지
　　　기본 8괘의 획상(劃象): ☰ ☱ ☲ ☳ ☴ ☵ ☶ ☷

　'초(初)는 맨 아래 1(일효)을 뜻한다. 예시): 초효=1효. 初六=초효(제 1효)가 음(陰=六=6).
　상(上)은 맨 위 6(육효)을 뜻한다. 예시): 상효=6효. 上九=상효(제 6효)가 양(陽=九=9).

8. 책의 면수(쪽 숫자, 面 숫자, page 숫자)를 이용한 점법

　예시 1) 이 책을 무작위로 세 번 펼친 페이지 숫자가 239, 144, 45 페이지일 때.
괘(2+3+9=14. 14÷8=나머지 6. 6감水) 하괘(1+4+4=9. 9÷8=나머지 1. 1건天) 05水天수 본괘 결정. 3번째 숫자(45) 4+5=9. 9÷6=나머지 3. 3효가 효변한 60수택절 지괘. 간산式 [05-3-60] 점괘.

　예시 2) 이 책을 무작위로 한번 펼친 페이지 숫자가 469페이지일 때.
상괘(앞 숫자 46÷8=나머지 6. 6감水) 하괘(뒤 숫자 69÷8=나머지 5. 5손風) 48水風정 본괘 결정. 중간 숫자 6. 6÷6=나머지 0(=6). 6효가 효변한 57중풍손 지괘. 간산式 [48-6-57] 점괘.

9. 초 연수의 '焦氏易林(초씨역림)' 점법
　주역 64괘에 대한 64 경우의 변화를 적용해 4,096(64 곱하기 64) 가지의 점괘(4언시 형태)를 제시. 적중률이 상당히 좋은 편이다. 異本이 너무 많아서 어느 것이 정본 혹은 진본인지 구분이 안 된다. 문학적 감수성이 많이 반영되어 있음. 중국, 일본, 홍콩, 대만, 베트남 등지에서 비중 높게 사용되고 있다. 충무공 이순신 장군도 이 '초씨역림'의 점법을 많이 사용했던 것으로 보인다.

10. 남녀 혼인, 애정 관련 占에서의 유의사항
　남녀 혼인 문점에서는 한쪽을 거꾸로 뒤집어 보는 牉合(반합)의 상을 취한다. 혼인과 관련한 점(占)은 반드시 간(艮, 젊은 남자), 태(兌, 젊은 여자)를 전제로 한다. 초혼이기 때문이다. 물론 한쪽은 뒤집어(倒象도상) 본다. 3음 3양괘는 주로 남녀관계를 암시할 때가 많다.

11. 다음의 경우에 用九(용구: 여섯 양효 모두 효변) 혹은 用六(용육: 여섯 음효 모두 효변)을 지괘로 사용한다. 물론 01중천건 본괘, 02중지곤 본괘일 때 만이다.

(1). 갑자기 바람 혹은 기타 사유로 태극 상징의 1개 서죽(시초, 댓가지, 산가지, 산대)이 흔들리거

나, 밑으로 떨어지거나, 부러지거나, 흐트러질 경우.
(2). 3개의 주사위 중에서 특히 효변을 결정짓는 6면 주사위가 2개 이상의 숫자를 가리키거나 밑으로 떨어졌을 때.
(3). 여러 가지 이유로 효변을 구할 수 없을 때나 상괘, 하괘가 불분명할 때.
 - 웬만한 전문가가 아니라면 위의 경우를 적용시키지 말고 다시 집중해서 점치도록 하라.
 - 점술가에 따라 효변이 없다고 인정하여, 효 불변(지괘 없음)의 본괘만으로 점치기도 한다.

 12. 실제 현실에서는 정통의 시초占, 서죽占보다는 [동전占, 주사위占, 책 page占(책占)]이 훨씬 더 많이 사용되고 있으며, 적중률 또한 정통의 기법보다 못하지 않다. 또한 전문가나 프로역술가들도 자신의 손때 묻은 동전, 주사위, 책 등을 많이 이용하여 점을 치는 편이다.

 필자 역시도 주사위나 자주 접하는 책을 부담 없이 사용하는 편이며, 적중률도 손색이 없다. 초보자들인 경우 사람마다 다르겠지만 처음에는 주사위占이나 책 page占(책점)이 가장 무난하고 편할 것이다(적중률은 문점자의 진정성과 몰입의 자세가 결정짓는 것이지, 점치는 도구가 결정짓는 것이 아님을 재차 강조해 둔다. '서툰 무당이 장구 나무란다.'는 속담을 되새겨볼 것).

 13. 조금씩 익숙해지면 여기서 소개한 점법을 새롭게 변형시키거나 초월하여 전혀 색다른 점법이나 도구를 창안 응용하여 사용할 수도 있음이다. 고정된 격식에 얽매이지 않아도 좋다. 수준이 높아지면 점을 즐길 수도 있다.
 단, 청정한 마음(진정성)과 정신의 집중은 만고불변의 기준이자 원칙이다.

 14. 동효(변효)가 없으면 괘의 힘이 크게는 발휘되지 못한다. 작은 힘은 가능하다. 대체로 본괘가 100이라면 지괘(변괘)는 50의 힘과 비중이 있다고 본다(간산 說).
 다시 반복한다. "괘(卦)는 불변(不變)하고, 효(爻)는 변(變)하거나 동(動)하는 것을 전제로 한다." 효는 괘 속에 나타난 이치와 의미가 어떻게 작용하고 변화하느냐를 보여 주는 것이다.
 * 참고: 也山 선생과 大山 선생은 본괘 7할, 지괘 3할 정도의 비중을 제시하였고, 본괘는 지금 현재 상황(體)을 보여 주며, 지괘는 앞으로 진행되어 나아가는 과정(用)을 보여 준다고 설명함.

 3). 주역점법과는 무관한 기타 점법

 1. 주변 사물이나 현상, 날씨, 사람, 사람의 몸을 응용한 점(수준 이상의 전문가들이 많이 사용).
(1) 자신의 신체나 감각기관을 이용한 점.
(2) 기상, 기후의 변화(자연 관상점, 일기 예보, 기상 예보).
(3) 주변의 동식물이나 사물의 움직임과 변화를 이용하는 점.
(4) 골목, 대로변, 지하철, 버스에서 마주치거나 옆으로 다가온 사람의 형색과 수효를 반영한 점.
(5) 갑자기 바람이 불어 휘날리는 잎, 가지, 洛花, 날아가는 새의 수효와 형태 등의 점.

예시): 주변에 비둘기가 2마리, 새로 3마리 날아듦, 5마리 중 4마리가 날아감, 지금 1마리 남았음.

=> [하괘 5손풍(2+3). 상괘 1건천(5-4). 1효변(첫 변화 3. 뒤의 변화 4. 3+4=7. 7÷6=나머지1)]
=> 44천풍구 본괘. 초효(1효)변. 01중천건 지괘를 얻음.
=> 艮山式 표기. 간산 주역점법 [44-1-01] 점괘를 참고할 것.

2. 백점(百占), 백수(百首)점, 백수첨시해(百首籤詩解)점

음양오행의 천간(天干)을 중첩시켜 중국고사를 적용한 百 가지의 漢詩 형태로 만들어서 점을 치고, 해석함. 100 개의 산가지 중 하나를 선택하여 占친다. 서민적이며 비교적 적중률 좋음. 주로 중국, 홍콩, 대만에서 비중 있게 사용됨.

3. 육효(六爻)점

주역의 384(64괘×6효)효를 이용하지만 기존의 주역점법의 원리와 방법은 아님.

4. 육임(六壬)점

점치는 날의 일진과 시각을 중심으로 하는 점법. 일명 사과삼전(四課三傳). '황제의 점술', 혹은 '점술의 제왕'이라고도 불리기도 한다. 상당히 난해하고 신비함.

5. 연기점

담배, 시신(屍身. 사람의 죽은 몸), 사체(死體. 동물의 죽은 몸), 특정 사물 등의 연소 현상에서 연기의 결, 형상을 따져 점치는 기법. 순간적으로 사라지는 특성을 갖고 있는 사람, 사물, 현상, 일 따위의 문점에 특히 효과와 적중률이 좋다. 웬만한 전문가가 아니고서는 어렵다.

6. 파자(破字)점

점술가의 인문학적, 언어학적 안목과 식견이 중요함. 한국, 중국, 일본 등 한자 문화권의 지식인 계층에서 유행했음. 漢字를 부수 혹은 부분 글자로 나눠서 점괘의 근거 내용으로 사용함.

7. 단시(斷時)점

점치는 그 순간의 시점[時點(just)]을 끊어서 음양오행 이론을 적용하여 그 속을 들여다봄. 감각의 집중과 순발력이 요구됨. 수준 이상의 전문가들이 즐겨 사용하며 적중률은 가히 신비로울 정도이다. 사주명리학에서도 최근에 五柱卦(오주괘: 年, 月, 日, 時, 分 다섯 개의 시간 단위를 干支化시켜 적용함)라는 명칭으로 한국, 중국, 대만, 홍콩 등지에서 사용되고 있음.
* 일명 내정법(來情法: 문점자가 무슨 목적으로 왔는지를 미리 아는 법)으로도 사용되고 있음.

8. 월영도(月影圖)

토정 이 지함 선생의 점법(추정일 뿐). 4언 절구 한시형태. 주역괘와 숫자를 취합하여 시점(時點)과 성씨(姓氏)를 중심으로 점괘를 구성함. 신비하고 어렵고 괴이하다. 사주명리학의 개념을 많이 적용함. 정본(진짜) 여부를 두고 구설 시비가 많은 책이다.

9. 토정비결(土亭秘訣)

토정 이 지함 선생이 창안. 1년의 신수(운수, 운세)를 생년월일 숫자로 치환하여 한시 형태로 해석함. 한국에서는 가장 대중적이고 서민적인 점법. 연말연시의 세시풍속에서 유희오락용으로도 대표적임.

10. 자미두수(紫微斗數)

출생 사주를 별자리에 대입하여 해석함. 서양의 천문학과 점성술을 부분적으로 적용함. 한국, 일본, 대만, 중국, 싱가폴, 홍콩에서 인기. 별자리를 바라보는 관점과 해석의 차이에서 파생된 4개의 유파(소한파, 태세파, 변국파, 비성파)가 있음.

11. 기문둔갑(奇門遁甲)

땅, 공간, 방위의 기운과 음양의 흐름을 이용하여 몸, 군대, 외교 사절단, 군진을 숨기거나 혼란스럽게 하는 점술법. 최근에 와서 개인 운명 감정술인 기문 사주학으로 변용됨. 원래는 전쟁에서 왕과 군대를 보호하고 감춘다는 의도에서 만듦. 제갈공명이 절묘하게 사용한 것으로 유명함.

12. 자연 관상점

주변 자연의 모습을 파악해서 미래 기후나 기상을 예측함. 대표적으로 대기 현상점이나 일기예보가 여기에 해당한다. 일기예보가 가장 전형적이고 대표적인 占(占法)이라는 평범한 사실을 사람들은 잘 모르고 있다.

13. 觀相(관상)점

얼굴 각 부위의 특성과 전체 생김새를 살펴 본인과 주변인들의 길흉화복을 설명함. 각 부족, 인종, 문화권에 따라 아주 다양한 해석과 기법이 존재함.

14. 手相(수상)점

손금의 구조와 형상으로 본인과 주변인들의 길흉화복을 설명함. 관상과 같이 각 부족, 종족, 문화권에 따라 아주 다양한 해석과 기법이 존재함. 흔히 '손금을 본다.'라고 표현한다.

15. 足相(족상)점

발에 새겨진 금과 요철 형상을 살펴 본인과 주변인들의 길흉화복을 설명함(웬만하면 보여 주지 말 것. 특히 여성들은 조심해야 함. 비밀, 금기사항, 수치가 모두 드러나기 때문이다. 관상, 수상, 족상을 합쳐 '3相'이라 한다).

16. 해몽(解夢)점, 꿈점

꿈의 내용과 상징성으로 길흉과 심리상태를 해석함. 무의식과 잠재의식을 중요시함. 특히 서양의 지그문트 프로이트(정신분석학)와 칼 구스타프 융(분석심리학)의 학문적 성과를 기반으로 꿈의 해석기법 자체가 많이 바뀌었으며 최면술, 주사위 점, 타로(tarot) 카드와 연결시켜 점을 치고 해석하기도 한다. 범세계적으로 선호되고 있다. 최근에 와서는 해몽(분석) 기법이 '프로이트'보다는 '융' 쪽으로 기울어진 추세다. 특히 '융'은 집단 무의식 상태에서 [정립/전개/표출]되는 상징을 해석의 중요한 근거로 제시했다.

17. 거북점
거북 등껍질의 균열선과 형상으로 점괘를 판단함. 동양권에서 전쟁, 군사, 외교적인 결단을 목적으로 많이 사용됨. 비용, 시간 등의 문제가 있어 현재는 거의 사용되지 않음. 고대 주역占, 무속신앙(shamanism)占 등과 역사적으로 깊이 관련된다.

19. 점성술(점)
천체 운동과 별자리 이동으로 생겨난 형상으로 개인, 종족, 집단, 국가의 운명을 점침. 12궁도와 24절기를 적용하여 점을 치는데, 원리나 내용은 동서양이 비슷하나 동양은 12절기를 기준으로 하고 서양은 12중기를 기준으로 함.

20. 타로(tarot)카드 점
짝패 없는 22장 혹은 54, 56장의 카드를 사용하여 선택된 카드(들)의 그림 내용과 상징성을 이용하여 당사자의 심리 상태나 그 변화 과정, 사건의 길흉화복을 예측함. 아랍, 인도, 중국에서 시작되어 유럽으로 퍼져 나가 지금은 거의 세계적인 추세임. 동서양 공히 젊은 계층에서 선호함. 조금만 연습하면 상당한 신비와 효험을 맛볼 수 있음. 내면의 욕구와 현재 심리 상태 그리고 억압과 갈등관계를 파악하는 데 특히 유용하다. 특히 남녀관계에서 많이 사용되는 추세임.

21. 구슬점
주로 집시(여자)들, 혹은 영매(靈媒)나 샤먼(shaman)들이 수정구슬이나 유리구슬을 통해서 집중 혹은 최면, 연상기법으로 획득한 영상, 이미지, 환시, 환청, 간접 경험, 대리 경험 등을 이용하여 이것으로 점괘를 얻고 해석함. 신비, 공포, 원시, 환상, 낭만, 굴절, 에로틱, 몽환적 분위기를 즐기고 중시한다.

22. 肝腸(간장)점
새, 양, 기타 짐승들의 간, 창자, 기타 장기의 균열과 형상을 보고 점치는 기법. 특히 전쟁의 승패, 임종 시점에 대한 문점에서 탁월한 적중률을 보이는 신비한 점법.

23. 필기도구 점
[예시: 焚身娑婆(분신사바)-용어 자체는 불교에서 유래되었음]. 필기도구를 이용하여 점괘를 알려 주는 귀신을 '분신사바'라고 반복하여 중얼거리면서 불러오는 점술법. 주로 한국, 일본, 중국, 대만, 홍콩 등의 어리고 젊은 학생 계층에서 크게 유행함.

24. 필법점, 필체점, 필적점
개인의 고유한 필법, 필체, 필순 등으로 그 사람의 운명과 성격을 예단하는 점법.

25. 제비점

돌, 나무, 주사위 등으로 만들어진 '제비'를 던지거나 뽑아서 길흉을 점침. 아주 고대에서 원시적 형태로 시작하여 지금의 주사위로 변형, 발전되었다. 아직도 오지의 소수 민족 사이에선 비중 높게 나타나고 있다.

26. 기타

일반 주사위占, 화투패占, 트럼프占(타로카드占과 유사함), 침(타액)占, 쌀占, 칼占 등 셀 수 없이 많은 점법들이 지금도 행해지고 있으며, 또한 새로운 점술과 점법들이 계속 만들어지고 있는 실정이다. 그리고 능숙해지면 개인적으로 새로운 점법, 점술을 고안, 개발하여 사용하는 전문가나 점술가들이 꽤 늘어나고 있는 추세다.

3장. 점의 원리와 이론 그리고 기법

필자는 사주명리학도 결국은 공간을 전제로 한 시간 좌표(사주는 특정한 사람의 특정 공간에서의 출생시간 좌표)라는 점에서 '시공간' 개념에 당연히 집착할 수밖에 없었다. [時間/空間/人間]이라는 3間의 문제를 화두로 삼아온 필자로서는 어쩌면 당연한 귀결일지도 모른다. 더하여 광활한 우주에서 펼쳐지는 '시공간' 속의 점 하나보다 더 작은 인간의 미래를 [예단/예측]하는 四柱와 占을 이야기할 때, 더더욱 이 '시공간'에 대한 [이해/접근/전제] 없이는 사주도 점도 아예 성립 자체가 불가능하다고 본다(간산 說).

1). 전자라는 물질 입자를 파동의 성질로 설명하여 노벨물리학상을 수상한 프랑스 이론물리학자 '루이 드 브로이(Louis de Broglie)'의 아래 생각은 示唆(시사)하는 바 크다.

"인간이 자신을 둘러싼 지구 환경에 꾸준히 적응해 오며 생명을 이어 올 수 있었던 것은 이 우주와 인간의 마음 사이에 '구조적 유사성'이 애초부터 존재했기 때문이라는 사실을 인정하지 않을 수 없다."

1. '無'에서 '有'로:

가장 최근의 이론물리학과 양자물리학 연구 결과에 따르면 우리 우주는 137~138억 년 전의 빅-뱅(Big-bang. 대폭발. 질량을 인식하게 하는 힉스입자 생성)의 결과물이다. 그때 우주는 '無'에서 처음 시작된 것이다. 극히 짧은 순간 서로 다른 전하를 가졌지만, 같은 성질의 가상입자(물질-반물질)들이 출현하면서 시작된 물질 창조의 순간 그들 간의 미세한 비대칭 때문에 살아남은 물질들이 급팽창(인플레이션)하면서 지금의 시간과 공간(우주)이 창출되었다고 본다.

현대 천체물리학은 태양이 약 50억 년 뒤면 소멸할 것으로 보고 있으며, 태양이라고 해봤자 우리 은하의 변방에 자리 잡은 평범하고도 작은 하나의 별일뿐이다. 보통의 은하는 평균적으로, 1천만 개~100조 개의 별(항성)을 품고 있으며, 우주 전체에는 이런 은하가 대략 1천 7백억 개 정도(관측 가능한 범위 內)로 추측한다.

* 블랙홀: 자기 중력을 견디지 못하고 급격하게 붕괴되어 극단적인 초고밀 상태를 이룬 천체를 '블랙홀'이라고 한다(주변의 모든 것을 빨아들임). '홀'이라고 구멍이 아니며, 밝게 빛을 내는 블랙홀도 많다.

* 빅-뱅: 산산조각을 내는 폭발이 아니라, [물질/시공간]을 만들어낸 급팽창 과정을 '빅-뱅'이라

한다.

2. 다시 '有'에서 '無'로[2013년 노벨물리학상 수상한 이론물리학자(힉스, 앙글레르, 故 브라우트)의 설명]:

빅-뱅 직후 초고온 초고압 상태에서는 어느 입자도 질량을 갖지 못하고 균등했다. 우주가 점차 식으면서 완벽했던 대칭성이 깨지면서 질량이 생겨났고, 빛은 질량이 없어 광속으로 날아가지만 다른 입자들은 저마다의 질량을 얻어 광속보다 느리게 날아간다. 이 보이지 않는 물질의 질량 때문에 은하들은 맹렬한 회전에도 불구하고 흩어지지 않고 우주는 지금처럼 평평한 상태를 유지할 수 있는 것이다. 우주가 팽창을 계속하다 어느 시점부터 팽창속도가 광속을 능가하면서 우리 시야에서 은하들이 빛보다 빠른 속도로 멀어지면서 사라지는 것처럼 보이는 것이다. 그것은 은하 자체의 속도 때문이 아니라 그것을 담고 있는 공간의 급팽창 때문이다. 물론 나중에는 이 우주 삼라만상도 다시 에너지 0상태(無)가 되면서 소멸될 것이다(故 로버트 브라우트는 2011년 사망. 수상 못함. 학문적 업적은 인정되나 사망자에겐 노벨상을 수여하지 않는다는 스웨덴 한림원의 원칙).

조 단위의 시간(대략 43조 8천만 시간)이 흐른 뒤면 우주는 다시 '無'로 돌아갈 것이다. 물론 우주의 시간 개념으로는 '조 단위의 시간'도 찰나의 한 순간에 불과하다. '無'에서 '有'로의 창조는 양자역학과 중력이 결합하여 '암흑물질(혹은 암흑에너지)'이 없는 상태에서 물질이 탄생했다는 것인데, 에너지 보존법칙과 상식에도 어긋난 이 사실을 理性的으로 수용하기는 어렵다. 양자역학에서 말하는 양자요동 현상[quantum fluctuation: 텅 빈 공간 미세한 스케일에서 아주 짧은 시간동안 수많은 가상입자와 이들이 만든 場(장)으로 격렬하게 요동치는 현상]은 양성자와 원자의 특성을 결정짓는 중요한 양자 중력적 현상으로 물질창조의 직접적 動因(동인)이 된다. 범위가 큰 스케일에서는 '양자요동 현상'이 잘 확인되지 않는 것은 이 '양자요동'이 갖는 부자연스러움 때문이다.

[[* 참고: 암흑물질과 암흑에너지는 현대 천체물리학의 가장 뜨거운 주제다. 우리가 아는 물질, 에너지와는 전혀 다른 성질을 갖고 있을 것이라는 가정만 난무한다.

대부분의 학자들은 우주 전체에 지구나 태양 같은 '보통물질'보다 훨씬 많이 존재한다고 보고 있다(암흑에너지가 70%, 암흑물질이 25%이며, '보통물질'은 5%라고 본다).

암흑에너지 같은 희한한 존재를 가정하는 것은 우주가 '가속팽창'을 한다는 관측 때문이다. 1998년 미국 버클리 캘리포니아대 솔 펄머터 교수와 하버드대 브라이언 슈밋, 애덤 리스 교수팀이 우주가 시간이 갈수록 더 빨리 팽창하고 있다는 관측 결과를 발표했다. 우주가 가속팽창을 한다는 것인데, 이를 이해하기 위해서는 척력(밀어내는 힘)으로 작용하는 새로운 형태의 에너지인 암흑에너지가 필요하다고 봤다. 이후 암흑에너지의 실체 규명을 위해 세계적인 과학자 수천명이 수조원의 연구비를 쏟아 부으며 현재까지 열심히 찾았지만, 아직껏 흔적조차 찾지 못하고 있다.

그런데 암흑에너지 열풍을 불러온 미국 연구팀의 관측 결과가 잘못된 전제 위에 서 있으며, 오류를 보정하면 오히려 암흑에너지는 없다는 결론에 이른다는 반박을 李 영욱(연세대 천문우주학과) 교수가 이끄는 연구팀이 내놓은 것이다. 미국의 세 교수가 2011년 노벨물리학상을 받는 등, 학계 정설로 자리 잡은 '암흑에너지-가속팽창 패러다임'을 강하게 반박하고 나선 것이다. 李 교수팀은 미국 노벨상 수상자들이 사용한 것과 같은 방식의 '초신성 관측' 자료분석을 통해 정반대 결론을 이끌어냈다. 미국 연구팀은 멀리 떨어진 초신성일수록 예상보다 더 어둡다는 관측에 근거해, 우주가 더 빨리 팽창하기 때문에 별빛도 어둡게 보인다고 봤다. 그러나 李 교수팀은 먼 곳의 초신성이 예상보다 더 어두운 것은, 더 빨리 멀어져서가 아니라 애초에 나이가 더 어린 별이어서 더 어두울 뿐이라고 반박한다.

물론 여전히 가속팽창을 지지하는 다른 근거들이 남아 있다. 하지만 "'가장 직접적인 증거'가 흔들리는 만큼 우주론의 재점검은 불가피해 보인다"(李 교수의 견해). 21세기 학문적 대논쟁이 한국에서 발화하는 모습을 보는 일은 참 흐뭇한 일이지만, 이 대논쟁의 결과가 어떻게 끝날지는 아직 아무도 모른다.

出: 1. 유튜브 '카오스재단' 채널.

   2. 2021.6/8. 한겨레신문 손원제 논설위원 'K-천문학이 쏘아올린 대논쟁']]

3. '無->有->無->有->'의 순환 반복성:

그러나 그것으로 끝난 게 아니다. 無(空)는 또 새로운 有(色)의 창조를 준비한다. 가히 '色卽是空(색즉시공)'의 세계요, '空卽是色(공즉시색)'의 세계다. 圓(원)에서의 시작이 끝이며, 그 끝이 다시 시작으로 이어지는 '終則有始(종즉유시)'의 무한한 생성과 소멸을 순환 반복하는 宇宙 森羅萬象(우주 삼라만상)인 것이다.

無에서 有가 생성되는 경우는 비단 우주에서뿐만 아니라 개체 상호간에도 발생한다. 코일을 감은 막대에 자석을 왕복시키면 전자의 움직임이 생겨나고 전류가 발생한다. 같은 예로 陰(음, 서양식 부호-)과 陽(양, 서양식 부호+)이 상호 규칙적으로 [마찰/진동/충격/왕복 운동/원운동/자극/관조/반사]하게 되면 열, 에너지, 흥분, 트랜스(trance: 무아지경, 혼수상태), 엑스터시(ecstasy: 황홀상태, 종교적 신비체험의 도취), 오르가즘(orgasm: 쾌감의 절정), 불[火], 용감성, 氣(기), 電氣(전기), 磁氣(자기) 등이 발생하기도 한다.

4. 1964년 영국 이론물리학자 피터 힉스 교수가 힉스(higgs) 입자의 존재가설 정립.

1972년 한국 입자물리학자 故 李 휘소 박사가 자신의 논문에서 '힉스 입자'라고 처음으로 命名했다. 우주 삼라만상의 형태와 존재를 설명하는 이론물리학에서의 표준모형 이론에 의하면, 6개의 중입자(쿼크quarks)와 6개의 경입자(렙톤leptons), 그리고 힉스 입자를 포함한 5개의 보손boson(힘) 입자의 상호작용으로 우주를 형성하고 있는 물질과 힘을 설명하고, 이 힉스 입자가 137~138억 년 전 빅뱅 때 생성되어 모든 입자들에게 질량(에너지)을 부여한 것으로 보고 있다.

유럽원자핵공동연구소(CERN)의 거대입자가속기(LHC)를 이용하여, 2013년 힉스입자의 이론적 근거와 존재를 확인한 두 명의 이론물리학자(힉스, 앙글레르)는 노벨물리학상을 수상했다.

5. 인간을 포함한 우주의 삼라만상은 태극 後의 빅뱅으로 분화되고 형성되었다. 태극의 파장이나 유전적 구성성분의 동질성(혹은 유사성)에서 결코 벗어날 수 없다. 이런 동질성으로 말미암아 상호(우주, 지구, 자연, 인간, 동식물, 기타 사물 등등) 간의 정보(지식, 에너지, 형상, 소리, 감각 등)를 파장(주파수, 氣, wave 등)의 형태로 [변질/변형]시켜 얼마든지 [교류/소통/전달/감지/인식/접착/수용/송수신] 할 수 있는 것이다.

일(사건)과 현상에서도 필연적 인과관계나 조짐(징조, 전조, 기미, 낌새, 암시, 기幾 등)의 원리에서 결코 벗어날 수 없다. 우주의 축소판인 사람 자체가 소우주이며, 인간은 자연과 우주를 떠나서는 형태 유지 혹은 생존 자체가 불가능하다. 우리 신체의 구성성분이나 자연의 구성성분, 나아가 우주의 구성성분 모두가 극미의 세계에선 그대로 일치한다.

6. 동서고금을 가리지 않고 특수한 기호나 부호, 그림문자 등을 통한 상징 함유와 의미 해석으로 극대와 극미의 세계를 동시에 표출하기도 한다.

특히 점술과 의학에서 [징조(omen)/증상/징후(symptom)]를 중요하게 생각하는 것은 그것이 주는 [象/상징/기호/부호]의 해석결과가 바로 占괘가 되거나 치료나 진단의 핵심 근거인 동질성 혹은 유사성 그 자체가 되기 때문이다.

그래서 옛날부터 정치적 권력자, 상류 엘리트 계층, 특정의 전문가 그룹들(점술가, 의사, 샤먼, 제사장, 천문학자, 군인, 점성술 종사자, 뱃사람, 사냥꾼, 명리학자, 음양사 등)은 자기네들끼리 통하는 추측 판단이나 해석의 지식과 전문용어를 특수한 [부호/기호/상/그림문자] 형태로 정착시켜 사용해왔으며, 지금까지도 이 관습과 전통을 계속 이어가고 있다.

7. 주역의 占辭(점사. 괘사, 효사) 해석에서도 같은 방식으로 이러한 [징조(omen)/증상/징후(symptom)]를 특수한 [부호/기호/상/그림문자] 형태로 치환시켜 유용하게 사용하고 있는 바, 주역에서 8괘 혹은 64괘라고 불리는 것들이 바로 그것이다.

이러한 예측, 예단의 인식체계와 기법은 占괘 판단과 의학적 진단치료에만 국한되지 않고 정신분석학, 분석심리학, 사주명리학, (관)상학, 음양오행 이론, 범죄학, 골동품 감정, 동물 사냥, 기호학, 고대문자 해독, 암호 해독, 고생물 복원, 프로파일링 기법, 기상(일기)예보 등에서도 극단적 유용성을 보여주면서 현실에서 비중 높게 사용되고 있는 실정이다.

8. 동질성(혹은 유사성)과 관련된 현실 세계의 여러 현상과 작용

占의 원리, 홀로그램(hologram), 프랙탈[fractal. 자기복제]이론, 유도 전류, [동감/관조/반사/응시]를 통한 감정이입, 유감주술의 원리[샤머니즘], 類類相從(유유상종), 공명과 동조현상, 共感(공감)과 感應(감응), 개개의 파동[주파수Hertz, 대나무의 진동과 떨림 수신=안테나 수신, wave(수신과 발신의 象)], 공간적 동일 패턴과 시간적 동질 거리를 유지하려는 경향성, 텔레파시 원리, 최면과 꿈의 작동원리(현실 對 비현실) 등 자연의 대칭성과 자기 복제성을 이용한 많은 '동질성의 확산과 반복의 사례'가 과학적으로 검증되었고 주변에 널리 퍼져 있다.

거의 대부분의 사람들이 이젠 상식적 논리나 현상으로 저항 없이 받아들이면서, 또 자연스럽게 그것을 [이용/응용/적용/연구]까지 하고 있는 우리의 현실이다.

2). 자연의 순환성, 변화성, 반복성, 일관성을 볼 때 우주의 축소판인 사람 자체가 소우주이며, 인간은 자연을 떠나서는 살 수 없다. 占의 형태는 다양하지만 원리는 하나다! 바로 '만점동원(萬占同源)'의 원리이다. *'만점동원': '모든 점의 근원(방법/원리/근거)은 같다'는 뜻.

3). 음양오행 원리: 음양의 상대성과 대칭성. 상생과 상극의 원리 그리고 미묘한 변화들.

4). 점을 가능케 하는 구체적 원리:

　사람을 극(極)해 보면 뼈, 살, 피 더욱 극하면 분자, 더 나아가면 원자, 양자, 중성자, 전자 그리고 렙톤(lepton)과 쿼크(quark)까지. 이들 쿼크나 렙톤은 부분적인 입자성도 있지만 파동성으로 봐도 큰 무리는 없다. 이런 파동의 진동수(6.8-7.5헤르츠)가 지구의 고유진동수, 즉 전리층 공간의 고유진동수(매초 7.5사이클) 그리고 인체의 고유진동수(명상時: 7-9헤르츠)와 거의 일치하는데 이는 이것들 사이가 아주 동조하기 쉬운 공명체계임을 뜻한다. 텔레파시가 가능한 이유이기도 하며 인간, 지구, 우주는 상호동조하기 쉬운 공명체계이면서 부분과 전체가 유기적 유사성과 동질성으로 묶여 있다. 즉, 서로 정보(지식/의식/생각/감정/느낌 등) 교환이 가능하다는 말이다. 파장과 진동을 정교하게 주고받는 라디오 안테나 혹은 샤먼의 집 앞에 세워 둔 긴 대[竹] 나무를 연상하면 이해가 빠를 것이다.

5). [조짐/기미/징조/전조(兆朕/機微/徵兆/前兆)/낌새]의 원리: 모든 일, 사건, 현상에서 [단계적/필연적]으로 나타나는 시간적 인과(선후) 관계를 보여 주는 내용들이 있게 마련이다.
　* '6[6/12(=12/24)]의 법칙': 하루 12시진 순환주기 기준이라면 6시진(절반 지점에서 바로 沖이 성립)이 지나가면 어떤 식이든 앞의 극단적 내용들(고민, 문제, 한열조습 등)이 자동으로 해결된다는 법칙. 가장 추운 12월(子月)의 추위문제는 6월(午月)이면 깔끔하게 해결됨(간산 說).
　* 모든 [일/사건]의 전개과정 상 1/6(2/12) 경과시점에서 이런 미세한 조짐은 반드시 나타나니, 제갈공명 같은 눈밝은 사람들은 이런 원리를 잘 [적용/응용]해서 유명세를 떨쳤다(간산 說).

6). 命/運(명/운)을 바라보는 관점(간산 說)
　* 命: 선천적, 유전적 기질과 성향=理(父의 원리, 수직의 원리, 시간의 원리, 복종. 지배 원리)
　* 運: 후천적, 변환적 기질과 성향=氣(母의 원리, 수평의 원리, 공간의 원리, 화평. 조화 원리)

7). 單式판단이나 可否판단(yes or no)에는 점(占)이 아주 유용하며 적중률이 높다.

8). 점술가에게 요구되는 4가지(①~④) 근원적 능력과 특성
　1. 선천적 능력:
　① 접신(接神) 능력[트랜스(trance:무아지경, 혼수상태), 엑스터시(ecstasy:종교적 신비체험의 절정, 황홀상태). 영매(靈媒)나 샤먼(shaman)들에게는 절대적임].
　② 직관(直觀) 능력(사이비 점술가들이 흔히 ①, ②의 능력을 사칭하는 경우가 많음).

　2. 후천적 능력:
　③ 주기·순환이해 능력[음양오행(10간, 12지)의 순환, 60갑자의 주기, 주역 64괘의 주기].
　④ 인과(因果)인식 능력[因中有果論(모든 원인은 그 속에 결과를 내포하고 있음)].

4장. [3금기(三禁忌)/3절(三切)/일필수(一必需)]와 占에 대한 정리와 결론

1). 3금기: 1. 부정적인 질문으로 점괘(占卦)를 구하지 말 것!
        2. 같은 내용으로 2번 이상 점(占)치지 말 것!
        3. 자신의 힘과 노력으로 해결가능한 일을 점괘로 묻지 말 것!

2). 3절: [애절(哀切)/간절(懇切)/처절(凄切)]한 상황 속에서 점괘를 구할 것!

3). 1필수: 점기(占機, 점을 치게 된 계기나 기회 혹은 그 간절함이나 필요성)가 동(動)했을 때만 점을 쳐야 효험이 있다.

4). 3절과 1필수(점기)는 점괘의 적중률과 깊은 관계가 있다.
   3금기를 어기면 자칫 심신을 다치는 경우도 있으니, 특히 프로들은 조심 또 조심要.

**5). 대단히 중요한 핵심 참고사항(비중/영향력 문제)
   인간의 자유선택의 판단과 의지의 힘: 굳이 수치화하자면 대략 51% 이상.
   命(命運)의 결정적 영향력(숙명론적 입장): 굳이 수치화하자면 대략 49% 이하.

6). 사주가 [숲/망원경/거시]이라면 [占/觀相/手相(손금)]은 [나무/현미경/미시]에 해당함.

7). 占에 대한 필자의 결론적 정리(사심 없이 집중하여 정확하게 占쳤다고 전제했을 때).
 1. 점괘가 보여 주는 [현재 내 모습/내가 처한 시공간적 상황]은 필연이며 운명이다.
   내가 만든 상황이며, 내가 선택한 시공간이기 때문이다.
 2. 진지한 갈등과 고민 끝에 나온 占의 욕구는 사심 없이 하늘의 뜻을 묻는 것이다.
   결코 신비주의에 빠진 것이 아니니, [기복신앙/사이비/미신]과는 차원이 다른 것이다.
 3. 너무 자주 占치면 占卦(점괘)의 적확성, 효력 그리고 밀도가 떨어진다.
   마음의 힘(절실함)이 고갈되기 때문이다.

11부. 신살(神殺)

1장. 12신살(12神殺. 별칭 12支殺, 地支 신살)

1절. 12신살의 개념과 특성

1. 신살: '神'=긍정적 의미의 貴人(귀인), 貴神(귀신. ≠鬼神), 吉神(길신).
   '殺(煞)'=부정적 의미인 '凶殺(흉살)'.

   '12신살'은 '3합'을 전제로 지지의 길흉화복을 살피는 것이기에, 특히 [사회활동/외부 대인관계/직업활동] 등을 살필 때 아주 유용하다. 당연히 월지의 12신살을 눈여겨 살펴봐야 할 이유가 된다(간산 說).

2. 실제 사주감정에서 '12신살'은 힘과 영향력이 상당하지만, '일반 신살'처럼 비중 있게 인정하기는 어렵다. 더하여 '12신살'은 엄격히 말하면 '3합'을 배경으로 한, 대표 신살 [역마/화개/도화]의 연속된 변형판이라고 본다. '일반 신살'이든 '12신살'이든, 원래 신살 모두가 '3합'의 이론적 배경에서 출발한 것이다(간산 說).

3. 신살과 12운성은 비록 보조적 개념이긴 하지만, 사주감정에서 상당히 유용하고 재미난 도구가 될 수 있다. 그러나 너무 미신적인 부지기수의 신살에 깊이 빠져, 상대에게 겁을 주거나 굿을 강요하거나 부적을 써야 한다는 등의 작금 사주명리학계와 무속업계의 부분적인 현실은 비판받아 마땅하다.

4 '12신살'도 12운성처럼 삶의 흐름과 구체적 현실 모습을 12단계의 순서로 전개시켜 보여 준다.
   [12운성/신살(12신살+일반 신살)/旺相休囚死(왕상휴수사)/공망]의 개념을 '부분 부정'하거나 '전체 부정'하는 학자도 많다(박주현/이정호 선생 등등).
   '12신살'이 아닌, '일반 신살'은 사주원국의 잠재된, 또 다른 [길/흉/화/복]을 훨씬 더 입체적으로, 드라마틱하게, 그리고 실감나게 보여 준다는 학자들이 좀 더 많은 편이다(강헌/맹기옥/박청화/이석영 선생 등등).
   [일지:他 지지]의 관계를 보여 주는 12신살(12지살)은, 그 인정 여부(부정: 강헌/박주현/이정호 선생 등, 긍정: 맹기옥/박청화 선생 등)를 놓고 전문가들의 견해차가 아주 큰 편이다.

5. '12신살'과 '일반 신살'을 볼 때, 보통 '연지와 일지' 둘을 기준(강헌/김동완/맹기옥/박청화 說)으로 삼기도 하고, '연지 기준'은 애매모호하니 '일지 기준'(이정호/간산 說)만으로 보기도 하고, [학자/전문가/프로]마다 견해차가 천태만상이다.
   필자도 개인 임상을 근거로, 12신살은 연지 아닌, '일지 기준'으로 봄이 타당하다고 본다.
   신살(12신살/일반 신살)은 천간(뜻/생각/의지/의도)과는 거의 무관하다.
   현실의 구체적 상황(지지)에서 내 생각과 의지와는 관계없이 일어나는 [일/사건/길흉]이다.

2절. *도표 <12신살 적용표>

일지 (연지)	12 신살											
	겁살	재살	천살	지살	연살	월살	망신살	장성살	반안살	역마살	육해살	화개살
申子辰 신자진	巳	午	未	申	酉	戌	亥	子	丑	예시2) 寅	卯	辰
巳酉丑 사유축	寅	卯	辰	巳	午	未	申	酉	戌	亥	子	丑
寅午戌 인오술	예시1) 亥	子	丑	寅	卯	辰	巳	午	未	申	酉	예시1) 戌
亥卯未 해묘미	申	酉	戌	亥	子	丑	寅	卯	辰	巳	午	未

예시1. 일지가 '인오술'이면, 2018년 무'술'년이니 '화개살'의 운세이고, 2019년 기'해'년이면 '겁살'의 운이 왔다고 보는 것이다.

예시2. 사주원국의 일주가 丙子(일지=신'자'진)이고 월주가 壬寅(월지=寅목)이라면, 월지의 [사회/직업] 활동에서 '역마살'의 영향력이 나타난다고 감정하는 것이다.

3절. 12신살 각론

1). 겁살(劫殺): 怯(겁)을 먹고 몸을 낮추거나, 숨어 지내거나, 수배중이거나, 잠수를 탄 형태이다. 이때는 신중하게 주변의 눈치를 살피며 조심스럽게 처신하지 않으면 횡액을 당하기 십상이다. [구속/수감/박멸/차압/압수] 등의 형태로 나타나기도 한다. [법무/의료/세무/감찰]의 직업 관련성을 갖는다. 통상 '일반 신살'에서는 '역마(살)'로 나타난다. 어떤 일의 [시작/이동/출발]에서의 조심스럽고도 긴장된 언행이 필요하다(간산 說). 일지 [사/유/축]이면 寅목이 겁살이다. 겁살과 망신살은 서로 충이 된다.

2). 재살(災殺): 일명 수옥살(囚獄殺). 최악의 재앙 상태이다. 잡혀서 갇힌 입장이니 모든 것을 [체념/포기]한 상태이다. 정신적으로는 겁살의 운세일 때보다 오히려 편할 수도 있다(맹기옥 說). 패가망신했지만 재기하겠다는 [목표/야망/복심/계획]을 갖고 있으며, 꾀가 많고 임기응변에 능하다(박청화 說). 통상 '일반 신살'에서는 '도화(살)'로 나타난다. 일지 [사/유/축]이면 卯목이 재살이다. 재살(최악의 감방생활)과 장성살(최상의 장군 진급)은 서로 충이 된다.

3). 천살(天殺): 갇힌 공간에서 빠져나오긴 했지만 아직도 본격적인 상승운세는 아니라서 하늘만 바라보며 한숨 쉬고 있는 중이다. 천살의 대세운에서는 [감당키 힘든 일/눈물 흘릴 일/초상] 등이

발생하기도 하지만, 현실성 없는 이상을 추구하기에 꿈과 목표는 원대하다(박청화 說). 통상 '일반 신살'에서는 '화개(살)'로 나타난다. 일지 [사/유/축]이면 辰土가 천살이다. 천살과 반안살은 서로 충이 된다.

4). 지살(地殺): 새로운 [일/사업/주거/직업/땅/의식주 환경]을 찾아 움직이고 돌아다니고 이동하게 된다. 대세운에서 지살을 만나면 [이사/이동수/전직/전업/주거이전/의식주 변동/이민/유학] 등의 형태로 많이 나타난다. 지살에서 일을 찾아 '움직이기 시작(馬의 기능)'한다면, 충이 되는 역마살(12신살)은 일을 끝내고 떠나는 경우이다(맹기옥 說). [상사/선배/귀인]의 도움도 간혹 있다(박청화 說). 통상 '일반 신살'에서는 '역마(살)'로 나타난다. 일지 [사/유/축]이면 巳火가 지살이다. 지살과 역마살은 서로 충이 된다.

5). 연살(年殺): 일명 '도화살(桃花殺)', '함지(咸池)'. [자신/주변]을 꾸미고 가꾸고 포장하는 등 남의 [관심/현혹/시선 끌기/인기]를 유발하는 언행으로 많이 나타난다. 에너지와 끼가 집중되는 현상이다. 연살의 대세운을 만나면 주변의 [관심/인기/性的 매력발산/능력인정]을 받게 된다. [의료/장식/조명/인테리어/디자인/패션]의 직업 인연도 있다. 통상 '일반 신살'에서도 '도화살'로 나타난다. 일지 [사/유/축]이면 午火가 연살이다. 연살과 육해살은 서로 충이 된다.
* [12신살/일반 신살] 모두 '도화살'이란 공통의 명칭을 사용함.

6). 월살(月殺): 월살의 대세운을 만나면 [취업/스카웃/발탁/새로운 일 시작]되는 경우가 생긴다. 새 출발을 하는 입장이라서 항상 조심스럽고, 실수하기가 쉽다. 태양이 아닌 달빛 아래서 이뤄지는 야간작업이라 다소의 위험이 따르기도 한다. 간혹 [상속/증여/예상치 못한 횡재]를 경험하기도 한다(박청화 說). 통상 '일반 신살'에서는 '화개살'로 나타난다. 일지 [사/유/축]이면 未土가 월살이다. 월살과 화개살은 서로 충이 된다.

7). 망신살(亡身殺): 일명 '망신(亡神)'. 섣부른 [자신감/자만심]이 과격한 언행으로 연결되면서, 자칫 화근이 되거나 실수하기 쉽다. [亡身/희롱/모욕]을 당할 수 있다는 말이다. [명예/체면/권위/자존심]의 손상을 조심해야 하며, 신중한 처신만이 살길이다. 힘('욱'하는 기질/과격한 言行/집착/폭력 기질/과민 반응/다혈질/over기질)이 있어도 참아야 한다. 성급한 해결은 나중의 후환을 부르는 법이다. [구설수/병원行/수감생활/결혼/연애 성립/性的 소통]의 형태로 나타나기도 한다. 통상 '일반 신살'에서는 '역마살'로 나타난다. 일지 [사/유/축]이면 申金이 망신살이다. 망신살과 겁살은 서로 충이 된다.

8). 장성살(將星殺): 성취된 목표에 한껏 고무된 모습의 위험성을 경고하는 의미가 있다. 정상의 지위와 힘과 에너지를 가진 상태다. 망신살처럼, 힘이 있더라도 아껴야 한다. 장성살의 운세를 만나면 [출세/승진/진급/발탁/합격/논문통과/과거급제/경쟁 승리/위험성/양보 없는 무모함] 등으로 나타난다. 그러나 실제 내면에서는 [허무/두려움/허망/무상함/쓸쓸함] 등의 정서가 자리 잡고 있다. [장군 진급/장군의 별]을 뜻하는 말에서 유래된 이름이다. 통상 '일반 신살'에서는 '도화살'로 나타난다. 일지 [사/유/축]이면 酉金이 장성살이다. 장성살(최상의 장군진급)과 재살(감방에 갇힌

최악의 수옥살)은 서로 충이 될 수밖에 없다.

9). 반안살(攀鞍殺): '반안(攀鞍. 말안장을 타고 오름)'은 군진을 지휘하던 장군이 말안장을 붙잡고 올라서 군진을 떠난다는 뜻이다. 고위직에서 [은퇴/퇴직/사직/이별]하고 내려온다는 말이다. 아직은 [능력/권력/도구(말안장)/힘/전리품/학위/자격/면허/재물/소득]이 남아 있지만, 쓸쓸함과 소외감이 은연중에 느껴진다. 자존심과 명예를 중히 여긴다. 통상 '일반 신살'에서는 '화개살'로 나타난다. 일지 [사/유/축]이면 戌土가 반안살이다. 반안살과 천살은 서로 충이 된다.

10). 역마살(驛馬殺): 주변이나 조직에서 더 이상 나를 찾지 않는다는 뜻이다. '지살'에서 일을 찾아 움직이기 시작한다면, 충이 되는 '역마살'은 일을 끝내고 떠나는 경우이다. [정보/소통/인터넷/소식/소통/통신/역/이별/이동/터미널] 등과 관련을 맺는다(박청화 說). 통상 '일반 신살'에서도 '역마(살)'로 나타난다. 일지 [사/유/축]이면, 첫 글자 巳화와 沖(충)하는 亥수가 역마살이다. 역마살과 지살은 서로 충이 된다.
* [12신살/일반 신살] 모두 '역마살'이란 공통의 명칭을 사용함.

11). 육해살(六害殺): 손대는 일과 사업에서 연달아 지지부진한 것이 육해살이다. 심신이 안정되지 못하고 고달픈 상황으로 나타난다. 접고 빠져 나와야 하는 상황이거나, [정리/위축/매달린 상태]에 처한 상황이다. 진퇴양난의 입장에서 주변의 소외까지 겹쳐지면 참으로 죽을 맛이다. 隱忍自重하면서 시간을 기다려야 한다(강태공을 연상하면 좋다). 통상 '일반 신살'에서는 '도화살'로 나타난다. 일지 [사/유/축]이면 子수가 육해살이다. 육해살과 연살은 서로 충이 된다.

12). 화개살(華蓋殺): '화개(華蓋. 花蓋)'는 [꽃가마 속의 외로움/꽃방석의 화려함을 덮어 버리고 숨김/마무리 짓고 은퇴하여 자신을 감춤/연기력/위장술]이라는 의미다. 감추고 숨긴 죄로 다음에는 수배를 당하는 겁살로 이어진다고 해석하는 입장도 있다(맹기옥 說). [남들이 갖지 못한 재능/학습능력의 창고/예능적 기질]로도 본다(박청화 說). [종교/철학/정신적 깨달음/성찰/각성/힐링/마무리] 등의 형태로도 나타난다(간산 說). 통상 '일반 신살'에서도 '화개(살)'로 나타난다. 일지 [사/유/축]이면 丑土가 화개살이다. 화개살과 월살은 서로 충이 된다.
* [12신살/일반 신살] 모두 '화개살'이란 공통의 명칭을 사용함.

2장. 일반 신살(一般 神殺. 貴人/貴神 포함)

1절. 일반 신살의 개념과 특성

1). '일반 신살'도 영향력을 다소 가볍게 보거나 부정하는 학자도 많다(김동완/박주현 說).

　　'일반 신살'은 사실 우리 인생살이의 복잡다양한 운세 기복(길/흉/화/복)을 훨씬 더 입체적으로 그리고 드라마틱하게, 실감나게 보여 준다(강헌/맹기옥/박청화 說).

　　신살(일반 신살+12신살)의 대표주자는 단연 3합을 전제하고 있는 [역마/화개/도화]이다.

2). 굳이 예를 들자면 피를 본다는 신살, [침/칼/바늘]을 의미하는 신살은 대부분 [한의사/(외과)의사/수의사/약사/간호사/병원/정육점/이미용사/수술관련/주사(기)/격투기/물리치료/응급처치/119] 등의 직업과 관련을 맺게 되니, 주의해서 활용하면 긴요하게 써 먹을 수 있는 유용한 명리학적 개념이다(김동완/맹기옥/간산 說).

3). 신살은 특수직업 종사자[군/검/경, 격투기, 연예인, 사업가, 엔터테인먼트, 119 긴급구조, 조폭, 정육점, 예체능, 화류계(물장사), 性的 편향성을 가진 사람, 특이한 性的 취향, [종교/무속/역술/역학] 관계자, 정신건강 관련, 병원근무자, 정치지도자, [항해/항공/우주탐험/탄광/석유시추나 탐사/극지탐험] 관련 직업군 등에서 잘 나타나고 또 잘 적용된다(간산 說).

4). 특히 日月지에 진술축미 土를 가진 사람은 신살이 잘 달라붙는다는 말이 있을 정도이니, 좀 유의하는 것이 좋다(간산 說).

5). 공동체 속에서 '人的 네트워크'의 영향력과 경제[재물]의 중요성이 더욱 커진 현대사회에서는 특히 [원진/귀문/천라지망]을 좀 더 관심 있게, 그리고 비중을 두고 적용시켜 볼 필요가 있다. 실제 임상에서도 그런 조짐이 많이 나타나며, 현장의 프로들도 많이 하는 소리다(간산 說).

6). 일부 [사이비 무속인/역학자]들이 혹세무민하는 수단[돈 요구/부적/신비주의/祈福信仰的 길흉화복 강조/겁주기/굿 강요] 등으로 신살을 오남용하고 있다는 점만큼은 경계, 또 경계해야 할 분명한 사실이다.

7). 귀인(貴人)은 나를 지켜 주는, 나에게 도움을 주는 뜻밖의 [행운/소득/결실/재물/재주/능력] 등을 뜻한다. 가장 대표적인 것이 천을귀인(天乙貴人. 일명 천을귀신天乙貴神)이다.

　　반하여 살(殺)은 내가 꺼리는, 나를 해치는 기운을 뜻하는 말이지만, '죽음/살인' 등과는 아무런 관련이 없으며 단지 겁을 주기 위한 용도로 命名된 것이라고 그 유래를 설명하는 것이 타당할 것이다. 더하여 일부 혹세무민하는 사람들에 의해서 부풀려진 느낌이 많다.

　　신: '神'=긍정적 의미의 貴人(귀인), 貴神(귀신. ≠鬼神), 吉神(길신).

　　살: '殺(煞)'=부정적 의미인 '凶殺(흉살)'.

8). 신살은 부정적으로 나타날 때도 많지만, 능동적이면서도 다이내믹한 삶의 에너지(예상치 못한

승진/출세/재물/연애/행운 등)로도 나타나는 경우도 많다.

9). 원국에 일반 신살과 귀인(貴人, 貴神)이 아예 없으면, 아주 무미건조하고도 재미없는(역동성 없는) 삶의 형태가 되기 쉽다.

10). 시중에서 유통되고 있는 신살은 대략 500~1,000가지([학자/전문가/프로 무속인/프로 역술가]들마다 차이가 크다. 무척 복잡하고 다양함. 겁을 주기 위한 영업적 용도로도 많이 발전했음) 정도이지만, 실제 유의미한 영향력과 비중을 가진 신살은 다음에 소개하는 몇 가지뿐이다.

2절. 일반 신살 각론

일지(혹은 일지와 연지)가 3합 [신자진/인오술/사유축/해묘미]의 글자일 때 역마살, 화개살, 도화살이 성립하는데 전문가들마다 견해차가 심한 편이다.

[지지 寅申巳亥 모두를 역마, 子午卯酉 모두를 도화, 辰戌丑未 모두를 화개]라고 보는 학설도 있다(김동완 說).

대표 신살이라고 부르는 [역마/도화/화개]는 원래 기준이 되는 '일지'에다가 '연지'를 추가해서 보는 학자도 많다(맹기옥 說 등등).

기준 자리를 따지지 않고 그냥 강약(일지>월지>시지>연지)만을 문제 삼기도 한다(강헌 說).

신살(일반 신살+12신살) 모두를 부정하거나 무의미하다고 보는 학자도 있다(박주현 說).

필자는 '일반 신살(임상에서 확실하게 검증된 신살)' 약 20~30개 정도만 인정한다.

12신살(12 지살)은 다소 가볍게 여기는 편이지만, 물론 부정하지도 않는다.

실제 사주감정에서 '12신살'은 힘과 영향력이 다소 있긴 하지만, '일반 신살(대표적인 예로 [역마/도화/화개]살 등)만큼 비중 있게 인정하기는 어렵기 때문이다(간산 說).

1). 역마살(驛馬殺)

역마살은 일지(혹은 일지, 연지)를 기준으로 하여, 일지가 들어간 3합의 첫 글자와 충(沖)이 되는 글자이다. 그냥 '역마'라고 부르기도 한다.

역마살의 근본은 [에너지/운동성/이동성] 개념이며, 다른 신살에 비해서 상당히 입체적이다.

1. '寅'-신(3합 '신자진'의 첫 글자 '신'), '申'-인(인오술), '巳'-해(해묘미), '亥'-사(사유축).

예시 1) 특정 사주에서 일지가 辰토라면 '신자진 3합'이며, 이때 월지 寅목은 3합 첫글자 申금과 沖을 이루니 월지 寅목은 역마살이 된다. 이런 경우처럼 특정 지지의 '寅', '申', '巳', '亥' 글자들을 '역마살'이라고 한다.

예시 2) 특정 사주에서 연지가 寅목이라면 '인오술 3합'이며, 이때 시지 申금은 3합 첫글자 寅목과 沖을 이루니 시지 申금이 역마살이 된다. 이런 경우처럼 특정 지지의 '寅', '申', '巳', '亥' 글자들을 '역마살'이라고 한다.

2. 일을 끝내거나 중도에 막히거나 해서 활동 공간을 떠나고 이동하는 상황이 발생함[국제적이며 글로벌한 삶의 형태, 이사, 주거 불안, [직위/업종] 변동, 국제무역, 장기 출장, 해외 체류, 방랑, 客死, 장거리 운전(해외여행, 우주여행), [언론/방송/통신/광고/우편/운수/운항] 직종, 외교(관), 이민, 유학, 외국어(통역/번역), 객지고생(타향살이), 주변 사람들과의 이별수.

3. 역마의 글자가 일지와 월지에 올 때 영향력이 가장 크고 좋지만, 인생 초반부(어린 시절, 연지)나 후반부(노년기, 시지)에 오게 되면 아주 凶하게 본다(강헌 說).
4. 역마가 2개 이상이면 노력에 비해 성과가 부실하다.
    영향력 크기(일주>월주>시주>연주).
    보통은 일주 중심으로 본다.
    역마는 [형/충]을 당할 때, 오히려 힘이 강성해지고 발복하는 경향도 있다.

5. 寅 역마
    甲寅 역마-학문 저술 업적/시기질투심/공직(녹봉)/유연성 부족.
    丙寅 역마(상업 역마)-[사업/해외 근무/비지니스] 기질.
    戊寅, 庚寅, 壬寅 역마-극단적 길흉. *戊寅 일주(故 노무현 대통령)가 최강.

6. 申 역마
    庚申 역마-[고시/시험/관직이동]에서 긍정적.
    丙申 역마-정신건강문제/치유/역학/역술(丙申일주-[통찰력/직관/철학/창의성/독특한 매력]).
    나머지 申 역마-[교통사고/운전조심/질병·건강] 문제.

7. 巳 역마
    노력에 비해 성과가 좋은 편.
    乙巳 역마(특히 월지)-관직/승진.
    癸巳 역마-일과 사업의 순조로움. 癸巳 일주가 최강.

8. 亥 역마
    긍정적인 힘. 특정분야 재능.
    乙亥 역마-살아남는 [기술/생존력/적응력].
    丁亥, 己亥 역마-임관/군검경 근무지 이동/공직/공무원.
    辛亥 역마-사업/무역/물류/유통.
    癸亥 역마-예술/예능/특수재능/해외.

9. 3형살(특히 인/사/신)이 역마와 함께 들어올 때:
    대부분 부정적 파괴력(위험/파산/질병/사회적 불명예 등)을 동반한다.
    원국은 물론 대세운에서 만날 때도 동일하다.

2). 화개살(華蓋殺)
    화개살은 3합의 마지막에 오는 세 번째 글자이다(고독한 명예와 [학문/종교]적 깨달음).
    土를 중심으로 한 화개살이기에 다소 어렵고, 복잡한 신살이다.
    그냥 '화개'라고 부르기도 한다. 별칭 '고집살', '명예살'이라고도 함.

1. '辰'(신자'진'), '戌'(인오'술'), '丑'(사유'축'), '未'(해묘'미').

    연지나 일지가 만약 酉금(사/'유'/축 金 3합)이라면, 월지 丑토는 화개살이다.

    이처럼 특정 지지에 '辰', '戌', '丑', '未' 글자가 오면 화개(살)라고 한다.

    과거(과거의 화려함/명예)를 [덮거나/감추거나/마무리]함.

2. 墓地(庫地) [진/술/축/미]에서 일어나는 일이라 복잡하고 어렵다.

3. [명예/존경/자존심/감투/절대고독] 등으로 많이 나타난다.

    꽃가마(명예+고독=꽃가마, 꽃상여)를 타는 일. 꽃방석에 앉는 일.

    [종교(出家)/철학/명예/문장/인문학/창의성/특정학문] 분야에 [투신/집중/인정받음].

    큰 학자/예술가/종교인/수도자/엄청난 학습 잠재력.

    지도자보다는 [제2인자/참모/기획자]일 때 능력을 발휘함. 특히 간섭받는 것을 싫어함.

    靈的 생활/단절 고립된 생활/적막하고 쓸쓸한 처지나 환경/어둡고 깊이 있는 카리스마.

    [명예/죽음/숨기고 덮음/유폐/감방/격리/고독/소외] 등을 뜻한다.

4. 沖의 주체(힘이 좋은 쪽=沖 하는 화개. [주도적/적극적/긍정적 문화예술계] 활동).

    沖의 객체(힘이 모자란 쪽=沖 당하는 화개. 다소 분주한 [예술/예능/문화/밤무대] 계통).

5. 2개 이상의 화개라야 유의미한 힘(宗敎에 귀의, 靈的인 삶, 학문적 성취)을 발휘함.

6. 영향력 크기(일주>월주>시주>연주). [일지/시지]가 더 큰 영향력이 있다는 이견도 있음.

7. 화개+정인(혹은 편인): 큰 학자. 예술의 대가. 특정 분야의 1인자.

3). 도화살(桃花殺)

    도화살은 3합의 첫 글자 다음 순서의 글자이다. 그냥 '도화'라고 부르기도 한다.

    에너지를 동반한, 돋보이는 [性的 매력/업무 능력/스킨십/자주, 잘 웃음/언변/개성/인기].

1. '子'(해묘미-해->'자'->축), '午'(사유축-사'오'미), '卯'(인오술-인'묘'진), '酉'(신자진-신'유'술).

    가령 일지나 연지가 未토('해'/묘/미   木3합)라면, 시지 "子"수가 도화살이 되는 것이다('해'->"자"->축). 이처럼 특정 지지의 '子', '午', '卯', '酉' 글자가 도화(살)이다.

2. 일명 연살(年殺), 함지살(咸池殺).

    旺地에서 일어나는 현상이어서 힘이 가장 세다.

    마치 자석처럼 남의 [관심/이목/인기]를 끌어당기거나, 자신의 일을 찾아 나서거나, 대인(대면) 관계에서 자신을 꾸미거나, 異性에게 큰 [인기/매력/호기심]을 받는 일 등이 발생한다.

3. 옛날에는 부정적인 '淫亂(음란), 퇴폐, 花柳界(화류계) 투신, 풍류, 바람기, 色氣(색기)' 등으로 해석했지만 현대에선 '[일/사업/직무] 능력, 면접에서 [관심받기/시선 끌기(치장)/일감 찾아 나서기], 性的 매력, 외모보단 개성 중심, 로맨틱 기질, 사교성, 風流(좀 놀 줄 아는) 기질, 연예인 기질(인기/끼/재능), 다정다감, 바람기, 섹시함' 등의 긍정적 의미로도 받아들인다.

4. [연지/시지]에 있을 때는 보다 약하게, 긍정적으로 해석하고 [월지/일지]에 나타나면 조금 강하게, 그리고 다소 부정적으로 보기도 한다.

5. 도화에 해당하는 글자가 '충' 당할 때는 異性 문제나 음란퇴폐 문제가 발생할 기능성이 크다.

    [대운+도화/원진+도화/목욕+도화]로 들어올 때 가장 위험하니, 아주 조심해야 한다.

6. 일지 도화: 금슬 좋은 [부부/연인/男女간의 몰입과 집착]. 삶의 굴곡.

십신 '정인'과 함께할 때, 가장 뛰어난 [외모/매력/능력]을 보여준다.
7. 월지 도화: 외모와는 무관. 뛰어난 [사회활동/직업활동/업무능력]으로 인정받음.
8. 시지 도화: 음란/色氣/위험성/부정적(강헌 說). 好色 경향성이 문제.
  [불명예/사회적 파장]은 미약.
9. 연지 도화: 영향력 미약. 부모(조상)의 풍류기질 유전.
10. 도화는 3합 왕지에서 출발했기에 주로 '[사회/직업] 활동'과 깊이 관련된다.
* 남녀 공히 '일지-도화'라면 [결혼/배우자]운이 아주 이상해진다. 色情문제, 구설수문제가 발생함
  (강헌 說/이정호 說).
* '일지-도화'라도 복잡하긴 하지만, 크게 문제시될 것이 없다고 보는 학자도 있다(간산 說).
* 배우자문제에서 일지에 [正印-도화/元嗔-도화]가 올 때, 가장 눈에 띄고 복잡해진다(간산 說).
* 도화는 [형/충/합]을 아주 꺼리는데 특히 合하여 힘이 왕성해지면, 탈 날 가능성이 아주 높다.
* 특히 [도화+목욕]은 性的 욕망의 문제와 음란퇴폐 가능성이 높으니 조심해야함(다수 학자 說).
* 용희신 도화(예술적 재능/지혜/風流기질).
  기구신 도화(음란/언행 불일치/자기중심的/양다리 걸치기/변절과 배신).
* [남성의 財성 도화/여성의 官성 도화]는 배우자의 異性(性的 문란)문제로 심신의 고통이 크다.
  자신의 문제가 아니고 배우자의 문제라는 것을 주의해야 함.
* 영향력 크기(일주>월주>시주>연주).

4). 백호살(白虎殺. 별칭 백호대살)
1. 비중 있는 凶살이자 동시에 吉살이 되기도 한다.
  큰 [수술/예상치 못한 힘/상처(점)]. 큰 [재난/재해/사고/변고]. 특히 교통사고.
  생명과 관련된 힘. [비명횡사/흉터/질병/급격한 기상이변] 등으로 나타남.
  진술축미(辰戌丑未) 백호는 土의 전환기(환절기)라 특히 조심을 요한다.
2. 4주 중에 辰(甲辰, 戊辰), 未[乙未, (己未)], 戌(丙戌, 壬戌), 丑(丁丑, 癸丑) 등이 백호이다.
  백호(살)는 일주가 [갑진/무진/병술/임술/을미/(기미)/정축/계축] 등으로 백호 일주가 성립하
면, 다른 주(연주/월주/시주)에서도 백호살 성립 가능하다.
3. 己未(기미) 백호를 인정하는 전문가는 극소수다(간산 說).
  * 故 김영삼, 故 박정희, 美 트럼프 대통령 모두 '己未'일주(간여지동)라고 보는 학자도 있음
(강헌 說). 故 박정희 대통령을 '庚申'일주(간여지동)로 보는 전문가도 있다(김동완 說).
  * 세계적인 부호, 빌 게이츠도 '壬戌'일주로 알려져 있다(백호/괴강/천라지망).
  * 떠도는 사주명식에, 연쇄살인범 '유영철'과, 배우 '최진실'이 '戊辰'일주 일주로 알려져 있기는
하지만. 참고로만 하길 바람. [백호+괴강+간여지동]의 특성이 동시 폭발한 것은 아닌지 고려할 것.
4. 일주의 백호살이 가장 드세고 무섭다.
  피와 관련성을 맺을 때가 많다(참혹한 죽음, 수술, 교통사고, 신체 손상).
5. 대세운에 백호가 동시에 올 때, 크게 조심해야 한다(非命橫死/不治病/敗家亡身/死別 등).
6. 품위(품격)가 있고 신강한 사주에서는 오히려 백호살로 말미암아 [유능한 힘/특수한 재능/승
진/발탁/큰 재물/큰 권력/큰 명예]를 얻기도 한다. 물론 신약한 구조에서는 災殃(재앙)과 憂患(우
환)의 형태로 많이 나타난다.

7. 특이한 [사고/변고(수술, 불치병, 교통사고, 몸의 흉터나 큰 점, 가까운 가족의 흉사)]를 겪는 경우가 많다.

8. 원국에 백호가 2개 이상(일주 백호+他주 백호)이면 아주 드라마틱한 삶의 가능성이 높다.

9. 신약 일간이 백호일 때가 부정적 영향력이 크다.

5). 괴강살(魁罡殺. 별칭 괴강)

1. '괴강'은 천'강'(天罡) 辰(진)토와 하'괴'(下魁) 戌(술)토를 합쳐서 줄인 말이다.

   戊, 庚, 壬 천간에 辰/戌[물(신/자/진)과 불(인/오/술) 3합 기운이 墓지, 庫지로 들어가는 곳] 지지가 붙게 되는 구조. 즉, [임진/임술], [무진/무술], [경진/경술]이 괴강이다.

   * 참고. 魁괴: 괴수/우두머리. 罡강: 북두성/별 이름/꿋꿋함.

   * 일주 위치의 괴강을 비중 높게 보며, 극단적 지지 申금의 지장간이 [무/임/경]이다(간산 說).

2. 극단적 길흉(부귀/극빈, 고위 공직/밑바닥 인생 등), 극단적 총명과 비범한 머리와 창의성.

   드라마틱한 운세의 부침과 기복, 독특한 [발상/관점/시각/상상력/잠재력].

   양극단의 가치관(예시: 연쇄살인마, 대학자, 스타 연예인, 대부호), 편집증/결벽증/승부욕.

   異國的이면서도 魅力的인 외모, 급격한 환경변화, 사람을 제압하는 힘, 넘치는 재물.

   예상치 못한 [힘/변고]. 독선적인 우두머리 기질(강력한 리더십) 등으로 나타난다.

3. [(戊辰)/戊戌], [庚辰/庚戌], [壬辰/(壬戌)] 등이 괴강 일주(백호처럼, 일주에서 먼저 성립되어야 다른 주에서도 성립 가능)이다.

   * 위 6가지를 다 인정하는 학자가 대부분이다(김동완/맹기옥/간산 說).

   * [(무진)/(임술)]을 약하다고 봐서, 괴강에서 제외하는 전문가도 있다(강헌/이정호 說).

4. 좋은 구조의 괴강격 사주에서 일주를 강하게 해 주는 대운, 세운이 붙으면 白虎살처럼 [큰 출세/지도자감으로 부상/예상치 못한 승진, 재물이나 권력 획득] 등으로 급변하기도 한다.

5. 역시 일주에 괴강이 올 때 가장 영향력이 크다.

6. 떠도는 사주명식에, 연쇄살인범 '유영철'과, 배우 '최진실'이 '戊辰' 일주로 알려져 있기는 하지만. 참고로만 하길 바람. [백호+괴강+간여지동]의 특성이 동시 폭발한 것은 아닌지 고려할 것.

7. 괴강이 [형/충]을 당하면, 이상한 [변고/큰 반전/변태적 성향]에 휘말리게 된다(간산 說).

6). 천을귀인(天乙貴人. 별칭 천을귀신天乙貴神, 혹은 옥당귀인玉堂貴人)

1. 인접한 지지 丑未(일간이 甲/戊/庚일 때. 冲 성립 불가), 子申(일간이 乙/己일 때), 酉亥(일간이 丙/丁일 때), 寅午(일간이 辛일 때), 卯巳(일간이 壬/癸일 때) 등이 천을귀인에 해당한다.

2. 학문, 행복, 조상덕, 직업운, 귀인의 도움, 확 풀리는 운세 등으로 나타나는데, 가장 영향력 있는 긍정적 신살이다.

3. 하나만 있어도 좋고 둘이면 거의 일생이 편안하다고 할 정도로 영향력이 크다(영향력 순서: 일주>월주>시주>연주). 나를 보호해 주는 [부모/보호자/귀인/수호천사/경호원]과 같은 기능이다.

4. 특히 [원국에서 일주나 월주의 천을귀인이 식상과 같이할 때/대운에서 천을귀인이 겁재와 동반해서 올 때]가 가장 좋다.

5. 고전명리학에서는 다음 일주의 천을귀인을 '일귀격(日貴格. 丁酉, 丁亥, 癸卯, 癸巳 일주)'이라 하여 높게 인정한다. 그러나 현대명리학에서는 큰 의미를 두지 않는다.

6. 보통은 2개 지지가 함께 붙어 있어야 '천을귀인'으로 인정하는 편이다.

7. 여성이 [일주/월주]에서 ['천을'-관성]과 함께할 때, [남편복/직장복]을 공유하는 큰 기쁨.

8. '천을'은 강한 힘을 가진 [십신/신살/대세운/12운성]을 만날 때가 가장 좋다.
　　예시) 대운에서 [천을+겁재]로 온다면 최상이다.

9. 물론 천을귀인도 [형/충]이 되면 凶하다.

7). 문창귀인(文昌貴人)

1. 지지 巳(일간이 甲목일 때), 午(일간이 乙목일 때), 申(일간이 丙화 戊토일 때), 酉(일간이 丁화 己토일 때), 亥(일간이 庚금일 때), 子(일간이 辛금일 때), 寅(일간이 壬수일 때), 卯(일간이 癸수일 때) 등이 문창귀인에 해당한다.

2. 인문학적 [성취욕구/통찰력/박학다식/재주/재능/글재주/지적 호기심/학습능력]을 뜻함.
　　영향력 순서: 일주>시주>월주>연주.

3. 상관을 만났을 때 [지적능력/총명함/창의성]이 가장 돋보인다.

4. 문창이 장생을 만나면 가장 좋지만, [사/묘/절/刑沖(형충)]을 만나면 凶해지거나, 아니면 좋은 힘이 무력화된다.

5. 단, 보통 일간 기준이지만, 세간(매년 다가오는 세운의 천간)을 일간 대신 대입하기도 한다.

8). 귀문[鬼門. 별칭 鬼門關(귀문관), 귀문관살]

1. 일지 기준으로 子酉, 丑午, 寅未, 卯申, 辰亥, 巳戌 지지가 서로 인접해서 만날 때가 귀문이 성립된다(강헌/간산 說).

2. 귀문은 '귀신이 드나드는 문'이라는 뜻으로, [정신집중/산만한 심리/신경 예민/두뇌회전/감수성과 끼/기인/예술가적 풍모와 재질/작가/엉뚱하고 기이한 행동/정신질환(木관련 귀문)/接神(신들림)/신내림/광기(狂氣)/영특함/깨달음/역술/명상/기도/정신수련/靈的 감수성/타인의 마음을 꿰뚫어 보는 직관] 등과 관련된 신살이다.

* 형태는 [귀문/원진]이 서로 유사하다.

* 사주에 [귀문/원진]이 있으면 [사주명리/역학] 공부의 인연이 생기기도 한다.

3. 寅未/卯申(인미/묘신. 질병 문제)과 辰亥([진해. 고립/소외/파괴] 문제)의 영향력이 최강이다.

4. 부모나 조상과 관련될 때는 연월支에, 본인 및 배우자와 관련될 때는 월일支에, 자식과 관련될 때는 [일支/시支]의 위치에서 많이 나타난다(맹기옥 說).

5. 종교적 盲信 혹은 狂信, 신경 예민, 그리고 원진살, 화개살(신내림, 접신, 巫병)과 직간접으로 관련을 맺을 때도 많다.

6. [결단력/추진력/배포]가 약해서 집단의 리더나 사업경영에서는 다소 불리함.

7. 귀문은 刑沖(형충)을 당할 때 정신적 문제발생이나 질병 가능성이 훨씬 높아진다(맹기옥 設).

8. 간혹 위대한 [사상/철학/예술(예술가적 감수성)/종교/奇人] 등으로 나타나기도 한다.

9. 형태로는 원진과 흡사하고, 내용적으로는 괴강과 비슷하지만, 귀문의 [힘/영향력]은 괴강이나 백호에 비해 다소 약하다.

10. 일월支가 붙어 있는 귀문일 때 영향력이 가장 크다.

11. 靈的 기능과 정신적 에너지의 [고갈/충만] 현상과 매우 관련이 깊다(간산 說).

12. 木관련 귀문은 정신질환과 연관된다(맹기옥/간산 設).

9). 원진[元嗔. 별칭 원진살(元嗔殺/元嗔煞/元辰殺)]
* '怨嗔(원진)'으로 많이들 쓰고 있지만, 엄격히 말하면 '元嗔(원진)'이 정확한 표기다.
1. 이유나 논리적 근거 없이 서로 [증오/투쟁/갈등/마찰]하는 간접적이고도 심리적인 형태로 많이 나타나는 흉살인바, 흔히 말하는 '이유 없이 미운 관계(사람)'에 해당하는 경우이다.
2. 주로 인접한 지지 위치에 子未, 丑午, 寅酉, 卯申, 辰亥, 巳戌 등이 올 때다(맹기옥 說).
3. [연지/월지 원진]이면 祖父母-父母-本人 사이의 마찰과 증오.
   [월지/일지 원진]이면 父母-子息(본인)/兄弟姉妹지간/姑婦(고부)지간/처가나 시댁과의 마찰.
   [일지/시지 원진]이면 夫-婦 지간/父母(본인)-子息 사이에서 미움이나 불화(맹기옥 設).
4. 일월支가 붙어 있는 원진일 때 영향력이 가장 크다(강헌/간산 設).
5. 원진살은 보통 일지 혹은 연지를 기준(연+월/월+일/일+시)으로 살핀다(맹기옥 設).
6. [식상+원진]과 [辰亥(진해) 원진]의 부정적 영향력이 최강이다(강헌 說).
7. 일지 기준으로 [월지+일지/일지+시지]가 서로 인접해서 만날 때만 성립함(간산 說).
* [귀문/원진]의 공통점:
   주변과의 [불화/소외/마찰], 구설수, 예민, 감수성, 신끼, 잔병치레, 사업에 취약, 빠른 직관, 신약 일간일 때 파급력이 강화됨.

10). 삼재(三災)
* 삼재(三災)는 사찰에서 스님들이 많이 언급하고 있지만, 사실 불교와는 전혀 관련이 없다.
   그냥 [직업활동/사회활동/건강문제] 등에서 조금 조심하라는 정도의 의미이다.
   너무 광범위하게, 강력하게 퍼져 있어, 마치 신살을 대표하는 것으로 착각하는 사람이 많다.
* 특정 세운과 자신의 출생년도(연주/동물띠)의 관계를 고려하여 [3합/방합/剋]의 원리를 차용해서 사용한다.
   예시) 2022 壬寅년이 오면 水기운이 강한 申(원숭이띠), 子(쥐띠), 辰(용띠)년생은 火기운이 들어오는 巳(2025 乙巳년), 午(2026 丙午년), 未(2027 丁未년) 3년은 아주 위험하니 事前에 해당하는 [인묘진. 壬寅년(2022년)/癸卯년(2023년)/甲辰년(2024년)] 연속 3년 동안은 조심할 필요가 있기에 "[원숭이띠/쥐띠/용띠]들은 2022 壬寅년부터 3재가 들었다, 3재가 끼었다"라고 말한다.

* 우리나라에서는 너무 과장 확대된 것으로 인식되거나, 다소 부정적으로 사용되고 있는 실정이다. 실제로는 [부적강요/문제해결을 위한 굿/겁주기/치성 빙자/기도행위] 등을 요구하는 [사이비 종교집단/무속인/역술인]들이 많이 사용하는 바, 현혹됨이 없기를 바라는 심정이다. 이런 것이 있다는 정도로만 참고하기 바람. 삼재를 인정하지 않는 전문가가 오히려 많다.

* 용신운과 접합해서 응용할 수도 있다. 가령 용신이 木(亥卯未)인 사람은 巳년, 午년, 未년에 조심하는 것이 좋고, 水(申子辰)가 용신인 사람들은 寅년, 卯년, 辰년을 조심해야 한다(간산 說).

* 3합을 사용하기에 삼재는 [사회활동/직업활동/건강] 영역에서 참고하는 편이 좋다(간산 說).

1. 木기운이 강한 亥, 卯, 未 년생은 金기운이 들어오는 申, 酉, 戌 3년이 위험하니 事前에 해당하는 巳, 午, 未(3재의 해) 연속 3년을 조심하라는 경고적 의미(有備無患적 의미)이다.

2. 火기운이 강한 寅, 午, 戌 년생은 水기운이 들어오는 亥, 子, 丑 3년이 위험하니 사전에 해당하는 申, 酉, 戌(3재의 해) 연속 3년을 조심하라는 경고적 의미(유비무환적 의미)이다.

3. 金기운이 강한 巳, 酉, 丑 년생은 木기운이 들어오는 寅, 卯, 辰 3년이 위험하니 사전에 해당하는 亥, 子, 丑(3재의 해) 연속 3년을 조심하라는 경고적 의미(유비무환적 의미)이다.

4. 水기운이 강한 申, 子, 辰 년생은 火기운이 들어오는 巳, 午, 未 3년이 위험하니 사전에 해당하는 寅, 卯, 辰(3재의 해) 연속 3년을 조심하라는 경고적 의미(유비무환적 의미)이다.

5. 들삼재(3년 중 처음 들어오는 삼재. 즉 3재 3년 중의 첫해).
   눌삼재(누운, 눌러 붙은 삼재. 혹은 묵은 삼재. 3재 3년 중의 둘째 해).
   날삼재(나가는 삼재. 3재 3년 중의 마지막 셋째 해. 가장 조심). 3가지 형태가 있다.

6. 삼재 영향력의 유효 기간

6-1. 寅申巳亥(인신사해) 생지 해에 태어난 사람은 3재가 3년 계속(첫째, 둘째, 셋째 해 모두) 지속되는 형태를 가진다.

6-2. 子午卯酉(자오묘유) 왕지 해에 태어난 사람은 3재가 눌삼재와 날삼재, 즉 2년 동안(둘째 해와 셋째 해)만 유효하다.

6-3. 辰戌丑未(진술축미) 묘지 해에 태어난 사람은 3재가 날삼재(3년 중 마지막 셋째 해)만 해당한다. 삼재 중에서 영향력이 상당하니, 가장 조심해야 한다.

11). 3형살(3刑殺, 별칭 3형, 형)

1. 3刑[寅巳申(인사신). 丑戌未(축술미). 子卯(자묘). 흔히 말하는 '3刑殺']은 과잉 에너지와 열정이 빚어낸 [삶의 충격/변동/굴곡/피곤/소란/대수술/변고/소송/인신구속/출세/승진/이동] 등이다. [合/沖/剋(합/충/극)]보다 刑(형)이 훨씬 힘과 비중이 크니 조심해서 살펴야 할 중요한 신살이다.

2. 긍정과 부정의 내용이 혼재한다. 예측 불가능한 상황으로 보통 전개된다.
   예: 官성이 3형(특히 인사신)에 해당된다면, 어려운 '경쟁'과 '자기관리'를 통해서 긍정 결과(승진/승급/승단 등) 혹은 부정 결과(실직/구조조정/좌천 등)로 나타난다.

3. 2형(두 글자)도 가능하며, 2형보다 3형이, '축술미'보다 '인사신' 3형이 더 강하게 작용한다.

4. 沖과 3刑은 지장간을 열어서(開庫개고) 合을 가능케 한다.

5. 사주 원국과 대세운[대운(10년)/세운(1년)]의 결합으로도 3형이 가능. 이때가 더 무섭다.

6. '인사신' 3형은 주로 [권력/욕망/힘/심신손상(몸)/인신구속(몸)]의 관계에서 빚어진 문제이다.

7. '축술미' 3형은 [재물/물질/집착/계약/상속]의 문제, 즉 재물 창고(庫地)의 뜻에서 파생된 문제이다. '丑戌未'와 '子卯'는 힘과 비중이 많이 약화된 느낌이 있다(간산 說).

8. 3형살(특히 인사신)이 역마와 함께 들어올 때:
   부정적 파괴력(위험/파산/질병/사회적 불명예 등)을 동반한다.
   원국은 물론 대세운에서 만날 때도 동일하다.
   간혹 吉과 凶이 거꾸로 나타나기도 한다.

9. 권력 지향적 특성
   천간: 丙화(특수 권력/폭력성)>戊土(일반 권력)>庚금(절대자/주체성 권력). 주로 양의 천간.

지지: 巳화(사법행정 권력)>寅목(경제 권력)>申금(언론 권력).

　　　辰토(정치권력, 지지 4토 中 유일). 주로 3刑(형)과 많이 관련됨.

10. [권력/재물]에 대한 집착만 내려놓으면 설령 3형이 성립되어도, 그 3형은 힘을 발휘하지 못한다. 즉, 3형을 피할 수 있다는 뜻이다(간산 說).

11. 3형 중에서는 단연 '인사신' 3형이 대표적이다.

　　　그밖에 진진(辰辰), 오오(午午), 유유(酉酉), 해해(亥亥)는 '自刑(자형)'에 해당하는데, 논리적 근거도 약하고 큰 위력은 없는 것으로 보인다(간산 說).

12). 양인(羊刃, 陽刃. 별칭 양인살)

1. 陽 일간기준+겁재 지지(일지/월지). 예시: 丙화 일간이라면 [일지/월지]의 午화가 양인이다.

2. 힘이 모자라서가 아니라 힘이 넘쳐흘러 문제가 되는 신살이다.

　　　[丙午/戊午/壬子]만을 양인살로 인정하는 학자도 극소수 있다(김동완 說).

　　　양인살을 신살로 인정하지 않는 학자가 많은 편이다.

3. 극강의 힘과 강렬한 의지를 지닌다. 12운성으로 따지면 양간의 '제왕' 자리에 해당한다.

4. [과감/폭력성/성급/불굴의 투지/강직성/혁명가/운동권/조폭/격투기/충신열사/운동선수] 형태로 많이 나타남.

5. '편관-양인'이면 [군/검/경/의술/긴급 구조/의사/열사/혁명가/인신 구속/수술집도/조폭/훈련교관] 등과 인연이 깊은 직업적성을 보여 주기도 한다.

6. '식신-양인'이면 말(화술/언변)과 관련된 [언론/매스컴/변호사/비평/정치외교] 등과 인연이 깊은 직업적성을 보여 주기도 한다.

7. '비겁-양인'이면 [운동/게임/스포츠/국가대표/바둑(호전성/경쟁/승패/에 집착)] 등과 인연이 깊은 직업적성을 보여 주기도 한다.

8. 신약할 때 양인이 붙어 주면 더욱 좋고, 양인이 [형/충/합]을 당하면 [부정성/폭력성/과격성/안정감 상실]로 돌변하기도 한다.

13). 천라지망(天羅地網, 약칭 라망, 망라)

* '網羅(망라)': 명리학에선 '빠져 나갈 길이 없는, 촘촘한 그물'이라는 뜻으로 사용함.

　　　　　　일상의 사전적 의미로는 '널리 받아들여 모두를 포함함'의 뜻으로 사용함.

1. 지지에 나타나는 '辰巳/戌亥(진사/술해)'글자를 '천라지망'이라 한다.

2. 그물(망)에 걸린 것처럼 [일상생활/일/사업/부부관계] 등에서 일이 꼬이고, 갇히고, 걸리고, 잡히고, 들어가고, 꼼짝 못하게 되고, 일의 진척이 안 되고, 파란곡절을 겪기도 하는 신살이다.

3. 남자는 戌亥(술해. 금수 기운. 천라), 여자는 辰巳(진사. 목화 기운. 지망)가 오는 것을 특히 꺼린다(맹기옥 說).

4. '진사'는 봄->여름 환절기[터닝 포인트]. '술해'는 가을->겨울 환절기[터닝 포인트].

5. 꺾어질 때(커브 돌 때) 조심하라는 뜻으로 속도를 줄여 천천히 신중하게 처신하라는 의도.

6. 실제 임상에서는 남녀 차이가 없으니 같이 조심하는 것이 좋을 듯하다(艮山 說).

7. [일지+월지/일지+시지] 혹은 [일지+대세운]의 형태로 붙어서 올 때, 영향력이 훨씬 더 커진다(艮山 說).

* 아무리 해도 벗어나거나 피할 길이 없는, 우주의 필연적 因果應報(인과응보)와 災殃(재앙).
* 남자는 丙戌 일주에서, 여자는 壬辰 일주에서 특히 천라지망의 특성이 잘 발현되니 조심.
* 사주원국 배치가 좋으면 당하는 위치가 아닌, 집행하는 위치의 법조(판/검/변), 수사(경찰/군대
/정보기관/검찰), 권력기관 쪽으로 몸을 담기도 한다.

14). 현침살(懸針殺)
 1. 글자의 모양이 침이나 바늘과 같다고 하여 붙여진 이름의 신살이다. 원국에서나 대세운에서
[天干의 甲, 辛. 地支의 (卯), 午, 未, 申] 글자들이 2~3개 이상 나타날 때를 '현침살'이라고 한다.
'懸針(현침)'은 針이 매달려, 모습을 드러냈다는 뜻이다.
 2. 침이나 뾰족한 물건, 흉기, 칼, 주사기, 가위, 메스, 송곳, 바늘 기타 등등의 예리한 물건으로
인한 [피해/신체손상/직업적 관련성]이 나타남.
 3. 卯묘를 천문성으로 보고 현침살로는 인정하지 않는 전문가도 있다(김동완 說).
 4. 양의사, 한의사, 치과의사, 수의사, 물리치료사, 간호사, 기자(펜), 침술사, 문필가, 기계정비사,
영양사, 조리사, 네일 아트, 이미용사(가위/칼), 정육점, 도살업종 등의 직업관련 인연이 생긴다.
 5. 다른 [프로/학자/전문가]들은 이 '현침살'을 좀 웃기는, 말이 안 되는 신살이라고 무시하지만,
필자의 실제 사주감정에서 상당히 유의미한 비중으로 다가오는 신살이다(간산 說).

15). 천문성(天門星. 天文星. 별칭 天醫星천의성)
 1. 하늘의 門이 열린다. 혹은 생명의 門은 하늘로 통한다는 뜻에서 '天門'이라 한 것이다.
    하늘의 뜻과 命을 비교적 잘 알아채고 판단하는 능력과 靈的 감각이 있다.
 2. [卯묘 未미 戌술 亥해(영향력 강)], [寅인 酉유(영향력 약)]의 글자들이 원국의 4 지지에 오거
나, [일지/월지]에 동시에 올 때. 보통 2~3글자 이상일 때 힘의 비중이 있다.
 3. 木기운이 갖는 [생명性/생명力. 해묘미 木 3합. 인묘진 木 방합] 때문인 것으로 보인다.
 4. 생명과 운명 혹은 역학 관련 직업, 119 구급, 응급처치 관련, 교정공무원, 한의사, 양의사, 간
호사, 약사, 침술사, 역술가, 변호사, 판사, 검사, 점술사, 풍수(지관), 샤먼(무당), 힐링, 심리 상담
/면담 등의 직업군으로 잘 나타난다.
 5. 유명한 역학 역술 [전문가/학자/프로]들 중에 천문성을 타고난 사람들이 많은 편이다.

16). 탕화살(湯火殺)
    탕화살로 인정되는 아래 7가지 경우이다.
 1. 寅일 生이 [巳화/申금]을 원국이나 대세운에서 만나는 경우.
 2. 午일 生이 [丑토/辰토/午화]를 원국이나 대세운에서 만나는 경우.
 3. 丑일 生이 [午화/戌토/未토]를 원국이나 대세운에서 만나는 경우.
 4. 戊子 일주가 인신사 3형을 원국이나 대세운에서 만나는 경우.
 5. 신강한 火 일주가 원국이나 대세운에서 火기운을 또 만나는 경우.
 6. 여름철(巳/午/未 월)에 태어난 辛未 일주가 원국이나 대세운에서 火기운을 또 만나는 경우.
 7. 왕성한 丙화 일간이 지지 火기운을 등에 업고, 丙辛 합을 이루는 경우.
 * 일지 [寅/午/丑] 자체가 탕화살의 자격을 띰.

* 특히 '어린 시절'에 탕화(화재, 뜨거운 물, 화상, 열상, 총상, 자살 기도, 음독, 가스중독, 자해, 동물에게 부상당함, 스토킹)의 피해를 받는 일이 생기는 살이다.
 * 해당 대세운(특히 대운)을 만나도 탕화살이 성립되는 경우가 많다.
 * 피해야 할 직업군: [인화물질을 다루는 직종, 화공약품 관련, 화학 실험실 근무, 총기제조, 화약제조, 폭발물 관련, 주유소, 가스충전소, 물리치료사, 열기구, 보일러 관련(목욕탕/사우나 등등), 원자력 관련, 전기전자 관련 직종].
 * [말이 거칠고 모질게 나오는 특성/'욱'하는 기질/상대를 심하게 꾸짖거나 닦달하는 모습/염세적이며 우울한 가치관(火기운의 반대인, 沖剋하는 水기운으로 나타남)]을 또 다른 특징으로 보여 주기도 한다.

17). 홍염살(紅艶殺)
 1. 도화(桃花)와 유사한 기질이며, 특히 이성에게 [호감/관심]을 끄는 매력이 있다는 신살.
 2. [다정다감/주색/풍류/로맨틱/방송연예계/엔터테인먼트] 등의 특성이 나타난다.
 3. 甲+(午), 丙+(寅), 丁+(未), 戊+(辰), 庚+(戌), 辛+(酉), 壬+(子), 壬+(申) 등이 '홍염살'이다.
   [기준 일간+(해당 '홍염살' 지지)] 형태로 표기.
   乙목 일간에 지지 午화가 오면 '홍염살'이다. 물론 甲午 일주도 '홍염살'에 해당된다.
 4. [乙+(午)], [己+(辰)], [癸+(申)] 등은 학자에 따라 '홍염살' 인정 여부가 달라지기도 한다.
 5. 특히 고전명리학에서는 심하게 가정이 불안정하며, 배우자와의 관계가 순탄하지 못하며, 화류계로 진출하거나, 性的 문제가 있거나, [재혼/중혼]의 가능성까지 있다고 보았다.

18). 격각(隔角. 별칭 격각살隔角殺)
   원국의 지지에서 '酉亥', '亥丑'[1酉금(2戌토)3亥수, 1亥해(2子자)3丑축]처럼 지지가 한 칸 건너 뛰었을 때를 말한다.
 * '격각(살)'은 반드시 1의 자리가 아닌, 2와 3자리에 [진/술/축/미] 土가 와야 성립한다고 보는 학자도 있다(간산 說).
 * 서로 밀어내는 관계가 된다. [월지/일지], 혹은 [일지/시지]가 격각(隔角)이라면 [부모/형제] 혹은 자식과의 관계가 상당히 부정적이라고 본다.
 * 일들이 꼬이거나 잘 풀리지 않을 때도 많고, 역마와 비슷해서 객지를 떠도는 고통도 있다.

19). 고란과숙(孤鸞寡宿)
   甲寅, 乙巳, 丁巳, 戊申, 辛亥 일주의 여성에게 해당하는 일종의 신살.
 * 독수공방(獨守空房), 배우자와 생리사별(生離死別), 배우자의 이성문제 등의 가능성.
 * 조혼(早婚)의 실패 가능성이 많아, 옛날부터 만혼(晚婚. 늦은 결혼)을 권장했음.

20). 고신살(孤辰殺. 별칭 고독살, 홀아비살)
   남자 명식에 해당하는 대표적인 '남자 외로움'의 신살(神殺).
   亥子丑-寅, 寅卯辰-巳, 巳午未-申, 申酉戌-亥.
   남자가 亥子丑년이나 亥子丑일에 출생하고 원국 지지에 寅목이 있으면 '고신살'이다.

* '고신살'은 고독(孤獨)을 의미하고 가족이나 부부 이별 등으로 많이 나타남.
* 일지 배우자 자리에 '고신살'이 있으면, 당연히 그 [피해/고통/영향력]은 크다고 본다.

21). 과숙살(寡宿殺)
　　남성에게 고신살(孤辰殺)이 있다면, 여성에게는 과숙살(寡宿殺)이 있다. '여성 고독(孤獨)'의 대표적 신살(神殺)이다. 亥子丑-戌, 寅卯辰-丑, 巳午未-辰, 申酉戌-未.
　　여자가 亥子丑년이나 亥子丑일에 출생하고 지지에 戌(술) 토가 있으면 과숙살(寡宿殺)이다.
* 일지 배우자 자리에 '과숙살'이 있으면, 당연히 그 [피해/고통/영향력]은 크다고 본다.

22). 곡각살(曲脚殺)
　　원국에 乙목, 己토, 巳화, 丑토 글자가 있을 때를 말한다.
　　원국에 2개 이상일 때 영향력이 있다.
* 주로 수족에 [신경통/골절/관절염/디스크] 혹은 [사고/수술] 등으로 이상이 있을 수 있다.
* 글자 자체가 휘어지거나, 꺾여 있어서 '곡각'이라고 한다.

23). 과살(戈殺)
　　戊토나 戌토가 특히 일주(日柱)와 시주(時柱)에 있을 때의 신살이다. 몸에 흉터가 있거나 중병으로 수술을 한다는 암시가 있다.
* 천간 戊(무)와 지지 戌(술)은 '戈(과. 창/무기/흉기)'를 갖고 있어, 사고, 칼부림, 수술, 상처 등의 [흉터/흔적]을 몸에 남기기도 한다.

24). 낙정관살(落井關殺)
　　물로 인한 재난(災難)을 겪을 수 있다는 신살(神殺)이다. 물에 빠지거나(추락, 낙상 포함), 수재(水災)에 조심해야 하고, 물과 관련된 직업은 좋지 않다.
* [일간-지지]의 관계가 [甲己-巳], [乙庚-子], [丙辛-申], [丁壬-戌], [戊癸-卯]일 때이다.
* 특히 [庚辰/庚子] 일주이거나, [庚辰/壬戌] 時 출생자는 각별 조심할 필요가 있다.

25). 단장관살(斷腸關殺)
　　위장, 대장, 소장 등 주로 내장기관에 [질병/수술] 가능성이 있는 신살(神殺)로 甲午, 乙未, 丙辰, 丁巳, 己卯, 庚寅, 癸丑일주가 해당된다.
* 주로 용신의 '合去'나 '合化'와 관련되어 영향력이 나타남.

26). 교신성(交神星)
　　생각이 깊고 자존감이 강해서 주변 상황에 만족하지 못하는 신살(神殺).
　　丙子, 丙午, 辛卯, 辛酉 일주가 해당한다.
* 타인과의 [조화/융합]이 힘들다. * [소외/왕따/일본式 히끼코모리] 문제와 관련이 깊다.

27). 신병살(身病殺)

몸에 늘 병(病)이 따라다니거나, 잔병치레가 잦은 삶을 살게 된다는 신살(神殺).

乙巳, 乙未, 己巳가 일주(日柱)나 시주(時柱)에 있으면 '신병살'에 해당한다.

28). 공망(空亡, 별칭 공망살空亡殺)

1. 천간 10개가 지지 12개와 순차적으로 결합(간지의 짝, 앞/뒤)하면 [갑/자, 을/축, 병/인, 정/묘, 무/진, 기/사, 경/오, 신/미, 임/신, 계/유]의 10개 단위로 끝나고, 지지 [/戌술, /亥해]는 짝을 이루지 못한다. 일주와 지지 사이의 관계를 살펴보는 일종의 신살이다. 60갑자의 짝짓기에서 출발했다고 해도 과언이 아닌 셈이다.

2. 이럴 때 [갑자, 을축, 병인, 정묘, 무진, 기사, 경오, 신미, 임신, 계유] 일주는 [戌술, 亥해]가 '공망'에 해당한다고 말한다. 즉, 짝을 찾지 못해서 허공에 붕 떠 있는, 효력과 기능이 일시 중지된 느낌을 주는 상태란 뜻으로 '공망'이라 한 것이다.

3. 예를 들어, 특정인의 사주원국에서 인성 혹은 정인이 공망이 되면 어머니의 역할과 기능이 시원치 않거나, 어머니에게 변고가 생긴다고 보는 해석법이다.

4. 공망이 3개 이상 나타나거나 [합/충]이 되면 공망이 아니다(박영창 說).

대세운에서 [합/형/충]이 되면 공망이 解空(해공. 공망의 기능이 해소)된다(맹기옥 說).

5. 공망을 비교적 적극적으로 인정하는 그룹(강헌/맹기옥/박영창/박청화 說)과 인정은 하되 크게 비중을 두지 않는 그룹(김동완/이정호/간산 說)과, 아예 부정하는 그룹(박주현 說)이 있다. 다른 '일반 신살'과는 달리 학자들 간에도 견해차가 아주 심한 것이 '공망'이다.

* 60갑자 空亡 도표(일주 기준)

旬(순) 일주	60 갑자										공망 글자	
甲子 旬	甲子	乙丑	丙寅	丁卯	戊辰	己巳	庚午	辛未	壬申	癸酉	戌	亥
甲戌 旬	甲戌	乙亥	丙子	丁丑	戊寅	己卯	庚辰	辛巳	壬午	癸未	申	酉
甲申 旬	甲申	乙酉	丙戌	丁亥	戊子	己丑	庚寅	辛卯	壬辰	癸巳	午	未
甲午 旬	甲午	乙未	丙申	丁酉	戊戌	己亥	庚子	辛丑	壬寅	癸卯	辰	巳
甲辰 旬	甲辰	乙巳	丙午	丁未	戊申	己酉	庚戌	辛亥	壬子	癸丑	寅	卯
甲寅 旬	甲寅	乙卯	丙辰	丁巳	戊午	己未	庚申	辛酉	庚戌	辛亥	子	丑

※ 旬(순. [열흘/열번/10년] 이란 뜻. ['갑자 旬': '갑자'를 첫 시작으로 이뤄진 열개 묶음]).

29). 기타 일반 신살

그 외에도 월공, 천덕/월덕 귀인, 급각살, 암록, 등을 중요하게 보는 학자도 있다. 일반 신살은 학자들 간에도 견해차가 심한 편이라, 일일이 다 소개하기는 어렵다. 위 정도면 충분하다.

Ⅱ편. 고급과정 맛보기

1부. [生/剋/合/沖/刑(생/극/합/충/형)] 時 주의사항

1). [권력/재물]에 대한 집착이 없다면 刑[형, 별칭 3형살]에 걸려들 일이 없다(간산 說).

2). [합/극/충]은 모두 남녀 관계와 깊은 관련성을 가진다(간산 說).

3). 수술(식신)→(剋)→편관(질병): 질병을 이겨 내다, 질병을 수술하다.
   주체(비겁)→(剋)→객체(재성): 몸을 관리하다, 몸을 쓰다(노동하다), 사업을 하다, 공간을 관리하다, 재물을 획득하다, 바람피우다, 즐기다, 여성을 얻다, 결혼하다, 놀다, 내 돈을 내 마음대로 쓰다.

4). 사주(원국)를 크게 흔드는 변동 요인: 대세운, 형, 충, 극, 생, 지지 合, 천간 合, 일간 合 등.
   사주 원국은 변동요인이 없으면 움직이지도 않고, 변화도 없다(간산 說).

5). 변동 요인의 힘 강약 비교
   일반 학설: 대세운의 운세변화>刑>沖>生>剋>방합>3合>천간합>일간합(일간합이 가장 弱함).
   간산 說: 대세운의 운세변화>刑>沖>剋>生>3合>방합>천간합>일간합(일간합이 가장 弱함).

6). 지지合(3합/방합)하여 강왕한 기운이 생성되면 정반대의 '倒沖(도충)기운'이 생김(천간합에선 '도충'은 불가함).
   예시: 申子辰(신자진. 강한 水기운 생성)이면 지지에서 [도충(反작용, 반대편 기운) 火기운]이 생겨난다.

7). 사주 원국
1. 태어날 때 주어진 天命.
2. 출생 時에 부여된 음양오행의 기운을 [10천간/12지지]로 구분한 干支 형식의 4가지 기둥(연주/월주/일주/시주. 즉, 四柱)의 모습으로 표기한 형태.
3. 변화되거나 의지로는 바꿀 수 없는, 자신만의 고유한 code라 할 수 있다.

8). 사주 원국과 천간合/합화/합거/충(강헌 說)
1. 사주 원국과 대세운과의 [합/충]이 많은 사람일수록 [사업/연애/긍정적 부부사이]가 좋다.
2. 원국끼리의 합은 거의 어렵고, [연간+월간]의 [합/합화]가 그나마 가능성이 있는 편이다.
3. 멀어서 안 되고, 일간이라서 어렵고 등의 이유로 원국 合은 거의 合去로 끝나는 경우가 많다.

9). 천간끼리 合이 일어나는 순서(1. ---> 4. 맹기옥 說)

1. 천간+천간.
2. 천간+개고된 지장간(명암합).
3. 개고된 지장간+개고된 지장간(암합).
4. 일간合(일간은 나 자신을 뜻하기에 사라질 수가 없다. 비록 가장 늦게 合이 되긴 하지만).

10). 천간合/합화/합거
1. 천간 合은 일단 합이 되면 잘 풀어지지 않는다. 마치 남녀 간의 [결합/결혼]과 같다.
   해당 천간 글자는 자신의 오행기운을 상실한다.
   천간合이 성립된다고 모두 합화(合化)되는 것은 아니다.
   합화가 안 되면 천간끼리 합해서 그냥 없어지는 합거(合去. 작용력 상실)만 남을 뿐이다.
2. 합화의 조건
   (1). 월령기운 획득 時. (2). 대운 지지의 기운 획득 時. (3). 지지 合의 기운 획득 時.
   예시) 천간 [甲/己] 合
   천간의 甲목과 己토는 기존의 [성질/힘]을 상실. 새로운 土 기운을 생성(합화).
   만약 土가 官성이라면, 기존 직장을 그만두고, 새 직장을 얻는다는 식으로 해석한다.
3. 천간 合=정신적인 힘과 작용력(예: 1. 정신적 사랑 2. 재물에 집착하는 마음 3. 성적 욕망).
   지지 合=[현실적/물질적/구체적]인 힘과 작용력(예: 1. 육체적 사랑 2. 실질적인 재물 획득).

11). 대운의 글자가 더해져서 [3합/방합]이 성립되면 해당하는 오행기운이 강해지면서 삶에서도 많은 변화가 생긴다. 기타 미약한 다른 오행은 피해를 보기 마련이다.
   [천간에 투출한 지지/생조받는 지지] 글자보다 훨씬 더 강한 기운이 발생한다.
   내 의지와 상관없이 끌려 다니게 되거나, 지배당하기도 한다.
   방합은 [가정/가문/가족] 문제, 3합은 [직업/사회] 활동 문제로 휩쓸리게 된다.

12). [申/酉/戌, 巳/酉/丑]의 강한 金기운에 '충/극'당하는 木기운은 개고 이후에 깨진다.
   강한 놈을 '충/극'하면 약한 놈은 깨지고, 강한 놈은 動(동, 자극이나 활성화)하게 된다.

13). 방합의 3글자 모두 자신의 오행기운을 그대로 지니고 있기에 [생/극/합/충/형]의 작용이 모두 일어난다.

14). 3합은 왕지를 제외한 [생지/묘지]의 2글자는 [생/극/합/충/형]에서 자신의 오행기운이 많이 [손상/약화]된다.

15). 3합(반합 포함)은 [사회/직업] 활동을 나타내는 지장간 중기와 깊은 관련성을 지닌다.
   그래서 지장간 중기가 [강/약]해지면 [사회/직업] 활동도 [왕성/쇠약]해진다.

16). 3합: [사회/직업/의도적] 활동의 合.
   방합: [가족/가장/가문/의무적] 활동의 合.

17). 3습의 국면에서, '충/극'하는 힘 좋은 천간 글자가 생기면 생활이 피곤해진다.
  예시: 사주 원국 신자진 水 3합이라도, 힘 좋게 투출한 천간 火(丙화/丁화)가 하나라도 있으면 삶의 기복이 발생한다.

18). [형/충]론 요약
 * 형: 과도한 [힘/에너지] 때문에 생겨나는 문제. 약간의 시간적 지속성이 있다.
   충: [힘/에너지] 끼리 [충돌/소모/낭비/고갈]로 생겨난 문제. 순식간에 일어난다.

 * [형/충]의 공통점
  1. 긍정적 내용(활동영역 넓어지고 저항력이 생김). 부정적 내용([사건/사고/피곤/갈등] 유발).
  2. 사주원국과 대운에서의 [형/충]은 작용이 거의 없다가, [세운/월운]을 만나 자극을 받아 動하게 되면 [형/충]의 반응(작용)이 비로소 나타난다.
  3. 대체로 [형/충]이 오면 [남녀 문제/異性 문제/배우자 문제] 등이 뒤틀리거나, 꼬이거나, 균열이 생기거나, 새로운 [인연/사연]이 발생하거나 하는 경우가 자주 생긴다(간산 說).
  4. 결국 [형/충]은 [경쟁/투쟁/갈등/충돌/힘의 소모와 격돌]을 의미한다.

* 충은 인접하면 작용력이 강하고, 멀어지면 약하다.

* 월지가 [刑/沖]이 되면 월지에 통근한 모든 글자들이 動하게 된다.
  특히 [상관/편관/겁재]가 刑으로 動하면 심각한 [손상/피해]가 예상된다.

* 가장 무서운 沖(충)
  1. 사주원국 일주 對 대세운 충(대운과 세운이 동시에 일주와 충할 때가 가장 위험하다).
  2. 일주가 [천간 극/지지 충. 동시 충/극(천극지충)] 당할 때.
  3. [월주/시주/연주]가 [천간/지지 동시 충/극(천극지충)] 당할 때.
  4. 위의 3가지 [충/극]이 동시다발적으로 터질 때가 가장 무섭다.
    [비명횡사/요절/패가망신] 등으로 나타남.
  5. 비중 있는 충: 日주와 대운의 충>月주와 대운의 충. 물론, 반대로 보는 학자들도 있다.

19). [사주원국+대운] 충은 원국 습을 무력화시킨다.
    원국에서 [합/충]이 동시에 오면, 마치 [합/충]은 없는 것처럼 된다.

20). 여러 사주명리학 책에 자주 나오는 설명들인데 결국 같은 말이다. 초급입문자들은 혼동하지 말기 바란다.
    "사주원국의 沖을 대세운 글자의 습으로 해소시킬 수 있다."
    "[원국+대세운] 습은 원국 沖을 無力化시켜 버린다."

21). 인신사해 역마 글자가 沖을 당하면 [여행/이동] 중에 [사건/사고] 가능성이 크다.

단, 천간과 슴去(합거)만 없으면 긍정적 결과로 나타나기도 한다.

22). [진/술/축/미] 4土는 [형/충]되면 그 피해가 크다.
　　특히, 일간이 통근한 지지가 [형/충]을 당할 때가 더 무섭다.

23). 천을귀인과 [형/충]의 만남
　1. 천을귀인은 슴을 반기고, [형/충]을 무서워한다.
　　특히 일지 천을귀인을 충하는 대세운에서는 상당히 흉한 결과를 초래한다.
　2. [甲목/戊토/庚금] 일간이면 [丑/未]가 천을귀인에 해당한다.
　　이때 [丑/未]가 같이 있어도, 충(부정)으로 보지 않고, 2개의 천을귀인(긍정)으로 해석한다.

24). 원국에서 일지 아닌 他 지지 글자가 대세운의 지지 글자와 슴이 되면, 원국 지지 글자들이 묶여버리는 현상(작동을 못하는 현상)이 발생한다.

25). [원국+원국]의 슴: 합화는 어렵고, 영향력은 미약하다.
　　[원국+대운]의 슴: 격렬한 힘. 다양한 변화.

26). 힘의 구분(당하는 객체가 아닌, 힘을 행사하는 주체의 입장을 기준으로 함. 간산 說)
　생: 상대에게 빼앗기는 나의 힘(설기 당하는 힘).
　극: 상대를 내 소유로 꼼짝 못하게 만드는 힘(상대를 관리하고자 하는 힘).
　합: 나와 상대를 동시에 묶어 버리는 힘. 영향력(기능)을 발휘하지 못하게 하는 힘.
　충: 나와 상대가 서로 부딪치는 힘. 힘의 [소모/소진]이 발생함.
　형: 상대를 가두어 버리는 힘. 내가 갇힌 상태가 되어버리는 힘.

27). 대세운에서 ['甲'/'子'/'甲子'] 글자가 오면: 큰 [변화/전환/욕망]이 나타난다.
　　대세운에서 '午'글자가 오면: [중지/관망/멈춤/휴식/기다림/대기]의 형태로 나타남(자오 충).
　　대세운에서 '辰/戌/丑/未(지지 4土)' 글자가 오면: [변동수/이동수]. 주로 공간 이동 형태.

28). 비겁이 재성을 너무 강하게 [충/극]하거나, 재성이 고립되어 있으면, 친구가 없거나 [소외/왕따] 현상이 일어나기도 한다. '재성'이라는 십신은 [친구/人的 네트워크/사회성/특정 분야에 대한 재능·흥미·호기심/안테나 기능/공간 관리능력/공동체 속에서의 적절한 관계 맺기]를 의미하기 때문이다(간산 說).

**2부. 실제 사주감정(통변) 時 필요한 핵심 테크닉 100가지

1). 천간의 대략적 구분.
  1. 넓은 역마: 丙화, 戊토, 庚금. / 좁은 역마: 己토.
  2. 빠름: 丙화, 辛금, 癸수. / 느림: 甲목, 丁화, 戊토, 己토, 壬수.
  3. 고집: 甲목, 丙화, 戊토, 己토, 庚금, 辛금(기억력). / 온화: 乙목, 丁화, 癸수

2). 지지의 대략적 구분.
  1. 역마 기질: 인 신 사 해.
  2. 도화 기질: 자 오 묘 유.
  3. 화개 기질: 진 술 축 미.
  4. 월지에서의 4土(진/술/축/미 토)의 통변.
    월지 위치의 辰토: 거의 木기운으로 감정함.
    월지 위치의 戌토: 거의 金기운으로 감정함.
    월지 위치의 丑토: 거의 水기운으로 감정함.
    월지 위치의 '未토': 거의 火기운으로 감정함.
  * 여러 '토' 中에서도 '未토'는 천간의 [戊/己]토와 가장 닮은꼴이며(가장 土다운 土), [전환/조정/중재]의 기운을 강하게 띠고 있다.

3). 십신(십성)의 보편적 경향성.
  1. 느림: [비겁, 식신, 편인, 정인, 정관]. 빠름: [겁재, 상관, 편재].
  2. 사교성 부족: [비견, 식신, 편관 (정관, 편인)].
    기분파(좋은 사교성/빠른 기질): [겁재, 상관, 편재].
  3. 힘의 강약 순서:
    비겁>인성>관성>재성>식상(시계 반대방향 순서).
    힘의 최강은 陽 일간의 겁재(별칭 羊刃양인).
    예시) 甲목 일간이라면 [乙목/卯목]이 겁재(강약: 겁재>편인>편관).
  4. 죽음과 치매(간산 說).
   * 죽음: 편인(너무 느려짐/非활동성).
          편관(자신에 대한 과격한 [剋/충돌] 성향. 자기학대).
   * 치매가능성: 정인(의존성/느림/집착/식상[활동성+창의성]을 죽임/非활동성/순발력 취약).
  5. 독특한 생각과 창의성.
    상관(반짝이는 아이디어).
    편재(진취적인 비지니스 마인드).
    편인(종교/철학/형이상학/의학/역학).
  6. 이념 성향.
    진보: [식상(+재성)].
    보수: [인성(+관성)].

7. 시험과 경쟁.
   시험에 강한 체질: 정관[보편적 시험(중간고사, 수능시험 등)]
   　　　　　　　　　[모범생 기질/성실성/성적관리/자기억제/보수적/의무 책임감/합리성].
   시험에 약한 체질: 상관[멋/끼/정의감/반항/비판적/진보적].
   경쟁에 강한 체질: 겁재[승진/승급/선발/발탁/격투기 등에서는 단연 힘 자체인 겁재].
8. 가정에 대한 태도.
   가정적: [정재]. 非가정적: [겁재, 편재, 편관].

4). 사주팔자(사주원국) 위치의 [중요성/비중/힘].
   1. 일간: [핵심/본질/본원/주체]의 자리.
   2. 4柱의 [중요성/비중/힘]: 일주>월주>시주>년주.
   3. [중요성/비중/힘] 강도 순서: 일간>월지>일지>월간>시지>시간>년간>년지.

5). 일, 사업의 결말, 성패에는 재성(형태를 마무리 짓는 힘)이 필수적으로 개입해야 함.
   편재: 빠르게 마무리되는, 불규칙하고도 불확실한 재물.
   정재: 규칙적인 시간 속의 구체적 액수나 재물(작지만 확실한 재물).

6). 년주(연주), 월주의 [편재(父)/정인(母)].
   편법으로 [父≒편재≒정재], [母≒정인≒편인] 식으로 넓게 적용하기도 한다.

7). 편재가 관살을 생조하고 있으면, 남녀 공히 [나-아버지] 관계가 상당히 부정적이다.

8). 건강과 질병 문제(간산 說).
   훼을 당한 正財('정재'=[몸/신체/노동력/공간관리 능력]이라고 보는 견해)의 모습.
   　　정재가 木이면: 신경계, 간, 쓸개, 눈, 눈물, 관절.
   　　정재가 火이면: 화병, 스트레스, 순환계, 심장, 소장, 혀, 피, 핏줄, 땀, 눈.
   　　정재가 土이면: 소화계통, 입, 비장, 침, 피부, 위장.
   　　정재가 金이면: 코, 폐, 호흡 계통, 치아, 콧물, 대장.
   　　정재가 水이면: 생식기(자궁, 전립선, 고환), 방광, 신장, 목구멍, 오줌, 성욕, 귀.
   　등의 문제로 드러나는 [증상/신체 질병/고통]일 가능성이 크다.
   　물론 의학적 차원의 [건강/질병] 문제라면, 단연 의사가 최우선이다.

9). 편관(별칭 칠살)
   1. 백해무익, 백흉무길한 편관(고전명리학적 입장).
   2. 통상 일지, 월지의 편관이 무섭지만, 연지나 시지의 편관이 더 부정적 영향력이 크다고 보
는 학자도 있다.
   3. 단 위급질병, 우연한 변고, 샤머니즘에서 말하는 영적 존재의 장난일 경우는 달리 해석함.
   4. 나에게 가장 거북하고 고통을 주는 편관[예시: 폭력을 휘두르는 남편으로 고통 받는 여성의

일지 편관이 가장 凶暴(흉포)하다고 해석함].

10). 질병 편관.
　　연주 편관(오래된 고질병, 持病), 월주 편관(최근 질병), 시주 편관(장래 예상되는 질병).
　　단, 인성이 옆에서 통관(유통)시켜 주고 있다면 많이 완화됨.

11). 사업 問占 時, 무력한 일간에다가 [재성]生[편관]이면, 사업부도, 위기상황, 때가 늦었음을 암시. 제 5柱인 分柱(분주)에서 인성이 유통시켜 주고 있다면 기사회생 가능성이 있음(박주현 說).

12). 문서: [교육용 문서/통지표 등=정인]. [병원검진 문서=편인]. [관청 행정용 문서=정관].
　　　[법원/검경 출입/소송 관련 문서=편관].

13). 관성의 고전명리학적 해석.
　　여성에게 정관, 편관이 겹쳐 있으면(관살혼잡) 남자관계 복잡, 결혼이 헷갈림.
　　여성의 정관이 일지 자리에 유일하면서, 생조받고 있다면 좋은 남편감(출세한 남편) 가능성.
　　그러나 실제 개인감정에서 잘 맞지 않음(여러 학자와 간산 說).

14). 정인의 참고사항.
　　정인이 재성의 극을 받음: 주거지 문제 발생.
　　정인이 정관(편관)의 生助(생조)를 받음: 집이 편안함(터주신의 도움=편관).
　　정인이 [연지/월지]에 위치: 과거, 어린 시절 공부↑.
　　정인이 [일지/시지/분지]에 위치: 현재, 미래, 장래 공부↑.
　　정인이 좋으면(위치/생조): 좋은 [학교/부모/선생님]을 만남. 학벌이 좋음. 가방끈이 길다.
　　정인이 과하면(막강/여럿): 나태, 허약, 느림, 태만으로 나타나기도 함.

15). 일간의 허약: 동업의 효과는 극대화 됨.
　　일간의 허약+비겁 多: [소송/경쟁] 時 내가 불리함.

16). 재물 占에서는 [겁재/상관]이 최악의 흉신이다.

17). 지지에서의 [3합/방합]의 차이.
17-1). 火 3합 인오술:
　　1. '寅午戌'의 寅목: [사회/직업] 활동으로서 丙화의 일을 하게 됨.
　　2. '寅午戌'의 午화: 왕지로서의 순수한 火기운 발휘.
　　3. '寅午戌'의 戌토: 火기운의 기능과 작용을 가짐.
　　* '신유술' 방합의 戌토: 金기운의 기능과 작용을 가짐.

17-2). 木 방합 인묘진:

1. ‘寅卯辰’의 寅목: [고향/혈연/학교/가정] 활동으로서 甲목의 일을 하게 됨.
2. ‘寅卯辰’의 卯목: 왕지로서의 순수한 木기운 발휘.
3. ‘寅卯辰’의 辰토: 木기운의 기능과 작용을 가짐.
* ‘신자진’ 3합의 辰토: 水기운의 기능과 작용을 가짐.

18). 대세운과 [3합/방합]의 만남.
[원국 寅戌+대세운 午]: 인오술 3합 성립. 대세운 午운이 지나가면 3합 효과는 사라짐.
[원국 寅午+대세운 子]: 원국 寅午 반합 성립불가. 子午 충 때문.

19). 生지(인. 신. 사. 해)는 일을 [시작하는/나서는/저지르는] 것을 좋아한다.
[활동적/적극적/역마 기질/직업 전환/직장이동/거주공간 변화/어설픈 끝마무리] 등의 특성으로 나타난다.

20). 旺지(자. 오. 묘. 유)는 힘과 기세가 절정이다.
[힘/자존심/직업 활동력/좋은 업무능력/도화 기질/큰 변고(沖)] 등으로 나타난다.

21). 墓지(일명 庫지. 진. 술. 축. 미)는 계절에서는 환절기(변화)로 나타난다.
이중적 양면성과 복잡 다양한 심리적 특성을 지닌다.
[외로움/죽음/다양성/일과 사업의 마무리/학문적 완성/영적 깨달음/화개 기질/은퇴/황혼기/변화무쌍/조심성 필요] 등으로 나타난다.
* 진술축미 土는 백호, 화개, 천라지망, 괴강 등, 신살 개념의 절반 이상을 차지하고 있다.
* 사주 [이론/개념] 中에서는 ‘3합’이 신살의 과반을 차지한다고 해도 과언이 아니다.

22-1). 신약 時 간편 용신법(기존의 용신이론과는 다소 차이가 있음. 간산 說).
1. 양간이 쇠약할 때는 비겁(비겁 용신. 비견보다는 겁재가 더 효과적임)으로 자기편을 늘려주고, 음간이 쇠약할 때는 후원자(인성 용신. 편인보다는 정인이 더 효율적임)를 만들어 生助(생조)해주는 것이 좋다.
2. 양간은 주체성이 강해서, 신약할 땐 보호자/부모(인성)보다 친구(비겁)가 필요하다.
3. 음간은 의존성이 강해서, 신약할 땐 친구(비겁)보다 보호자/부모(인성)가 필요하다.
4. 신약한 일간, 혹은 陰干(음 일간)들은 큰일을 작게 축소화시키는 경향이 있다.

22-2). 신강 時 간편 용신법(기존의 용신이론과는 다소 차이가 있음. 간산 說).
1. 양간이 강왕할 때는 때려주는 관성(용신. 정관보단 편관이 더 효과적임)이 좋고, 음간이 강왕할 때는 [식상/재성](용신. [식신/편재]가 더 효율적임)으로 힘을 빼주는 것이 좋다.
2. 양간은 주체성이 있기에, 신강할 때는 기운빼기(洩氣설기)보단 일간을 쳐주는 것(‘官을 用한다’=‘관성을 용신으로 쓴다’)이 우선적이다.
3. 음간은 의존성이 있어, 신강할 땐 무정하게 때리기보다는 달래가며 설기시켜주는 게 낫다.
4. 신강한 일간, 혹은 陽干(양 일간)들은 작은 일을 크게 확산시키는 경향이 있다.

23). [공부/학습]法의 명리학적 응용(간산 說)

공부와 학습의 핵심은 [1집중]과 [2반복]이다. 동서고금의 모든 교육학과 심리학에서 공통으로 지적한 핵심 원리이다. 이를 십신의 개념으로 [확장/적용]시켜 보면, 관성 이전의 '재성'이 [집중]의 영역을, 관성 이후의 '인성'이 [반복]의 영역을 관장한다.

물론 [자신감/動하는 마음(공부의 계기)/절박한 의지/성취동기/목표 의식]은 선결되어야 할 [심리적/정신적] 베이스캠프이다. 이게 선결되지 않으면, 아예 공부를 시작마라. 밑 빠진 독에 물붓기가 된다는 것을 여러분은 뼈아프게 잘 알고 있을 것이다.

1. 잘 안될 때는, [공부/학습/생활] 환경이나 공간의 변화를 시도해 볼 필요가 있음.
2. [도서관/독서실/공부방/학교/학원/시험 종목/시험 날짜(時間)/시험 空間]의 전환과 이동.
특히 학습(공부) 공간은 천장이 높을수록 학습효과가 훨씬 더 높다는 사실을 명심할 것(도서관, 공부방, 독서실, 교실, 강의실 등등은 학습자 머리 위의 공간 여유가 넓을수록, 천장이 높을수록 공부의 효과와 학습능률은 상승한다).
3. '바다'를 통과하거나('海'외로 나가는) 해외 거주하면서 얻게 되는 水기운을 역이용하는 기법.
즉, [외국에서의 거주(생활)/해외 유학/해외 어학연수/국제 비즈니스] 등을 통해 자연스럽게 水기운의 [취득/흡수]가 일어난다. 水기운 자체가 [두뇌/머리/논리적 흐름]과 직결되기 때문이다.
4. 그래서 공부할 때는 항시 머리를 서늘하게, 시원하게 유지해야 한다.
水 식상이면 머리가 특출하고 창의성이 좋다는 명리학적 개념은 헛말이 아니다.
5. 특히 공간 이동은 [학업/영업/사업/일상생활] 문제에서도, 轉禍爲福(전화위복)이나 吉凶의 反轉(반전)을 일으키는 힘과 계기로 작용할 때가 많다.

24). 겨울生, 壬癸수 일간은 남방 火운으로 흘러야 좋다.
여름生, 丙丁화 일간은 북방 水운으로 흘러야 좋다.

25). 천간의 體用.
천간은 순수한 일관성의 동네라서 [體/用(체/용)]이 동일하고 오행의 순서(목화토금수)도 일관되게 전개된다.

26). 지지의 體用.
지지는 복잡하고 다양한 동네라서 體체와 用용이 서로 다르게 나타나고 오행의 순서도 일관성이 없다(에너지 운동의 밀도가 높고 뒤섞여 있어, 특히 지지의 [火/水]에서는 음양이 왜곡되어 나타날 수밖에 없다. 간산 說).

양(陽)의 지지 6글자: '子자'. 寅인. 辰진. '午오'. 申신. 戌술. (體체를 기준으로 함)
음(陰)의 지지 6글자: '亥해'. 丑축. 卯묘. '巳사'. 未미. 酉유.

양(陽)의 지지 6글자: '亥해'. 寅인. 辰진. '巳사'. 申신. 戌술. (用용을 기준으로 함)

음(陰)의 지지 6글자: '子자'. 丑축. 卯묘. '午오'. 未미. 酉유.

27). [교접/임신/출산/결혼/남녀/異性 지간/性的 결합]의 문제는 항시 水, 火기운이 그 본질적 핵심이다(간산 說).
  1. 먼저 火운동(陽운동. 마찰. 흥분 고조. 상승확산)으로 시작.
    나중에 水운동(陰운동. 射精. 하강수축. 마지막 뒷정리)으로 마무리.
    (한의학의 수승화강, 주역의 63수화기제 (대성)괘, 64화수미제 (대성)괘를 참고할 것).
  2. 생명의 첫출발(極小. 수태, 임신, 정자+난자. 응축. 조화와 결합과 에너지 효율성의 문제).
  3. 반드시 물[생명의 물(水). 羊水(양수). 생식. 성욕]이 있어야 과정이 순조롭게 전개된다.

28). 음양[물(水)과 불(火)]의 근본 원리.
  1. 水 속에는 火기운이 이미 내재되어 있다(태극 8괘中 6감수 (소성)괘. ☵).
  2. 火 속에는 水기운이 이미 내재되어 있다(태극 8괘中 3리화 (소성)괘. ☲).

29). 사주에 특정 오행이 없는 경우의 벌어지는 상황(맹기옥 說, 간산 說).
  1. 木이 없을 때: [의욕/적극성/생기/추진력/기획능력/경쟁심/긍정적 사고] 부족.
            할 일 없는 土. 날뛰는 土. 의기소침한 火(孤兒와 비슷). 일 없는 金.
  2. 火가 없을 때: [활동성/사교성/열정/확산성] 부족.
            소극적이며 차분함. 신중한 언행. 힘없는 水. 쓸모없는 金(자극이 없기 때문).
  3. 土가 없을 때: 삶의 [기복/풍파]가 자주 발생.
            안정감 없음(삶의 터전 상실). 다양한 직업 섭렵.
            [조정/중재력] 없음, 건강하지 못한 水. 불안한 木(뿌리내릴 곳 없음).
  4. 金이 없을 때: [결실/재물/결단력/마무리]가 없거나 취약.
            할 일 없는 火. 날뛰는 木. 점차 고갈되는 水. 형태가 흔들리는 木.
  5. 水가 없을 때:
    [휴식/여유/정지/사교]가 없어 피곤한 삶의 형태. [차분함/융통성] 부족.
    날뛰는 火. 시드는 木. 무료한 土.
    [겨울밤/추운 시공간(水기운 응집상태)]를 찾고, 그 속에서 모자란 水기운을 채운다.
    火가 통제되지 않고 날뛰게 되니, [조현병(정신분열)/우울증]의 가능성이 높아진다.

** 30). 간지(천간+지지)의 필연적인 순환 반복성(간산 說).
      [因果應報/事必歸正] 법칙으로 전개되는 사건 흐름의 시작과 끝.

30-1). '세월호 침몰' 사건에 나타난 일진의 순환 반복성.
    이럴 때 음양 5행에서는 '우연적 사건'이 아니라 서로 인과의 관련성을 강하게 맺고 있는 '필연적 사건'이라고 본다. 金기운을 충극하는 火기운 충만.
    *세월호 사건의 핵심 코드: 丁화. 丁巳(정사). 丁(정)화와 巳(사)화. 丁未(정미)
  1. 박근혜 전 대통령. 구속영장 발부. 구속(서울구치소. 당시, 강부영 영장전담판사).

[2017. 03. 31. 오전 03:03]=[丁酉년. 癸卯월. '丁巳일'. 辛丑시].

2. 세월호 침몰(항해불가). [2014. 04. 16. 08:52 최초 조난신고].

　　[세월(世越): 세상을 초월하는, 구애받지 않는, 인간세상의 법칙에 어긋나는].

　　[2014. 04. 16. 오전 08:52~11:18]=[甲午년.　戊辰월. '丁巳일'. 甲辰시~乙巳시].

　　[09:18 좌현 50도 기울어짐]. [11:18 완전 침몰]→304명 死亡(실종 포함).

3. 침몰된 세월호의 완전 인양 후 마지막 항해 시작. 팽목항에서 목포 신항으로.

　　[2017. 03. 31.]=[丁酉년. 癸卯월. '丁巳일'. 戊癸 合(戊辰 月 vs 癸卯 月)].

4. 세월호 선체조사위원회 설치 및 운영에 관한 특별법 [공포/시행].

　　[2017. 03. 21.]=[丁酉년. 癸卯월. '丁未일'].

5-1. [세월호 침몰='丁巳일'].

5-2. [박근혜 대통령 구속 수감(뇌물죄/국정농단 등)='丁巳일'].

5-3. [세월호조사위 특별법 공포/시행='丁未일'].

5-4. [세월호 인양後 마지막 항해='丁巳일'].

30-2). '대통령 탄핵선고'에서 나타난 일진의 순환 반복성(한 덩어리 사건의 시작과 끝).

　　음양 5행에서는 '우연적 사건'이 아니라 한 단위의 인과관계로 엮여진 '필연적 사건'이라고 봄.

　　*탄핵선고의 핵심 코드: 丙申(병신).

1. 2016. 12. 09.(丙申년. 庚子월. 乙丑일)에는 박근혜 대통령에 대한 탄핵소추안이 국회통과.

2. 헌법재판소 탄핵선고결정[이정미 소장 대행: "피청구인 박근혜를 대통령직에서 파면한다."]

　　2017. 03. 10(금요일). 오전 11시 22분=丁酉년. 癸卯월. '丙申일'. 癸巳시.

3. 19대 대통령 선거(예정)일. 2017. 05. 09.(화요일)=丁酉년. 乙巳월. '丙申일'.

4-1. 대통령 보궐 선거를 치러야 할 [이유/근거(탄핵선고결정 시점)]='丙申일'.

4-2. 그런 [이유/근거]로 인한 결과치(19대 대통령 선거 실시 시점)='丙申일'.

30-3). '천안함 침몰사건'에 나타난 일진의 순환 반복성.

　　2010. 03. 26(천안함 백령도 근해서 침몰: 庚寅년. 己卯월. '乙亥'일)에 나타난 일간 '乙목'의
순환 반복성. *사건의 핵심 코드: ['乙'木(을목)/'乙'亥(을해)]. *北쪽(北韓) 관련 코드: '庚'금.

1. 주제 '乙목'을 계속 보여주는 형태.

2. '우연적 사건'이 아닌 강력한 인과관계로 엮여진 '필연적 사건'.

3. '乙亥'에서 시작된 사건이 '乙亥'에서 1차 [마무리/완결]됨.

4. 천안함 침몰 사건은 '乙'목 코드가 핵심! '天安(천안)'의 否定(하늘이 편안하지 못함).

5. 핵심내용: 해군초계함 PCC-772호(천안함) 침몰+장병 46명(실종 포함) 사망.

6. '772호': 乙庚 합(合). 7(7번째 천간 庚)+7(7번째 천간 庚)+2(2번째 천간 乙)=16. 1+6=7(庚).

7-1. 2010. 03. 16(천안함 제2함대사령부 평택항 출발: 庚寅년. 己卯월. '乙丑'일).

7-2. 2010. 03. 26(천안함 백령도 근해서 침몰: 庚寅년. 己卯월. '乙亥'일).

7-3. 2010. 04. 15(庚寅년. 庚辰월. 乙未일).

　　　함미 인양: 30/60일(절반) 경과. 변곡점(turning point).

해결책(반대기운 표출) 시작점: 庚寅년. 庚辰월. '乙未'일. (丑未 충)].

7-4. 2010. 04. 25(함수 인양: 庚寅년. 庚辰월. '乙巳'일).

7-5. 2010. 05. 15(쌍끌이어선 북한 어뢰 프로펠러 발견: 庚寅년. 辛巳월. '乙丑'일).

7-6. 2010. 05. 25(종합마무리 정부발표: 60/60일 경과: 庚寅년. 辛巳월. '乙亥'일).

30-4). 2017. 05. 09.(화) 19대 대통령 선거결과(두 사람의 사주는 모르는 상태임. 간산 說).

*인과관계(탄핵선고+19대 대통령선거)로 맺어진 두 사건의 핵심코드: 丙(병)화. 丙申(병신).

1. 2017. 04. 09.[丁酉년. 甲辰월. 丙寅일] 선거 5월9일 기준 30日前=4월9일=30/60 지점.
   [절반 시점인 04월 09일에 역전현상 첫 보도: '안철수↑ - 문재인↓'].
   03/10~05/09=60日=하나의 주기(사이클). 실제 선거결과와는 반대로 나타나는 경우가 많다.

2. 대선투표일[2017. 05. 09. 丙申일]. [寅申 沖(인신 충). '충'=충격/반대기운 형성].

3-1. [05/09대선 예측/예상: 안철수↓ - 문재인↑]. 온전한 1사이클 60日주기에서는.
   절반에 해당하는 30日 前(04월09일)과 30日 後(05월09일)는 정반대 현상으로 나타남!

3-2. 2017. 5/9. 실제 대선결과: 30일前과는 반대로, 실제 선거결과는 문재인 후보의 당선.
   문재인(41.08%) 홍준표(24.03%) 안철수(21.41%) 유승민(6.76%) 심상정(6.17%)

4. 04/09. 여론조사[첫 역전현상 보도: '안철수↑ - 문재인↓'].
   참고1: 04/09. 연합뉴스-KBS 조사발표. '5자 구도 역전'('안철수36.8%↑對 문재인32.7%').
   참고2: 04/09. 조선일보 조사발표('안철수 34.4%↑對 문재인 32.2%↓').

5. 03/10日=丙申(병신)日. 04/09日=丙寅(병인)日. 05/09日=丙申(병신)日.

6-1. 03/10(탄핵선고결정, 丙申일)~04/09(역전현상 첫 보도)=전반부 30日.

6-2. 04/09(역전현상 첫 보도, 丙寅일)~05/09(대선투표일)=후반부 30日.

6-3. 03/10(탄핵선고결정)~05/09(대선투표일)=60日(60갑자. 온전한 1 사이클).

7. 중급 이상 參考用.
   이명박 대통령 구속영장 발부: 2018. 03. 22(목). 23:07[戊戌년 乙卯월 癸丑일 癸亥시].
   이명박 대통령 구속영장 집행: 2018. 03. 23(금). 00:01[戊戌년 乙卯월 甲寅일 甲子시].

30-5). 2022. 03. 09.(수) 20대 대통령 선거결과(두 사람의 사주는 모르는 상태임. 간산 說).

1. 선거일 2022. 3/9: 壬寅년 癸卯월 辛酉일. 핵심코드는 '辛酉'(간지가 모두 막강 金기운).

2. 선거일 30일 前(2022. 2/7. 壬寅년 壬寅월 辛卯일. 지지 寅, 卯의 강력한 木기운)에는 실제 선거결과와는 전혀 다른, 반대기운이 형성됨(이런 경우 별일이 없으면 '통상의 결과'대로 이재명 당선으로 예측함).
   *참고: 선거 30일전 2월 7일 당시의 여론조사[의뢰자(조사 기관)].
      더팩트(리얼미터): 이재명 39.3% 對 윤석열 45.6%.
      TBS(KSOI): 이재명 38.4% 對 윤석열 44.6%.
      오마이뉴스(리얼미터): 이재명 38.1% 對 윤석열 43.4%.
      뉴스1(엠브레인): 이재명 35.7% 對 윤석열 36.6%.

3. 갑자기 윤석열-안철수 단일화 선언[3/3. 선거일(3/9) 6일 前]: 2개(3/3乙卯 木기운 對 3/9辛酉 金기운)의 간여지동 기운이 천간, 지지에서 모두 크게 충극함. 壬寅년 壬寅월 乙卯일 庚辰시

기자회견(2022. 03/03. 아침 08시. 寅/卯/辰 방합의 木기운을 모두 구비한 보기 드문 시간대).
　　선거결과의 향방(金기운)을 살짝 바꿔 버린, 壬寅월 乙卯일(3월 3일) 庚辰시(오전 08시)의 완벽한 木기운의 조합과 妙한 영향력.
　4. 결국 선거당일 3/9일(辛酉일) 선거결과: 이재명 47.83% 對 윤석열 48.56% 득표(0.73%, 약 24만표 차이로 윤석열후보 당선. 이재명후보는 1,614만표로 역대 민주당 대선후보中 최다득표).
　　3/3(乙卯)일 '윤+안 단일화 사건'이 없었더라면 오히려 '통상의 결과'대로 나타났을 것임.

*참고1: 3/9 방송 3사(KBS/MBC/SBS) 출구조사 발표. 이재명 47.8% 對 윤석열 48.4%
*참고2: 3/9 JTBC 단독 출구조사 발표. 이재명 48.4% 對 윤석열 47.7%
*참고3: 이번 대선기간동안에는, 여론조사가 여론을 만드는, 즉 미필적 고의에 의한 여론 왜곡현상[꼬리가 몸통을 흔드는 '왝 더 독(Wag the dog)' 현상]이 상당히 심각한 수준이었다. 윤석열 후보는 득표에서는 미세하게 이겨 대통령으로 당선됐지만 심신이 무거워지면서 그 후유증은 상당할 것으로 보이며, 반면 이재명 후보는 득표에선 미세하게 졌지만 선거(선거전)에서 거의 이긴 셈이어서 비교적 심신이 가벼워 보인다. 가정법이긴 하지만 만약 선거일이 하루나 이틀정도 뒤로 미뤄졌다면, 지지세력의 변동추세와 흐름의 향방에 비중을 두고 보정작업을 한 JTBC의 단독 출구조사와 같은 결과(이재명후보 당선)가 나왔을지도 모른다는 추정이 가능하다(간산 說).

31). 四柱(사주)와 占(점)의 차이.
　1. 사주가 [숲/거시적 세계 /망원경] 격으로 인생 전체(과정)를 조망한다면,
　　占은 [나무/미시적 세계/현미경] 격으로 부분(결과)적인 사건을 조망한다.
　2. 그래서 占칠 땐 구체적으로, 잘게 쪼개서 問占[질문]해야 占卦[결과]가 제대로 나온다.

32). [합/극/충/형]의 간단한 비교.
　1. 합([남녀/재물/사랑] 등의 결합 위주로 나타나는 질적 변화의 힘. 힘과 생각의 강화).
　2. 극(일방적인 [제압/구속/억압/관리 욕구/소유 욕구/손상/경쟁/질투]의 힘.
　　극의 주체와 극의 객체의 분명한 구분).
　3. 충(충돌/파괴/손실/자극/긴장/자극/갈등 등으로 변동성을 야기하는 힘.
　　긍정적 활성화도 포함됨).
　4. 형(예측 불가능한 [사건/변고/권력과 욕망의 변동성/심신 손상/송사/형옥]. 吉凶이 공존.
　　힘은 최강).

33). 지축의 극심한 변화(丑未 충이 올 때/특히 丑土가 올 때).
　　뒤집어엎는 기운(丑土).
　　[지진/쓰나미/해일/화산 폭발] 등의 천재지변과 깊은 관련성 있음(간산 說).

34). [沖충/剋극]에 따라 대운이 달리 적용됨.
　1. [대운 천간+원국 천간=合]+[동일 대운 천간+원국 또 다른 천간=沖]: 合 불가. 合化 불가.
　예) 대운甲목. 원국己토. 合하려 함. 원국에 庚금. 甲庚 沖성립. 갑기合 불가. 합화土 불가.

沖(충. 충돌)을 하면, 둘 모두 손상됨. 甲목과 庚금 둘 모두 깨졌기 때문. 甲己합도 불가능.
  2. [대운 천간+원국 천간: 合]+[동일 대운 천간+원국 또 다른 천간: 剋]: 合 성립. 合化 성립.
  예) 대운甲목. 원국己토. 合하려 함. 원국에 戊토. 甲목 剋 戊토 성립. 갑기 합화土 성립.
      剋했으니, 剋주체인 甲목은 괜찮고 剋당한 戊토만 손상을 입었기 때문. 甲목은 온전.

35). 모든 양간(양의 일간): 외향적/다소 활동적/무게감, 자신의 정체성 확립에 집착.
    모든 음간(음의 일간): 내성적/다소 사색적/감상적, 타인과의 관계 맺기에 관심.

36). 지지 竝立(병립. 혹은 병존)의 차이.
  1. 인기/연예(인): 子子, 午午, 亥亥.
  2. 인기 [강사/강의] 업종: 酉酉.
  3. 큰일, 급변, 대전환: 子子.

37). 가장 보편적인 사주감정의 [기본/근거/비중/영향력].
    (전문가들마다 천차만별. [격국/용신/12운성/신살/공망 등등]을 아예 부정하거나, 아니면 절
대적으로 최우선시하는 학자들의 양극단的 경향도 사실은 큰 문제임)
  1. 사주원국 감정(통변)의 기본: (1). 사주원국. (2). 십신(십성). (3). 원국의 [생/극/합/충/형].
  2. 사주원국을 [설명/이해]하기 위한 보조적 개념: 크게는 A, B학자 두 그룹으로 나뉜다.
    A학자 그룹: (1). 대세운(대운+세운). (2). 12운성. (3). 신살. (4). 용신.
    B학자 그룹: (1). 대세운(대운+세운). (2). 용신. (3). 신살. (4). 12운성.
  3. 운세 변화(길흉화복)를 결정짓는 힘.
    (1). 원국의 [생/극/합/충/형]. (2). 원국과 大歲운(대운, 세운) 사이의 [생/극/합/충/형].
    (3). 일간의 [신강/신약] 여부와 용신. (4). (몇 개의)신살. (5). 12운성. (6). 격국.
    *[격국/신살/12운성]의 비중은 거의 없거나 아주 미미하다고 보는 학자도 많다.

38). '천극지충'이 올 때는 각별 조심해야 한다.
      天剋地沖: 천간과 지지 사이에서 동시에 [剋/沖]이 발생.
예) 庚寅 일주가 丙申년을 만나면: 丙화'극'庚금. 申금'충'寅목 동시 발생함.
    지지가 合을 해도 동시 [극/충]의 발호 기세를 멈출 수 없다.
    그 세력은 점차 확산되면서 더욱 凶해짐.

39). 사주원국에서 재성의 위치(占칠 때도 유용함)와 결실의 시기.
      日지(빠른 결실), 時지(좀 늦은 결실), 分지(더 늦은 결실)

40). 자녀의 모습을 보고자 할 때는 우선 사주원국의 時지(자녀궁)를 본다(남녀 공통).
      여성(본인=어머니)의 자식운: 본인의 시지+[사주원국의 식상/대세운의 식상운]을 본다.
      남성(본인=아버지)의 자식운: 본인의 시지+[사주원국의 관성/대세운의 관성운]을 본다.
    *'식신'과 '상관'을 [아들/딸] 구분의 근거로 보는 여러 논쟁과 학설, 그리고 이상한 비법들이

난무하지만, 학문적 논리성이 많이 부족하니 참고하지 않는 것이 좋다(간산 說).

41). 야자시/조자시(夜子時/朝子時) 說[子時에 대한 논쟁].
1. 子시 정중앙(子正자정=24:00=00:00)이 기준. (앞 절반의 子시 對 뒷 절반의 子시).
2. 亥시와 子시 사이가 기준(오늘의 끝=亥시. 내일의 첫 시작=子시. 간산 說).
   학자들마다 천차만별(1 학설 쪽으로 기울어지는 전문가들이 좀 더 많은 편임).

   1 학설: 夜자시=前일 마지막 子시(1/2 子시). 朝자시=다음 날 첫 子시(1/2 子시).
          子時를 1/2씩 나누고, 일주가 달라짐[시주는 동일함. 前일(일주)/後일(일주)].
   2 학설: 전날(前일)=子時부터~亥時까지.
          다음 날(後일)=다음 子時부터~다음 亥時까지.
          [간명하고 혼동의 여지가 없음. 음양오행 원리에 부합. 필자의 입장].
3. [夜자시/朝자시] 논쟁에 대한 필자의 입장(간산 說):
   프로 사주쟁이들은 子시를 통상 밤 23시 30분~다음 날 01시 30분 정도로 계산한다.
   대전 기준(밤 23시 30분~다음 날 01시 30분). 서울 기준(밤 23시 32분~다음 날 01시 32분).
   [日柱/時柱]가 바뀔 수 있기 때문에 프로들도 조심해서 적용한다(夜자시/朝자시 참고).
   '[야자시/조자시]의 논쟁'은 일본의 명리학자들에 의해서 처음 문제 제기되었다.
      이 논쟁에서 필자는, 아무 문제도 없는 '온전한 子時'를 쓸데없이 서양식 분석주의에 빠진 일본 명리학자들이 이 '온전한 子時'를 둘로 쪼개는 작태에 한국과 중국의 명리학자들까지 가세한 것을 보고 실소를 금치 못한다. 왜 子時만 둘로 나누는가? 왜 丑時는 둘로, 혹은 셋으로 나누지 않는가? 단순간명하게 생각하라. 오늘의 마지막 時는 亥시. 내일의 첫 時는 子시다. 더 이상 무슨 말이 필요한가? 지지에서의 모든 시공간의 시작 부호는 '子(자)'라는 사실을 잊어서는 안 된다.
      그래서 다시 힘주어 말한다.
      "밤 23:30 이후부터는 내일, 즉 다음 날이고, 하루[날(日)]의 시작은 항상 子時부터 시작된다."

42). 재물(재성)에 대한 태도의 차이.
정재: 알뜰한 집착. 낭비 없음. 재물의 소중함을 충분히 인식.
편재: 큰 집착 없음. 다소 낭비함. 치우쳐진 재물 혹은 횡재의 재물이라 소중함을 잘 모름.

43). 재성 관련(재물(재물운)/아버지/남성의 아내).
1. 사주원국 전체에 나타난 재성의 모습과 재성의 대세운을 보고 판단함(남녀 공통).
2. 특히 식상이 재성을 생조하고 있을 때 재물운이 확 트인다(식상生재).
3. 사주원국에 재성이 많다고 재물운이 좋은 것은 절대 아니다. 오히려 해롭다.
4. 재물운을 상승케하는 용신운: 재성용신 운, 관성용신 운, 식상용신 운(식상生재 가능).
5. 월지에 정재나 편재(주변 식상의 생조를 받고 있는 상태) 하나 있을 때 막강 재물운이다.
6. 재성만 있고 식상이 없다면, 재물복은 없지만, 아내복은 있는 편이다.
7. 신강에다가 [식/재/관]이 잘 유통되면 [재물복/아내복] 모두 가능하다.
8. [신강+비겁 강+재성 왕성]:

인성 無(재물복O/아내복O).

인성 有(재물복O/아내복x. 인성으로 강해진 비겁이 재성을 치기 때문).

9. 십신 재성과 재물운(대세운) 모두 좋은데 일지 부부궁이 취약하면: [재물복O/아내복x].

아내를 볼 때는 주로 원국의 일지궁(부부궁)을 보고, 재물을 볼 때는 [재성/재물운]을 본다.

10. 아버지운: 원국 [연주/월주]에 나타난 재성의 모습을 보고 판단함(남녀공통. 일반 학자 說).

아버지의 모습: 사주원국의 연간을 보고 판단함(남녀공통. 박주현 說).

11. 남성의 아내운

남성의 사주원국 일지(배우자 궁)를 보고 판단함.

남성의 결혼 시기는 주로 재성운(주로 정재. 대세운)에서 결정됨(일반 학자, 박주현 說).

44). 관성 관련 직업운과 직업 유추 방법론.

월지 지장간 중기가 힘이 좋아질 때는 사회직업 활동도 훨씬 왕성해진다(간산 說).

[사회활동/학교생활/직업활동/직장/소속집단/업무능력/관심영역/재능] 등을 보여 주는 기운이 될 가능성이 크다. 아래는 5가지 직업 유추 방법론(간산 說).

1. 방법 1(간산 說): 월주가 직업과 생활환경의 중심이라고 보는 관점.

월주 자체를 독립적으로 보고, [해석/통변]하고자 함.

월간을 비견기준으로 놓고, [월지/월지 지장간 중기(3합의 동일성분)]을 직업으로 유추한다.

2. 방법 2(맹기옥 說): 월주가 직업과 생활환경의 중심이라고 보는 또 다른 관점.

일간을 기준(비견)으로 놓고, 월지 지장간 중기(3합의 동일 성분)를 직업으로 유추한다.

3. 방법 3(보편적 일반론): 월주가 직업과 생활환경의 중심이라고 보는 또 다른 관점.

일간을 기준으로 놓고, 월지를 직업으로 유추한다.

4. 방법 4(용신론): 오행과 십신이 갖고 있는 힘의 균형을 비중 있게 보는 관점.

특정인의 사주원국의 용신이 그 사람의 직업과 긴밀하게 연결됐다고 보는 입장.

5. 방법 5(일주 결정론): 하늘이 부여해 준 천성이 직업에도 영향을 끼친다고 보는 관점.

일주가 [직업선택/능력발휘 분야/전공선택]과 밀접하게 연관되었다고 보는 입장.

*사주원국의 관성과 20~30대 들어오는 대세운(관성운)을 보고 판단함(남녀공통. 박주현 說).

*월지 지장간 중기[일명 本기. 사회/직업활동 암시. 맹기옥 說]가 유의미하다(남녀공통).

*월지 지장간 중기는 [사회활동/학교생활/직업/직장/소속집단/업무능력/관심영역/교우활동] 등을 드러내 주는 중요한 기운이다. 특히 직업을 판단할 때 상당히 유의미하다.

*특히 [직업활동/사회활동]을 살필 때는 월간을 비견기준으로 놓고, 월지의 십신(월지 지장간의 십신)과 월지의 12운성을 살펴보면 뜻밖의 효과를 보기도 한다(간산 說).

45). 관성 관련 남성의 자식운.

1. 사주원국의 시지(자식궁)가 자식의 장래 모습을 판단하는 자리(남녀 공통).

2. 남성의 자식은 사주원국의 관성을 보고 판단함.

3. 여성의 자식은 사주원국의 식상을 보고 판단함.

46). 관성 관련 여성의 남편운.
 1. 여성의 사주원국 일지(배우자 궁)를 보고 판단함.
 2. 여성은 일지에 정관 하나가 잘 자리 잡고 있으면 최상의 남편감일 가능성이 크다.
 3. 여성의 결혼 시기는 주로 관성운과 식상운(대세운)에서 결정됨.
 4. 관살혼잡(남녀 공통) 하면 직업 전전, 남자 전전(양다리 걸치기), 남성의 자식 문제발생, 여성의 남성편력, 정신건강 손상 등으로 나타날 가능성이 크다.
 5. 여성에게 관성은 [직업/직장/남편/남친/혼인]을 동시에 의미한다.

47). [신강/신약]의 조건(강헌/박주현/다수 학자 說).
 1. 아래 3가지 中, '득령' 포함하여 2가지 이상 획득한 사주원국을 '신강'(혹은 신강 쪽으로 기울어진 중화)이라 함.
 2. 아래 3가지 中, '득령' 포함하여 두 가지 이상 획득하지 못한 경우를 '신약'이라고 본다.
 3. 월지가 가장 비중이 있기에, 3가지 조건(득령/득지/득세) 中에서도 '득령'을 최우선시 한다.
 * '득령': 월지(태어난 계절)가 [인성/비겁]일 경우.
  '득지': 일지가 [인성/비겁]일 경우.
  '득세': [일간/월지/일지]를 제외한 나머지 5字 中에서 [인성/비겁]글자가 3字 이상인 경우.

48). 그 사람이 어떤 [직업/사회] 활동을 하고 있는지를 알고 싶다면, 월지 혹은 월지 지장간 중기의 모습을 보라(간산 說).

49). 인성 관련(교육/어머니/명예/가정/(집)문서/학문/참을성).
 1. 인성은 일간 가까이 있어야 有情하고, [힘/영향력]을 제대로 발휘한다.
  인성이 일간에서 멀어지면 불리(無情)하고 힘은 미약해진다.
 2. 어머니 운: 사주원국 [연주/월주]에 나타난 인성(정인)의 모습을 보고 판단함.
  어머니의 모습: 사주원국의 연지를 보고 판단함(박주현 說).

50). 사주別 운세 지배의 연령.
 1. 학자들마다 15세 배수, 18세 배수, 20세 배수 등 견해를 달리한다.
  필자는 20세 배수 쪽임(연주 0~20세/월주 20~40세/일주 40~60세/시주 60~80세. 간산 說).
 2. 전문가에 따라서는 부모를 연주(박주현 說)로, 혹은 월주로 보는 학자(맹기옥 說)도 있다.
  연주: 15세 혹은 18세 혹은 20세까지 영향력을 행사한다.
       [연주=조상/가풍/부모/집안환경/성장배경/유년기 모습]
  월주: 15~30세, 18~36세, 20~40세까지 영향력을 행사한다.
       [월주=부모/형제자매/친구/동료/직업/청년기 모습]
  일주: 30~45세, 36~54세, 40~60세까지 영향력을 행사한다.
       [일주=본인(일간)/배우자(일지)/가정/중장년기 모습]
  시주: 45~60세, 54~72세, 60~80세, 그리고 그 이후까지 영향력을 행사한다.
       *시주=자식의 모습/노후 운세/인생의 말년/노년기 모습.

51). 用神(용신)의 위치에 따른 운세 차이.
 1. 연주에 용신이 위치함: 어려서부터 유능한 [부모(특히 어머니)/선생님/어른/귀인]의 큰 도움.
 2. 월주에 용신이 위치함: 청년기에 [선배/(직장)상사/부모형제]의 큰 도움.
 3. 일주에 용신이 위치함: 중장년기에 좋은 [배우자/친구/사업상동료(동업자)]의 큰 도움.
 4. 시주에 용신이 위치함: 노년기에 능력(효심) 있는 [자식/후배/부하직원]의 큰 도움.

52). 운세의 吉凶禍福을 결정짓는 중요 요인.
 1. 用神(용신): 사주원국(일간 중심)을 安定化시켜 주는 최고의 힘(균형점).
 2. 忌神(기신): 용신을 剋하는 기운. 사주원국(일간)을 흔들면서 凶하게 만드는 기운.
 3. 대세운: 세운(1년운)이 대운(10년운. 단순한 배경 정도의 힘)보다 힘이 강한 것으로 본다.
          그러나 반대로 대운의 힘이 더 강력하다고 보는 학자도 많다.
      *대세운이 용신운보다 영향력이 더 크다고 보는 전문가도 있다(간산 說).

53). 대운(10년 운).
 1. 영향력 비교(세운>대운. 지지>천간).
 2. 대운: 분위기 형성 정도의 힘. 세운: 구체적 [성과/결실]을 보여 주는 힘(박주현 說).
    대운의 천간 글자: 전반부 5년을 지배함(강헌/박주현 說).
    대운의 지지 글자: 후반부 5년을 지배함(천간보다 지지의 영향력이 크다고 봄).
 3. 대운이나 세운은 천간과 지지가 함께 붙어 있는 것(간지의 형태로 완전히 결합된 것)이지 천
간 5년, 지지 5년 이런 식으로 분리되거나, 반반씩 나눠지는 성질의 것이 아니다. 세운도 천간이
전반부 6개월, 지지가 후반부 6개월을 담당하거나, 나눠지는 것이 결코 아니다(간산 說).
 4. 대운으로 용신 글자가 들어올 때가 가장 무난하다(분위기가 은근히 지속적으로 좋아짐).
    대운 천간에 용신 글자: [좋은 환경/여건]이 조성됨.
    대운 지지에 용신 글자: (용신 글자가 정확하다면) 일의 [구체적 결과/성패]가 吉하게 나타남.
    용신 글자의 정확성 여부를 판정하게 해 줌.
 5. 대운으로 忌神(기신) 글자가 들어올 때는 대체적으로 좋지 않다.

 6. 아래, 1번이 가장 吉. 7번이 가장 凶(정확한 분석결과는 아님. 대체적인 길흉의 모습일 뿐).
 最吉(1). 용신 세운+용신 대운: [여건/환경/분위기]도 좋고, [결과/결실/실속]도 좋다(금상첨화).
    (2). 용신 세운+기신 대운: 분위기는 안 좋지만, 다소간 실리를 챙김.
    (3). 기신 세운+용신 대운: 분위기는 괜찮은데, 실속이 없음.
    (4). 기신 세운+기신 대운: [여건/환경]도 안 좋고, 되는 일(실리/실속)도 거의 없다.
    (5). 일주의 천극지충+기신 대운: 凶한 [기세/분위기]가 은근히 지속적이다.
    (6). 일주의 천극지충+기신 세운: 凶한 [일/사건]이 짧게 단편적으로 일어난다.
 最凶(7). 일주의 천극지충+기신 세운+기신 대운: 凶한 일이 선명하게 연달아 발생(설상가상).

54). 세운(1년 운. 年운. 小운).
 1. 별칭 太歲(태세), 歲君(세군). 힘이 있다는 의미.

2. 대운보다는 세운의 [비중/영향력]이 더욱 크다[대운: 분위기 형성. 세운: 구체적 결실].
3. 영향력 비교(세운>대운. 지지>천간).
4. 세운은 [엄정한 성패의 결정/길흉의 결과치]를 비교적 선명하게 보여준다.
5. 세운으로 용신 글자가 들어올 때가 가장 吉한 운세이다.
   세운 천간이 용신 글자: [좋은 환경/여건/분위기]가 조성됨.
   세운 지지가 용신 글자: (용신이 정확하다면) 구체적 성패가 결정되면서, 선명하게 吉하다.
   용신 글자의 정확성 여부를 판정하게 해줌.
6. 세운으로 忌신 글자가 들어올 때가 가장 凶하다.

55). '[대운/세운]' 간지(천간 글자+지지 글자)의 차이점.
1. 대세운 천간 글자: 겉으로 드러나는 [외형적 분위기/여건/환경] 등으로 나타남.
2. 대세운 지지 글자: [내면적/구체적/물질적]인 [결실/성과/성패]의 결과물로 나타남.
   * [비중/힘/영향력] 비교.
   (1). 세운>대운. 지지>천간.
   (2). 세운 지지>세운 천간>대운 지지>대운 천간.
   (3). 천간 凶+지지 吉: 겉보기에는 시원찮아도, 실속이 있음.
   (4). 천간 吉+지지 凶: 겉보기에는 괜찮은데, 결실이 없음.

56). 남녀 宮合(궁합)의 문제.
   사주명리학에 원래는 宮合(궁합)의 [이론/개념]이 없다.
   단지, 세속의 '수요-공급의 법칙'에 부응하다 보니 '궁합'이라는 [이론/개념]이 뒤늦게 급조되었고, 또 정착된 것이다. 특히 似而非(사이비) [역술/역학/무속] 계통에서 겁을 주기 위한 영업적 목적으로 많이 오남용되고 있는 실정이다. 이론 정립이 시급하다고 본다.
   아래 정리된 [결혼운/연애운/배우자운/궁합운] 정도만 알아도 충분하다.

56-1). 여성 기준

*여성의 결혼운:
1. 여성의 사주원국 일지(배우자 궁)를 보고 남편을 판단함.
2. 여성은 일지에 정관 하나가 잘 자리 잡고 있으면 좋은 배우자일 가능성이 크다.
3. 여성의 결혼 시기는 주로 관성과 식상의 대세운에서 결정됨(박주현 說).
4. 여성의 사주원국에서 관살혼잡(정관과 편관이 뒤섞임)하면 직업 전전, 남자 전전(양다리 걸치기), 여성 자신의 남성편력, 정신건강 손상, [실직/구직실패/파혼/이혼/만혼/중혼(초혼 실패 후 여러 번)] 등으로 나타날 가능성이 크다.
5. 여성에게 관성은 [직업/직장/남편/남친/혼인]을 동시에 의미한다.
6. 세운에서 주로 결혼하게 되고, 대운에서 [분위기/여건/만남/사귐/혼담]이 조성됨(남녀공통).
7. 요즘 임상 추세로는 20~55세에 들어오는 [관운/식상운(대세운)]에서 [결혼/재혼/중혼] 성립.

*여성의 남편운(배우자운):
 1. 여성의 사주원국 일지(배우자 궁)를 보고 남편(배우자)을 판단함.
 2. 여성은 일지에 정관 하나가 잘 자리 잡고 있으면 최상의 남편감일 가능성이 크다.
 3. 여성의 결혼 시기는 주로 관성운과 식상운(대세운)에서 결정됨.
 4. 관살혼잡(남녀 공통)하면 직업 전전, 남자 전전(양다리 걸치기), 남성의 자식문제 발생, 여성의
남성편력, 정신건강 손상 등으로 나타날 가능성이 크다.

56-2). 남성 기준

*남성의 결혼운:
 1. 남성의 사주원국 일지(배우자 궁)를 보고 아내를 판단함.
 2. 남성의 결혼 시기는 주로 재성운(대세운)에서 결정됨(물론 재물 관련 함수도 발생함).
 3. 남성의 사주원국이 재성혼잡(정재와 편재가 뒤섞임)하면 여성관계가 [혼탁/복잡]할 수도 있다.
    [파혼/이혼/만혼/중혼(초혼 실패 후 재혼, 삼혼)] 가능성 높음. 아울러 [재물/사업]도 어렵다.
 4. 원국에 잘생긴 정재 하나, 혹은 멋진 편재 하나 있을 때 멋진 [아내감/사업/재물]도 가능.
 5. 남성의 사주원국에서 관살혼잡하면 직업 전전, 남성 자신의 자식문제 발생, 정신건강 손상,
실직, 구직실패 등으로 나타날 가능성이 크다. 남녀공통으로 관성은 [직업/직장]을 의미한다.
 6. 세운에서 주로 결혼하게 되고, 대운에서 [분위기/여건/만남/교제/婚談]이 조성됨(남녀공통).
 7. 요즘 임상 추세로는 20~70세에 들어오는 재운(대세운)에서 주로 [결혼/재혼/중혼]하게 된다.

*남성의 아내운(배우자운):
 1. 남성의 사주원국 일지(배우자 궁)를 보고 아내(배우자)를 판단함.
 2. 남성의 결혼 시기는 주로 재성운(대세운)에서 결정됨.
 3. 재성만 있고 식상이 없다면, 재물복은 없지만, 아내복은 있는 편이다.
 4. 신강에다가 [식/재/관]이 잘 유통되면 [재물복/아내복] 모두 가능하다.
 5. [신강+비겁 강+재성 왕성]:
    인성 無(재물복0/아내복0).
    인성 有(재물복0/아내복x. 인성으로 강해진 비겁이 재성을 치기 때문).
 6. 십신 재성과 재물운(대세운) 모두 좋은데 일지 부부궁이 취약하면: [재물복0/아내복x].
    아내를 볼 때는 주로 원국의 일지궁(부부궁)을 보고, 재물을 볼 때는 [재성/재물운]을 본다.

56-3). 宮습(궁합. 남녀 공통).
*좋은 궁합(吉함의 비중: 1번>2번>3번. 1번이 가장 비중 있고 吉하다).
 1. 남자의 일간 對 여자의 일간: 습(천간습)하거나 生(상생/생조)의 관계일 때가 좋다.
 2. 남자의 월지 對 여자의 월지: 습(지지 3합/방합)하거나 生(상생/생조)의 관계일 때가 좋다.
 3. 남자의 일지 對 여자의 일지: 습(지지 3합/방합)하거나 生(상생/생조)의 관계일 때가 좋다.

*피해야 할 궁합(凶함의 정도: 1번<2번<3번. 3번이 가장 凶하다).

1. 남자의 일간 對 여자의 일간: 일간끼리 [冲/剋(충/극)]의 관계.
2. 남자의 월지 對 여자의 월지: 월지끼리 [冲/剋/刑(충/극/형)]의 관계.
3. 남자의 일주 對 여자의 일주: 일주끼리 天剋地冲(천극지충)하는 관계.

*가장 꺼리는 궁합.
　남녀의 일주끼리 天剋地冲(천극지충)하면서, 동시에 월주조차 [冲/剋/刑(충/극/형)]하는 경우.
　1. 위의 3가지(* 표시. 56-1,2,3)는 전통적 고전명리학의 관점이다.
　2. 현대적 관점에서 본다면.
　2-1. 긍정적 남녀 궁합.
　　　남녀의 일간끼리 相生(상생) 관계일 때.
　　　남녀의 일간끼리 천간슴의 관계일 때.
　2-2. 부정적 남녀 궁합.
　　　남녀의 일간끼리 서로 [상극/상충]의 관계일 때.
　　　남녀의 [일주對일주/월주對월주]가 天剋地冲(천극지충)의 관계일 때.
예시). 본인의 일주가 甲子. 월지가 未토7월 이라면(하나의 예시일 뿐이니 참고만 하기 바람).
긍정: 상대의 일주가 己卯. 월지는 卯목3월 정도면 좋다고 봄. 갑기슴. 子수生卯목. 해묘미 3슴.
부정: 상대의 일주가 庚午. 월지는 丑토1월 이라면 안 좋은 관계임. 庚금剋甲목. 子午충. 丑未충.

57). 바람기(외도/불륜) 관련
　1. [남편/남성]의 사주(혹은 대세운)에서 재성운(재성혼잡)이 왔을 때.
　　　[남편/남성]의 사주(혹은 대세운)에서 비겁운[특히 겁재=아내(財)의 남자(官)]이 왔을 때.
　2. [아내/여성]의 사주(혹은 대세운)에서 관성운(관살혼잡)이 강하게 들어올 때.
　　　[아내/여성]의 사주(혹은 대세운)에서 비겁운[특히 겁재=남편(官)의 여자(財)]이 왔을 때.
　3. [1번+2번]이 합쳐서 부부에게 동시에 들어오면, 대부분 [맞바람/가정파탄]으로 나타난다.
　　　그래서 요즘 젊은이들이 만혼(늦은 결혼)을 [선택/선호]하는지도 모르겠다.
　4. 1, 2번 둘 중 하나만 와도, [이혼/가정파탄]으로 쉽게 이어지는 것이 요즘 풍속도이다.
　　　조심하고, 건실한 윤리도덕관 정립이 절실한 실정이다.
　5. [이혼/재혼/중혼(여러 번)]이 횡횡하고 있는 현실반영.
　　　[권리/욕망/감각/자아 존중]보단 [상식/윤리/책임/의무]가 于先이다.

58). 부모의 모습과 운세
　부모를 볼 때 연주를 봐야 한다는 年柱설(박주현 說)과 月柱설(맹기옥 說)로 나눠지기도 한다.
58-1). 아버지 관련
　1. 아버지운: 자식 사주의 [연간/재성(편재)의 대세운]의 모습을 보고 판단함.
　　　　　　　물론 아버지 본인 사주가 더 확실하다.
　2. 아버지의 모습: 자식 사주의 연간과 재성을 보고 판단함(남녀 공통. 박주현 說).
58-2). 어머니 관련
　1. 어머니운: 자식 사주의 [연지/인성(정인) 대세운]의 모습을 보고 판단함.

물론 어머니 본인 사주가 더 확실하다.
　2. 어머니의 모습: 자식 사주의 연지와 인성을 보고 판단함(남녀 공통. 박주현 說).

59-1). 쌍둥이 사주의 특징(간산 說/아주 조심스럽게 살펴야 할 부분임).
　1. [일주/시주] 두 천간이 같은 글자 혹은 2개 柱의 간지끼리 같은 [순행/역행] 1격차 일 때.
　2. [월주/일주] 두 천간이 같은 글자 혹은 2개 柱의 간지끼리 같은 [순행/역행] 1격차 일 때.
　　　예시 月주 戊戌, 日주 丁酉(천간 戊->丁 -1격차. 지지 戌->酉 -1격차. 같이 역행함).
　　　　　日주 庚辰, 時주 辛巳(천간 庚->辛 +1격차. 지지 辰->巳 +1격차. 같이 순행함).
　3. 사주원국에 유난히 土가 많이 깔린 경우(월지의 土는 거의 빠지지 않음).
　4. [월주/일주/시주] 세 천간 위치에서 [丙丁丙/丁丙丁]처럼 비견과 겁재가 연달아 오는 경우.
　　　꼭 丙화, 丁화만이 아니라, 다른 천간일 수도 있다.
　5. [戊토/己토], [壬수/癸수]가 같은 방식(위 4번처럼)으로 배열되는 경우.
　6. [연간/일간]의 음양 여부를 구분의 근거로 제시하는 학자도 있지만, 인정받지 못하고 있다.
　　　명리학계에서는 아직 [일란성/이란성]을 구분할 수 있는 근거를 찾지 못한 실정이다.

59-2). 쌍둥이 두 사람의 사주를 구성하고 감정하는 방법
　1. 서로 다른 分주(제 5柱)를 작성(박주현 說).
　　　4개 柱는 같고, 5번째 分柱는 다름. 쌍둥이 2사람의 각각 다른 제 5柱인 分柱가 작성됨.
　　　오주괘[4주+分주=5주. 占치기(占卦) 위한 용도. 박주현, 대만 명리학자(하건충, 곽목량)].
　　　年주: 대과거. 月주: 과거. 日주: 현재 상황. 時주: [일의 결과치/미래] 예측.
　　　分주: [可否(가부)/成敗(성패)] 결정. 참고로 알아 두면 나쁘지 않음.
　2. 次客法(차객법. [연주/월주/일주/시주] 하나하나를 모두 다음 순서의 간지로 하나씩 차이
　나게 배열하는 방법).
　3. 동생 사주를 [연주/월주/일주]는 그대로 적용하고, 時주만을 1단계 차이 나게 작성.
　　　(형제 두 사람의 [年주/月주/日주]는 같고, 時주만 다름).

60-1). [土/金/水]의 공통성
　　느림, 활동성 미약, 현상 유지(지속성/보수성), 하향성, 접착성, 겉으로는 차갑지만 속으로는
따뜻함, 에너지 절약, 형태 축소, 운동성 취약, 현실 집착(은근한 과시), 정지, 여유, 잘 참음, 극단
적 사교성, 낯가림, 소극적 내향성, 적극성 부족.

60-2). [土/金/水]가 느리게 보이는 이유
　土: [수용/조절/전환]하기 위한 시간 소요.
　金: [급성장/급출발]을 하지 못하게 브레이크 기능이 작동하면서 천천히 가게 함.
　水: 쉬면서 [에너지 비축/압축/수면]을 위한 슬로우 모션 혹은 정지 기능.

61). 천간과 지지의 본질을 이렇게 구분해서 인식할 수 있다면, [감정/통변]이 훨씬 쉽게 풀릴
때도 있다(간산 說).

천간: 氣, 象, 陽, 體. [추상적/非가시적/정신/의지/理想(化)/천성/순수/不變(불변)/기운].
　　천간은 陽(甲목)에서 시작하여 陰(癸수)으로 끝이 나니, '양음'의 세계다.
　　[體/用]이 논리적이고, 일관되게 적용되는 이상적 순수 세계이다.
지지: 質, 形, 陰, 用. [구체적/물질적/육신/환경/現實(化)/욕망/잡다/變化(변화)/매개체].
　　지지는 陰(子수)에서 시작하여 陽(亥수)으로 끝이 나니, '음양'의 세계다.
　　[體/用]이 뒤바뀌고, 일관성이 없는 구체적 현실 세계이다.

62). 용신에 대한 극단적 견해
 1. '용신 무용론', '부분 긍정론'을 주장하는 [학자/전문가/프로]들도 제법 있다.
 2. 용신 없이는 사주감정 자체가 불가능하다고 강조하는 '용신 절대론'의 [학자/전문가/프로]들이 대세를 이루고, 많은 편이다.
 * 용신 없이도(용신을 못 찾아도/용신을 사주원국에 적용시키지 않아도) 사주감정과 통변은 얼마든지 가능하다는 학자도 있다. [억부/조후/통관] 용신 정도만 적용해도, 용신은 차고 넘치고 충분하다고 보는 것이다.

63). 물(水)의 중요성(간산 說).
 1. 천간(끝날 때 癸수)과 지지(시작할 때 子수)의 연결고리는 결국 水[물] 기운이다.
 2. 지구 생태계(지지)에서는 子수--->亥수의 순서. 水[물] 없이는 생명 자체가 성립되지 않는다.

64). 물상(物象) 결합
　　특정한 柱 안에서의 天干과 地支의 결합 형태인데, 천간(象)과 지지(物)의 오행이 일치하면 마음속의 생각과 욕구가 현실 환경에서 실제 이루어진다고 본다. 천간의 뜻이 지지에서 현실화된다는 것이다(맹기옥 說).

65). 진술축미 土(간산 說)
 1. 지지 4토는 [백호(살)/괴강(살)/화개(살)/3형/3합/방합/3재/천라지망]과 깊은 관련을 갖는다.
　　그만큼 지지 4土는 이중적 양면성과 복잡다양성이 크다는 말이니, 항시 조심할 것.
　　신살과 [형/충/합]의 절반 이상을 土가 차지한다고 해도 과언이 아니다(간산 說).
 2. 진술축미 4土가 가진 구체적 4성분과 갖지 못한 1성분(간산 說).
　　지지의 진술축미 土는 오행의 4가지 성분을 다양하게 갖고 있으면서도, 단지 1가지 성분(결여 5행 성분)만을 갖지 못하는 특이한 양상(4有 1無).

　辰: 본질 土성분(戊토)/방합 木성분(乙목)/3합 水성분(癸수)/다음 계절 여름의 火성분.
　　　오행 5가지 성분 중 유일하게 결여된 金성분.
　戌: 본질 土성분(戊토)/방합 金성분(辛금)/3합 火성분(丁화)/다음 계절 겨울의 水성분.
　　　오행 5가지 성분 중 유일하게 결여된 木성분.
　丑: 본질 土성분(己토)/방합 水성분(癸수)/3합 金성분(辛금)/다음 계절 봄의 木성분.
　　　오행 5가지 성분 중 유일하게 결여된 火성분.

未: 본질 土성분(己토)/방합 火성분(丁화)/3합 木성분(乙목)/다음 계절 가을의 金성분.
　　오행 5가지 성분 중 유일하게 결여된 水성분.

66). [천도재(薦度齋)/(집중)기도/명상/심호흡/종교별 성지순례]가 필요한 때(간산 說).
1. 일간이 약한데, 편관 대세운이 강하게 치고 들어올 때 특히 필요함(힘을 생조받아야 할 때).
2. 身强에 비겁 혹은 인성(특히 편인)기운이 강하게 들어올 때도 역시 필요함(힘을 빼야 할 때).
3. 큰 바위나 암석, 암반의 [위/옆/아래/주변]은 세칭 말하는 '기도빨'이 잘 받는 곳이다.
4. 사이비 무속인에게 맡기지 말고, 혼자서 [집중/명상/기도/기원] 하면 더욱 효험이 있다.
　　처절한 [자기성찰/반성/눈물/회개]가 따르면, 효험의 영향력의 힘은 현저하게 증가한다.
5. 亡者의 해원(解冤. 원통함을 풀어줌)이 필요할 때도 마찬가지다.
6. 뭔가 되는 일이 전혀 없고, 생활의 의욕도 없고 모든 것이 귀찮고 우울할 때도 필요함.
7. 심신의 건강을 상실했을 때도 효과적이다.

67). 심신의 건강을 상실했을 때, 무엇 하나 되는 일이 없을 때의 방법(간산 說).
　　'영향력이 상당하다', '효험이 제법 있다'는 임상 결과를 확인한 바 있음.
　　역마(살)의 개념을 응용한 기법이다. 물론 순수 [건강/질병] 문제라면 의사가 최우선이다.

1. 정상적인 깊은 호흡(숨 쉬기)과 음식 변화를 통한 심신개선.
2. 평소의 [생각/생활 습관/호흡 습관/가치관/잘 만나던 사람/심지어는 걷던 길]을 확 바꾼다.
3. 일정 시간 걷기를 통한 규칙적인 [성찰/반성/각 종교별 기도문 암송/산보]하기.
　　하루 평균 5천~2만步가 적정한 수준이다(물론 개인차 고려해야 함. 관절염 우선 조심).
4. 무조건 [생활공간/거주 공간/잠자리]를 이동하거나, 바꿔 보기.
5. 일정 기간 살던 곳(고향/현재 거주지)을 떠나거나, 주기적으로 여행해 보기.
6. 큰 [암석/암반/산/동굴] 주변에 [생활공간/명상처/기도처] 마련해 보기.
7. [명상/일상적 小食/정기적 斷食/일기 쓰기/정상적인 종교체험/신앙생활]에 빠져보기.
8. 평소에 입을 벌린 채가 아닌, 입을 다문 채로 호흡하며 생활하기.
9. 제발 부적 따위(특히, '영험' 운운에 겁먹거나 속아서 비싼 돈 지불)를 사용하거나, 의지하거나, 맹신하거나 하는 일이 없기를 진심으로 바람.

68). 창의적 아이디어(창의성/창조성) 차이.
　　상관: 순간적 재치/임기응변. 유연한 화술. 예술적 감각. 끼. 官을 손상시키는 진보적인 생각.
　　편인: 깊이 있는 내면적 성찰과 사고력. [죽음/종교/철학/脫세속]的인 사상과 보수적 성향.

69) [생/극/합/충/형]에서 나오는 힘의 차이.
　1. 生: 일방적인 [생조/사랑/헌신/관심도움]의 힘.
　　　　상대를 도와주는 나의 힘(상대에게 빼앗기는 나의 힘, 설기 당하는 힘).
　　　　비겁 기준에서 식상을 바라보는 힘. 인성 기준에서 비겁을 바라보는 힘.
　2. 剋: [관리/제압/구속/억압/손상/자극/집적거림/터치 등]의 힘.

[생/극]의 主體와 [생/극]의 客體를 분명하게 구분할 것.
　　　상대를 꼼짝 못하게 [관리/소유/제압]하고자 하는 힘.
　　　비겁 기준에서 재성을 바라보는 힘. 관성 기준에서 비겁을 바라보는 힘.
　3. 合: [남녀슴/財성슴/사랑슴] 등 결합 위주로 나타나는 질적 변화의 힘. 힘과 생각의 강화.
　　　나와 상대를 동시에 묶어 버리는 힘. 영향력(기능)을 발휘하지 못하게 하는 힘.
　4. 沖: [충돌/파괴/손실/자극/갈등/에너지 활성화] 등으로 변동성을 야기하는 힘.
　　　긍정적 자극과 활성화도 포함됨. 나와 상대가 서로 동시에 부딪치는 힘.
　5. 刑: 예측 불가능한 [사건/변고/권력/욕망]의 변동성과 [심신 손상/송사/형옥] 등으로 나타남.
　　　길흉 공존. 힘은 최강. 나를 가두어 버리는 힘. 상대를 갇힌 상태로 만들어 버리는 힘.
　* [극/합/충]은 모두 남녀 관계와 깊은 관련성을 가진다(간산 說).

70). [생/극/합/충/형/12운성/12신살]의 관계성립 조건
　1. 생/극: [천간:천간], [지지:지지], [천간:지지] 사이에서 모두 성립. 주로 5행의 명칭 사용함.
　2. 합: 천간:천간(천간슴, 일간합 성립).　지지:지지(방합, 3합, 지지 6합 모두 성립).
　3. 충: [지지:지지] 사이에서 성립. [천간:천간] 사이에서는 학자들마다 [인정/부정]으로 달라짐.
　4. 형: [지지:지지] 사이에서 성립(인/사/신 3형. 축/술/미 3형).
　5. 12운성: [천간(일간 기준):지지] 사이에서 성립.
　6. 12신살: [지지(일지/연지 기준):지지(他 지지)] 사이에서 성립.

71). [생/극/합/충/형/대세운]의 힘의 강약
　1. 사주(원국)를 크게 흔드는 변동요인[원국은 변동요인이 없으면 움직이지 않는다](간산 說).
　2. 변동 요인의 힘 강약 비교.
　　일반 학설: 대세운의 운세변화>刑>沖>生>尅>방슴>3슴>천간슴>일간슴(가장 弱함).
　　간산 說: 대세운의 운세변화>刑>沖>尅>生>3슴>방슴>천간슴>일간슴(가장 弱함).

**72-1). 일지 '편관'에게 하는 충고(간산 說).
　1. 뭔가 풀리지 않고 앞이 캄캄하다면, 무조건 밖으로! 외부로! 해외로!
　2. [삶의 스케줄 변화/공간 이동/사람 교체(만나는 사람 바꿔보기)]를 시도해 보면 효과 있음.
　3. 삶의 [환경/여건]이 만들어내는 공격이 드셀 때는 일단 몸을 숙이고, 피하는 것이 상책이다.
　4. 한 마디로 정리하면, 상황이 어려울 때 [時/空/人]間의 이동과 변화를 도모할 것.

**72-2) 일지 편관(甲申/乙酉/戊寅/己卯/壬辰/壬戌/癸丑/癸未 일주) 참고(간산 說).
　1. 삶이 많이 힘들어질 때는, [외부로/밖으로/타향으로/해외로] 시선을 돌려 보라!
　　공간 이동과 삶의 패턴 변화를 시도해볼 필요가 있다는 말씀. 충분한 효과가 있을 것임.
　2. 일지에 [寅목/卯목/申금/酉금]이 오면 [건강/질병/신체손상] 등에 조심해야 한다,
　　특히 일지에서 인신 沖, 묘유 沖이 성립하면 몸의 손상이 더욱 심하게 나타난다.
　3. 잦은 [이직/전직]과 극단을 오고가는 삶의 여정에 피곤할 때가 많다.
　4. 배우자 쪽으로의 문제가능성 대비. 외모도 파격적인 데가 있는 편(길흉판단 불가).

5. 상당히 폭력적일 때가 많다(허장성세/리더십/정치권력 집착). 특히 甲申 일주, 辛卯 일주.
  6. 지지에서 인신사 3형(2형도 가능)을 이루면 의술 계통에 종사할 가능성도 된다.

73). 천간습과 지지습의 차이
  1. 천간습은 異性 간의 결합욕구처럼 '본능적으로 끌어당기는 힘'의 합이다.
    천간끼리 습되어 사라지면(습去합거), [의도/생각/욕심/목표/의지/뜻]만 사라지는 형국이라 큰 손실은 없다(맹기옥 說).
  2. 그렇지만 지장간이 刑/沖(형/충)으로 開庫(개고)되어 천간과 지장간이 습去하면(사라지면), 지지가 가지고 있던 것들의 확실한 손실[현실적/구체적/물질적 손실]이 뒤따른다.
  3. 지지습(지지 6합)은 천간 습처럼 쉽게 일어나지 않고, 습化의 기운형성도 어렵다.
    지지습이 되어도 2개 지지의 힘만 약화되고 특별한 기능은 없다.
  4. 그러나 지지 [3합/방합]은 이야기가 다르다. 큰 [힘/비중]을 가지면서 그 영향력과 변화의 힘은 지대하다. 지지의 사주 감정에서 가장 중요한 포인트가 되기도 한다.

74). [時間/空間/人間]의 모든 존재와 양태는 물(陰기운의 대표)과 불(陽기운의 대표)의 균형과 조화를 그 본질로 삼는다. 그래서 실제 사주원국의 [통변/감정]에서도 水, 火의 오행기운이 가진 에너지의 강약과 균형 상태를 최우선적으로 보는 것이다. 즉, 프로들이 [木/金/土]보다 [水/火] 기운을 우선해서 본다는 말은 바로 이런 경우를 두고 하는 말이다(간산 說).
  1. 陽기운의 남자는 陰기운 水[물], 陰기운의 여자는 陽기운 火[불]가 [조화/균형]을 갖춰야 인생살이가 순조롭게 풀린다. 그래서 남자 사주는 우선 水기운의 흐름을 유심히 봐야하고, 여자 사주는 가장 먼저 火기운이 괜찮은지 여부를 관심 있게 봐야하는 것이다. 프로들은 특히 명심할 것.
  2. 남녀 공히 오행에서는 '水' 기운이 [生殖 능력과 性기능]을 대표적으로 드러낸다.
    남녀 공히 십신에서는 '식상' 기운이 [生殖 능력과 性기능]을 대표적으로 드러낸다.
    안정된 [水 혹은 식상]이면, 둘 사이의 속궁합이 대체로 좋은 편.
    원국에서 [水 혹은 식상]이 약소하거나 없으면, 性的 [관심/기능]도 저하되거나 왜곡된다.
    원국에서 [水 혹은 식상]이 과하면, [性的 기능/性的 관심]도 오버하거나 부정적 경향을 띤다.
    부부나 남녀의 [일지/시지]가 [申/子/辰] 水 3합이면 속궁합이 괜찮다고 본다.

75). 사주의 변화와 움직임(길흉화복 생성)을 초래하는 큰 요소들
  1. 생극[상생과 상극]의 소용돌이. 2. [합/충/형(습/沖/刑)]의 변화. 3. [대운/세운] 개입과 용신.
  2. 이 3가지가 사주원국에 개입하면, 드디어 사주원국에 '길흉화복의 변화'가 생기기 시작한다.
    즉, '사주를 본다.'라는 말은 바로 이런 '길흉화복의 변화를 본다.'라는 것을 의미한다.

76). 자기과시 성향
  일간: 甲목, 丙화, 戊토, 庚금, 辛금.
  십신: 비견/겁재(주체성과 선명성을 과시). 편재(물질적 분위기를 과시).
      편관([권력/권위]的 과시). 편인([학문적/정신적/스케일] 과시).
  * 강도는 丙화가 세다. 범위의 크기는 戊토가 가장 크다.

* 지지에서는 단연 辰토이다.
* [편재/편관]은 많이 설치면서, 행동과 액션으로 과시하는 편임.
[편재/편관]은 특히 이성 앞에서 과시하는 것을 더 좋아함.

77). 권력 지향의 성격 차이
천간: 丙화(특수 권력/폭력성)>戊토(행정 권력)>庚금(절대자/주체성 권력)>甲목>己토.
주로 陽의 천간.
지지: 巳화(사법행정 권력)>寅목(경제 권력)>申금(언론 권력).
辰토(정치 권력. 지지 4토中 유일). 주로 3刑(형)과 많이 관련됨.

78). 마치 사람의 일주처럼 국가(나라/민족)도 대표성을 가진 코드(간지)가 있는데 간지로 표현하면 다음과 같다. 물론, [전문가/프로]들도 약간의 견해차가 있다.
대한민국(남한) 코드=甲辰. 북한(조선 민주주의 인민공화국) 코드=甲戌.
중국=戊午/戊申/戊戌/戊辰. 인도=戊辰/丙辰/丁亥/丁未. 미국=癸巳/癸亥.
영국=壬子/壬午. 러시아=戊申/戊子/庚子/庚戌. 프랑스=辛卯/辛巳.
일본=乙丑/乙酉. 독일=庚申/庚午. 이탈리아=辛丑/辛巳.

79). 재성(편재/정재)의 감각적 특성(재물과 異性 관련)
1. 편재-비견 동주하면(특히 시주에서) [재물/직업/예술] 분야에서 크게 발복할 가능성 있음.
2. 남성의 사주원국에 편재 2 이상이거나 정편재 혼잡하면.
이성에 대한 지나친 관심 혹은 문제 발생 가능성. 특히 '편재-목욕'과 동주하면 심각하다.
3. '편재-겁재' 동주: [부정적 異性 문제/재물 손실]이 크다.
'정재-비견' 동주: 형제자매로 인한 재물 손실.
'정재-겁재' 동주: 독자적 사업 불리. 빨리 조직(회사/공직) 속으로 들어갈 것.
정편재 혼잡이면 재물의 출입이 빈번하니 창고에 쌓이지는 않는다.
정편재 혼잡이면 [다양한 놀이/다양한 관심/다양한 사람]으로 나타나니, 조심해야 한다.
4. 특히 신약한 일간이 재성 혼잡일 때를 가장 경계해야 한다. 신강은 그나마 괜찮은 편.
5. '정재-역마' 동주: [타향/타국]에서 재물을 관리해야 긍정적.
'정재-정인' 동주: 힘들게 획득한 재물. 힘들게 빠져 나감(잘 빠져나가지 않는다는 말씀).
6. 재성은 단독으로 [결실/결과/실리]를 의미하기도 한다.
그래서 재성이 없는 사람은 [결실/결과물]이 취약하거나 쓸데없이 집착하거나 하는 경우가 많은 것도 사실이다.

80). 눈[眼안, 目목]의 [건강/질병] 문제.
월주에서 '편재-편관' 동주하면 눈 문제가 발생(강헌 說).
水기운이 취약한 사주 원국에, 火기운이 극성해지면 눈 문제가 발생(간산 說).
木기운이 취약한 사주 원국에, 金기운이 극성해지면 눈 문제가 발생(간산 說).

81). 부정적인 남녀의 바람(끼) 파악법. 일명, 바람을 부르는 '2-5' 격차 이론(간산 說)

 1. 원국의 인접 지지끼리 2격차 혹은 5격차일 때, 비정상적 남녀 문제[바람(끼)/異性 문제/내로남불/배우자外 異性 친구(精神的 추위와 性的 본능 포함)와의 문제]가 발생하는 경우가 많다는 임상경험에서 출발한다.

 2. 근거: 남녀를 끌어당기는 힘 자체인 '도화'가 '역마'의 [역동성/변동성/이동성]을 바로 옆에서 만나게 되면 그 힘과 영향력은 상당히 [왜곡/변질]되어 부정적 형태로 나타난다.

 3-1. [월지-일지/일지-월지] or [일지-시지/시지-일지]에서 2격차일 때.

    인접 지지가 [인-자/오-신/묘-사/유-해]일 때 부정적 남녀관계가 잘 형성됨.

 3-2. [월지-일지/일지-월지] or [일지-시지/시지-일지]에서 5격차일 때.

    인접 지지가 [유-인/신-묘/사-자/오-해]일 때 부정적 남녀관계가 잘 형성됨.

 4. 주로 년지-월지(주로 '올바람') 사이에서 '2-5 격차' 조건이 되면 그 영향력이 현저하게 떨어지거나, 거의 없다고 본다.

 5. 단, '올바람'(젊거나 어려서 피우는 바람/한창 공부해야할 청소년기의 과잉한 異性 탐닉의 바람)과 '늦바람'(나이가 제법 들어서 피우는 바람)의 시기적 구분이 필요할 때는 제법 쓸모가 있다.

82). 용희신 대운에서 재물은 쉽게 벌리거나 획득하고, 쉽게 빠져나가는 특성이 있다.

    기구신 대운에서는 벌거나 성취하는 것이 아주 어렵지만, 빠지는 것도 어렵게 빠져나간다.

83). 용신과 대운의 영향력이 크게 먹혀드는 경우(잘 들어맞는 경우)는 원국이나 일간이 불안정 상태이거나 주로 크게 [신약/신강(혹은 극신약/극신강)]할 때이다(간산 說).

 1. 원국의 음양이나 오행 기운이 [불안정/불균형/편향]한 경우.

    3개 柱 이상이 동일 음양이나 오행으로만 구성된 사주(陽8통, 陰8통 포함).

    전체 국면이 극의 상태로 대치 中인 사주에서 중화(유통)시켜 주는 오행기운이 없는 경우.

 2. 원국 전체가 [충/극]이 심각한 경우.

 3. 조후([계절 월주/낮밤 시주] 중심으로 살핌)가 일방적으로 뜨겁거나 차가운 경우.

    예시) 겨울 한밤중 출생자. 여름 한낮 출생자.

 4. 불안정한 일간(통근 못한 일간/쟁충을 당한 일간/심하게 극 당한 일간/생조받지 못한 일간).

 5. 용신이 [미약하거나/지장간에 있거나/아예 없거나]한 경우.

 6. 원국의 合(천간 合/일간 합/지지 合)이 하나의 오행 기운으로 기울어지는 경우.

 7. 일간이 극단적으로 [신약/신강]한 경우

 8. 특별한 土기운(원국 지지에 진술축미 4개 土가 깔렸거나, 대세운에 土기운이 막강할 때).

84). 용신과 대운의 영향력이 잘 먹히지 않거나, 별표시가 나지 않는 경우(안 들어맞는 경우)는 원국이나 일간이 안정되거나 주로 중화 사주일 때다(간산 說).

 1. 원국의 음양이 조화롭고, 오행도 균형을 갖춘 경우.

 2. [충/합]이 많지 않은 경우.

 3. 극단적 [신강/신약]이 아닌 중화 사주(쉽게 말하면 어중간한 사주)인 경우.

 4. 신약해도 [일간이 통근/일간이 官印의 유통과 생조를 순조롭게 받음]의 경우.

5. 여러모로 살펴봐도, 딱히 일간이 외롭지 않거나, 원국이 평균치이거나 안정되어 보이는 경우.

85). 프로들도 감정하기 힘들고, 판단이 어려운 사주(간산 說).
 1. 특징이 잘 잡히지 않는 [無味乾燥/無色無臭]한 사주.
 2. 특성이 없고 어중간한 성향의 [일반 회사원/일반 서민들/그냥 출퇴근만 하는 일반 공무원과 교사] 등의 사주.
 3. 쌍둥이 사주.
 4. 性的 [취향/정체성]이 어중간한 사주. 性전환 수술을 받은 사주.
 5. 중화 사주.

86). 통상, 프로들이 말하는 '감정하기 쉬운 사주'(간산 說).
 [연예인/의사/한의사/판검사/군대/경찰/교정직공무원/고위공직자/격투기 선수/성직자/조폭 두목이나 행동대장/전교 등수의 수재/소외/왕따/예술적 성향이 뚜렷한 예술가/세칭 '딴따라'/타인을 인신 구속할 권력기관 근무자/119 구급/응급 처치관련 종사자/책임과 목표의식 뚜렷한 공무원이나 교사] 등의 사주는 특징이 잘 잡히고, 오히려 보기 쉬운 사주에 속한다.

87). 사주원국 자체는 [우열/시비/선악]이 없다. 즉, 좋은 사주와 나쁜 사주는 없다는 것. 단지, 특정 운세를 맞이했을 때 좋은 사주와 나쁜 사주는 분명 있다. 평상시에는 제각각의 특성만을 갖고 있는 개인의 사주(4주 8자/사주원국)만이 존재할 뿐이다(간산 說).

88). 사주원국을 볼 때의 오행별 관전 포인트(간산 說).
 火, 水: 그 사람의 [정신/기본/에너지/마음/성격/심리 경향/본능/寒暑 燥濕(한서 조습)] 등을 보려면 사주의 계절(월지)과 더불어, 火와 水를 중점적으로 보라.
 木, 金: 그 사람의 [몸/외모/외형/물질/부(재물)/질병/결실] 등을 보려면 사주의 木, 金을 중점적으로 보라.
 土: 이런 것들이 이뤄지는 [상황/여건/환경/공간/분위기] 등을 보려면 土를 중점적으로 보라.

89-1). 韓國人의 사주감정에서 가장 많이 적용되는 원리1(간산 說).
  "공부는 官印이요, 재물은 食財다!"
 官印(관인): 관성과 인성이 지배함. '공부'를 보려면 관성과 인성을 우선 중점적으로 본다.
 食財(식재): '식상生재'가 되어야 재물이 가능함. '재물'을 보려면, 우선 식상과 재성을 본다.
89-2). 韓國人의 사주감정에서 가장 많이 적용되는 원리2(간산 說).
  "사주감정이 막힐 때는, [재관(財성과 官성)]을 다시 집중해서 보라!"
 [감정/통변]이 헷갈리거나 어려울 때는 재관을 다시 보라. 단순무식한 요령이지만, [재성은 내가 데리고 다니는 놈]이고, [관성은 나를 끌고 다니는 놈]이라고 보면 된다. 특히 [편재는 내가 데리고 다니기는 하지만 내 섬세한 사정에는 관심이 없는 놈]이고, [편관은 힘들어하는 나를 강제로 끌고 다니는 상당히 무정한 놈]이다. 더하여 [정재는 내가 힘에 버겁지 않게 편하게 데리고 다닐 수 있는 놈]이며, [정관은 힘든 나를 그래도 제법 부드럽게 끌고 다니는 놈]이라고 보면 의외로

[감정/통변]이 쉽게 풀리기도 한다.

　韓國에선 위의 2개 원리가 사주감정의 절반 이상([1재물/2남녀/3공부/4직업] 문제)을 차지한다.

89-3). 韓國人의 사주감정에서 가장 많이 적용되는 원리 3(간산 說).

　　"좋은 운(운세)을 만나고, 또 그것을 나의 것으로 만드는 방법"

1. 울림이 있는 [사람/책/공간]을 많이 접하라. 명리학에서 말하는 '역마적 기법'을 응용한 것이다. 좋은 운이 찾아올 확률과 기회는 더욱 확실해지고, 결실과 성취는 훨씬 더 커진다.

2. '운'이란 매 순간순간 나에게 던져진 수많은 질문에 대한 나의 [대답/대응/태도/실천]이자,
　　매순간마다 연속되는 선택적 갈림길에서의 나의 [결단/선택]이다.
　　그래서 엄격히 말하자면, 운은 내가 만들고 내가 선택한 것이다.
　　타인이나 불가사의한 존재가 나에게 운을 가져다준 것이 아니다.

3. 힘들고 어렵겠지만,
　　시대의 흐름(조류)과 타이밍을 파악할 수 있는 [능력/준비/감각]을 늘 갖춘 상태이어야 한다.

4. 계속해서(10년 이상) 불운이 이어진다면, 내 주변의 3'間'(三'間'=時'間'/空'間'/人'間')을 모두 한번 바꿔보라! 자신의 [생각/습관/생활 패턴/가치관]이 바뀌면서 분명한 효과와 변화의 영향력이 확연히 나타날 것이다.

5. 운이 [발생/요동/진입]하는 시공간은 '역마'로 널리 알려진, [寅/申/巳/亥(인/신/사/해)]의 시공간이다. 프로들은 신중하게 음미해보기 바란다. 많은 도움을 줄 것이다.

6. 로또 1등의 대박은 '우연한 횡재수' 혹은 '나를 시험에 들게 한, 흔치 않은 부정적 財星(재성)의 횡포'이지 결코 '좋은 운'이 아니다! 1등 당첨 후 10년 이내에 불행해진 많은 사람(자살 포함, 약 80~90%)을 보라. 허망하게 속지 말기를 엄중히 당부하고자 한다.

90). 일간(천간)의 강약과 왕쇠를 판단하는 법.
　　1. '천간의 강약'은 지지에 통근했는지의 여부를 본다. 특히 월지 자리의 통근이 핵심.
　　2. '천간의 왕쇠'는 월지[월령. 계절]를 얻었는지의 여부가 관건이다.

91). 사주에 火기운이 잘 배치된 여성(간산 說).
　　1. [남자/오빠/남편/아버지/시아버지/남친] 덕을 많이 본다.
　　2. [에너지의 역동성/삶의 활력소]가 상당히 넘친다.
　　3. 물론 火기운으로 너무 편향되면, 좋을 수가 없으며, 심신의 안정을 오히려 염려해야 함.
　　4. 남녀 공히, 사회생활 적응력 좋고, 잘 들이대는 스타일이 많은 편이다.

92). 사주에 水기운이 잘 배열된 남성(간산 說).
　　1. 여성과의 인연이 좋고, 주변 여성 덕을 자주 보는 편이다.
　　2. 性的 [욕망/생식 능력/異性 관심]이 비교적 높은 편이다.
　　3. 물론 水기운으로 아주 편향되면, 좋을 수가 없으며, 심신의 건강을 오히려 조심해야 함.
　　4. 남녀 공히, 水기운이 과다(水가 4~5개 이상)하면 [음란/음흉] 가능성이 상당히 있다.

93). 각 일간(천간)의 또 다른 재미난 성향(간산 說).

1. [경쟁력/추진력]으로는, 甲목/丙화.
2. 스케일 크기로는, 戊토/壬수/甲목.
3. 겁 없는 행동대장으로는, 丙화/辛금/庚금.
4. 점잖기로는, 丁화/己토.
5. 잘 놀기로는, 戊토/癸수/丙화.
6. 오지랖과 참견으로는, 丙화/乙목.
7. 끝까지 살아남기로는, 乙목/己토(일주로는 甲辰 일주).
8. 약한데도 妙하게 강한 놈은, 癸수/乙목/己토.
9. 맞상대하여 싸움해서 안 될 놈은, 辛금/庚금(일주로는 甲寅 일주).
10. 냉정하기로는, 辛금/壬수.
11. 겁 많기로는, 丁화/乙목/戊토.
12. 외모 순서로는, 辛금>庚금>癸수>壬수>丁화>丙화.
    [여름/가을] 출생 丙화는 까무잡잡한 피부.
13. 몸이 잘 불어나는(비만 가능성) 순서로는, 己토>戊토>乙목>甲목>癸수>壬수>丁화.

94). [큰 일/큰 시험/큰 명예/큰 계약/큰 사업] 등은 사주원국의 [일간/힘 있는 성분/월지(지장간 포함)/일지(지장간 포함)/유의미한 성분]과 슴을 이루는 세운이 올 때 잘 이뤄지는 경향이 있다. 이때 작용하는 슴의 힘이 세칭, '끌고 잡아당기는 힘'이다. 굳이 예를 들자면, 甲목 일간이 2019 己亥년에 갑기 슴되어, 어렵고 힘들게 '큰 시험'을 잘 통과했다든지 하는 것이다. 물론 사주원국의 구조에 따라 吉凶 판단이 달라지는 경우도 많다(간산 說).

95). 오행별 재성의 감각적 특성(간산 說).
   1. 木 일간의 土재성: 안정감 있는 金 재성과 흡사. 게으르고 우직하며 다소 나태한 재물 모습. 土(부동산/건물/토지)형태의 재물에 관심과 능력. 의심이 많아서 적정 타이밍을 놓치는 실수.
   2. 火 일간의 金재성: 단단한 형태. 집중력 좋음. 잘 모이고, 잘 모으는 재주. 안정적 재물. 水가 가진 洩氣(설기)의 힘을 조심해야 한다. 단, 비겁의 힘이 안정적이어야 한다.
   3. 土 일간의 水재성: 손에 쥐려고 하면 스르르 사라지는 특성. [정신적/추상적] 형태의 재물(재능/호기심/직관/감각/지적재산권/특허권/출판저작권 등). [중독성/분쟁/시행착오]의 위험.
   4. 金 일간의 木재성: 지적인 [정보/네트워크]를 바탕으로 한 재물. 감정적으로 치우칠 위험. [계절/시간] 변화에 취약해서 [고정/축적]하기가 힘들다. [의심/분실/상실]의 위험. 형태와 入出(입출)의 변화가 심하다.
   5. 水 일간의 火재성: 기분파的인 재물이라 기복이 크고 심하다. [流動성/非定型성]이 강하다. 귀가 얇아서 [투기성/불안정성/욕심과 집착/분산/용두사미]의 위험이 있다.

96). 친구가 없거나, 친구가 아주 필요한 사람, 아니면 [소외/왕따] 中인 사람에게 절실한 문제 해결법(간산 說).
   1. 재성을 강화시켜 주거나. 재성을 손에 쥐어 주거나. [말/대화/언어(식상)]의 기능을 활성화시켜 주거나(식상生재)의 방법이 있다.

2. [공부/학습]에는 일시적으로 순환장애가 올 수도 있다(재성이 학습기능 인성을 극하기 때문).

3. 만약 사주에 재성인 水가 없다면, 편법으로 水기운을 생성시키는 수밖에 없다. 노래를 부르거나, 악기를 다루거나, 수영을 배우거나, 해외(海=水. 물과 바다를 건너야 함) 유학이나 여행을 가거나, 숫자 [1과 6] 혹은 [1과 6, 4와 9]를 자신의 휴대폰 번호로 설정하거나, 평소 사용하는 책상이나 방안에 [어항/수조]를 설치하거나, [철학공부/친구 만들기/유머 익히기] 공부를 해 보는 것도 없는 水기운(재성)을 끌어당겨 쓰는 좋은 방법이 될 수 있다. 다른 경우도 마찬가지 원리이다.

4. 그 사람의 [친구/人的 네트워크/사회성/특정 분야에 대한 재능·흥미·호기심/안테나 기능/공간 관리능력/공동체的 관계 맺기]를 보려면, 재성의 모습을 봐야 한다. 이런 모습들이 재성의 본질이기 때문이다.

97). 사주에 나타나는 대표적인 '혼잡' 현상.

97-1). 관살 혼잡

1. 천간은 [본능/천성/기질]적 특성이다.

2. [정관/편관]이 마구 뒤섞인 형태이다.

3. '官性'은 내가 속한 [조직/단체/사회 활동/공동체/학교/회사/직장/직업 활동/권력 구조/눈치 봐야할 대상/사업하는 사람의 고객/이겨내야 할 현실]이다.

4. 남녀 공통으로 [직업혼잡/직업 전전/백수/심신 弱化/양다리 걸치기(異性 친구)]의 부정적 속성으로 많이 발현됨(특히 여성에게 잘 나타남).

97-2). 재성 혼잡

1. 지지는 [현실/주변 여건/구체적/물질적]적 특성으로 현실화되는 경향이 농후하다.

2. [정재/편재]가 마구 뒤섞인 형태이다. 될 듯 말 듯 하다가 안 되는 경우가 많다.

3. '財性'은 [친구/人的 네트워크/사회성/결실/특정 분야에 대한 재능·흥미·호기심/안테나 기능/공간 관리능력/공동체적 관계 맺기] 등이다.

4. 남성에겐 다양한 [놀이/유흥/여성 경험(부정적)/오지랖/亂雜한 일처리/異性 친구/脆弱한 결실]의 혼잡성으로 나타남.

5. 여성에겐 다양한 [놀이/유흥/취미/오지랖/특이한 취향/異性 친구/취약한 結實]의 혼잡성으로 나타남.

98). [非현실적/탈세속적/非운동성/신비주의/이상향 추구]와 관련되어 있는 편인은 '죽음의 문제'와 관련성이 깊다(간산 說).

특히, 편인 '세운'이 올 때 각별 조심해야 한다.

단지, 참고만 하고, [사주감정/통변]에는 적용시키지 말 것.

99). [직업 큰 전환/대세운의 큰 변화/큰 공간 이동]의 시점(간산 說).

1. 대세운과 무관하게 30대 중후반(만 35~37세) 전후에 원했던, 원하지 않았던, 삶의 큰 변화를 초래하는 '직업 전환/생활공간 이동/직책 이동'의 큰 변화가 있다. 거의 필연적이다.

2. '직업 전환(전직/이직/창업/전업)'은 대개 60~70% 이상 실패로 끝난다는 사실만큼은 꼭 참고하길 바란다. 요즘은 20대 초중반부터서 [이직/전직/휴직]이 너무 많아, 솔직히 사주명리학 이

론만으로는 설명이 부족한 편이다.

　3. 개인의 '직업 전환'을 살필 때, 대운 혹은 용신운보다는 역시 '세운'이 훨씬 더 영향력도 크고 적중률도 높다는 것이 필자의 주관적인 임상경험이다.

100). 남녀 사이의 천간슴에 대한 새로운 해석과 그 활용법(간산 說).

　1-1). [남녀/異性]지간의 슴(천간슴/결합/연애/작업/썸/결혼전제 교제時)의 타이밍에서 성공할 수 있는 사주명리학的 테크닉(1. 비겁-재성 사이의 천간슴 2. 활성화된 '헸'의 개념을 응용).

　1-2). 재성을 효과적으로 써먹는 기법.

　1. [내가 비겁(金)의 역할//상대방은 재성(木)의 역할]을 하게 만들면 성공확률이 아주 높다.
　　내가 [주도적/능동적/적극적/외향적/직선적]인 비겁(金)의 역할과 기능을 맡고.
　　상대는 [내면적/소극적/곡선적/방어적/수용적]인 재성(木)의 역할을 할 수 있도록 배려.

　2. [내가 비겁(水)의 역할//상대방이 재성(火)의 역할]을 하게 만들면 성공확률이 아주 높다.
　　내가 [주도적/능동적/적극적/외향적/직선적]인 비겁(水)의 역할과 기능을 맡고.
　　상대는 [내면적/소극적/곡선적/방어적/수용적]인 재성(火)의 역할을 할 수 있도록 배려.

　3. [내가 비겁(木)의 역할//상대방이 재성(土)의 역할]을 하게 만들면 성공확률이 아주 높다.
　　내가 [주도적/능동적/적극적/외향적/직선적]인 비겁(木)의 역할과 기능을 맡고.
　　상대는 [내면적/소극적/곡선적/방어적/수용적]인 재성(土)의 역할을 할 수 있도록 배려.

　4. [내가 비겁(火)의 역할//상대방이 재성(金)의 역할]을 하게 만들면 성공확률이 아주 높다.
　　내가 [주도적/능동적/적극적/외향적/직선적]인 비겁(火)의 역할과 기능을 맡고.
　　상대는 [내면적/소극적/곡선적/방어적/수용적]인 재성(金)의 역할을 할 수 있도록 배려.

　5. [내가 비겁(土)의 역할//상대방이 재성(水)의 역할]을 하게 만들면 성공확률이 아주 높다.
　　내가 [주도적/능동적/적극적/외향적/직선적]인 비겁(土)의 역할과 기능을 맡고.
　　상대는 [내면적/소극적/곡선적/방어적/수용적]인 재성(水)의 역할을 할 수 있도록 배려.

<A: '비겁-재성' 기준으로 한 [천간슴/오행] 도표>

나의 오행 (비겁)	상대방의 오행 (재성)	천갑 합
金	木	을경합
水	火	정임합
木	土	갑기합
火	金	병신 합
土	水	무계 합

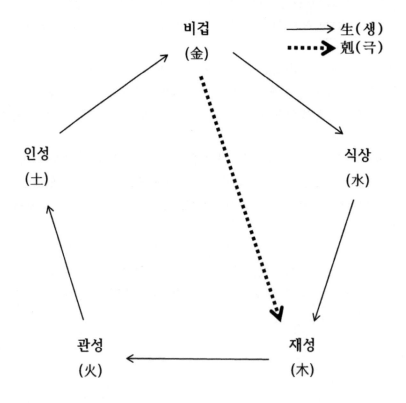

* 오행에서는 일간 비겁 金을 기준으로 설정한 도표임을 유의할 것.

- 154 -

2-1). [남녀/異性]지간의 合(천간合/결합/연애/작업/썸/결혼전제 교제時)의 타이밍에서 성공할 수 있는 사주명리학的 테크닉(1. 관성-비겁 사이의 천간合 2. 활성화된 '劫'의 개념을 응용).

2-2). 관성을 효과적으로 써먹는 기법.

1. [내가 비겁(金)의 역할//상대는 관성(火)의 역할]을 하게 만들면 성공확률이 아주 높다.
   상대방이 [주도적/능동적/적극적/외향적/직선적]인 관성(火)의 역할을 할 수 있도록 배려.
   나는 [내면적/소극적/곡선적/방어적/수용적]인 비겁(金)의 역할에 머물면서.

2. [내가 비겁(水)의 역할//상대는 관성(土)의 역할]을 하게 만들면 성공확률이 아주 높다.
   상대방이 [주도적/능동적/적극적/외향적/직선적]인 관성(土)의 역할을 할 수 있도록 배려.
   나는 [내면적/소극적/곡선적/방어적/수용적]인 비겁(水)의 역할에 머물면서.

3. [내가 비겁(木)의 역할//상대는 관성(金)의 역할]을 하게 만들면 성공확률이 아주 높다.
   상대방이 [주도적/능동적/적극적/외향적/직선적]인 관성(金)의 역할을 할 수 있도록 배려.
   나는 [내면적/소극적/곡선적/방어적/수용적]인 비겁(木)의 역할에 머물면서.

4. [내가 비겁(火)의 역할//상대는 관성(水)의 역할]을 하게 만들면 성공확률이 아주 높다.
   상대방이 [주도적/능동적/적극적/외향적/직선적]인 관성(水)의 역할을 할 수 있도록 배려.
   나는 [내면적/소극적/곡선적/방어적/수용적]인 비겁(火)의 역할에 머물면서.

5. [내가 비겁(土)의 역할//상대는 관성(木)의 역할]을 하게 만들면 성공확률이 아주 높다.
   상대방이 [주도적/능동적/적극적/외향적/직선적]인 관성(木)의 역할을 할 수 있도록 배려.
   나는 [내면적/소극적/곡선적/방어적/수용적]인 비겁(土)의 역할에 머물면서.

<B: '관성-비겁' 기준으로 한 [천간습/오행] 도표>

나의 오행 (비겁)	상대방의 오행 (관성)	천간 합
金	火	병신 합
水	土	무계 합
木	金	을경 합
火	水	정임 합
土	木	갑기 합

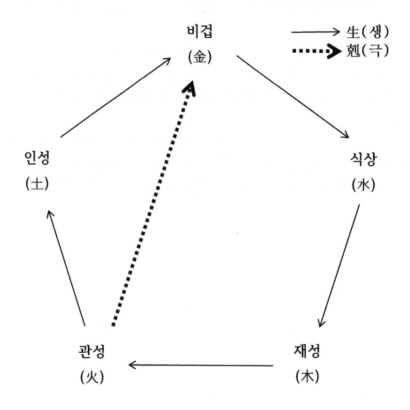

* 오행에서는 일간 비겁 金을 기준으로 설정한 도표임을 유의할 것.

3부. 四柱命理學 수준별 자격 검정시험(실제 시험문항과 [해답/해설/수준] 제시)

참고 사항

1. 전체 42문항 中, *표시 [*19문항].

   단답형 *표시 8문항: [*9, *10, *15, *17, *18, *22, *24, *25번].

   서술형 *표시 11문항: [*32, *33, *34, *35, *36, *37, *38, *39, *40, *41, *42번].

   이 *19문항은 상당히 높은 난이도 혹은 중요한 비중을 가진 문항임.

2. '사주 감정사(상담사)' 자격검정 pass 기준: 60/100 점 이상.

3. 단답형 27문항 中. 23~24 문항 이상 제대로 풀고 이해했다면 상당한 수준의 고수.

4. 총 42문항中 [*19문항] 모두를 포함하여, 35문항 이상을 제대로 풀고 설명할 수 있다면.

   충분한 자격을 갖춘 프로([개원/개업] 가능) 자격 인정.

5. 1~27번(단답형 27문항): 50/100점 배당.

   28~42번(주관식 서술형 15문항): 50/100점 배당.

   단답형 50점+서술형 50점=100점 만점.

6. 단답형 27문항(1~27번) 문항별 배점

   1점-14문항[총 14점// 1, 2, 3, 4, 5, 6, 7, 8, 11, 12, 13, 14, 16, 23번 문항].

   2점-8문항[총 16점// 19, 20, 21, 22, 24, 25, 26, 27번 문항].

   4점-5문항[총 20점// 9, 10, 15, 17, 18번 문항].

   총점 50점. 총 27문항.

7. 주관식 서술형 15문항(28~42번) 문항별 배점

   2점-8문항[총 16점// 28, 29, 30, 31, 32, 33, 39, 40번 문항].

   4점-6문항[총 24점// 34, 35, 36, 37, 38, 41번 문항].

   10점-1문항[총 10점// 42번 문항].

   총점 50점. 총 15문항.

* 점수별 등급 기준.

   30/100점 이상(초보 탈피)

   40/100점 이상(중급 수준)

   50/100점 이상(상급 수준. 사주 개인감정 가능)

   60/100점 이상('사주 감정사(상담사)' 자격인정. 프로 입문과정)

   75/100점 이상(프로 자격인정. 개원/개업 가능)

   85/100점 이상(사주명리학 강의 가능. 강사 자격인정)

사주명리학 수준별 자격 검정시험 출제 문제[총 42문항]

A형 출제 문항(단답형 27문항, *표시 8문항)

1. 통상 시험에 강한 십신은? 취약한(시험을 잘 망치는) 십신은? **1점**
2. 통상 속마음을 잘 숨기지 못하는(표정관리가 안 되는/솔직한/투명한) 십신은? **1점**
3. 통상 심성(성격)이 비교적 온화한 일간(10 천간)을 몇 가지 예로 들자면?
   그리고 그 차별적 특성은? **1점**
4. 통상 자기과시(잘난 척/강한 척)가 강한 십신과 일간은? 그리고 그 차별적 특성은? **1점**
5. 통상 큰돈을 버는 힘과 관리하는 힘을 보여 주는 십신은? **1점**
6. 통상 [냉정/예민/날카로움/복수]의 대표적 일간은? **1점**
7. 통상 진보를 대표하는 십신은? 통상 보수를 대표하는 십신은? **1점**
8. 통상 [잡념/망상/상상력]이 많거나, 그런 것에 집착하는 일간은? **1점**
*9. 실전에서 프로들은 왜 [木/金/土]기운보다 [火/水]의 오행기운을 우선시하는가?
   난이도 최강. **4점**
*10. 乾命(건명. 남자 사주명식)의 감정에서는 왜 水기운을 우선으로 보고, 坤命(곤명. 여자 사주
원국) 통변에서는 왜 火기운을 먼저 살피는가? 난이도 최강. **4점**
11. 사주원국에서, [힘/영향력/비중]의 크기 순서대로 십신 기준으로 나열하면? **1점**
12. 사주팔자(4柱8字)의 위치별 각 글자의 [비중/중요성/힘]의 순서는? **1점**
13. 의지박약(실천력 결여) 對 의지막강(실천의지 막강)의 십신은? **1점**
14. 통상 [생활/의식주]의 안정성을 가장 중요시하는 십신은? **1점**
*15. 현대명리학에서, 남녀 혹은 부부 사이의 [이혼/별거/바람(끼)/이별/異性문제]의 가능성을 보
고자 할 때, 어디의 무엇을 봐야 하는가? 그리고 근거는? 총 4점('참고사항'부분은 1점만 배점).
16. 통상 '편관'의 힘이 가장 강하게 나타나는 사주원국의 상황과 위치는? **1점**
*17. 통상 [사업/재물/직업 활동/사회 활동]을 잘 보여 주는 십신은? 12운성은?
   그리고 사주원국에서의 [사회 활동/직업 활동]을 볼 수 있는 위치는? **4점**
*18. 사주에서 죽음의 그림자를 느낄 수 있는 국면 혹은 상황은? **4점**
   (사주원국과 대세운을 비교해서 살펴볼 것. 난이도 최강).
19. 통상 잘 어울리는 남녀 관계는(궁합/결혼운)? **2점**
20. 통상 청소년기의 [학습/진학]이 실패(좌절/방황/방해 받음)하는 상황은? **2점**
   또, [학습/진학]이 성공하는 경우는?
21. [학교/직장/특정 집단] 內에서의 [소외/왕따] 현상이 생길 때의 상황을 설명하라. **2점**
*22. [신약/신강] 時, 용신 설정의 [논리/근거]를 제시하고, 실제 [庚/辛] 金 일간일 때의 용신 적
용을 직접 예시(例示)로 보여줄 것. **2점**
23. 통상 사교성이 좋은 일간은? **1점**
*24. 통상 [정신건강 관리/우울증/조울증/공황장애] 등을 조심해야 할 일간은? **2점**
*25. 오늘이 丙戌 일(日辰)일 때.
   庚辰 일주의 친구에게 해 줄 수 있는 간단한 '오늘의 일진 운세'式 [충고/조언]은? **2점**

26. 통상 외모가 괜찮은 일간 몇 가지를 순서대로 지적하면? **2점**

27. 통상 [비만/몸 불어나기] 가능성이 높은 일간을 몇 가지 순서대로 지적하면?
    그리고 갑자기 비만해질 때는 언제인가? **2점**

B형 출제 문항(주관식 서술형 15문항, *표시 11문항)

28. 일반 신살의 대표격인 역마(역마살)를 살피는 [관점/요령/주의점]은? **2점**
    특정 학파(학자)의 [견해/학설]쪽으로 편향되지 않게 서술하시오.

29. 일반 신살의 대표격인 도화(도화살)를 살피는 [관점/요령/주의점]은? **2점**
    특정 학파(학자)의 [견해/학설]쪽으로 편향되지 않게 서술하시오.

30. 일반 신살의 대표격인 화개(화개살)를 살피는 [관점/요령/주의점]은? **2점**
    특정 학파(학자)의 [견해/학설]쪽으로 편향되지 않게 서술하시오.

31. 세간에서 가장 많이 언급되는, 3재(三災)에 대한 사주명리학적 판단과 그 근거를 서술하시오.
    특정 학파(학자)의 [견해/학설]쪽으로 편향되지 않게 서술하시오. **2점**

*32. [재물론/재물운]에 대한 사주명리학적 판단과 그 근거를 서술하시오.
    특정 학파(학자)의 [견해/학설]쪽으로 편향되지 않게 서술하시오. **2점**

*33. 예상치 못한 질병이나, [사건/사고/신체 손상]에 대한 사주명리학적 판단과 그 근거를 서술하시오. 특정 학파(학자)의 [견해/학설]쪽으로 편향되지 않게 서술하시오. **2점**

*34. [戊土/己土]의 차이점을 간명하게 서술하시오. **4점**

*35. [辰土/戌土/丑土/未土]의 차이점을 간명하게 서술하시오. **4점**

*36. [백호(백호살)/괴강(괴강살)]의 특성을 서술하시오. **4점**
    또, 위의 신살을 가진 감정의뢰자(고객)에겐 어떤 [조언/충고]를 해야 할지를 서술하시오.

*37. 전통 명리학적 입장에서 특정 운(운세)을 중심으로 바람기(외도/불륜) 파악 방법은? **4점**
    또, 감정의뢰자(고객)에겐 어떤 [조언/충고]를 해줘야 하는지를 서술하시오.

*38. [土/金/水] 일간들이 他 일간(木/火)에 비해, 대체로 느긋하게 혹은 느리게, 굼뜨게 보이는 [이유/근거]를 서술하시오? **4점**

*39. 12운성 '목욕'의 특성을 서술하시오. **2점**

*40. 멋진 생각, 혹은 창의적 아이디어(창의성/창조성)와 관련된 2개의 십신을 지적하고, 그 차별성을 서술하시오. **2점**

*41. [생/극]과 [합/충/형]의 개념과 차이점을 간명하게 서술하시오. **4점**

*42. 실제로 [사주/대운]을 정립해 보고, [감정/통변] 하기. 난이도 최강 **10점**
 1989년 5월 16일 19시 10분. 양력 기준. 서울 出生. 乾命(건명. 男命).
현재(2020년) 교원 임용고시 준비 中, 공무원 시험 준비 中.
 1) 이 사람의 사주를 정립하고(만세력 책자 사용 가능/프로그램 만세력 사용 불가), 대운의 진행과정과 시점을 밝히고(반드시 手작업으로 계산할 것),
 2) 사주원국의 전반적 상황을 [감정/통변]하고,
 3) 본인이 갖고 있는 가장 큰 문제 상황(고민/걱정)은 무엇인가를 근거제시와 함께 설명하라.

<해설과 정답>

전체 42문항 中. *표시 총 [*19문항].

단답형 *8문항: *9, *10, *15, *17, *18, *22, *24, *25번 문항.

서술형 *11문항: *32, *33, *34, *35, *36, *37, *38, *39, *40, *41, *42번 문항.

위의 *표시 [*19문항]은 상당히 높은 난이도, 혹은 중요한 비중을 가진 문항임.

A형 출제 해설과 정답(1 ~ 27번. 단답형 27문항, *표시 8문항)

1. 시험에 강함: 정관, 시험에 약함: 상관. [1점]
2. 속마음을 못 숨기는 십신: 정관/정재. [1점]
3. 온화/온순, 그 차별적 특성. [1점]
   丁화(젠틀/점잖음)>己토(수용성/부드러움)>癸수(사교성)>乙목(생존력/친교성/의존성).
4. 자기과시 성향, 그 차별적 특성. [1점]
   1). 일간: 甲목. 丙화. 戊토. 庚금. 辛금.
   2). 십신: 비견/겁재([주체성/선명성] 과시). 편재([물질적 분위기] 과시).
      편관([권력/권위]적 과시). 편인([학문적/정신적/스케일] 과시).
   3). 강도는 丙화가 세다. 범위는 戊토가 가장 넓고 크다.
      지지에서는 단연 辰토, 다음이 戌토이다.
      [편재/편관]은 많이 설치면서, 행동과 액션으로 과시하는 편임.
      [편재/편관]은 특히 이성 앞에서 과시하는 것을 좋아함.
5. 재물을 끌어당기는 힘은 '겁재'. 돈 관리는 '편재'.
   더 중요한 것은 재물 흐름의 순기능을 위한 '식상'이 있어야, '식상生재'가 가능해짐. [1점]
6. 일간 辛금(지지 申금이 아님). [1점]
7. 진보: 상관, 보수: 정관(풍류 보수=식신) [진보와 보수는 서로 상극 관계]. [1점]
8. 많은 생각: 壬수(상상력)>癸수(잡념)>戊토(허황된 생각). [1점]
*9. 실전에서 프로들은 왜 [木/金/土]기운보다 [火/水]의 오행기운을 우선시하는가?
   난이도 최강. [4점]
   [時間/空間/人間]의 모든 존재와 양태는 물(陰기운의 대표)과 불(陽기운의 대표)의 [균형/조화]를 그 본질로 삼는다. 실제 사주원국의 [통변/감정]에서 프로들은 형이하학적 차원의 물질적 에너지 성향인 [木/金]보다 [水/火]의 오행기운이 가진, 순수에너지의 강약과 균형 상태를 최우선적으로 보고 있다. 프로들이 [木/金/土]보다 [水/火]를 우선해서 본다는 말은, 결국 차원 낮은 에너지 [木/金/土]보다는 차원 높은 에너지인 [水/火]를 더 중요시한다는 말이다.
   '차원의 높낮이'란 말을 [우열/시비/선악/가치 유무/질량/무게] 따위의 이분법적 개념으로 제발 생각하지 마시길 바란다.
*10. 프로들이 乾命(건명. 남자사주)의 감정에서는 왜 水기운을 우선적으로 보고, 坤命(곤명. 여자사주)의 통변에서는 왜 火기운을 먼저 살피는가? 난이도 최강. [4점]
   陽기운의 남자는 자신이 갖지 못한 陰기운 水[물]를, 陰기운의 여자는 자신이 꼭 필요한 陽기운 火[불]가 [조화/균형]을 갖춰야만 우선 인생살이가 순조롭게 풀린다. 그래서 陽에 해당하는 남자 사주는 반대되는 水기운을 먼저 유심히 봐야하고, 陰에 해당하는 여자 사주는 자신이 가장 필

요로 하는, 陽의 대표주자인 火기운이 괜찮은지 여부를 더 관심 있게 봐야하는 것이다. 프로들은 실전에서 특히 명심해야 한다.

11. 힘의 크기. **[1점]**

겁재>비견>편인>정인>편관>정관>편재>정재>상관>식신.

12. 사주팔자(사주원국) 위치의 [중요성/비중/힘]. **[1점]**

1). 가장 핵심: 일간(日干. [본질/본원/주체/중심/기준]이 되는 가장 중요한 자리).

2). 4柱의 [중요성/비중/힘] 순서: 1일주>2월주>3시주>4년주.

3). [중요성/비중/힘] 강도 순서: 1일간>2월지>3일지>4월간>5시지>6시간>7년간>8년지.

13. 의지 약弱: 식신, 의지 강强: 편인>편관. **[1점]**

14. [생활/의식주]의 안정성. **[1점]**

정재(경제적 안정성. 가정적 안정성). 정관(사회생활의 직업적 안정성, 신분적 안정성).

*15. 현대명리학에서 [이혼/별거/바람(끼)/이별/異性문제]를 보고자 할 때. **[4점]**

1). 십신: 1. 남녀 공히 겁재 2. 남녀 공히 비견. 3. 남성은 재성의 충극과 혼잡 여부.
    4. 여성은 [관성/식상]의 충극과 혼잡 여부.

2). 12운성: 우선은 [제왕/건록]. *힘과 자존심이 강해지면 헤어지기 쉽다.

3). 위치: 사주원국의 일지(배우자 궁). * 재물이 많아지면 異性문제가 생기기 쉽다.

참고사항. **1점 배점**. 원국의 인접 지지끼리 2격차 혹은 5격차일 때, 비정상적 남녀 문제[바람(끼)/異性 문제/내로남불/배우자外 異性친구/精神的 외로움/과잉한 性的 욕구]의 발생이 많이 보인다는 임상경험에서 근거한다. 역마와 도화의 화학적 결합과 상승작용을 잘 관찰해볼 것.

1. 인접 지지가 [월지-일지/일지-월지] or [일지-시지/시지-일지]에서 2격차일 때.
   인접 지지 [寅-子/午-申/卯-巳/酉-亥]일 때 부정적 남녀 관계가 잘 형성됨.
2. 인접 지지가 [월지-일지/일지-월지] or [일지-시지/시지-일지]에서 5격차일 때.
   인접 지지 [酉-寅/申-卯/巳-子/午-亥]일 때 부정적 남녀 관계가 잘 형성됨.

16. 편관의 힘. **[1점]**

1월간(월주의 천간자리)>2연간>3시간(*편관은 지지보단 천간에서 더욱 강하게 나타남).

*17. [사업/재물/직업] 관련성을 볼 때. **[4점]**

1). 십신: 1[겁재+재성], 2[식상+재성], 3[재성+관성].

2). 12운성: 우선은 [제왕/건록].

3). 사회직업 활동의 위치: 우선 월지, 다음은 일지>연지>시지 순서.

월지(월지 지장간 중기)의 힘은 직업 활동과 사회적 대인관계망을 살피는 기준.

가장 왕성한 5행(활동/행동 중심)을 중심으로 살핌.

용신(균형추 역할. 균형/조화)의 유정함과 건강성 여부를 살핌.

일간(사주 본원/핵심/주체)과 월주의 관계가 우호적인지를 살핌.

*18. 죽음의 그림자를 느낄 때(난이도 최강). **[4점]**

1). 편인운이 와서 식상을 치거나 습去할 때(식상 용신일 때, 自然死일 가능성이 큼).

2). 강한 편관운이 와서 일간(비견)을 칠 때(일간 신약 時, [돌연/사고]死일 가능성이 큼).

3). 신강에다가 겁재운이 와서 정재(몸)를 강하게 칠 때.

4). [일간/일지]가 동시에 '천극지충'을 당하는 운세(1세운>2대운>3월운)일 때.

5). [非현실적/탈세속적/非운동성/신비주의/이상향 추구]와 관련되어 있는 편인은 '죽음의 문제'와 관련성이 깊다. 특히, 편인 세운이 올 때 각별 조심해야 한다(간산 說).

6). 본인 일주와 똑같은 간지가 年으로, 月로, 日로 올 때도 각별히 조심해야 한다(간산 說).

19. 좋은 남녀운(궁합 포함). [2점]

사실 사주명리학에선, '궁합'이란 개념 자체가 없다.

통상 말하는 '남녀의 性的 결합의 만족도' 정도의 의미로 받아들이면 좋을 듯.

1). 남녀의 일간 둘이 天干合(간합)을 이룰 때.

2). 남성 일지(배우자궁)=정재, 여성 일지(배우자궁)=정관 일 때.

그리고 사주원국에서 [남성의 정재/여성의 정관]이 주변의 생조를 받고 있는 상태일 때.

3). 남녀 공히, 정재나 정관의 개수는 하나뿐이며 긍정적 모습으로 [투출/통근]하고 있을 때.

4). 남녀의 일지가 3합 관계일 때.

전통 고전명리학에서 4년차를 좋은 궁합이라고 보는 이유가 됨.

연주보다는 일주가 더 중요하고 비중 있음.

5). 대세운에서 남성은 재운, 여성은 [식상운/관운]을 맞이했을 때 주로 결혼하게 됨.

20. 학습과 진학. [2점]

1). 학습과 진학의 실패(방해):

1. 청소년 시기에 재성운(세운>대운)이 올 때. 2. 연주가 재성으로 가득할 때.

2). 학습과 진학의 성공(특히 정관의 운이 중요함):

1. 사주원국의 정관이 좋고(특히 연주), 官印 相生할 때.

2. 대운이 관인 상생으로 흐를 때.

21. [학교/직장/특정 집단] 內에서의 [소외/왕따] 문제. [2점]

비겁이 재성을 너무 강하게 [충/극]하거나, 신약한데다 재성마저 고립되어 있거나, '식상생재'가 가로막혀 있거나, 재성을 강하게 충극하는 대세운이 오면, 주변에 친구가 없어지거나, 나를 피하거나, [소외/왕따] 현상이 일어나기도 한다. '재성'이라는 십신은 재물뿐만 아니라, [친구/人的 네트워크/사회적 親交 맺기/특정 분야에 대한 재능·흥미·호기심/주변 탐지의 안테나 기능/공간 관리능력/공동체 속에서의 적절한 관계 맺기] 기능을 발휘하기도 한다.

*22. [신약/신강] 時 용신 설정의 [논리/근거]와 실제 일간(庚금/辛금)에서 용신 정하기. [2점]

22-1). 신약 時 용신법(간산 說).

양간이 쇠약할 때는 비겁(비겁 용신. 비견보다는 겁재가 더 효과적임)으로 자기편을 늘려 주고, 음간이 쇠약할 때는 후원자 그룹(인성 용신. 편인보다는 정인이 더 효율적임)으로 生助(생조)해주는 것이 좋다.

양간은 주체성이 강해서, 약할 때는 부모/보호자(인성)보다 친구/동료(비겁)가 필요하다.

음간은 의존성이 강해서, 약할 땐 친구/동료(비겁)보다 부모/보호자(인성)가 필요하다.

신약한 일간, 혹은 陰干(음 일간)들은 큰일을 작게 축소화시키는 경향이 있다.

예시) 양간 庚금이 약할 때는 비겁 용신(특히 겁재 辛금/酉금=용신).

　　　음간 辛금이 약할 때는 인성 용신(특히 정인 戊토/辰토/戌토=용신).

22-2). 신강 時 용신법(간산 說).

　　양간이 강왕할 때는 관성(용신. 정관보단 편관이 더 효과적임)으로 때려주고, 음간이 강왕할 때는 [식상/재성](용신. [식신/편재]가 더 효율적임)으로 힘을 빼주는 것이 좋다.

　　양간은 주체성이 있기에 강할 때는 기운빼기(洩氣설기)보단 일간을 쳐주는 것('官을 用한다'='관성을 용신으로 쓴다')이 우선적이다.

　　음간은 의존성이 있어 강할 땐 무정하게 때리기보다는 살살 달래가며 설기시켜주는 게 낫다.

　　신강한 일간, 혹은 陽干(양 일간)들은 작은 일을 크게 확산시키는 경향이 있다.

예시) 양간 庚금이 강할 때는 관성 용신(특히 편관 丙화/巳화=용신).

　　　음간 辛금이 강할 때는 식/재 용신(특히 식신 [癸수/子수], 편재 [乙목/卯목]=용신).

23. 사교성: 癸수([유흥/유혹/즐김]의 사교성). 乙목([실리/생존/적응]의 사교성). [1점]

*24. 정신건강 문제(대체적으로 음간에서 정신건강 문제가 많이 발생하는 편이다). [2점]

　　乙목: 의존성. 부드러운 적응력, 강한 (생명)생존성이지만 꺾일 때가 위험.

　　己토: 너무 수용성이 좋아서(착해서). 정인的 경향(의존성 치매).

　　辛금: 너무 날카롭고 [예리/예민]함.

　　癸수: 너무 [섬세/다양성/다정다감/과잉표출]하기 때문(예술성/감수성).

　　丙화: 너무 빠르고 솔직해서 水(金水) 냉기에 포위되면, 천하의 丙화라도 꺾일 때가 있음.

*25. 庚辰 일주인 친구의 '丙戌일'의 日辰 보는 법. [2점]

　　1. 일지 辰토 배우자 자리에서 진술 沖하니 일단 배우자 심신 양면의 컨디션 난조 가능성.

　　2. 일간 庚금이 토생금 받아서 힘은 좋지만, '천극지충'으로 오늘 일진이 좀 사나울 것임.

　　3. 일간을 극하는 丙화가 불의 墓지 戌토를 깔고 앉아 화훼금 하니, 힘이 약화된 상태이긴 하나, 큰 피해는 아니더라도 그래도 자질구레한 [손상/손실]의 가능성 있으니 조심할 것.

　　4. 직업사회활동에서의 [생각/판단]도 불안정해지고.

　　5. 구체적 현실에서도 상당히 흔들리는, 혹간 다소의 재물 손실도 예상되는 국면.

　　6. 일지 [형/충]으로 辰토(지장간 乙癸戊)가 개고되었으니, 암합이 이루어져 지장간에서 戊癸 合化한 새로운 火기운이 보이지 않는 [불리/불편]함으로 영향력을 드러낼 것이다.

　　7. 더하여 직장 혹은 사회생활에서 예상치 못한 새로운 [억압/긴장/자극]이 생길 수도 있다.

26. 외모 순서: 1辛금>2庚금>3癸수>4壬수>5丁화>6丙화. [2점]

　　* 여름과 가을 출생 丙화는 까무잡잡한 피부.

　　* 참고 [1, 2: 금수쌍청. 水도움].

　　　　　[3, 4: 水의 [정화/세척] 능력].

　　　　　[5, 6: 빛/조명빨]. 陰>陽 강도와 순서를 고려할 것.

27. 비만 가능성 문제. [2점]

　　1. 비만 가능성 순서: 1己토>2戊토>3乙목>4甲목>5癸수>6壬수>7丁화.

　　2. [식상/재성] 기운이 왕성하게 들어올 때.

　　3. 대세운에서 지지 [水/土]기운이 갑자기 불어날 때.

28. 역마(살). **[2점]**

　　역마살은 3합의 첫 글자와 沖이 되는 글자이다.

　　역마의 근본은 [에너지/운동성/이동성] 개념이다.

　　예시) [연/일지]가 申('申'子辰)일 때 4개 지지 자리에 인신 충의 '寅'자가 오면 역마가 된다.

　1. 寅역마-신(신자진), 申역마-인(인오술), 巳역마-해(해묘미), 亥역마-사(사유축).

　2. 일을 끝내거나 중도에 막히거나 해서 활동 공간을 떠나고 이동하는 상황이 발생함[국제적이며 글로벌한 삶의 형태, 이사, 주거 불안, [직위/업종] 변동, 국제무역, 장기 출장, 해외 체류, 이민, 방랑, 客死, 장거리 운전(해외여행, 우주여행), [언론/방송/통신/광고/우편/운수/운항] 직종, 외교(관),이민, 유학, 외국어(통역/번역), 객지 고생(타향살이), 이별수 등등].

　3. 역마의 글자가 일지와 월지에 올 때 영향력이 가장 크고 좋지만, 인생 초반부(어린 시절. 연지)나 후반부(노년기. 시지)에 오게 되면 다소 凶하다고 본다.

　4. 역마가 2개 이상이면 노력에 비해 성과가 부실하다.

　5. 영향력 크기(일주>월주>시주>연주).

　6. 보통은 일주(혹은 일주+연주)를 기준으로 많이 보는 편이다.

　7. 역마는 [형/충]을 당할 때, 오히려 힘이 강성해지고 발복하는 경향도 있다.

29. 도화(살). **[2점]**

　　도화살은 3합의 첫 글자 다음 순서의 글자이다.

　　에너지를 동반한 [性的 매력/업무 능력/인기]가 도화의 핵심 개념이다.

　　예시) [연지/일지]가 申子辰일 때 4 지지 자리에, '申' 다음인 '酉'자가 오면 도화가 된다.

　1. 子(해묘미-해자축), 午(사유축-사오미), 卯(인오술-인묘진), 酉(신자진-신유술)가 도화.

　2. 일명 연살(年殺), 함지살(咸池殺). 旺지에서 일어나는 현상이어서 힘이 가장 세다.

　　마치 자석처럼 남의 [관심/이목/인기]를 끌어당기거나, 자신의 일을 찾아 나서거나, 대인(대면) 관계에서 자신을 꾸미거나, 異性지간에서 [큰 인기/매력/호기심]을 받는 일 등이 발생한다.

　3. 옛날에는 부정적인 '淫亂(음란), 花柳界(화류계) 투신, 풍류, 바람기, 色氣(색기)' 등으로 해석했지만 현대에선 '[일/사업/직무] 능력, 면접/시선 끌기(치장)/일감 찾아 나서기, 性的 매력, 미모, 로맨틱 기질, 사교성, 風流기질, 연예인 기질(인기/끼/재능), 다정다감, 바람기, 섹시함' 등의 긍정적 의미로 받아들인다.

　4. [연지/시지]에 있을 때는 보다 약하게 긍정적으로 해석하고, [월지/일지]에 나타나면 조금 강하게 부정적으로 보기도 한다.

　5. 도화 글자가 '충' 당할 때는 이성 문제나 음란퇴폐 문제가 발생할 기능성이 크다.

　6. [대운+도화/원진+도화/목욕+도화]로 들어올 때 가장 위험하니, 아주 조심해야 한다.

　7. 일지 도화: [부부/연인/몰입과 집착]. 삶의 굴곡.

　　[일지 도화-정인]과 함께할 때 가장 뛰어난 [외모/매력]을 보여준다.

　8. 월지 도화는 외모와는 무관한, 뛰어난 [사회활동/직업활동/업무] 능력.

　9. 시지 도화는 [음란/色氣/위험성/부정적/好色 경향성]이 문제.

　10. 연지 도화는 비교적 영향력이 미약하고, 부모(조상)의 풍류기질로 많이 감정한다.

11. 도화는 3합(왕지)에서 출발했기에 주로 '사회활동 혹은 직업활동'과 깊이 관련된다.

12. 도화는 [형/충/합]을 꺼리는데 특히 合하여 힘이 왕성해지면, 탈이 날 가능성이 아주 높다.

13. 특히 [도화+목욕]은 性的 욕망의 문제와 음란퇴폐 가능성이 높으니 조심 또 조심.

14. 영향력 크기(일주>월주>시주>연주).

30. 화개(살). [2점]

화개살은 3합의 마지막 세 번째 글자이다(꽃가마의 화려함. 고독한 명예. 외로움. 깨달음).

진술축미 土를 중심으로 한 화개이기에 다소 어렵고, 복잡한 신살이다.

예시) [연지/일지]가 申子辰일 때 4개 지지 자리에 '辰'자가 오면 화개가 된다.

1. 辰(신자진), 戌(인오술), 丑(사유축), 未(해묘미)가 화개.

2. 墓地(庫地) [진/술/축/미]에서 일어나는 일이라 복잡하고 어렵다.

3. 명예/존경/자존심/감투/절대고독.

꽃가마(명예+고독=꽃가마/꽃상여)를 타는 일. 꽃방석에 앉는 일.

[종교(出家)/철학/명예/문장/인문학/창의성/특정학문] 분야에 [투신/집중/인정받음].

큰 [학자/예술가/종교인/수도자]. 과거(화려함)를 [덮거나/감추거나/마무리] 함.

엄청난 잠재력. 지도자보다는 제2인자일 때 능력 발휘.

靈的 생활/단절 고립된 생활/적막하고 쓸쓸한 처지나 환경/어둡고 깊이 있는 카리스마.

[명예/죽음/숨기고 덮음/유폐/감방/격리] 등을 뜻한다.

4. 沖의 주체(힘이 좋은 쪽=沖 하는 화개. [주도적/적극적/긍정적 문화예술계] 활동).

沖의 객체(힘이 모자란 쪽=沖 당하는 화개. 다소 분주한 [예술/예능/문화/밤무대] 계통).

5. 2개 이상의 화개라야 유의미한 힘(宗教 귀의, 靈的인 삶, 학문적 성취) 발휘.

6. 영향력 크기(일주>월주>시주>연주).

7. 화개+정인: 큰 학자. 예술의 대가.

31. 삼재. [2점]

삼재(三災)는 사찰에서 스님들이 많이 언급하고 있지만, 사실 불교와는 전혀 무관하다.

그냥 [직업활동/사회활동/건강문제] 등에서 약간 조심하라는 정도의 의미이다.

우리나라에서는 너무 과장 확대된 것으로 인식되거나, 다소 부정적으로 사용되고 있는 실정이다. 실제로는 [부적강요/문제해결을 위한 굿/겁주기/치성 빙자/기도행위] 등을 요구하는 [사이비종교집단/무속인/역술인]들이 많이 사용하는 바, 현혹됨이 없기를 바람.

이런 것이 있다는 정도로만 참고하기 바람. 삼재를 인정하지 않는 전문가가 오히려 많다.

3합을 사용하기에, 삼재는 [사회활동/직업활동/건강] 영역에서 많이 참고하는 편이다.

1). 木기운이 강한 亥, 卯, 未 년생은 金기운이 들어오는 申, 酉, 戌 3년이 위험하니 事前에 해당하는 巳, 午, 未 해부터 조심하라는 경고적 의미(有備無患적 의미)이다.

2). 火기운이 강한 寅, 午, 戌 년생은 水기운이 들어오는 亥, 子, 丑 3년이 위험하니 사전에 해당하는 申, 酉, 戌 해부터 조심하라는 경고적 의미(유비무환的 의미)이다.

3). 金기운이 강한 巳, 酉, 丑 년생은 木기운이 들어오는 寅, 卯, 辰 3년이 위험하니 사전에 해당하는 亥, 子, 丑 해부터 조심하라는 경고적 의미(유비무환적 의미)이다.

4). 水기운이 강한 申, 子, 辰 년생은 火기운이 들어오는 巳, 午, 未 3년이 위험하니 사전에 해당하는 寅, 卯, 辰 해부터 조심하라는 경고적 의미(유비무환적 의미)이다.

5). 들삼재(3년 중 들어오는 삼재, 즉 3재 3년 중의 첫해).

　　눌삼재(누운, 눌러 붙은 삼재. 혹은 묵은 삼재. 3재 3년 중의 둘째 해).

　　날삼재(나가는 삼재. 3재 3년 중의 마지막 셋째 해. 가장 조심). 3가지 형태가 있다.

6). 유효 지속기간.

　　6-1). 寅申巳亥(인신사해) 생지 해에 태어난 사람은 3재가 3년 계속(첫째, 둘째, 셋째 해 모두) 지속되는 형태를 가진다.

　　6-2). 子午卯酉(자오묘유) 왕지 해에 태어난 사람은 3재가 눌삼재와 날삼재 즉 2년 동안(둘째 해와 셋째 해)만 유효하다.

　　6-3). 辰戌丑未(진술축미) 묘지 해에 태어난 사람은 3재가 날삼재(3년 중 마지막 셋째 해)에만 해당한다. 삼재 중에서 가장 조심해야 한다.

*32. 재물론/재물운. [2점]

1. 사주원국에 나타난 재성의 모습과 재성운(대세운)을 보고 재물을 판단함(남녀 공통).

2. 특히 식상이 재성을 생조하고 있을 때 재물운이 확 트인다(식상生재).

3. 사주원국에 재성이 많다고 재물운이 좋은 것은 절대 아니다. 오히려 해롭다.

4. 재물운을 상승케하는 용신운: 재성 용신운. 관성 용신운. 식상 용신운(최강).

5. 월지에 편재(물론 주변의 생조를 받고 있는 상태) 하나 있을 때 막강 재물운이다.

6. 재성이 용신이면서, 대세운까지 재성으로 들어올 때, 큰 폭의 재물운으로 [상승/확대]됨.

7. 기분 좋은 편재운(대세운)이면 간혹, 횡재수가 생기기는 하지만, 아주 드물다.

8. 원국에 잘생긴 정재 하나, 아니면 멋진 편재 하나 있을 때(특히 월지자리)가 가장 안정적.

　　無財사주라고 [재물이 없다/아내가 없다] 따위로 감정해선 안 된다.

9. 재성만 있고 식상이 없다면, 재물복은 없지만, 아내복은 있는 편이다.

10. 신강에다가 [식/재/관]이 잘 유통되면 [재물복/아내복] 모두 가능하다.

11. [신강+비겁 강+재성 왕성]: 인성 無(재물복0/아내복0). 인성 有(재물복0/아내복x).

　　인성으로 강해진 비겁이 재성을 치기 때문이다.

12. 십신 재성과 재물운(대세운)이 모두 좋은데 일지 부부궁이 취약하면:

　　[재물복0/아내복x].

13. 아내를 볼 때는 주로 원국의 일지(부부궁)를 보고.

　　재물을 볼 때는 원국의 재성과 재물운(대세운)을 본다.

*33. 사건사고와 질병, 신체 손상. [2점]

33-1. 질병과 신체 손상.

1. [剋/沖]당한 허약한 正財(정재. 정재=[몸/신체/노동력/공간관리 능력])일 때.

2. [극/충]당한 정재의 소속 오행에 따라 다음과 같은 [질병/손상]이 올 수 있다.

3. 문제되는 신체 부위의 [증상/질병/손상/고통]일 가능성이 크다.

　　소속 오행이 木이면: 신경계, 간, 쓸개, 눈, 눈물, 관절.

　　소속 오행이 火이면: 화병(억압의 누적), 스트레스, 순환계, 심장, 소장, 혀, 피, 핏줄, 땀, 눈.

　　소속 오행이 土이면: 소화계통, 입, 비장, 침, 피부, 비만, 위장.

　　소속 오행이 金이면: 코, 폐, 호흡 계통, 치아, 콧물, 대장.

　　소속 오행이 水이면: 생식기(자궁, 전립선, 고환), 방광, 신장, 비만, 목구멍, 오줌, 정액, 성욕,

수면(잠), 귀.

33-2. 예상 밖의 [사건/사고/변고]가 발생할 때.
  1. 신약에다가 강한 재성이 미약한 인성을 강하게 몰아칠 때.
  2. 일간 주변의 왕성한 편관(칠살)을 제어해 줄 식신이 보이지 않을 때.
  3. [일주 괴강+他柱 괴강] 2개 이상일 때.
  4. 양인이 과다(3개 이상)할 때.
  5. [역마+양인] 동주가 2개 이상일 때.
  6. 편관에 [양인+목욕+도화]가 동주하고 있을 때.
  7. 원국 주변에서 앞뒤로 일주(일간)를 지켜 주던 [식상/인성] 둘 다 [충/극] 받을 때.
  8. 정재가 강하게 [극/충]을 당할 때.
  9. [대운/세운/월운/일운(일진)]이 원국의 일주를 천극지충 할 때.
      특히 간여지동의 일주가 천극지충을 당할 때가 더욱 피해가 크다.

*34. 戊己(무기) 土의 차이. [4점]
  1. 土 속에 水가 존재함(토剋수. 土는 水를 감싸고 있는 存在의 집. 土는 水를 포용함).
  2. 戊土(地上/자연공간/대기권/중력권/동물활동공간)속의 壬수(水의 氣/流動性의 氣체 상태).
      己土(地下/인위적 공간/토양/지구/식물뿌리공간) 속의 癸수(水의 質/流動性의 液체 상태).
  3. 戊土: 火성분(공간/허공/대기권. 상승 욕구)을 가진 공간(건조土). 급출발 조정 기능(陽土).
      己土: 水성분(생명력, 하강 성향, 인위적 토양)을 가진 공간(습土). 마무리 기능(陰土).

*35. 辰戌丑未(진술축미) 토의 차이. [4점]
  1. 辰土/戌土: 陰陽의 강도만을 변화시킬 뿐.
  2. 丑土/未土: 五行 자체를 변화시킴(陰 운동→陽 운동. 陽 운동→陰 운동. 계절을 변화시키는 막중한 힘). [뒤틀림/변형/강제 조정/과정 전체를 마무리 짓는 힘]이 무섭다.
  3. 진술축미 4土의 [묘지(3합 관련)/고지(방합 관련)] 기능별 구분.
      진술축미 4土는 [주변여건/상황]에 따라 자신의 본성(土기질)을 버리는 특징이 있다.
      진土: 水(물)기운이 끝나가는 墓지이면서, 木기운을 보관하는 庫지(창고기능).
      술土: 火(불)기운이 끝나가는 墓지이면서, 金기운을 보관하는 庫지(창고기능).
      축土: 金(금)기운이 끝나가는 墓지이면서, 水기운을 보관하는 庫지(창고기능).
      미土: 木(목)기운이 끝나가는 墓지이면서, 火기운을 보관하는 庫지(창고기능).
  4. 불(火) 관련성: 未(사오'미')토, 戌(인오'술')토.
      물(水) 관련성: 丑(해자'축')토, 辰(신자'진')토.
  5. 특히 지지 4토(진술축미)를 일월지에 깔고 앉으면, [변덕/변화/다양]의 성격과 더불어, 심리가 아주 복잡미묘하다.
      辰土: 생명(활동)의 변화/水(신자진의 묘지).
      戌土: [상실/정리]로서의 변화/火(인오술의 묘지).
      丑土: 陰운동->陽운동. 金(사유'축'의 묘지). 오행 변화의 강제적 힘(겨울水→봄木).
      未土: 陽운동->陰운동. 木(해묘'미'의 묘지). 오행 변화의 강제적 힘(여름火→가을金).

*36. 백호살과 괴강살 그리고 조언. [4점]

36-1. 백호살(白虎殺).

1. 비중 있는 흉살/吉살.

    큰 수술/예상치 못한 힘/큰 상처(점). 큰 [재난/재해/사고/변고]. 특히 교통사고.

    생명과 관련된 힘. [비명횡사/흉터/질병/급격한 기상이변] 등으로 나타남.

    진술축미(辰戌丑未) 백호는 土의 전환기(환절기)라 특히 조심을 요한다.

2. 백호(살)는 일주가 [갑진/무진/병술/임술/을미/(기미)/정축/계축] 등으로 먼저 '백호 일주'가 성립하면, 다른 주에서도 백호살 성립 가능하다.

3. 己未 백호를 인정하는 전문가(간산 說)는 극소수다.

4. 일주의 백호살이 가장 드세고 무섭다.

5. 대세운에 백호가 같이 올 때, 크게 조심해야 한다(非命橫死/不治病/敗家亡身/死別 등).

6. 품위(품격)가 있고 신강한 사주에서는 오히려 백호살로 말미암아 [유능한 힘/특수한 재능/큰 돈/큰 권력/큰 명예]를 얻기도 한다.

7. 물론 신약한 구조에서는 災殃(재앙)과 憂患(우환)의 형태로 많이 나타난다.

8. [특이한 사고/변고(수술, 불치병, 교통사고, 몸의 흉터나 큰 점, 가까운 가족의 흉사 등)]을 겪는 경우가 많다.

9. 원국에 백호가 2 이상(일주 백호+타주 백호)이면 기복이 심한 삶을 살아갈 가능성이 높다.

36-2. 괴강살(魁罡殺).

1. 戊, 庚, 壬 천간에 辰/戌 지지[천강 辰토와 하괴 戌토는 물(신자'진')과 불(인오'술')기운이 墓地, 庫지로 들어가는 곳]가 붙게 되는 구조.

2. 극단적 길흉(부귀/극빈. 고위 공직/밑바닥 인생 등), 총명한 머리와 창의성.

    드라마틱한 운세의 부침과 기복, 독특한 [발상/상상력/잠재력].

    양극단의 가치관(예시: 연쇄살인마, 대학자, 스타 연예인, 대부호), 편집증/결벽증(≠결백증).

    異國的이면서도 魅力的인 외모, 급격한 환경변화, 넘치는 재물.

    예상치 못한 [힘/변고]. 독선적인 우두머리 기질(강력한 리더십) 등으로 나타난다.

3. [(戊辰)/戊戌], [庚辰/庚戌], [壬辰/(壬戌)] 등이 괴강 일주(백호처럼, 일주에서 먼저 성립되어야 다른 주에서도 성립 가능)이다. [무진/임술]을 괴강에서 제외하는 전문가도 많다.

4. 좋은 구조의 괴강격 사주에서 일주를 강하게 해 주는 대세운이 붙으면 白虎살처럼 [큰 출세/지도자감으로 부상/예상치 못한 승진/재물이나 권력 획득] 등으로 급변하기도 한다.

5. 역시 일주에 괴강이 올 때 가장 영향력이 크다.

6. 괴강이 [형/충]을 당하면, 이상한 [변고/사건/사고]에 휘말리게 된다.

36-3. 조언.

    현장의 프로들이 너무 겁을 주는 경향이 많아서, 오히려 감정의뢰인들을 안심시켜 줄 필요가 있을 정도다. 또 실제로 吉凶이 예상 밖의 방향으로 나타날 때도 많다.

*37. 전통명리학적 입장에서 특정 운(운세)을 중심으로 바람기(외도/불륜)파악방법과 조언. [4점]

1. 남성의 사주(혹은 대세운)에서 재성운(재성혼잡)이 왔을 때

    남성의 사주(혹은 대세운)에서 비겁운[특히 겁재: 아내(財)의 남자(官)]이 왔을 때

2. 여성의 사주(혹은 대세운)에서 관성운(관살혼잡)이 강하게 들어올 때

　　여성의 사주(혹은 대세운)에서 비겁운[특히 겁재: 남편(官)의 여자(財)]이 왔을 때

3. [1번+2번]이 합쳐서 동시에 들어오면, 대부분 [맞바람/가정파탄]으로 나타난다.

　　그래서 요즘 젊은이들이 만혼(늦은 결혼)을 [선택/선호]하는지도 모르겠다.

　　갑자기 재물이 늘어나도, 남녀 공통으로 이성문제가 불거지기 쉽다.

4. 조언.

　　위에서 나열한 1, 2, 3번 중 어느 하나만 와도, [이혼/가정파탄/재혼/중혼]으로 쉽게 이어지는 것이 요즘 풍속도이다.

　　남녀 공통으로 건강한, 그리고 최소한 평균치 수준의 윤리도덕관이 절박한 실정이다.

　　그러나, [이혼/재혼/중혼(여러 번)]이 횡횡하고 있는 것도 엄연한 현실이다.

　　[권리/욕망/감각/자존감] 존중도 좋고, [양심/인격/상식]도 필요하지만, 우선 가장 기본이 되는 미성년 자녀에 대한 최소한의 [사랑/윤리/책임/의무]도 먼저 생각해볼 필요가 있다.

*38. 통상 [土/金/水]일간들이 느긋하게, 느리게 보이는 이유와 근거. **[4점]**

　　토: [조절/전환]하기 위한 시간 소요.

　　금: [급성장/급출발]하지 못하게 브레이크 기능 있음. 작동하면 천천히 가게 됨.

　　수: [쉬면서 에너지 비축/압축]하기 위해서 '휴식하고 모으고 누르고'의 슬로우 모션.

　　　　어둡고 추우면(밤과 겨울에는) 빠른 동작이 어렵거나, 불가능하다.

*39. 목욕. **[2점]**

39-1. 일명 '佩(패)', '小長生(소장생)'. 십신 **'정관'**과 흡사. [교육/학습/경험]의 과정. [시행착오/환골탈태/변신/급속 성장/탈피(변태)]의 과정. 일을 시작하거나 나서지 말 것. 하나에 집중 못하고 목표와 관심이 산만하고 분산되어 있음. [과시/사치/컬렉터(collector)] 기질. 자기파괴 기질. 놀라움/모방/섬세함/사교성(외교력). 창조성/부끄러움/淨化/시원함. 호기심/편집증/관음증/음란함. 멋내기/사춘기/풍류기질/꾸미기(타인의 눈을 의식). 솔직담백/경박/변덕/변심/불평/불만/뒷담화. 불안정한 부부관계. [도화살 관련/유행/이성교제] 문제가능성. [예능/예술/엔터테인먼트/공학기술]쪽 재능과 끼.

39-2.

　1. 지지에서 '목욕'을 만나면 배울 때 무엇을 도모하거나 나서지 말고, 성과와 결실을 기대해서도 안 된다.

　2. [甲子/辛亥] 일주는 '목욕'을 만나면 남녀불문하고, 말년운을 조심해야 함.

*40. 창의적 아이디어(창의성/창조성) 차이. **[2점]**

　　상관: 순간적 [재치/임기응변/적응력/다재다능]. 매끄러운 화술 감각과 튀는 아이디어.

　　　　　[예술/예능]적 감각과 끼. 官을 손상시키는 다소 진보적인 생각. '멋'. '넓이'를 중시함.

　　편인: 깊이 있는 내면적 성찰과 사고력. 다소 보수적 성향. 깨달음의 세계.

　　　　　[죽음 관련/종교/철학/학문]的인 사상과 탈세속적 아이디어. '깊이'를 중시함.

*41. [생/극]과 [합/충/형] 차별성. [4점]

1. 生: 일방적인 [생조/사랑/도움]의 힘. [합/생]이 [극/충/형]보다 우선시 된다.

2. 剋: [관리/제압/구속/억압/손상]의 힘.

   [생/극]의 主體와 [생/극]의 客體를 분명하게 구분할 것.

3. 合: [남녀 합/재물 합/사랑 합]등의 결합 위주로 나타나는 질적 변화의 힘.

   [힘/의도/행동/생각]의 강화. [합/생]이 [극/충/형]보다 우선시 된다.

4. 沖: [충돌/파괴/손실/자극/갈등] 등으로 변동성을 야기하는 힘.

   충에는 긍정적 자극과 활성화도 포함됨.

5. 刑: 예측 불가능한 [변고/권력욕망의 변동성/심신 손상/송사/형옥/교통사고/수술] 등.

   吉凶이 공존함. 힘은 최강.

6. [합/극/충]은 모두 남녀 관계를 의미하는 부분들을 상당히 갖고 있다.

*42. 실제 사주 정립, [감정/통변] 하기. 난이도 최강 [10점]

   1989년 5월 16일 19시 10분. 양력 기준. 서울 出生. 乾命(건명. 男命).

   현재(2020년) 교원 임용고시 준비 中(뒤늦게 확인된 상황: 안타깝게도 2020庚子년, 2021辛丑년 모두 교원임용고시와 공무원 시험 불합격. 다시 재도전 진행 中).

1-1) 사주 정립하면 [己巳년/己巳월/丙子일/丁酉시 출생].

年	月	日	時
己	己	丙	丁
巳	巳	子	酉

1-2) 대운 [흐름/시점] 정리(월주 己巳 기준. 陰男 역행. 첫 대운은 4~14세 사이 1992.12/31 ~2002.12/31 戊辰 대운.

   대운을 적을 때는 반드시 100살 넘어가게 쓰는 습관을 들이도록 할 것(특히 市中에 개업 중인 프로들은 유념할 것). 내방객에 대한 최소한의 [예의/배려]이다.

04	14	24	34	44	54	64	74	84	94	104
戊	丁	丙	乙	甲	癸	壬	辛	庚	己	戊
辰	卯	寅	丑	子	亥	戌	酉	申	未	午

2-1) 신강으로 접근한 중화 사주. 건록格. 水(官) 용신.

   전형적인 '군겁쟁재' 형태의 사주이다.

   '군겁쟁재'가 되면 대체적으로 재물이 힘들거나, 내 몸이 힘들거나, 배우자 문제가 생기거나, 異性 문제가 생기거나, 人的 네트워크에 문제가 생기기 쉽다.

2-2) 원국 子酉귀문+2015 乙未년(子未원진): 주변 인간관계가 많이 꼬이면서 힘들어졌을 것임.

2-3) 일지+시주 지장간//시간+일주 지장간: 중복 교차 암합(병신 슴//정임 슴).

   교차 암합은 흔히 異性 문제나 心身 건강의 문제 상황으로도 많이 나타난다.

2-4) 월지 巳화의 권력지향성, 2021년 辛丑년 丙辛 합, 더하여 해자축 水 방합, 34 乙丑대운에서 사유축 3합 金기운 생성 등으로 금생수 쪽이 탄력을 받게 된다면, 교원임용 시험이나 공무원 시험 등에서 일말의 기대를 가져볼 만하다.

2-5) 원국 [火/土]기운의 중첩에다가, 일간 丙화가 여름 출생이라, 피부와 얼굴은 다소 검은 편임.
　　己己 병립: 기질적 장애, 수동적 성향.
　　巳巳 병립: [일관성/인내심/극기 능력] 취약. 협소한 역마적 기질.

2-6) 병립한 년월간 상관 己토가 상하좌우에서 화생토로 생조를 받고, 더구나 인성 木기운의 견제를 전혀 받질 않았으니, 토剋水 당한 관성 水기운은 더욱 [혼탁/취약]해질 수밖에 없다.

2-7) 水(청정한 정신 기능) 기운은 더욱 혼탁해지고, 정관 子수는 흠집이 나니, 교육 공무원 목표(정관)는 있으나, 당장은 그 성취가 다소 힘들다고 본다. 단, 청장년기에 시지 酉금이 제대로 금생수 해준다면, 또 [32세 2020庚子년 세운+33세 2021辛丑년 세운+34세 2022년~44세 2032년 사이의 乙丑대운]에서 [해자축 水(관성) 방합+사유축 金(재성) 3합]이 제대로 활성화되어 '금생수' 흐름을 잘 탄다면 [교직/공무원/공직] 쪽도 기대를 걸어볼 만하다.

2-8) 印성 木기운이 지장간에서조차 全無하니, 부모덕과 인연은 더욱 부정적이다. 특히 겹쳐진 연월지 巳화가 비겁의 [피곤한 경쟁+탈재(奪財)] 구조를 형성하기에 더더욱 그렇다.

2-9) 2010년대 말과 2020년대 초반에서 편관의 기운이 대세운으로 다가오니(더구나 토생금, 금생수 상황), 일간 丙화의 [피곤/고통/상처]가 상당히 깊어졌다. 단 일간이 그나마 힘이 좀 남아 있어 크게 다치지는 않았지만, 그래도 칠살의 힘은 무섭기도 하고, 또 많이 아프기도 하다.

2-10) 원국에서 印성 木기운이 전무하니, 자꾸만 [印성을 그리워하거나/印성에 집착(갈증)하거나/印성에 의지하려고 하거나] 하게 된다. 印성 木기운이 대세운으로 오면 金 재성의 견제가 취약해지고, 火기운이 다시 발호하게 되니 자칫 [자만/over/경쟁/무리수/호승심] 등이 발동되어 위험을 자초하기도 했다.

2-11) 時지 정재 酉금이 도화살이 되는 바람에 인생 중후반에 배우자의 性的 문제가 야기될 가능성이 있다. 물론 옛사람들이 좋아하고 믿었던 '天乙'이 방패막이 역할은 해주면 다행이겠지만…….

2-12) 단순간명한 명식의 구조化.
　　천간: 화/토(火土 동법). 대표는 막강 火.
　　지지: 화/수. 금생'수'=결국 水(약세 水). 물론 월지 巳화를 무시해선 안 된다.
　　구조化시키면, 이 사주원국의 구조는 [[막강 火<-->약체 水]]의 대립 구조임.

3-1) 일간 丙화는 득령으로 氣勢堂堂한데다, 중첩되는 巳화, 더구나 월지 사령 巳화가 지배하고

있으니, 지지의 형세 또한 火기운이 지배적이다. 겨우 일지와 시지에서 금생수 하여 일지 子수가 비록 싹을 틔웠지만 衆寡不敵이다. 결국 막강 火기운(10대 중후반부터 30대 초중반까지 [丙/丁]화 대운까지 마구 밀려들어옴)에 밀린 水기운(정신의 조율과 안정)은 힘도 한번 제대로 못 써본 채 나가떨어진 상태다. 물론 원국의 [子/酉] 귀문관(살)까지 한 몫 했으리라 짐작된다. 어린 시절부터, 많이 위축된 정신적 내면의 상처와 고통이 쉽게 떠오른다. 상담 과정에서도 청소년기에 마음의 [하중/혼란/고립(감)/소심/위축]으로 고통이 컸다고 하소연했다.

3-2) 정신건강 위축(손상)의 2가지 큰 요인
  1. 범람하는 火기운(일간 '丙'화, 년월지 '巳'화 병립, 2002 '丁'卯 대운, 2002 壬'午'년 세운에서 子수는 沖을 당함, 2006 '丙'戌년 세운)이 정신적 [안정/여유/휴식]을 관장하는 水기운을 무차별 공격함.
  2. 寅/申/巳 3刑 성립: 원국 지지 巳화 병립, 2012년부터의 丙寅 대운, 2016 丙申 세운.

3-3) 10대 중말반부터 내면에서 축적된 정신적 억압과 고통이 20대 중말반까지 외형적 확산과정을 거쳐, '정신건강 손상'이 확연히 드러나게 되었음. 정리하면 막강 火기운에 정신적 여유와 안정을 지켜주던 미약한 水기운마저 힘을 잃었고, 여기에 寅/申/巳 3형까지 가세하여 시공간을 억압하면서 들어오는 형국이라 자신의 정신건강과 마음의 안정을 챙길 최소한의 힘마저 거세당한 채, 1년 넘게 병원을 오가는 신세로 지내는 처지가 되었다고 본다.

3-4) 아마 고등학교 시절(2004 甲申년~2007 丁亥년 사이. 고등학교를 거의 4년 다녔음)이 외부적 증세로 드러난 '정신건강 손상의 적신호상태'였다고 본다. 그 이후에 증세가 좀 약해지긴 했지만, [호전/극복]되지 못하고 계속 이어졌으리라 짐작된다. 그러나 20대 청년기로 접어들면서부터 金, 水기운이 극왕한 火기를 일정 부분 제어해주니, 비로소 정신적 문제는 한숨을 돌릴 수 있는 잠시나마의 여유를 갖게 되었다고 추정함.

3-5) 에너지 근본인 [火/水] 기운이 극단적으로 흐르거나 부딪치면, 정신이 양극화되는 [고갈/고립/충돌/억압/긴장/폭발]을 초래하는 경우가 많아진다. 특히 火기운이 득세하여, 水(정신적 안정과 여유) 기능이 취약해지거나 공격받을 때가 더욱 그러하다. [조울증/우울증/공황장애/조현병/외출 장애/심신 불안/히키코모리 증세] 등으로 발현될 수도 있다.

3-6) 土기운(왕성한 火로부터 생조받고 있는 土)마저 청정 水기운을 혼탁하게 하면서 沖剋 하니, 정신이 여러 갈래로 흩어지고 [자신감/자존감]에도 큰 상처를 입었다고 했다. 더하여 [판단력/사고력]도 흐려지면서 마음이 [복잡/심란/음울]해지고, 망상과 잡념에 시달리는 경우가 많아졌다고 토로한 바가 있었다.

4부. [건강/질병/장수/요절/단명/사건/사고/변고] 등의 문제

* 건강에 문제가 생기거나, 질병에 걸릴 확률이 높아지는 경우(물론 건강과 질병 문제는 의사가 최우선적이다).
 1. 원국에서 이미 오행의 균형이 무너지는 경우.
 2. [원국의 과잉 오행+대세운이 동일한 과잉 오행의 기운]으로 오는 경우.
 3. 오행이 결핍되거나 고립될 때(강헌 說의 '고립 용신'이라는 용어를 사용함).
 4. 자신의 [정체성/본질]을 뜻하는 [일간/일주]가 [쟁충/심한 극]을 받는 경우.
 5. 오랜 시공간을 공유한 가까운 [부부/부모/자식/형제자매] 등의 오행기운이 자신의 신약한 일간(혹은 일주)을 공격하는 경우.
 6. [대운/세운]이 자신의 [일간/일지]를 모두 '천극지충'하는 경우.
 7. 일지+월지+대운: 3형살을 이룬 경우(강도: 축술미 3형<인사신 3형).
 8. 일지+월지+세운: 3형살을 이룬 경우(강도: 축술미 3형<인사신 3형).
 8. 일지+대운+세운: 3형살을 이룬 경우(강도: 축술미 3형<인사신 3형).
 9. 월지+대운+세운: 3형살을 이룬 경우(강도: 축술미 3형<인사신 3형).
 10. 사주 원국 전체가 生助(생조)의 흐름을 타지 못하고, 큰 [충/극]으로 자주 끊길 때.

* 건강하게 장수하는 경우(참고 정도만 하고, 비중 있게 수용하지 말 것. 건강과 질병 문제는 항시 의사가 최우선적이다).
 1. 오행이 구비되었거나 중화 사주에다가 오행 기운의 순환이 순조롭고 균형을 이룰 때.
 2. 사주 원국 전체가 좋은 생조의 흐름을 탈 때.
 3. 사주 원국 전체가 큰 [충/극]이 없고, 기신운은 [충/극]이 되어줄 때.
 4. 한신이 합화되어 용신(용희신)이 되어줄 때(강헌 說).
 5. 일주가 힘은 있지만, 신강하지 않는 경우. 즉, 중화 사주라는 말씀.
   (일주의 힘 결정 요소: 일간의 통근, 주변 [월주/시주]의 효과적 생조 여부)
 6. 일주가 약하지만, 주변의 오행 기운이 잘 생조해 줄 때.
 7. 신강하면서 관살이 약하고 재성이 그 관살보다는 힘이 있을 때(강헌 說).
 8. 힘 있는 재성에 약한 '식상'이라도 옆에 있어줄 때(식상生재 가능. 제대로 된 '식상'은 재물도 살리지만 자신의 몸도 살린다는 말이 있다. 간산 說).

* [단명/요절/사망/신체손상 포함] 관련(참고 정도만 하고, 비중 있게 수용하지 말 것, 간산 說).
 1. [건강 질병문제/단명/요절]에서는 [金극木] 형태일 때 특히 조심해야 한다.
   가장 무서운 것이 辛卯 일주이다[힘의 강약: 辛卯(신묘)>庚寅(경인)>乙酉(을유)>甲申(갑신)].
   [卯酉/寅申] 충일 때도 조심해야 한다(몸 부상/교통사고/뼈 골절 등의 사건사고).
 2. 원국에서 일주가 강하게 [충/극] 받을 때, 즉 '천극지충' 당할 때.
 3. 용신이 원국 안에서 몹시 취약할 때. 용신이 원국에는 없고 지장간에 있을 때. 용신이 지장간에서조차도 없고 대세운에서도 찾기 어려울 때.
 4. 신약 일간에다가 인성은 과다하고, 재성이 없을 때(재성이 과한 인성을 제어하지 못하니, 신

약 일간이 인성을 제대로 감당하지를 못하고 쓰러짐).
 5. 허약한 木일간이 왕성한 [토/금(재성/관성)]을 만날 때.
 6. 대세운에서 재성이 왔는데, 원국에 식상기운이 없어서 재성운이 심하게 깨어질 때.
 7. 말년에 강력한 편인 대세운이 와서 힘 빠진 식상이 맥없이 당할 때.
 8. 인성의 생조를 받은 막강 비겁이 허약한 재성(몸)을 칠 때.
 9. 자신의 '일주'와 같은 간지 형태의 [대운/세운/월운/일진운]으로 올 때.

* 예상 밖의 [사건/사고/변고]가 발생할 때.
 1. 신약에다가 강한 재성이 미약한 인성을 강하게 몰아칠 때.
 2. 일간 주변의 왕성한 편관(칠살)을 제어해 줄 식신이 보이지 않을 때.
 3. [일주 괴강+他柱 괴강] 2개 이상일 때.
 4. 양인이 과다(2개 이상)할 때.
 5. [역마+양인] 동주가 2개 이상일 때.
 6. 편관에 [양인+목욕+도화]가 동주하고 있을 때.
 7. 원국 주변에서 앞뒤로 일주(일간)를 지켜 주던 [식상/인성] 둘 다 [충/극] 받을 때.
 8. 일주의 간지가 동시에 [충/극] 당하는 대세운을 맞이했을 때(예시: 일주 甲午, 세운 庚子년).
 9. 간여지동의 일주가 [충/극]하는 또 다른 간여지동의 대세운을 맞이했을 때(예시: 일주 乙卯, 대운 辛酉).

* 정신건강 관리에 특히 주의가 필요한 경우(간산 說).
 1. 乙목, 己토, 辛금, 癸수는 [弱/溫順/偏狹]한 陰干이라 정신이 다치기 쉽다.
 2. 특히 辛금은 음간이면서도 뾰족하고 냉정하다. 지지 酉금도 마찬가지.
 3. 陰干(음의 일간)은 심하게 [극/충] 받거나, 심하게 얼어붙었을 때, 정신건강을 잃기 쉽다.
 4. 간혹, 陽간이지만, 丙화도 차가운 냉기에 과하게 포위되면 정신건강을 놓칠 때가 있다.
 5. 아주 신약한 일간이 겨울에 태어났을 때(주변에 火기운의 도움이 거의 없는 상태).
 6. 사주원국에 水, 火 두 기운이 극단적으로 대립하고 있을 때.
 7. 사주원국이 아주 조열하거나, 水 기운이 全無(전무)할 때.

* 참고 사항(질병 관련. 많은 학자들의 공통 학설임)
   合: 만성 질환
       서로가 서로를 끌어당기는 맛(잘 떨어지지 않는 맛/끈질긴 맛)이 있다.
   沖: 급성 질환
       서로가 서로를 밀어내는(충돌하는/충격을 주는/부딪치는) 아픈 맛, 고통의 맛이 있다.
   刑: [수술/(교통)사고/신체손상/사고死/횡액] 등
       영문도 모르고 당하는 기분 나쁜 맛이 있다.

* 심신의 건강을 상실했을 때, 무엇 하나 되는 일이 없을 때의 방법(간산 說).
   '영향력이 상당하다', '효험이 제법 있다'는 임상 결과를 확인한 바 있음.

역마(살)의 개념을 응용한 기법이다. 순수 [건강/질병] 문제라면 물론 의사가 최우선이다.

1. 정상적인 깊은 호흡(숨 쉬기)과 음식 변화를 통한 심신의 안정을 도모함.

2. 평소의 [생각/생활 습관/호흡 습관/가치관/잘 만나던 사람/심지어는 걷던 길]을 확 바꾼다.

3. 일정 시간 걷기를 통한 규칙적인 [성찰/반성/각 종교별 기도문 암송/산보] 하기.
   양의사도, 한의사도 공히 하루 평균 5천~2만步가 적정한 수준이라고 추천한다.
   물론 [개인 체력의 편차/무릎 관절염 여부 등]을 적절하게 고려해야 한다.

4. 일단 [생활공간/거주 공간/잠자리]를 이동하거나, 바꿔 보기.

5. 일정 기간 살던 곳(고향/현재 거주지)을 떠나거나, 주기적으로 여행해 보기.

6. 큰 [암석/암반/산/동굴] 주변에 [임시 생활공간/명상처/기도처] 마련해 보기.

7. [명상/일상적 小食/정기적 斷食/일기 쓰기/정상적인 종교체험/건전한 신앙생활]에 빠져보기.

8. 평소에 입을 벌린 채가 아니라, 입을 다문 채로 일상 생활하기(입이 아닌, 코로 호흡하라는 뜻이다).

9. 제발 부적 따위(특히, '영험' 운운에 겁먹거나 속아서 비싼 돈 지불)를 사용하거나, 의지하거나, 맹신하거나 하는 일이 없기를 진심으로 바람.

5부. '죽음'에 대한 짧은 생각(한국인들의 죽음에 대한 태도와 인식)

1절. 緖

세상 사람들은 한번 태어나면 모두 죽는다. 물론 논리적으로 엄밀한 검증은 없었지만, 죽음이란 '보편적인 인간 생명의 종말 현상'으로 어느 공동체나 '체험하는 살아 있는 자들과의 완전한 단절'을 뜻한다. 생명체 가운데서 자신이 언젠가 죽으리라는 것을 알고 있는 생물은 인간뿐이며 인간이라면 누구나 죽음에 대한 공포심을 가지고 있다.

인간이 죽음을 두려워하는 것은—여러 가지 이유가 있겠으나 가장 중요한 것은—죽음 이후의 세계를 제대로 인식할 수 없기 때문이다. 이 세상에 살아 있는 사람들 中, 죽음 이후의 세계를 경험해 본 적이 있는 사람은 아무도 없다. 일시적인 그리고 의학적인 죽음 상태에 있다가 다시 살아난 사람을 정말 죽어 본 적이 있는 사람이라 말할 수 없는 것은 물론이다.

그런데 모든 생명체에 적용되는 이 죽음이라는 동일한 사건에 대한 해석은 너무 다양해서 죽음에 대한 인식 차이에 따라 문화권 구분이 가능할 정도로 각 공동체의 생사관이 그 안에 집약되어 있다. '생명의 소멸현상'인 죽음은 삶과 상반되는 개념이지만, 죽음에 어떤 의미를 부여하느냐에 따라 그 공동체가 삶을 어떻게 바라보는지 가장 선명하게 드러난다.

오랜 세월, 여러 학자들이 죽음과 그 사후 세계에 대하여 많은 연구를 해 왔으며, 실제로 자기 자신이 사후 세계를 경험해 보았다고 말하는 사람들도 있다. 바로 이 지점에서 문화권을 구별할 수 있는 여러 기준 중의 하나인, 각 종교에서 말하는 생사관과 사후 세계 그리고 무속신앙, 유교, 불교, 기독교의 입장에서는 죽음을 어떻게 생각하는지를 살펴보고자 한다.

한 가지 중요한 필자의 의도는, 죽음에 대한 정의를 내리거나 공포심을 일깨우려 하는 것은 결코 아니며, 오히려 죽음에 대해 정확히 이해하고 극복하면서 우리의 생활을 좀 더 풍요롭고 여유 있게 만들고자 함이다. 또한 다양한 종교적 입장에 대해 최대한의 객관성을 확보하려 했으나 다소 편협한 견해나 설명이 있을 수 있음에 독자들의 포용과 아량을 미리 구하고자 한다.

2절. 本

1). 무속신앙(한국적 샤머니즘)

무속신앙에서 말하는 죽음이란 무엇일까? <천지왕본풀이>中의 이야기 하나를 보기로 하자.

원래 하늘에는 해와 달이 각각 두 개씩 있었다고 한다. 어느 날, '대별왕'과 '소별왕'이라는 쌍둥이 형제가 해와 달을 각기 활로 쏘아 하나씩 만든 후에 이승과 저승을 차지하는 시합을 벌였다고 한다. 그런데 여기에서 동생 소별왕은 거짓과 속임수로 형을 이기고 이승을 차지하는 신이 된 것이다. 형인 대별왕은 저승으로 가면서 동생이 차지한 이승 세계는 부정이 가득하고 살인 · 간음 · 도적 등이 만연한 세상이 될 것이라 예언하였다. 이것은 한국적 무속신앙이 우리의 현실 세계, 즉 이승을 부정한 곳으로 인식함과 동시에 이분법적인 선악의 생사관을 지녔다는 사실을 가감

없이 보여 준다.

무속은 죽음 이후의 길을 다시 두 가지로 보고 있다. 하나는 사후 저승에서 영원히 사는 영생과 다른 하나는 종을 달리하여 이 세상에 다시 태어날 수 있다는 환생 관념이다. 여기에서 환생은 다시 두 가지로 나뉘는데 먼저 소, 말, 지네 등으로 환생하는 것으로 이것은 이승에서 지은 죄가 워낙 커서 저승 지옥의 벌로도 죗값을 다 못하는 자에게 해당되는 것이다. 반면에 새나 나비로의 환생은 죄 없고 공덕 있는 사람만이 선택할 수 있는 환생으로 저승에서의 영생과 같은 차원의 것으로 인식했다.

이러한 죽음관은 곧 인간으로서 이승에 사는 것의 일회성－무속에서는 인간으로의 환생은 불가능하다고 봄－을 말함과 동시에 현생의 우리 삶을 보다 긍정적이고 적극적으로 살아갈 수 있는 정신적 기반이 되었을 것으로 보인다.

그러나 이러한 무속의 환생 사상이 꼭 불교(불교的 윤회)와 밀접한 관련이 있다고는 할 수는 없으며, 인간이면 누구나 갖고 있는 일반적 윤회에 대한 느낌과 상상들이 무속적 죽음관과 한국적 결합을 한 것이 아닐까 싶다.

2). 유교

동아시아 역사를 오랫동안 주도했던 생활 이념인 유교 철학에서 죽음을 어떻게 이해했는가에 관한 문제는 먼저 개체정신(個體精神)이다. 영혼에 대한 일반적인 믿음인 그 영원한 실재성에 대해 어떻게 생각했느냐는 것부터 살펴봐야 할 것이다. 유교에 대한 관념들 가운데서 가장 먼저 떠오르는 것이 조상에 대한 제사나 사회적으로 높은 도덕성 유지라고 할 때, 그들도 영혼과 정신의 실재성에 관심을 가졌다는 것은 너무도 당연한 사실이다.

유교에서는 공자 이래로 이미 자연 현상뿐만 아니라 인문 세계조차도 법칙적으로 이해하려고 애를 썼으며, 삶과 죽음 그리고 사람과 神(鬼神)이 별개의 이치가 아니라는 것, 따라서 사후 세계나 귀신같은 경험 가능하지 않은 문제에 대한 것보다는 살아 있는 동안의 현실적 삶에 더 큰 의의를 두었다. 공자는 일찍이 '삶도 모르는데 어찌 죽음을 알겠느냐.'라고 강조했는데 이것은 현실적 삶의 이치를 통해서 죽음의 근본 이치를 깨달을 수 있다는 말로 이해해도 좋을 것이다. 왜냐하면, 삶이나 죽음은 결국 별개가 아니라 하나의 일관된 법칙 아래 놓인 문제라고 보기 때문이다.

태어나거나 생겨났다는 것은 곧 기(氣)가 응취(凝聚)되었음을 말한다. 사람의 경우 '氣' 가운데서 맑고 곱고 빼어나고 완전한 '氣'로써 응취되었다는 것이 다를 뿐이다. '생사(生死)'를 같은 이치라고 말하는 이유도 여기에 있다. 그러면 생겨나거나 흩어져 죽게 하는 원리는 무엇인가? 유교에서는 누가 그렇게 해 주는 것이 아니라 '스스로의 이치에 의해 이루어지는 것', 곧 '自然[self-so-be(become)]'이라고 말한다. 이러한 이치를 '이(理)' 또는 '자리(自理)'라 칭하기도 한다. 결국 유교는 종교에서 일반적으로 말하는 '죽으면 천당이나 극락으로 간다.', '저승에서 이승으로 온다.'라는 式-개체의 불멸성-의 생각을 정면으로 부정하고 있다.

그렇다면 조상에게 제사를 드리는 이유는 무엇인가? 이것은 조상의 혼백을 인정해서 그것에 제사 드린다기보다 차라리 존재와 존재 원리가 조상으로부터 나에게 이어지고 있는, 그 엄숙하고 도 현실적으로 계승되고 있는 가치관 자체에 대한 경건한 확인 행위이다.

유교에서는 죽어서도 영원히 남게 될 '나'에 대한 미련과 집착은 없다. 그래서 삶과 죽음 때문 에 앞뒤로 연장될 수 있는 세계관을 처음부터 단념하고 일회적인 인생 자체에 몰두하게 되었다. 그럼으로써 현실에서의 부귀공명과 충효의 가치관을 강조했으며, 자신의 능력을 최대한 발휘할 것 을 요구하였다. 이것은 생사에 대한 윤회적, 종교적 관심에서 벗어나 자신의 책임 아래 인생을 엮 어 간다는 자율적 도덕론과 윤리론적 관점으로 귀결되었다.

결국 이 생각은 삶에서 삶으로 이어지는 '인간적 정신 윤리'와 도덕의 연속체로서의 '인격의 가치' 이 두 가지는 영원하다는 의미로 해석되어도 좋을 것이다.

3). 불교

불교에 대한 사람들의 생각은 각기 다르겠지만 흔히 연상되는 것은 세속으로부터 초연(超然)한 태도일 것이다. 이런 선입관에서는 불교가 죽음에 대해 대수롭지 않게 여기고, 이것에 대한 논의 도 다소 결여되어 있을 것이라 생각하기 쉽다. 이것은 보는 사람에 따라 속단이 아닐 수도 있으 며, 그런 성격이나 입장으로 도출되는 불교 특유의 脫 世俗的(탈 세속적) 배경과 의도를 이해해야 할 것이다.

죽음은 인간으로서 피할 수 없는 현실이며, 붓다(석가모니 부처)는 어느 누구보다 이 현실의 불가피함을 철저히 인식하고자 노력했음은 불교의 경전을 통해 쉽게 찾아볼 수 있다. 이 현실에 대한 냉철한 자각(自覺)을 통해 죽음이라는, 실상을 초월하는 보다 높은 차원의 진리를 체득[깨달 음]함으로써 현실적 죽음의 문제가 극복된다는 것이 불교의 입장이라고 이해한다. 그래서 이 극복 을 통해 완전한 자유로움과 해탈에 도달하는 것이 불교의 궁극적 지향이라 할 수 있을 것이다.

결국 붓다에게 문제가 되었던 것은 사후의 존재가 아니라 죽음에 대한 새로운 차원의 인식이 었다. 이것이 業(업)과 輪廻(윤회)를 벗어난 경지, 곧 번뇌의 불을 꺼 버린다는 의미를 지닌 바로 열반[涅槃. 니르바나(Nirvana)의 음차식 한자표기]의 세계인 것이다.

그것은 마음의 수행을 통해 이루어지며 무심(無心)의 상태에 도달할 수 있을 때, 죽음의 문제 도 해결된다. 이에 도달하기 위해서 수행이나 고행을 통해 이 과정이 내면에서 완성되어야 하는 데, 그 완성의 상태를 正覺(정각) 또는 解脫(해탈) 등으로 표현하고 있다.

불교는 항상 허무주의에 대항하여 왔다고 한다. 붓다는 허무를 극복하고 초극하였으므로 대승 (大乘)의 세계가 활짝 열릴 수 있었으며, 그 근본 원리가 된 것은 '공(空)'의 사상이었다. '空' 사 상은 무(無)를 주장하는 것이 아니다. 연기(緣起)의 본래 모습으로 있는 세계, 이런 현실 세계의 모습을 반어와 역설로 표현한 것이 바로 이 '空'이다.

이렇듯 '허무주의의 극복'이라는 불교 전반의 사상적 흐름 속에서 죽음의 문제도 '涅槃(열반)' 지향적으로 이해될 수 있다. '죽음은 곧 삶이고 열반'이라는 인식의 대전환도 불교 전반의 이런 흐름을 이해할 때 가능성의 날개를 달 수 있으며, 그 인식의 대전환 자체가 곧 죽음의 극복으로 나타난다고 볼 수 있다.

4). 기독교

기독교 신앙에서는 인간이 靈(영)을 지닌다 함은 인간이 하나님에 의해 창조되어 생명체로서 조성되고 지탱된다는 의미이다. 인간 생명 그 자체는 하나님의 창조적 입김과 생명력의 바람에 의한 '혼과 육체의 통일체'로서 매 순간순간 그 생명의 아름다움을 은총의 선물로서 부여받는다. 이러한 생명관은 죽음의 이해와 영생관에서도 그대로 연결된다. 죽음에 임해서도, 죽음 너머에 있어서도 하나님은 인간의 삶과 죽음, 그리고 영생의 존재 근거요, 존재 희망이다.

구약 성서에 나타난 고대 히브리인들의 죽음에 대한 이해는 죽은 자들이 가게 되는 '스올(sheol: 陰府음부)' 속에서도 잘 나타나 있다. '스올'은 지하 세계, 무덤 등으로 상징되었으며 한마디로 생명의 상실, 즉 죽음의 세계였다. 그들이 두려워한 것은 죽음 그 자체가 아니라 죽음 안에서 하나님이 인간을 버리고 그 얼굴을 숨기며, 진노하여 인간을 징계하고 인간을 잊어버린다고 생각하기 때문이다.

신약 성서에서는 죽음을 인간의 자연스러운 정상태로 보는 것이 아니라 '죄'라는 어떤 결정적 요인 때문에 인간 생명에 나타난 '非-定常-態(비-정상-태)'라 본다. '죄'는 용서받고 극복되어야 할 대상이듯이 죽음 또한 삶의 과정에서 초월해야 할 무엇으로 여긴 것이다. 그러므로 기독교인의 관점에서 볼 때 참으로 두려워해야 할 대상은 죽음 그 자체가 아니라 죽음 이후 대면하는 하나님이다.

인간의 모든 감춰진 죄와 비밀들이 남김없이 노출되고 발가벗은 몸처럼 하나님 앞에 드러난다고 믿는다. 死後 인간생명이 어떤 존재 양태로든지 보존되는 것은 유한한 인간 자신의 본질적 속성의 결과가 아니라, 삶과 죽음을 주관하는 하나님의 성스러운 의사와 판단이라 보는 것이다.

죽음 너머에 허무가 있지 않고, 그리스도 안에서 인간을 영원한 생명으로 초청하는 은혜로우신 하나님이 계신다는 기독 신앙관은 유한한 인간 생명이 영원한 생명으로 덧입혀지고 새로운 존재 양식으로 변화된다고 보는 종교관이다.

3절. 結

1). 성찰의 정리

죽음이 이승(이生. This life, This world)과 저승(저生. That life, That world)을 구분한다는 한국적 무속신앙부터, 사후 세계의 존재를 인정하지 않으며 現生에 더 큰 가치를 두는 유교, 개인의 수련과 자각을 통해 영원한 세계인 열반과 해탈에 도달할 수 있다고 보는 불교, 전능한 유일신 하나님과 독생자 예수 그리스도에 대한 믿음이 사후 세계를 결정한다고 보는 기독교, 지금까지 한국인의 사후 세계에 영향을 끼친 몇 가지 신앙과 종교의 죽음관에 대하여 알아보았다.

그렇다면 대다수 한국인들은 죽음에 대하여 어떻게 생각하고 있을까? 한국인의 죽음관은 그 종교 분포도만큼이나 다양성을 가지고 있다. 외부에서 유입된 불교, 유교, 기독교 등과 여기에 한국적 샤머니즘의 결합은 개개인의 죽음관에 큰 영향을 끼쳤으며 새로운 다양성을 제공했다.

그러나 대부분의 사람들이 어떤 한 종교의 내세관을 전적으로 믿는다기보다는 몇 가지 종교들의 사생관을 복합적으로 수용하고 있음은 부인하지 못할 것이다. 현대 한국인들은 대략 다음과 같은 3가지 관점을 선택적으로 가지고 있다.

첫 번째는 사후 세계에서의 영생이며, 두 번째는 영원한 윤회, 세 번째는 죽음을 통한 인간의 소멸이 그것이다.

첫 번째 죽음관에 속하는 이들은 일정한 사후 세계를 제시하는 종교에 나름대로 충실하며 어려움이 닥칠 때 그들만의 신을 찾는다.

두 번째 죽음관에 속하는 이들은 죽음 이후 남겨진 業(업. 카르마karma, 善惡의 결과치/현생에서 받게 되는 因果應報)이 다음에 태어날 자신의 모습을 결정할 것이라 믿고, 해탈과 열반의 경지를 위해 자기 수련에 몰두한다.

세 번째 죽음관에 속하는 이들은 사후 세계에 대한 강한 신념은 없지만 현생에서 지켜야 할 가치관에 충실한 삶을 살아간다.

이 세 가지 죽음관은 각 개인의 사고에 따라 여러 가지 구체적인 모습으로 나타나기도 한다. 그러나 이들의 대부분이 현생의 삶을 무시하거나 경시하지 않는다는 데에 맥락을 같이하고 있다. 즉, 한국인들에게 있어서 死後 세계보다는 現生이 더 중요하였던 것이다.

죽음은 경험될 수가 없다. 단지 타인의 죽음을 통한 간접적인 경험과 인식만이 있을 뿐이다. 우리가 겪을 수 있는 외적이며 간접적인 죽음의 경험은 깊이 있는 사유 과정과 논리의 필연성이 요구되는 철학에서는 확실한 체계를 가지고 발달하지는 못했지만, 형이상학적 차원에서 철학자 개개인의 죽음에 대한 인식과 학설은 꽤나 다양한 편이다.

에피쿠로스는 세계의 총체와 존재의 관계가 죽음으로 단절되는데 이것만으로는 죽음을 알 수 없다고 했고, 스토아학파의 세네카는 죽음에 대한 인식은 자연의 질서에 부합되는 스스로에게 주어진 역할이라 하였다. 이들은 곧 죽음이라는 인식의 필요성을 강조한 입장이다.

대철학자로 알려진 소크라테스는 죽음을 통하여 비로소 정신이 육신이라는 굴레에서 해방되어 자유롭게 된다고 믿었다. 그렇지만 그는 자살은 신들의 노여움을 사게 될 것이며, 그것은 신들의 허락이 있어야만 가능하다고 설파하였다.

임마누엘 칸트도 인간이 자기 자신에 대한 애착에도 불구하고 스스로 목숨을 끊는다는 것은 보편적인 자연법칙에 어긋난 행동이라 질책하였다.

한편, 쇼펜하우어는 현실에서의 행복은 단지 고통으로부터의 일시적인 소강상태라 했다. 그러나 인간이 자살을 통하여 우주의 보편적 의지의 개별적인 현상을 파괴할 수는 있으나 그것에 의해 살려고 하는 의지 자체는 파괴되지 않기 때문에 자살은 [무의미/무모/천박]하다고 강조하였다. 그렇지만 자살이 부도덕하거나 범죄 행위로 인식되는 것에 대해서는 적극적으로 비판하였다.

철학자들의 죽음에 대한 인식들은 사후 세계에 대한 완벽한 설명이라기보다는 죽음이 삶에 있어서 차지하는 의미와 그에 따라 인간의 인식 체계에 반영된 죽음의 그림자를 묘사했다고 볼 수 있다. 생명을 갖고 태어난 모든 생명체는 죽는다. 어쩌면 지금 우리가 매일 매일을 살고 있는 것도 죽음을 향한 몸부림인지도 모른다. 그러나 인간의 삶이 유한하기에 지금의 존재가치가 더 커지는 것일 수도 있다. 삶의 마지막 순간, 죽음이 눈앞에 왔을 때 우리는 무엇을 보게 될 것인가?

死後 세계의 완전한 모습을 아는 이는 아무도 없다. 그러므로 그것에 대한 지나친 경외와 공포 그리고 신비주의는 우리에게 결코 도움이 안 된다. 여러 관점에서 나타난 우리들의 사후 세계에 대한 인식과 죽음의 모습은 더 이상의 격리와 도피의 대상이 되어서는 안 된다. 공통적으로 도출된 현실 긍정과 극복의 태도야말로 죽음을 대하는 우리들의 바람직한 자세라고 믿으며, 바로 그런 사람들에게 진정한 사후 세계가 기다리고 있지 않겠는가 하고 되묻고 싶다.

蛇足 하나:

'삶과 죽음의 문제' 그리고 '주역과 사주'를 몇 십 년 들여다보니 문득 이런 생각이 든다. 물론 필자의 아주 편협하고도 주관적인 편견일 뿐이니, 독자들은 너무 큰 비중은 두지 말길 바란다.

삶은 우연처럼 보이지만, 사실은 필연이다(좀 더 객관화시키면 '필연에 가깝다').

죽음은 필연처럼 보이지만, 사실은 우연이다(좀 더 객관화시키면 '우연에 접근한다').

2). [참고/인용] 도서.

0. 『죽음의 철학』(장 폴 사르트르 外 著, 정 동호 外 2인 譯 : 청람문화사, 2004)

0. 『죽음이란 무엇인가』(한국종교학회 編 : 도서출판 창, 1990)

0. 『사후의 세계』(조지 캘럽 著 : 문학세계사, 1992)

0. 『불교와 기독교의 비교연구』(마쓰다니 후미오 著 : 고려원, 1988)

0. 『죽음의 한 연구』(박 상륭 作 : 문학과 지성사, 1986)

0. 『한국무속사상연구』(김 인회 著 : 집문당, 1987)

0. 『동아원색세계대백과사전』 제25권(동아출판사, 1983)-'죽음'과 관련된 항목.

0. 『티벳 死者의 書』(파드마 삼바바 著, 류 시화 譯 : 정신세계사, 1995)

0. 『티벳 死者의 書』(파드마 삼바바 著, 정 창영 譯 : 시공사, 1998)

0. 『한국유학사상론』(윤 사순 著 : 열음사, 1986)

0. 『한국학연구입문』(이 가원 外 3인 編著 : 지식산업사, 1981)

0. 『서양철학사 上, 下』(B. 러셀 著, 최 민홍 譯 : 집문당, 1991)

0. 『한국의 풍수사상』(최 창조 著 : 민음사, 1984)

0. 『철학개론』(최 동희 外 3인 著 : 고려대학교출판부, 1980)

0. 『죽음의 역사』(P. 아리에스 著, 이 종민 譯 : 동문선, 1998)

0. 『종교사 개론』(미르치아 엘리아데 著, 이 재실 譯 : 까치, 1993)

0. 『만남, 죽음과의 만남』(정 진홍 著 : 궁리, 2003)

0. 『우리는 왜 죽음을 두려워할 필요 없는가』(정 현채 著 : 비아북, 2018)

0. 『너무 늦기 전에 들어야 할 카르마 강의』(최 준식 著 : 김영사, 2021)

6부. 부정적인 남녀의 바람(끼) 문제 파악법
[바람을 부르는 '2-5' 격차이론(간산 說)]

1). 이 문제에서 자유로운 사람은 그리 많지 않을 만큼 이 시대의 큰 흐름과 화두가 되어버린 문제라서, 기존의 전통명리학적 입장이 아닌, 다른 관점에서 한번 궁리해보게 되었다. 제법 남녀 문제에 대한 적용이 괜찮아서, 필자 스스로 일명 [바람을 부르는 '2-5' 격차 이론]이라고 부르면서 사용하고 있다.

2). 원국의 인접 지지끼리 2 혹은 5격차일 때, 비정상적 남녀 문제[바람(끼)/異性 문제/내로남불/배우자外 異性과의 문제]의 발생 가능성이 커진다는 임상경험에서 출발한다. 고급 이상들은 [입체적/종합적/복합적]으로 실제 사주에 적용시켜 [확인/검증]해 볼 것을 권한다.

3). 근거: 남녀를 끌어당기는 힘 자체인 '도화'가 '역마'의 [역동성/변동성/이동성]을 바로 인접한 柱에서 만나게 되면 그 힘과 영향력은 상당히 [왜곡/변질]되어 부정적 형태로 나타난다는 점에서 계속 살펴보게 된 것이다.

* 외형적 특징
  2격차: '1'-②-'3'(3과 1 사이=2격차).
  5격차: '1'-②-③-④-⑤-'6'(6과 1 사이=5격차)

  1. 겉으로 드러나는 진/술/축/미(辰/戌/丑/未) 글자는 없음.
  2. 꼭 중간(즉 ② 혹은 ②, ③, ④, ⑤의 위치)에 [진/술/축/미(辰/戌/丑/未)] 土가 개입됨.
  3. 인접한 2개 지지가 '1子'-'3寅'(3-1=2격차) 관계이면 '2격차'라 한다.
     인접한 2개 지지가 '1子'-'6巳'(6-1=5격차) 관계이면 '5격차'라 한다.

4). 사주원국에서 [월지-일지/일지-월지] or [일지-시지/시지-일지]에서 2격차일 때.

4-1). [子/午/卯/酉 기준](왕지 도화: 子수/午화/卯목/酉금)
     =>(+2): /1子-(②축)-3寅/1午-(②미)-3申/1卯-(②진)-3巳/1酉-(②술)-3亥/
         //왕지 도화(+2)생지 역마//

4-2). [寅/申/巳/亥 기준](생지 역마: 寅목/申금/巳화/亥수)
     =>(-2): /3寅-(②축)-1子/申-午/巳-卯/亥-酉 / *나머지 예들은 번호 생략.
         //생지 역마(-2)왕지 도화//
 * 암기 요령: 인접 지지가 [인-자/오-신/묘-사/유-해]일 때 부정적 남녀 관계가 잘 형성된다.

5). 사주원국에서 [월지-일지/일지-월지] or [일지-시지/시지-일지]에서 5격차일 때.

5-1). [子/午/卯/酉 기준](왕지 도화: 子수/午화/卯목/酉금)

　　　=>(+5): /1子-(②축, ③인, ④묘, ⑤진)-6巳/

　　　　　/1午-(②미, ⑤술)-6亥/卯-(진, 미)-申/酉-(술, 축)-寅/ *나머지 예들은 번호 생략.

　　　　　//왕지 도화(+5)생지 역마//

5-2). [寅/申/巳/亥 기준](생지 역마: 寅목/申금/巳화/亥수)

　　　=>(-5): /寅-酉/申-卯/6巳-1子/亥-午/ *나머지 예들은 번호 생략.

　　　　　//생지 역마(-5)왕지 도화//

　* 암기 요령: 인접 지지가 [유-인/신-묘/사-자/오-해]일 때 부정적 남녀 관계가 잘 형성된다.

6). 주로 년지-월지(주로 '올바람')에서 '2-5 격차' 조건이 되면 그 영향력이 현저하게 떨어지거나, 많이 약화된다고 본다. 단, '올바람'(젊거나 어려서 피우는 바람/한창 공부해야할 청소년기의 과잉한 異性 탐닉의 바람)과 '늦바람'(나이가 제법 들어서 피우는 바람)의 시기적 판단이 필요할 때는 제법 쓸모가 있다.

- 183 -

7부. 특이한 性的 정체성과 왜곡된 性的 취향의 상담문제

1). [性的 편향성과 性的 취향의 문제]는 동서고금을 통해 항상 시끄러운 [사회적/종교적/정치적/문화적/도덕적/윤리적/이념적] 이슈거리였다. 우리들 주변에 性的 소수자, 동성애자, 양성애자, 호모, 게이, 레즈비언, 트랜스젠더, 性的 정체성의 혼란, 특이한 性的 취향(변태적 性욕구 등), 기타 등등의 [사람/현상]에 대한 [판단/이해/생각/여론]은 서로 처해 있는 입장, 집단, 진영의 논리에 따라 양극단의 모습을 보이고 있다.

실제 명리학에서도 쌍둥이 문제, 子시의 구분 문제, 동일 사주명식의 전혀 다른 운명전개 문제, 性的 편향성과 특이 취향의 문제, 로또 당첨의 문제, 남반구와 북반구의 사주적용 문제 등등도 호기심 차원을 넘어 현재 상당히 수준 높은 이론적 접근을 이룬 상태이기도 하지만.

아주 섬세하면서도 예민한 문제라서 자칫하면 내방객의 마음에 깊은 상처, 혹은 분노를 유발할 수도 있기에, 상담에 임할 때는 이모저모를 신중하게 생각하고 또 모르는 분야에 대해서는 깊이 있는 공부를 해둘 필요가 있다. 더하여 일단 커밍-아웃한 내방객의 용기와 어려운 처지를 십분 고려하여, [상담/통변]에 조심조심 응해야 할 것이다.

2). 최근 우리 행정부 차원에서의 [性的 편향성과 性的 취향의 문제]와 관련된 공식 통계치(사실 믿을만한 상황도 아니며, 커밍-아웃의 어려움도 고려해야함)는 약 5% 정도라고 조용하고도 은밀하게 발표했지만, 필자의 실제 임상경험으로는 약 10~15% 정도(국민 100명당 약 10명 안팎 정도)는 충분히 된다고 본다. 거칠게 말해서 한국 사람들 약 10명 중에 1~2명은 자신의 性的 정체성과 性的 취향에 약간의 특이점를 갖고 있거나, 또는 그런 문제의식을 갖고 있다는 이야기다.

확연한 결론을 내릴 정도로 많은 데이터(사주 원국)를 확보하지 못했기에 자신은 없지만, 중급자 이상이면 참고가 될 것 같아서 몇 가지를 언급하고자 한다. 이 분야는 물론 [의학/심리학/생물학/사회학/법학/철학]쪽의 학자와 전문가들도 관심 있게 연구하고 다룰 영역이기도 하다.

3-1). 다음은 [性的 편향성/性的 정체성]의 고민 문제를 필자와 상담한 사람들의 사주명식의 특징을 모아본 것이다.

1번. 몸의 문제일 때도 있지만, 사주원국의 지지에서 '强대强'의 [충/극/합]이 있거나, 사주원국 전체 국면에서 木기운과 金기운의 격렬한 전투적 상황이 보이는 경우.

2번. [정신적/심리적/정서적] 문제일 때도 있지만, 사주원국의 천간에서 '强대强'의 [극/합/합화]가 있거나, 사주원국 전체 국면에서 火기운과 水기운의 격렬한 [沖/尅/대립] 상황이 보이는 경우.

3번. 극도의 [신약/신강] 일간이, [원국+대세운]에서 [火/水]기운이 심각하게 불균형을 이루거나, 대립 국면이 지속될 경우.

4번. 조후(調候)상으로 너무 춥거나, 너무 뜨겁거나, 너무 습하거나, 너무 [건조/조열]한 경우.

5번. 위의 특성이 전혀 보이지 않고, 아주 평범하고, 일반적인 사주 명식인 경우도 있다.

3-2). 위의 문제로 필자가 상담하고 감정한 사주는 좀 더 많지만, 위의 4가지(1~4번) 항목에 해당하는 데이터 숫자는 모두 16~18명 정도이며, 그 중에서 자신을 스스로 男性이라고 인정한 사람은 9~10명, 女性이라고 인정한 사람은 7~8명이다. [개명/작명] 상담을 겸해서 찾아온 사람들도 4명 포함되어 있다. 물론 방문 상담한 본인조차도 자신의 性的 정체성을 잘 모르겠다는 사람(혼동을 느끼는 사람 포함)도 3~4명쯤 된다. 물론 육체적 [男性/女性]의 구분에 필자도 자신이 서지 않는, 아주 애매모호한 5~7명은 제외시켰다. 직접 대면하지 않고 [전화/문자]로 상담한 사람의 비율이 다른 상담 주제에 비해서 아주 높은 편이다.

유의미한 통계적 결과치는 아니지만, 굳이 부등호로 표시하면, 3번>2번>5번>4번>1번 정도로 그 비율을 차별化시킬 수 있다. 아직까지는 필자의 [개인적/주관적]인 생각과 판단일 뿐이다. '성급한 일반화의 오류'를 피해야 할 터. 프로들은 참고하길 바라며, 이쪽 분야에 관심 있는 연구자가 있다면, [수정/첨삭]의 조언과 기회를 기대한다.

8부. 실제 현장에서 사주의 [감정/통변]이 어렵거나, 잘 안될 때의 요령

크게 보면 주로 다음 5 가지 경우에 주로 해당하는 문제들이다.

1. 사주감정의 내용 자체가 잘 안 맞을 때,
2. [용신의 정확성 여부/운세적용/운세풀이] 쪽에서 뒤죽박죽이 되거나 자신이 없을 때.
3. 당사자의 [성격/심리/적성/직업 등]이 전혀 엉뚱하게 나올 때.
4. 큰 [일/사업]을 앞두고 있거나 진행 中인데도. 성패를 판단하기가 곤란할 때.
5. 사주 자체가 잘못된 경우(출생 년/월/일/시를 잘못 알고 있는 경우).

많이 물어오는 남녀의 문제, 직업의 문제, 재물의 문제 등등은 모두 [財성/官성]으로 통하니, 우선적으로 이 2 가지(재/관)를 잘 살펴야 한다. 덧붙여 현장에서 많이 생기는 문제는 주로 다음과 같은 경우들이다.

1). 감정 대상자의 사주원국 정확성(여기서 모든 시간표현은 양력 기준임)이 문제가 될 경우.
1-1. 사주 원국[出生 년/월/일/시 재확인, 음양력 재확인, 당사자의 성별(남녀)] 재확인, 출생지(외국, 연평도, 울릉도 출생 포함) 재확인, 누구로부터 전해들은 정보(출생시점+출생지)인가? 재확인, 그것은 믿을만한 정보인가? 재확인, 병원에서 적어준 기록의 정확성 재확인, 엄마가 일찍 돌아가셔서 [형/누나/오빠/언니/일가 친인척 등]으로부터 출생시점 정보를 간접경로로 혹은 거칠게 전달받은 경우에는 재확인 작업이 꼭 필요함.
1-2. 실제 임상에서 경험해보면, 출생日 날짜(일주)를 잘못 알고 있는 경우도 상당히 많다.
1-3. 출생 時(시주)를 잘못 알고 있는 경우도 거의 1/3 쯤 된다.
　　　[오전/오후] 같은 숫자 시간대(가령 오전 4시와 오후 4시)를 혼동하는 경우도 제법 된다.
　　　특히 [밤 23시(밤 11시)/밤 12시(오늘 밤 24시=내일 새벽 00시)/새벽 01시/夜자시/朝자시/의 혼동과 갈등의 문제포함] 등에서는 일주와 시주가 달라지는 경우가 많이 생기니(드물게는 월주와 년주가 달라질 수도 있음), 특히 조심해야 한다. 프로들조차도 실수하는 경우가 많다.
　　　이런 경우엔 아예 기준시점 사주 원국(사주1)에다가, 前後 시점의 사주 2가지(사주2, 사주3)를 더해 모두 3가지 사주를 미리 염두에 두고 [통변/감정]에 임하는 것이 효과적이다.
1-4. 심지어 출생 年(년주. 동물띠)을 잘못 알고 있는 경우도 있다.
　　　특히 [12月/1月/2月]生인 경우는 자칫하면 월주와 연주가 달라질 수도 있다..
　　　그것도 출산 당사자인 어머니가 자식의 출생 年(동물띠)을 잘못 알고 있는 비극도 보았다.
1-5. 사주감정을 해주는 프로(전문가/학자/상담사 등)의 안일한 자세나 실수의 문제.
　　　손으로만 직접 사주 원국을 작성하는 프로, 만세력 보고 베끼는 프로, 특정 앱, 혹은 프로그램만을 신뢰하면서 그대로 출력해서 사용하는 프로, 전문지식이 부족한 프로 등등. 반드시 2가지 이상(手작업 포함)의 작업으로 사주 원국을 정립할 때는 교차 검증할 것(중급자 이상과 프로들도 특히 조심해야 한다).
1-6. [음력/양력]을 혼동하는 경우.
1-7. 잘못된 [만세력/앱/프로그램] 자체를 그대로 사용하는 경우.

1-8. 亥시와 子시에 태어난 사람의 [일주/시주] 적용문제.

특정한 날의 마지막 시간대는 亥시(21:00~23:30)로 잡고, 그 다음 날의 첫시작을 子시(23:00~01:30)로 잡아주는 것이 쉽고 편하다.

새해 첫날(설날)을 보통 12월(子월), 그 다음해 1월(丑월), 그 다음해 입춘이 들어가는 2월(寅월) 중에서 결정되는데, 현대 사주명리학에선 입춘(寅월. 입춘 절입시각)을 새해 첫날(설날)의 기준시점으로 잡고 있다. 그러나 많은 민족이나 많은 나라의 [전문가/학자/프로]들 중에서는 子월(12월) 혹은 丑월(1월)에서 설날(시작의 기준 시점)을 설정하기도 한다.

2). [용신 오류/격국 오류/12운성(명리정종, 연해자평 기준적용 조심) 적용오류나 과잉적용/맹목적인 신살, 3재, 공망 등의 편향된 적용과 해석/특정 용신법 집착/특정한 격국이론 집착 등]에서 발생하는 문제들도 많다. 잘못된 용신이나 격국을 설정(전제)하거나, 12운성을 과잉적용하게 되면 여러 가지 당혹스런 일들이 동시다발적으로 발생한다. 심지어 뒷감당이 불가능하거나, 의뢰자(감정 대상자)에게 깊은 [불신/상처]를 안겨줄 수도 있다. 過(over)하면 무엇이든 문제가 생긴다.

3). 대운 계산을 잘못한 경우, 대운의 [남/녀/역행/순행] 적용 실수, 과도한 대운(세운 포함)의 [신뢰/적용] 문제도 심심찮게 발생한다. 심지어 개업한 프로들 中에서도 정확한 대운계산법을 모르는 이가 의외로 많다.

4). 특정한 고전 [적천수/자평진전/궁통보감(난강망) 등등], 특정한 [학설/이론/개념], 특정한 [학자/전문가/프로/무속인/유튜버/전문 강사/강의 등]에 빠져서 편향적으로 해석하거나 과잉 적용하는 경우(이런 경우 잘 맞을 때도 더러 있지만, 잘못된 경우가 더 많다. 중급자 이상과 초급 프로들은 특히 조심을 요한다. 過(over)하면 무엇이든 문제가 생긴다)도 있다.

5). 우선 일간을 중심으로, 그 다음은 일주를 기준으로 놓고, 당사자의 핵심 윤곽을 먼저 파악하고 나서, 구체적인 문제로 넘어가야 한다. 즉, 전체 숲을 우선 파악하고 나서, 구체적인 나무 하나하나를 보라는 말이다. [일간/일주]를 놓치고 사주감정으로 들어가면, 전체 윤곽을 못 보고 세세한 부분에 집착하게 되니, 당연히 오류가 생기고 실수하기도 쉽다. 각별 유념해야 한다.

6). 운세의 기복과 성패를 살필 때는 대부분의 프로들이 그러하듯이, [용신운/대운/세운/신살/12운성] 등을 참고하면서 살핀다. 필자의 임상경험으로는 그 中에서도 단연 '세운'을 우선으로 봐야 한다. 더하여, 큰 [목표/비즈니스/프로젝트/일/사업]을 앞두고도, 최우선은 역시 세운이다. 그 다음으로 [대운/용신운/관성(특히 편관)/沖剋(충극) 관련/역마/'식상생재'/12운성]을 비중 있게 봐야 한다.

7). 사주의 구조를 이런 식으로 크게 나눠 보기도 한다. 1. 辰戌丑未 4토가 하나도 없는 사주, 2. 지지가 모두 辰戌丑未인 사주, 3. 辰戌丑未가 얇은(1~2개) 사주, 4. 辰戌丑未가 두터운(월지 포함 2~3개) 사주이다. 잘 [분석/구분]해보면 의외로 유의미한 공통분모를 발견할 수 있을 것이다.

8). 사주의 전체 구조를 [연주+월주]를 인생의 전반부로 보고, [일주+시주]를 삶의 후반부로 보고 감정하는 방식이 특정인에게는 잘 들어맞을 때가 있다.

9). 사주원국 전체 8글자의 5행만을 따져 보면서 사주를 '단순 구조화'시켜 보는 것도 날카로운 통변으로 통할 때가 많다. 특히 水, 火 기운이 아주 선명하거나 대립하는 사주원국에서, 잘 통하는 감정 방법이 되기도 한다.

10). 그래도 감정이 선명치 않고 자꾸 꼬일 때는 한 번 더 사주 자체(출생 년, 월, 일, 시)의 정확성 여부를 재확인하고 나서, 일간(혹은 他 천간)과 암합하는 지장간의 [동태/양상]을 유심히 살피면서, 특히 지지(혹은 지장간)의 [刑/沖/合]을 잘 [음미/적용] 해보면, 뜻밖에 [감정/통변]의 계기와 실마리가 쉽게 잡힐 때도 있다.

11). 사주감정에서 가장 많이 언급되고 또 통변의 대상이 되는 2가지가 바로 '財성'과 '官성'인데, 여기서 통변이 헷갈리거나 어려울 때가 많이 생긴다. 단순무식한 요령이지만 굳이 소개하면, [재성은 내가 데리고 다니는 놈이라면, 관성은 나를 끌고 다니는 놈]이라고 보면 된다. 특히 [편재는 내가 데리고 다니기는 하지만 내 섬세한 사정에는 관심이 없는 놈]이고, [편관은 힘들어하는 나를 강제로 끌고 다니는 상당히 무정한 놈]이다. 더하여 [정재는 내가 버겁지 않게 편히 데리고 다닐 수 있는 놈]이며, [정관은 힘들어하는 나를 그래도 제법 부드럽게 컨트롤 해주는 놈]이라고 보면 의외로 [감정/통변]이 쉽게 풀리기도 한다.

9부. 내방객(고객, 감정 대상자)을 대하는 프로의 바람직한 태도

1). 통상 내방객과의 [문답/대화]를 진행시켜 나가면서 사주원국과 내방객의 질문을 확인하고, 기타 의문 사항들을 [경청/조언/상담/충고]하는 것이 가장 일반적이다.

  1. 내방객이 프로를 시험에 들게 한다든가, 무엇을 알아 맞춰보라든가 하는 상황이라면.
   '저는 사주쟁이지 점쟁이가 아닙니다.'라고 선언할 수 있어야 한다.
  2. 이때 가장 중요한 점은 모르는 것은 '모른다.'라고 솔직하게 말할 수 있어야 진정한 프로이다.
  3. 안 보이는 것은 '안 보인다.'라고 솔직하게 말할 수 있어야 진정한 프로이다.
  4. [얕은 수/말장난/눈치/잔머리/상상력/쓸데없는 물상 이미지]를 역이용해서 상황을 모면하면.
   언뜻 임기응변에 능한 진짜 프로처럼 보인다고 착각할 수도 있지만, 천만에 말씀이다.
   거칠게 말한다. "이런 프로들이 대개 오래 못 버티고, 한방에 갈 때가 많다."
   반드시 천라지망(天羅地網)의 대가를 치르게 되니, 프로라면 조심 또 조심해야 한다.

2). 극단적인 길흉화복을 언급할 때는 되도록 중화시켜, 간접적으로 전달한다.
   마음에 상처를 주는 부정적인 내용도 얼마든지 완곡하게 전달할 수 있다.
   [문제해결/치유/힐링/심신 안정]은 못 해 줄망정, 상대의 가슴을 후벼 파서야 되겠는가.
   단, [거짓/과장/왜곡/축소/변질] 등은 절대 금물이다.

3). 내방객 중에는 당신보다 훨씬 더 수준 높은 고수(상급자)도 '간혹' 있게 마련이다.
   이럴 때는 빨리 승복하고, 차라리 한수 배우겠다고 자청해라.
   그리고, 이상한 내방객이 왔다고 해서, 절대 경찰을 부르지는 말라.

4). 죽음과 관련된 문제는(설혹 뛰어난 프로라도 보일 리 없겠지만, 혹간 보이는 게 있어도) 내방객 본인의 문제이든, 내방객의 [부모/가족/지인]의 문제이든 간에 절대 언급해서는 안 된다.
   간혹, 자신 혹은 부모님의 수명(언제 운명하실지?)을 정말 진지하게 물어오는 사람도 많다.

5). 기타 지극히 개인적인 프라이버시에 해당하는 문제(특히 性的 정체성과 취향의 문제/異性지간의 특이한 문제/범죄에 가까운 사건사고 문제/내방객의 비밀스런 사연/내방객의 구체적 人的 정보 등등)는, 내방객을 배려하면서, 극도로 조심하면서, 언급해야 함을 잊지 마라. 상담이 끝나면 고해성사 後의 신부님처럼, 입엔 자물쇠를 채워야한다.

6). 이웃의 프로들을 험담하거나, 실력이 없다거나, 감정료의 많고 적음을 가지고 뒷담화 하지 마라. 가장 下手들이 저지르는 실패한 전략이며, 자신과 이웃의 프로 모두에게 도움이 되지 못하는 우매한 짓이다.

7). '선생님, 참 신통방통합니다. 존경스럽습니다.'라는 말에 현혹되면, 진정한 프로가 아니다.
   초보 프로들은 이런 유혹에 넘어가기 참 쉽다. 절대 금물이니 이런 巧言令色을 멀리 하라.

[고객/내방객]의 그런 말투에 속아서 패가망신한 프로들이 한둘이 아님을 명심하라.

8). 어쩌다가 내방객의 사연과 질문에 한두 가지 놀라운 적중을 보였다고 해서 갑자기 어깨에 힘을 주거나 자기과시에 빠지지 마라. 주변의 다른 프로들은 당신보다 훨씬 높은 수준의 적중률을 보이고도 泰然自若하더란 걸 잊지 마라. 그리고 명리학에서 그런 일들은 茶飯事로 있는 것이라서, 전혀 놀라운 일이 못 된다. 막 [개업/개원]한 초짜 프로들이 빠지기 쉬운 함정인 동시에 전형적인 경거망동의 사례라서 소개했을 뿐이다.

9). 내방객(상담 요구자)에게, 프로 자신이 뭘 좀 안다고 절대 거만하게 굴어서는 안 된다.
　　내방객의 나이에 관계없이, 말을 下待하지 마라(거친 표현: '말 까지 마라').
　　반드시 존댓말을 사용하도록 하라!

10). 내방객이 잘나서, 무서워서가 아니다. 적어도 자신의 운명을 프로에게 상담을 받으러 온 내방객들은 거의 대부분 마음에 큰 상처를 받았거나 [고통/눈물]의 터널을 통과 中인 사람들이기에,
　　"최소한의 인간적 배려와 더불어 [위로/존중]의 자세로 사주상담에 임해야 한다."는 엄연한 현실을 재차 강조한다.

11). 주변의 '아는 사람(일가 친인척/가족/知人/동료/친구/선후배 등등)'들이 사주감정(작명/개명/궁합/택일/타로점 등을 포함)을 요구할 때, 웬만하면 부드럽게 [사양/거절]하도록 하라. 감정료를 받아도 문제, 할인해줘도 문제, 공짜로 봐줘도 문제, 열심히 봐줘도 문제, 안 봐줘도 문제이다. 득이 될 일은 거의 없고 오히려 좋은 관계에 금이 가거나, 구설수에 휩싸이기 쉬우니 완곡하게 거절하는 편을 재차 권한다. 자신의 실력을 인정받고 싶겠지만, 이런 경우에는 참는 것이 좋다!

12). 운이 나쁘다, 풀리지 않는다고 하소연하는 [내방객/방문객/고객]을 위한 실질적인 팁:

*** 좋은 운(운세)을 만나고, 또 그것을 나의 것으로 만드는 방법 ***

1. 울림이 있는 [사람/책/공간]을 많이 접하라. 명리학에서 말하는 '역마적 기법'을 응용한 것이다. 좋은 운이 찾아올 확률과 기회는 더욱 확실해지고, 결실과 성취는 훨씬 더 커진다.
2. '운'이란 매 순간순간 나에게 던져진 수많은 질문에 대한 나의 [대답/대응/태도/실천]이자,
　　매순간마다 연속되는 선택적 갈림길에서의 나의 [결단/선택]이다.
　　그래서 엄격히 말하자면, 운은 내가 만들고 내가 선택한 것이다.
　　타인이나 불가사의한 존재가 나에게 운을 가져다준 것이 아니다.
3. 힘들고 어렵겠지만,
　　시대의 흐름(조류)과 타이밍을 파악할 수 있는 [능력/준비/감각]을 늘 갖춘 상태이어야 한다.
4. 계속해서(10년 이상) 불운이 이어진다면, 내 주변의 3'間'(三'間'=時'間'/空'間'/人'間')을 모두 한번 바꿔보라! 자신의 [생각/습관/생활 패턴/가치관]이 바뀌면서 분명한 효과와 변화의 영향력이 확연히 나타날 것이다.

5. 운이 [발생/요동/진입]하는 시공간은 '역마'로 널리 알려진, [寅/申/巳/亥(인/신/사/해)]의 시공간이다. 프로들은 신중하게 음미해보기 바란다. 많은 도움을 줄 것이다.

6. 로또 1등의 대박은 '우연한 횡재수' 혹은 '나를 시험에 들게 한, 흔치 않은 부정적 財星(재성)의 횡포'이지 결코 '좋은 운'이 아니다! 1등 당첨 후 10년 이내에 불행해진 많은 사람(자살 포함, 약 80~90%)을 보라. 허망하게 속지 말기를 엄중히 당부하고자 한다.

13) 참고:

*현업 종사中인 프로들의 사주명리학 입문의 [동기/계기] 설문조사?

　　자신의 삶의 행로와 그 전개과정이 궁금해서-53%.

　　자신의 인생을 새롭게 다시 시작하고 싶어서-22%.

　　다른 사람을 도와주고 싶어서-13%.

　　[주위/친구]의 권유-5%.

　　경제적 차원의 [구직/취업/실리/도움]-2%.

　　기타-5%.

*현업 종사中인 프로들의 자기 직업(사주명리업종)에 대한 만족도 설문조사?

　　매우 만족-40%.

　　보통 수준의 만족-50%.

　　불만족(아주 불만족 포함)-10%.

出: 1. 한국 사주명리업 종사자들의 사회·경제조사 및 발전방향(하 명렬/2018).

　　2. 감정노동 종사자의 직무적합성 평가를 위한 사주명리학적 연구(함 혜수/2015).

III편. 60갑자 일주론 본편

**한국 대표 '일주론'(艮山 사주명리 일주론)

일주(생일) 別 검색: 개인 運勢, 性格, 心理, 進路, 適性, 職業 가이드

'60갑자 일주론'은 꼭 일주만을 보는 것은 아니다. 연주, 월주(월건), 시주 그리고 심지어 日辰(일진. 특정한 날의 운수를 살펴보기 위한 일주)으로 대입하여 참고해도 좋을 만큼 위력적이다. 사람뿐만 아니라 사회적 [사건/현상/흐름 등]에 대입해볼 수도 있다(간산 說).

처음 입문하는 초급자들은 사주만세력 책자를 꼭 준비해서 살펴보기 바란다.

1). 특정인의 생일(日柱, =일주)을 통해 그 사람의 중요한 특성을 지적하는데, 페이지의 하단 부분에 다음 예시(年과 月을 지적한 맨 아래 2~3 가지 ○표시 항목)는 정말 조심해야 할 경우나 큰 변고, 심지어 몸을 상실하는 경우를 염두에 두고 지적한 중차대한 유의 사항이니 비중 있게 대비하고 참고하실 것.

　예시1. ○ (　　)일주는 자신과 같은 干支(간지)인 (　　)년과 (　　)월을 '각별 조심'해야 한다.

　예시2. ○ 더하여 (　년, 월)과 (　년, 월)도 특별히 조심, 대비할 필요가 있다.

2). 특정인의 일주를 보겠다면 먼저 단독으로 설명된 일간(일주의 천간 부분. 不變의 天性)을 먼저 보고, 나중에 두 글자로 표기된 日柱[일주(일간+일지). 干支(간지. 天干+地支) 형태]를 보면 된다.

3). '生月(생월. =월지, =계절)別 用神, 貴賤, 運勢, 吉凶 정리' 부분

　좀 더 세밀하게 알고 싶다면, 이 부분을 참고하면 더욱 좋다.

　그러나, 이 부분을 초급입문자에게 권하기는 어렵다. 중급 이상만 참고하기 바란다.

　그리고 고급 이상의 프로들에게는 꼭 일독을 권한다.

　더불어 명리학 수준검증 시험도 한번 맛보시기를 정중히 부탁드린다.

4). 예시1. 살펴보고자 하는 특정인의 日柱(일주)가 甲寅(갑인)일 때. 물론 만세력을 통해서 일주가 '甲寅'임을 확인 후, [甲木(갑목) 일간] 부분을 먼저 보고 난 뒤에 [甲寅(갑인) 일주] 부분을 살펴보면 된다. 참고로 이 책은 천간의 순서(甲목→癸수)대로 구성되어 있다.

　예시2. 살펴보고자 하는 특정인의 日柱(일주)가 庚辰(경진)이라면. 물론 만세력을 통해서 일주가 '庚辰'임을 확인 후, [庚金(경금) 일간] 부분을 먼저 보고 난 뒤에 [庚辰(경진) 일주] 부분을 살펴보면 된다.

　더 정확하게 알고 싶다면 위 3)에서 강조한 ['生月(생월. =월지, =계절)別 用神, 貴賤, 運勢, 吉凶 정리'] 부분을 반드시 참고하길 바란다.

5). 예시3. 丙戌(병술) 일주에서의 일지 戌술 토의 지장간 분석.

　예시). "식신 戊무 토 18: 편인的 식신(공허하고도 [고독/신비/동정심]의 연구·궁리)."

　일간 丙병 화를 기준으로 당연히 戊무 토는 식신이다. 그러나 '하건충의 궁성이론'에서는 근본

적 일간 庚경 금을 기준으로 본다면, 戊무 토는 편인이다. 그래서 지장간 戊무 토에 대해서 [편인의 성질을 밑바탕에 깔고 앉은 식신], 즉 [편인的 식신]이라 부르고, [고독한 연구/궁리]라고, 그 기질적 특성을 지적한 것이다. 물론 '18'은 18/30(일지 戌술 토 속에서 지장간 戊무 토가 갖는 비율을 표시함과 동시에, 한 달 30일 중에 약 18일 정도는 지장간 戊무 토가 영향력을 행사하면서 지배한다고 봄)을 표기한 것이다.

'간산 사주명리 일주론'(개인별 일주 검색과 분석)

1-1. 甲木(갑목) 일간

○ 본질: 편재 성향의 甲목, 생명력(운동성), 통제와 관리, 서두름/성급함/추진력/돌파력/경쟁력/상승 욕구/탄력성, 직선적 전진, 돌진, 고집과 유아독존(자존심/이기주의), 외형 과시(스타일리시), 하늘로 쭉쭉 뻗은 낙락장송, 로켓, 자동차, 스프링, 드릴, 소유욕, 식물(乙목)的보다는 동물(甲목)的 성향, 천진난만, 경직, 봄기운 등으로 나타난다. 숫자는 3.

○ 木의 氣:
 1) 서두름, 멈추지 않음, 상승, 성장, 조바심, 오로지 앞으로, 자신의 주장대로, 고집, 生氣.
 2) 곧게(위로, 앞으로) 뻗어나가려는 추진력, 동물적 본능(*乙목=식물적 본능), 생동감 충만.
 3) 능동성, 활발한 움직임, 앞장서기, 공간(위로! 앞으로!) 인식능력이 뛰어남.

○ 고전(적천수/궁통보감/자평진전):
 1) 甲목은 봄(寅월)에만 庚금을 꺼리고, 천간에선 丙화(木火通明)를 지지에선 子수(혹은 지장간 癸수의 투출)를 좋아한다. 통상 甲목은 庚금과 비교적 좋은 관계이다.
 2) 가을(金기운)엔 土를 꺼리고(土생金↑) 丁화, 庚금을 쓴다.
 3) 겨울에는 丙화, 丁화를 함께 쓴다. 庚금은 이른 봄과 여름을 빼고 다 쓸 수 있다.
 4) 물이 질펀하면 寅목에 의지한다. 寅목은 습기를 흡수(水生木)하는 건조형 地支다.
 5) 불이 치열하면 辰土(습토)에 의지한다. 濕土(습토)가 火기를 막아 줌.
 6) 火용신일 때 운이 水(北方)로 흘러야지, 火(南方)로 흐르면 말라 죽는다(木火成灰목화성회).

○ 일간 甲목의 최상조건은 [천간: 丙화와 己토. 지지: 辰토]이다.
○ 사주 전체에서 丙화와 辰토의 도움이 있으면 가장 좋은 구성이다(금상첨화).
○ 편재: 즉흥성, 통제성(우두머리·관리·감독의 역할을 좋아함. 신속한 반응-순진, 천진난만).
○ 甲목은 뿌리내리기 개념이 없다. 눈에 보이는 성장과 전진의 기질 뿐이다.
○ 언 땅을 뚫고 나오는 생명력은 최강. 처음은 어렵지만 나중에는 강한 힘 발휘.
○ 자신의 공간(영역)을 [관리/통제]하고자 하는 동물적 [욕구/본능]이 강하다.
○ 火기운이 적정하면 머리가 뛰어나며, 미술이나 시각예술 분야에도 재주와 적성이 닿는다.
○ 甲목은 財(재)를 의미하는 土[異性으로는 己토(습토), 재물, 몸, 사업의 결실이나 결과물, 소유공간, 자신의 관할 영역]에 대한 [관리/통제/즐김]의 욕구가 상당히 강하다.
○ 왕성한 甲목이 金기운(특히 庚금. 가지치기 기능)을 잘 갖추면 크게 출세한다.
○ 신약한 甲목이 왕성한 土기운에 눌리거나, 强木(강목)과 强金(강금)의 충돌로 깨어지면 [붕괴/추락/손상/接神(접신. 신들림이나 신내림)]의 인연이 간혹 생긴다.
○ 여름 甲목은 木火傷官(목화상관)이라 [생각/의심/잡념/망상]이 많다.
○ 자존심-强(경직/과시), 미래지향적, '앞으로 앞으로'의 기세, '하늘 끝까지'의 분위기다.

○ 투쟁적, 활동적, 자기과시 경향, [추진력/경쟁심]이 강함, 견실한 노력파.
○ 甲목(陽목)은 스스로 잘난 줄 알고 살아감[충돌/갈등은 있지만 정신건강에 문제없음].
　乙목(陰목)은 남들과 비교에서 내면적 불만이 쌓이면 정신건강 문제(우울증/스트레스) 발생.
○ 남 밑에서 일하기 어려움.
　[욕심/집착/소유욕]이 강해 남에 대한 배려심 부족(과시와 이기주의 형태로 나타남).
○ 혹간 甲목 [일간/월지 지장간]이 근토 대세운을 만나면, [큰 일/큰 시험/큰 명예/큰 승진/큰
계약/큰 사업] 등에서 좋은 결과를 맛보기도 한다. 물론 凶으로 나타날 때도 있다.
○ 재물에 대한 상반된 성향이 공존함(바람피우기, 자기과시 對 사회봉사, 재산의 사회 환원).
○ 왕성한 甲목이면 [적극적/외향적] 직업 관련:
　[교육/영업/보험/세일즈/말하기/컨설팅/보육] 가능성.
○ 甲甲 竝立[병립. 혹은 竝存(병존)]: 극심한 길흉화복, 강력한 경쟁심 유발, 막강 돌파력, 의기투
합 동업자 만남, 왕성한 추진력, 급변 상황, 생이별, 死別수, 운동 집착, 사건사고와 구설수.
　* 竝立(병립) 혹은 竝存(병존): 두 개의 같은 천간, 두개의 같은 지지가 서로 이웃하여 붙어 있
는 상태.

○ 장기: 쓸개[膽囊담낭].
　신체: 머리 부분. 팔다리. 신경. 뇌.
* 해당 오행이 [너무 강성/아주 쇠약]할 때 발생되는 [증세/질환]:
　심신장애. [신경쇠약/불면증/분노조절장애(水기운 문제)]. 현기증. 만성피로. [근육/신경/두]통.

○ 사주에서 만약
　木 과다: 이별수, 고립수, 신상복잡　　火 과다: 외화내빈, 다사다난
　土 과다: 호사다마, 질병문제(정신)　　金 과다: 고립무원, 패가망신
　水 과다: 심신불안정(겨울 甲목), 거처不定, 자식화근

　['過多(과다)'라는 말은 본인의 사주(四柱) 팔자(8字)에서 특정한 하나의 오행(木, 火, 土, 金,
水)이 6글자 이상 나타나고, 월지를 장악하면서 힘과 비중을 막강하게 갖추었을 때를 말함이다.
웬만한 사주는 여기에 해당하지 않으니 조심해서 적용하기 바란다. ※무궁한 변화는 여기서부터
시작일 뿐].

1-2. 甲목 일간의 生月(생월. =월지, =계절)別 用神, 貴賤, 運勢, 吉凶 정리.

* 甲목은 우선 하늘(천간)이 따뜻하고(丙화, 己토), 땅(지지)은 윤습해야(辰토, 子수) 대성한다.
* 왕성한 甲목은 金용신(관성 용신)보다 火용신(식상 용신)으로 순응함이 더욱 좋지만, 金기운(庚금)을 제대로 갖춰야 대성한다. 물론, 운세는 北방(해/자/축)으로 흘러야 제격이다.
* 어린(이른 봄) 甲목에겐 金은 절대 금물이다.
* 여름 甲목은 火가 많아도 辰토의 습기로 火열기를 흡수할 수 있다.
  여름 甲목은 목화 傷官이라 [생각/의심]이 많다.
* 가을 甲목은 土(庚금, 丁화에게 피해를 주는 土기운)를 꺼린다.
* 甲乙목 모두 여름生은 水(특히 癸수. 운세도 북방 水)가 최우선.
* 겨울生은 火(특히 丙화. 운세도 남방 火)가 최우선.
* 통상 甲목은 壬수를 반기고, 乙목은 癸수와 잘 어울린다.
* 甲(甲子) 대세운에서 [방향 전환/큰 변화/전직/이직/주거이동/새로운 일과 사업]이 잘 발생함.

寅월 甲목:
1. 丙화(태양)가 최우선. 2. 癸수(봄비. 투출 못하면 地支 지장간에만 있어도 좋음) 3. 아직 弱목이라 庚·辛금(편관·정관)을 꺼림(가난과 요절. 丁화로 제련해 주면 좋다). 4. 地支 水局엔 戊토(財성)로 制(제)하지 못하면 정신손상이나 극빈('토극수' 못하면 썩은 나무 신세) 가능성.

卯월 甲목:
1. 막강 甲목이니 庚금(가지치기) 필수. 2. 丁화(온열) 혹은 丙화(태양)의 지속적 필요성. 3. 지지대 土(甲목이 강해서 관살 庚금이 약해지니 財성 土의 지지대 역할인 '토생금'의 생조가 필수)의 필요성. 4. 庚금(없으면 하격)이나 丁화가 없을 땐, 財성 土도 차선책이다.

辰월 甲목:
1. 庚금(관성. 가지치기) 필수. 2. 壬수(물 공급 필수. 土강세 辰월이니 癸수로는 약함). 3. 토(財성)가 약하면 빈천. 4. 庚금이 없어도 下격(甲목은 庚금과 대부분 좋은 관계). 5. 庚금이 투출하면 중요시험 합격. 단 암장된 庚금은 무용지물. 6. 고전명리학적 입장: [水(印성) 없음+戊·己토 투출+地支 土국]=[부귀+유능한 처자식].

巳월 甲목. 午월 甲목. 未월 甲목:
1. 일단 癸수가 있어야 上격. 2. 癸수와 庚금(甲목을 치고 癸수를 생조함)이 兩透(양투. 양쪽 모두 투출)하면 최상. 3. 水가 있다면 丁화, 庚금이 필요. 4. 丙화, 戊토가 함께 투출(양투)하면 하격. 5. 癸수와 丁화가 투출 못해도 하격. 6. 水가 전무하거나, 남방 대세운으로 흘러도 下격. 7. 지지에 水가 없으면 즉시 木焚火熱(목분화열. 火기운이 강왕하여 나무가 불타 재가 되어 버림)하니 최하격. 8. 癸수가 없으면 무조건 下격(壬수만 투출해도 재물은 건진다). 9. 여름 甲목이 水를 못 쓰고 辰토 재성을 쓰면 조후엔 어긋나지만 재물은 있다. 10. 여름 木에 金(관성)운이 오면 재앙(그러나 壬癸수가 투출 통관시켜 주면 무사히 金운세를 넘길 수 있다). 11. 辰토는 水창고(신/자/진)

라서 미약하니 불가. 12. 未월 甲목이 丁화를 쓰면서 北방(水) 아닌 南방(火) 운이라면 흉. 13. 甲목이 미약하고 관살(金)이 있다면 하격. 14. 甲목이 무성하면 庚금을 쓰고, 庚금이 지나치면 丁화를 쓰는데 꼭 癸수가 있어야 함. 15. 여름 甲목은 火 傷官이라 [생각/의심]이 많다. 16. 丁화+庚금[벽갑인정劈甲引丁(庚금으로 甲목을 쪼개서 丁화를 생조함. 出 궁통보감). 고전명리학에서 자주 등장하는 내용이지만, 논리가 좀 부족하다는 느낌이 있다].

申월 甲목. 酉월 甲목:
1. 丁庚을 쓸 수 있다면(투출하면) 상격. 2. 酉월은 辛금이 강하니 丁화가 없다면 丙화가 차선책. 3. 가을, 겨울엔 최우선은 丁화, 그다음은 庚금(甲목=장작. 장작을 만드는 용도의 도끼=庚금)을 쓰면서 丙화(조후), 丁화(庚금을 제련)가 모두 있으면 최상격. 4. 申월에 丁/庚(劈甲引丁)이 모두 없다면 하격. 丁화가 암장이면 작은 부자(財성 戊토를 생조함) 정도. 5. 酉월에 [庚금/丙화/丁화]가 모두 없다면 최하격. 6. 癸수가 丁화를 위협할 때는 戊토로 水기운을 制하면서 丁화를 살려야 함. 7. 壬수는 丁화와 合이 되니 무용지물! 8. 丁화는 傷官見官(상관견관)이라도 귀격이 된다. 9. 고전명리학적 입장: [지지 金국]+[庚금 투출]=요절, 중병. 10. 가을生 甲목이 土가 왕성하면 하격. 11. 丁화의 기능[화生토(재물 가능), 화克금(庚금을 제련함. 官관/公職공직 가능)].

戌월 甲목:
1. 戊토가 건조해서 약하니 [壬/癸]수가 있어야 함. 2. 丁화, 庚금이 투출해야(쓸 수 있어야) 上격. 지장간 丁화가 있으니 丙화도 차선책. 3. [丙/丁]화가 드세거나 지지 火국(金 소멸)에 암장된 [壬/癸]수(습토 조성)조차 없다면 최하격. 4. [丁/庚/癸] 모두 없으면 최하격. 5. 甲목이 강하면 庚금을 쓰고 庚금이 많으면 [丙/丁]화로 制해야 상격. 6. 丙화로는 물을 덥힐 수 없고, 金을 제거할 수 없다(戌월 甲목에서 [壬/癸]수와 庚금을 위해서는 丙화보단 丁화가 낫다는 말씀).

亥월 甲목:
1. 庚금(도끼)에다가 戊토로 강한 水기운(亥월)을 制하면 최상격. 2. 庚丁(劈甲引丁)과 丙화(조후)를 갖추면 상격, 없다면 하격. 3. 水旺하면 甲목은 浮木이 되니 하격(이때는 戊토로 制해야 함). 水운까지 가세하면 최하격(요절, 중병). 4. 甲목이 많아 戊토를 制하거나 庚금이 無根이면 중격.

子월 甲목. 丑월 甲목:
1. [丁(최우선)/庚]이나 [丙/庚]이면 상격. 2. 子월엔 壬수 투출에 庚금을 보거나 지지 水국이면(浮木. 身弱-단 寅목이 있으면 다행) 흉! 이때 丙丁화가 있어야 상격. 3. 丑월엔 庚금(귀천 결정)이 없으면 빈천하고 丁화(빈부 결정)가 없다면 흉! 이때 庚금이 있어도 丁화(겨울엔 조후 우선)가 없다면 허사. 단 丁화가 없으면 丙화(이때 지지에 寅, 巳가 있어야 함)로 대신할 수 있지만 庚금을 辛금(격이 낮아짐)으로 대체할 수는 없다. 4. [庚/丁/丙]이 없으면 하격. 5. 癸수가 투출하면 丁화가 손상되니 하격. 戊己토로 水를 制하지 못하면 중병. 6. 비견(甲목)없이 丙丁화만 있으면 재주와 힘이 오래 못 감. 7. 겨울木에 金관살이 가세하면 甲목 凍死(동사. 그래서 丙丁화 최우선). 8. 겨울水로 木을 生하기는 어렵다(이때 水가 범람하면 浮木이 되거나 丙丁화를 손상시킬 뿐).

甲子(갑자) 일주

○ 子수 지장간 분석: [정인+12운성 沐浴목욕].

　偏印(편인) 壬수 10: 식신的 편인(느긋한 허무주의).
　正印(정인) 癸수 10: 상관的 정인(인정받고 싶은 온화함).
　正印(정인) 癸수 10: 상관的 정인(인정받고 싶은 온화함).

○ 비견 甲목(통제, 제멋대로, 조바심, 추진력)이 정인 子수(온화, 수용성, 직관)를 만난 모습.
○ 직관을 통제함. 치밀하지 못한 재물관리. 내 뜻대로 안 되는 답답함도 간혹 나타남.
○ 철학, 정신, 종교, 신비현상 이해, 추상적 가치에 대한 [설명/활동/실천]의 능력(正印. 양육/교직/교사)이 좋음.
○ 교육, 강의, 문학, 철학, 보육·양육, 언어, 화술, 외국어, 건축(조립), 상담자 역할의 직업진로 적성이 어울린다.
○ 낙천성, 역동성, [좌절/체념]을 모르는 성격이어서, '제 멋대로의 추진력'이라고 오해받을 수도 있지만, 생각은 많다. 그러나 한번 꺾이면, 七顚八起하는 不屈의 鬪志와는 거리가 멀다.
○ 강한 [자신감/자존감/자존심/측은지심]은 아주 긍정적이다.
○ [집안/조직]에서 맏이 역할을 많이 한다.
○ 포용성도 있고, 남의 입장도 잘 헤아릴 줄 안다.
○ 큰 고민이나 진지한 사색이 없다. 느낀 대로 바로 표출함. 잔머리는 좋은데 융통성이 부족.
○ 직관은 좋지만(子수가 혼탁하지 않기 때문), 신체적 움직임과 기능에서 둔하거나 늦다.
○ 감각적 [재치/민첩/예리/민감]과는 다소 거리가 멀다.
○ 남녀 모두 배우자 인연은 상대적으로 괜찮지만 스스로 만족해하지는 못한다.
○ 몸의 살집이 비교적 좋고, 신체능력은 다소 느리며, 뛰어난 미녀, 미남형은 아니다.
　단, [일/시]柱에 도화를 깔고 있으면 호감을 주는 [외모/性的 매력]이 있다. 위태롭긴 하지만.
○ 고집과 욕심도 있으며, 큰 사고 없이 배우자와 해로할 가능성은 높다.
　늘 불안한 외나무다리를 건너는 형국이라 마음고생은 있다.
○ 뜻밖의 구설수, 관재수가 따라 다닌다. 쓸데없는 오지랖의 본능적 욕구를 조심해야 함.
○ 선두에 나서는 [기질/리더십]이 있어 권위적, 충동적이라는 지적을 받을 때가 있다.
○ 즉흥성, 조바심은 절대 금물이니 멀리하라.
　주변 사람들이 '輕擧妄動하는 사람 혹은 輕薄한 사람'으로 여길 수도 있음.
○ 양력 2月~7月生은 현재 자신의 분야에서 走馬加鞭한다면 신뢰와 재물 모두 가능.
○ 큰 재물은 아니나 의식주는 어렵지 않다. 특히 천간에 태양 丙화가 투출하면 上格이다.
○ 자녀운은 약한 편. 쓸 자식(後嗣후사)이 없어 고민할 수도 있다.
○ 母와의 인연은 좋지만, 父와의 인연은 취약한 편이다.
○ 形而上學 분야 쪽으로 관심과 적성이 기울고 있다.
○ 火의 분야(영상, 영화, 도자기, 미술, 시각 디자인, 화랑이나 미술관 계통의 전시나 관리 쪽)에 호기심과 집착을 보이는 경우가 많다.

○ 특히 [甲子/辛亥] 일주는 남녀불문하고, 중말년 운세에서는 異性문제를 더욱 조심해야 한다. (12운성 '목욕' 참고).

○ 겉모습과 다른, 편협하고 이기적인 속마음도 간혹 드러난다.

○ 원국이 官印 상생하는 구조라면 출세 가능성.
  그러나 印성이 과다하면 오히려 문제가 꼬임.

○ 운세의 기복이 있으며, 삶의 여정이 다소 파란만장하면서도 드라마틱하다.

○ [건강/질병] 문제는 늘 조심해야 한다.

○ 청장년기에 [재혼/중혼] 가능성 있다. 더하여 늦은 결혼(만혼)을 더욱 권장함.

○ 公私구분 선명하나, 개인 사업이나 큰 재물에는 비교적 인연이 약하다.

○ 비교적 [好/不好]가 분명한 성격이다.

○ 불균형의 5행에서는 [부모/배우자]와의 인연에서도 박하거나 끊어지는 경우도 있다.

○ 土기운이 좋으면 해외 근무, [건설/건축/토목/관광/여행] 업종 등과도 인연이 생긴다.

○ 인격, 덕망, 高貴함 쪽과는 다소 거리가 있다.
  단, 손상되지 않는 官운을 만나면 크게 승진하면서 오래 간다.

○ 신약한 '甲子' 일주는 간혹 '접신이나 신내림, 종교적 맹신이나 광신'을 경험하기도 한다.

○ 상관 火기운이 좋으면 남녀 모두 妙(?)한 매력을 풍긴다.

○ 남녀 공히, 異性에 대한 [관심/집착]이 제법 된다.

○ 오행의 기운이 편향되면 [배우자/거주지/직업]을 전전할 수도 있다.

○ 土기운이 없거나 약하면 [자존감 손상/중증 질환/인신 구속] 등이 나타나기도 한다.

○ 甲木 일간이라, 甲木 대세운(방향 전환의 계기/급변 상황발생/새로운 일과 사업의 시작. 특히 甲子 대세운일 때 강하게 나타남)에서는 더더욱 운세의 급변이 있다.

○ 甲木 일간과 子水 일지는 모두 처음으로 시작되는 간지라서 진취적이며 활동적일 수밖에 없는 구조이기에, [시작/출발/역동성]의 에너지는 왕성하나 마무리가 취약해질 위험성이 있다.

○ 甲子 일주는 자신과 같은 干支(간지)인 甲子년, 甲子월, 甲子일을 '각별 조심'해야 한다.

○ 乙亥, 乙丑(년, 월, 일)과 癸亥, 癸丑(년, 월, 일)도 특별히 조심하고 대비할 필요가 있다.

◎ '01 甲子(갑자)'의 물상적 형국과 그에 따른 명리학的 [조언/충고]:
물가에서 즐기고 있는 하마.
→ 느긋한 생명력과 저돌적 생존 본능은 좋지만, 주변을 잘 살펴라.

甲寅(갑인) 일주

○ 寅목 지장간 분석: [비견+12운성 建祿건록].

　정재 己토　1: 정인的 정재(온화한 실리추구. 연결의 고리일 뿐 큰 비중 없음).
　편재 戊토　6: 편인的 편재(형이상학적 활동성).
　식신 丙화　7: 편관的 식신(맹목적인 [연구/궁리]).
　비견 甲목 16: 편재的 비견(설치는 고집).

○ [통제/관리/저돌적 추진력(甲)]이 더욱 강화됨(막강한 통근의 힘).
○ 강경 일변도+통제를 위한 궁리(편관的 식신 丙화).
○ [조직/권력]의 힘을 추구하는 경향.
○ 품위는 있지만, 친해지기는 어렵다.
○ [포용·번복]이 없으며(수용불가의 입장), 인생행로에서 부침과 굴곡이 예상된다.
○ 천상천하 유아독존(天上天下 唯我獨尊). 권력 욕구가 제법 된다.
○ [권력 지향성/정의감/자존감/독립심/학문적 성취/포부/배짱]은 최강이다.
○ 반발하는 상대방에겐 감정적 공격은 통제본능 의식(절대 복종 요구) 때문이다.
○ 본인이 힘들어 하면서도 [궁리/생각/통제/관리]가 강한 편(통제·관리의 본능적 욕구).
○ [힘/자존심(자존감)/책임감]은 아주 강하나 뜻이 맞으면 몹시 부드러워진다.
○ [명령/지시]를 받는 입장보다 [지휘/통솔/리드]하는 입장이 더 어울린다. 맏이의 역할이 많다.
○ 청빈과 고독(외로움)을 벗 삼는 경우가 많으며, [외국/他地/客地]로 나가 자수성가하는 경우도 많이 있다.
○ 보기보단 체면, 예의, 남의 눈을 의식하거나 치중할 때가 제법 많다.
○ 주로 젊어서 고생하고 나이 들어가면서 자신의 위치를 잡아가는 삶의 형태가 예상된다.
○ 金기운과 火기운이 잘 갖춰 있다면 학자, 교사 교수, 전문직, (개발)연구직, 관리 감독직, 공무원, 예술, 공학, 스포츠 계통의 직업진로적성으로 뻗어나갈 가능성이 크다.
○ 분위기 파악의 화술과 설득의 말솜씨도 좋은 무기이며, 화끈하고 시원시원한 면도 있다.
○ 부모운은 약하다. 부모와의 관계가 매끄럽진 않지만, 집안에서는 기둥 역할이다.
○ 너무 생각이 많아서 속으로 아프지만, 진취적 성장과 발전의 욕구는 아주 크다.
○ 작은 것보단 큰 것에 관심이 많다.
○ 조절만 잘할 수 있다면 좋은 위치에서 자신의 독보적 재능을 뽐낼 수 있는 기회가 여러 번 있을 것이다.
○ 인생 중후반 이후에는, 조직 생활보다는 [장사/사업]쪽이 더 잘 어울린다.
○ [욕망/의지/집념]의 조절이 관건이다.
○ 吉凶禍福의 변화 즉, 운세의 부침과 기복은 심한 편이다.
○ 부드러우면서도 주체성을 갖춘 [합리성/일관성]이 있어 주변의 신뢰는 좋은 편.
○ 은근한 고집, 완곡한 선입관, 내면세계에 대한 [집착·연구·궁리] 쪽으로 자신의 개성과 능력을 잘 드러낸다.

○ 甲寅 일주는 '식상生재'가 순조롭고, [배포/힘/경쟁심/사교성/추진력/판단력]이 좋아서, 리더로서의 자질도 충분하다.
○ 근면 성실하고 부지런한 가운데, 노력하는 자수성가형이다.
○ 집착과 고집, 융통성 부족으로 주변과의 갈등을 부른다.
○ [아집/편견]을 버리고 주변 관리에 힘쓴다면 돋보이는 사주다.
○ 일주의 힘이 좋기에, 확실한 [학문/전공분야/직업/사업] 쪽으로 해볼 만하다.
○ [동료/형제/자식/배우자]의 도움 가능성과 독자사업도 괜찮다.
○ 주변의 시선을 받으면서, [조직/직장/사업/외국] 생활을 적극 [적응/관리]하고자 한다.
○ 지고 싶지 않은 친구 같은 사이라, 부부 인연은 좀 약한 편이다.
○ [자리/감투/공직/학문적 성취/전문직]에 대한 [집착/성과]가 상당히 강하고 좋은 편이다.
○ 부부지간에도 서로 [고집/자존심]이 강해서 큰 애정은 없는 편. 있다면 [신뢰/우정]에 가깝다.
○ 여성은 남편보다는 자식 쪽에 기대를 거는 편이 낫다.
○ 재물을 잘 벌지는 못해도 두뇌회전이 빠르고, 머릿속에 생각(집착과 성취 욕구)은 많다.
○ 丑, 辰월생 癸수가 투출한 여성이면 미인이다. 丑, 辰월이 아니라면 외모는 평균치.
○ '乙卯(을묘)'는 내면으로 파고드는 힘이 강하고, '甲寅(갑인)'은 밖으로 향하는 힘이 강하다.
  '乙卯'는 정재의 비견이며, '甲寅'은 편재의 비견이 된다.
○ 싸움으로는 甲寅 일주(전투력 최강. 火기운 보유)가 최강이다.
○ 金(官) 기운이 좋으면 [전기/전자/화공/화학] 계통이거나, 예리하고 엄정한 [검사/검증/감사] 등의 직업진로가 좋다.
○ 일주가 간여지동(干與支同. 천간과 지지가 같은 오행)이라 원국이 조금만 편향되어도 전체구조의 흔들림(변동수/재물상실/심신손상/사건사고/ 등등)이 생길 수 있으니 조심 대비할 것.
  凶만 아니고 吉도 가능함. 특히 陰干(乙목, 丁화, 己토, 辛금. 癸수)이면 더욱 심각함.
○ 간여지동 [甲寅/乙卯/丙午/丁巳/戊辰/戊戌/己丑/己未/庚申/辛酉/壬子/癸亥]의 공통점
  1. 예술的 감수성 탁월 2. [공학/기술]분야 재능 3. 운세의 부침↕ 4. 부부인연 취약 5. 고집

○ 甲寅 일주는 자신과 같은 干支(간지)인 甲寅년, 甲寅월, 甲寅일을 '각별 조심'해야 한다.
○ 乙丑, 乙卯(년, 월, 일)와 癸丑, 癸卯(년, 월, 일)도 특별히 조심하고 대비할 필요가 있다.

◎ '51 甲寅(갑인)'의 물상적 형국과 그에 따른 명리학的 [조언/충고]:
달리고 있는 [기수/경주마], 달리는 육상 선수의 [팔/다리].
→ 조급한 심신을 빨리 이완시켜라. 과잉한 욕심은 敗家亡身의 지름길이다.

甲辰(갑진) 일주

○ 辰토 지장간 분석: [편재+12운성 衰쇠]

　　겁재 乙목　9: 정재的 겁재(소심한 경쟁).
　　정인 癸수　3: 상관的 정인(비판적 자비심).
　　편재 戊토　18: 편인的 편재(형이상학적 적극성).

○ [직관/영감]이 빠른 판단력을 사용하여 [사람·사물]을 경쟁 중심으로 통제하고자 한다.
○ 목표 설정되면 맹목적 저돌성과 추진력을 보여주면서, 他人의 간섭엔 강하게 저항·반발함.
○ 독립심과 자존감, 경쟁적 진취성도 상당히 강한 편이다.
○ 甲辰 일주뿐만 아니고 地支에 土[辰·戌·丑·未(진·술·축·미)]가 오는 대부분의 일주들은 상당히 [복잡/다양/미묘]한 성격으로 나타난다.
○ 일주 옆에 용신 혹은 자신만의 무기(효용가치가 있는 오행. 甲辰의 경우엔 관성 金기운)가 없으면 천하의 甲辰 일주도 취약해진다.
○ 성급한 통제와 관리(감독 직책, 관리 직책을 선호함)의 본능도 강하다.
○ 성공과 실패도 빨리 나타나며, 운세의 기복이 제법 출렁거린다.
○ 일(작업, 업무)을 즐기면서도 매우 열심히 그리고 효율적으로 한다.
○ 癸수(상관的 정인)가 있어 원활하고 부드러운 예지의 직관력이 좋다.
○ 논리적 직관력을 [사물/기계/물질/재물 관리] 등에 투사시켜 이해하고 작업한다.
○ [컴퓨터/기계/정보] 공학, IT, 산업 공학, 전형적인 공무원, [땅/토양/광산/이공]계통에도 좋은 직업진로적성과 능력을 갖고 있다.
○ 인내심에 해당하는 官(관. 金성분)이 주어지면 더욱 [성장/발전]한다.
○ 식상 없는 재성이 되면 [결실/실리/재물]에서 많이 취약해진다.
　　즉, 식상 火기운이 절실하다는 말씀.
○ 추상적으로 보이는 공간과 물질에 對한 [통제/관리]의 욕구가 强하고 선명하다.
○ [양보/봉사/재물]에 인색하고 구체적 [물질/이익]에 집착하는 경향이 자주 나타난다.
○ 자신이 잘못했다고, 틀렸다고, 약하다고 생각한 문제에는 빨리 포기하고 무관심해진다.
○ 힘도 좋지만, 생명력 강한 습토(辰토)에 뿌리박은 甲목이라 [생명력/생존력]은 최강이다.
○ 정서적, 심리적으로는 상당히 유아적이며 섬세 취약하기도 하다.
○ 남성은 겁재(乙목, 卯목)가 큰 힘을 받게 되면, 배우자의 [변고/사고] 가능성도 있다(財星을 치는 겁재의 영향력 때문이다).
○ 남성은 능력 있는 아내를 얻기도 하지만, 아내가 떠나기도 한다.
○ 여성의 경우 아주 [사교적/활동적]이어서 사회생활과 집안에서의 대인관계도 퍽 긍정적이다.
　　단, 남편이나 媤家(시가) 혹은 媤父母와의 관계가 무겁게 다가올 수도 있다.
○ 부정적인 [자기 기준/자기 주장/자기 과시/자신만의 가치관]을 선뜻 버리지 못한다.
○ 남을 위한 베풀기에 비중을 좀 더 둔다면 좋은 운세의 흐름을 탈 수도 있다.
　　고전 '적천수'에서 가장 긍정적 평가를 받은 일주임. 비교적 좋은 관운과 재물복이다.

○ 외향적이고 의지가 굳으며 책임감도 강한, 말 그대로 '甲辰(갑진) 일주'다.

○ 지장간에 財성 戊土와 印성 癸수의 암합(火 식상)의 영향으로 부동산이나 전문 자격증, 학위, 면허 등으로 성공하는 경우가 많으며 돈과 관계된 일에도 관심이 상당하고 긍정적이다.

○ 쓸데없는 자존심과 고집, 욱하는 기질, 경쟁심, 투기적 성향 등으로 그동안 쌓은 많은 노력과 재물이 허사가 될 수도 있으니 감정조절과 재물의 안정적 관리에 신경 써야 한다.

○ 인생 전반부 아니면 후반부에 운세의 큰 출렁거림이 예상된다.

○ [전공 학문/예능/예술/의학] 분야에도 능력과 재주가 있다.

○ 자식운에서 갈등의 여지가 상당히 있지만 봉사와 희생정신으로 극복이 가능하다.

○ 金(정관, 편관) 성분이 약하거나 모자라면 자기관리나 자기억제에 문제가 생기거나. 아니면 더욱 큰 것을 잃을 수도 있다.

○ 실제 [가정/직장]에서 맏이 역할을 하는 경우가 많다.

○ 재물 집착과 재물관리 능력이 비상하지만, 그것으로 말미암은 小貪大失(소탐대실)과 禍根自招(화근자초)도 만만치 않으니 늘 조심해야 한다.

　재물로 인한, 위기(실수, 재물손실)와 기회(재물 성취)는 대부분 동시에 오는 경우가 많다.

○ 甲辰 일주는 [일간/월지 지장간]이 특히 己土 세운을 만나면, [큰 일/큰 시험/큰 명예/큰 승진/큰 계약/큰 사업] 등에서 좋은 결과를 맛보기도 한다. 물론 凶으로 나타날 수도 있음에 대비해야겠지만.

○ 특히 말년에 土운(대운, 세운)이 강하게 들어오면 [위장/대장/신장/방광] 기능에 장애가 생길 가능성이 크다.

○ 남들보다 특이한 [사고/변고(수술, 불치병, 교통사고, 몸의 흉터나 큰 점, 가까운 가족의 흉사)]를 겪는 경우도 제법 있지만, 불굴의 의지와 돌파력으로 긍정적 효과를 내기도 한다.

　흔히 말하는 백호살(甲辰/戊辰/丙戌/壬戌/乙未/(己未)/丁丑/癸丑)에 해당하기 때문이다.

○ [甲辰/庚戌/辛未] 일주 여성은 배우자와의 충돌과 갈등을 항상 조심해야 한다.

○ 마지막까지 살아남기로는 甲辰 일주(생존력 최강. 水기운 보유)가 최강이다.

○ 甲辰 일주는 자신과 같은 干支(간지)인 甲辰년, 甲辰월, 甲辰일을 '각별 조심'해야 한다.

○ 乙卯, 乙巳(년, 월, 일)와 癸卯, 癸巳(년, 월, 일)도 특별히 조심하고 대비할 필요가 있다.

◎ '41 甲辰(갑진)'의 물상적 형국과 그에 따른 명리학的 [조언/충고]:
여유로운 자연 생태계. 기름진 환경 속의 큰 멧돼지.
→ [과시/돌진/성취] 욕구의 완급조절이 우선되어야 한다.

甲午(갑오) 일주

○ 午화 지장간 분석: [상관+12운성 死사].

　식신 丙화 10: 편관的 식신(불편한 [연구/궁리]).
　정재 己토 　9: 정인的 정재(소극적 통제. 불과 불 사이의 방화벽 기능).
　상관 丁화 11: 정관的 상관(합리적 비판).

○ 관리 통제 욕구가 강한 甲목의 합리적 행동(본질적 정관)과 실천(상관)을 잘 보여준다.
　→양보 없는, 강요하는 방식으로 나타나는 통제 욕구나 폭발성향은 상관 火의 득세 때문이다.
○ 사물의 질서정연한 배열을 매우 좋아하고 즐긴다(午화 상관).
○ [담론/이야기/대화]를 좋아함(말의 논리와 즐거움을 안다).
○ 평소에는 성급하지만, 특정 영역으로 들어가면, 시간상으로 급함을 못 느낀다(좋게 말하면 대단히 여유롭다).
○ 직장에서 시간을 맞춰야 하는 꽉 짜인 업무보다는 자유로운 시공간을 즐기는 스타일.
○ 동심에 입각한 천진난만의 형태로 자신을 드러냄(내면적으로 [참을성/안정감/지구력] 부족).
○ 남에게 '잘난체한다', '허세를 부린다', '비겁하고 인색하다'는 오해를 자주 받기도 한다.
○ 내면적으로 반발, 충돌, 豹變(표변), 재능표출의 욕구가 항상 잠재(인내심 없는 폭발성향과 급한 성격 때문)되어 있다.
○ 칭찬의 [조언/격려]는 잘 받아들이지만 [충고/질책/비판]은 질색.
○ 명석한 두뇌도 큰 장점이지만, 실수도 많은 편이다.
○ 자신의 능력, 정체성에 對한 자부심과 우월감에 남에게 고개를 숙인다거나, 자신의 잘못을 인정하는 일에 취약하다.
○ 관성(金)과 인성(水)이 상관 午화를 제대로 컨트롤하지 못하면, [결실/결과]에 불만스러울 때가 많다. [水(인성)/土(재성)] 기운이 균형을 잡아주면 구체적 결실이 現實化된다.
○ [권위/억압]에 정면 대항하기보다 안 보이는 데서 [불평/비난]하는 성향도 있다.
○ [실리/실속/결실]은 많이 취약한 편이다.
○ [머리/화술/말솜씨/멋/끼/낭만/풍류]가 뛰어나, 좌중을 리드하거나, 분위기를 휘어잡는 재주가 있다.
○ 과거보다는 항시 미래지향적 가치나 생활의 자세를 유지한다.
○ 異性 관계에서 마찰과 갈등의 여지가 상당히 있어 보인다. 조심要!
○ [경영/경제/무역] 분야, 금융(주식/증권/보험), 의류, 패션, 방송, 연예방면 쪽으로 직업진로적 성이 엿보인다.
○ 저돌적 성향과 고집스런 능력발휘, 빠른 직관, 뒤끝 없는 경쟁심, 실리와 재물 집착, 유연한 창조성, [능력/재주/감각] 과시, 외모에 [관심/집착] 등의 성향도 상당히 강한 편.
○ 여성의 경우 火상관이 관성 金기운을 심하게 극하면 [남자/배우자/직업/건강/불의의 임신] 등의 문제가 발생하기도 하며, 남편보다 자식에 더 집착하기도 한다.
○ 여성은 대세운에서 官(金기운)운세를 만나면 뜻밖의 빠른 혼사로 연결되기도 한다(大運대운:

10년의 운세. 歲運세운: 1년의 운세).

○ 의식주는 안정적이나, 남녀 모두 자식운은 기대치 이하이다.

○ 木火通明(목화통명)으로 똑똑하고, 매력적인 외모와 화려한 언변으로 이성에게 인기가 많다.

○ 항상 새로운 것을 시도하고 도전하기를 즐기며 예술과 문학, 교육, 창의적인 분야에서 두각을 나타내기도 한다.

○ 火 식상이 강하고 혼잡하여, 감정표출의 [힘/욕구]가 제어되지 못하면 [분노/구설수/주변 불신/소외] 문제로 고생하기도 한다.

○ 특히 丑토, 辰토, 午화의 대세운에서 '탕화살'의 위험도 있으니 조심해야 한다.

○ 본인이 가진 왕성한 식상 기운을 재성으로 잘 설기시킬 수만 있다면 上격의 사주다.

○ [예술/정밀공학/예체능/언론] 쪽의 능력과 재주도 돋보인다.

○ 인생의 초중반에 두 세 번의 작은 실패나 아픔이 오지만, '일찍 맞는 매'의 고마움이다.

○ 중년 이전이 다소 불운했다면, 중년 이후는 운세 상승 가능성이 아주 크다.

○ 삶 자체가 상당히 정열적이며 자못 다이내믹하다.

○ 남녀 불문하고 木火通明하면 [공부/학위 취득/고시/의술/의사/시험 통과] 쪽으로 인연이 강하게 나타난다.

○ 歲運(세운, 年운)으로 자신의 日柱(일주)와 같은 甲午년(1894년, 1954년, 2014년, 2074년 등)을 만나면 심신의 건강이 갑자기 악화되기도 하고, 심하면 몸을 다치기도 한다.

　甲午 일주만 특별히 그런 것은 아니다. 다른 일주도 같이 적용된다.

○ 根이 되는 木[甲목보다는 특히 乙목(몸)]이 손상되면 자칫 몸이 위태로울 수도 있음이다.

○ [火/土]가 갑자기 강성해져서 약한 水 인성(印星)를 범하면 모든 일이 여의치 못하다.

　특히 남녀 공히 정신건강의 손상, 과도한 性的 욕구 등으로도 나타나니 조심해야 한다.

　단, 지지 辰토가 잘 자리 잡고 있거나, 대세운에서 오면 오히려 발복하는 경향이 있다.

○ 水(인성) 기운이 좋거나, 水 대세운을 잘 만나면 甲午일주는 상당히 上격의 사주다.

○ 甲午 일주는 자신과 같은 干支(간지)인 甲午년, 甲午월, 甲午일을 '각별 조심'해야 한다.

○ 乙巳, 乙未(년, 월, 일)와 癸巳, 癸未(년, 월, 일)도 특별히 조심하고 대비할 필요가 있다.

◎ '31 甲午(갑오)'의 물상적 형국과 그에 따른 명리학的 [조언/충고]:
출발 직전의 육상 선수 혹은 경주용 자동차.
→ 우선 심리적 안정이 급선무이며, 힘의 균등한 분배에도 신경 써야 한다.

甲申(갑신) 일주

○ 申금 지장간 분석: [편관+12운성 絶절].
  정재 己토 1: 정인的 정재(부드러운 합리주의. 별 비중 없음).
  편재 戊토 6: 편인的 편재(외로운 통제).
  편인 壬수 7: 식신的 편인(여유 있는 형이상학).
  편관 庚금 16: 비견的 편관(주체적 반발).

○ 큰 장애물, 절망의 심연(편관 庚금의 큰 비중)을 어떻게 극복할 것인가를 깊이 생각할 것.
○ 앞서고 내세우기 좋아하는 甲木에 브레이크(申금)가 걸렸지만 숨통을 터주는 편인 壬수가 있어 그나마 다행스럽다(수생목 관계). 원국 구성이 좋으면, 富(부)와 貴(귀)의 동시성취가 가능하다.
○ '편견, 고집, 고지식, 강한 자존심(특히 여성)' 등으로 부정적 평가를 받을 가능성이 크며, 일과 사업에서 굴곡이 많으니, 참을성과 끈기가 가장 요구되는 일주이기도 하다.
○ [의/약] 쪽이나 [검/군/경], 정치인, 운동권, 대기업 운영 등 [위험/비밀/조직] 관리의 직업진로 적성도 보인다.
○ 권력 욕구와 그것을 뒷받침해 줄 수 있는 [재주/능력]도 된다.
○ 일지 밑바탕이 申금이라 가을이면 더욱 취약해지는 甲목 일간이 된다.
○ [인내심/리더십/집중력/자존심]이 흔들릴 때가 많으니 이때를 조심해야 한다.
○ 능력과 재주는 충분하지만, 때 이른 몇 번의 배신과 실패의 경험이 뼈아프다.
○ 긴장, 조심스러움(편관 庚금을 두려워하는 甲목), 기억력(壬수), 일처리의 민첩성[식신的 편인= 壬수], 신비 영역 궁리(壬수), 개혁, 비판, 지배, 정의구현 등의 특성을 보이기도 한다.
○ 물질에 對한 탐구, 관찰력, 궁리에 탁월하며 흥미를 갖고 있음.
○ 영적인 신비체험 가능성(일간이 약하거나 木·金 충돌 時 [접신/영매]의 가능성도 있으며 상당한 [직관력/기억력]을 자랑함)과 불안정한 심리적 경향도 상당히 있다.
○ 다른 일주에 비해 쌍둥이가 많은 것도 재미난 특성이다.
○ 위험한 [사물/물질/문서/사람]을 관리하고 조작하는 데에 흥미를 둠.
  예시) 폭발물, 칼, 무기류, 특수한 프로그램이나 해킹, 의약품 등과의 관련성.
○ 출발의 [리더십/추진력]은 좋은데, [끝마무리/지구력]이 취약하다.
○ 다재다능하면서도 속정도 깊지만, 한 곳을 파고드는 집중력과 지속성은 떨어진다.
○ 자신을 스스로를 강하게 억압하여 일처리가 신속 혹은 정반대로 산만하게 보일 때도 있다.
○ [실리/실속/결실]이 시원찮은 경우가 많이 생긴다.
○ 늘 [긴장/조심]하기에 직무에서는 ['극심한 운세의 기복'/'깔끔하다']의 양면적 평가가 있다.
○ 사주원국에 金기운이 왕성하면 자신의 정신건강 관리 쪽으로 좀 더 관심을 가져야 함.
○ [봉사/희생정신/자비심/인정]이 강해서, 몸 따로 마음 따로. 성패의 부침이 크다.
○ 남녀 공히 배우자운은 좋은 편이 못 된다. 그러나 여성의 자식복은 괜찮은 편이다.
○ 특이한 면허, 자격, 훈련 과정, 특허와 관련성을 가진 직업진로적성의 가능성이 있다.
○ 대세운에서 일간과 합을 이루는 己토(재성)가 [연/월/시]간에 올 때를 항시 조심해야 한다.
○ 천간 지지가 모두 '현침살'이라 [예리/예민]하고, [통찰력/의리]도 있으며 성격도 강한 편.

○ 지장간에 [편재/편관/편인]이 모두 있어 외형적인 부와 성공을 맛보기도 하지만, 일지가 일간을 극하는 형국이라 적지 않은 [사건/사고]에 노출될 가능성도 높다.
○ [주거/직업/남편/자식]의 불안정한 모습이 엿보인다. 삶의 에너지와 처세는 수준급이다.
○ [과도한 스트레스/경박/性的 문제/배우자運 취약/불안정 가정]의 가능성에도 대비해야 한다.
○ [배우자/몸/재물/父]에 대한 억압과 두려움이 깔려 있어 갈등과 마찰이 예상된다.
○ 만약 月支(월지) 寅목(양력 2월생)이 와서 寅申 충을 이루거나, 대세운에서 3刑(寅, 申, 巳)이 오면 [사건/사고/직업섭렵/신체손상/구금/폭력/체포/의약 종사]의 가능성이 커진다.
　　아울러 [전업/전직/파견/출장/주거불안/이혼/별거] 등도 조심할 것.
○ 겁재(乙목, 卯목)가 발달하면, 사람 몸을 만지거나 다루는 [일/직업/학업] 쪽의 인연이 된다.
○ 월주에 辛卯가 오게 되면 폭력적인 虛張聲勢를 부리거나, 정치적 리더십을 갖기도 한다.
　　대세운에서 辛卯운을 만날 때도 마찬가지다(간산 說).
○ [유럽/독일]이나 독일어, 독일사람, 독일 문화 쪽으로 간혹 인연과 기회가 생기기도 한다(일지 申금의 영향력 때문).
○ 역마적 속성이 강해서 [이동/전환/전직/내왕/이사]의 기회도 많다(吉凶판단 불가).
　　단, 심신 손상의 가능성이 있으니, 조심요망.
○ [건강 질병 문제/단명/요절]이 나타나는 것은 [金극木] 형태일 때다. 특히 조심해야 한다.
　　가장 무서운 것이 辛卯 일주일 때다[강약 순서: 辛卯(신묘)>庚寅(경인)>乙酉(을유)>甲申(갑신)].
○ 특히 일지(배우자 궁)가 편관이면서 절(絶)일 때, 삶이 피곤해지고 남녀 모두 배우자와의 인연이 부정적으로 나타날 때가 많다.
○ [개두/절각] 참고.
 1. 蓋頭(개두. 지지에서 천간을 보고 하는 말. '머리를 덮어버림'. 예시: 辛卯. 辛금 剋 卯목).
 2. 截脚(절각. 천간에서 지지를 보고 하는 말. '다리를 잘림'. 예시: 甲申. 申금 剋 甲목).
○ 일지 편관은 삶이 다소 특이하거나, 혹은 드라마틱한 배우자일 가능성도 있다.
　　일지 편관(甲申/乙酉/戊寅/己卯/壬辰/壬戌/癸丑/癸未 일주) 참고(간산 說).
 1. 삶이 많이 힘들어질 때는, [외부로/밖으로/타향으로/해외로] 시선을 돌려 보라!
　　공간 이동과 삶의 패턴 변화를 시도해볼 필요가 있다는 말씀. 충분한 효과가 있을 것임.
 2. 일지에 [寅목/卯목/申금/酉금]이 오면 특히 [건강/질병/신체손상] 등에 조심해야 한다.
　　특히 일지에서 인신 沖, 묘유 沖이 성립하면 몸의 손상이 더욱 심하게 나타난다.
 3. 잦은 [이직/전직]과 극단을 오고가는 삶의 여정에 피곤할 때가 많다.
 4. 배우자 쪽으로의 문제가능성 대비. 외모도 파격적인 데가 있는 편(길흉판단 불가).
 5. 상당히 폭력적일 때가 많다(허장성세/리더십/정치권력 집착). 특히 甲申 일주, 辛卯 일주.
 6. 지지에서 인신사 3형(2형도 가능)을 이루면 의술 계통에 종사할 가능성도 된다.
○ 甲申 일주는 자신과 같은 干支(간지)인 甲申년, 甲申월, 甲申일을 '각별 조심'해야 한다.
○ 乙未, 乙酉(년, 월, 일)와 癸未, 癸酉(년, 월, 일)도 특별히 조심하고 대비할 필요가 있다.
◎ '21 甲申(갑신)'의 물상적 형국과 그에 따른 명리학的 [조언/충고]:
암석 위에 쭉쭉 뻗은 큰 잣나무.
→ 순발력과 인내심을 조금만 발휘해도 큰 결실이 기대된다.

甲戌(갑술) 일주

○ 戌토 지장간 분석: [편재+12운성 養양].

정관 辛금 9: 겁재的 정관(over하는 모범).
상관 丁화 3: 정관的 상관(깐깐한 비판).
편재 戊토 18: 편인的 편재(통 큰 관리).

○ 대상과 사람을 [관리·통제]하거나, 자기를 과시하고자 하는 욕구가 크다.
○ 정관 辛금(자신의 감정, 충동, 표출을 억제하는 노력)과 상관 丁화(자신의 능력을 드러내고자 하는 욕구, [예술/언어/자기표출]적 욕구)가 충돌 時 가장 위험하니 지극히 조심해야 한다.
○ 일상생활(평상시)에서는 [지각·인식] 능력이 뛰어나고 명민하며, [언어능력/화술]이 탁월함.
○ 다소의 [자기 과시/과장]이 은연중에 나타날 때가 많지만, 사교적 처세술은 좋다.
○ 상관 丁화가 정관 辛금을 만나고 있어서, 간혹 엉거주춤 혹은 어리버리하게 보일 때도 있다.
⇒ 통제를 하긴 하지만 내심 불안정하고 조심스러워 함.
⇒ 돌발 상황 주어지면 급격한 변화, 가치관 돌변을 보임.
○ 생물과 신체, 자연현상에 對한 관심, 적성이 비교적 강하다.
○ 정신적인 것보다는 물질적인 분야에 對한 통제력과 관리 [욕구/연구/관심/흥미]를 갖고 있다.
그러나 정신적 [각성/깨달음]의 문제는 깊이 내재화되어 있다.
○ 중첩된 편재(甲목과 戊토: 구체적 사물에 대한 통제와 관리를 좋아하기 때문).
⇒ 공간 개념(편재)이 시간 개념(정인)보다 강화되었고, 발달(정인의 요소가 없기에)하였음.
○ 보수적, 구체적, 객관적, 물질적, 현실적 상황을 중시 여김.
○ 정확한 상황판단과 묘사능력은 큰 장점.
○ 강의, 강연, 과학자, 생물학자, 의학자, 종교, 외국어 관련, 관리감독자(집단의 리더)의 직업진로적성이 좋아 보인다.
○ 재물운은 괜찮지만, 과다한 욕심, 신경성 질환, 정신적 외로움의 가능성이 있다.
○ [독선/독단]적 고집도 상당하니, 대인관계에서 조심要!
○ 정신적으로 춥고 배고픈 생활을 따뜻하게 해주는 윤활유(친구, 취미 활동, 여가선용, 멘토, 봉사 활동, 여행과 명상 따위)가 꼭 필요함.
○ 남의 지시와 명령에 적응하기 어려움은 일간 甲목과 일지 戊토의 충돌 때문이다.
○ 火기운이 좋으면 [시각/미술/조명/디자인/무대] 예술 등에도 인연이 닿는다.
○ 기술직 공무원, 고도의 전문직(단, 남의 간섭이 없는 직업/직장)도 직업적성으로는 괜찮다.
○ 유연성과 [활기/활달함]에서는 다소 거리가 있지만 책임감과 리더십은 상당히 강하다.
○ 유아독존형의 지도자(女命의 경우에는 여장부) 분위기이나 자신의 직무엔 비교적 성실하다.
○ 복잡 다양한 성격과 심리(일지-진·술·축·미 土)에 스스로를 주체하기 어려울 때가 있다.
○ 사주 전체의 구성이 편향되지만 않으면 지적능력은 대단하다.
○ 대인관계 소통능력 좋고 외형적으론 강해 보이지만, 속으로는 많이 여리고 약해서 상처를 잘 받는 편이다.

○ 특히 가족관계에서의 [고통/눈물/상처]가 빈번하다.

○ 이미 일주 지장간에서 식상, 재성, 관성이 다 갖춰졌기에 원국 오행의 큰 편중이 없다면, 능력 있고 경제적으로 안정된 삶을 살아갈 가능성이 높다.

○ '식상생재' 한다면 더욱 여유롭고 편안한 삶을 살지만, 상관 丁화가 관성을 치면 삶의 굴곡이 예상되니, 편법이나 과욕은 금물이다.

○ 좋은 재능을 드러내지 못하는 안타까움이 몇 번 있다.

○ [자녀 교육/가정사]에 몰입하는 경향이 크다.

○ 인생 중후반, 삶의 안정성과 좋은 대인관계를 잘 유지한다.

○ 유아청소년기에 부모의 [양육/교육] 문제로 인한 [고통/상처]의 흔적이 엿보인다.

○ 본인과 배우자 모두, [재혼/중혼] 가능성이 열려 있으니 조심할 필요가 있다.

○ 자질구레한 [사건/사고]가 많이 뒤따르는 편이니 긴장을 늦추지 말라.

○ 戌(술)은 戈(과. 창/무기/흉기)를 갖고 있어, 사고, 칼부림, 수술, 상처 등의 [흉터/흔적]을 몸에 남기기도 한다.

○ 다른 일반인들에 비해서 다소 특이한 삶이나 인생행로를 경험하는 경우가 많으며, 종교적 인연도 괜찮은 편이다.

○ 19대 문재인 대통령의 일주가 '1953. 01. 23~24. [양력: 甲戌(갑술)~乙亥(을해). 음력: 戊午(무오)~己未(기미)]'라는 설이 있다. 학습용으로 참고할 것.

○ 甲戌 일주는 자신과 같은 干支(간지)인 甲戌년, 甲戌월, 甲戌일을 '각별 조심'해야 한다.

○ 乙酉, 乙亥(년, 월, 일)와 癸酉, 癸亥(년, 월, 일)도 특별히 조심하고 대비할 필요가 있다.

◎ '11 甲戌(갑술)'의 물상적 형국과 그에 따른 명리학的 [조언/충고]:

건조한 땅에서도 꿋꿋한 큰 소나무.

→ 어려운 여건에서도 때를 기다리고 있으니, 여유를 가져라.

2-1. 乙木(을목) 일간

○ 본질: 정재 성향의 乙목, 식물적 생존본능, 현실성(적응성/사교성/생존력/유연성), 꼼꼼함, 세밀, 조밀, 생명력(正財: 재물과 사업의 성과. 결실+노동력+몸), 일반론적으론 화초(작은 식물), 생존을 위한 치밀한 실리추구(강자에 대한 의존성/계산적인 치밀함/식물적 성향), 친화력, 호소력, 사교적 처세술, 生長력 그 자체, 집결, 곡선적/유연성/다양함, 동물(甲목)的 성향보다는 식물(乙목)的 성향, 어디를 가도 굶어 죽지 아니함, 용의주도함. 숫자 8.

○ 木의 質:
 1) 꺾이지 않는 힘, 꼼꼼함, 강력한 생존력(결실/성과에 집착), 현실 적응력 최강.
 2) 뒤에서 밀어주거나 뒷받침해 주는 힘, 유연하면서도 여리고 싹싹하고 부드러운 힘.
 3) 성장하고 있는 물질(눈에 보이지 않는 뿌리 내리기/식물적 생존본능).
   공상과 망상이 없는 현실 적응과 생존문제에 집착.
 4) 형상을 갖춰 나가는 힘(구체적, 현실적, 물질적)이 강해서 甲목과 庚금을 특히 좋아한다.
 5) 살아 있는 나무[성장기운=甲목. 나무 자체=乙목. 甲목 기운과 공존하는 乙목 재질].
 6) 오로지 살아남기 위한 힘. 외부조건에 민감하게 [작용/적응]함. 외부조건이 생존에 절대적임.

○ 고전(적천수/궁통보감/자평진전):
 1) 乙목은 겨울을 제외하고는, 늘 [丙화/癸수]를 좋아한다.
   가을을 빼고는 金을 두려워하지 않으니 성장 가능성이 충분하다.
 2) 평소엔 金을 두려워하지만, [丙/丁]화의 도움(丁화는 토양의 열이고, 丙화를 光合成으로 보기도 함)만 있으면 金을 두려하지 않는다.
 3) 겨울 출생 乙목은 특히 丙화(寒木向陽한목향양)와 戊토('토극수' 기능)를 꼭 필요로 한다.
 4) 천간 [庚/辛] 금보다는, 지지 [申/酉] 금을 더 두려워한다.
   그러나 [丙/丁] 화만 있으면 관계없다.
 5) 생명의 핵심은 木質(식물)의 뿌리다. 土가 강하면 甲목으로 '목극토'(疏土소토) 해야 한다.
 6) 하늘(천간)이 따뜻한 것은 좋으나 땅(지지)이 뜨겁다면(특히 午화) 뿌리는 생명력을 상실함.
 7) 甲목의 기운이 조금만 있어도 타고 올라가니(藤蘿繫甲등라계갑) 乙목의 성장은 막힘이 없다.
 8) 특히 丑월 출생 乙목은 丙화가 없으면 요절/빈곤(丙화가 없다면 戊토로 制하여 뿌리를 보호).
 9) 金계절 가을 출생 乙목이 또 金 대세운을 만나면 [가난/변고(丁화로 制하든가 癸수로 통관시켜 줘야 함)]의 가능성이 커진다.

○ 강인한 [인내심/고통 감수능력], 끈질김, 뛰어난 [상황파악/판단력/호소력].
○ 일간이 신약하면 조그만 변화에도 마음이 흔들림.
○ 일간이 흔들리면 직업직종의 많은 변화, 일관성 상실, 주체성 없음.
○ 치밀, 재물 집착, 검소, 절약, 원활한 대인관계, 애교, 친근 사교성, 처세술, 理財(이재)에 밝음.
○ 水, 火기운만 받쳐 주면 아주 좋은 일간이다(특히 丙화와 癸수의 도움이 있다면).
○ 신약한 乙목은 간혹 신내림이나 접신의 인연이 있다.

○ 중년 이후 비만가능성 높으며, 간 기능 취약성(음주 조심).
○ 의학, 생명, 정밀(기계, 컴퓨터, 금속, 설계, 야구 투수, 음식, 건축토목, 인테리어 등), 몸, 피부, 연예계, 교육/강의/말하기, 제조업종에도 대한 남다른 관심과 재주가 있다.
○ [내성적/자격지심/부끄러움/수동성/유연성/유화성/은밀한 자기과시/과대망상] 등의 성향.
○ [비서참모/문화예술계통/일본(어)/일본문화/일본인/독일(어)/독일인] 관련 특별한 인연이 나타나기도 함.
○ 혹간 乙목 [일간/월지 지장간]이 庚금 대세운을 만나면, [큰 일/큰 시험/큰 명예/큰 승진/큰 계약/큰 사업] 등에서 좋은 결과를 맛보기도 한다. 물론 凶으로 나타날 때도 있다.

을 목

○ 甲목(陽목)은 스스로 잘난 줄 알고 살아감[충돌과 갈등은 있지만 정신건강에 문제없음].
　乙목(陰목)은 남들과 비교에서 내면적 불만이 쌓이면 정신건강 문제(우울증/스트레스) 발생.
○ 乙乙 병립: 고독, 끈기와 인내력, 성실성, 독립심, 간난신고, 薄福(박복), 고립무원, 서로 엉기면 무질서, 동업 불가, 자수성가형.

○ 장기: 간(肝).
　신체: 눈. 손. 척추. 내장. 손발. 정수리 부분.
* 해당 오행이 [너무 강성/아주 쇠약]할 때 발생되는 [증세/질환]:
　현기증. 두통. [신경쇠약/불면증/분노조절장애(水기운 문제)]. 수족 장애. 당뇨, 혈압, 만성피로. [근육/신경]통. 간 손상. 장염.

○ 사주에서 만약
　木 과다: 일신고독, 가족별리　　　火 과다: 마음고생, 언행경박
　土 과다: 재물화근, 건강문제(정신/신경)　金 과다: 잔병치레, 심신장애
　水 과다: 주거불안, 신상변고

　['過多(과다)'라는 말은 본인의 사주(四柱) 팔자(8字)에서 특정한 하나의 오행(木, 火, 土, 金, 水)이 6글자 이상 나타나고, 월지를 장악하면서 힘과 비중을 막강하게 갖추었을 때를 말함이다. 웬만한 사주는 여기에 해당하지 않으니 조심해서 적용하기 바란다. ※무궁한 변화는 여기서부터 시작일 뿐].

2-2. 乙목 일간의 生月(생월. =월지, =계절)別 用神, 貴賤, 運勢, 吉凶 정리.

* 乙목은 [丑/未] 土의 환경에서도 살아날 수 있다.
* 가을철에 태어나도 [丙/丁] 火기운만 있으면 왕성한 金기운도 두려워하지 않는다.
* 水기운 강한 겨울생 乙목은 午화가 있어도 浮木(부목)이 되기 쉽다.
  이때는 甲목(천간) 혹은 寅목(지지)이 있어 주면 안전하다(藤蘿繫甲등라계갑).
* [甲/乙] 목 모두 여름生은 水(특히 癸수. 운세도 북방 水)가 최우선.
  겨울生은 火(특히 丙화. 운세도 남방 火)가 최우선.
* 乙목은 甲목을 반기지만, 자신과 같은 乙목을 꺼린다.
* 통상 甲목은 壬수를 반기고 乙목은 癸수와 잘 어울린다.
* 乙목이 土(재성)에 묻히면(재물에 집착하면) [자존심/명예(水인성)/권위]를 잃기도 한다.
  土(재성)가 과다하면 [직관/영감]은 좋지만, 생활이 [물질중심/脫 가치관/혼탁]해지기도 한다.

寅월 乙목:
1. 연약하기에 우선은 한기 해소의 丙화가 절실. 2. 봄비 癸수까지 있다면 금상첨화! 3. 丁甲, 丙甲 정도면 상격(甲: 등라계갑). 4. 庚辛금(火로 制해야 함)이 드세면 빈곤과 요절의 가능성 있음. 5. 癸수나 己토가 많으면 乙목은 썩게 되니 하격. 6. 火기운이 지나치면 水가 있어야 한다. 없다면 연약한 乙목은 곧장 타 버림. 7. 丙癸 하나라도 없으면 흉해지니 하격. 8. 乙庚 合(을경 합)이 되면 목표 좌절 흉.

卯월 乙목:
1. 寅월과 같이 丙화(태양)와 癸수(봄비)가 우선. 2. 卯월 乙목은 강하기에 庚금(가지치기)으로 制하지 못하면 하격(단, '欄江網난강망'에서는 庚금을 오히려 꺼림). 3. 水가 강해 丙화가 위축되거나 戊토가 많아 癸수를 合하면 하격. 4. 지지 木국이면 曲直(곡직)격인데 천간에서 인수 水기운을 만나야 상격.

辰월 乙목:
1. 찬 기운이 사라졌으니 癸수를 먼저 쓰고 丙화를 쓴다. 2. 연약한 乙목에겐 壬수를 쓰지 않음(봄, 여름, 가을 모두 癸수를 씀. 겨울엔 癸수가 무용지물). 3. 보통 壬수는 甲목, 癸수는 乙목과 잘 어울림. 4. 土金이 있으면 制할 수 있어야 상격(辰월 자체 土기운 강세. 辰월 乙목은 원래 연약함). 5. 丙癸 모두 투출 못하면 하격. 丙화만 투출해도 좋다. 6. 辛금이 오는 것을 제일 꺼린다 (丁화로 制하든가 丙辛 合 못하면 흉).

巳월 乙목. 午월 乙목. 未월 乙목:
1. 더위 때문에 단연 癸수가 최우선. 2. 巳월(이미 지장간에 丙화)엔 癸수만으로 족하다. 3. 午未월에는 癸수 먼저 그다음은 丙화. 4. 未월에 다시 戊己토가 섞이면 난잡해지니 하격임. 5. 甲목, 乙목 상관없이 丙화 태양(여름이라도 태양이 없다면?)은 항시 필요함. 6. 水기운이 전무하다면 최하격(木焚火熱). 7. 木이 火 傷官에 水기운이 없으면 요절 가능. 여름엔 癸수가 貴賤을 결정! 8.

癸수를 극하는 戊己토가 많아지면 흉하다(소토기능 甲목 없으면 빈곤, 질병). 이때는 겁재 甲목도 반갑다. 9. 丙화 투출에 지지 火局이면 하격. 여기에 癸수마저 없으면 최하격.

申월 乙목. 酉월 乙목:
1. 한기가 시작되는 가을이니 丙화를 우선하고 그다음에 癸수를 쓴다. 2. 水계절인 겨울만 빼고 乙목은 항시 丙癸를 좋아함. 3. 癸수는 연약 乙목에게 강하고도 위태로운 金기운을 통관시켜 주는 기능. 4. 가을 金기운 드세면 丁화는 필수! 丙화는 조후用. 5. 申월 乙목은 매우 약하니 庚辛금(관성)을 제하지 못하면 하격. 6. 酉월은 辛금이 강하니 통관 癸수가 먼저이고(生이 최우선) 다음 丙화(조후). 7. 癸丙(己)이 전무하면 최하격. 戊己토가 많아도 하격(빈곤). 8. 가을 乙목이 다시 金기운(지지, 세운, 대운 등에서)을 만나면 대개 [빈곤/질병/요절]이 많다(반드시 丁화로 制하든가 癸수로 통관시켜주든가 해야 함).

戌월 乙목:
1. 메마른 땅이니 우선 癸수(약한 癸수를 辛금으로 생조하면 더욱 좋다. 水가 없으면 하격). 2. 추워지는 늦가을의 乙목에겐 丙화(조후)가 필수. 3. 강한 戊己토를 制하지 못하면 財多身弱(재다신약)이니 하격. 이때는 겁재 甲목도 반갑다. 4. 金水 기운이 드세면 金寒水冷(금한수냉)이니 하격.

亥월 乙목:
1. 우선은 丙화. 없다면 하격. 2. 水氣가 강세인 壬수의 계절이니 戊토로 制할 수 있으면 상격. 3. 水기운을 制할 수 없거나 水가 막강하면 하격. 4. 丙戊가 전무하면 하격(천간에 丙화나 戊토 모두 투출 못하면 흉하다는 말씀). 5. 火(丙화, 巳화)가 없으면 아내나 자식과의 인연이 박하다. 6. 財(戊토)가 많아도 상격이 못 된다.

子월 乙목. 丑월 乙목:
1. 水旺의 계절이니 丙화(필수 생존도구)만으로 족하다. 2. 물이 많거나(壬癸수 투출), 戊토로 制할 수 없다면 하격. 3. 丙화(貴賤귀천 결정)가 없거나, 癸수가 丙화를 이기면 흉. 하격. 4. 겨울 乙목이 丙화를 못 보면 대체로 춥고 배고프다. 5. 戊己토(財성)가 많아도 지지 木국이거나, 甲목(劫財겁재)이 있어주면 衣食住는 걱정 없다(단, 조후用 丙丁화가 아예 없으면 불가. 물론 추운 겨울이니 癸수는 반갑지 않다).

乙丑(을축) 일주

○ 丑土 지장간 분석: [편재+12운성 衰쇠].

편인 癸水 9: 상관的 편인(감각적 신비).
편관 辛金 3: 겁재的 편관(몰인정한 [통제/관리]).
편재 己土 18: 정인的 편재(온화한 실리추구).

○ 구체적 물질의 세계(현실세계)를 [지배·통제·억압·관리]하고자 하는 경향.
○ 심리구조(갈등, 모순)가 무척 [복잡/다양/미묘/고독]하게 나타남. 일지가 진·술·축·미 土일 때.
○ 일과 직업에 대한 직관력(편인 癸水)과 인내심이 좋음.
○ [현실/재물/몸/음식]에 對한 관리 욕구(관심)와 집착 그리고 재능이 있다.
○ 상당히 치밀하고 꼼꼼한 편이며, [내성적/여성적] 성향이다.
○ 재물을 [관리/축적]하는 재주가 있으며, 남몰래 관리하는 통장도 있다.
○ 간혹 결정 장애의 모습을 보여 주기도 한다. 선택과 판단에서 전전긍긍할 때가 많다.
○ 차갑고 축축한 乙丑 일주는 특히 정신 건강에 유의해야 한다.
○ 몸을 손상시키더라도 재물과 현실 생활(편재 己土, 丑土, 未土)을 지키고자 함.
○ 손익계산이 빠르고, [생활 적응능력/사교성/합리성/온화한 대인관계] 등은 뛰어나다.
○ 유순해 보이지만 소처럼 질긴 [끈기/고집/참을성]과 좋은 [식복/재물복(가능성)]을 타고났다.
○ 생각이 넓고 깊으며, 시사나 정보에 밝다. 탁월한 밸런스 감각도 장점 중의 하나.
○ [好/不好]가 선명하지만, 은근한 뒤끝과 속 좁은 면모도 제법 있다.
○ 엉거주춤한 외골수 기질과 좁은 관점이 흠.
○ 의지와 극복의 힘은 좋지만, 순간적인 [적응력/판단력]은 취약하다.
○ 의외로 심신은 외롭고 고달프다.
○ 人生을 열심히, 그리고 진지하게 살아가는 사람이다.
○ 주변의 [관심/인기/사랑]을 은근히 기대하고, 또 받는 편이다.
○ '미래지향적 유비무환+냉정한 관찰력+역동적 추진의 열정'이 발현될 때 그 기세가 무섭다.
○ 순수학문의 길보다는 [의·약·군·경·검·스포츠 쪽]에 직업진로적성이 있다.
○ [사업·장사]에서 [욕구/의지]는 있으나, 운에서 받쳐주지 못하면 역부족이다.
○ 중년 이후에 [뇌/심장/체중/혈관] 관련하여 건강관리 조심 要!
○ 원래 기본은 내성적이나 겉으로 강한 척할 때가 많다.
○ 소심하고 예민하면서도 속 깊은 인정과 눈물의 여린 면도 있다.
○ '공처가/사람 좋다/無骨好人'이라는 색다른 평가를 받기도 한다.
○ 부분적으로 예민한 [예술성/감수성/사교성]이 좋고 눈치가 빠르다.
○ 고정된 환경을 좋아하고 이동과 변화에 약하며, [진취성/결단력]은 결여된 편이다.
○ 水기운에 문제(왕성한 土기운. 토헨水)가 생기면 중증 질환과 [사고/우울증/무기력/두통/신경통/갑상선/면역력 약화]가 염려된다.
○ [생활/행동] 패턴을 [밖으로 밖으로(外部)/밝게(햇빛)/따뜻하게(햇볕. 보온)] 가질 필요가 있다.

○ 꾀 많고 노숙하여, 속마음을 드러내지 않고, 사람을 빠르고 정확하게 간파하는 감각이 좋다.
○ 乙丑 일주는 한겨울을 견뎌내는 황소의 物象으로, 아픈 상처와 어려움을 이겨내고 끝내 목표를 성취하는 힘이 있다.
○ 己土 편재가 辛金 편관을 生하는 구조(재生살)가 되니, 무리한 금전욕심을 피하고, 주변에 베풀고 나누는 삶을 살아야 좋다.
○ 인생 전반부 아니면 후반부에 운세가 극단으로 변화될 가능성이 많다. 吉凶판단 유보.
○ 삶이 많이 힘들어질 때는, [외부로/밖으로/타향으로/해외로] 시선을 돌려볼 필요가 있다.
  공간의 이동과 삶의 패턴 변화를 시도해볼 필요가 있다는 말씀. 충분한 효과가 있을 것임.
○ [깊이 있는 전공학문/예능/예술/의학] 분야에도 좋은 재능이 있다.
○ 土기운이 강화되거나 대세운에서 왕성한 土기운을 만나면 [性的 문란/과체중]의 가능성이 있으니 조심 要!
○ 火기운이 좋게 배열되면 창작·예술계통(특히 시각예술이나 디자인)에서 명성도 가능하다.
○ [일본/독일/유럽]과 인연이 깊다.
○ 성실한 노동력과 강인한 생활력이 큰 무기가 된다.
○ 사업에 대한 감각과 경제를 보는 안목도 상당한 수준이어서 굶어 죽을 염려는 없다.
○ 남녀 공히 부부 사이의 금슬은 차가운 편이며, [자식/직장] 문제가 인생에서 두세 번 생긴다.
○ 무의식중에도 특정 결과나 결실에 강하게 집착한다.
○ 청장년기 이후부터 몸집이 갑자기 불어날 가능성이 크며, 뛰어난 외모는 드문 편이다.
○ [乙목/己토/丑토/丑<->未 충/巳午未-火방합]이 개입되면 [땅의 뒤틀림(지진)/폭발/화재/쓰나미(지진 해일)]과 관계된 사고가 많다.
 * 2011.03/11.14:46. 辛卯년 辛卯월 乙丑일 癸未시.
   '동일본 대지진' 진도 9.0(약 2만 2천명 사망+실종). 연이어 거대한 쓰나미(지진 해일).
   약 50분 후에(50분에 걸쳐), 후쿠시마 원전 폭발 및 방사능 유출사고.
 * 2017.11/15.14:29. 丁酉년 辛亥월 丙午일 乙未시. 경북 포항시 흥해읍 남송리. 진도 5.4
 * 2019. 07/21. 11:04. 己亥년 辛未월 己未일 己巳시.
   경북 상주 외서면 관현리. 지진 진도 3.9(내륙 內 지진 규모 1위. 경남 창녕 2위).
 * 2019. 12/24. 13:15. 己亥년 丙子월 乙未일 壬午시.
   전남 광양제철소 후판공장. 5분 간격 대폭발 사고.
 * 2021. 02/13. 23:07. 辛丑년 庚寅월 壬辰일 辛亥시.
   일본 후쿠시마 해역 진도 7.3('동일본 대지진'의 여진으로 판단).
 * 2022. 03/16. 23:36. 壬寅년 癸卯월 己巳일 甲子시.
   일본 후쿠시마 앞바다 규모 7.4('동일본 대지진'의 영향) 강진 발생. 지진 해일 경보.
○ 乙丑년, 乙丑월, 乙丑일에 심한 [사고/변고]를 겪게 될 가능성이 다분히 있다. 주의.
○ 乙丑 일주는 자신과 같은 干支(간지)인 乙丑년, 乙丑월, 乙丑일을 '각별 조심'해야 한다.
○ 丙子, 丙寅(년, 월, 일)과 甲子, 甲寅(년, 월, 일)도 특별히 조심하고 대비할 필요가 있다.
◎ '02 乙丑(을축)'의 물상적 형국과 그에 따른 명리학的 [조언/충고]:
겨울 땅 위의 잔디. 한겨울의 황소.
→ 분수를 모르거나, 속도가 느려서 큰 결실은 어렵다. 단, 봄까지만 잘 견디면 운세 역전 가능.

乙卯(을묘) 일주

○ 卯목 지장간 분석: [비견+12운성 建祿건록].

겁재 甲목 10: 편재的 겁재(설치는 힘).
비견 乙목 10: 정재的 비견(온화한 주체성).
비견 乙목 10: 정재的 비견(온화한 주체성).

○ 천간에서 정재 乙목(생명력과 치밀함. 庚금을 기준으로 놓고 보면 乙목은 정재)이 지지에서 또 비견(주체성 강화) 乙목을 만나다.

○ 일지가 卯(묘)인 사람 중에는 妙(묘)한 사람이 많다. 특이한 [성격/性的 매력/독특한 가치관/보기 드문 습벽] 등으로 겉보기와는 전혀 다른 사람으로 자주 [오인/인식]되기도 한다.

○ 물질과 생명력에 대한 강력한 주체성과 [집착/고집]이 특성으로 나타난다.

* '乙卯'는 내면으로 파고드는 힘이 강하고, '甲寅(갑인)'은 밖으로 향하는 힘이 강하다.

* '乙卯'는 정재의 비견이며, '甲寅'은 편재의 비견이 된다.

○ [온화/섬세]하지만 공적 대인관계엔 취약함([소심한 심리/감정 공감/많은 인정과 눈물] 때문).

○ 목표(목적지)가 정해지면 꾸준히 밀고 나가는 외골수의 [뚝심/고집]도 보인다.

중간 과정을 무시하거나, [위법/탈법]도 신경 쓰지 않는 경우가 생긴다.

○ 미래지향적(추진력/과감성/이상향 추구)이긴 하나, 남의 충고 간섭을 곧잘 무시하거나 부정(고집/자만/무모한 일관성 때문)하기에 쓸데없는 [변고/불협화음/사고]를 부르기도 한다.

○ 木이 가진 성장성, 생명성, 돌파력은 좋지만 [큰 결실/마무리/지속성]은 취약하다.

○ 여성의 경우, 배우자와의 관계가 크게 좋은 편은 못 된다(弱해서가 아니라 强한 고집의 비겁 기운 때문이다).

○ 주변을 잘 살피고 유비무환의 준비 자세는 좋으나, 소심하고 겁이 많아 보일 때도 많다.

○ 중간에 목표를 변경하거나 남의 충고를 참고하는 일이 乙卯 일주에겐 어려운 일이다.

○ 土 기운이 좋으면 생명과 몸, 피부 따위를 직접 다루는 직업진로적성에도 인연이 있다.

○ 예술, 공학, [봉사/복지] 분야, 환경단체, [공학/기술] 분야, 사업체 운영, 기업경영, 무역 계통으로 직업진로적성을 엿본다.

○ 성격적으로 순진하고 여리고 인정이 많으며 [간단·명료·단순]함의 특성을 갖고 있지만, 예상을 깨고 [충동(성)/복잡/특이한 취향/미묘함/이중성(양면성)]의 경우도 제법 나타난다.

○ [재물/물질/몸]에 대한 관리욕구와 집착은 있으나, 比劫(비견+겁재. 木기운)이 많으면 돈 쓸 곳도 많다.

○ 火식상 기운이 좋으면 예술(시각예술/연예인/디자인 계통)과 창작 쪽의 재능이 발휘되기도 하며, 외모가 뛰어난 경우도 많다.

○ 외국(외국어)-주로 일본, 유럽, 독일, 중국-과 관련되는 일과 직업을 갖기도 한다.

○ 은근한 고집은 최강(乙卯, 辛酉, 壬子, 3대 고집)이며, [자기과시/자만심]이 의외로 강하다.

○ 일과 사업에서 망한다면 弱해서가 아니라 强(일관성/파고듦/집착/심사숙고/고집)해서이다.

○ 잡초 같은 생명력으로 굶어 죽는 법은 없다. 생존 경쟁에서는 최강이다.

을
목

○ 순수하고 인정 많으며 강인한 생명력과 부드러움으로 성격도 좋아, 주변에 사람은 많지만,
  [인정/인간미]와 [결실/실리]는 반비례한다는 말씀.
○ [경직된 초지일관/독불장군/고집불통]이라는 소리를 자주 듣는다.
○ 일주 힘이 좋기에, 확실한 학업을 이어 가거나, 아니면 [전공 직업/사업] 쪽이다.
  탐욕과 경쟁의 '양다리 걸치기'는 금물이다.
○ [동료/형제/자식]의 도움이 있긴 하지만, 진짜 도움은 아니다. 단, 독자사업은 괜찮다.
○ 주변의 시선을 받으면서, [조직/직장] 생활을 잘 관리하는 편이다.
○ 결혼생활과 [부부/부모] 인연이 좀 약한 게 흠결이다. 만혼을 권한다.
○ 乙卯 일주는 보기보단 섬세하고 복잡한 사람이다. 잘 살펴보아야 한다.
○ 水기운이 지속적으로 들어올 때 [비만/정신건강 손상]의 위험 있으니 각별 조심할 것.

○ 일주가 간여지동(干與支同. 천간 지지가 같은 오행)이라 원국이 조금만 편향되어도 전체구조의
  흔들림(변동수/재물상실/심신손상/사건사고/ 등등)이 생길 수 있으니 조심 대비할 것.
  凶만 아니고 吉도 가능함. 특히 陰干(乙목, 丁화, 己토, 辛금. 癸수)이면 더욱 심각함.
○ 간여지동 [甲寅/乙卯/丙午/丁巳/戊辰/戊戌/己丑/己未/庚申/辛酉/壬子/癸亥]의 공통점
 1. 예술的 감수성 탁월 2. 공학/기술분야 재능 3. 운세의 부침↕ 4. 부부인연 취약 5. 고집

○ 乙卯 일주는 자신과 같은 干支(간지)인 乙卯년, 乙卯월, 乙卯일을 '각별 조심'해야 한다.
○ 丙寅, 丙辰(년, 월, 일)과 甲寅, 甲辰(년, 월, 일)도 특별히 조심하고 대비할 필요가 있다.

◎ '52 乙卯(을묘)'의 물상적 형국과 그에 따른 명리학的 [조언/충고]:
생명력, 활기가 넘치는 체육관이나 명상 센터.
→ 초지일관의 경직된 힘이 오히려 옥에 티. 잠깐의 쉼과 여유를 가져라.

乙巳(을사) 일주

○ 巳화 지장간 분석: [상관+12운성 沐浴목욕].

　정재 戊土 7: 편인的 정재(허무한 재물).
　정관 庚금 7: 비견的 정관(주체적 합리성).
　상관 丙화 16: 편관的 상관(남에게 상처를 주는 재능과 끼).

○ 乙목이 자기과시 만족감(상관 丙화)과 내면적 자기검열(정관 庚금 때문)을 동시에 표출.
○ 겉으로 자기과시 쪽으로 나타내며 속으로 자기검열·자기관리(정신적 부담, 고통)도 강하다.
○ [섬세함/아이디어/기획과 집행/창조성/현장실무]에 뛰어나지만, [결실/마무리/뒷정리/감정관리]가 취약함.
○ 다양한 재주와 끼(상상력/창의성/다정다감/예술적 감수성)를 주체하기가 힘들다(자기과시와 소유 집착욕구 때문). 자연, [轉職(전직)/移職(이직)/전공(분야) 변동]도 잦은 편이다.
○ 자신의 능력과 외모(자기정체성)에 對한 과대망상이 소외와 고립을 자초하기도 한다.
○ 남의 말엔 牛耳讀經(우이독경).
　→ 남들이 알아주지 않으면 남(세상)을 원망하며 스스로 외로워지는 형태.
○ 바쁘게 돌아다니기(역마성 기질)는 하지만 큰 실리는 없다.
○ 甲목(陽목)은 스스로 잘난 줄 알고 살아가기에 [충돌/갈등]은 있지만 정신건강에 문제없음.
　乙목(陰목)은 남들과 비교에서 내면적 불만이 쌓이면 정신건강 문제(우울증/스트레스) 발생.
○ 乙木 여성의 경우 주변을 의식한 [남성/외출/옷] 선택이 항상 어렵다.
　[선택의 불균형+고고함+현실적 불안감]이 [허영·사치·방탕]으로 흐르면 큰 문제를 야기함.
○ [온순/우아/고고]하면서도, 남들이 알아주기를 바라면서 은근히 [고집/눈높이]가 높다.
　→ 본인도 불편하고 고통스럽지만 주변 사람들도 마찬가지!
○ 또 다른 나(자아)를 만들어 내기도 함(정관 庚금과 상관 丙火의 충돌).
　→ 자기과시나 망상으로 힘들지만 포기도 어렵고, 그런 '나'를 끌고 가는 '또 다른 나'도 힘들고 해서 [용두사미格/접신/우울증/정신건강 손상] 등의 문제가 나타날 가능성도 혹간 있음(배우자와의 불협화음 발생의 출발점).
○ 乙巳 일주(특히 여성)들은 [예술/예능] 적성. 정신건강 관리에 조심 또 조심.
○ [감정/정서]의 기복도 심한 편.
　→상관 丙화, 정관 庚금, 비견 乙목의 연쇄충돌 가능성 때문(火克金 金克木).
○ 여성은 남편복이 다소 취약하며, 괜찮은 외모와 눈높이 때문에 자신과 주변 사람들을 어렵게 할 수 있다.
○ 남성의 경우는 최소한 중간치 이상의 [외모/신장]이지만, 가정사엔 등한한 편이다.
○ 두뇌명석하고 언어능력도 수준급이나, 다소 [경솔/경박]한 언행과 [직업 전전/주거 불안]의 역마도 보인다.
○ [관직/공직/공무원] 계통에서 승진운은 좋고, 특히 월주 '乙巳'라면 더욱 그렇다.
○ 몸(스포츠 계통)과 생명 혹은 외모(피부)에 관련되는 일, 손(手)과 칼을 쓰는 [자격/면허/노동],

[제조업·판매유통업(현찰 위주의 소매업종)], [임대/임차] 업종(렌트·리스·펜션), [예능/방송/시각예술(火)], [일본(乙목)/독일(庚금. 乙庚 합)/서유럽] 관련된 일과사업 쪽으로 직업진로적성이 좋아 보인다.

○ 재주꾼이 많고, 인기 있으며 대인관계도 괜찮은 편.

○ 감정이 풍부하고 희로애락의 표현이 뛰어난 반면, 말이 가볍고 실수도 잦아 그간 쌓은 노력이 허사가 될 수도 있다.

○ 뒷심이 부족해서 손해를 보는 경우가 종종 있으니, 초지일관의 자세만 갖춘다면 上格이다.

○ 불안정한 (가정)환경에 반항심마저 가세하면, 청(소)년기가 가장 위험할 때다.

○ 예술적 재능과 감각은 상당히 좋은 편이다.

○ 일지가 巳화 상관에 목욕이라, 삶의 진폭이 있어서 파란만장하면서도 드라마틱하다.

○ [심신 허약/병약한 체질/잔병치레/정신건강 손상]으로 고생하기도 한다.
  '신병살(乙巳, 乙未, 己巳 일주 日柱)'의 영향력으로 보인다.
  특히 원국이 조열하거나, 火기운이 득세할 때 더욱 심하게 나타나는 편이다.

○ 예상치 못한 [임신/재혼/중혼]도 가끔씩 나타남.

○ 좋은 대인관계를 유지하고 있으나 내면에는 정반대의 서러움과 외로움에 눈물 흘릴 수도!

○ 火기운이 왕성하면 [연구/궁리/생각/잔머리/구설수]의 문제가 발생하기도 한다.

○ 남녀 모두 [부모/배우자]보다는 자녀와의 [관계/인연]이 더욱 비중 있고 긍정적이다.

○ 음양오행이나 동양철학(주역, 사주명리학, 성명학, 관상학, 점법, 점술 등) 쪽으로도 관심과 재주가 있다.

○ 乙巳 일주는 자신과 같은 干支(간지)인 乙巳년, 乙巳월, 乙巳일을 '각별 조심'해야 한다.

○ 丙辰, 丙午(년, 월, 일)와 甲辰, 甲午(년, 월, 일)도 특별히 조심하고 대비할 필요가 있다.

◎ '42 乙巳(을사)'의 물상적 형국과 그에 따른 명리학的 [조언/충고]:
양지 바른 곳의 과수원 풍경.
→ 겸손과 절제로 처신하면 장애물도 곧 사라진다.

乙未(을미) 일주

○ 未土 지장간 분석: [편재+12운성 **養**양].

    식신 丁화 9: 정관的 식신(강제적 궁리. '연구와 생각'이 부담).
    비견 乙목 3: 정재的 비견(넘치는 소신과 오지랖).
    편재 己토 18: 정인的 편재(섬세한 [통제/관리]).

○ 상당한 [주체성/합리성/교양상식/지적 탐구능력]을 갖추고 있으나 잘 드러나지 않음.
○ 자기과시보다는 [자기겸손/낮가리기/은폐/예민/섬세]가 본질적 내면([정체성/자신감]을 가질 필요성 있음)이지만, 평상시엔 쓸데없는 [자존심/고집/과시] 성향으로 잘 나타는 편이다.
○ 남들의 관여에 對한 불쾌감과 반발도 세다(왜곡된 [자신감/자존감]의 발동)!
○ 많은 [생각/치밀함/경쟁심/체면과 권위 집착]이 불안과 실패를 부르는 요인(안정감, 자신감 상실)이 된다. 직장 생활은 다소 불리하다(관리자 입장의 직장생활은 가능).
○ 자유분방한 행동과 삶의 패턴이 주변을 어리둥절케 하지만 기본은 내성적 성향(고독)이다.
○ [잡초 같은 생명력/눈높이(성취에 對한 자기집착)/재물 관심]은 상당히 높고 강하다.
○ [쾌락·유흥(자유분방하면서도 적극적 취향·기호)]을 굳이 피하지는 않는다. 편재의 영향력 때문이다. 본능을 잘 드러내거나 잘 감추며, 이때 이중적 양면성이 드러나기도 한다.
○ 뛰어난 공간감각: 길 찾기/일처리 민첩성/여행/공간 이동/새로운 공간(환경) 적응능력.
○ 신체적 [수련/감각/몸 꾸미기/몸 만들기/(한)의학/질병 문제] 등에도 관심이 많은 편이다.
○ [심신 허약/병약한 체질/잔병치레/정신건강 손상]으로 고생하기도 한다.
    '신병살(乙巳, 乙未, 己巳 일주 日柱)'의 영향력으로 보인다.
    특히 원국이 조열하거나, 火기운이 득세할 때 더욱 심하게 나타나는 편이다.
○ 총명하고 이해력이 좋으며, 예술적 기질과 직관의 감각도 평균 이상이다.
○ 중년 이후에 [체중/혈압/뇌/심장] 쪽으로 조심 또 조심(특히 늦봄과 여름철을 조심해야 함).
○ 복잡다단한 심리구조(갈등, 모순)와 헝클어진 심사가 정신건강에 손상을 줄 가능성에 조심.
○ 의료(몸), 공간 관련(토목/이동/여행/건설/건축/목재/숙박), 자영업(개인사업), 재물인사관리(컨설팅) 등이 어울리며, 간혹 공학과 기술 분야에서도 좋은 적성을 보인다.
○ [대인관계/처세]는 부드럽고 원활하나, 이웃과 동료들의 잦은 [背信/無情]을 원망하기도 한다.
○ [金/土]기운이 편향되면 [판단력/인덕/인복]이 부족하여 결실은 적고, 삶이 불안정해진다.
○ 月干이나 時干이 乙목이면 쌍둥이일 가능성이 있다. 독일, 일본, 유럽과 좋은 인연이 있다.
○ 일간과 일지의 충돌이 강하며, 더구나 일지 土(진·술·축·미)의 복잡 다양한 성향까지 결합하여 자칫 인생의 초반, 중반, 혹은 후반부 中 어느 한 단계에서는 큰 [변고/사고(혹은 연속되는 자질구레한 사건사고)]가 생겨 고전하거나, 몸을 크게 다치거나 할 수도 있으니 조심 요망.
○ 乙목이 土재성에 묻히면 [자존심/재물/명예(水인성)]을 잃기도 한다.
○ 일주 백호라서, 배우자의 [사건/사고/변고/이탈/불안정성]에 대비해야. 끈기는 좋은 특성이다.
    특히 [재성 未土, 己토가 생조받는 환경일 때, 재성이 대세운으로 들어올 때]를 조심해야 한다.
○ 乙목(특히 여성)은 土(재성)가 과다하면 [직관/영감]은 발달하지만, [재물손상/무질서/혼탁한 생

활] 가능성이 높아진다.

○ 인정 많고 [생활/생존]력 강하며 합리적, 창의적 사고를 가지고 있다.

○ 사막의 선인장 같은 物象이며, 적극적이며 끈질긴 의지력으로 생활하는 사람이다.

○ 특유의 예민함과 까탈스러움, 충동적인 언행으로 주변에 [상처주기/원망]을 부르기도 한다.

○ 조급한 마음과 고집이 빠른 결과를 보고자 하니, 더욱 일이 꼬이거나 힘들어 질 수도 있다.
  좀 늦게 가더라도 끝까지 가는 열정과 일관성이 요구된다.

○ 재능이 묻혀서 드러나지 못할 때가 자주 생긴다.

○ 청소년기 [양육/교육]에서 풍파를 맞봤기에, [자녀교육/가정사]에 몰입하는 경향도 있다.

○ 경제적 실리와 대인관계에 집착하다보니, 주변의 [오해/비난/빈축]을 사기도 한다.

○ 중년 이후엔 재혼이나 중혼의 가능성이 있으니 잘 대처할 것. 吉凶판단 유보.

○ 남들보다 특이한 [사고/변고(수술, 불치병, 교통사고, 몸의 흉터나 큰 점, 가까운 가족의 흉사)]를 겪는 경우도 제법 있지만, 불굴의 의지와 돌파력으로 긍정적 효과를 내기도 한다.
  흔히 말하는 백호살(甲辰/戊辰/丙戌/壬戌/乙未/(己未)/丁丑/癸丑)에 해당하기 때문이다.

○ 일지 배우자 자리가 백호라서 [재물/배우자/父(父母)] 모두 불안정해진다.

○ 19대 문재인 대통령의 일주가 '1953. 01. 24. 양력-乙亥(을해), 음력-己未(기미)', '1952. 01. 24. 양력-己巳(기사), 음력-乙未(을미)'라는 2가지 설이 있다. 학습용으로 참고할 것.

○ 木이 土를 치는 형세(木극土)라 믿는 도끼에 발등 찍히는 형태를 많이 경험함.

○ 남녀 모두 일지 재성 未土가 백호라서 늘 [재물/배우자/父(父母)/人的 네트워크] 관계에서 [불안/갈등/무관심/불편]을 느낀다.

○ [乙목/己토/丑토/丑<->未 충/巳午未-火방합]이 개입되면 [땅의 뒤틀림(지진)/폭발/화재/쓰나미(지진 해일)]과 관계된 사고가 많다.

 * 2011.03/11.14:46. 辛卯년 辛卯월 乙丑일 癸未시.
   '동일본 대지진' 진도 9.0(약 2만 2천명 사망+실종). 연이어 거대한 쓰나미(지진 해일).
   약 50분 후에(50분에 걸쳐), 후쿠시마 원전 폭발 및 방사능 유출사고.

 * 2017.11/15.14:29. 丁酉년 辛亥월 丙午일 乙未시. 경북 포항시 흥해읍 남송리. 진도 5.4

 * 2019. 07/21. 11:04. 己亥년 辛未월 己未일 己巳시.
   경북 상주 외서면 관현리. 지진 진도 3.9(내륙 內 지진 규모 1위. 경남 창녕 2위).

 * 2019. 12/24. 13:15. 己亥년 丙子월 乙未일 壬午시.
   전남 광양제철소 후판공장. 5분 간격 대폭발 사고.

 * 2021. 02/13. 23:07. 辛丑년 庚寅월 壬辰일 辛亥시.
   일본 후쿠시마 해역 진도 7.3('동일본 대지진'의 여진으로 판단).

 * 2022. 03/16. 23:36. 壬寅년 癸卯월 己巳일 甲子시.
   일본 후쿠시마 앞바다 규모 7.4('동일본 대지진'의 영향) 강진 발생. 지진 해일 경보.

○ 乙未 일주는 자신과 같은 干支(간지)인 乙未년, 乙未월, 乙未일을 '각별 조심'해야 한다.

○ 丙午, 丙申(년, 월, 일)과 甲午, 甲申(년, 월, 일)도 특별히 조심하고 대비할 필요가 있다.

◎ '32 乙未(을미)'의 물상적 형국과 그에 따른 명리학的 [조언/충고]:

사막의 강인한 선인장. → 새로운 일을 만들지 말고, 한우물 파기에 전심전력하라.

乙酉(을유) 일주

○ 酉금 지장간 분석: [편관+12운성 絶절].

정관 庚금 10: 비견的 정관(온화한 통제).
편관 辛금 10: 겁재的 편관(폭력적 통제).
편관 辛금 10: 겁재的 편관(폭력적 통제).

○ 생명력 乙목이 [두려움/억압/반발의 힘(추진력)]의 대표 상징인 편관 辛금을 만남.
○ [(고통 받는 몸)=(죽음, 사고, 몰락, 질병)]에 對한 두려움과 억압으로 항상 긴장하고 경계함.
○ 집중력(물질에 對한 집착, 관심)은 뛰어남.
○ 들어오는 재물도 좋지만, 나가는 재물도 관리가 필요한 법이다.
○ [인내력/추동력]이 성공요소가 된다. 그것들은 강하고 선명한 성격으로 나타난다.
○ 몸의 반응에 대한 두려움(강한 엄살은 실제 상황보다 고통스럽다고 [인식/반응]하기 때문)
  → 편관 辛금이 乙목을 강하게 치기 때문임.
○ 신체에 대한 과도한 걱정, 염려, 두려움, 통증, 긴장감을 갖고 있다.
○ 정신적 인내심은 강하나 육체적 인내심엔 약하기 때문에 각별 조심해야 한다.
○ 약하면서도 강인한 내면(자존감/냉혹/냉정/자신을 학대하는 기질)을 보여주는 이중적 양면성을 갖고 있다. 간혹 그것이 [우월감/카리스마] 형태로 나타나기도 한다.
○ 직업진로적성은 일반적 직장 생활이나 회사원 혹은 [은행·행정·세무] 공무원이 어울리며, [물류·유통·관리·서비스직(의/한/약, 물리치료, 미용, 꽃집, 일식집, 피부 관리 등)] 쪽도 괜찮다.
○ [가위/메스/칼/침/바늘/도끼 등]의 도구와 기술을 사용하는 직업 인연이 상당수 나타난다.
○ 火 기운이 드세면 간혹 다양한 직업을 섭렵하기도 하며, [예술/예능/정치] 쪽으로 유명세를 타거나, 자신의 [자존심/명예/단정/단호함]에 큰 손상을 [받기도/주기도] 한다.
○ 자신을 剋하는 강한 편관 金기운(자신에 대한 더욱 엄격한 잣대와 높은 수준의 목표) 때문인데, 방향이 잘못되면 주변 사람들에게 상처를 주기도 한다.
○ 본질적 성향은 [선명/강인]하나, 겉보기엔 조용히 자신의 업무를 처리하는 개성의 소유자다.
○ 배우자와의 금슬이 썩 좋지는 않다. 더 나빠질 때도 간혹 생긴다.
○ 내성적이라 혼자 속으로 끙끙 앓을 때도 있어 대인관계가 불안해지기도 한다.
○ 다재다능하면서도 두뇌 명석하여 자존감과 생존적응력이 만만치 않다.
○ 고통 받는 몸이 두려워서 매우 절제된 생활의 모습을 보이기도 한다.
○ 내면에선 상당한 예술적 [재능/능력/감각]이 흐르고 있다.
○ [검소/절약/근검]의 생활자세로 말미암아 직장상사가 보기엔 호감이 가는 성실성(자기관리 잘하는 사람)으로 비춰짐.
○ 겉으로 연약하고 다정다감하나, 속은 비밀스럽기도 하고, 한번 터지면 극단적 [폭력성/무정함/엄격함/냉혹성]을 보여주기도 하고, 정반대의 소극적인 면모를 내장하고 있는 경우도 있다.
  지지 酉금이 가진 산뜻한 칼날의 [맛/양면성] 때문으로 보인다.
○ 머리 총명하고, 깔끔한 용모에 재주도 많다.

○ 강한 金 관살의 살기(신체 손상의 위험성도 공존)를 어떻게 다스리느냐가 숙제이다.
  가까운 사람일수록 너그럽게 관계 맺기를 권장한다.
○ [주거/직업/배우자/자식] 쪽에서 불안정한 모습이 엿보인다.
○ 삶의 에너지와 눈높이는 상당히 높은 편이다.

○ [직업 전전/경박/性的 문제/배우자德 취약/예민/불안/초조/가정의 불안정성] 가능성이 있어
상당히 염려된다.
○ 土기운이 강하면 [가정/문서/교육/학습/어머니/주거환경] 쪽으로 문제발생의 여지가 높다.
○ 이재명 경기지사, 김수현 작가 등이 乙酉 일주로 알려져 있으니, 참고만 할 것.
○ 몸의 존재, 생존을 최우선의 가치로 여기며, 물질에 강한 집착을 보이기도 한다.
○ 특히 여성의 경우엔 [엉뚱한/폭력적인] 배우자를 만나거나, 특이한 직업을 섭렵하거나, 고독과
병마로 말년을 보내거나 할 때도 간혹 생기니, 각별 조심할 것!
○ 상대에 대한 눈높이(가치평가 기준)가 높은 편이다. 그래서 자신도 괴롭다(자학 증세 동반).
○ 외모는 단정하고, 평균치 이상이다.
○ 木 기운이 왕성할 때나 대운이나 세운에서 강한 木 기운이 들어올 때 [심신 손상/손재수/정서
와 심리불안/소심/신체/아내/아버지] 쪽으로의 변고 등이 예상된다.
○ 일지 편관은 삶이 다소 특이하거나, 혹은 드라마틱한 배우자일 가능성도 있다.
  일지 편관(甲申/乙酉/戊寅/己卯/壬辰/壬戌/癸丑/癸未 일주) 참고(간산 說).
 1. 삶이 많이 힘들어질 때는, [외부로/밖으로/타향으로/해외로] 시선을 돌려 보라!
   공간 이동과 삶의 패턴 변화를 시도해볼 필요가 있다는 말씀. 충분한 효과가 있을 것임.
 2. 일지에 [寅목/卯목/申금/酉금]이 오면 특히 [건강/질병/신체손상] 등에 조심해야 한다,
   특히 일지에서 인신 沖, 묘유 沖이 성립하면 몸의 손상이 더욱 심하게 나타난다.
 3. 잦은 [이직/전직]과 극단을 오고가는 삶의 여정에 피곤할 때가 많다.
 4. 배우자 쪽으로의 문제가능성 대비. 외모도 파격적인 데가 있는 편(길흉판단 불가).
 5. 상당히 폭력적일 때가 많다(허장성세/리더십/정치권력 집착). 특히 甲申 일주, 辛卯 일주.
 6. 지지에서 인신사 3형(2형도 가능)을 이루면 의술 계통에 종사할 가능성도 된다.
○ [건강 질병 문제/단명/요절]이 나타나는 것은 [金극木] 형태일 때다. 특히 조심해야 한다.
  가장 무서운 것이 辛卯 일주일 때다[강약 순서: 辛卯(신묘)>庚寅(경인)>乙酉(을유)>甲申(갑신)].
○ 특히 일지(배우자 궁)가 편관이면서 절(絶)일 때, 삶이 피곤해지고 남녀 모두 배우자와의 인연
이 부정적으로 나타날 때가 많다.
○ [개두/절각] 참고.
  蓋頭(개두. 지지에서 천간을 보고 하는 말. '머리를 덮어버림'. 예시) 辛卯. 辛금 剋 卯목).
  截脚(절각. 천간에서 지지를 보고 하는 말. '다리를 잘림'. 예시) 乙酉. 酉금 剋 乙목).
○ 乙酉 일주는 자신과 같은 干支(간지)인 乙酉년과 乙酉월, 乙酉일을 '각별 조심'해야 한다.
○ 丙申, 丙戌(년, 월, 일)과 甲申, 甲戌(년, 월, 일)도 특별히 조심하고 대비할 필요가 있다.
◎ '22 乙酉(을유)'의 물상적 형국과 그에 따른 명리학的 [조언/충고]:
목검. 보석 그림(책). 유리병 속의 꽃꽂이.
→ 화려함 뒤에 숨겨진 위험과 매정함을 경계해야 한다.

乙亥(을해) 일주

○ 亥水 지장간 분석: [정인+12운성 死사]

정재 戊토   7: 편인的 정재(공허한 실리).
겁재 甲목   7: 편재的 겁재(over하는 대인관계).
정인 壬수 16: 식신的 정인(느긋한 온정주의).

○ 생명력 乙목과 예지력의 정인 壬水의 만남.
 -더구나 겁재 甲목의 경쟁심까지 가세함.
○ 乙목이 좋은 生助(생조)를 받거나 용신이 有情할 경우 [피부와 몸을 관리 혹은 많은 사람을 상
대, 관리, 보호]하는 직업진로적성으로 흘러감.
○ [미용/피부/성형], [의료/치유], [물리치료/간호/요가], [정치/교육/양육/보육] 계통도 좋은 직
업적성이다.
○ 배려심으로 가려진 [주관/주체성]이 희미해 보이지만, 자신의 주변 사람에게는 원칙 없는 양보
란 없다.
○ 생존력은 최고이다.
○ 신비한 영적 현상과 사실을 잘 이해하며, 더구나 식신的 정인(壬수. 신비/철학/종교 등을 연구
하고 궁리함)으로 수준 높고 고상한 [탐구/집중/몰두]의 자세가 편협성으로 비춰질 때가 있다.
○ 미래 예측에 對한 [관심/재능/감각]이 탁월하다.
○ 이론과 논리보다는 [구체적/물질적/신체적]인 분야의 육감과 직관력 관련(占술, 手상, 觀상, 타
로, 당사주, 풍수지리, 요가 등) 직업도 어울린다.
○ 오행의 기운이 편향되면 [감정의 기복/숨김/비밀/고독/방황/가출/소외(객지, 역마)/흔들리는
부평초의 특성]으로, 여러 곳을 전전하기도 하고, 방향을 상실해 우여곡절을 경험하기도 한다.
○ 성격은 [원칙주의/다정다감/순수/솔직담백]하다. 단, 의존성이 옥에 티!
○ 他人에 대한 [이해력/(수용)포용성/공감대 형성]도 좋다.
○ 모범생이며 정의구현의 사명감도 있고, 우아하고 고상한 취향으로, 온실의 화초와 같은 느낌을
줄 때도 있다.
○ 괜찮은 외모와 늘씬한 체형이지만, 간혹 뒤틀린 性적 욕망으로 생활이 방만해질 때도 있다(겁
재 甲목의 힘).
○ 정신적 감각 수준은 높지만 물질적 세계를 감각하고 [이해/처리]하는 수준은 좀 떨어진다.
○ 아주 뛰어난 知的 능력이지만(사법 고시 합격생 배출이 특히 많다), 현실성 결여, 현장 대응
기피의 소극적 모습도 겹쳐져 있다.
○ 끝을 마무리 짓는 능력이 약하다. 龍頭蛇尾격이다. 쟁취하는 실천적 행동지수가 낮은 편.
○ 현실적, 구체적인 직장업무처리보다는 형이상학적 분야의 수행자나 종교관련 직업진로적성 쪽
이 더욱 어울린다.
○ 재물욕심과 고집, 성취욕구, [안정성/품위] 유지욕구도 상당 부분 내재해 있음.
○ 水기운이 이어지면 신체[몸과 손발(가락)]가 길고 가는 특성을 지니게 되는 경우가 많다.

○ 남자 일주라면 어머니와 배우자 쪽의 인연이 비교적 좋다. 흔히 말하는 '貴人'의 도움이다.

○ 부부로 결합할 경우, 남편감으로는 괜찮지만 아내감으로는 어떨지 모르는 未知數.

○ 신중하면서도 언행에 품위가 있으며, 다재다능하다. 물론 '신중'과 '음흉(속을 알기 어려움)'은 동전의 양면과 같다.

○ 학습능력 특출하고 재성, 비겁, 인성이 [생/극]을 교차하니, 파란만장한 인생이 예상된다.

○ 겁재 木기운의 힘이 좋아지면 '奪(탈)재성'의 위험이 생기니, 나누고 베푸는 삶을 권유함.

○ 아버지와의 인연은 약하며, 몇 번의 좌절이 있다. 인생 중후반에 가서야 안정세 가능.

○ 중년 이전엔 다소 불운. 중년 이후론 운세 상승. 삶 자체가 '상당히' 드라마틱하다.

○ 여성 일주라면 자녀운 좋고, 知的 기능도 좋아서 목표성취('貴人'의 도움)로 이어지지만, 내면의 그늘(수치, 비밀, 은밀한 습벽 등)도 있다.

○ 19대 문재인 대통령의 일주가 '1953. 01. 23~24. [양력: 甲戌(갑술)~乙亥(을해. 강헌 說)/음력: 戊午(무오)~己未(기미)]'라는 설이 있음.

○ 19대 문재인 대통령의 일주가 '1952. 01. 24. 양력-己巳(기사), 음력-乙未(을미)'라는 설이 있다. 학습용으로 참고할 것.

○ 지지에 진술축미 土(재성) 기운이 모두 모이면 [인기/신뢰]를 한 몸에 받기도 하며, 여러 사람을 거느린 지도자감이다(실제 임상에서 발견하기도 힘들지만, 非합리적이라고 본다. 간산 說).

○ 地支에 [寅인/申신/巳사/亥해] 中 3개 地支 이상이 모이면 상당히 파란만장한 인생행로가 펼쳐질 것이며, 강력한 역마살의 길흉화복을 거의 모두 맛볼 수도 있다.

특히 [인명 구조/발탁/선발/당첨]되는 吉한 역마로도 알려져 있다.

○ 乙亥 일주는 자신과 같은 干支(간지)인 乙亥년, 乙亥월, 乙亥일을 '각별 조심'해야 한다.

○ 丙戌, 丙子(년, 월, 일)와 甲戌, 甲子(년, 월, 일)도 특별히 조심하고 대비할 필요가 있다.

◎ '12 乙亥(을해)'의 물상적 형국과 그에 따른 명리학的 [조언/충고]:

큰 저수지의 연잎, 연꽃.

→ 억지힘은 오히려 위험하다. 순리적 흐름에 맡겨라. 단 [과시/과욕]은 금물.

3-1. 丙火(병화) 일간

○ 본질: 직진성, 신비, 억압, 난폭, 폭발, 정열, 無禮(무례)함, 저돌/도전적, 자신만만, 독선적, 화끈, 화려, 사치, 호승심, 호기심, 성급한 말실수, 리더십, 추진력, 원리원칙, 공명 정대, 직진성. 숫자는 7.

○ 火의 氣: 신비, 光, 광선, 예술(특히 시각예술), 태양(태양이 아닌 빛으로 보기도 함).
○ 일반적인 자연과학.
    火: 사상, 엄격, 공익, 공명정대, 원칙, 발산, 정신, 희생, 정의.
    水: 생명, 식욕, 성욕, 꿈, 무의식, 잠[내면 성찰, 꿈, 에너지 비축, 대리 욕망, 잠재의식].
* 성욕 이론/꿈/무의식(지그문트 프로이트. 정신분석학).
* 콤플렉스/집단 무의식/신화/상징(칼 구스타프 융. 분석심리학).

○ 고전(적천수/궁통보감/자평진전):
1) 庚금은 丙화를 두려워하지만, 丁화를 더욱 두려워 함(녹여 버리기 때문).
2) 丙화는 壬癸수를 만나도 두렵지 않다. 굴절하긴 하지만 통과함.
  [특히 壬수를 좋아함(亥월에는 예외. 江暉相暎강휘상영)].
3) 丙화는 빛이 통과할 수 없는 광물질 辛금(블랙홀)만을 두려워함. 丙辛 合化 水.
  빛 丙화가 통과하지 못함은 블랙홀 辛금에게 흡수당하기 때문.
  반대로 辛금은 자신을 빛내 주는 丙화를 오히려 좋아함.
4) 戊土(대기권)와 己土(토양, 지하)는 丙화의 도움이 있어야만 제 기능 발휘가 가능함.
5) 寅·午·戌(3合. 불과 빛)의 고향(火勢가 강한 곳)에서 甲목을 보면 순식간에 태워 버린다.
6) 뻗어가는 甲목의 에너지가 丙화를 만나면 더욱 가열차게 그리고 빠르게 폭발(점화)함.
7) 丙화는 陽기운이 최강이어서 가을(金)과 겨울(水)을 두려워하지 않는다(從을 싫어함).
  陽기운의 최강자는 丙화. 陰기운의 최강자는 癸수.

○ 난폭, 폭발, 無禮(무례), 참을성 부족, 공명정대, 낙천적, 명예욕, 자신감, 임기응변, 자기과시, 감정 예민, 과격/대담성, 엄격(엄정). 公私 분명, 직진성.
○ star기질(丁화 쪽에도 해당되지만, 丁화는 비교적 신사적임), 聖人(성인, 인격·덕망의 빛), 신비영역, 뛰어난 화술.
○ [음식조리/술/의약/검/경/군/소방/사격/양궁/항공/해운/조명/시각예술] 계통, 연예 계통, [선전/광고/홍보] 관련.
○ [영상/영화/무대/의류/의상/디자인/교도(행정)] 관련. [활달/빠름/움직임/많이 돌아다님/외국/외국어/역마살] 관련.
○ 솔직하고 성급한 [표현력/기질/분노/화], 화끈함, 희생적 리더십, 자기과시(사치/화려).
○ 대체로 마른 체질 혹은 날씬함(火기운이 드세면 얼굴이나 피부도 검은 편).
  그러나, 水기운이 過하면 비만의 위험도 공존한다.

○ 가려진 빛의 부정적 丙화:
  [사기/교활/음흉/은폐/잠적/도피/광란/정신분열(조현병)/말빨(언변)/음란/폭력성].
○ 물과 불은 음양의 에너지를 대표하는 기질이어서, 천간슴을 이루는 운세에서는 남녀 모두 [異性/신체/질병/수명] 문제가 불거지기 쉽다.
  특히 신약한 丙화는 천간슴을 이루는 辛금의 대세운을 각별 조심해야 한다. 편관의 기질적 속성을 가진 水기운으로 찌르고 들어온다. 吉凶의 양면성이 공존하지만 일단 조심을 요한다.
  (세운 기준 丙辛 슴: 1981 辛酉년, 1991 辛未년, 2001 辛巳년, 2011 辛卯년, 2021 辛丑년, 2031 辛亥년, 2041 辛酉년 등).

○ 혹간 丙화 [일간/월지 지장간]이 辛금 대세운을 만나면, [큰 일/큰 시험/큰 명예/큰 승진/큰 계약/큰 사업/큰 질병] 등에서 좋은 결과를 맛보기도 한다. 물론 凶으로 나타날 때도 있다.
○ 丙丙 병립: 광역성 역마 기질, 끊임없는 변동수, 폭발성/폭력성/성급함, 쓸데없이 많은 친구.

○ 장기: 소장(小腸).
  신체: 치아, 눈, 혀, 혈압, 체온, 어깨, 얼굴 부분.
* 해당 오행이 [너무 강성/아주 쇠약]할 때 발생되는 [증세/질환]:
심장질환(壽命관련 주의), 패혈증[패혈성], 고혈압, 수족냉증, 안면마비, 임파선, 심신불안.

○ 사주에서 만약
  木 과다: 건강문제(간·눈·중풍-혈압), 일신고독   火 과다: 심신손상, 재물손실
  土 과다: 풍찬노숙, 일신고단   金 과다: 동분서주, 외화내빈, 가족이별
  水 과다: 자식불화, 중병노환

  ['過多(과다)'라는 말은 본인의 사주(四柱) 팔자(8字)에서 특정한 하나의 오행(木, 火, 土, 金, 水)이 6글자 이상 나타나고, 월지를 장악하면서 힘과 비중을 막강하게 갖추었을 때를 말함이다. 웬만한 사주는 여기에 해당하지 않으니 조심해서 적용하기 바란다. ※무궁한 변화는 여기서부터 시작일 뿐].

병
화

3-2. 丙화 일간의 生月(생월. =월지. =계절)別 用神, 貴賤, 運勢, 吉凶 정리.

* 丙화는 최강의 태양 기운이다.
* 물(壬, 癸수의 극을 두려워하지 않음)을 봐도 본성을 잃지 않지만 土가 왕성하면 빛을 잃는다.
* 壬수의 계절인 亥월만 제외하고, 丙화는 壬수와 함께 있어야 상격이 된다(江暉相映강휘상영, 水火旣濟수화기제, 水輔陽光수보양광).
* 丙화는 壬수를 좋아하지만 癸수를 싫어한다. 여름 丙丁화엔 조후 壬수가 최우선이다.

寅월 丙화:
1. 丙화는 항시(壬수의 계절인 亥월만 제외하고) 壬수와 더불어 상격이 된다. 2. 봄에는 壬수가 약하니 庚금으로 생조하면 좋다. 3. 壬수에 지지 火국(땅은 아직 춥기 때문)이라도 상격이다. 4. 丙화는 壬수를 좋아하고 癸수를 싫어한다. 5. 寅월은 丙화의 生地라 火기운이 필요 없는 계절이다. 6. 土가 강하면 丙화는 빛을 잃고 壬수를 마르게 하니 하격. 이때 甲목이 戊土를 制하면 괜찮다. 7. 壬수가 없으면 하격(壬수가 많아도 파격. 단, 戊土로 制할 수 있다면 상격). 8. 庚辛금 財성이 혼잡해도 신강하면 상격. 9. 庚금을 用하면 [재물/이재/경영] 쪽으로 두각.

卯월 丙화:
1. 壬수만 있어도 좋지만 약한 壬수를 庚辛금으로 도와주면 錦上添花다. 2. 土가 강하면 丙화는 빛을 잃고 壬수를 마르게 하니 하격. 3. 壬수가 없으면 하격. 4. 壬수가 많을 때 戊土로 제압할 수 있으면 상격. 戊土가 투출 못하면 지지의 戊土(辰丑未 토로는 不可)로 가능함.

辰월 丙화:
1. 壬수에 庚금으로 도와주면 상격. 2. 壬수에 甲목으로 강한 土기운을 制해도 상격. 3. 壬甲 모두 투출하면 최상격 없으면 하격. 4. 土 강세인 辰월이라 甲목 필요. 5. 辰土가 마르지 않게 壬수로 적셔 주면 좋다. 6. 土로 洩(설)할 때는 일주가 약해지니 일주가 旺해야 한다. 7. 壬수가 旺할 때는 庚금을 반길 이유가 없다.

巳월 丙화. 午월 丙화. 未월 丙화:
1. 壬수에 庚금(약한 壬수 생조)을 쓸 수 있다면 상격. 2. 癸수와 庚금이라도 괜찮은 조합이다. 3. 壬癸수 모두 없다면 하격이거나 종교투신 가능. 4. 지지 火국에 水조차 없다면 종교입문 가능. 5. 壬수도 없는데 己토가 투출하면 생활고(빈곤). 6. 壬수와 庚금이 투출하고 戊土마저 없다면 최상격. 壬庚만 투출해도 상격. 7. 未월 丙화에 水운(상관見관. 상관帶살)이 오면 파격. 8. 壬수가 없으면 빈천, 우둔, 고집. 9. 壬수만 있으면 貴는 가능. 10. 庚금만 있으면 작은 재물은 가능. 11. 丁壬이 '양투'하면 陽刃合殺(양인합살)되어 大貴(대귀). 12. 庚壬 '양투'하면 귀격이나, 신약하면 안 된다. 13. 여름 丙丁화에는 조후 壬수가 최우선이다. *양투[兩透. 양쪽 모두 투출(透出)함].

申월 丙화. 酉월 丙화:
1. 壬수 단독 혹은 壬수와 戊土를 함께 써도 좋다(申월은 壬수의 生地라 강하다). 2. 酉월 丙화도

역시 壬수와 戊토! 이때 壬수는 지장간의 癸수만 보아도 상격임. 丙화가 통근(寅, 巳)하지 못하고 木 印星(인성)이 없어도 하격. 3. 가을 丙화가 취약하니 壬丙을 써도 상격. 4. 壬수가 없다면 하격. 5. 壬수가 많을 때 戊토로 制하면 상격. 6. 庚금은 큰 재물이다(단 身강, 財강 할 때만). 7. 가을 丙화는 약하니 丙화의 개수는 多多益善이다.

戌월 丙화:
1. 甲목(강한 土기운을 制하고, 약한 丙화를 생조)을 먼저 쓰고, 다음 壬수를 쓴다. 2. 甲壬癸가 모두 없다면 하격. 3. 戌월 土는 건조해서 임계水로 적셔야만 한다. 4. 지지 火국에 南方 운까지 겹치면 극단적 凶이다. 5. 戊토가 많고 甲목(혹은 甲목, 壬수)이 없다면 下격.

亥월 丙화:
1. 우선 丙화가 약하니 甲목으로 생조한다. 2. 壬수가 강세인 亥월이라 따로 壬수를 쓰지 않음. 3. 水氣가 드세니 戊토가 가세하여 甲戊庚이 투출하면 최상격. 4. 甲戊庚 모두 없다면 최하격. *5. 유일하게 亥월에서만 壬수는 용신이 못된다.

子월 丙화:
1. 역시 壬수를 用하고 壬수가 강하면 戊토로 制한다. 戊토로 강한 水기운을 제압하지 못하면 하격. 2. 겨울 丙화가 약하니 甲목도 좋다. 3. 火가 드세면 壬수가 필수.

丑월 丙화:
1. 壬수와 약해진 丙화를 生助해 주는 甲목이면 상격(壬甲이 모두 투출하면 상격). 2. 丙화가 좋아하는 壬수가 약해지면 안 되기에 土기운을 制하는 甲목을 쓰기도 함. 3. 土가 많으면 丙화가 빛을 잃으니 하격. 4. 丑월은 습土라서 丙화를 어둡게 하고, 지장간 己土가 壬수를 탁하게 하니 甲목(土 제압)이 없으면 상격은 못됨. 5. 壬癸수와 甲乙목이 투출(투간)하면 大貴.

丙子(병자) 일주

○ 子수 지장간 분석: [정관+12운성 胎태].

　편관 壬수 10: 식신的 편관(다소 느긋한 억압).
　정관 癸수 10: 상관的 정관(발랄한 모범생).
　정관 癸수 10: 상관的 정관(발랄한 모범생).

○ 질풍노도 치열성의 丙火 편관(비견 庚금 기준)은 몹시 권위的이며 감정적 강제성을 동반하면서 아주 성급하다.
○ 상관적 정관(癸水): 억압, 긴장, 권위에 對한 복종과 수용, 합리성, 모범성을 동반한다.
○ 마음대로 하고 있지만, 도를 넘지 못하는 긴장과 스트레스를 동반함.
○ 일지 子수로 말미암은 이성적 객관성으로 외부를 향한 감정의 폭발성(투사성, 光)을 억제하고 자제함(오히려 조심하는 일간 丙火로 변모함).
○ 겉으로 보기엔 안정적인 인성과 심리의 소유자다. 내면에선 상당히 진취적이지만 [성과/결실]은 어렵다.
○ 스스로 [권력/권위/존엄] 추구의 자세와 더불어 권위에 對한 복종경향도 강하다.
　이성적 자제력으로 현실화됨.
○ 권위 지향, 권력 추구, 감정의 기복, 고지식, 명예존중, 권위 복종 등의 복잡한 경향성을 보이지만 솔직담백하여 뒤끝은 없다.
○ 단정한 외모와 긍정적인 가치관, 그리고 [공직/공무원]에 어울리는 성품이다.
○ 간명한 방식, 군대식 상명하복의 일관성, 정리정돈, [단순/소박]한 생활과 강한 가치관(극단적 선명성)을 선호함.
○ 자유분방한 자영업보다는 질서정연하고 획일적 조직생활, 칼과 불(조폭, 양의사, 한의사), 집단생활, 정보, 경호, 경찰/검찰/군대(명령·지시 위주 상명하복式 직업) 쪽의 직업진로적성이 어울린다.
○ 주관적 [판단·선택·실천]을 요구받을 때 주저하는 경향을 보이지만(간혹 실기失機하기도 함) 원래 천성은 급하다.
○ 밝고 활달하게 보이지만 드러내지 못하는 걱정과 아픔이 있다.
○ 근검한 생활은 선호하지만 자존심 상하는(선의의 도움조차 부담으로 여김), 저급하고 천박한 생활을 혐오한다.
○ [의지/능력]은 좋으나 한번 좌절하면 七顚八起하는 모습을 찾아보기 어렵다.
○ 평소엔 밝고 쾌활하나 하강 운세에서 아주 미약한 가능성이지만 '극단적 선택'의 경향성 있음(일지가 일간을 극함). 조심 요망.
○ 성격적으로 [간단/명료/단순]으로 흐르는 모습이 자주 보인다.
○ 삶을 즐길 줄도 아는 낙천성이 식상的 水기운(庚금 기준)에 숨겨져 있으며, 독특한 性的 취향도 가끔 보인다.
○ 火기운이 중첩되면 얼굴이나 피부가 검은 편이다.

○ 여성의 경우 대체로 날씬한 체격이며 신비감이 도는 서구적 미인형도 간혹 있으며, 보석이나 액세서리 장식으로 꾸미기를 좋아한다.
○ 성격이 밝고 스케일이 크며 문화, 창작 관련, 음악, 미술 등 예술방면에서도 다재다능하다.
○ 관성이 혼잡되어 한 직장, 한 분야에 집중하기 어렵다. [재혼/중혼]의 가능성도 內在함.
○ 에너지의 근원이 되는 水, 火 기운이 조화롭지 못할 때에, 감정 기복이 심해지거나 갑자기 돌변하는 등 [심리/정신]적인 문제로 고생할 수도 있다.
○ 인성 木 기운이 괜찮으면 좋은 [부모/가문/교육적 재능]이니, 주변의 신뢰와 안정된 삶을 누릴 가능성이 크다.
○ [직업/배우자] 쪽에서 불안정성이 엿보인다. 가족 인연도 엇박자를 보인다.
○ 官성 水의 공격을 받으니 [결혼/직업/異性 문제]에서 문제발생의 여지가 있다.
○ 심성은 대체로 반듯하고, [단정/깔끔/명랑]하나, 속으로는 [고민/우울]인 경우가 많다.
○ 부분적으로 일지 편관을 깔고 있어 색다른 [사고/변고]를 경험하거나, 인생 중후반기에 몸을 크게 다치거나 신체장애를 동반하는 경우가 드물게도 생긴다. 조심 요망.

○ 특히 조선 사람들은 조선 인조 14년(1636년 병자년)에 청나라 오랑캐가 우리 땅과 군주를 능멸한 丙子胡亂(병자호란)을 절대 잊어서는 안 된다.
　참고로 丙子년은 1636년, 1696년, 1756년, 1876년, 1936년, 1996년, 2056년 등이다.

○ 丙子 일주는 자신과 같은 干支(간지)인 丙子년, 丙子월, 丙子일을 '각별 조심'해야 한다.
○ 丁亥, 丁丑(년, 월, 일)과 乙亥, 乙丑(년, 월, 일)도 특별히 조심하고 대비할 필요가 있다.

◎ '13 丙子(병자)'의 물상적 형국과 그에 따른 명리학的 [조언/충고]:
환한 대낮의 강변 풍경. 일출 배경의 호수.
→ 모처럼의 기회이니, 서둘러 붙잡아라. 단 주변과의 충돌을 조심해야 한다.

병화

丙寅(병인) 일주

○ 寅목 지장간 분석: [편인+12운성 長生장생].

　　상관 己토　1: 정인的 상관(따뜻함 비판. 연결의 고리일 뿐, 큰 비중은 없음).
　　식신 戊토　6: 편인的 식신(외로운 연구·궁리).
　　비견 丙화　7: 편관的 비견(자신을 극하는 이중성, 양면성, 억압성).
　　편인 甲목 16: 편재的 편인(과잉한 고독).

○ 丙火의 치열성과 신속성, 직진성.
○ 편인 甲목의 추진력.
○ 비견 丙화의 중복적 가세→주체성, 권위, 충동성, 다혈질, 고집, 판단에 주저함이 없다.

○ 정의감, [권위/명예]를 추구하며, 강한 통제성으로 주변을 억압하거나 자신의 권위를 강화함.
○ 고독(편인)을 벗어나고자 [권위적/변형적/자기중심적] 행동과 성향이 일부 드러나지만 그래도 고독과 외로움의 본질은 사라지지 않는다.
○ 위계질서, 상명하복의 조직 생활에서 힘 좋은 능력을 발휘함.
○ 타인의 눈에 자꾸 띄는 것은, 태양 丙화의 경솔하고도 무례한 기질적 속성 때문.
○ [열정/예술적 정서/사치/치장/화려/과시/차림새(스타일)/빛/조명(남의 시선과 기대)]에 집착하는 성향!
○ 승진, 진급에 對한 쾌감, 보상심리가 강하게 작용한다.
○ [일/사업/학습/비지니스/유학/해외 영업] 등에 대한 목표와 포부가 엄청 크고 화려하다(역마성 사업기질).
○ [결과/결실/실리/성과]도 비교적 좋은 편이다.
○ 陽기운이 흘러넘치니, [목표/힘/理想]이 크고 높아서, 기대치나 수준이 정해지면 일관성 있게 재빨리 추진함.
○ 중간에 방향전환이나 목표수정이 거의 없다.
○ 率直淡白과 自己誇示가 장점이자 단점이다.
○ 영적 능력도 다소 있다. 감각과 직관이 빨라서 예술품의 감정과 분석, 중개, 경매, 컨설팅, [비즈니스/서비스/무역/유통] 업종, [점술/역술/종교] 등에도 인연이 닿는다.
○ 水, 火기운이 흐트러지면 정신건강 문제나 분열(조현증)의 위험성을 미리 예방할 필요가 있다.
　 光(빛)의 산란성, 분산성이 난폭성과 혼란성으로 연결되기 때문이다.
○ 남녀 공히 키나 외모에서 평균치 이상의 수준이지만, 오행이 편향되지 않으면 괜찮은 미모.
○ 이 '丙寅' 일주는 남성보다 여성이 두각을 드러내며, 특히 [교육/강의/교직/강사/교사/교수] 직업적성도 괜찮다.
○ [명쾌/활달]하고 저돌적 [성취욕구/과시/사치] 성향이 있어, 경거망동으로 인한 구설수와 실수를 조심해야 함.
○ 간혹 성급한 [언행/무례함]으로 주변의 오해나 불신을 초래하기도 한다.

○ 책과 배움을 즐겨하고 영감도 뛰어나며 판단력 또한 빠르다.

○ 목화통명이니 똑똑하며 情이 많고 印星, 比劫, 食傷의 상생구조가 좋아 베풀기도 잘 한다.

○ 의식주는 안정되어 있으니, 과한 오지랖과 급한 성격만 자제한다면 上격의 사주다.

○ 목생화가 지나치거나 비겁 火기운이 넘치게 되면, 심리적 하중이 심해져, 정신건강에 문제가 생길 가능성이 있다.

○ 남녀 공히 [부모운/자식운]은 괜찮지만, 부모와의 이른 이별수도 간혹 나타난다.

○ [예술/예능/연예활동/무대체질] 분야에도 재능과 감각이 좋다.

○ 무엇보다 안정된 배우자와 가정을 선호한다.

○ 남의 말을 무시하는 [고집/난폭(사건사고)] 성향으로 주변을 어렵게 할 수도 있다!

○ 군·검·경 혹은 교직, 정치계통, 노동조합, 특수면허·자격 관련 쪽의 직업진로적성이 보인다.

○ 직감·직관力이 좋아 예리하면서도 고집 있는 실천의 힘이 있어 5行의 배열이 좋으면 [지도자/CEO]감이다.

○ 5행이 너무 편향되면 [소외/왕따]로 전락할 위험성도 함께 있다.

○ 土기운이 좋으면 [디자인/시각/패션/무대] 예술계통으로 좋은 [적성/능력]을 갖고 있다.

○ 火, 水가 균형을 이루었다면 리더십과 카리스마를 갖춘 인물이 되기도 한다.

○ 지휘, 관리, 감독, 통제에 능하다. 편향되면 히틀러와 같은 정치지도자가 되기도 한다.

○ 나서기를 좋아해서 곧잘 눈에 띄는 언행을 표출하지만 주변 [신뢰/신용]은 약하고, 결과는 거의 부정적이다.

○ 丙寅 일주는 자신과 같은 干支(간지)인 丙寅년과 丙寅월, 丙寅일을 '각별 조심'해야 한다.

○ 丁丑, 丁卯(년, 월, 일)와 乙丑, 乙卯(년, 월, 일)도 특별히 조심하고 대비할 필요가 있다.

◎ '03 丙寅(병인)'의 물상적 형국과 그에 따른 명리학的 [조언/충고]:

과속 중인 자동차 헤드라이트 불빛.

→ 조급하면 다친다. 존경도 좋지만 실리를 거부할 필요는 없다.

丙辰(병진) 일주

○ 辰土 지장간 분석: [식신+12운성 冠帶관대].
  정인 乙목 9: 정재的 정인(몸, 재물을 아끼고 사랑하고 후원함).
  정관 癸수 3: 상관的 정관(자랑하고 싶은 모범생으로 인정 욕구).
  식신 戊토 18: 편인的 식신(고독한 연구, 궁리).

○ 일지의 辰土: 土의 다양성, 심리적 복잡성, 미묘한 풍류기질.
○ 정인 乙목의 [직관력과 확고한 신념/순간포착/직관(학습)능력/몸과 피부를 관리하는 능력].
  식신 戊토의 [idea(연구, 궁리, 창조성) 능력]. 정관 癸수의 [전문성/합리성].
○ [궁리/연구]하는 난폭 직진성이면서도, 일견 순수한 동심의 면모를 갖고 있음.
○ 투사적 면모와 [배짱/담력/추진력/침착성/끈기/돌파력]도 있지만, 내면은 여리고 섬세하다.
○ 상황변화에 따른 가치관 수정, 자기 은폐, 내면의식 변화, 적응의 문제에서도 뛰어남.
○ 속으로는 나약해서 말 못할 고통을 계속 참다가 분노가 폭발하면 대형사고로 이어질 수밖에.
○ 신비영역을 연구, 궁리하더라도 끝을 보기가 어렵다(乙목 剋 戊토. 戊土와 癸水의 암습).
○ 자신의 주관적 입장이 아닌 [궁리/연구]의 객관적 결과를 남에게 강하게 주입하고 설득함.
  주변을 무시하거나 [대항/저항/비판]하거나 오버한다는 오해를 받을 때가 자주 발생함.
○ *丙辰(병진): 과거지향적(은근한 자부심과 고집이 밑바탕에 깔려 있음. 적극성 부족).
  *丙戌(병술): 미래지향적. 긍정적 추진력.
○ 사심 없고 음흉하지도 않지만 개인적인 [실리/결실]에는 약한 편이다(습토 辰토로 말미암은 丙
화기운 훼손).
○ 조금 빠르고 성급하며, 심하면 경박하다는 평가와 함께 [폭력성/과격성]도 발현된다.
○ 대체로 평균치 수준의 외모와 체격으로 평소엔 순하지만, 임계치 넘어가면 [음란/폭력성/충동
성]으로도 나타난다.
○ 대인관계를 '妙'하게 관리하는 능력은 좋지만, 過하면 [송사/구설수/관재]로 이어지기도 한다.
○ 물과 불은 음양의 에너지를 대표하는 기질이어서, 合을 이루는 운세에서는 남녀 모두 [이성/신
체/질병/수명] 문제가 불거지기 쉽다
○ 특히 신약한 丙화는 천간合을 이루는 辛금의 대세운을 각별 조심해야 한다. 편관의 기질적 속
성을 가진 水기운으로 찌르고 들어온다. 吉凶의 양면성이 공존하지만 일단 조심을 요한다.
○ [현실성/구체성]에 對한 관심을 두지만 [결실/끝]을 보기가 어렵다. [지속성/능동성] 부족 때문.
○ 남성은 참모나 제2인자의 자질과 적성(원만/신중/과묵)도 있다. [이상/포부/목표]는 원대하다.
○ 여성은 [남편덕/자식덕]이 약한 편이지만, 재물운은 괜찮다.
○ [시각 예술/빛/조명/IT 업종/디자인/전기/전자/해양/항공/외국(어)/몸/의약] 쪽으로 직업적성
의 인연이 깊으며, [학자/전문 연구직]으로서의 직업진로적성도 좋다.
○ 학습능력이 괜찮으며, 이성(교제)에 대한 [집착/감각/과잉욕구]가 상당하다.
○ 목표 성취의 추진력은 약한 편이다.
○ 맺고 끊는 맛이 약해서 한 가지 일을 두고 오래 끌고 가는 편이다.
○ [좋은 언변, 자기 관리, 과잉 이성교제, 외국어, 歌舞飮酒와 풍류]에 감각과 재주가 있다.

○ 金기운이 강하게 치고 들어올 때 [이성문제/학업중단]의 위험이 따르기도 한다.

○ 주변을 편안하게 하는 재주와 더불어 대인관계도 원만하다.

○ '꾀가 많고 영악하다'라는 평가를 받기도 하며, [사회/직업] 활동에서는 상당히 긍정적이다.

○ 강한 추진력과 '끝까지'라는 적극적 태도를 키운다면 錦上添花다.

○ 자수성가하고, 안정된 가정을 꾸리지만, 중말년의 자녀운세는 다소 불안정하다.

○ 부부 인연의 잦은 변화에 대비해야 한다.

○ 자신을 따르는 사람에게는 과도한 [애정/관심/배려/보호]를 베풂.

○ 자신에게 맞서는 사람에게는 가차 없는 공격성과 난폭함으로 대처함.

○ 火기운이 강화되면 [심장/뇌] 쪽의 압박이 커지며, 얼굴이나 피부가 검게 변한다.

○ 水, 土 기운이 활성화되면 몸이 비대해질 위험성이 있으니 조심할 것.

○ [힘/노력]에 비해서 그에 상응한 [성과/결실]은 미약한 편이다(식상 辰토의 복잡성 때문).

○ 애플 창업자 스티브 잡스가 丙辰 일주: [하드웨어/제품생산]에 주력. 土 식상(창의성)기운이 왕성한 [고집/몽상/완벽주의]者. 1955 乙未생. 2011 辛卯년 췌장암으로 사망. 전형적인 흙수저. 동갑내기 마이크로 소프트 창업자인 壬戌 일주의 빌 게이츠와 대비됨.

* 애플 창업자 스티브 잡스('丙辰' 일주)의 사주:
  [乙未년/戊寅월/丙辰일/丁酉(戊戌)시 출생], [辛卯년/戊戌월/癸巳일/庚申시 사망] 참고용.

* 마이크로소프트 창업자 빌 게이츠('壬戌' 일주) 사주: [乙未년/丙戌월/壬戌일/辛亥시 출생].
  [소프트웨어/비지니스/시장 감각]이 탁월, 土기운 왕성한 [고집/기부와 봉사/현실주의자].
  1955 乙未생. 전형적인 금수저, 다소 특이한 [괴강/백호/천라지망 '戌亥'] 동시 성립.

* 두 사람(빌 게이츠/스티브 잡스)의 공통점(간산 說):
 1. [IT 업종/인터넷]을 기반으로 함. 2. 土기운 왕성(고집과 다양성). 3. 1955년 乙未생.
 4. 비교적 튼실한(비록 신강은 아니지만) 일간. 5. '식상生재'를 갖춤. 6. 일지 土(戌토, 辰토).
 7. 일지와 일간이 생조하고 있음(금생수, 목생화, 화생토). 8. 특정 기운의 일관된 흐름.

* 두 사람(빌 게이츠/스티브 잡스)의 차이점(간산 說):
 1. 빌 게이츠의 시간적 흐름: 연지 未토->월지 戌토->일지 戌토->시지 亥수(순조로운 흐름).
    재산 절반 이상을 조건 없이 기부(거대한 편재 발생時 살아남는 [기부/봉사] 대처법).
    비겁 水가 너무 강왕해지면 財성(재물/여성/몸/人的 네트워크)에 문제가 생길 수도 있다.
 2. 스티브 잡스의 시간적 흐름: 연지 未토->월지 寅목->일지 辰토->시지 酉금(순조롭지 못함).
    不死不滅을 꿈꾸며 식단을 제한하고, 익히지 않은 채식을 고집했지만 결국 56세에 요절.
    사망시점: 2011 辛卯년 췌장암으로 사망. 병신 합화 水(편관으로 작용).
    신약한 丙화 일간이 辛금에게 빨려 들어간 것으로 보임.
 3. 출생계절(월지 배경): 빌 게이츠는 가을(결실) 출생. 스티브 잡스는 봄(입춘/춘궁기) 출생.

○ 丙辰 일주는 자신과 같은 干支(간지)인 丙辰년과 丙辰월, 丙辰일을 '각별 조심'해야 한다.

○ 丁卯, 丁巳(년, 월, 일)와 乙卯, 乙巳(년, 월, 일)도 특별히 조심하고 대비할 필요가 있다.

◎ '53 丙辰(병진)'의 물상적 형국과 그에 따른 명리학的 [조언/충고]:

비옥한 땅을 비추는 따뜻한 햇볕.

→ 쓸데없는 [잡념/걱정]이 일의 성사를 가로막고 있으니, 생각과 판단을 [단순/간명]하게!

丙午(병오) 일주

○ 午火 지장간 분석: [겁재(羊刃양인)+12운성 帝旺제왕].

비견 丙화 10: 편관的 비견(힘 좋은 저돌성).
상관 己토 9: 정인的 상관(온화한 인정 욕구).
겁재 丁화 11: 정관的 겁재(이유 있는 과격성).

○ 丙화가 경쟁심, 반발심과 힘 좋은 겁재 丁화를 만났으니 질풍노도의 [광폭성/과격성] 최고.
○ 일주가 간여지동(干與支同. 천간 지지가 같은 오행)이라 원국이 조금만 편향되어도 전체구조의
흔들림(변동수/재물상실/심신손상/사건사고/ 등등)이 생길 수 있으니 조심 대비할 것.
   凶만 아니고 吉도 가능함. 특히 陰干(乙목, 丁화, 己토, 辛금. 癸수)이면 더욱 심각함.
○ 간여지동 [甲寅/乙卯/丙午/丁巳/戊辰/戊戌/己丑/己未/庚申/辛酉/壬子/癸亥]의 5 공통점
   1. 예술的 감수성 탁월 2. 공학/기술분야 재능 3. 운세의 부침↕ 4. 부부인연 취약 5. 고집
   같은 간여지동이라도, 火(丙午, 丁巳)기운보단 水(壬子, 癸亥)기운의 간여지동이 더욱 무섭다.
   물론, '丙午' 일주도 화가 나면 제어하기가 아주 힘들다. 폭발 확산력도 제법 크다.
○ 강력한 주체성-죽어도 [양보/수용/후진/후퇴]는 없으며, 독재자나 폭군의 기질도 다분하다.
○ 저돌적 직진성이 있어, [분쟁을 일으킬 위험한 사람/대인관계상 불편한 사람/피하고 싶은 사람
등]으로 인식될 위험성이 다분하니 각별 조심할 것.
○ 사심은 없지만, [자신감/자존심]은 충만하다. [좌절/포기/체념]이 빠른 것도 큰 손실이다.
○ 주변사람이나 경쟁자와의 마찰, 갈등이 불가피하다. [간여지동+양인]이라 힘은 최강이다.
○ 다정다감과 폭발성의 양면성을 모두 가지고 있어, [분쟁/논란]의 위험에 빠질 때도 있다.
○ 원만한 사회생활을 위해서는, 대인관계에서 조금만 [양보/조심]한다면 상격의 사주다.
○ 자신의 생각, 가치관에 對한 확고한 믿음으로, 상대방과 적대관계 형성의 가능성이 높다.
   * 丁화/午화: 羊刃(양인). 정관적 겁재.
   * [모범/올바름/믿음/확신]에 對한 [당위성/선명성]으로 드러남. 강력한 힘과 기세로 표출됨.
○ [다혈질/고립감/異性 문제/소외/호승심/리더십/권위 의식]의 위험성이 다소 있음.
○ 조직적인 직장보다는 전문직이나 자유업종(운동에서도 단체종목보다는 개인종목)이 좋다.
   유통, 자영업종(패션, 화장품, 향수, 학원, 웨딩 관련), 스포츠/건강/헬스/국가대표(선수).
○ 영상예술/조명/무대예술, 전기/전자, [정치적 운동권/노조/시민단체 활동/공학/기술] 분야 쪽
으로 직업진로적성이 좋고, 참모나 후원자를 잘 만나면 난세의 영웅이 될 가능성도 있다.
○ [浩然之氣/호탕한 개방성]은 좋은 장점이지만, 극강의 [자존심/양심/정의감/자기과시/독불장
군] 기질이라, "소속, 종속되고는 못 살겠다!"
○ 土기운이 좋으면 [원만한 대인관계/마당발/끼]를 발산할 수 있는 성공의 환경을 만난 셈이다.
○ [능력/담대함/배짱]에 비해 [실리/성취수준/결과물]은 미약하다.
○ 겉으로는 스케일도 크고 대범하게 보이며, 여유 있게 행동한다(사교성/언변/자기 과시).
○ 적극적이며 진취적이고 명예와 자존심을 누구보다 소중히 여긴다.
○ 화려한 말솜씨와 호탕한 성격이지만, 주변과의 갈등도 정비례한다.

○ 급한 성미와 '욱'하는 기질로 자기 몫을 챙기지도 못하고, 실속 없는 일을 만들기도 한다.

○ 배우자와의 관계유지에 조심하면서, [재물/性的 본능/몸] 관리에도 주의해야 한다.

○ 비겁 火기운이 너무 강해서, [소외/고립/일탈]의 위험성 상존한다.

○ [철학/논리학/수학/물리학] 쪽의 재능도 좋고, [주역/영적체험/동양철학/요가/명상/참선/기도(영)빨] 쪽으로도 이해와 감응도가 높다.

병
화

○ 비겁(火)과 편관(水)성분이 너무 왕성하면 자칫 [임시직/일용직/비정규직]에서 헤어나지 못할 위험이 있으니 대비할 것.

○ 너무 뜨거우니, 차가운 물(水) 기운이야말로 지옥에서 부처님을 만난 격이다. 평소에도 가까이 하면 효력이 있다.

○ 진짜 [비나 소나기 오는 날/水(壬수, 癸수)의 날]에 물가[강변이나 바닷가]에서 중요한 사업이나 일을 [실행/만남/계약/실천/결단/프러포즈/마무리]함이 좋다.

○ 좋은 타이밍은 낮보다는 [저녁/밤], 여름보다는 [늦가을/겨울]이 좋으며, 방위로는 동남쪽보다 단연코 서북쪽이다.

○ 金(재성)기운이 웬만큼 강하지 못하면 [재물/배우자/본인 신체]에 기복이 생기는 경우가 많다.

○ 여성은 사회생활에서는 능력 인정받지만, 배우자 관계는 매끄럽지 못하며 독신도 많다.

○ 남성은 아내를 [사회/봉사/직업] 활동 등으로 바깥일을 하게 하는 것이 가정을 지키는 길이다. 강력한 양인 丁화 때문이다.

○ [丙午/丁巳/戊午/己巳/壬子/癸亥] 일주는 배우자의 건강질병도 조심해야 함. [임신/출산] 後 배우자와 거리감 발생.

○ [乙목/己토/丑토/丑<->未 충/巳午未-火방합]이 개입되면 [땅의 뒤틀림(지진)/폭발/화재/쓰나미(지진 해일)]과 관계된 사고가 많다.

 * 2011.03/11.14:46. 辛卯년 辛卯월 乙丑일 癸未시.
   '동일본 대지진' 진도 9.0(약 2만 2천명 사망+실종). 연이어 거대한 쓰나미(지진 해일).
   약 50분 후에(50분에 걸쳐), 후쿠시마 원전 폭발 및 방사능 유출사고.
 * 2017.11/15.14:29. 丁酉년 辛亥월 丙午일 乙未시. 경북 포항시 흥해읍 남송리. 진도 5.4
 * 2019. 07/21. 11:04. 己亥년 辛未월 己未일 己巳시.
   경북 상주 외서면 관현리. 지진 진도 3.9(내륙 內 지진 규모 1위. 경남 창녕 2위).
 * 2019. 12/24. 13:15. 己亥년 丙子월 乙未일 壬午시.
   전남 광양제철소 후판공장. 5분 간격 대폭발 사고.
 * 2021. 02/13. 23:07. 辛丑년 庚寅월 壬辰일 辛亥시.
   일본 후쿠시마 해역 진도 7.3('동일본 대지진'의 여진으로 판단).
 * 2022. 03/16. 23:36. 壬寅년 癸卯월 己巳일 甲子시.
   일본 후쿠시마 앞바다 규모 7.4('동일본 대지진'의 영향) 강진 발생. 지진 해일 경보.

○ 丙午 일주는 자신과 같은 干支(간지)인 丙午년과 丙午월, 丙午일을 '각별 조심'해야 한다.

○ 丁巳, 丁未(년, 월, 일)와 乙巳, 乙未(년, 월, 일)도 특별히 조심하고 대비할 필요가 있다.

◎ '43 丙午(병오)'의 물상적 형국과 그에 따른 명리학的 [조언/충고]:
한여름에 작열하는 태양.

→ 적정한 水 기운만 갖추면 걱정할 게 없다. 중요한 [일/사업]은 [저녁/밤]에 진행시켜라.

丙申(병신) 일주

○ 申금 지장간 분석: [편재+12운성 病병].

己토 상관   1: 정인的 상관(부드럽게 자신을 드러냄. 큰 비중은 없음).
戊토 식신   6: 편인的 식신(외롭게 그리고 깊게 연구하고 궁리함).
壬수 편관   7: 식신的 편관(내면적 궁리의 두려움. 억압의 느낌).
庚금 편재 16: 비견的 편재(주체성 강함. 내 뜻대로 상대방을 관리하고 통제하고자 함).

○ 직진성 丙화가 편재 순발력 申금을 봤으니 감각은 빠르고, 통제는 더욱 강화된다.
○ 판을 벌려 놓고서는 고민하고 두려워하는 형태. 목표는 높이 잡았는데 성과는 미미함.
○ [사물/사람]을 무정하게 [관리/통제]하고자 하는 [자기과시/권위의식]도 중요한 특성.
○ [독재자/권위자]의 모습을 띠고 본인은 그것을 당연시(庚금의 비견的 속성)한다.
○ 남 아래에서 일하기, 지시 받으면서 업무처리하기가 어려워 반발하게 된다.
   강한 [출세욕구/지배욕구/과시욕구] 때문.
○ 다재다능함이 오히려 본인의 발전을 가로막을 때가 있다.
○ [통제·관리]엔 능숙하여 아주 [구체적·현실적·계획적]으로 한다.
   1) 몸을 통제(의사/인명구조).
   2) 공간을 통제(건축/토목/설계/화재 진압/긴급 구호/응급 처치).
   3) 사람과 상황을 직관적 통제(사회자/MC/경호원/역술가/영매/무당).
○ 특이한 통찰력과 독특한 매력과 임기응변에 강한 순발력의 소유자다. 단, 사건사고가 잦은 일
주라는 점을 잊지 말아야 한다.
○ 책임감이 강하며, 망상이나 머뭇거림 없다. 바쁘게 돌아다니는 역마적 기질도 장점이다.
○ 외모도 좋고, 妙한 분위기를 연출하는 매력이 있다.
○ [자기과시/솔직담백/깔끔한 일처리/열정/다혈질/신속 과감/성급함/다재 다능]도 눈에 띄는 성
향이다.
○ [대인관계/재물관리/사교성/예의 바름/업무처리능력]이 좋기에, 사업과 경쟁(출세/승진)에서
앞서는 경우가 많다.
○ 불쑥불쑥 나타나는 [깊은 사색/정신적 혼란/방랑/바람기/솔선수범/'욱'하는 기질/생색내기/우
울증 성향]도 은근한 특성이다.
○ 내면적인 편관 壬수로 기억력 좋고, [연구/궁리(정확한 직관력)]해서 파고드는 노력의 모습이
좋은 장점이다.
○ 인내심 강한 [직관/궁리 능력(역학/역술)]은 강력하고도 효과적인 [통제/관리]를 위해서이다.
○ 군대적성, 조직 생활, 정신적 깨달음(종교적 심취/철학/명리/접신), 건설/건축/토목, 경호/정보
(원)/(산업)스파이, [해운/항만/항공] 관련, 비밀자료 관리 쪽으로의 직업진로적성과 인연이 있다.
○ 일에 몰두하는 체질이면서도 한편으로 자신의 권위(자기과시/영웅심리)를 내세우고자 한다.
○ [명예/예의/자존심/휴머니즘]을 무엇보다 소중히 여긴다.
○ 한쪽으로 편향되다 보니 [질병/정신건강]에는 취약하다.

○ 간혹 화려한 말빨, 좌중을 휘어잡는 카리스마(갈등과 충돌 야기), 다재다능한 예술적 취향(연예/예능), 재치와 유머를 보여줄 때도 많다. 그러나 속은 쓰리다[[명랑/우울] 양면적 성향이 내재함. 정신건강 손상 가능성에 특히 조심).

○ 金기운이 왕성해지면 예상치 못한 [명성/인기/재물 손실/재앙/뜻밖의 異性]을 얻거나 만나기도 한다.

○ 떨어져 다치는 경우(특히 이동時, 여행時)는 있어도, 절대 굶어 죽는 경우는 없다.

○ 관살 水기운이 너무 뻗치면(水극火) 간혹 [시력(눈 건강 포함)/신체손상(다리와 발 건강/단명/요절)]의 문제가 생길 수도 있으니 조심할 것.

○ 직접 발로 걸어 다니는 [직업/직종]이라면, 지지에 '寅'운(인신 沖)이 올 때 조심[신체손상(발/다리) 위험 때문]해야 한다.

○ [食/財/官(식/재/관. 土/金/水)]이 두루 갖춰져 있어서, [재물/출세/권력] 쪽으로 한번 흐름을 타면 그 기세가 좋다.

○ 丙申 일주는 [寅/申] 대세운을 만나면 [몸/다리]를 다치거나, 교통사고를 당할 위험성이 있다.

○ 여성은 [명랑/활달/봉사/희생/헌신적 내조]가 좋음.

○ 火(비겁), 金(재성) 기운이 좋은 남성은 간혹 혼외 자식을 얻기도 한다(바람기, 여자, 재물이 엉켜서 일지 편재 申금 중 지장간 壬수=혼외 자식, 아내 申금에게도 壬수는 자식인 식상).

○ [죽음/영적 존재/신비현상/종교/철학] 등 특이한 분야에 대한 관심이 많다.

○ 일주에 편재 申금이 자리하면 특히 [건강/질병/다리부상/신체손상] 등에 조심할 것(특히 인신 沖일 때 더욱 심함).

○ 일주에 편재를 깔고 있으면 다리와 관련된 여러 가지 일들이 발생한다(역마/많이 돌아다님/異性 친구 많음/하체 부실/분주한 공간관리 등).

○ 사람이나 사물을 관찰하고 파악하는 능력이 뛰어나며, 눈치가 빠르다.

○ 직관력이나 영감도 발달하여 꿈도 잘 꾸고, 또 적중할 때가 많다.

○ 역마성과 사교성을 이용하여, 공간을 이동하면서 벌리는 [사업/영업]에서 뛰어난 능력발휘와 함께 [결실/실적]도 괜찮아진다.

○ 자기자랑이 심하고 자부심도 대단하여, 대인관계에서 잦은 갈등이 발생할 수도 있다.

○ 시작은 좋은데 끝마무리가 취약함. 실속 없는 외화내빈. 아버지와의 관계가 껄끄럽다.

○ 병약한 청소년기를 보낸 사람이 많고, 은근히 외로운 내면을 고백하기도 한다.

○ [총명/신경질적/일관성 부족]이지만 배우자운은 괜찮은 편이다.

○ 丙申 일주는 자신과 같은 干支(간지)인 丙申년과 丙申월, 丙申일을 '각별 조심'해야 한다.

○ 丁未, 丁酉(년, 월, 일)와 乙未, 乙酉(년, 월, 일)도 특별히 조심하고 대비할 필요가 있다.

◎ '33 丙申(병신)'의 물상적 형국과 그에 따른 명리학的 [조언/충고]:
노출된 금광(금광산).
→ 보기에는 좋지만, 실익이 거의 없다. 과시욕망의 자제가 급선무다.

丙戌(병술) 일주

○ 戌土 지장간 분석: [식신+12운성 墓묘].

　　정재 辛금　9: 겁재的 정재(경쟁적인 세밀함과 소심함).
　　겁재 丁화　3: 정관的 겁재(정서 관리의 필요성. 증폭된 경쟁심과 반발심).
　　식신 戊토　18: 편인的 식신([공허/신비/동정심/집착/고독]한 [창의성·연구·궁리]).

○ 치열한 丙화가 공허·고독한 [신비영역/철학/종교 등에 대한 관심/궁리/연구]를 증폭시킴.
○ 丙화, 丁화가 모두 있어 신비영역과 종교 등에 대한 [관심/연구/궁리/생각/고집]이 깊어짐.
○ 丙戌의 정재(辛금) → 신비현상의 결과를 치밀하게, 꼼꼼하게 확인하고자 하는 욕구.
○ 편인적 식신(戊土) → 신비영역에 對한 결말을 보고자 한다.
○ 丙戌(병술) 일주는 丙辰(병진. 정관의 합리성+정인의 직관능력) 일주와 대비됨.
○ 낙천적이며, 타인에 대한 자상한 배려심과 활달함도 장점이다[食神(土) 生 財성(金) 때문].
○ 미래지향적 감각과 가치관(丙辰의 과거지향 속성은 외형적으로 드러나는 형태).
○ 자극(라이벌, 권위, 경쟁자)에 대한 반응(갈등, 권위에 대한 반발심, 욕심)이 확실함.
○ 좋은 학습능력과 성급한 충동성으로, 물러섬이 없다(丙화의 직진성, 겁재의 경쟁심 때문).
　　단, 한번 좌절하면 [체념/포기]도 그만큼 빠르며, 마무리도 좀 약한 편이다.
○ [다혈질(조급함)/정의감/추진력/속도감] 때문에 [경망/성급한 실수/구설수]를 부르기도 한다.
○ 쓸데없이 많은 생각과 인정 많은 오지랖으로 주변 대인관계는 넓고 좋은 편.
○ [우울증/정서적 불안]을 부를 만큼의 정신적 공허도 주기적으로 온다.
○ [내면의 상처/소외감/의존성/열패감]이 깊이 내재되어 있어 남들은 눈치 채기가 어렵다.
○ [감정/속마음]의 표출이 빠르고 솔직담백하여, 재물손실과 오해도 가끔 생긴다.
○ 스케일이 크며 감정적 공격의 무리수와 승부 욕구, 경쟁심 등이 강하게 나타난다.
○ 분노자제, 내면적 감정관리(정신건강 유지 차원), 자기과시 억제의 [훈련/대비/조절]이 필요함.
○ 단정하고 예의 바른 성격으로 金, 水기운만 조화를 이룬다면 좋은 운세를 맞이하기도 한다.
○ 안정된 土金의 대세운이 받쳐줄 때는 재물까지도 가능하다.
○ 남녀 공히 부부인연은 약한 편이다.
○ 내면의 외로움과 住居불안이 무의식적인 歸巢本能(귀소본능)으로 늘 작동한다.
○ 여성의 경우 가을 출생(金기운 강화)이면 배우자의 변고가 예상되며, 土 식상이 번잡하면 자식
문제가 발생한다.
○ 戊土 식상이 강하면 풍류와 음주가무를 즐기기도 하는 여유와 낙천성을 보이기도 한다.
○ 丁화 겁재로 말미암아 배우자의 [사건/사고(異性 문제 포함)]가 생기기도 하며, 재물의 변동과
이동이 제법 있는 편이다.
○ 직장 생활보다는 [언어/화술/유통업], [조명/무대/시각예술], 개인사업장 운영(의류/패션/미용/
학원/요식 등등), [항해/항공/렌트/리스] 계통의 직업진로적성이 어울린다.
○ 물과 불은 음양의 에너지를 대표하는 기질이어서, 合을 이루는 운세에서는 남녀 모두 [이성/신
체/질병/수명] 문제가 불거지기 쉽다(특히 신약한 丙화는 천간合을 이루는 辛금의 대세운을 각별

조심해야 한다). 편관의 기질적 속성을 가진 水기운으로 찌르고 들어온다. 吉凶의 양면성이 공존하지만 일단 조심을 요한다.

* 세운 기준 丙辛 合: 1981 辛酉년, 1991 辛未년, 2001 辛巳년, 2011 辛卯년, 2021 辛丑년, 2031 辛亥년, 2041 辛酉년 등.

○ 남녀 공히 金(財성) 기운이 좋으면 훤칠하고 신체나 외모에서 탁월한 경우가 제법 있다.

○ 火, 水기운이 대세운에서 강하게 들어오거나, 合이 일어나 金, 水기운이 왕성해지면 [재물/자식/가족/질병]과 관련된 자질구레한 문제가 한꺼번에 생기기도 한다.

○ 일지 戌土는 불기운이 사그라지는 墓(묘)지의 모습이라, 일상사에서 늘 저녁 황혼의 아름다움과 쓸쓸함이 배어 있다.

○ 편향된 고집과 아집이 흠결이니, 따뜻하게 주변을 대한다면 운세의 역전도 가능하다.

○ 베풀기도 잘하고 감정표현도 [솔직/화끈]하지만, [까칠/조급]한 성격으로 손해를 보기도 한다.

○ 감수성과 예술적 [감각/재능]도 풍부하여 삶이 드라마틱하다.

○ 청소년기 이후 갑작스런 운세의 부침이 몇 번 있다.

○ 七顚八起의 역마적 기복으로 출렁거리는 삶의 여정이 2~3번 반복된다.

○ 천간(특히 월간, 시간)에 丙화가 하나 더 있으면 쌍둥이일 가능성이 생긴다.

○ 부부 사이의 금슬은 크게 좋은 편은 아니며, 간혹 [탈선/의심]도 생긴다.

○ 남들보다 특이한 [사고/변고(수술, 불치병, 교통사고, 몸의 흉터나 큰 점, 가까운 가족의 흉사)]를 겪는 경우도 제법 있지만, 불굴의 의지와 돌파력으로 긍정적 효과를 내기도 한다.
　　흔히 말하는 백호살(甲辰/戊辰/丙戌/壬戌/乙未/(己未)/丁丑/癸丑)에 해당하기 때문이다.

○ 戌(술)은 戈(과, 창/무기/흉기)를 갖고 있어, 사고, 칼부림, 수술, 고통, 상처 등의 [흉터/흔적]을 몸에 남기기도 한다.

○ 식신 戌土의 영향으로 [음식/고기/모임/동호회/파티]에 대한 관심도 많다.

○ 남자는 丙戌 일주에서, 여자는 壬辰 일주에서 특히 천라지망의 특성이 잘 발현되니 조심.

○ 남녀 공히 [배우자/가족] 신상에 특이한(주변에서 보기 힘든) [현상/질병/변고/사고]가 생기기 쉽다.

○ 丙戌 일주는 자신과 같은 干支(간지)인 丙戌년과 丙戌월, 丙戌일을 '각별 조심'해야 한다.

○ 丁酉, 丁亥(년, 월, 일)와 乙酉, 乙亥(년, 월, 일)도 특별히 조심하고 대비할 필요가 있다.

◎ '23 丙戌(병술)'의 물상적 형국과 그에 따른 명리학的 [조언/충고]:
西山에서의 화려한 낙조(일몰).
→ 눈과 마음은 상향이나, 결실이 하향인 것은 허술한 마무리과정 때문이다.

4-1. 丁火(정화) 일간

○ 본질: 영적 작용(심령), 합리성, 봉사정신, 원칙, 소극적 조심성, 노력과 끈기, 객관성, 생장운동 활성화, 영리함, 응결되어 모임, 젠틀맨-십, 온화하고 느림, 은근한 추진력, 깔끔/단정, 심장, 현실주의(실속 챙기기). 숫자는 2.

○ 내면의 영적 작용 예시: 양심, 자아, 사고력, 심장의 열기.
○ 火의 質: 1) 사상, 등불, 열 기운, 온화, 정직, 합리, 봉사정신, 원칙주의(융통성 부족).
            2) 丁화가 있어야만 따뜻한 사주가 된다(*丁화가 없으면 추운 사주).
            3) 눈을 밝게 해 줌(*丙화는 맑고 투명해야만 침투 가능).
            4) 곡선의 부드러움, 열 기운, 아지랑이 기운, 내면의 정신적 작용.

○ 고전(적천수/궁통보감/자평진전):
1) 丁화는 본성이 약해서 항시 甲목과 庚금이 있어야 貴격이다.
    劈甲引丁(벽갑인정): 庚금 도끼로 甲목을 쪼개서 丁화를 생조한다는 말(出. 궁통보감).
2) 중심, 중앙에 위치하면서 속으로는 밝고 뜨겁다.
3) 丁화는 왕성해도 넘치지 않고, 모자라도 궁색하지 않다(겉은 부드러워도 속은 [격정/낭만]적).
4) 金이 乙목을 극하지 못하게 도와줌(열로 庚금을 녹일 수 있기에 木의 성장기운이 되어 뿌리를 데워 줌).
5) 丁壬 合 木:
    차가운 壬수 기운을 녹여 주는 기능(만물 소생. 木극土하여 戊토로부터 壬수를 보호한다).
6) 異性으로 壬수를 좋아하고, 壬수와 잘 어울림.
7) 丁화+壬수=木기운(합화): 수증기의 새 기운(덮혀진 물 기운은 만물의 새로운 생명력이 됨).
8) 水생木: 물/수증기(水 기운)→대기유통과 순환(生)→만물의 '성장'('木' 기운).

○ 정인 甲목(목의 氣)은 바로 丁화를 生助 못 함. 庚금으로 甲목을 쪼개야 가능함(벽갑인정).
    편인 乙목(木의 質)은 丁화를 生助함(단, 乙목이 가진 습기를 조심해야 함).
    * 고전명리학에서 많이 나오는 이야기지만, 다소 합리적이지 못한 느낌(간산 說).
○ 丁화=맑지 않아도 침투 가능함=신비한 마음의 뿌리=몸의 따뜻함(목욕탕 ♨).
○ 열 내부의 [靈的/정신적] 작용이 곡선으로 퍼져나감.
    생각과 사연이 점차 많아지고, 습관적인 속마음 감추기(아지랑이/양면성) 기질도 은근함.
○ [침착한/합리적인/따뜻한] 마음, 이해와 관찰력, 은근한 star기질(*丙화: 직선적 star기질).
○ 조언(상담/힐링), 양심적, [詩/書/畵] 재능, 他人의 심리파악능력 탁월, 독해력과 외국어 학습능력 월등, 그러나 다소 우유부단함.
○ 사교적이며 대인관계 좋고, 지혜롭다(지식, 이해, 수용성이 좋은 모범생 사주).
○ 의존심, 영적 감각(신약한 丁화는 접신의 인연이 있음), 약간의 질투심과 수다스러움.
○ 감추는 속마음(약간의 음흉함), 온화한 자기과시, 성실성과 깔끔함, 외모 관심과 치장, 사치.
○ 正官 丁화(庚금 기준): 원칙주의(융통성 부족), 교육자, 상담가, 법의 집행, 모범적 기준, 사람

을 상대하는 직업 특성.

○ 食傷 癸수(庚금 기준): 좋은 융통성(가무음주, 유흥오락, 예술, 연예, 사교, 언변, 외국어 구사, 대인관계). 주변 환경이나 공간을 잘 관리함(현실 중시). 느리지만 성실함. 조용하고 은은함.

○ 부정적인 丁화의 모습: [집착/아부/교활/양면성/애매모호/음흉/실리 집착/인색].

○ 혹간 丁화 [일간/월지 지장간]이 壬수 세운을 만나면, [큰 일/큰 시험/큰 명예/큰 승진/큰 계약/큰 사업] 등에서 좋은 결과를 맛보기도 한다. 물론 凶으로 나타날 때도 있다.

○ [乙목/卯목]을 꺼림(습기 때문). 丙화를 두려워 함([밝기/속도/힘]에서 열등하기 때문).

○ 丁丁 병립: 긍정적인 주변의 도움, 좋은 인상, 배려심 깊은 친구와 동료, 문명, 문화, 인덕 없음, 외로움.

○ 장기: 심장(心臟).

　신체: 혀, 혈관, 신경, 시력, 턱, 복부 부분.

* 해당 오행이 [너무 강성/아주 쇠약]할 때 발생되는 [증세/질환]:

　심장질환(壽命관련 주의), 심신장애, [水기운 관련성: 신경쇠약/분노조절장애/불면증/신내림(接神접신)], 시력 장애, 신경통.

○ 사주에서 만약

　木 과다: 재물손상, 심신허약　　　　火 과다: 부부인연 취약, 사치, 허영, 일신고독

　土 과다: 자식문제, 명예손상　　　　金 과다: 가산탕진, 거처불안, 부모인연 취약

　水 과다: 후사문제, 신체손상

　['過多(과다)'라는 말은 본인의 사주(四柱) 팔자(8字)에서 특정한 하나의 오행(木, 火, 土, 金, 水)이 6글자 이상 나타나고, 월지를 장악하면서 힘과 비중을 막강하게 갖추었을 때를 말함이다. 웬만한 사주는 여기에 해당하지 않으니 조심해서 적용하기 바란다. ※무궁한 변화는 여기서부터 시작일 뿐].

4-2. 丁화 일간의 生月(생월. =월지, =계절)別 用神, 貴賤, 運勢, 吉凶 정리.

* 丁화는 강하거나 약해도 큰 문제가 없다.
* 연약한 丁화는 사시사철 甲목(장작)과 財성 庚금(도끼)의 도움이 절실하다(무더운 午未월 제외).
* [丁화/甲목/庚금]은 잘 어울리는 짝(劈甲引丁벽갑인정)이다.
* 습기를 가진 乙목은 丁화를 손상하게 하니 除濕(제습) 기능의 甲목이 필수.
* 丁화는 가을과 겨울에 태어나도 甲乙목, 寅卯목만 있으면 金水를 겁내지 않는다.
* 庚금은 丁화의 제련을 좋아한다.
* 丁화는 異性 壬수를 좋아한다. 여름 丙丁화에는 조후 壬수가 최우선이다!

정화

寅월 丁화:
1. 甲목과 庚금이 있어야 상격. 2. 甲庚, 壬수를 같이 보면 財官雙美(재관쌍미)로 최상격. 3. 寅월의 丙丁화는 특별한 火기운이 필요 없다. 4. 乙목이 있으면 타버리니 乙庚 합이 있어야 함. 습이 없다면 처자식 쪽에 문제가 생기니 하격. 5. 甲목, 庚금이 모두 없다면 물론 하격. 6. 아직은 추위가 남아 있어 甲목이 먼저이고 庚금은 그다음이다. 7. 甲乙목이 혼잡한데 庚금이 없다면 [빈천/요절]의 가능성. 8. 丁壬 合化 木(印성)을 이루면 부귀하다. 물론 庚금(金극木)은 없어야 함.

卯월 丁화:
1. 甲목, 庚금이 있어야 상격. 2. 卯월 丁화는 꽃이니 癸수로 甲목을 도우면 최상. 3. 乙목(습한 乙목은 丁화를 상하게 함)이 있다면 庚금으로 甲목을 '벽갑'해야 '인정'이 가능하다. 4. 乙목을 봤는데 庚금이 없다면 고독하고 외로운 운명임. 하격. 5. 甲목, 庚금이 모두 없다면 물론 하격. 6. 水기운이 많다면 반드시 戊토로 制해야 상격. 7. 乙庚이 양투(양쪽 모두 투출)하면 용신 庚금이 제거되니 貧寒(빈한. 가난하고, 쓸쓸함).

辰월 丁화:
1. 甲목, 庚금이 있어야 상격. 2. 甲목은 辰월의 강한 土기운(火기운이 흡수되니 丁화는 약해짐)을 제압하는 좋은 힘. 3. 지지 水국에 壬수가 투출하면 불이 꺼지는 요절의 위험성 있음. 물론 戊己토로 制할 수 있다면 상격. 4. 甲목, 庚금이 모두 없다면 물론 하격.

巳월 丁화:
1. 甲목, 庚금이 있어야 상격. 2. 丙화 투출하면 下격. 丁화의 탈광을 막는 壬癸수가 절실함. 3. 壬/丙 혹은 癸/丙이 같이 투출해야 상격. 4. 庚금이 癸수를 만나면 하격(癸수가 丁화의 불을 꺼버리기 때문). 5. 환경이 뜨거운데 甲목, 庚금이 모두 없고 水기운마저 없다면 최하격. 6. 土金(식상生재)을 쓸 수 있다면 富貴한 上격. 7. 여름 丙丁화엔 조후 壬수가 최우선이다.

午월 丁화:
1. 더운 계절이니 우선은 壬수. 그 다음은 庚금으로 보호. 2. 우뚝 솟은 癸수 하나라도 상격(大貴는 官보다 殺을 취한다). 3. 金水가 없다면 운이라도 西北방(金/水 기운)으로 흘러야 함. 西北방

운세(金/水 기운)마저 막혔다면 최하격. 4. 金水가 없다면 土로 洩氣(설기. 기운을 빼냄)함이 차선책. 5. 여름 丙丁화에는 조후 壬수가 최우선이다. 6. 무더운 여름이니 癸수로 丙화 태양을 가려도 좋다.

未월 丁화:
1. 土기운이 강하니 우선 甲목이고 그다음이 壬수. 2. 甲목, 庚금도 괜찮다. 3. 甲목, 庚금이 하나도 없으면 하격. 4. 水기운 없이 地支 火국에 木이 불타면 최하격. 5. 지지 木국에 壬수가 투출(투간)하면 최상격. 壬수가 투출 못 하고 지장간에만 있어줘도 좋다. 물론 庚금이 壬수를 도와야 상격. 6. 이때 甲목으로 통제되지 못한 己토가 있어 壬수를 탁하게 만들면 하격. 7. 여름 丙丁화엔 조후 壬수가 최우선이다.

申월 丁화:
1. 甲목, 庚금이 있어야 상격. 2. 甲목, 庚금에 丙화가 있어도 상격(가을엔 丙화가 있어도 丁화의 탈광이 일어나지 않음). 3. 서늘해지기 시작하니 조후상 丙화도 괜찮다. 4. 甲乙목이 없으면 하격. 5. 乙목을 쓸 때 丙화(秋冬 계절의 조후)가 없으면 하격.

酉월 丁화:
1. 秋冬 절(申, 酉, 戌, 亥, 子, 丑월)에도 甲목, 庚금이 있어야 상격. 2. 申월처럼 甲/庚/丙이면 상격. 3. 酉월 丁화는 약하니 甲乙목이 없으면 하격. 4. 乙목을 쓸 때 丙화(秋冬 계절의 조후기능)가 없으면 하격.

戌월 丁화:
1. 甲목, 庚금이 있어야 상격. 2. 상관 戊토가 많고 정인 甲목(혹은 甲목, 壬수)이 없다면 상격(傷官傷盡상관상진). 3. 甲목, 庚금이 하나도 없으면 하격. 4. 가을과 겨울의 丁화에게 甲/庚은 잘 어울리는 짝(劈甲引丁벽갑인정)이다.

亥월 丁화. 子월 丁화. 丑월 丁화:
1. 甲목, 庚금이 있어야 상격. 2. 겨울의 戊토는 강한 水기운을 억제시켜 주는 힘이 있다. 겨울이라도 火기운이 드세면 癸수를 써야 한다. 3. 己토가 甲목을 合하면 격이 떨어진다. 4. 甲목은 투출(투간)하고 庚금은 지장간에 있어도 좋다. 5. 통상 甲/庚을 써서 벽갑인정(劈甲引丁)하면 上격. 6. 가을과 겨울의 丁화에게 甲/庚은 잘 어울리는 짝(劈甲引丁벽갑인정)이다.

丁丑(정축) 일주

○ 丑토 지장간 분석: [식신+12운성 墓묘].

　　편관 癸수　9: 상관的 편관(비판적 억압).
　　편재 辛금　3: 겁재的 편재(저돌적 관리 욕구와 성급함).
　　식신 己토 18: 정인的 식신(온화하고 느긋한 궁리와 낙천주의).

○ 丁화의 본질: 온화, 조심, 보수, 세심, 모범, 합리성, 실속 챙기기, 따뜻함(추위를 모른다).
○ 정인的 식신의 己토: 자상한 교훈적 분위기(올바른 삶의 자세를 어머니처럼 제시하는).
○ 상관的 편관 癸수: 1) 미래지향적([과거/사실/사건]→희극化, 오락化, 상징化).
　　　　　　　　　　　　2) 해석과 설명에 對한 현대적, 창조적 패러디化.
○ 식신 己토: 학문적, 종교적인 [설명/설득/이해/수용/포교]의 논리에 능함.
○ 丁화: 따스함, 온도, 말(언어, 외국어)의 능력.
　　正官 丁화의 전형적 특성: 고전적, 모범적, 공무원이나 관료 지향적, 보수적.

○ 겨울生만 아니라면, 배우자복과 재물복으로 인생이 펴질 때도 있다.
○ 일간 丁화가 신강하면서 지지에서 巳酉丑(사유축) 3합을 이루면 재물(金기운)이 더욱 좋다.
　　단 식상 土가 받쳐 줘야만 가능하다.
○ 기억력, 사물과 현상의 재해석이 뛰어나고 他人을 [설명/설득/이해]시키는 힘이 좋다.
○ 잔情도 많은 편이며, [역학/역술/기도/명상/靈的 세계]에도 좋은 [감각/재능]이 있다.
○ 자신에게 주어진 임무, 책임을 성실하게 수행하는 힘(성실성)이 좋고, 多才多能(주로 예술/종교 쪽의 재능과 적성)하다.
○ [섬세/치밀/침착/원만/온화]함과 [知的/性的] 매력도 눈에 띈다. 異性 문제 조심.
○ 윗사람에게, 남들에게는 능력 이상의 좋은 인식과 넘치는 평가를 받음.
○ 주변에 [실리/먹거리/일거리]가 항상 넘친다.
○ 내성적[말보다는 실천 위주(편관의 힘이 작용할 때)]인데다가, 억압하면 반발, 폭발(편재 辛금 때문)하는 熱체질(추위를 못 느낌)이니 조심해야 함.
○ 경박하고 성급한 판단으로 손해 볼 때도 제법 된다.
○ 작은 일보단 큰일에 대처능력 미흡하다.
○ 내면에선 상당한 [갈등/억압]이 있지만, 겉으로 내색 않는 [관리/절제/실속 챙기기/자기주장]이 은근히 강하다.
○ 쓸데없는 걱정과 고집으로 스스로를 자책하거나, 간혹 정신건강의 손상을 경험하기도 한다.
○ 제2인자나 참모직책에 어울리며 앞장서는 리더, 혁명가, CEO 직책과는 인연이 다소 멀다.
○ [역사/고문화/문화재/박물관/도서관]에 관심, [손기술/연구/궁리/생각(식신 己토의 영향)]이 많은 직업, 언어로 이뤄지는 금융(컨설팅) 계통, 연구소 연구원, 외국어, 교육자(양육/보육/강의 포함) 등의 직업진로적성이 어울린다.
○ 특히 여성은 [양육/보육/사회봉사] 쪽의 인연이 있으며, 자식에 대한 집착이 강한 편이다.

○ 일지가 丑土(財성 金의 묘지)라 혹간 넘치는 [일복/재물복]을 감당하지 못하는 경우도 생긴다.

○ 丁화의 따뜻함과 총명함에다가, 丑土의 끈기와 집념까지 겸하고 있다.

○ [의식주/경제적] 안정과 여유까지 괜찮은 편이다(식=>재=>관 유통이 잘 된다는 전제).

○ 백호의 강력한 [자기고집/아집/편향성]이 흠이니, 따뜻한 성품으로 주변을 대한다면 운세의 역전도 가능함.

○ 식상 丑土 기운이 왕성해지면, 청소년기부터 갑작스런 운세의 부침이 시작된다.

○ 칠전팔기가 어렵고, 다소의 짠돌이 기질도 있다.

○ 중년 이후 운세의 변화 가능성(吉凶 판단유보)이 더욱 커진다.

○ [재물/직업/배우자] 관련하여 [긍정/부정] 양면으로 다양한 사건사고를 조심해야 함.

○ 부부인연은 가끔씩 흔들리는 편이며 性的 불만, 주거불안의 가능성도 있음.

○ 월지를 중심으로 해서 3형(축술미)을 맞으면 배우자에게 [사건/사고]의 위험성이 있다.

○ 자기표현과 자기주장이 능하며 타인과의 공감대 형성, 봉사정신이 좋다.

○ 주변을 자신의 무대로, 온화하고 안정된 분위기로 만드는 재주가 있다.

○ 가수 이효리가 丁丑 일주로 알려져 있다. 참고할 것.

○ 地支가 辰戌丑未(진술축미)의 土로 나타나면 [복잡/다양/미묘]한 성격과 심리의 소유자다.

○ 남들보다 특이한 [사고/변고(수술, 불치병, 교통사고, 몸의 흉터나 큰 점, 가까운 가족의 흉사)]를 겪는 경우도 제법 있지만, 불굴의 의지와 돌파력으로 긍정적 효과를 내기도 한다.
  흔히 말하는 백호살(甲辰/戊辰/丙戌/壬戌/乙未/(己未)/丁丑/癸丑)에 해당하기 때문이다.

○ 丁丑 일주는 자신과 같은 干支(간지)인 丁丑년과 丁丑월, 丁丑일을 '각별 조심'해야 한다.

○ 戊子, 戊寅(년, 월, 일)과 丙子, 丙寅(년, 월, 일)도 특별히 조심하고 대비할 필요가 있다.

◎ '14 丁丑(정축)'의 물상적 형국과 그에 따른 명리학的 [조언/충고]:
겨울밤의 벽난로.
→ 木기운이 보충되면, 주변 모두를 만족시킨다. 조급할 필요가 없다.

丁卯(정묘) 일주

○ 卯목 지장간 분석: [편인+12운성 病병].

　　정인 甲목 10: 편재的 정인(통제된 따스함).
　　편인 乙목 10: 정재的 편인(소심한 공허).
　　편인 乙목 10: 정재的 편인(소심한 공허).

정
화

○ 객관성, 합리성, 온화함의 丁화가 편인 乙목(보수성, 외로움, 몸, 의학)의 생조를 받아 더욱 강화된 기획력, 창의성, 주체성을 보인다(의학과 몸에 대한 관심은 정재的 편인 乙목 때문).
○ 법 준수, 과거 지향적 원칙주의, 보수성, 노숙함은 편인的 특성에서 기인한다.
○ 신비세계 관심, 예술적 감수성, 종교에 대한 영적각성과 직관력이 높다.
○ 말이 끊어지거나, 말문이 막히는 경우가 간혹 생긴다.
　[깊은 생각/내면세계로의 집중] 때문으로 보인다.
○ 이성적, 합리적, 차분하면서도 온화하다.
○ 감춰진 추진력과 승부근성도 있지만 크게 강하지는 못하다.
○ 말은 적고, 생각은 깊고 많다. [선견지명/눈치/창의적 생각/심오한 성찰]이 돋보인다.
　[잡념/망상]의 위험성은 부정적이지만, [통찰력/명상/상상력/정신수련]은 긍정적이다.
○ [결실/성과/실리]는 미약한 편이다.
○ 일과 사업에서 龍頭蛇尾 격으로 끝날 때가 많다. 너무 베풀기를 좋아해서 탈.
○ [고독/억압/갈등]을 속으로 삭이는 편이라, [신경질/경쟁심/스트레스/질투심/홧병/정신건강 손상]의 가능성이 열려 있음.
○ 활동 공간의 폭은 다소 좁다. 자칫 '극단적 선택'도 드물게 나타남.
○ 일지 卯목은 항시 '妙한' 성격과 심리의 소유자가 많다.
○ 평범함(남과 똑같음)을 무엇보다도 싫어하고, 혐오한다. 간혹 직업을 전전하기도 한다.
○ 남과 같은 평범을 죽어도 못 참는 개성의 소유자라서, 옷차림새나 스타일에 많이 집착한다.
○ 생활공간이나 환경이 좁고 제한적이다.
○ 질투와 경쟁심리(호기심/충동성/異性 문제)가 의외로 강하게 표출되기도 한다.
○ 상대를 많이 의식하는 편이라서 마음이 무거울 때가 많다.
○ 수리와 계산이 뛰어나고 학습능력 탁월함.
○ 대인관계 무난하고, 다재다능하면서도 베풀기 좋아해서 실속은 없지만, 인정이 많아서 주변의 인기를 모으는 편.
○ 외향적으로 돌아다니기보다는 내면을 탐색하고 신비세계나 [종교/자연]에 [심취·몰두·탐색]하는 속성을 보인다. 그러나 내재된 [도화/역마] 기질이 있어 한번씩 충동적으로 표출되기도 한다.
○ 구체적+현실적 실리추구(정재적 특성)+모범생的 사회생활(정관적 특성, 보수적).
○ 水 기운이 조화를 이뤄주면 坦坦大路(탄탄대로)다. 걱정이 없다. 官印상생과 통관 때문.
○ 가장 평균적인 공무원이나 일반회사, 교직, 금융/보험, [몸/물질/간호/피부/옷/음식/공학] 등의 [관리/통제/조절/조리], 의학/역학/철학(활인업종), 외국어 등의 직업진로적성이 어울린다.

○ 성품이 착하며 봉사도 좋아하며 예술, 기술, 문학방면에도 재능이 있다.

○ 시작은 잘 하지만, 마무리가 약한 것이 아쉽다.

○ 丁卯 일주는 印성이 강하여 모친 의존성향으로 나타나기 십상이다. [媤家/妻家/부부] 간의 갈등 가능성으로 발전하기 쉬우니, 현명한 처신이 요구된다.

○ 부모와의 인연은 [복잡/다양]하면서도 취약한 편이다.

○ 특수 분야 [면허/자격]이면 탄탄대로이며, [철학/종교]에 심취 가능성 있음.

○ 병약한 청소년기의 가능성이 제법 있다.

○ [총명/신경질적/일관성 부족]의 경향도 조심해야 한다.

○ 배우자운도 한번씩 출렁거리는 편이다.

○ 부드럽지만 은근한 고집과 욕심, 그리고 실리추구의 주체성이 밑바탕에 항시 깔려 있다.

○ 재물과 미래대비 안정성 추구와 자기관리 쪽으로도 은연중에 집착한다.
　그러나 [성과/실리/실속]은 크게 없는 편.

○ 是是非非를 가리거나 논리적 설득에서 마음이 상할 때도 많다.

○ 크게 도움 되는 배우자는 아니다. 그렇다고 헤어질 정도도 아니지만.

○ 남자의 경우 혹간 연상녀를 만날 가능성이 제법 된다.

○ 金, 水기운이 좋으면 중년 이후부터 몸이 불어나기 시작한다.

○ 한국 사주명리학계의 거목 제산 박재현 선생도 丁卯 일주다.
　일지 편인의 직관적 [통찰력/노숙함]이 매섭다.

○ 火기운이 극성하면 접신이나 신들림 현상을 경험할 수도 있다.

○ 남녀 공히 평균치 이상의 외모나 신장은 된다.

○ 水 기운에 문제(과다, 과소)가 생기면 [귀/목/신장/방광/배변/수면/만성피로/정신건강] 쪽으로 질병 발생가능성 있음.

○ 丁卯 일주는 자신과 같은 干支(간지)인 丁卯년과 丁卯월, 丁卯일을 '각별 조심'해야 한다.

○ 戊寅, 戊辰(년, 월, 일)과 丙寅, 丙辰(년, 월, 일)도 특별히 조심하고 대비할 필요가 있다.

◎ '04 丁卯(정묘)'의 물상적 형국과 그에 따른 명리학的 [조언/충고]:
기도처의 정성스런 촛불.

→ 집중하면 이루어진다. 쓸데없는 잡념과 망상을 멀리하라.

정
화

丁巳(정사) 일주

○ 巳화 지장간 분석: [겁재+12운성 帝旺제왕].

상관 戊土 7: 편인的 상관(외롭고도 신비하게 자신을 은근히 드러냄, 사교성 좋음).
정재 庚금 7: 비견的 정재(자신을 위한 세밀한 이해타산).
겁재 丙화 16: 편관的 겁재(직선적인 반발심. 경쟁심과 승부욕).

○ 자신의 이해타산과 실리추구(남들에게 욕먹는 경우)에서 결코 밀리지 않는 승부욕(큰 목표나 꿈)과 경쟁심을 보여준다. 뛰어난 [학습능력/사교성/과시욕구/총명/활달/공감능력] 때문이다.
○ 火기운이 좋아서 [조직/집단]의 長을 곧잘 차지하기도 한다. 관운(시험)은 좋은 편이다.
○ 치밀하고 꼼꼼하게 따지고 생각하는 [합리성/정의감(의사전달이 간접적, 우회적)]도 상당하다.
○ 남의 떡에 관심 많다(과잉한 욕심). 나의 것은 조금도 손해 볼 수 없다.
　그러나 실제 결실은 미미한 편.
○ 겉은 점잖지만 신속하고 예리한 손익판단이 있어서 성취욕구(갈등多, 욕심多)는 최강이다.
　힘의 [조절/통제]가 필요함.
○ 재물 성취에서도 양극단의 모습을 띤다(큰 재물 아니면 극단적 빈곤).
○ 대인관계는 비교적 좁은 편이며 항시 조심하고 긴장한다.
○ 여름 출생이면 더욱 [시기/질투심/정신건강 손상/경쟁심]이 더욱 강화된다.
○ 자신을 이해해 주는 범주 內에선 깊고 넓은 대인관계의 폭과 교류를 갖는다.
○ 간혹 비밀스럽고 수다스럽기조차 하지만, 남들의 평가는 [솔직 담백/쾌활/명랑/성실] 쪽이다.
○ 火기운이 강해지면 성향이 더욱 급해지고 거칠어지기도 하지만 뒤끝은 없다.
　[주관/고집]이 강하며, 가정보다 밖의 일에 [관심/집중]의 모습을 보인다.
○ 정재 庚금(몸)을 극하는 지장간 말기(정기) 겁재 丙화의 특성:
　1) 몸의 혹사와 무관심. 2) [분노조절 문제/과감/성급/폭력성/마무리 취약].
　3) 심장 질환 가능성, 심신 손상. 4) 극도의 [통제/관리].

○ 일주가 간여지동(干與支同. 천간 지지가 같은 오행)이라 원국이 조금만 편향되어도 전체구조의 흔들림(변동수/재물상실/심신손상/사건사고/ 등등)이 생길 수 있으니 조심 대비할 것.
　凶만 아니고 吉도 가능함. 특히 陰干(乙목, 丁화, 己토, 辛금. 癸수)이면 더욱 심각함.
○ 간여지동 [甲寅/乙卯/丙午/丁巳/戊辰/戊戌/己丑/己未/庚申/辛酉/壬子/癸亥]의 공통점
　1. 예술的 감수성 탁월 2. 공학/기술분야 재능 3. 운세의 부침↕ 4. 부부인연 취약 5. 고집
○ 같은 간여지동이라도, 火(丙午, 丁巳)기운보단 水(壬子, 癸亥)기운의 간여지동이 더욱 무섭다.
　물론 '丁巳' 일주도 화가 나면 제어하기가 아주 힘들다. 은근한 확산력이 제법 크기 때문이다.

○ 지지(대세운 포함)에 亥수가 와서 巳亥충이 생길 경우에는 [감정조절/질병/신체손상/재물손실]이 염려되지만, 비례하여 [몸/재물]에 대한 관심은 증폭된다.
○ 土와 水기운이 몰려오면 몸이 불어나기 시작하니 각별히 조심할 것.

○ 머리 좋고 명랑하면서도 재주가 많아, [예술/기술/문화/체육] 다방면에서 [끼/감각/능력] 발휘가 서슴없이 이뤄진다.
○ 솔직담백한 성격이지만 재물욕구 억제가 어려워서, 여러 가지 시도를 많이 한다.
○ 강한 火기운이 균형을 잃게 되면, 가시 돋친 말로 주변에 상처를 주거나 구설시비(口舌是非)와 설화(舌禍)의 가능성도 있으니, 金기운을 가까이 함이 좋을 듯.
○ 재물과 몸 관리에도 要주의! 신중한 처신을 권유함.
○ 일지 제왕이라 너무 강하면, [소외/고립/극단적인 삶]의 위험성이 확산되니 배우자와의 관계유지에 힘써야 한다.
○ 여성은 사회성이 좋아 직업을 갖는 것이 유리하며, [재물복/재물관리]가 뛰어난 편이다.
○ 부부지간의 금슬은 크게 좋아 보이지는 않으며, 간혹 [별거/이혼]을 선택하기도 한다.
○ 내면적 [합리성/논리성]은 좋으나, 외형적 [추진력/설득력]은 조금 약하다.
○ 일상생활에서 경쟁적, 억압적, 난폭한 지장간 丙火 때문에 [정신건강 손상/논쟁/갈등/남에게 상처주기/말다툼]으로 번질 경우에 대비할 것. 특히 歌舞飮酒(가무음주)를 경계해야 한다.
○ 다양한 사건사고의 가능성이 농후함(故 박정희 대통령 경호실장 車지철이 丁巳 일주로 알려져 있다. 참고할 것).
○ [보험/금융/세무/은행], [창고/물류/유통/임대], [스포츠/몸 쓰기/감독/관리/통제], [연예/예술/교직/강사(언어 관련)], [의술/공학/기술] 등 다양한 분야의 직업진로적성이 좋음.
○ 정교하고 섬세한 [재주/능력]을 살리는 직업적성이 좋다.
○ 오행이 편향되면 조직과 직장생활에서의 부적응 가능성이 꽤 있음.
○ 내면적 영체인식, 신비세계 이해 및 감응도가 좋다.
○ 감성적이고 심리적인 자극과 반응에 민감함.
○ [丙午/丁巳/戊午/己巳/壬子/癸亥] 일주는 배우자의 건강질병도 조심해야 함.
　특히 [임신/출산] 後 배우자와 거리감 발생.

○ 丁巳 일주는 자신과 같은 干支(간지)인 丁巳년과 丁巳월, 丁巳일을 '각별 조심'해야 한다.
○ 戊辰, 戊午(년, 월, 일)와 丙辰, 丙午(년, 월, 일)도 특별히 조심하고 대비할 필요가 있다.

◎ '54 丁巳(정사)'의 물상적 형국과 그에 따른 명리학的 [조언/충고]:
따뜻한 온실, 아열대 지방의 생태환경. 밝고 화려한 무대.
→ 작고 구체적이며 실질적인 [일/문제] 쪽으로 관심을 갖고 접근하라.

丁未(정미) 일주

○ 未土 지장간 분석: [식신+12운성 冠帶관대].

　　비견 丁화　 9: 정관的 비견([모범/온화/합리]적인 주체성과 고집).
　　편인 乙목　 3: 정재的 편인([치밀/섬세/실리추구]의 신비주의. 고독/공허).
　　식신 己토 18: 정인的 식신(자상함과 자비심을 갖춘 [궁리/연구/창의성]).

○ 남을 편안하고 즐겁게 만드는 재주와 주변 [인기/신뢰]는 좋지만 정작 자신은 즐겁지 못하다. 조열하기 때문이다.
○ 평소 생활에서는 [냉정/조용/안정]과는 거리가 먼 [활달/명랑/분주/발랄/불안정] 쪽으로 성향이 기울어질 때가 많다.
○ 재물과 직업 활동에서는 평소와는 달리 [자존심/고집/안정감/기획력/책임감/추진력]이 제대로 나타나는 경우가 많다.
○ 합리적 계획과 여유로움도 좋지만 뜻밖의 [즉흥적 기질/조급함/충동성]도 제법 된다. 일을 망치는 계기가 됨.
○ 일지가 土(辰, 戌, 丑, 未 土)라서 [변화무쌍/복잡다양]한 내면은 고칠 수 없는 천성이다.
○ 火와 土의 기능이 조화되면 문장과 말의 기능이 강화됨.
○ [전문직/교사/연구직], [개인사업/가공/조립/생산], 몸과 얼굴을 쓰는 직업(스포츠, 모델, 댄서, 연예인, 가수, 서비스 업종 등), [토목/건설] 쪽의 직업진로적성이 강해 보인다.
○ 연구, 궁리의 대상: 주체적, 신비적, [종교/철학]적인 내용들.
○ [계획/추진력/생각]은 탁월하나 마무리가 약해서 성과는 부실하니, 龍頭蛇尾격.
　　편인 乙목 헨 식신 己토. 편인의 견제→자신감 결여. 융통성 없는 고지식함 때문.
○ [일/사업/결혼]의 과정에서도 자꾸 중단되는 현상이 빈번히 발생함.
　　- 재성 金기운이 취약하거나, 식신 己토가 생명력 乙목을 만나 무력化되고 초토化될 때.
○ 활달하고 명랑하며, 착하고 여려서 [희생정신/동정심/귀 얇음/사기를 잘 당함]도 있지만 남들의 평가는 인색하다.
○ [재물/재물관리]에 대한 은근한 욕심과 집착은 강하나 [실리/결과]는 불만이다.
○ 특정한 사안만 생기면 자신감이 사라져 뒤로 물러서는 경우가 많다.
○ 부적절한 [망설임/고지식]이 발전을 가로막는 형국.
○ 무능으로 인한 실패가 아닌, [잦은 이직/포기/중단/좌절/까칠함]으로 인한 실패일 때가 자주 나타난다.
○ 이도저도 아닌 어중간한 뒷마무리라서 구체적인 결실이나 성과가 약하다.
○ 편인 乙목 헨 식신 己토(목헨토): 비중이 약해서 그나마 다행.
　　- 그러나 목生화, 화生토의 매개체가 되는 비견 丁화를 조심할 것.
○ 오염된 주체성(적응력 부족의 어정쩡한 일관성. 온정주의. 합리주의)이 강화됨.
　　- 정관적 비견 丁화(乙목 生 丁화)를 도와주는 습토 己토의 가세로 더욱 혼탁해짐.
　　- 직업적 [다양성/인내심]을 경험하는 좋은 기회가 되기도 한다.

○ 심성 곱고 고전적이며 예의 바르다는 주변의 평가가 대세다.

○ 책임감과 더불어 대인관계의 폭도 넓으며, 인정 많고 언변이 좋아 주변의 시선을 끈다.

○ 뜨거운 불기운으로 인한 [열정/다혈질]이 주변을 어렵게 하거나 놀라게 할 때가 많다.

○ 자수성가하여 안정된 가정을 집착하지만, 부모운과 자녀운에서는 다소 불안정하다.

○ 부부인연에 잦은 변화가 있지만, [사회/조직/직업] 활동에서는 상당히 적극적이고 역동적임.

○ 청소년 시기에 공부가 중단되거나 엇길로 새는 경우가 생기기도 한다.

○ 남 입장을 헤아리고 배려할 줄 아는 심성에 번잡한 발랄함까지. 옥에 티는 충동성!

○ 부분적으로는 규율과 규정을 잘 지키는 모범적인 자세와 보수적인 태도가 융통성 없음으로 보일 때도 있다.

○ [金(재성)/水(관성)] 기운이 모자라면 오히려 [과잉 식욕/집착(바람기)/性的 탐닉]하는 경향성으로 나타나기도 한다.

⇒ 현실과 거리를 두거나, [추상/창조/전문성]의 경향을 띠게 되는데, 이는 [偏印 乙목/食神 己토] 성분 때문이다.

○ 일주가 '관대-식신'일 경우에는 비판적 언어와 투쟁 성향이 강화되기도 한다.

○ [축구선수 박지성/디자이너로 유명한 국회의원 손혜원]의 일주가 丁未로 알려져 있다.

*야구감독 선동렬의 명식이 癸丑 일주로 알려져 있다. 참고할 것.

*일주끼리 천극지충 관계인 [야구감독 선동렬 對 국회의원 손혜원]의 논쟁을 참고한다면, 참으로 흥미롭고 유의미함.

○ 첫인상은 온화하고 부드럽지만 물질적, 현실적 목표의식은 은근히 강하며 지속적이다.

○ 여성은 [머리/재주/재물복]은 괜찮지만, 자식 집착은 부정적이다.

○ 남녀 공히 가정의 안정감은 좀 떨어지는 편이다.

○ 丁未 일주는 자신과 같은 干支(간지)인 丁未년과 丁未월, 丁未일을 '각별 조심'해야 한다.

○ 戊午, 戊申(년, 월, 일)과 丙午, 丙申(년, 월, 일)도 특별히 조심하고 대비해야 함.

◎ '44 丁未(정미)'의 물상적 형국과 그에 따른 명리학的 [조언/충고]:
아궁이 속의 장작불.
→ 안정된 의식주의 모습이다. 주변에 많이 베풀수록, 실리는 더욱 커진다.

정
화

丁酉(정유) 일주

○ 酉금 지장간 분석: [편재+12운성 長生장생].

　정재 庚금 10: 비견的 정재(주체성 있는 치밀. 이해타산과 몸 관리).
　편재 辛금 10: 겁재的 편재(경쟁적인 난폭성. 시공간 통제 능력).
　편재 辛금 10: 겁재的 편재(경쟁적인 난폭성. 시공간 통제 능력).

○ 강력한 주관과 의지(주체성)대로 행동하는 경향. 독선적. 주관적(담백한 고집).
○ 타인의 [생각/감정/의견]을 수렴하는 데에는 상당히 취약하다.
○ 독자적이며 나홀로(소외/고립 을 심어줄 가능성) 형태의 생활을 즐기기도 한다.
○ 작업, 업무, 일을 직접 [통제·조작·관리·개입]하기를 좋아하고 낙천적으로 즐긴다.
○ 단, 사물과 물질에 큰 집착은 없다. 남에게 베풀기를 즐겨한다.
○ 지혜는 좋으나 평소 [인내/끈기/결단성]이 약한 것이 흠이다.
○ 마음대로 뜻대로 관리하고 통제하는 것만을 즐길 뿐 [감정적·주관적]으로 즐기는 것은 아니다.
　대상이나 집단의 규모가 클수록 그런 상황이 강하게 나타난다.
○ 또 다른 일이 생기면 앞의 일, 사물, 사람은 잊어버리고 새로운 상황에 몰입하게 됨.
○ 자신이 가진 丁화(표준, 규정 준수, 모범, 성실성) 기준에 어긋나면 크게 화를 냄.
　[원리원칙/정직/외모단정/담백함]에 대한 집착 때문.
○ [일/업무]에서는 무정한, 매정한, 단호한 사람이라고 평가받을 수도 있다.
　일지 酉금의 [냉정함/깔끔함/세련미/결단성] 때문이며, 외모에 품위를 풍기는 경우가 많다.
○ [관리·감독]직이나 [지시·명령·지휘·관리]에 능함. 현실적 지배의 상황을 즐김.
○ 추상적, 형이상학적, 관념적 대상엔 무관심한 편이라서 가볍고 경쾌한 성향으로 나타남.
○ 직장, 조직 생활보다는 자신의 개인 사업이나 일을 갖는 것이 좋다.
○ 천성은 부드럽지만 [성과/결실]을 중시하거나 집착한다. 결과는 미약하고 손실은 큰 편.
○ 재물과의 인연은 아주 긍정적이다. 그러나 인생 중후반에 [급전/반전]이 있다.
○ 신기한 것은 금속성 도구([기술/공학] 분야, 가위, 계산기, 정밀 계산이나 관측, 자, 컴퍼스, 칼 등)를 쓰는 직업과도 인연이 깊다.
○ 대인관계나 사회생활에서는 먼저 다가가고 먼저 [헌신/봉사]하지만 결과는 다소 불만족.
○ 부부의 인연과 금슬은 서로가 [우호적/긍정적]이다. [미남/미녀]가 많다.
　그러나 남녀 공히 異性 문제가 뒤따르니 각별 조심해야 한다.
○ 특히 지장간 辛금이 有情(金생水)하면, 남녀 공히 보통 이상의 외모다.
○ 대세운에서 土기운이 좋으면, 주변의 신뢰와 재물이 한꺼번에 생기기도 한다.
○ 특히 여성은 가정과 남편에 헌신적이다.

○ 고전명리학에선 '天乙貴人'이라 하여 아주 귀하게 여기는 일주다(천을귀인: [丁酉/丁亥/癸卯/癸巳] 일주). 그러나 필자의 실제 임상에서는 크게 와 닿지 않았음을 밝힌다.
○ 괜찮은 외모에 [온화/성실]하지만, 도를 넘으면 무섭게 변하기도 한다.

○ 음간 丁화라서 1인자보다는 2인자(비서/참모/고문 등)가 좀 더 어울린다.

○ 세련된 외모에 매력적이며 知的이다.

○ 지혜롭고 주변에 인기가 많고 사람들의 관심과 집중을 많이 받는 편이라서, 만남과 모임과 회식을 즐기는 편이다.

○ 특별히 재성에 균열이 가지 않는 한, 풍족한 삶을 살 가능성이 높다.

○ 쓸데없는 고집을 피우거나 예민한 성격으로 물불을 가리지 못할 때가 간혹 있다.

○ [부모/배우자/귀인]의 예상치 못한 도움은 자주 있으나, 어머니와의 인연이 취약해질 때가 더러 발생한다.

○ [재주/업무/직업] 능력을 주변으로부터 쉽게 인정받는 편이다.

○ 안정된 배우자와 안정된 가정을 이룰 가능성이 크다.

　　단, 설치는 도화 기운을 잘 [자제/조절]했을 때를 전제한다.

　　도화 기운을 조절 못하면, 대부분 異性문제가 뒤따른다.

○ 질서 있고 合理的인 통제 時(丁화의 기운이 좋을 때) 아랫사람들이 비교적 잘 따른다.

○ 신문, 방송, 연예계, 외교 분야, 집단의 연구기획 파트, [정밀/전자] 공학, 제조·생산 업종, 손과 도구(금속)를 사용하는 분야, 예술, [기술/제철/제강] 등으로도 직업진로적성이 좋아 보인다.

○ 丁酉 일주는 자신과 같은 干支(간지)인 丁酉년과 丁酉월, 丁酉일을 '각별 조심'해야 한다.

○ 戊申, 戊戌(년, 월, 일)과 丙申, 丙戌(년, 월, 일)도 특별히 조심하고 대비할 필요가 있다.

◎ '34 丁酉(정유)'의 물상적 형국과 그에 따른 명리학的 [조언/충고]:

갓바위, 석굴암에서의 정성스런 [기도/명상/성찰].

→ 집중하고 일관된 자세를 유지하라. 뜻밖의 성과가 생긴다.

丁亥(정해) 일주

○ 亥水 지장간 분석: [정관+12운성 胎].

 상관 戊土 7: 편인的 상관(외롭고도 철학적인 모습의 끼와 대중적 사교성).
 정인 甲木 7: 편재的 정인(통제되는 자비심과 헌신).
 정관 壬水 16: 식신的 정관([연구/궁리]하는 규범과 보수적 원칙주의).

○ 정관 丁화(주체성 庚금 기준)가 정관 壬수(일간 丁화 기준)를 만남:
 강력한 합리성과 원칙을 견지함. 금生수 하여 正官이 강화된 것으로 보임.
○ 통제받는(통제하고자 하는) 정인 甲목의 직관력
○ 보수적 색채(=과거 가치 기준, ≠미래지향적, ≠창조적)의 가치관을 고집한다.
 →안정성 추구경향이 강하고 예의와 매너가 괜찮은 편이다.
○ 언어감각이 좋고 빠르며, 주관보다는 객관성이 강하다.
○ 비교적 순수하게, 사심 없이 자신을 드러낸다.
○ 안정되고 정착된 삶과는 거리가 먼, 국제적인 [이동/직업/사업/직책/유학/거주] 인연도 강하게 나타난다.
○ 객지와 외국을 동경하는 역마성 기질이 강해서 일상이 늘 분주한 편이다.
○ 리더, 상사, 주인, 선배를 잘 만나면 日就月將함.
 단, 부정적 리더, 상사, 주인, 선배를 만나면 배신도 못 하고 끌려 다니면서, 심지어 흉한 꼴을 당하기도 함.
○ 대체로 이성적이고 합리적이다. 주변의 상황변화에도 잘 적응하고 순응함.
 →수용성이 좋아 비판보다는 손해를 당하기 쉬우며, 예술적 정서와 취향도 수준급.
 →두뇌는 명석하나 일관성과 끈기가 없고, 실속도 없이 [변덕/변화/異性 문제/性的 충동성]이 심하다(자체內 丁壬 암합 때문).
 →능동적인 움직임, 주체적 실천에는 약하다.
 →上命下服에 익숙.
 →자신의 이익 추구, 치밀한 실리 분석에도 취약함.
○ [성실/온순]하여 혼자보다는 집단, 조직, 단체 쪽의 업무가 어울리며 공공의 질서를 유지하면서 보수적 가치체계를 우위에 둔다(전형적인 공무원 체질).
○ 초대 대통령 이승만의 일주가 丁亥 일주로 알려져 있다. 참고할 것.
○ 대인관계 폭은 깊지만 좁은 편이다.
○ 관찰력과 이해력이 월등해서 사물과 현상에 대한 분석이 깊고 날카롭다.
○ 金水의 운세가 들어올 때 간혹 시력을 잃거나 손상되기도 하니 특히 조심할 것.
○ 배우자와의 인연은 대체로 좋은 편이며, 부부 금슬도 긍정적이다(자체 內 정임 合 때문).

○ 고전명리학에선 '天乙貴人'이라 하여 아주 귀하게 여기는 일주다(천을귀인: [丁酉/丁亥/癸卯/癸巳] 일주). 그러나 필자의 실제 임상에서는 크게 와 닿지 않았음을 밝힌다.

○ 특히 여성은 [외모/애교/(손)재주/사교성/친밀감]은 좋지만 신중한 처신이 아쉽다.

○ 物象적으로 밤하늘에 달빛 혹은 별의 모습이니, 인물이 좋고 知的이며, 다재다능하다.

○ 지장간에 정관, 정인, 상관이 있어 생조의 흐름을 잘 타면 上格의 사주다.

○ 만일 사주원국에 土 상관과 水 정관이 바로 옆에 인접한 경우라면 직업과 異性 문제에서 잦은 풍파가 예상된다. 印星 木기운의 '통관' 기능이 더없이 중요하기 때문이다. 만약 '통관'이 잘되면 '長壽(장수)'의 복을 누리기도 한다.

○ 좋은 [부모(특히 어머니)/가문/재능]을 타고 났으니, 주변의 신뢰와 안정된 삶이 예상된다.

○ 의식주는 안정적이나, 직업운에서 다소 기복이 있으며, 가족 인연도 좀 희박한 편이다.

○ 오행의 기운이 평형을 잃으면, 스스로 자제가 안 되는 과격한 성향과 성급함으로 후회막급한 언행을 보여주기도 한다.

　　주변에서 말리기가 힘들 정도이다. 스스로 자제하며 평정심을 유지하는 수밖에 없다.

○ 평소에는 자신의 [이익/정서/가치관]에 맞지 않다는 불평도 참으면서, 거부하지도 않는 충직함도 갖고 있다.

○ [공무원(공직)/교사/예술계통/학문(인문과학)/비즈니스/금융] 쪽으로 직업진로적성이 어울린다.

○ 직관과 논리성이 강해 학습능력 좋고, [역학/동양철학]에 대한 [관심/이해]도 제법 있다.

○ 丁亥 일주는 특히 '임관 역마'라고 해서 [군인/경찰/고위 공직자/고시 준비생]들에게는 행운의 역마로 알려져 있다(강헌 說). 그러나 필자의 실제 임상에서는 큰 의미를 발견하지 못했다.

○ 丁亥 일주는 자신과 같은 干支(간지)인 丁亥년과 丁亥월, 丁亥일을 '각별 조심'해야 한다.

○ 戊戌, 戊子(년, 월, 일)와 丙戌, 丙子(년, 월, 일)도 특별히 조심하고 대비할 필요가 있다.

◎ '24 丁亥(정해)'의 물상적 형국과 그에 따른 명리학的 [조언/충고]:

사우나탕 속에서의 이완과 명상. 밤하늘의 달(빛)이나 별.

→ 엄정한 公私(공사)구분과 침착성만 유지되면, 의외로 일은 순조롭게 풀린다.

정
화

5-1. 戊土(무토) 일간

○ 본질: 생명 활동 공간 혹은 존재의 중력 공간(저장성/안정감/수용성), 대기권(거대함), 공허(내면적 허약), 포용성, 큰 스케일, 고집, 고독한 공간(교섭/조화/중재/조정). 숫자는 5.

○ 土의 氣: 1) 생명의 근원(陽의 생명활동/호흡에너지). [* 己土=陰의 생명활동/물질에너지].
　　　　　　2) 땅을 떠받치고 있는 성분이나 힘, 생명의 의지처, 생명의 배경.
　　　　　　3) 인력, 중력(지구 중심으로 끌어당기는 힘, 모든 것을 붙잡아 두고 있는 힘).

○ 土 속에 水가 존재함(토췬수, 土는 水를 감싸고 있는 存在의 집, 土는 水를 포용함)
　1) 戊土(地上, 자연공간, 대기권, 중력권, 동물활동공간) 속의 壬수(水의 氣, 流動性의 氣體상태).
　2) 己土(地下, 인간의 공간, 토양, 지구, 식물뿌리공간) 속의 癸수(水의 質, 流動性의 液體상태).

무
토

○ 서구의 자연과학에서는 戊土를 直觀(직관. [논리/이성/객관]을 부정하고 영감에 의해 인식하고 인지함)의 특성을 가진 것으로 본다.
○ 허공(대기권에서의 중력과 인력이 미치는 공간이나 범위).
○ 지구의 중심(지구핵)으로 끌어당기는 힘. 사물을 온전히 [지탱/존재/유지]하게 해 주는 힘.
○ 생명의 근원(간산 說):
　　[戊土: 陽의 생명활동/호흡 에너지/환경 에너지].
　　[己土: 陰의 생명활동/음식 에너지/물질 에너지].
○ 戊土(陽土: 辰土, 戌土)의 전개과정:
　1) 己/戊(토)→辛/庚(금)→癸/壬(수)→乙/甲(목)→丁/丙(화).
　2) 지표면 위에서의 운동성과 광활한 공간 점유의 추상성.
　3) 戊土: 대기권. 중력권. 당기는 힘. 환경. 공간. 힘.
○ 고전(적천수/궁통보감/자평진전):
　1) 만물의 생명관리, 호흡[戊土의 생명에너지(靜翕動闢정흡동벽)], 乾燥土(건조토).
　2) 공기 중 습기(수분): 水潤(수윤)⇒만물을 살린다. 水潤物生(수윤물생).
　3) 내재한 수분을 없앰(火生土=>土克水):
　　　火土燥(화토조)⇒모든 생명체는 수분이 사라지면 죽는다(火燥物病화조물병). 마르고 건조해서 癸수를 만나면 곧장 습한다(癸수를 좋아함, 乾燥건조, 미이라). 대체로 甲丙癸(土기운이 강할 때 소토기능의 甲목 필요. 만물을 키우는 丙화 태양과 癸수 빗물은 생명의 필수조건)를 좋아함.
　　4) 戊土는 陽기운이 아주 강하다. 단단하고, 무겁고(움직임이 없거나 느림), 치우침이 없고, 곧고 바른, 중후하고도 둔중한 큰 산과 같다.
　　5) 火의 生助(생조)를 좋아함.
　　6) 戊土는 지지의 東北(艮간. 丑土)과 南西(坤곤. 未土)의 축미 沖의 만남을 가장 두려워한다.
○ 고독/신비/非현실적(편인적 특성: 종교, 철학, 포용성, 고집/교만/자만, 학문的 기질).
○ 큰 스케일, 他人이 이해하고 받아들이기 어려운 성격(외부적 [표현/표출]이 적음).
○ 은근한 재물욕심(戊癸 合), 혼자 고민, 비현실적 사고와 言行, 강한 자기주장, 중후.

○ 완고, 견고, 보수, 독선, 세상 적응력 미흡(미련함):
　金으로 泄氣(=洩氣)되거나 木으로 소토되면 [중화/세련/완화]됨.
○ 戊土 일주의 상사나 부하직원, 남편과 아내, 시어머니나 며느리, 장모나 사위 등은 상대하기
어렵다. 특히 庚辰, 庚戌, 壬辰, 壬戌, 戊辰, 戊戌 등의 魁罡(괴강) 일주는 정도가 심한 편.
○ 종교, 철학, 학문에 대한 [이해/관찰/적응/인식] 능력이 뛰어나지만 내면적으론 허약.
○ 아주 약하거나, 강한 戊土가 金으로 泄氣되거나 木으로 소토되지 못하면 위장기능에 문제.
○ 관계가 멀고 가까움을 명확히 구분(무뚝뚝, 낯가림, 폭 좁은 대인관계, 지적 권위와 교만).
○ 羊刃 겁재(己土. 丑未土) 기운이 왕성하면 남녀 공히 [가정/배우자/자식] 문제발생 위험성!
○ 공익 헌신과 내면의 재물 욕구로 인한 갈등, 고독, 방랑과 객지 생활, 강력한 목표지향성.
○ 항공, 해운, 여행, 유통, 이동, 운송, 특수 면허나 자격 계통의 기질과 개성이 숨겨져 있음.
○ [붙잡아두고 있는 존재본질/강한 기억력/역사성(거대한 시공간 저장성)]도 중요한 특성이다.
○ 혹간 戊土 [일간/월지 지장간]이 癸水 세운을 만나면, [큰 일/큰 시험/큰 명예/큰 승진/큰 계
약/큰 사업] 등에서 좋은 결과를 맛보기도 한다. 물론 凶으로 나타날 때도 있다.
○ '金-식상(칼/도구/기술/재능/끼/창의성)'이면 [음식/요리] 관련 쪽으로 좋은 직업인연이다.
○ 고립 戊土(주변의 충극을 받는 戊土)+지지 인신 충: [건강문제/신체손상/몸 상실]의 위험성.
○ 점잖고 [책임감/성실성]이 좋아서 [장남/장녀]의 역할(맏이는 주로 [甲목/丙화/戊토])이 많다.

○ 戊土 일간 혹은 戊土 식신(戊土: 밭/놀이터/활동 공간/삶의 환경/먹고 살아가는 현실세계).
　1. [음식/고기/술/유흥/파티/동호회 모임/풍류/특이한 食욕과 性욕]과 관련된 경향이 있음.
　2. [느림/게으름/낙천적 성향/긍정적 태도/수용성] 등이 원인으로 보여짐.
　3. 식신(모임/술자리/같이 밥 먹기) 生 재(재물/고객/사업/계약 성사/우호적 인간관계).
　4. 식상을 잘 사용하면, 그 결실(재성. 재물)이 가능해진다.
○ 戊戌병립: 큰 스케일, 광활한 해외 역마기질, 원대한 [꿈/목표]이지만 실속 없음, 지나친 아집,
주변을 불편케 함, 큰 몸집, 둔중/둔감/느림.

○ 장기: 위장(胃臟).
　신체: 입, 발, 코, 살(지방), 허리, 옆구리 부분.
 * 해당 오행이 [너무 강성/아주 쇠약]할 때 발생되는 [증세/질환]:
　장 [염증/팽창], 소화불량, 구토, 피부감염, 당뇨, 결석, 요통.
○ 사주에서 만약
　木 과다: 호사다마, 심신허약　　　火 과다: 허장성세, 주거불안, 직업섭렵
　土 과다: 일신고독, 인생피곤, 가족사별　　金 과다: 손재, 관재, 송사
　水 과다: 소탐대실, 고립무원, 자식문제

['過多(과다)'라는 말은 본인의 사주(四柱) 팔자(8字)에서 특정한 하나의 오행(木, 火, 土, 金, 水)
이 6글자 이상 나타나고, 월지를 장악하면서 힘과 비중을 막강하게 갖추었을 때를 말함이다. 웬만
한 사주는 여기에 해당하지 않으니 조심해서 적용하기 바란다. ※무궁한 변화는 여기서부터 시작].

무
토

5-2. 戊토 일간의 生月(생월. =월지, =계절)別 用神, 貴賤, 運勢, 吉凶 정리.

* 戊/己 토는 만물의 생장을 목표로 한다.
* 戊/己 토 모두 丙화 태양(땅은 태양없이 만물을 생장시킬 수 없음)과 癸수 빗물, 次善으론 甲목이 필수적. 戊토는 丙화가 있어야 戊토다워진다. 癸/甲/丙(귀격 결정) 중에서도 丙화가 핵심.
* 봄/여름에 태어난 戊토는 土기운이 燥熱하고 水기운이 없으면 만물의 생장은 불가하다.
* 가을/겨울에 태어나 땅이 질퍽하면 만물은 썩거나 얼어붙어 [병사/동사]하게 된다.
* 사주원국에 寅申 충이면 좋지 않다[戊토의 長生지인 寅목('인'오술 火局의 '寅')의 손상 때문].
* 土가 강하면 항상 甲목을 써서 制(제. 疏土소토 기능)한다.
* 戊토는 火성분의 경향이 있어(화토 동법), 명분과 권위에 기반을 둔 권력 지향성을 가진다.

무
토

寅월 戊토:
1. 丙甲이 투출하고 지장간에 癸수가 있으면 상격. 2. 丙癸만 투출하거나, 丙甲은 지장간에 있으면서 癸수(빗물)만 투출해도 좋다. 3. 丙甲癸가 모두 투출하면 최상격(卯월과 같음). 4. 癸수가 없으면 하격. 5. 甲乙목 관살 혼잡으로 투출하면 하격. 金기운마저 없으면 최하격. 6. 지지 火局에 壬癸수가 없으면 하격. 7. 최우선은 丙화. 8. 壬수는 富, 癸수는 貴를 결정. 9. 木이 旺하니 약한 戊토를 위해 丙화를 쓰고 土가 왕성해지면 癸수로 보완한다.

卯월 戊토:
1. 丙甲癸가 모두 투출하면 최상격(寅월과 같음). 2. 丙癸만 투출하거나, 丙甲은 지장간에 있으면서 癸수(빗물)만 투출해도 좋다. 3. 癸수가 없으면 하격. 4. 甲乙목 관살 혼잡으로 투출하면 하격. 金마저 없으면 최하격. 5. 木이 旺하니 약한 戊토를 위해 丙화를 씀. 土가 왕성하면 癸수로 보완.

辰월 戊토:
1. 土기운이 강한 辰월이니 甲목을 먼저 쓰고, 丙화가 투출하거나 가지치기 庚금이 투출해도 좋다. 2. 戊토는 건조해서 癸수가 꼭 필요함(丙→甲→癸보다는 癸→甲→丙의 순서가 좋다). 3. 지지 木局에 甲乙목 관살 혼잡하며 투출할 때 金기운이 없으면 최하격. 이때 庚금 투출이면 상격. 4. 지지 火局에 일점 癸수 투출하면 부귀영화 가능.

巳월 戊토:
1. 土기운이 강한 巳월이니 甲목을 먼저 쓰고, 丙화 투간(투출)하면서 지지나 장간에 癸수가 있으면 상격. 2. 丙癸만 투출해도 상격. 3. 丙甲癸보다는 甲丙癸의 순서. 4. 火炎土燥(화염토조) 상황이니 壬癸수가 하나도 없으면 빈천과 고독. 하격. 5. 지지 金局에 癸수만 투출해도 부귀와 명예.

午월 戊토:
1. 무더위(조후)가 우선 시급하니 작은 비 癸수(쉽게 증발)보단 큰 비구름 壬수를 쓴다(나무 무성한 계절이라 戊토가 쉽게 휩쓸리지 않음). 2. 土기운이 강하고 메말라 역시 甲목을 쓰지만 우선은 壬수이고 甲목은 지장간에만 있어 줘도 좋다. 3. 지지 火局에 水가 없으면 시각기능 손상, 빈천과

고독 가능성. 하격. 4. 진짜 부귀는 壬수가 결정함. 이때 金기운(특히 지지 申금)이 투출하면 최상격. 水가 없으면 孤貧(고빈. 고독하고 빈곤함).

未월 戊토:
1. 조후 용도의 癸수와 甲목, 혹은 癸수와 丙화를 쓴다. 癸수 대신 壬수도 차선책. 2. 지지가 습(水기운)할 때는 甲/丙 투출도 상격. 3. 癸/甲/丙(귀천 결정)이 투출하면 상격. 4. 戊己토는 여름이라도 丙화가 꼭 필요(땅에게 태양의 기운은 필수적). 5. 癸甲丙(귀천 결정)이 하나도 없으면 최하격. 6. 癸甲만 투출해도 수재.

申월 戊토:
1. 추워지기 시작하니 丙화가 우선이고 癸/甲을 쓸 수 있다면 상격. 2. 丙/癸나 丙/甲만 투출해도 상격. 3. 癸/甲/丙(壬/甲/丙도 가능. 戊癸 合때문) 모두 없으면 최하격.

酉월 戊토:
1. 丙/癸 정도면 상격. 2. 丙/癸가 하나도 없으면 거처 없이 떠도는 하격. 3. 甲목 소토는 불필요. 월령 金이 戊토를 洩하기 때문. 4. 가을 土는 메말라서 癸(壬)수를 쓴다. 물론 丙화는 필수.

戌월 戊토:
1. 土기가 강하니 우선은 甲목. 戊토 건조하니 癸수가 그다음. 2. 甲/癸 혹은 甲/丙 정도면 상격. 3. 甲/丙을 쓸 때에는 지지에 水기운이 있어야 함. 4. 甲목이 전무하면 하격. 己토가 강해도 甲목을 쓰지 않는다. 5. 戌월의 丙화는 큰 용도는 없다. 6. 지지 火국이면 하격. 7. 水기운이 하나도 없다면 평생이 어려운 하격. 8. 木국에 壬癸수 투출하면 富격.

亥월 戊토:
1. 추운 물(水)의 계절이라 癸수를 쓰지 않고 甲/丙이면 상격. 2. 사실 丙화 정도만 투출해도 좋다(亥월 지장간에 甲목, 壬수가 있기 때문). 3. 용광로에 金을 녹이는 형상인 庚/丁 투출이라도 상격(戊토=용광로. 庚금=철. 丁화=제련 기능). 4. 甲/庚이 모두 없으면 하격. 5. 土가 많고 따뜻하면 甲목을 쓴다. 6. 壬수 투출에 丙화가 위축되면 戊토로 구제해야만 富貴 가능. 7. 有火有爐(유화유로. 불이 있으니 화로가 있어야. 戊토=용광로, 庚금=철, 丁화=제련, 기능).

子월 戊토. 丑월 戊토:
1. 추우면 水는 무용지물. 우선 강한 丙화, 다음은 甲목 정도면 상격. 2. 丙화가 투출하고 甲목은 지장간에만 있어도 상격. 3. 丙화만 없으면 청빈 관리, 甲목만 없으면 졸부, 丙甲이 모두 없으면 고독 빈천하니 하격. 4. 겨울이라 火기운(특히 丙화 투출은 곧 재물을 암시)이 핵심이다. 丙화가 없으면 外華內貧의 虛張聲勢일 뿐. 5. 지지 신자진 水局 혹은 해자축 方局일 때 비겁이 없으면 從財격으로 富貴와 名譽 가능. 6. 비겁이 旺한 가운데 甲목(丙화 生助, 보좌) 투출하면서 丙화만 있어주면 富貴 모두 가능.

무
토

- 261 -

戊子(무자) 일주

○ 子수 지장간 분석:
  [정재+12운성 胎태(연해자평 기준)]. [정재+12운성 帝旺제왕(명리정종 기준)].

  편재 壬수 10: 식신的 편재([궁리/연구]하는 관리).
  정재 癸수 10: 상관的 정재([유흥/오락/사교]적, 치밀함. 이해타산).
  정재 癸수 10: 상관的 정재([유흥/오락/사교]적, 치밀함. 이해타산).

○ 치밀하고 꼼꼼하게(정재) 신비영역과 몸을 통제(절제). 검소한 생활(戊癸 합 조심要).
○ 인정 많고 착한 심성이나 밖으로 잘 드러내지 않는다. 그래서 남들은 잘 모르는 수가 많다.
○ 남을 위한 [희생·관용]을 베풀 줄도 알고, 생활 자세는 보수적이며, 신중하면서도 합리적 원칙성을 좋아한다.
○ 부드럽고 너그러우면서도 책임감도 좋지만.
  실리에 밝아 인색하다(지장간 정재 癸수와 천간 戊토가 암암리에 무계슴을 한다. 暗슴), 잔머리 굴린다(식상의 영향 때문), 남녀관계가 복잡하다(자체 內 재성의 암합)는 등의 부정적 평가도 뒤따르는 편이다.
○ 철학적이며 [추상성/신비성]에 對한 [관념/생각]은 많지만, [확실성/구체적 결실/결과]가 없으면 빨리 포기하는 경향도 있다.
○ 기본적으로는 토훼수 관계이지만 戊癸 슴은 자연의 본능적이고도 본질적 조화의 관계.
○ 戊토의 중력장과 대기권 內에서 지장간 정재 癸수의 수분이 작용해야 만물의 생성과 변화가 가능하다고 본 것이다.
○ 종교적 수행과 연구에도 관심이 많으며, 재운은 상당히 좋으나 건강엔 각별 조심.
○ 정신적으로는 우주와 철학의 신비를 떠올리고 관심을 갖지만 육체적, 물질적으로는 자유분방하고 사교성은 뛰어나지만, 각별히 말로 인한 실수(구설수/상처 주는 말 등)를 조심해야 한다.
○ 현실적, 구체적 실리추구(정재의 특성)에 대한 [집착/집념]은 자기 [실현/확장] 욕구 때문이다.
  목적: 좌선, 참선, 명상, 정신적 수련(편인의 특성)을 통한 깨달음 획득.
○ 겉으로 힘 있게 보이지만 실제 힘(실천력/박력/추진력/생활력/적극적 활동성)은 약한 편이다.
○ 대인관계는 폭이 좁고, 다소 냉정한 편이다. 큰 비즈니스보다는 작은 사업이 더 유리하다.
○ 끝까지 밀어붙이는 힘이 약해서 결실과 실리를 동반한 마무리에는 좀 취약하다.
○ 겉으로는 걱정 없는 삶이지만 속은 은근히 아프고 [근심/걱정]이 많다.
○ 혼자 거처하고 스스로를 잘 통제하며 남의 생활에 [개입/관여]를 꺼리는 편이다.
○ 외형적으로는 일관성이 있는 언어와 성실한 행동에서, 강한 책임의식이 드러난다. 물론 겉과 속이 다른 경우가 제법 되지만.
○ 남녀 모두 [子息 문제/性的 취향의 문제/배우자 문제/정신건강 문제] 등으로 [구설수/근심걱정]에 휩싸일 때가 많지만, 경제적 생활은 그나마 안정적이다.
○ 변호사 고승덕의 일주가 戊子 일주로 알려져 있음. 참고할 것.
○ 몸의 편안함을 비중 있게 추구하는 편이다. 부정적 경향성을 띠면 '無事安逸'로 빠진다.

○ 언행이 신중하고, 원리원칙에 집착한다.
  단 [양면성/이중성/일관성 부족]이 간혹 발생한다.
○ 자신에게 엄격하고 타인에게도 그런 요구를 하니, 피곤하다는 평가를 받기도 한다.
○ 일처리 깔끔하고 돈 버는 능력도 좋지만, 재성이 혼잡해지면 은근히 돈에 집착하거나 인색해지기도 한다.
○ 재성 쪽으로 에너지가 모이면, 異性이 눈에 보이기 시작하고, 자주 피곤해지며 주변과의 마찰도 자동 발생한다. 늦은 晚婚(만혼)이 유리하다.
○ 가족의 후원이 절실하며, 안정된 가정에 집착하는 모습을 보인다.
○ [배우자/직업/자녀]의 불안정성이 가끔 발생한다. 말년에 가족 인연이 취약해짐.
○ 개념(현상/사람/물질/물건/사건 따위)을 말(언어/강의/통제/관리/변호/중개)하는 [교직/컨설팅/정보 분석/통계처리/유통] 관련, 몸을 쓰는 활동, [건축/토목/설비], 자영업종 분야의 직업진로적성이 어울린다.
○ 사주에 乙목이 좋으면 [몸/얼굴/피부]를 직접 만지거나 [통제/관리]하는 직업 인연도 있다.
○ 火기운이 좋으면 오히려 행동이 [민첩/신속/과감]해진다. 모범생의 학창시절을 보낸다.
○ 작은 재물은 타고 났으니, 의식주는 비교적 안정적이다(일지 子수가 財성인 덕분).
○ 신장과 외모는 평균치 혹은 평균치 이상이다.
○ 대세운 관성 木기운이 올 때 남녀 공히 각별 조심해야 한다(성추행/성폭력/異性 문제 발생).
○ 일간 戊土(본인)가 일지 子수(배우자. 천간에서는 癸수)를 끌어당기고 좋아하는 것처럼 보이지만, 실제로 子수에게 조종당하며 끌려 다니는 것은 戊土 일간이다(戊癸 暗合. 간산 說).

○ 戊子 일주는 자신과 같은 干支(간지)인 戊子년과 戊子월, 戊子일을 '각별 조심'해야 한다.
○ 己亥, 己丑(년, 월, 일)과 丁亥, 丁丑(년, 월, 일)도 특별히 조심하고 대비할 필요가 있다.

◎ '25 戊子(무자)'의 물상적 형국과 그에 따른 명리학的 [조언/충고]:
물 위의 큰 산(한라산, 제주도).
→ 적정 타이밍만 놓치지 않으면 큰 실패는 없다. 괜찮으니 조급한 마음도 가라 앉혀라.

무
토

戊寅(무인) 일주

○ 寅목 지장간 분석:
[편관+12운성 長生장생(연해자평 기준)]. [편관+12운성 病병(명리정종 기준)].

겁재 근토   1: 정인的 겁재(미약한 온정주의와 경쟁심. 큰 비중 없음).
비견 戊土   6: 편인的 비견(외로움과 괴로움을 자신의 것으로 확대).
편인 丙화   7: 편관的 편인(맹목적 수행. 다소의 허무주의와 섭섭함).
편관 甲목 16: 편재的 편관(인내와 심리적 [조바심/억압/초조감]. 성급한 추진력).

○ 다재다능하며 知的 욕구와 학습능력이 특히 뛰어나다(甲목과 丙화가 조화를 이뤄 빛날 때를 가리켜 '木火通明목화통명'이라 한다).
○ 보수적, 안정성 추구(겉으로 드러난 행동은 오히려 불안정, 초조, 조바심, 스트레스 유발).
○ 일간과 일지가 강하게 沖/剋(충/극)하는 모습이라서 아주 노골적인 [자기억제/자기갈등/자기관리] 성향이며, 겁도 많은 편이다(지지 편관 寅목의 영향 때문).
○ 깊이 있는 상상력, [비판적 화술/열정 스타일/자기과시/신뢰 중시/큰 스케일]도 좋지만, 내면의 소심함을 감추지는 못한다.
○ 앞으로만 몰아가면서 다그치는 조바심, 저돌성, 활동성, 부담과 억압이 스스로를 피곤하게 만드는 기질이 된다.
○ 자신의 [노력/진정성]이 정당한 평가를 못 받고 있다는 섭섭함이 내면에 늘 잠재해 있다.
○ [특이한 생각/고독/주관적 편견과 일관성/자유로운 영혼/혼자만의 세계]로 빠져들기 쉽다(인지 부조화, 심신의 괴리).
○ 金과 水기운이 평형을 잃으면 주변 환경과 분위기에 잘 적응하지 못하거나 좌절하게 됨.
○ [고독+괴팍함+권위주의+보수성(사회봉사와 정의실현: 지도자나 CEO로서의 자질)]이 대표적 성향으로 나타남.
○ "권위적이다. 인간미 부족하다. 환경적응에 힘들어 한다"고 남들이 말해 줄 때가 많다.
○ 火기운 약하거나 [충/극]을 받으면 언어 장애, 강하면 감정조절 장애의 위험성을 조심할 것.
○ 강한 의지와 자제력은 있으나 [감정조절/여유]와는 거리가 멀어서, 七顚八起하기는 어렵다.
○ [개혁/개척] 정신과 환경 적응력은 좋은데, 마지막 마무리가 취약한 게 흠.
○ 언행이 [신속/경쾌]한 것이 장점이자 단점이다.
○ 木, 火 기운이 좋으면 세상에 자신의 이름을 알린다.
    또 그것의 반작용으로 禍(화)를 자초하기도 한다. 자칫 인생이 波瀾萬丈할 수도 있다.
○ 높은 [자존감/정의감/명예욕/양심/책임감]이 큰 장점이지만, 자신을 해치는 흉기가 될 때도 있음을 조심할 것.
○ 열정적이며 생각의 힘은 좋은데 [효율성 부족/과한 추진력/과잉 감정/쓸데없는 고집] 등으로 해서 빛이 나지 않을 때가 많다. 또 그것이 화근의 단초가 되기도 한다.
○ '戊寅' 일주는 평범하지 않은, 색다르고 남다른 인생살이를 경험하는 경우가 많다.
○ 기복이 심하거나, 길흉이 극단적(戊寅, 庚寅 壬寅 일주의 공통된 경향)일 때도 간혹 있다.

무
토

○ 책임감이 강하고 의리와 신의를 중시하며, 꿈이 원대하고 부분적인 스케일도 있다.
○ 관성과 인성의 구조가 괜찮으면, 공부와 자격증으로 성공할 가능성과 명예까지도 가능하다.
○ 자기 과신과 자만심이 過하니, 성찰과 겸손이 시급하다.
○ 역마 기질을 살려 밖으로 돌아야 좋다.
○ 진정한 친구 만들기에 주력할 것과 더하여 늦은 결혼을 권장함.
○ 안정된 배우자와 가정을 이룰 가능성이 크다.
○ 寅/申/巳(인/신/사) 3형이면 [의료/의술/의약] 쪽 가능성이 많다. 2형도 가능함.
○ 노무현 대통령이 戊寅 일주로 널리 알려져 있으니 학습용으로 참고할 것.
○ 父女가 모두 대통령직에 오른 두 사람의 일주도 庚申(父)과 辛丑(女) 혹은 戊寅(女)이라는 說도 있다. 참고 바람.
○ [적응력 부족(현재 작업, 직무를 힘들어 하면서도 끌고 나감), 의사소통 원활치 못함, 동정심 없어 보임의 모습]으로 오해받을 때가 자주 생김. 스스로 조직생활을 피하는 경향도 있다.
○ 충동적 단순성과 감정 처리 미숙을 보일 때도 있다. 겉보기와는 달리 여린 내면이기 때문이다.
○ 대세운 관성 木기운이 올 때 남녀 공히 각별 조심해야 한다(성추행/성폭력/異性 문제 발생).
○ 세상에 대한 회피의 심리와 염세주의적 경향성(체념, 좌절, 푸념, 부적응)도 비중 있게 나타남.
○ 자신의 영역을 끝까지 지키고자 하는 '종이 호랑이' 이미지라서, 의외의 굴곡과 파란이 많다.
○ [주변인/가족/친인척]들이 별 도움을 주지 못하니 서운할 때가 많다.
○ 명예, 자존심, 비판적 정의감, 고집, 의협심이 의외로 강하게 작동될 때를 특히 조심해야 한다. 재앙과 화근을 자초할 때가 바로 이때다.
○ 남성의 아내운은 상당히 긍정적이지만, 여성의 남편운은 다소 격이 떨어진다.
○ 언어 구사력과 손(手) 재주, 문학과 외국어, 중국 관련, 부동산 관련, 사회복지와 [의·약] 계통, [국가고시(특정면허와 자격)/공무원/교육] 관련, 재물 관련 업종 등의 직업진로적성이 좋다.
○ 일지 편관은 삶이 다소 특이하거나, 혹은 드라마틱한 배우자일 가능성도 있다.
　　일지 편관(甲申/乙酉/戊寅/己卯/壬辰/壬戌/癸丑/癸未 일주) 참고(간산 說).
 1. 삶이 많이 힘들어질 때는, [외부로/밖으로/타향으로/해외로] 시선을 돌려 보라! 공간 이동과 삶의 패턴 변화를 시도해볼 필요가 있다는 말씀. 충분한 효과가 있을 것임.
 2. 일지에 [寅목/卯목/申금/酉금]이 오면 특히 [건강/질병/신체손상] 등에 조심해야 한다, 특히 일지에서 인신 沖, 묘유 沖이 성립하면 몸의 손상이 더욱 심하게 나타난다.
 3. 잦은 [이직/전직]과 극단을 오고가는 삶의 여정에 피곤할 때가 많다.
 4. 배우자 쪽으로의 문제가능성 대비. 외모도 파격적인 데가 있는 편(길흉판단 불가).
 5. 상당히 폭력적일 때가 많다(허장성세/리더십/정치권력 집착). 특히 甲申 일주, 辛卯 일주.
 6. 지지에서 인/신/사 3형(2형도 가능)을 이루면 의술 계통에 종사할 가능성도 된다.
○ 戊寅 일주는 자신과 같은 干支(간지)인 戊寅년과 戊寅월, 戊寅일을 '각별 조심'해야 한다.
○ 丁丑, 丁卯(년, 월, 일)와 己丑, 己卯(년, 월, 일)도 특별히 조심하고 대비할 필요가 있다.
◎ '15 戊寅(무인)'의 물상적 형국과 그에 따른 명리학的 [조언/충고]:
큰 산 아래 지진 파동이나 지하광물.
→ 일의 선후와 완급 조절이 관건이다. 小貪大失을 경계할 것!

무
토

戊辰(무진) 일주

○ 辰土 지장간 분석:
[비견+12운성 冠帶관대(연해자평 기준)]. [비견+12운성 墓묘(명리정종 기준)].

정관 乙목 9: 정재的 정관(세밀한 의지와 실천).
정재 癸수 3: 상관的 정재(감각적인 실리 추구).
비견 戊토 18: 편인的 비견(넘치는 힘의 주체성).

○ 고독한 주체성이 흘러넘치며, 보수적 가치와 완벽주의를 추구하는 모습이다.
○ 외로움을 타개하기 위한 현실적 적응과 [호탕/명랑]함은 임시방편일 뿐.
○ 내면적 본질은 [소심/고독/우울] 그리고 쓸쓸함이다.
○ 입산수도, 자살 충동성, 종교 귀의 가능성도 제법 된다.
○ 외형상으로는 탈세속적이며 고고하며 간혹 계속되는 여행과 방랑으로 발현되기도 한다.
○ 실리 추구의 활동성, 치밀한 합리성⇒큰 결실은 없음⇒드러나는 큰 성공과 부귀도 없다.
○ 내면적으로는 [완벽주의/강박관념/명예욕/책임감/과격한 고집/인정욕구/'욱'하는 기질] 특징적
성향이 있음.
○ 남녀 공히 [외모/신장]에서 빠지지 않는다. [부모/형제/부부] 덕은 별로다.
○ 戊辰 일주의 일부 여성은 [아집/애교 없음/중성적 특성] 때문에 迂餘曲折이 있는 인생을 살기
도 한다.
○ 낙천적, 현실적, 희망적, 진취적 자세는 있으나 밑바탕의 본질은 고독한 주체와 허망한 결실로
나타날 때가 많다(일지 辰土는 [권력/재물] 욕심과 함께 복잡 다양한 심리와 성격을 지님).
○ 공부나 전문 자격증 쪽의 가능성이 좋으며, 집단에서 [소외/고립]되는 경우도 생긴다.
○ 인생살이 중간 중간에 [회의·포기·좌절]이 가끔씩 찾아옴(부부금슬도 썩 좋은 편은 아니다).
남녀 공히 [의처증/의부증]의 위험도 다소 있다.
○ [괴팍함/냉정/잔인함] 속에서도 자기의 주관과 정체성을 잘 정립하는 편.
○ 특수한 [자격/종목/면허]를 특히 좋아함.
○ 발이 느리고 굼뜨게 보이고, [행동·실천]이 부실하게 보일 때도 있지만 진취적 안정감과 보수적
가치체계를 은연중에 지향한다.
○ 꿈과 이상은 웅대하나 작은 재물과 貴함으로 그친다. 간혹 [백수/무직]으로 연결되기도 함.
○ 일주가 간여지동(干與支同. 천간 지지가 같은 오행)이라 원국이 조금만 편향되어도 전체구조의
흔들림(변동수/재물상실/심신손상/사건사고 등등)이 생길 수 있으니 조심 대비할 것.
凶만 아니고 吉도 가능함. 특히 陰干(乙목, 丁화, 己토, 辛금. 癸수)이면 더욱 심각함.
○ 간여지동 [甲寅/乙卯/丙午/丁巳/戊辰/戊戌/己丑/己未/庚申/辛酉/壬子/癸亥]의 공통점
 1. 예술的 감수성 탁월 2. 공학/기술분야 재능 3. 운세의 부침↕ 4. 부부인연 취약 5. 고집

○ 일간 戊토와 일지 지장간 癸수와의 戊癸 合(內面的인 끌어당김 현상)의 결과
1. 인색함과 재물에 대한 집착. 2. 이성탐닉과 바람기. 3. 세심한 실리추구지만 재물관리 실패.

무
토

4. 무너지는 권위와 명예. 5. 한때, 자신의 이름으로 세상을 떠들썩하게 만들기도 함.

○ 남들보다 특이한 [사고/변고(수술, 불치병, 교통사고, 몸의 흉터나 큰 점, 가까운 가족의 흉사)]
를 겪는 경우도 제법 있지만, 불굴의 의지와 돌파력으로 긍정적 효과를 내기도 한다.
　　흔히 말하는 백호살(甲辰/戊辰/丙戌/壬戌/乙未/(己未)/丁丑/癸丑)에 해당하기 때문이다.
○ 책임감 강하며 결벽주의 경향도 있어, 잔소리가 제법 심하다.
○ 주위의 소소한 불신과, [구설 시비/소외/고립]의 위험도 가끔씩 나타난다.
○ 스케일이 크고 매력도 있지만, 재물 욕심이 과하면 오히려 화근이 된다.
○ 주변이나 가족들에게 너그럽게 많이 베풀면 운세 好轉(호전)도 가능하다.
○ 두뇌 명석하고, 결혼운도 괜찮지만, [고집/순진한 충동성]이 옥에 티다.
○ 대인관계는 비교적 원만하지만, 속으로는 외롭다.
○ [부모/부부] 인연에 잦은 변화 가능성이 있다.
○ 戊土 일간의 상사나 부하직원, 남편과 아내, 시어머니나 며느리 등은 상대하기 어렵다[특히 庚
辰, 庚戌, 壬辰, 壬戌, 戊辰, 戊戌 등의 魁罡(괴강) 일주는 정도가 심한 편].
○ 水와 火가 강하게 충돌하면 인생 중반에 큰 변고를 겪으며, 그 여파는 10년 이상을 간다.
　　특히 돈과 재물에 관련된 문제일 가능성이 높으며, 부모와의 인연이 좋은 편은 아니다.
○ 자신과 남 모두에게 [엄격/치밀]하지만 金기운이 넘치면 관용의 모습을 보일 때도 많다.
○ 다양한 직업적성이다. 공직/공무원/교직/공익봉사, 도자기/흙, 건물관리/건축/건설/토목공학/
부동산, [은행/보험/금융] 계통, [예술/예능] 분야의 직업진로적성과 인연이 있어 보인다.
○ 대세운 관성 木기운이 올 때 남녀 공히 각별 조심해야 한다(성추행/성폭력/異性 문제 발생).
○ 木기운이 너무 왕성하면 임시직, 일용직, 비정규직으로 고생할 때가 왕왕 있다.
○ 土, 金 기운이 강할 때는 심신의 균형상실을 염려하고 대비해야 한다.
○ 떠도는 사주명식에, 연쇄살인범 '유영철'과, 배우 '최진실'이 '戊辰' 일주로 알려져 있기는 하
지만, 참고로만 하길 바람.
　　혹시 [막강 백호+막강 괴강+막강 간여지동]의 특성이 동시 폭발한 것은 아닌지 고려해볼 것.

○ 戊辰 일주는 자신과 같은 干支(간지)인 戊辰년과 戊辰월, 戊辰일을 '각별 조심'해야 한다.
○ 戊子(년, 월, 일), 戊寅(년, 월, 일), 戊午(년, 월, 일), 戊申(년, 월, 일)도 대비가 필요하다.
○ 己卯, 己巳(년, 월, 일)와 丁卯, 丁巳(년, 월, 일)도 특별히 조심하고 대비할 필요가 있다.

◎ '05 戊辰(무진)'의 물상적 형국과 그에 따른 명리학的 [조언/충고]:
　　물과 숲을 잘 갖춘 큰山.
　　→ 인내심을 가지고 변화를 잘 살피면, 목표는 꼭 이루어진다.

무
토

戊午(무오) 일주

○ 午화 지장간 분석:
　[정인+12운성 帝旺제왕(연해자평 기준)]. [정인+12운성 胎태(명리정종 기준)].

　편인 丙화 10: 편관的 편인(억압과 신비주의).
　겁재 己토　9: 정인的 겁재(섬세한 경쟁력. 火기운끼리의 폭발 방지용 경계지대).
　정인 丁화 11: 정관的 정인(경계가 분명한 온정주의).

○ 정신적 에너지: 밝은 직관력의 완성과 정신적 분야의 왕성한 활동으로 나타난다.
○ 육체적 에너지: 넘치는 힘과 열정이 신체적 활동과 과격한 움직임으로 나타나기도 한다.
○ [신중/꼼꼼]하면서도 섬세한 여유 속에서 완벽주의를 추구한다.
○ 간혹 판을 뒤집어엎는 [부정/과격/파격]의 언행으로 주변을 놀라게 한다.
　그래서 [괴롭고→외롭고→괴롭고→외롭고]의 반복.
○ 언행과 성향은 [유아독존/고집/막강 자존심/융통성 부족/잦은 분노/주변 피곤]으로 흐른다.
　내면적으로 表裏不同한 양면성(이중성/불안감/異性 문제) 등의 경향을 띠기도 한다.
○ 심신 양면으로 몹시 적극적이고 활발한 움직임을 보여 줌.
○ 화려한 美的 [취향/감각]도 속일 수 없는 특성이다.
○ 간혹 예상치 못한 폭발적인 [힘/개성/능력(일지 지장간 己토. 羊刃의 영향력)]으로 주변을 놀라게 할 때가 있다. 물론 정반대의 경우(역시 힘 좋은 羊刃의 반발력)도 생긴다. 吉凶 판단불가.
○ 남들은 "사색적, 궁리가 많다, 수동적, 형이상학적"이라는 평가를 내리기도 하고, "공상가, 몽상가, 이상주의자, 융통성 없음, 게으른 여유"라고 혹평하기도 함.
○ 水기운이 고립되거나 취약해지면 [운동 부족/비만의 위험성/정신건강 문제]를 띠기 쉽다.
　⇒[직장/조직] 생활에 적응이 어렵고, 사업이나 비즈니스에도 취약해진다.
○ 火기운이 좋으면 강한 예지력, 열정과 정열이 넘치는 생활, 희생과 봉사 등으로 나타난다.
　⇒[운동/신체] 능력 관련, 교육·양육·보육, 사회봉사, [예술/기술/전기/전자/공학] 관련, 상담과 힐링 쪽으로 직업진로적성이 엿보인다.
○ 적극적 목표달성과 폭 넓은 대인관계에 힘을 쏟기도 하지만, 그 결실은 만족스럽지 못하다.
○ 현실의 구체적 욕망(특히 재물)에 집착하거나 반대로 환경 적응에 힘들어 하기도 한다.
○ 불안정한 내면에서 벗어나고자하는 과잉 반응이 [엄마 의존성/잡념과 망상/이성 집착(바람끼)/갈등확산과 싸움의 증폭] 등으로 나타난다.
　⇒현실과 거리를 두거나, 현실도피的 경향을 띠게 되는데 [偏印 丙화/겁재 己토] 성분 때문.
○ 간혹 본질에서 벗어나 옆길로 새는 인생을 살기도 한다(신약하면 부부 인연도 부정적).
○ 어울리지 않는 양면성이 공존하고 있음[피동성과 적극성(호승심/호기심/안하무인 기질)].
○ [재물/부모/형제]와의 인연은 박한 편이다. 특히 어머니와의 인연이 더욱 취약하다.
○ 중간 관리나 업무진행은 순조롭지만 [결말/결실]은 힘들거나 잘 깨진다. 재물관리도 어렵다.
○ 여성의 경우 언어감각이 좋고, [직장/사회생활]에 적극적이거나 두각을 나타내기도 한다.
○ 水기운이 없거나 취약하면, 재물과는 거리가 멀고 인연이 없으니, 과욕을 접는 것이 낫다.

무
토

○ 지나치게 꼼꼼하여, 주위를 피곤하게 하는 기질도 다분하다.
○ 겁재가 강해서 욕심도 많고 집념도 상당하나, 중간에 중단하는 경우도 생긴다.
　 강한 火기운을 잘 조절만 하면, 자신의 능력을 좋은 에너지로 승화시킬 수 있다.
○ 水, 火기운이 조화를 이룬다면, 좋은 지도자감으로서의 능력과 자질을 발휘한다.
○ 밖으로 안정된 가정의 모습으로 보이지만, 내면의 모습은 그렇지 못할 때가 많다.
○ 연민의 情에는 상당히 취약해진다.
○ 너무 강하면 바로 [소외/고립]의 위험에 직면한다. 즉시 자세를 낮춰라.
○ [부모/배우자]와의 인연에도 몇 번의 출렁거림이 있다.
○ 水, 金기운이 강하면 좋은 언변과 안정된 재물 그리고 강한 생활력을 보인다.
○ 水기운이 부족하면 부부금슬에 문제가 생길 수 있으며, 과잉 대응 時 이별수가 염려되니 조심할 것.
○ 대세운 관성 木기운이 올 때 남녀 공히 각별 조심해야 한다(성추행/성폭력/異性 문제 발생).
○ 대우 김 우중 회장의 일주가 戊午라고 알려져 있음. 학습용으로 참고할 것.
○ 19대 문 재인 대통령의 일주가 '1953. 01. 23~24. 양력-甲戌(갑술)~乙亥(을해), 음력-戊午(무오)~己未(기미)'라는 설이 있다. 학습용으로 참고할 것.
○ [丙午/丁巳/戊午/己巳/壬子/癸亥] 일주는 배우자의 건강질병도 조심해야 함. [임신/출산] 後 배우자와 거리감 발생.

○ 戊午 일주는 자신과 같은 干支(간지)인 戊午년과 戊午월, 戊午일을 '각별 조심'해야 한다.
○ 己巳, 己未(년, 월, 일)와 丁巳, 丁未(년, 월, 일)도 특별히 조심하고 대비할 필요가 있다.

◎ '55 戊午(무오)'의 물상적 형국과 그에 따른 명리학的 [조언/충고]:
거대한 화산, 용암. 황토 사우나 혹은 불가마.
→ 차가운 水 기운의 도움이 절실하다. 쓸데없는 오지랖을 자제할 것.

무
토

戊申(무신) 일주

○ 申금 지장간 분석:
[식신+12운성 病병(연해자평 기준)]. [식신+12운성 長生장생(명리정종 기준)].

겁재 근土   1: 정인的 겁재(온화한 경쟁심·반발심. 연결의 고리일 뿐 별 영향력은 없음).
비견 戊土   6: 편인的 비견(외로운 주체성).
편재 壬水   7: 식신的 편재(궁리 많은 통제).
식신 庚금 16: 비견的 식신(주체성 있는 [연구/궁리]. 산만한 여유. 風流).

○ 신비, 형이상학 분야에 대한 [연구/궁리/관심/몰입]이 좋다.
○ 옆 사람과 [의논/타협] 없이 혼자 모든 것을 처리하고자 하는 고집스러움. 충고엔 모르쇠.
○ 명석한 두뇌와 좋은 재능이지만 대인관계에서는 간혹 서투르고 외롭다.
  터치하면 몹시 힘들어하거나 반발함. 독신(독신的) 체질인 경우도 더러 있다.
○ 대충 끝내는 성급함으로 일과 사업을 완결 짓지 못할 때도 생긴다(시간낭비와 조급함).
○ 쾌활한 성격에 시원시원한 일처리지만, [실수/시행착오/후회]도 가끔씩 하는 편이다.
○ 성향은 외향적이고 스케일은 되지만, [의지력/치밀함/돌파력/끈기/지속성/진취성]이 결여됨.
○ [참견/베풀기/오지랖 넓음/인정 많음]으로 주위 산만해지고, 주변 오해를 살 때가 제법 있다.
○ 무한한 가능성이 있어 새로운 방향이나 큰 조직의 업무담당 등으로 나서게 되고, 일을 벌이지만 성공도 실패도 크게 한다. 강건한 체력과 활동성은 좋은 장점이다.
○ 여성의 경우는 대체로 재물복과 식복이 좋다. 그러나 자식복은 좀 약하다.
○ 드물게 일을 만들고 일의 진행 과정을 은근히 즐길 줄도 안다.
○ [의/약] 계통, 순수학문/철학/종교, [관리/기획/상담/강의/방송/유통] 분야 쪽에 적성이 좋음.
○ 남의 의견이나 생각에 관심 없고 모든 것을 혼자서 다 하려는 성향으로 주변 신뢰를 잃음.
  →이런 경향이 오래 지속되면 신뢰성과 효율성 상실. 성공 가능성 희박. 마무리(결실) 없음.
○ 편재 壬水를 깔고 있기에 재물에 대한 큰 변화[발전(+)/변고(-) 모두 포함]를 경험한다.
  특히 베풀기를 좋아한다.
○ 편재 壬水:
  1. 재물과 몸에 대한 [정리·통제]도 늘 연구하고 궁리한다. 2. 본능적 욕구도 강한 편이다.
  3. 생각과 궁리가 깊고, 모든 상황을 [관리/통제]하고자 하는 욕구는 거의 본능적이다.
○ 부모형제와의 인연이 비교적 박하나 배우자와의 재물 인연은 긍정적이다.
○ 본인의 정신건강을 스스로 지켜야 할 때가 온다.
  인생 중후반부터, 드물게는 인생 초반부터 정신건강에 문제가 생길 가능성도 있다.
○ 대세운 관성 木기운이 올 때 남녀 공히 각별 조심해야 한다(성추행/성폭력/異性 문제 발생).
○ 평소엔 언어를 아끼지만 한번 말문이 터지면 말릴 수가 없을 정도이다.
○ 신상이 외롭고 고독해서, 주변을 경계하지는 않지만 많이 [의식/의심]하는 편이다.
○ 먹을 복은 본인보다 배우자로부터 나오는 경우가 많다.
  단 배우자를 너무 신뢰하지는 말 것. 부모운도 다소 취약함.

무
토

○ [언어/외국어], 생산 제조, [토목/건설/건축/철/금속/도자기], 기획 상품개발, 음식조리 관련, 중국 관련, [식품/조리/의류/패션] 쪽으로 직업가능성이 비교적 괜찮게 흐르고 있음.
○ 남녀 공히, 예민한 [관찰력/통찰력/분석력/활동성]이 긍정적이다.
○ 속내를 잘 드러내지 못하며, 일단 저지르고(빠른 행동화 경향) 보는 스타일.
○ 배우자와는 다소 껄끄럽거나 복잡한 관계이다.
○ 주변의 [인기/관심]은 좋지만, 대인관계는 폭이 상대적으로 좁은 편이다.
○ 운세하향 時 정신건강의 손상 가능성이 제법 있으니 조심해야 한다.
○ 조직생활보다는 자영업종(프리랜서) 경향이 강하며, 역마적 기질도 상당하다.
○ 속으로 섬세하지만, 겉으론 낙천적이며 호탕함.
○ [공간/재물]의 관리와 통제에 능하고, 관련된 창의성이 돋보인다.
○ 이성엔 관심 많지만, 쉽게 싫증내는 스타일. 언어의 칼날을 조심해야 한다.
○ 다재다능하며 스케일 크고, 인정도 많은 편이라 삶이 자못 드라마틱하다.
○ 은근한 고집과 배려는 있지만, 쓸데없는 오지랖과 참견으로 손해를 보는 경우가 생긴다.
○ 인간미는 좋지만 추진력은 약함. 재물운은 괜찮은 편. 의식주는 안정세.
○ 병약한 청소년기를 보낼 가능성이 있다.
○ [언론/매체/미디어/조직과 권력] 지향성이 비교적 강함.
   [삼성 창업주 이병철/언론인 김어준/명리학자 강헌]의 '戊申' 일주 참고할 것(특히 언론과 미디어 관련하여 살펴볼 것).
○ 水기운이 괜찮으면 재물운도 쏠쏠하다.
   단, 정재 癸수가 일간 戊토 옆에 붙었다면 사업과 장사를 빨리 접는 편이 敗家亡身을 면하는 지름길이 된다.
○ 火기운이 좋으면 [외국(중국/유럽)/외국어/불교 관련/해외 업무] 등과 깊은 인연이 있다.
○ 일주에 申금이 자리하면 [건강/질병/신체손상/이동과 신상 변동]에 조심할 것(특히 인신 沖일 때 더욱 심하게 나타난다).
○ [戊申/癸酉] 일주는 [재혼/중혼]의 가능성이 있으니 조심 요망.

○ 戊申 일주는 자신과 같은 干支(간지)인 戊申년과 戊申월, 戊申일을 '각별 조심'해야 한다.
○ 己未, 己酉(년, 월, 일)와 丁未, 丁酉(년, 월, 일)도 특별히 조심하고 대비할 필요가 있다.

◎ '45 戊申(무신)'의 물상적 형국과 그에 따른 명리학的 [조언/충고]:
지하에 매장된 암반(수), 금광(산), 철광(산).
→ 火 기운만 첨가되면 만사형통. 文筆에도 인연이 좋으니, 끼와 재주를 자제하라.

무
토

戊戌(무술) 일주

○ 戊토 지장간 분석:
　　[비견+12운성 墓묘(연해자평 기준)]. [비견+冠帶관대(명리정종 기준)].

　　상관 辛금　9: 겁재的 상관(강한 승부욕. 경쟁하는 [끼/재주]. ⇔ 戊辰과 대비됨).
　　정인 丁화　3: 정관的 정인(합리적 객관성과 직관력. 자애. 온화. ⇔ 戊午와 흡사함).
　　비견 戊토 18: 편인的 비견(외롭고 공허한 주체성. ⇔ 戊辰과 비슷함).

○ 대단히 감정적·정서적이며 내면으로는 미래지향적인 것은 상관 辛금 때문임.
○ 정인 丁화 헌 상관 辛금: 가장 큰 변수. 조심해야 할 요소.
○ 자신의 내재된 능력과 재주를 마음껏 과시하고 싶지만 현실에서는 그것이 결코 쉽지 않다.
○ [조심·예민]의 반응을 보이거나, 進退를 구분 못 해 손실을 자초할 때가 자주 생긴다.
○ 강력한 [주체성/자존심/자만심/용기/고집]이 사고로 연결되기도 한다(괴강 참고).
○ 특히 [신비/영혼/종교/철학/역학]에 심취함.
○ 간혹 [가정/가족]과의 인연이 [상실/단절]되기도 함. 의외로 외롭다는 사람이 많다.
　　일간 戊토의 속성이 더욱 강화된 결과(화生土).
○ 자신의 주관적 신비경험을 객관化시켜(스스로 객관적이라고 믿음. 정인 丁화의 영향) 외부로
강력하게 드러내거나 주장하는 경향이 있음([자존감/명예]를 고집하고 상징하는 辛금의 영향).
○ 신비현상, 심령의 문제에 對해서 긍정적으로 수용함. 별칭 '땅의 기운이 열리는 地神 자리'.
　　성취욕구와 재물 축적, 性的 욕망도 숨길 수 없는 큰 특성 중의 하나.
　　⇒ 그러나 언급은 조심스럽게, 혹은 자제하는 편임(丁화의 극을 받는 辛금 때문에).
○ 1. 지장간 丁화(정인)가 잠들거나 丁화가 극을 받거나 정임 合化(木 기운 생성)되는 경우.
　　2. 일간 戊토가 술(癸수)에 취했을 경우(戊癸 合化 火기운).
　　이런 경우엔 제어가 안 될 정도로 열변을 토하거나 [과격/저급]한 언행이 표출될 수 있음.
　　평소 억압(충/극)에 對한 반작용, 반발심 때문임.

○ 일주가 간여지동(干與支同. 천간 지지가 같은 오행)이라 원국이 조금만 편향되어도 전체구조의
흔들림[변동수/재물상실/심신손상/사건사고] 등이 생길 수 있으니 조심 대비할 것.
凶만 아니고 吉도 가능함. 특히 陰干(乙목, 丁화, 己토, 辛금. 癸수)이면 더욱 심각함.
○ 간여지동 [甲寅/乙卯/丙午/丁巳/戊辰/戊戌/己丑/己未/庚申/辛酉/壬子/癸亥]의 공통점
　1. 예술的 감수성 탁월 2. 공학/기술분야 재능 3. 운세의 부침↕ 4. 부부인연 취약 5. 고집

○ 평상시 [과묵/사색적(연구, 궁리多)/치밀한 재테크/대인관계에서의 사회성 결여] 등의 주변 평
가가 있을 수 있음.
○ [자만심/명예심/쓸데없는 의리와 용기/책임감]은 누구보다 강하다(힘 좋은 괴강 때문).
　　조절만 잘되면 최상격의 사주다.
○ [영적·신비·철학·종교]의 세계에서는 [리더의 감각/소질/능력]도 있음. 是是非非가 분명함.

무
토

○ 책임감 강하고 포용력이 좋아서, [사회/직장] 생활은 원만한 편이다.

○ 어려움을 극복하려는 의지도 강하고, 남녀 공히 호탕하고 스케일도 크다.

○ 감정기복이 심하여 언행이 거칠어질 때가 간혹 생긴다. 정신건강 관리에 유의할 것.

○ 지장간 후금 상관의 영향으로, 가시 돋친 말로 상대의 마음을 상하게 할 때가 많다.

○ 유복한 (가정)생활이지만 부모 인연은 약하다. 청장년기 2~3번의 좌절을 맛볼 수도 있다.

○ 인생의 전반 아니면 중후반에, 운세가 크게 역전되는 경우가 몇 번 있다(吉凶 판단유보).

○ 배우자 인연은 취약하며, 주거문제에서도 불안감을 느낄 때가 있다.

○ [군·경·검·교도관], 공무원, [정치인·노동조합·시민단체] 활동, 예술, 공학, 기술 분야, [철학·역사·고고학·인류학] 계통 쪽으로 직업진로적성이 보인다.

○ 특별한 [수집벽/나열/편집/골동품] 쪽으로의 습벽도 간혹 나타난다.

○ [음식/고기/모임/먹고 마시는 파티]에 대한 관심도 제법 강하다.

○ 대세운 관성 木기운이 올 때 남녀 공히 각별 조심해야 한다(성추행/성폭력/異性 문제 발생).

○ 강金(과도한 食傷 기운)이 약木(허약한 官星)을 세게 치면 변고, 송사, 큰 실수, 신체손상이나 구금, 범행이나 범죄연루, 직업 이탈 등의 가능성이 크다. 각별 조심 요망.

○ 戌(술)은 戈(과. 창/무기/흉기)를 갖고 있어, 사고, 칼부림, 수술, 상처 등의 [흉터/흔적]을 몸에 남기기도 한다.

○ 시간을 두고 여유 있게 심성을 수련(명상, 좌선, 참선, 기도, 성지순례 등)하면 뜻밖의 좋은 결과를 얻기도 하지만, 황혼의 쓸쓸함도 간혹 엿보인다.

○ [권력의지/수행의지]도 강하며, 오행의 배열이 좋으면, 한 소식(큰 깨달음) 듣기도 한다.

○ 배우자의 덕이나 도움을 받을 일이 거의 없다.

○ 여성은 두뇌 명석하고 활동적이나, 불임 부부가 다소 보이며, [자만/고집/주체성]으로 곤욕을 치르기도 한다.

○ 거주공간의 [변동/이동]이 심하거나, 驛馬(역마)를 즐기기도 하지만, 운세 기복은 상당하다.

○ 원국에 丙화가 둘 이상 떠오르면 아주 고귀한 신분이거나, 조만간 그런 위치나 신분으로 수직 상승하게 된다.

○ 戊土 일간의 상사나 부하직원, 남편과 아내, 시어머니나 며느리 등은 상대하기 어렵다[특히 庚辰, 庚戌, 壬辰, 壬戌, 戊辰, 戊戌 등의 魁罡(괴강) 일주는 정도가 심한 편].

○ 戊戌 일주는 자신과 같은 干支(간지)인 戊戌년과 戊戌월, 戊戌일을 '각별 조심'해야 한다.

○ 己未, 己丑, 己酉, 己亥, 戊辰(년, 월, 일)과 丁酉, 丁亥(년, 월, 일)도 특별히 조심하고 대비할 필요가 있다(土기운으로만 가득 찬 일주라 좀 복잡한 양상임).

◎ '35 戊戌(무술)'의 물상적 형국과 그에 따른 명리학的 [조언/충고]:
무미건조한 황토 山, 고원 지대.
→ 水, 木 기운이 시급하다. 무리수를 두기가 쉬우니, 평상심을 잃지 마라.

무
토

6-1. 己土(기토) 일간

○ 본질: 1) 토양, 흙(온화한 肥濕土), 모성애적 대지(편안함, 포용성), 마지막 끝마무리(陽운동에서 陰운동으로 전환), 땅에서 일어나는 모든 생명활동의 [근원/배경].
　　　 2) 휴식의 근원, 불생불멸, 영원의 세계. 숫자는 10(十, 혹은 zero).
　　　 3) 근원으로 돌아가서 휴식함: 자유 영혼의 해탈[*戊土 生原(시작)→己土 息原(끝)].

○ 土의 質: 자애로움, 생명의 활동 공간이자 밑바탕, 이해타산 없음, 마음의 의지처, 수동적.
○ 土 속에 水가 존재함(토尅수. 土는 水를 감싸고 있는 存在의 집. 土는 水를 포용함)
1) 戊土(地上, 자연 공간, 대기권, 중력권, 동물활동공간) 속의 壬水(水의 氣, 流動性의 氣체상태).
2) 己土(地下, 인간의 공간, 토양, 지구, 식물뿌리공간) 속의 癸水(水의 質, 流動性의 液체상태).

○ 己土(陰土: 丑土, 未土)의 전개과정
　　 1) 객체인 '金과 水에 대해 행사하는' 힘/자극(토생금, 토尅수).
　　 2) 주체인 '木과 火로부터 받는' 힘/자극(화생토, 목尅토).
　　 3) 지표면(혹은 지표면 아래)에서 이뤄지는 생명작용과 그 구체적 물질성.
　　 4) 식물의 성장은 戊土가 아닌 己土에서만 가능하다.

* 戊土(陽土: 지지의 辰土, 戌土)의 전개과정
　　 1) 己/戊(토)→辛/庚(금)→癸/壬(수)→乙/甲(목)→丁/丙(화).
　　 2) 지표면 위에서의 운동성과 광활한 공간 점유의 추상성.
　　 3) 戊土: 대기권. 중력권. 당기는 힘. 환경. 공간. 힘.

○ 己土: 1) 진짜 토양. 온화한 肥濕土(비습토).
　　　 2) 생명의 근원(간산 說).
　　　　 己土: 陰의 생명활동/음식 에너지/물질 에너지.
　　　　 戊土: 陽의 생명활동/호흡 에너지/환경 에너지.
　　　 3) 자애, 수용, 모성애, 母情, 包容力(대지와 곡식의 모성애적 생산성).
　　　 4) 己土는 본질적으로는 正印(天干의 己土//地支의 丑土, 未土)의 성향이다.
○ 고전(적천수/궁통보감/자평진전):
　　 1) 토양(蓄藏축장: 토양 속 생명력 저장. 肥濕(비습. 습토가 지닌 생명력). 木이 많아도 근심 없고 水가 많아도 두려움이 없음. 甲목이 異性 己土를 좋아함. 壬수는 己土를 두려워하거나 싫어함(기토탁임).
　　 2) 어차피 木, 水는 土(흙) 위에서 혹은 土 속에서 존재함. 木旺, 水旺을 두려워하지 않음.
　　 3) 火(열기. 丁화)가 적으면 土는 어둡게 되니(땅의 생명력 감소), 火가 많음을 걱정할 필요는 없다(己土는 항상 火를 필요로 함+보온 기능). 甲/丙/癸(/戊)를 좋아함(단, 겨울엔 壬癸수 제외).
　　 4) 金이 많으면 己土의 생조를 받아 金은 더욱 빛난다. 土가 강하면 甲목(소토 기능) 필요.

○ 남을 설득하는 힘, 온화, 다정다감, 봉사와 헌신, 강한 모성애(改嫁나 離婚이 드물다).
○ 단순 순진, 치밀성 없음, 대가 없이 베풀기는 최강, [경쟁심/적극성/적응력] 취약.
○ 뚜렷하게 자신의 [주장/불만]을 드러내지 못해 가끔 [호감/무시(양면성)]를 받을 수도 있다.
○ [수용성/포용성]이 좋고 모질지 못하며 차분하고 합리적이다. 남의 입장을 잘 [배려/경청]함.
○ 억압된 己토는 [접신/영매/신들림/정신건강 손상/질병/수명단축] 등의 삶을 살기도 한다.
○ 외형적으로는 안정적인 편안함과, 여유 있음으로 보일 때가 많다.
○ 겉보기와는 달리 자신의 일관된 가치관을 강하게 지키려 한다.
○ 혹간 己토 [일간/월지 지장간]이 甲목 세운을 만나면, [큰 일/큰 시험/큰 명예/큰 승진/큰 계약/큰 사업] 등에서 좋은 결과를 맛보기도 한다. 물론 凶으로 나타날 때도 있다.
○ 己己 병립: 소규모의 좁은 역마기질, 수동적 안정감 추구, 일과 사업에서의 기질적 장애, 일은 많은데 실속이 없음, 느림. 서로 같은 己토끼리는 싫어하고 오히려 戊토를 반김.
○ 장기: 비장(脾臟, 지라).
    신체: 팔, 무릎, 허리, 배, 피부, 가슴(흉부) 부분.
* 해당 오행이 [너무 강성/아주 쇠약]할 때 발생되는 [증세/질환]:
    장 [염증/팽창], 소화불량, 구토, 피부감염, 아토피 체질, 당뇨, 결석, 요통.
○ [乙목/己토/丑토/丑<->未 충/巳午未-火방합]이 개입되면 [땅의 뒤틀림(지진)/폭발/화재/쓰나미(지진 해일)]과 관계된 사고가 많다.
  * 2011.03/11.14:46. 辛卯년 辛卯월 乙丑일 癸未시.
    '동일본 대지진' 진도 9.0(약 2만 2천명 사망+실종). 연이어 거대한 쓰나미(지진 해일).
    약 50분 후에(50분에 걸쳐), 후쿠시마 원전 폭발 및 방사능 유출사고.
  * 2017.11/15.14:29. 丁酉년 辛亥월 丙午일 乙未시. 경북 포항시 흥해읍 남송리. 진도 5.4
  * 2019. 07/21. 11:04. 己亥년 辛未월 己未일 己巳시.
    경북 상주 외서면 관현리. 지진 진도 3.9(내륙 內 지진 규모 1위. 경남 창녕 2위).
  * 2019. 12/24. 13:15. 己亥년 丙子월 乙未일 壬午시.
    전남 광양제철소 후판공장. 5분 간격 대폭발 사고.
  * 2021. 02/13. 23:07. 辛丑년 庚寅월 壬辰일 辛亥시.
    일본 후쿠시마 해역 진도 7.3('동일본 대지진'의 여진으로 판단).
  * 2022. 03/16. 23:36. 壬寅년 癸卯월 己巳일 甲子시.
    일본 후쿠시마 앞바다 규모 7.4('동일본 대지진'의 영향) 강진 발생. 지진 해일 경보.
○ 사주에서 만약
    木 과다: 심신손상, 부부불화, 고집불통   火 과다: 관재송사, 구설수, 손재수, 부평초
    土 과다: 우둔미련, 재물손실, 정신건강   金 과다: 설상가상, 패가망신, 명예손상
    水 과다: 결실전무, 고립무원

  ['過多(과다)'라는 말은 본인의 사주(四柱) 팔자(8字)에서 특정한 하나의 오행(木, 火, 土, 金, 水)이 6글자 이상 나타나고, 월지를 장악하면서 힘과 비중을 막강하게 갖추었을 때를 말함이다. 웬만한 사주는 여기에 해당하지 않으니 조심해서 적용하기 바란다. ※무궁한 변화는 여기서부터 시작일 뿐].

6-2. 己土 일간의 生月(생월. =월지, =계절)別 用神, 貴賤, 運勢, 吉凶 정리.

* 己土는 만물의 생장을 핵심목표로 한다.
* 戊/己土 모두 丙화 태양(땅은 태양의 기운 없이 만물을 생장시킬 수 없음)과 癸수 빗물은 필수적이다. 물론 그다음은 甲목이다.
* 癸/甲/丙/戊(己土의 귀천을 결정짓는 요소) 중에서도 丙화 기운이 핵심.
* 己土는 겨울을 제외하고 항시 '丙/癸'가 우선이다.
* 己土는 水성분의 성향이 있어, 현실과 실리에 기반을 둔 권력 지향성을 가진다.

寅월 己土:
1. 丙癸가 투출하면 상격. 2. 己土는 습토라서 癸수 없이 丙화만 투출해도 좋다. 3. 己土는 甲목을 좋아하지 않지만 甲목은 己土를 무조건 좋아함(甲己 合). 4. 甲목은 많고 庚금이 없다면 무사안일에 잔병 체질. 庚금 투출시 丁화(제련) 있으면 무관. 5. 투출한 壬수(己土의 病)를 戊土(己土의 藥)로 制하지 못하면 하격. 6. 무리를 지은 戊甲은 상격. 7. 乙목이 투출하거나 많으면 하격. 8. 지지에 木기운이 旺하면 정신건강 주의.

卯월 己土:
1. 우선은 甲목과 癸수. 丙화까지 가세하면 錦上添花. 2. 丙화는 약해진 己土를 생조함. 3. 癸丙甲이 전무하면 하격. 특히 丙화가 핵심. 4. 무리 지은 乙목에 庚금이 合을 이루어도 하격(庚금 기능 상실). 5. 지지 木국에 庚금 투하면 부귀. 6. 壬수를 보면 己土濁壬(기토탁임)되니 하격.

辰월 己土:
1. 丙甲이면 상격(辰월 지장간에 이미 癸수가 있음). 2. 丙癸가 투출해도 상격. 3. 丙화를 쓰고 있는데(丙화 용신) 壬수가 투출하면 하격. 4. 癸수 용신에 戊土가 와도 하격. 5. 甲목 용신에 庚금이 와도 하격. 6. 甲丙癸 전무하면 평범. 7. 乙목이 많은데 金이 제압해 주지 못하면 빈천 하격. 8. 癸丙甲 중에 하나만 투출해도 中격은 된다.

巳월 己土, 午월 己土, 未월 己土:
1. 우선은 癸수(여름 조후) 그다음은 丙화(여름이라도 토양은 햇빛을 받아야 만물을 생장시킨다). 2. 지장간에 水기운이 있으면 더욱 좋다. 3. 무리를 지은 丙화, 丁화에는 설혹 癸수(통근 못한 癸수)가 와도 하격(심장, 혈관 질환). 4. 지지 火국에 水기운이 없다면 종교 투신. 하격. 5. 癸수 용신은 戊土를 제일 겁낸다(戊癸 합). 6. 木火가 왕성할 때 水가 없거나 약하면 [생식/방광/신장/비뇨기/성욕/不姙/정신건강/만성피로] 쪽 조심. 7. [식상(庚辛 금) 見 관성(甲乙 목)]이 되면 공직과는 인연 없음.

申월 己土, 酉월 己土:
1. 寒氣가 시작되니 丙화 우선. 다음 癸수(가을土 건조함)로 적셔 주면 상격. 2. 丙壬도 좋다. 3. 丙癸壬이 전무하면 하격. 4. 지지 火국에 水로 制하지 못하면 하격. 5. 추워지고(丙화 필요) 메마

기
토

른(癸수 필요) 계절에 丙癸가 투출하면 상격. 6. 水旺하면 土가 허물어지고(빈곤, 역마), 土旺하면 水(재물, 배우자)가 메말라 간다. 하격. 7. 가을土는 무조건 丙/癸가 필수.

戌월 근토:
1. 土기운이 강하니 우선은 甲목, 그다음은 토양이 메마르니 癸수. 2. 지지가 습하다면 甲丙도 상격. 3. 丙癸壬이 전무하면 하격. 4. 水旺하면 土가 허물어지고(빈곤, 역마), 土旺하면 水(재물, 배우자)가 메말라간다. 하격. 5. 戊토가 투출하여 水를 억제 혹은 무계 合하면 최하격. 6. 4 地支가 모두 진술축미土라면 [1인자/富貴/특출하거나 굴곡진 삶/드라마틱한 인생]의 소유자다.

亥월 근토. 子월 근토. 丑월 근토:
1. 겨울이니 최우선으로 丙화를 쓴다. 水旺하니 癸수를 쓰지 않음. 2. 土가 많으면 甲丙을 같이 쓰면 상격. 3. 겨울엔 丙화도 약해지니 甲목의 생조가 절실. 丙甲이면 상격. 4. 겨울의 戊근토는 무조건 丙화가 최우선이다. 丁화로는 힘들다. 5. 丙화가 하나도 없다면 하격. 6. 겨울 근토는 습하여 스스로 壬수를 제압하지 못하니 戊土의 도움(특히 亥월엔 戊土 용신)이 있어야만 한다. 그 외는 丙丁화를 用한다. 7. 겨울엔 무조건 火土가 필수. 壬수가 투출하면 하격. 8. 土旺하면 甲목으로 制하거나, 庚금 투출하면 丁화로 제련해야 상격.

己丑(기축) 일주

○ 丑土 지장간 분석:
   [비견+12운성 墓묘(연해자평 기준)]. [비견+12운성 冠帶관대(명리정종 기준)].

   편재 癸수 9: 상관的 편재([사교/자기 과시]적 통제. 마무리 잘하는 관리능력).
   식신 辛금 3: 겁재的 식신(경쟁적 [연구/궁리/생각]).
   비견 己토 18: 정인的 비견(온화한 주체성. [예술/공학/기술] 분야).

○ [다수·주변]의 행복과 안정을 위한 자기희생과 자애로움(비견 己토)이 긍정적이다.
○ [궁리/창의/연구심(식신 辛금)/결단력]으로 마무리(편재 癸수)짓는 솜씨가 안정적이다.

○ 일주가 간여지동(干與支同. 천간 지지가 같은 오행)이라 원국이 조금만 편향되어도 전체구조의
흔들림(변동수/재물상실/심신손상/사건사고/ 등등)이 생길 수 있으니 조심 대비할 것.
凶만 아니고 吉도 가능함. 특히 陰干(乙목, 丁화, 己토, 辛금. 癸수)이면 더욱 심각함.
○ 간여지동 [甲寅/乙卯/丙午/丁巳/戊辰/戊戌/己丑/己未/庚申/辛酉/壬子/癸亥]의 공통점
 1. 예술的 감수성 탁월 2. 공학/기술분야 재능 3. 운세의 부침↕ 4. 부부인연 취약 5. 고집

○ 자존감과 주체성이 강해서 [포용력/사교성/진취성]은 숨겨져 있다.
○ [인내심/온화함/의지/지구력]이 그나마 자신을 지켜 주는 무기가 된다.
○ 자신의 [희생/헌신/성실성/봉사]를 통해서 목표(甲乙 木 키우기)를 성취함.
○ 일관성만 잘 유지하면, 뒤늦게 성공하는 형태다.
○ 근검 성실한 생활태도이며, 과거보다는 항시 미래를 의식하고 대비, 준비하는 스타일.
○ 차곡차곡 잘 모으는 성향이 돋보인다.
○ 한 우물만 파는 [응집력/집중력]이 좋다.
○ 비가시적, 추상적 [종교·철학] 영역에 對한 신뢰와 적극적 행동을 보여 줌.
○ [정신/철학/순수과학] 분야에는 [감각/재주/이해력]이 좋은 반면에 [물질적/현실적] 문제와 성
취에는 둔감하고 취약하다.
○ 모난 심성은 아니나, 비겁이 중복되어 소처럼 [고집/집념/끈기/책임감/의심]이 강할 수밖에.
○ 남의 입장을 잘 배려하고, 안정되고 부드럽고 참을성도 좋지만, 임계치를 넘어가면 [까다로움/
과격함]으로 주변을 놀라게 한다.
○ 속마음을 열지 않아 알 수가 없으니 남들로부터 '친해지기 어렵고 비밀이 많은 사람'이라는 평
가를 받기도 한다.
○ 우울증 성향이 나타날 때 특히 조심해야 한다. 정신건강 유지에도 각별히 유의해야 한다.
   이런 때는 따뜻한 火기운을 가까이하면 효과가 있다.
○ 평소엔 낯가림을 하지만 한번 [유머/말문]이 터지면 걷잡을 수 없다.
○ 직관력 좋고 [분류/정리/암호해독/부동산/토목건축/동식물] 관련 분야에서도 재능이 있다.
○ [미래/정신/심리/교육/양육] 분야에 [이해·설명]이 빠르고 정확하다.

기
토

→[카운슬러/힐링/심리상담/재정·행정·세무 공무원/전형적인 교직·교사]의 직업진로적성이다.

○ 순박하고 차분하고 인정도 많으며, 자기통제와 끈기가 좋다.

○ 본인에게 주어진 책임이나 의무를 끝까지 완수하는 노력형으로, 식상生재가 가능하다.

○ 유연한 사고와 합리적인 판단으로 상호소통에 노력한다면 긍정적 운세로의 변화 가능함.

○ 유복한 [가정/부모/교육환경]의 가능성이 높다.

○ 청장년기 몇 번의 좌절은 있다. 인생의 길흉이 [전반/후반]에 바뀌질 수도 있음.

○ 부부인연에 흔들림이 엿보이며, 주거의 불안정성도 간혹 생긴다.

○ [세상/물질/현실]에 적응능력이 뒤떨어지기 쉬우며 대인관계나 경쟁에서 손해를 보기 쉽다.
　　→[개인사업/유통/장사] 쪽은 인연이 약하고 오히려 [전문직/자영업] 쪽의 적성이다.

○ 남의 [재능/능력]을 돋보이게 해 주는 재주는 좋은데 자신의 모습을 적극 드러내고 자신의 목표를 성취하는 데에는 늦은 편이다. 뒤늦게 일어서는 大器晩成 형이다.

○ 인생의 중반(주로 30代 후반부터) 이후, 길흉에 관계없이 운세흐름의 대반전이 예상된다.

○ 남의 일을 잘 도와주고 베풀기를 즐겨하나 명예와 실리에서 빛을 보지 못한다(일지 丑토=식상 金기운의 墓지).

○ 남성의 경우 정관 甲목과 合이 되면 빛이 나는 [직업/배우자]와는 거리가 멀다.

○ 여성의 경우 '멋대로, 마음대로, 뜻대로' 사는 경향으로 많이 나타난다.
　　정관 甲목과 合이 되면 빛나는 남편감은 못된다.
　　더하여 [배우자/자녀]와의 인연도 비교적 취약한 편이다.
　　자식과도 떨어져 사는 경우가 종종 생긴다[식상 金(사/유/축) 기운의 묘지가 丑토].

○ 식복과 재물복은 대체로 괜찮은 편이다.

○ 평균치를 넘는 외모와 체격이지만 土기운이 너무 혼잡하면 [남녀 관계/친구/고집/동업/부화뇌동/소탐대실/돈 거래/금융/설침(over)] 등과 관련된 사고나 변고가 생기니 조심 요망.

○ 己丑 일주는 자신과 같은 干支(간지)인 己丑년과 己丑월, 己丑일을 '각별 조심'해야 한다.

○ 己未, 庚子, 庚寅(년, 월, 일)과 戊子, 戊寅, 戊辰, 戊戌(년, 월, 일)도 특별히 조심하고 대비할 필요가 있다.

◎ '26 己丑(기축)'의 물상적 형국과 그에 따른 명리학的 [조언/충고]:
여름 늦지나 겨울의 凍土(동토).
→ 쓸데없는 생각과 궁리에 힘을 뺏기지 말 것. 집중력 유지가 관건!

己卯(기묘) 일주

○ 卯목 지장간 분석:
[편관+12운성 病병(연해자평 기준)]. [편관+長生장생(명리정종 기준)].

정관 甲목 10: 편재的 정관([통제·관리]되는 조심성. 강제 이행).
편관 乙목 10: 정재的 편관(합리적 객관성. 치밀한 [통제·관리·억압]).
편관 乙목 10: 정재的 편관(합리적 객관성. 치밀한 [통제·관리·억압]).

○ 목표 설정, 목적 성취의 의식이 강하고 분명하다.
○ 眼下無人격. 거만(편관의 영향). 혹간 [예민/꼼꼼/소심/자상]하다는 평가를 받기도 한다.
○ 다재다능하면서도, 엉뚱하다는 색다른 평가를 받을 때도 있다.
○ 가끔 권력이나 폭력을 [지향/추구/선호/의존]하기도 하는 양면성을 보인다.
○ 사물의 [형태·구조], 물질적 [인식·정리·해석] 분야 등에서 능력이 탁월하고 관심이 크다.
○ 보수적인 생활 태도와 실리 추구에 익숙하고 또 그것을 당연시 여긴다.
○ 가정과 가족에 대한 [애정/집착]도 대단한 수준이다. 너무 가정적이어서 탈.
○ [총명/명석]하여 학습능력도 탁월하다.
○ 베풀고 헌신하면서도 남들이 불편해 할까봐 노심초사하면서 신경 쓰는 스타일이다.
○ 자신의 이익보다는 다수의 공적 이익과 행복에 훨씬 더 관심과 실천적 행동력을 갖고 있다.
○ 억압과 스트레스[강박관념(자신의 역할에 대한 의무와 책임)] 때문에 스스로 외롭다고 생각.
○ 원래의 성향은 [활달/호탕]함이며, 성취욕구 수준도 상당하다.
○ 무의식의 세계 속에서 억압당할 정도로 [소심/변덕/겸손/자상/섬세/비굴/융화 및 소통 부족]의 특이 성향을 보일 때도 있다.
○ 己卯 일주 中에는 [妙(묘)한 성격/妙한 매력/妙한 異性관계(卯목 지장간 中 甲목과 갑기 合)]를 보여주는 사람이 많다.
○ 종교 수행자, 동양철학 연구, 공직, 보육/양육/교육, 사회복지, 공익 봉사(시민단체) 쪽의 직업 진로적성이 보인다.
○ [의지/끈기/지속성]은 약하나, [생각/행동]이 빠르며 [직감/영감/손재주]가 뛰어나다.
○ 인적 네트워크나 대인관계는 언뜻 넓게 보이나 사실은 폭이 좁고 특정 부분으로 제한된다.
○ 자신의 의견이나 주장을 강하게 드러내지 못하고 그냥 속으로 참고 삭일 때도 많다.
○ 토지나 건물, 몸과 의·약, 조경과 풍수, [운동/건강/신체] 쪽으로도 [관심/재능]이 엿보인다.
○ 온화한 물(水)과 불(火) 기운만 잘 갖춰지면 최상의 사주가 되기도 한다.
　풍수지리학 차원에서 말하는 물가, 바닷가, 남향의 공간, 덥고 습한 사우나탕 같은 곳, 남미, 동남아 등이 좋다.
○ 남녀 관계(卯 지장간 甲목과 甲己 合)가 [혼탁/복잡]하거나, 부부인연이 흔들리는 경우(관살혼잡일 경우)가 생기기도 한다.
○ 생명(력)에 대한 [집착/생활력]도 중요한 성향이며, 위태로운 가정을 잘 지키기도 한다.
○ 동식물과 자연을 가까이 하지만 부모형제와의 인연은 다소 거칠다.

기
토

○ 길가 혹은 논밭에 핀 화초의 物象(물상)이다.
○ [時間/空間]을 불문하고 어려운 환경을 잘 이겨내는 [의지력/총명함]을 두루 갖추고 있다.
○ 고집과 자기성질을 못 참아 [오해/손실/몸 손상]을 당하는 경우가 가끔 생긴다.
○ 성패의 기복이 은근히 있다. 晩婚(만혼. 늦은 결혼)을 적극 권장함.
○ 배우자의 외모에 집착하는 경향.
○ 병약한 청소년기. [총명/신경질적/일관성 부족]의 편향성.
○ 괜찮은 배우자운이지만, 몇 번의 고비를 잘 넘겨야 한다(관성과 재성의 혼잡 때문임).
○ 時干(시간)이 甲목인데, 또다시 合을 하는 운세를 만나면, 말년에 [異性/자식] 문제로 인한 고통이 복잡해지기도 한다.
○ 月干(월간)의 甲목과 合하면 직업과 관련하여 [전직/이직/재물 손상/망신살]로 나타남.
○ 여성이라면 관살혼잡하여 [직장/남편]과 관련된 [문제/변고]가 자주 생기기도 한다.
○ 天干(천간)의 水기운보단 地支(지지)의 水기운이 더욱 알찬 재물을 안겨 준다.
○ 金 기운이 좋으면 [말/개그/MC/정치외교/아나운서/강의/강연] 쪽으로 재주와 취향이 있다.
○ 乙목 기운이 잘 발현되면 [운동/몸/피부/미용/물리치료/의약] 등의 직업진로적성이 나타남.
○ 卯酉 충이 생기면 배우자의 부정이나 [신체손상/사건/사고/변고]가 발생하기도 한다.
　　특히 月支(월지)에 酉금이 올 때, 그 卯酉충의 파괴력은 대단하다.

* 일지 편관은 삶이 다소 특이하거나, 혹은 드라마틱한 배우자일 가능성도 있다.
* 일지 편관(甲申/乙酉/戊寅/己卯/壬辰/壬戌/癸丑/癸未 일주) 참고(간산 說).
 1. 삶이 많이 힘들어질 때는, [외부로/밖으로/타향으로/해외로] 시선을 돌려 보라!
　　공간 이동과 삶의 패턴 변화를 시도해볼 필요가 있다는 말씀. 충분한 효과가 있을 것임.
 2. 일지에 [寅목/卯목/申금/酉금]이 오면 특히 [건강/질병/신체손상] 등에 조심해야 한다.
　　특히 일지에서 인신 沖, 묘유 沖이 성립하면 몸의 손상이 더욱 심하게 나타난다.
 3. 잦은 [이직/전직]과 극단을 오고가는 삶의 여정에 피곤할 때가 많다.
 4. 배우자 쪽으로의 문제가능성 대비. 외모도 파격적인 데가 있는 편(길흉판단 불가).
 5. 상당히 폭력적일 때가 많다(허장성세/리더십/정치권력 집착). 특히 甲申 일주, 辛卯 일주.
 6. 지지에서 인신사 3형(2형도 가능)을 이루면 의술 계통에 종사할 가능성도 된다.

○ 己卯 일주는 자신과 같은 干支(간지)인 己卯년과 己卯월, 己卯일을 '각별 조심'해야 한다.
○ 庚寅, 庚辰(년, 월, 일)과 戊寅, 戊辰(년, 월, 일)도 특별히 조심하고 대비할 필요가 있다.

◎ '16 己卯(기묘)'의 물상적 형국과 그에 따른 명리학的 [조언/충고]:
땅 속의 감자나 고구마 줄기.
→ 작은 [성취/결실]은 자주 있지만, 손실이 올 때는 자못 크다.

己巳(기사) 일주

○ 巳화 지장간 분석:
　[정인+12운성 帝旺제왕(연해자평 기준)]. [정인+12운성 胎태(명리정종 기준)].

　겁재 戊土　7: 편인的 겁재([공허/고독]한 경쟁심).
　상관 庚금　7: 비견的 상관(주체성 있는 [재능/끼]).
　정인 丙화　16: 편관的 정인([억압·강제]적 보수성, 직관력, 자애).

○ 己토 정인(庚금 주체성 기준)과 正印(정인) 丙화의 중복, 강화:
　1) 타고난 직관과 영감이 뛰어남.
　2) [설명/카운셀링/힐링]하기를 좋아하며 대인관계에서 성과를 내놓을 수 있다.
　3) 사람을 끌어당기거나, 貴人의 도움을 받는 묘한 인연의 힘이 있다.
○ 판단과 이해가 빠르고 정확하며, 일관성과 고집이 있어 [과시/독재/이기심]이 내포됨.
○ 자신을 겸허하게 낮출 줄 알고 언어가 신중하며, 품위도 있어, 他人을 너그럽게 [용납/포용]할 줄도 안다.
○ 보수적 성향이라 [가정/가족]에 대한 의존성은 높지만, 개인주의 성향도 그 이상으로 강하다.
○ [추상/비가시]적 세계에 대한 신뢰와 이해가 뛰어나며, [학문/문학/외국어]에 대한 열정적 가치관도 있다.
○ 계산과 실리(계산적)는 정확하고, 대인관계도 넓고 원만하다.
○ [심신 허약/병약한 체질/잔병치레/정신건강 손상]으로 고생하기도 한다.
　'신병살(乙巳, 乙未, 己巳 일주 日柱)'의 영향력으로 보인다.
　특히 원국이 조열하거나, 火기운이 득세할 때 더욱 심하게 나타나는 편이다.
○ [감정/정서]의 변화도 다소 심한 편이다.
○ 진취적, 미래지향적 성분이 약해서 모험 없이, 현실에 만족하다보니 남들로부터 태평하다는 평가를 받기도 한다.
○ 자신감이 보완되면 탁월한 [결실/성공/성과]를 보이기도 한다.
○ 연주, 월주, 시주에 식상(金)이나 재성(水)이 구비된다면, 강화된 [적극성/활동성/역마적 이동성]으로도 나타남.
○ 물질적 이해관계의 집착엔 무관심하지만 은근히 자신을 알아주기를 바라는 마음이 강하며, 인정 많고, 어린아이와 같은 심리구조를 갖고 있다.
○ 온건하고 보수적인 성향의 직장, 교수·교사 혹은 [상담/힐링/중개/컨설팅/의류/섬유/의약/보육] 관련, 동식물 [보호/재배/사육], [영화/연극/미술/디자인/인테리어] 쪽 직업진로적성이 좋다.
○ 일지(배우자 궁) 巳화가 正印(정인)이라고 어머니와 같은 [배우자/귀인]이라고 믿으면 안 된다.
　'편관'의 성향을 은근히 띠고 있는(외형만 '정인'인 배우자궁일 뿐) 배우자일 가능성이 상당히 크기 때문이다.
○ 진취적 성장이나 변화보다는 안정되고 굴곡 없는 생활을 추구한다(변화를 싫어하기보다는 새로움에 적응하기 어려워한다).

기
토

○ 깊은 내면에서는 자학과 자기억제가 누적되어 그것에 대한 반발작용력이 표출 時 못 말리는 적극성과 활동성으로 나타나며, 그 강도가 자못 드세다.

○ [결실/결과/실리/뒷마무리]에는 상당히 취약하다. 현실은 언제나 거리가 있기 마련.

○ 金, 水기운이 좋으면 남녀 모두 수준 이상의 [외모/능력/예술적 감수성]을 갖춘 편이다.

○ 겉보기에 소심하고, 부드럽고, 온순해 보이지만 사실 [인정 욕구/역마적 이동욕구/합리적 개인주의]가 상당하다.

○ 재주 많고 집념과 자존심도 강하며 계산과 상황판단이 빨라서, 성공할 가능성이 높다.

○ 좋은 지도자감이지만, 연민의 情에는 상당히 취약함.

○ 비겁 土기운이 강하게 들어오면, [소외/고립/오해/갈등]의 위험성을 조심해야 함.

○ 水(財星) 기운에 [일찍/강하게] 노출되거나, 아예 없으면 청소년 시기에 [공부/학습/진학]을 놓치는 수가 많다.

○ 比劫(비겁. 비견과 겁재를 함께 지칭하는 말)의 土기운이 많거나, 土 대세운이 오면 동업은 절대불가이며 [친구/형제자매/친인척]과의 돈거래도 절대사양이다.

○ 남 밑에서 일하기가 어렵고, 스스로 [고독/우울/소외]를 자초하기도 한다.

○ [끼/외모/예술적 감수성]은 좋지만, 은근히 병약한 체질이다.

○ 地支에서 巳화 기운이 괜찮으면 [상담/힐링/관광/여행/사진/영화/무대/영상/연극/조명/디자인/시각예술/pc방] 등의 직업으로 인연이 생기기도 한다.

　시각 위주의 스포츠나 활동(스키/테니스/골프/발레/댄스 등)에도 인연이 있다.

　또, 그런 계통의 사람을 배우자로 맞아들이기도 하고, [본인/배우자]의 가족이 그런 계통에 몸담고 있는 경우도 있다.

○ 19대 문재인 대통령의 일주가 '1953. 01. 24. 양력-乙亥(을해), 음력-己未(기미)'라는 설이 있다. 학습용으로 참고할 것.

　19대 문재인 대통령의 일주가 '1952. 01. 24. 양력-己巳(기사), 음력-乙未(을미)'라는 설이 있다. 학습용으로 참고할 것.

○ 독립투사이자 상해임시정부 주석이셨던 金九 선생도 己巳 일주이다(丙子년/丙申월/己巳일/甲子시 生). 73세 甲辰대운 己丑년(1949년)에 육군 소위 '안두희'의 흉탄에 서거. 참고할 것.

○ [丙午/丁巳/戊午/己巳/壬子/癸亥] 일주는 배우자의 건강질병도 조심해야 함. [임신/출산] 後 배우자와 거리감 발생.

○ 己巳 일주는 자신과 같은 干支(간지)인 己巳년과 己巳월, 己巳일을 '각별 조심'해야 한다.

○ 戊辰과 戊午(년, 월, 일), 庚辰과 庚午(년, 월, 일)도 특별히 조심하고 대비할 필요가 있다.

◎ '06 己巳(기사)'의 물상적 형국과 그에 따른 명리학的 [조언/충고]:
주물 제작의 구조물(틀). 활화산의 용암과 마그마.
→ 억압된 내면적 욕구를 잘 조절하면, 뜻밖의 성과를 내기도 한다.

己未(기미) 일주

○ 未土 지장간 분석:
[비견+12운성 冠帶관대(연해자평 기준)]. [비견+12운성 墓묘(명리정종 기준)].

편인 丁화 9: 정관的 편인(보수성과 합리적 객관성을 갖춘 형이상학적 태도).
편관 乙목 3: 정재的 편관(치밀하게 관리되는 [통제/억압], 기억력).
비견 己토 18: 정인的 비견(자애롭고 부드러운 주체성).

○ 보수적 성향의, '주체성 강한 어머니'(편인. 교육과 봉사/섬세한 배려/희생적 헌신)的인 특성으로 많이 나타남.
○ 일과 업무에서 은밀하면서도 조급한 성향을 띠면서 스스로 심리적 피곤(자기과시/자존심/이기심/비밀스러움)을 만들기도 한다.
○ 자신의 기준, 가치관, 주관을 비교적 강하게 지키고, 전파하고 설명하고자 함(권력 지향적). 너무 가정적이어서 탈.
○ 신비, 영혼, 철학에 관심 갖고 [이해/정리]하기를 좋아함. 세칭 돗자리 깔기 좋은 사주.
○ 현실적, 물질적인 면에 대한 [적응/관리] 능력은 취약.
○ [손실/손해]도 스스로 감수하는 편이라서, 간혹 자신의 떡도 못 지킬 때도 있다.
○ 정신적, 종교적 세계에 對한 관심과 직관력은 좋다(객관화, 정리, 이해, 설명의 능력 탁월).
○ 암기와 학습능력은 좋지만, 日支(일지)가 土라서 복잡 다양한 심리구조와 성격의 소유자다.
○ 식상과 재성이 없어서, 미래지향적 창조성을 요구하는 [광고/홍보/아이디어 개발/디자인/IT/미래 첨단형 벤처] 쪽으로는 다소 인연이 멀어 보이지만, 단 원국에서 [金/水] 기운이 받쳐주면 이야기가 달라진다.
○ 월주나 시주에서 [金/水] 기운을 잘 만나면, [직업/재물] 활동에서도 잠재된 능력이 드러난다.
○ [추진력/수용성/섬세함/역마적 이동성/사교성]이 강해서 [문학, 외국어, 교육계통, 사회복지, 공익봉사, 양육/보육/교육, 예술/예능/화장/조명, 공학/기술] 분야의 직업진로적성이 어울린다.
○ 다소 고지식하고 [과거 지향적/보수적] 태도를 가지며, [자존감/정체성] 표출은 서투르다.
○ 대인관계도 다소 취약한 편.
○ [인식·이해] 능력은 뛰어나고 과거지식과 기억을 잘 정리하며, 내성적이지만 내면의 정서는 드라마틱하게 출렁거린다.
○ 타인에 대한 [헌신/희생/봉사] 정신도 강해서, 항시 마음은 분주하다([오지랖 넓음/유흥/오락/참견]도 눈에 띄는 특성이다).
○ 丁화가 살아나면 [예술/미술/영상/사진/시각 디자인] 계통의 재능이 표출된다.
○ 과도한 火, 木 기운을 만나면 정신건강이 위험[우울증, 조울증, 조현증, 편집증 등]할 수 있음.
○ [火/木] 기운이 넘치면 異性과 재물(水기운. 재성)에 대한 [집착/도벽/탐욕] 등으로 나타남.
○ 특정인에 대한 과도한 [신뢰/집착]에서 자칫 문제가 생기기도 한다.
   水기운이 안정돼야 정신적 안정도 가능.
○ 지지에서 비견 未土를 강하게 공격하는 강한 木기운이 들어올 때를 각별 조심해야 한다.

자칫 몸을 [손상/상실]할 수도 있음이다. 金기운이 좋으면 [신장/외모]가 빠지지 않는다.
○ 情이 많고 타인을 먼저 배려할 줄 알며, 거짓 없이 순수하다.
○ [희생/봉사] 정신도 좋지만, 너무 참아서 병을 키우기도 하고, 갑작스런 감정 폭발로 주변을 놀라게 할 때가 많다.
○ 때론 융통성 부족하여 고지식하고 답답하다는 소리도 듣게 된다.
○ 재물운은 괜찮지만, [고집/섬세함/양면성]이 흠결이 되기도 한다.
○ 중반 이후 부부 인연에 변화가 예상됨. [사회/조직/직업] 활동은 상당히 긍정적임.
○ 여성은 독립심이 강해서 배우자 인연이 취약하며, [사회/직업] 활동 쪽의 활동성이 강해진다.
○ 지지에 [진/술/축/미]의 4土가 모두 깔려 있다는 어느 전직 대통령과 우리나라 주역의 제1인자이셨던 也山(야산) 李達(이달) 선생의 사주처럼 土가 아주 막강할 때는 다소 특별한 삶의 여정을 경험하기도 한다. 吉凶판단 불가. 단 건강은 괜찮은 편이다.
○ 여성의 경우, 식상 金 기운이 큰 충극을 당하면 자식문제로 가슴앓이를 오래 하게 된다.
○ 土기운이 강해 水기운이 [부족/위축]되면 '異性과 재물 탐닉', '정신건강손상' 등이 예상.

○ 일주가 간여지동(干與支同. 천간 지지가 같은 오행)이라 원국이 조금만 편향되어도 전체구조의 흔들림(변동수/재물상실/심신손상/사건사고 등등)이 생길 수 있으니 조심 대비할 것. 凶만 아니고 吉도 가능함. 특히 陰干(乙목, 丁화, 己토, 辛금. 癸수)이면 더욱 심각함.
○ 간여지동 [甲寅/乙卯/丙午/丁巳/戊辰/戊戌/己丑/己未/庚申/辛酉/壬子/癸亥]의 공통점
 1. 예술的 감수성 탁월 2. 공학/기술분야 재능 3. 운세의 부침↕ 4. 부부인연 취약 5. 고집

○ 남들보다 특이한 [사고/변고(수술, 불치병, 교통사고, 몸의 흉터나 큰 점, 가까운 가족의 흉사)]를 겪는 경우도 제법 있지만, 불굴의 의지와 돌파력으로 긍정적 효과를 내기도 한다.
　흔히 말하는 백호살(甲辰/戊辰/丙戌/壬戌/乙未/(己未)/丁丑/癸丑)에 해당하기 때문이다.
　일주에서 백호 성립하면 다른 주도 성립 가능. 己未 일주를 제외시키자는 전문가들이 많다.
○ 19대 문재인 대통령의 일주가 '1953. 01. 24. 양력-乙亥(을해), 음력-己未(기미)'라는 설과 '1952. 01. 24. 양력-己巳(기사), 음력-乙未(을미)'라는 2가지 설이 있다. 학습용으로 참고할 것.
○ 김영삼, 박정희, 美 트럼프 대통령 모두 '己未' 일주(백호/간여지동)라고 보는 학자도 있음을 참고할 것(강헌 說). 故 박정희 대통령을 '庚申' 일주로 보는 전문가도 있다(김동완 說).
○ 己未 일주인 트럼프가 戊戌 일진의 겁재운(2019. 06. 30. 15:46. 己亥년 庚午월 戊戌일 庚申시. 남/북/미 3정상[문재인/김정은/트럼프]의 판문점 회동은 세계적인 이벤트)을 만나 한껏 힘자랑을 했다고도 해석할 수 있음(간산 說).
○ 己未 일주는 자신과 같은 干支(간지)인 己未년과 己未월, 己未일을 '각별 조심'해야 한다.
○ 庚午, 庚申, 己丑(년, 월, 일)와 戊辰, 戊午, 戊申, 戊戌(년, 월, 일)도 특별히 조심!

◎ '56 己未(기미)'의 물상적 형국과 그에 따른 명리학的 [조언/충고]:
건조하고 척박한 땅. 황토지역의 생태계.
→ 주변의 人的 네트워크를 강화하라. 온화한 태도는 안 될 일도 성사시킨다.

己酉(기유) 일주

○ 酉금 지장간 분석:
　[식신+12운성 長生장생(연해자평 기준)]. [식신+12운성 病병(명리정종 기준)].

　상관 庚금 10: 비견的 상관(주체성 강한 [사교성/끼/자기 과시]).
　식신 辛금 10: 겁재的 식신(반발, 경쟁심에 입각한 [연구/궁리/창조성]).
　식신 辛금 10: 겁재的 식신(반발, 경쟁심에 입각한 [연구/궁리/창조성]).

○ 보수적이며 따뜻한 수용성을 가지고 연구와 궁리에 몰두하는 형태.
○ 자신의 [생각/주장]에 반대하면 반발력이 크다. 혹은 몹시 서운해 한다.
○ 시야가 좁다는 혹평을 받기도 한다.
○ 대세운 水기운에 얼어붙으면, 원래의 [추진력/결단성/냉정함]이 위축될 때가 생긴다.
○ 온순 원만함과 주변을 잘 아우르는 말솜씨가 화려하며, 예술적 감수성과 사교성이 뛰어나다.
○ 상상의 세계를, 내면적 목표를 구체적으로 실현시키는 능력이 탁월하며 개성이 강하다.
○ 일상생활과 일처리에서 [섬세/꼼꼼/예민/강한 설득력/간명한 태도/솔직성]이 좋다.
○ 사물과 현상을 묘사하는 능력이 남다르며, [설득력/학습지능]이 뛰어난 사람이 많다.
○ 대인관계나 人的 네트워크도 상당히 넓고 좋은 편이며 항시 분주하고 바쁜 생활이다.
○ 주변 사람들을 곧잘 내 편으로 만드는 재주와 분위기를 리드하는 능력이 큰 특징이다.
○ 보수적 안정성과 따뜻한 휴머니즘을 추구하면서도 [단순/명료]한 현실인식(자기중심적인 시각/
가치관/스케일/동심과 천진난만함)을 동시에 갖추었다.
○ 언어 구사와 화술이 뛰어나기에 사람을 [설득/이해/감동/면담/상담] 분야에 어울린다.
○ 특히 학교나 연구기관, [외국어/문학/강의/통역/번역/치유/힐링/동양철학/중개무역/개인사업/
컨설팅/교육훈련 강사/교사] 쪽의 직업진로적성이 보인다.
○ [관리/통제/생산/유통] 쪽의 직업 인연도 괜찮은 편이다.
○ 몸에 칼을 대는 경우(강한 木, 火기운이 들어올 때)가 1~2번 올 수 있다. 조심을 요한다.
○ 친구가 많고 활달하여 폭넓은 조직과 집단을 공유하며, 식복은 괜찮은 편이다.
○ 은근한 고집과 자기과시의 멋을 한껏 부린다.
○ 性的 본능의 관리에도 신경을 써야 할 때가 많다. 작용(자극)과 반작용(대응)의 관계이다.
○ 주변으로 사람들을 모이게 만드는 [재주/카리스마]가 있다.
○ 깊이 있는 [연구/궁리/창조성/일관성]의 자세가 사업과 직장에서도 빛을 발할 때가 있다.
　힘 있게 자리 잡은 식신 酉금과 辛금의 영향력 때문으로 보인다.
　단, 식상과 관성이 [형/충/합]으로 엮이면, [전직/이동/異性 문제/자식 문제/주거 불안정성 문
제] 등으로 現實化되어 나타난다.
○ 金(식상) 기운이 좋은 여성의 경우 자식, 빛이 나는 물건, 반짝이는 물건이나 조명, 혹은 보석
류에 집착하고 또 그것들을 과시하는 경향이 있다.
○ 인생 중반부까지 [부모운/자녀운]은 하강세이나, 말년부터 상승세를 한번 기대해볼 만하다.
○ 재주와 업무 능력이 좋고, 어떤 일을 맡겨도 비교적 정확하게 처리한다.

기
토

○ 순수하고 책임감도 강해 주변에 신임과 인정을 받는다.

○ 고집과 냉정함으로 주변에 상처를 주기도, 받기도 한다.

○ 생각이 많아서 괜한 일과 사연에 휘말리기도 간혹, 쓸데없는 손해를 자초하기도 한다.

○ 실수(아집/편견 때문)도 더러 있지만, 비교적 안정된 삶이다.

○ 출세와 무관한 특출한 재능을 소유한 사람이 많다.

○ 외형적으로 안정된 가정이지만, 내면의 흔들림과 상처는 만만치 않다.

○ 정밀한 금속성 사물(정밀 기계, 가위, 칼, 주사기, 鍼침, 보석, 방울, 동전, 거울, 액세서리 등등)이나 금속 광물질을 사용하는 정밀 작업으로 유명세를 타기도 한다.

　　혹은 그런 것들에 대한 집착과 직업 인연이 생기기도 한다.

○ 誇大妄想이나 자기 과시가 度를 넘으면 정신건강의 손상으로 이어지니 각별 조심할 것.

○ 사주 원국에서 [월지/시지] 자리에 卯목이 오거나 대세운에서 卯목의 기운이 들어올 때 몸에 큰 사고나 변고가 많이 생긴다. 주로 [다리/발]을 많이 다친다. 卯酉 충 때문이다.

○ [부모/형제/배우자]덕과는 거리가 먼 편이다.

○ 여성은 다재다능하나 남편을 극하는 힘(식상 기운)이 강해서 남편덕은 취약하지만, 자식복은 괜찮은 편이다.

○ 재성 水기운의 통관력이 좋다면 乙목 일본, 庚금 유럽(독일 등)과 관련된 인연도 있다.

　　아마도 지장간 식상 [庚금/辛금] 기운으로 인한 乙庚 合 때문으로 추정함. 吉凶 판단불가.

○ 己酉 일주는 자신과 같은 干支(간지)인 己酉년과 己酉월, 己酉일을 '각별 조심'해야 한다.

○ 庚申, 庚戌(년, 월, 일)과 戊申, 戊戌(년, 월, 일)도 특별히 조심하고 대비할 필요가 있다.

◎ '46 己酉(기유)'의 물상적 형국과 그에 따른 명리학的 [조언/충고]:

쉬고 있는 제철 공장. 개발되지 않은 지하 금광.

→ 다재다능과 욕심의 공존이 어렵다. 예리한 감각이지만, 선택은 신중히 하라.

기
토

己亥(기해) 일주

○ 亥水 지장간 분석:
　　[정재+12운성 胎태(연해자평 기준)]. [정재+12운성 帝旺제왕(명리정종 기준)].

　　겁재 戊土　7: 편인的 겁재(고독하고 공허한 경쟁심).
　　정관 甲목　7: 편재的 정관(억압적 통제로 나타나는 합리성. 객관적 보수성).
　　정재 壬수 16: 식신的 정재([연구/궁리]하는 치밀함).

○ 일간 己토가 일지 亥수(혹은 壬수)를 극하는, 빈틈없는 단호함이 알뜰하면서도 매섭다.
○ 물의 재물, 밤(겨울)의 재물이니 [해양/수산업/야간 직업/철학/사상/학문/겨울 관련] 직업(직종) 등과 인연이 있다.
○ 섬세하고 구체적인 것까지 신경 쓰고 궁리하는 [예민/치밀]함으로 주변을 긴장하게, 피곤하게 만들 때도 있다.
○ 교육, 운명, 철학, 사상, 종교, 정신 분야에 대해서도 [흥미/재주/관심]이 상당하다.
○ 남에게 잘 속기도 하고, 다소 비밀스런 구석(자기은폐 기질)도 있어 오해를 살 때가 있다. 자신의 정신건강을 스스로 잘 챙겨야 한다.
○ 보수적이면서도 예의나 모범적인 생활 자세와 다수의 안정과 이익을 위하는 준법정신과 공익을 우선시 한다.
○ 물처럼 흘러흘러 다니는 인연(역마성 기질)이 있으니 고향을 떠나거나 공간 변동이 많다.
○ [눈물/다정다감/인정]도 많지만, 간혹 권위나 체면도 은근히 내세우는 답답한 성향도 있다.
○ 재물에 對한 [관심·집착]이 커서, 재물로 인한 삶의 기복과 출렁임이 드세다(吉凶 판단불가).
○ 재물을 얻는 방법이 매우 긍정적이거나, 자신의 노력으로 해결하는 자세라서 남들에게 좋은 인상을 준다.
○ 주변에 사람을 모으는 [재주/신뢰감]은 돋보이나, 過하면 관재나 송사에 휘말리게 된다.
○ [사치·낭비]와는 거리가 멀고, 상당히 [근검·절약]하는 모범적인 태도에 다소 고지식하게 보이기는 하나 주변의 신망은 꽤 높다.
○ 지적 능력이 좋아서 '[총명/두뇌 명석]하다'는 소리를 곧잘 듣지만 남 앞에 잘 나서지 못하는 성격이라 다소 힘듦.
○ 웬만한 직업은 다 소화할 수 있다.
　　특히 [물질·물건]을 [관리·통제·생산(제조업)]하는 분야, [교육/양육/보육] 혹은 [해양/수산업종/해군/항해/항공] 분야, 금융(은행·보험·주식) 분야 쪽으로 좋은 직업진로적성이 엿보인다.
○ 甲·己 暗合이 되는 운에서는 자기 억제나 관리에 좀 더 신중할 필요가 있다.
　　잘못하면 몸을 다치거나, 몸에 칼을 대야 하는 경우가 생길 수도 있기 때문이다.
○ 水가 火를 심하게 [충/극]할 때는 [본인 건강위험/부모문제/고부갈등]이 발생할 수도.
○ 水가 좋으면 [해양/경영/경제/무역/국제 거래/금융/회계/중개/컨설팅]쪽과 인연이 꼭 생긴다.
○ 외모는 평균치 이상이다.
○ 부모형제 덕을 보기가 어렵지만 의식주는 안정적인 편이다.

○ 성격이 밝고 자상한 배려심도 있으며, 예의 바르고 정직하다.

○ 재물은 기본적으로 타고 났지만, 귀가 얇아 속기도, 잃기도 잘한다.

○ [추진력/돌파력]이 다소 부족할 수도, 무리한 욕심으로 쌓은 결실이 물거품이 될 수도 있다.

○ [편법/위법/탈법]의 가능성이 항시 주변에 있으니, 가까이하지 않도록 조심해야 한다.

○ 가족의 후원이 절실하며, 안정적 가정에 집착한다.

○ [직업/가족/배우자] 관련한 불안정성이 다소 엿보인다.

○ 여성은 부부지간의 [갈등/충돌/의심/가출]이 예상된다.

　잘 대처하면 별 문제는 아니지만 자칫 화근거리가 될 수도 있다.

○ 천간으로 강한 乙목이 들어오면 정신건강의 손상이나 큰 수술의 경우도 생긴다.

○ [수동적 소심함/은폐 기질/대인 기피증]으로 대인관계가 힘들어질 때도 있다.

○ 성리학의 1인자 退溪 이황[1501. 11. 25.(음) 辛丑년 辛丑월 己亥일 生]. [1570. 12. 08. 酉시 (음) 庚午년 己丑월 辛丑일 丁酉시 沒] 선생도 己亥 일주라고 알려져 있다.

　차갑고도 냉정한 金水 기운의 [연구/탐구심/성찰]의 분위기가 매섭게 넘쳐난다.

○ 己亥 일주는 자신과 같은 干支(간지)인 己亥년과 己亥월, 己亥일을 '각별 조심'해야 한다.

○ 庚戌, 庚子(년, 월, 일)와 戊戌, 戊子(년, 월, 일)도 특별히 조심하고 대비할 필요가 있다.

기
토

◎ '36 己亥(기해)'의 물상적 형국과 그에 따른 명리학的 [조언/충고]:

기름진 땅, 門前沃畓(문전옥답).

→ 다급해지는 심신을 다스리면서, '습관적 안전'을 너무 믿지 마라.

7-1. 庚金(경금) 일간

○ 본질: 심리적 주체(독립적), 고집, 고체(=정신적 고체, ≠물질적 고체), 냉기, 투명함, 솔직담백함, 독립성(비견 성분), 성장 억제(한기, 냉기) 작용, 응집성, 단단함, 천진난만, 견제, 외형적 모습은 '변화 없는 [고정성/보수성]', 결실/수확. 숫자는 9.
○ 金의 氣: 1) [인격적/정신적] 실체. 2) 주체(정체성, 자아). 3) 본질적 비견. 4) 의식적 고체.

○ 고전(적천수/궁통보감/자평진전):
 1) 庚금은 [폭력성/살기]를 띠고 강하지만 물(壬수)을 만나면 맑고 투명해진다(金→水→木).
 2) 癸수를 좋아하지만 癸수에 집착(戊癸 合)하는 戊토를 만나면 [반발/고통/억압]이 있다.
 3) 가을과 겨울의 막강 庚금은 편관 丙화의 조후적 도움을 받고, 정관 丁화의 단련(剋)을 받아 더욱 예리하고 강해진다.
　　잘못되면(五行 균형상실) 부러지거나 흐물흐물해지거나 [사고/변고/수술/심신손상]도 생김.
 4) 甲목과 丁화(제련 기능)를 좋아함. 甲목의 추진력을 차단하는 브레이크 역할.
 5) 윤택하고 습한 土(己토, 丑토, 辰토)를 만나면 생기를 얻어 더욱 강해짐.
 6) 건조한 土(戊토, 戌토, 未토)를 만나면 약해져서 마르고 갈라진다.
　　戊토가 많아지면 매몰되면서 下格이 되니, 甲목으로 戊토를 制壓(제압)해 주는 것이 좋다.
 7) 가을 나무(진짜 나무. 乙목) 기운을 몹시 좋아하고, 단단하게 해 준다(乙庚 合 金).
 8) 굳건한 木氣(甲목)를 능히 극하고, 木質(乙목)에게는 부드러워져서(有情) 더욱 단단한 힘을 기르게 해 준다.
 9) 庚금은 강한 놈에겐 한없이 강하고, 약한 놈에겐 한없이 부드럽다.

○ 庚금은 우선 맑고 투명하고 동심이다. 그래서 他의 영향에 따른 변화수가 많은 일간이다.
○ 의리를 중시하고 강직하지만, 다른 사람의 말이나 분위기에 쉽게 휩쓸리기도 하고, 의외로 자기주장과 편견을 고집하기도 한다.
○ 주변상황에 따라 변화되기 쉬운 투명한 여백의 공간 개념(그림을 그리기 전의 흰색 도화지)으로 이해해도 좋다. 좋은 아이디어와 기획의 능력도 돋보이는 재주다.
○ 보수적 경향을 띠며, 인위적이며 의도적인 것을 배척함(자연에 집착함).
○ 丁화(제련 기능)가 없으면 세련미가 없어진다.
○ 庚금은 특히 自他 모두에게 [비판/강압/간섭/부담/노출]의 문제로 인식되기 쉽다.
　　1) 정신건강의 손상(身弱한 庚금에 印성 土기운, 土운세마저 약하거나 없을 때).
　　2) 사디즘(가학), 마조히즘(피학)의 성향도 간혹 나타남. 한번 다칠 때는 크게 다치는 편.
　　3) 일간이 身强, 身旺하면 관살(혹은 관살혼잡)조차도 두려워하지 않고 오히려 좋아함.
　　4) 庚금 일간의 상사나 부하직원, 남편과 아내, 시어머니나 며느리, 장모와 사위 등을 상대하기 어렵다. [庚辰, 庚戌, 壬辰, 壬戌, 戊辰, 戊戌 등의 魁罡(괴강) 일주는 정도가 심한 편이다].
○ [정의/의리]는 강하지만(법관, 조폭, 짱, 일진, 리더的 성향) 인간적인 情에 약하다(연약한 乙목에 대한 집착과 연민의 情. 세련되지 못한 [순진함/우직함/고정 불변성/애정/관심] 등).
○ [새로움/변화]보단 안정을, 창조보단 보수를 선호하지만, 간혹 뜻밖의 [과시/노출]의 경향(土기

운 취약時)이 나타날 때가 있다.
○ 편관 丙火가 드세면 의외의 극단적인 [모습/반응/직업/태도/선택]을 보여주기도 한다.
○ 강제적 이타주의, 예리한 칼날로 끝장을 보겠다는 [정의감/결기/희생/헌신/봉사/순진성] 있음.
○ 火기운의 충극을 받으면 [폭력/과격/명분/자존심/집착과 좌절(양면성)]이 간혹 나타난다.
○ 乙庚 合化 金(간산 說)
　　乙목(일본)과 庚금(유럽/독일)이 눈을 맞춰 슴하여, 새로운 金(참혹한 세계전쟁)을 만들어냄.
○ 혹간 庚금 [일간/월지 지장간]이 乙목 세운을 만나면, [큰 일/큰 시험/큰 명예/큰 승진/큰 계약/큰 사업] 등에서 좋은 결과를 맛보기도 한다. 물론 凶으로 나타날 때도 있다.
○ 庚庚 병립: 자기과시/독선적/방랑기질로 인한 역마기질, 주변과의 부딪침/불협화음('쟁쟁'거리는 소리, 싸움 소리)↑/불화/상처/심신 손상, 너무 강한 힘, 타인을 피곤케 하는 힘.

○ 장기: 대장(大腸).
　　신체: 털[체모], 뼈, 치아, 인후(목구멍)/성대(목소리), 허벅지 부분.
* 해당 오행이 [너무 강성/아주 쇠약]할 때 발생되는 [증세/질환]:
　[호흡기/기관지/신경계/대장/치주] 질환, 치질/변비/설사, [뼈/골수] 관련 질환, 인후염.

○ 사주에서 만약
　木 과다: 이성문제, 구설수, 재산탕진　　火 과다: 정신건강, 과격폭력, 가정불화
　土 과다: 자식문제, 허망좌절, 정신쇠약　　金 과다: 부부불화, 시비소송, 심신손상
　水 과다: 이별수, 허장성세. 과잉집착

　['過多(과다)'라는 말은 본인의 사주(四柱) 팔자(8字)에서 특정한 하나의 오행(木, 火, 土, 金, 水)이 6글자 이상 나타나고, 월지를 장악하면서 힘과 비중을 막강하게 갖추었을 때를 말함이다. 웬만한 사주는 여기에 해당하지 않으니 조심해서 적용하기 바란다. ※무궁한 변화는 여기서부터 시작일 뿐].

7-2. 庚금 일간의 生月(생월. =월지, =계절)別 用神, 貴賤, 運勢, 吉凶 정리.

* 庚금은 무조건 '丁화'의 단련을 좋아한다. 丁/甲(혹은 丁/甲/庚)을 用하면 상격.
* 봄여름 출생 庚금은 辰/丑 토를 만나면 생기를 얻고, 燥熱한 未/戌 토를 만나면 不吉함.
* 강성한 甲목을 겁내지 않지만, 유약한 乙목에겐 한없이 다정하다.
* 여름生 庚금은 潤濕함(水土 기운)을 좋아하고, 겨울生은 溫暖함(火 기운)을 반긴다.
* 身弱해도 印성 戊/己 土운세가 강하게 들어오면, 매몰될 위험이 있기에 凶하다.
  그럴 때는 차라리 印星 土(인성 토) 운세보단 比劫 金(비겁 금) 운세가 낫다.

寅월 庚금:
1. 이른 봄이라 庚甲(戊토는 庚금을 덮어버리니 차라리 비겁 金이 낫다. 己토는 습토라 괜찮다)이 상격(태양 丙화와 土로 뒤덮인 庚금을 甲목으로 制함). 2. 丙甲, 丁甲 혹은 丁甲庚도 상격. 3. 봄(木기운)이라 허약한 庚금에 火기운까지 득세(火극金)하면 [요절/빈천] 가능성. 하격. 4. 지지 火국 관살에 壬수가 [투출/통근]하면 최상격. 5. 土왕하면 甲목이 투출해야 상격. 이때 庚금은 不필요. 6. 봄의 庚금은 丁화의 제련을 반기지만 火왕을 꺼린다.

卯월 庚금:
1. 木의 계절이라 甲목이 단단하니 庚금 사용 가능. 2. 庚丁甲이 상격. 3. 丁甲도 괜찮다(물론 庚금이 없는 것이 흠결). 4. 土가 많으면 庚금이 묻혀버리니 하격. 5. 甲乙목이 무리를 이루고 비겁 金이 없다면 부귀하고 丁화까지 가세하면 최상격.

辰월 庚금:
1. 土기운이 강하니 甲목을 먼저 쓰고 뒤에 丁화를 쓴다. 2. 丁甲 혹은 丁甲庚이라도 상격. 3. 丁화(官성)가 없으면 [빈천/요절] 가능성. 4. 壬癸수 모두 투출하면 하격. 5. 丁甲(丁甲庚)이 전무해도 하격. 6. 지지 土국에 甲목마저 없다면 庚금이 매장되는 꼴이니 賤하다. 하격. 7. 지지 火국에 壬癸수 투출하면 길. 단 水로 制하지 못하면 [잔병/요절] 가능성.

巳월 庚금:
1. 더우니 우선은 壬수. 그다음에 戊토(火기운을 흡수해서 약한 庚금을 생조함)를 쓴다. 2. 壬수대신 癸수도 차선책. 3. 壬丙도 상격(江暉相暎강휘상영. 壬수로 씻어내고 丙화로 말림). 4. 火기운이 많으면 하격. 5. 壬戊丙도 상격(戊토+壬수=己토 역할). 6. 지지 金국이면 丁화가 투출해야 吉. 물론 壬癸수가 丁화를 손상하면 凶.

午월 庚금:
1. 조후상 壬(癸)수를 쓰면 상격(午월의 丁화 기운이 너무 강하기 때문). 2. 水기운이 없으면 庚금이 녹아 버리니 요절 혹은 빈천. 3. 이때 대세운이 北방(水)으로 흘러주면 더욱 좋다. 물론 戊己토가 水를 제압하면 허사. 4. 지지 火국에선 水로 구제해야 吉.

경금

未월 庚금:

1. 丁甲庚이면 상격. 2. 寒氣가 서서히 생기니 未申酉 월엔 丁화를 먼저 쓰고 뒤에 甲목을 쓴다 (丁甲은 상격). 3. 丁甲(丁甲庚)이 전무하면 하격. 4. 丁甲 모두 투출해도 癸수가 丁화를 손상하면 하격. 5. 지지 土국에 先 甲목, 後 丁화 투출해야 상격. 6. 未월은 己토가 旺하니 반드시 丁화 투출 아니면 丁화 운세라도 와야 吉.

申월 庚금:

1. 계절상 강한 庚금이기에 丁화로 제련하고 [甲목 生 丁화]하면 최상격. 2. 丁甲(丁甲庚)이 전무 하면 하격. 3. 壬癸수 투출하면 하격. 4. 지지 [火국/金국]이면 부귀. 5. 지지 土국이라면 先 甲 목, 後 丁화로 用해야 상격.

酉월 庚금:

1. 丁甲이면 상격. 丙화(조후 담당)가 함께 투출하면 더 좋다. 2. 계절상 강한 庚금이기에 火기운 이 전무하면 하격(공직에서는 인연이 없고 빈천함). 3. 관살혼잡 丙丁화를 겁내지 않는다. 4. 관살 이 중하면 주로 문관이 아닌 무관 쪽으로 成格(성격)을 이룬다.

戌월 庚금:

1. 土기가 강해 庚금이 매장될 위험이 있으니 우선은 甲목이고, 다음 壬수로 庚금을 씻어 주면 좋다(甲壬 상격). 2. 甲壬이 전무하면 재주와 능력에서 하격. 3. 壬수를 쓸 때 己토가 오면 매우 흉하다(己土濁壬기토탁임). 4. 戊己 토가 모두 투출하면 흉하다. 하격.

亥월 庚금:

1. 추운 겨울이니 우선 丁화로 단련하고 丙화가 조후 담당하면 상격. 2. 丙丁화가 전무하면 하격. 3. 金水 혼잡에 丙丁화가 전무하면 우둔하고 속 좁은 꼴이니 하격. 4. 인수 戊己 土가 많아도 하격. 5. 丁甲 양투하고 지지 水국이 아니라면 언제든 기회가 꼭 온다. 6. 丁丙甲이면 최상격.

子월 庚금:

1. 겨울은 불기운(丙丁 화)이 그립다. 丁甲이 투출하고 丙화가 조후 담당하면 상격. 2. 丁甲丙이 전무하면 하격. 3. 身弱이면 비겁운(庚辛 금)에 길하고 인성운(戊己토에 매몰 가능성)에 흉. 4. 丙 화가 여럿이면 재물은 얻지만 명예는 없다. 5. 丙癸가 양투하면 천박한 재능. 6. 丙丁화가 겹치면 관살혼잡하니 흉. 특히 일간이 身弱하면 더욱 위험. 身强하면 괜찮다. 오히려 좋을 때도 있다.

丑월 庚금:

1. 丙丁이 모두 투출하고 甲목이 받쳐 주면 상격(겨울 공통). 2. 겨울 庚금은 金寒水冷(금한수냉) 이라 [丙화(조후)/丁화(제련)]가 필수. 3. 丁甲도 상격(수재)이지만 丙丁甲이 더 낫다. 4. 木火기운 이 없고 地支 金국이면 최하격. 4. 甲목은 그릇의 크기를, 丙화는 富를, 丁화는 貴를 결정한다. 5. 지지 金국에 火가 없으면 하격. 6. 지지 金국을 이뤄도 丁丙甲이 없으면 허사다.

- 293 -

庚子(경자) 일주

○ 子수 지장간 분석: [상관+12운성 死사].

  식신 壬수 10: 식신的 식신([연구/궁리/아이디어]의 심화).
  상관 癸수 10: 상관的 상관([끼/재능/사교성]의 강화).
  상관 癸수 10: 상관的 상관([끼/재능/사교성]의 강화).

○ 독립적 주체성을 기반으로 하여 자신의 끼와 능력을 마음껏 발휘.
○ 윤리 도덕성에 크게 신경 쓰지 않는 가운데 낙천적이며 느긋하다.
○ 언어능력이 뛰어나 좌중을 휘어잡기도 하지만 동시에 [구설수/상처]를 남기기도 한다.
○ 성급하지 않으면서도 현재에 안주하는 태평스러움과 대화와 담론을 즐기는 [논리적/이성적]인 면이 같이 부각된다.
○ 두려움과 걱정이 없는 가운데 다소간의 미래지향적 태도도 엿보이지만, 강하게 드러나지는 않는다. 즉 내면화되어 있다는 말이다.
○ 심지어 내면의 비밀과 함께, 고독하고 외롭기도 하다.
○ 정서적으로 춥고 배고프지만, 재능은 빛이 난다.
○ [기획/아이디어/실무적 추진력]도 좋아서 일관성 있는 일처리가 가능하다.
○ 심성은 [동심/천진난만함]이며, 냉정하고 이지적인 면도 있으나 유비무환의 자세가 아쉽다.
○ 남의 밑에서 일하기가 어려워 자신이 직접 사업체를 운영하는 편이 좋다.
○ 외교관, 정치지도자, [운송/물류/택배/유통] 분야, [교육/학원/강사] 분야, [식당/주방/음식] 분야, [예체능(소리, 춤, 몸의 동작, 빛)] 분야, 대인관계를 밑바탕에 깔고 있는 [컨설팅/상담/설득] 분야 등이 직업진로적성으로 어울린다.
○ [다재다능/두뇌 명석]하여, 주변으로부터 '아이디어 좋다', '뛰어난 기획', '안하무인', '무사안일', '무사태평', '느려 터졌다', '적극성이 없다'라는 [호평/혹평/오해]를 받기도 한다.
  그러나 잘 고쳐지지 않는다. 밑바닥에 숨어 있는 [비판 본능/고집/아집/편견] 때문이다.
○ 자신의 생활을 즐길 줄 알고, 감각적 재능(빛, 몸, 가위, 칼을 쓰는 재주)도 좋다.
○ 간혹 자기 표현력을 뛰어넘는 멋과 끼를 부리기도 한다.
○ 생활 태도는 상당히 자유분방하다. 그러나 내면은 춥다.
○ 뒤끝이 없지만 [실리/결실]에는 취약하다.
○ 형식에 구애받지 않는 삶을 연출하면서 즐길 줄 알고, [의리/명예/자존심]을 존중한다.
○ 교수직, 연구와 창조성을 발휘하는 전문연구직, 자유직, 교육 계통, 사람 상대 컨설팅, 주류업, 양조업과도 인연이 있다.
○ 남녀 공히 신장과 외모는 대부분 평균치 이상이며, 가끔 [異性 문제/특이한 性的 취향]이 발생하기도 한다.
○ 여성은 [예민/깔끔/명석한 두뇌/부부인연 취약/자식 집착] 등으로 특성이 발현되기도 한다.
○ 맑고 깨끗한 [고집/자기주장/개성]은 돋보이지만 기교나 눈치는 약한 편이다.
○ 자기과시나 자기노출에 심하게 빠질 때도 있다.

○ 부모(특히 어머니 쪽)와의 인연은 다소 약하다.

○ 일지 상관과 강력한 식신으로 점철된 일주라서, 문장과 언어가 수려하며, 창의적 능력과 기획력도 괜찮은 편이다.

○ 문화, 음악, 예체능계, 언론 등에서도 재주와 끼의 발휘가 기대된다.

○ 금수쌍청의 총명함과 아이디어가 뛰어나며, 더하여 풍류와 낭만을 즐길 줄도 안다.

○ 용두사미 성향과 더불어 엉뚱한 언행으로 곤혹을 치르기도 하니, 조심할 필요가 있다.

○ [예술/정밀공학/예능/언론] 쪽으로도 [능력/재주]가 있다.

○ 인생 초중반에 두세 번의 [실패/아픔/슬픔]이 있다.

○ 중년 [이전/이후]에 삶의 기복이 반대로 요동친다. 삶 자체가 상당히 드라마틱하다.

○ 金과 水기운이 좋으면 흰 살결에 좋은 외모이며, 차갑고 냉정하다는 평가와 함께 [미용/응급처치/물리치료/구조/의/약/한의/예술/예능] 등의 직업적성도 괜찮다.

○ 庚子 일주는 자신과 같은 干支(간지)인 庚子년과 庚子월, 庚子일을 '각별 조심'해야 한다.

○ 辛亥, 辛丑(년, 월, 일)와 己亥, 己丑(년, 월, 일)도 특별히 조심하고 대비할 필요가 있다.

◎ '37 庚子(경자)'의 물상적 형국과 그에 따른 명리학的 [조언/충고]:

강변의 큰 암석, 암반.

→ 火(빛과 열) 기운을 잘 갖춘 [사람/환경/직업]을 빨리 구비하라.

경
금

庚寅(경인) 일주

○ 寅목 지장간 분석: [편재+12운성 絶절].

정인 己土   1: 정인的 정인(자애롭고 온화한 마음. 연결의 고리일 뿐).
편인 戊土   6: 편인的 편인(보수적 공허함과 외로움).
편관 丙火   7: 편관的 편관(내면적 [두려움/조심성/불안감]. 남의 입장 배려).
편재 甲목 16: 편재的 편재(자신의 뜻대로 [강요/관리/통제]하고자 하는 마음).

○ 내심 불안, 두려움, 불안감, 초조함이 있지만 겉으로는 자신의 뜻과 의지를 강요하고 강하게 [통제·관리]하겠다는 모습으로 나타난다.
○ 외형으로는 차갑고 [냉정/치밀]하나 내면은 의외로 따뜻하고 자상한 면이 상당하다.
○ 남의 입장을 배려할 줄도 알고 염치도 있다. 단, 순간적으로 치솟는, 주체 못하는 [성급함/감정 조절/욕망]으로 남을 무시하거나 전혀 배려하지 않는 사람으로 오인될 수도 있다.
○ 명석하고 민첩해서 대인관계나 처세가 좋으니 조직의 관리자나 감독 역할도 제격(활동성/추진력/권위의식)이다.
○ 뒤끝 없지만, [힘/용기]에 비해 [경쟁력/실리추구/뒷마무리/정리결실]에는 상당히 취약하다.
○ 처세에 비해 실속은 없지만, 참을성만 잘 기른다면 훌륭한 리더가 될 수도 있다. 단, 자신감이 약해서 탈.
○ 남을 억압하거나 자신이 억압당하는 경우에 순간 울컥하게 될 가능성이 농후한 일주이다.
○ 정신건강을 각별히 챙기고, 틈틈이 심성수련이나 명상 같은 것이 크게 도움이 될 것이다.
○ 부드러운 직종보다는 강인한 성격(강한 추진력과 공명심이 요구되는)의 직업진로적성으로 많이 나타난다. (예: 군·검·경, 감사, 탐정, 조사, 정보, 수사, 의·약, 인명구조)
○ [특이한 물건/위험한 사물과 물질]을 다루거나, [특이한 방식의 거래·매매·유통·금융], [특별한 면허나 자격]과 관련된 직업진로적성이 좋아 보인다.
○ 큰 재물, 큰 출세보다 긍정적인 인간관계와 심신 안정에 비중을 두는 생활철학이 절실하다.
○ 평소 무모한 용기가 불쑥불쑥 튀어나와 잦은 실패와 고생을 자초하기도 한다([용기]와 ['욱'하는 기질]을 구분할 것).
○ 庚寅 일주는 다른 무엇보다도 강한 火, 土기운의 폭발을 가장 두려워한다.
○ [자존심/의리/명예]에 너무 비중을 두기에 자신의 자애롭고 훈훈한 마음을 자연스럽게 표출하는 데는 다소 장애를 느끼는 스타일이다. 항시 외롭다(혹은 스스로 외롭다고 생각한다).
○ [꿈/목표/포부]가 [형이상학적/비현실적/이상적]이어서 자신을 짓누를 때가 많다.
힘과 권위를 행사할 때조차 우유부단으로 비춰질 때도 있다.
○ 기복이 심한 삶의 형태이며, 길흉이 극단적(戊寅, 庚寅 壬寅 일주 공통경향)일 가능성도 높다.
○ 인생 중후반부터 중풍, 간, 눈, 심장, 머리(뇌), 다리(발) 쪽으로 각별히 조심 요망.
특히 寅申 충, 卯酉 충이 일어날 때이다.
○ [건강 질병 문제/단명/요절]이 나타나는 것은 [金극木] 형태일 때다. 특히 조심해야 한다.
가장 무서운 것이 辛卯 일주일 때다[강약 순서: 辛卯(신묘)>庚寅(경인)>乙酉(을유)>甲申(갑신)].

경금

○ 특히 일지(배우자 궁)가 편관이면서 절(絶)일 때, 삶이 피곤해지고 남녀 모두 배우자와의 인연이 부정적으로 나타날 때가 많다.

○ 여성은 시댁 혹은 고부 갈등도 예상되며, 책임감과 생활력은 누구보다 강하다.

○ [재성/관성/인성]을 모두 가지고 있고 서로 生하는 관계에 있어 유리한 위치에 있지만, 金과 木의 상극 성향으로 극단의 성패를 경험하기도 한다.

○ 성격이 강해서 인간관계에서도 마찰이 잦으니, 잘나갈 때일수록 자기성찰이 더욱 요구된다.

○ 재물운은 괜찮은 편이며, 전형적인 自手成家형이다.

○ [아버지/정신 건강/눈(眼)의 건강] 관련 문제가 대두되기도 한다.
   특히, '3刑살'과 '탕화살'의 신살이 올 때를 조심해야 한다.

○ [경박한 성향/性的 문제발생/배우자 자리 취약/불안정한 가정]이 다소 걱정된다.

○ 내심 강력한 [경쟁심/공명심/주체성]으로 자신도 고달프지만 주변도 같이 고달프다.

○ 대부분 평균치 이상의 외모와 신장이지만 자칫 심신이 무거워질까 두렵다.

○ '火극金' 하는 火기운이 강하게 들어오면 먼저 정신건강부터 챙겨야 한다.
   1차적으로는 차가운 水기운을 우선 필요로 한다.

○ 참고로 6·25 전쟁이 일어난 해가 1950년 庚寅년이니 2010년도 庚寅년이다.
   '庚'字가 들어간 해(1990년 庚午년, 2000년 庚辰년, 2010년 庚寅년, 2020년 庚子년, 2030년 庚戌년 등)는 [北쪽과 관련된 문제발생/갈등/마찰/해소/문제해결의 가능성]이 많은 해이기도 하다. 조심과 대비가 함께 필요하다.

○ '천안함 침몰사건' [2010. 3. 26.(천안함이 백령도 근해서 침몰: 庚寅년, 己卯월, 乙亥일)]

○ 우리 민족이 가장 많이 죽었고, 처참했던 전쟁이 1950庚寅년(6·25 전쟁), 1231辛卯년(몽골 침입), 1592壬辰년(임진왜란)이다. 세 사건이 거의 모두 360년 격차를 두고 있다는 점에 유념할 것.
   3년 연속해서 들어오는 해이니 각별 조심해야 한다(주변 강대국과의 갈등과 마찰, [미국/중국/일본/러시아] 등과의 긴장관계일 것이다).
   [1950-1951-1952], [2010-2011-2012], [2070-2071-2072]년이 모두 [庚寅-辛卯-壬辰] 3년의 연속된 간지이다(간산 說).

○ 庚寅 일주는 자신과 같은 干支(간지)인 庚寅년과 庚寅월, 庚寅일을 '각별 조심'해야 한다.

○ 辛丑, 辛卯(년, 월, 일)과 己丑, 己卯(년, 월, 일)도 특별히 조심하고 대비할 필요가 있다.

◎ '27 庚寅(경인)'의 물상적 형국과 그에 따른 명리학的 [조언/충고]:
생산라인을 가동 중인 제철 공장, 작업 중인 철광산.
→ 강압적 힘은 금물이다. 유연해져야 한다.

庚辰(경진) 일주

○ 辰土 지장간 분석: [편인+12운성 養양].

    정재 乙목 9: 정재的 정재(치밀함, 편인 戊토의 비현실성을 균형 잡아 주는 이성적 힘).
    상관 癸수 3: 상관的 상관(사교성, 우월감, 자기과시, 구체적 결실 맺기).
    편인 戊토 18: 편인的 편인(비현실성, [철학/종교/역학]에 대한 관심).

○ 내면의 [목표/포부/욕구]가 [다양/원대/고상]하다.
○ 복잡미묘한 정서에다가, 힘이 막강한 魁罡(괴강)이다.
    예시: [공익을 위한 희생봉사] 對 [용서와 화해 없는 정의감] 對 [재물 관심과 이기주의].
○ 식상의 水기운이 조금 더 보강된다면, 어렵고 복잡한 내용들을 깔끔하게 수치와 그림, 그래프로 표현하고 [설명/설득]하기를 즐겨한다.
○ [교육/대인] 관계가 요구되는 직업, [심리/정신] 분야, 언론 방송계통, [자연과학/생명과학/공학] 분야, 자영업 中 꾸미고 드러내는 업종 등으로 직업진로적성이 흐르고 있다.
○ [정의감/분노/폭력성/충동성/고집/의리/자존심/냉정함/순수한 동심] 때문에 [사고/변고/심신손상]을 자초하기 쉽다. 심지어 敗家亡身할 수도 있다.
○ 일관성을 갖춘 심신, 강건한 정신력도 좋지만 속으로는 늘 혼자 외롭다고 생각한다.
○ 뒤끝 없는 전형적인 外剛內柔(겉은 [냉정/견고]. 속은 [온화/여림]) 형이다.
○ 火가 설칠 때, 표리부동(외형적 냉정, 엄격, 단호함, 속마음은 동심, 온화, 탐욕, 순수)해져서 주위를 당황케 한다.
○ 평소 생활과는 반대로 [존경/관심/인기]를 얻기도 한다(특히 異性을 상대하는 [조직/단체/직업] 활동에서 더욱 그러하다).
○ 庚금 일간의 상사나 부하직원, 남편과 아내, 시어머니나 며느리 등은 상대하기 어렵다[특히 庚辰, 庚戌, 壬辰, 壬戌, 戊辰, 戊戌 등의 魁罡(괴강) 일주는 정도가 심한 편].
○ 꿈과 목표는 크고 높지만 항시 좌절의 가능성을 깔고 있으며, 의외로 [체념/포기]가 빠르다.
○ 감각적인 눈치는 빠르지만, 공간 감각이 취약하고 현실과는 달리 스스로 외롭다고 느끼는 사람이 의외로 많다.
○ 土기운이 너무 왕성하면 자칫 일간 자체가 [함몰/매장]되는 경우가 있으니 조심해야함.
○ 주변에서 자질구레한 [사건/사고]가 자주 발생하거나, 경험하기도 한다.
○ 辰土의 특성[복잡다양성-성격 변화, 가치관의 변화, 몸의 변화(질병), 정신건강의 변수]를 헤아리면서 항상 [고려/대비]할 것.
○ 직관과 이해력이 뛰어나 미래예측이나 동양철학 분야에서도 두각을 나타낼 수 있다.
○ 火(화)기운이 강성해지면(특히 丙화) '심리적 하중', '정신건강 문제'의 위험성이 높아진다.
○ 丁화의 단련을 좋아하지만, 水기운을 빌려서라도 심신을 맑고 차게 관리할 필요가 있다.
○ 세심하지만 [공간적/물질적/재물관리/현실적] 분야에 조금 둔감한 면모를 보이기도 한다.
○ '권위, 염치, 정의, 자존심, 양심' 문제에 의외로 집착(군/검/경/사법/정보/보안 적성)하는 경향이 있다.

○ 명예심이 강하며 魁罡(괴강)으로 총명하니, 우두머리 기질과 권력욕도 상당하다.

○ 과도한 [고집/자존감]으로 심신손상의 경우가 가끔 생긴다.

○ [체면/권위]의 집착에서 조금만 벗어나면, 좋은 上格의 일주다.

○ 삶의 [성패/기복]도 상당하지만, 특이한 [예체능/컨설팅/상담/힐링] 관련하여 좋은 직업적성 인연이다.

○ 유아기, 청소년기에 [양육/교육]의 불안정성과 [별거/재혼/중혼]의 가능성도 있다.

○ 辰土 편인의 배우자 자리 자체 內에서 암합이 있어 사소한 마찰과 갈등이 늘 뒤따른다.

○ 남녀 공히 별거나 이혼의 위험성이 다분히 있다.

　모친과의 인연은 아주 각별한 편이다.

○ 여성은 주관이 강하고, 두뇌 명석하며, 아주 적극적이다.

○ [배우자/자식]복을 기대하기가 어렵다. 잘 되면 중간치 수준이다.

○ 火기운이 너무 가까이 혹은 너무 강하게 들어오면 庚금 일주는 힘을 못 쓴다.

　土기운에 매몰될 때도 마찬가지다.

○ 乙목(작고 예쁘고 연약하지만, 생명력이 왕성한 것. 예시: 꽃, 재물, 섬세한 異性, 정교한 물건 등)만 보면 집착하면서 자꾸 약해지는 경향이 있다(乙庚 合).

　庚금 일주의 큰 약점이니 각별 조심해야 한다.

○ 水기운(특히 癸수/子수)은 庚금에겐 감로수요 생명수요 활력소이다.

　水기운이 좋으면, 일을 벌려도 별 탈이 없다. 단, 상관 [癸수/子수]가 탄력을 받으면 공직과는 거리가 멀어진다. 물론, 잘되면 학문과 재물로도 이어지니 일석이조의 효과가 기대된다.

○ 일지 辰土의 지장간 속에 이미 정재 乙목이 있으니 庚금 일주는 항시 위태위태하다(작은 일탈 /바람/유혹/사건/변고/유흥/風流/歌舞飮酒/合의 부정적 속성).

○ 庚辰 일주는 자신과 같은 干支(간지)인 庚辰년과 庚辰월, 庚辰일을 '각별 조심'해야 한다.

○ 戊寅과 己卯(년, 월, 일), 辛巳와 壬午(년, 월, 일)도 조심하고 대비하여야 한다.

○ 더하여 辛卯(년, 월, 일)와 己巳(년, 월, 일)도 특별히 조심하고 대비할 필요가 있다.

◎ '17 庚辰(경진)'의 물상적 형국과 그에 따른 명리학的 [조언/충고]:

새벽 山寺의 종소리. 소백산 천문대. 일출 배경의 첨성대.

→ 주변 사람들과의 관계를 긍정적으로 활성화시키면, 의외의 성과를 맛본다.

庚午(경오) 일주

○ 午화 지장간 분석: [정관+12운성 沐浴목욕].

편관 丙화 10: 편관的 편관(스스로 억압하면서도 조심하는 난폭성).
정인 己토 9: 정인的 정인(중화의 매개체, 윤활유적 완충지역).
정관 丁화 11: 정관的 정관([잔머리/융통성] 없는 규정강요와 모범성).

○ 법과 질서에 대한 맹목적 추종으로 잔꾀, 잔머리, 융통성 없다는 소리를 듣기도 한다.
○ 주변의 신용과 신뢰는 매우 긍정적이며, [예민/엄격/단호]함으로 무장되어 있다.
○ [공무원/경찰/검찰/군/공권력(법·책임·임무를 강조)] 체질.
○ 권력/사법, 사회봉사, 인신구속, 인명구조 계통의 직업진로적성이 강하게 엿보인다.
○ [꿈/이상/목표]는 원대하며, [리더십/카리스마/호쾌/호탕]하고, 포용력도 좋지만 알아주는 사람이 없어 답답하고 외롭다.
○ 외향적 활동성이 좋고 5행의 배열이 좋으면 집단의 지도자나 경영자감으로도 가능성 좋다.
○ 평소엔 능동적인 생활태도보다는 수동적이며 '시키면 잘 한다'는 쪽으로의 성향이 강하다.
○ 보수적이면서도 자신의 [주체성/자존심]을 고집하는 경향이 있어 윗사람은 괜찮지만 아랫사람들이 어려워한다.

○ 개인사업보다는 집단이나 조직생활이 어울린다.
○ 간혹 [기발한 언행/착상/창조성/활동성/이동성/개방성]으로 주변을 놀라게 한다.
○ [활달/쾌활]하며, [가무음주/풍류]에도 일가견이 있어 가정이 불안하다는 평가를 받기도 한다.
○ 감정 기복과 외향적 자기과시로 [함정/사기/대인관계]에서 곤욕을 치를 때도 있다.
○ [군/검/경] 체질이라, 상명하복의 질서체계엔 잘 적응하지만 미래지향적 창조성에는 취약하다.
○ 사주에 火기운이 끼어들면 너무 조열해져서 정신 건강의 손상이 우려되니 각별히 조심할 것.
○ 개방적이면서도 외향적이지만, 자칫 급해지고 난폭해지는 경향을 띨 때도 자주 나타난다.
○ 열정과 목표는 [화려/원대]하다. 실천력과 의지가 문제이지만, 뒷받침만 된다면 거칠 것이 없으며, 주변 신뢰와 異性에게 인기도 좋은 편이다.
○ 여성의 경우 휘황찬란한 것을 좋아하며 [활동적/사회 참여적/사교적] 특성을 보여주기도 한다.
○ 시원시원한 성격이지만, 행동과 사고가 너무 빨라서 문제될 때가 간혹 있다.
○ 너무 왕성한 [과시/허세/희생/봉사] 정신을 경계함.
  '가정적이지 못하다'라는 평가를 받기도 한다.
○ 異性에게 쉽게 혹하고, 쉽게 끝나는 경향이 있다.
○ 사주에 水기운이 넘치면 자기관리나 조절에 [문제/사고/변고]가 생긴다. 조심 要.
○ 봉사하는 마음과 희생정신은 좋지만 넘치면 몸을 다칠 수 있으니 경계해야 한다.
○ 예술/예능(영화, 연극, 미술, 디자인 등), 설계/인테리어, 보석 계통에도 인연이 걸쳐 있다.
○ 자칫하면 임시직·비정규직·일용직으로 계속 머무를 수도 있다.
  융통성 있는 [목표의식/대인관계]가 필요함.
○ 뛰어난 [신체/외모/피부/깔끔 이미지]를 가진 경우가 많다. 이국적 스타일도 제법 있다.

그러나 木과 土기운이 강하게 개입되면 외모도 스타일도 허공의 뜬구름이다.

○ 정관을 깔고 있어 고지식하고 원칙주의자이지만, 엉뚱한 행동이나 일탈로 빠지기도 한다.

○ 관살 火기운이 강해지면 일간 庚금이 심하게 위축되니, 남녀 공히 [직장/품위/異性(도화的 기운/정신건강)] 문제를 조심하고 자기관리에 힘써야 한다.

○ 모범적인 인생에 흠집이 두세 번 생길 터. 자식 고민하는 아버지의 象도 엿보임.

○ 삶 자체가 출렁거릴 때가 몇 차례 생긴다.

○ [건강/질병] 문제도 조심해야 하며, [재혼/중혼]도 간혹 나타남.

○ 水 기운이 일지 午火를 적절하게 조절해 주면(子午 충) 사업과 학문에서 이름을 남긴다.

○ 지지에 子午卯酉(자오묘유) 4 旺支(왕지)가 깔리면 아주 귀하고 좋다고 하지만 낭설이다.
  그런 경우도 간혹 있긴 하지만 아주 드물다.

○ 일지 午화가 심하게 충극을 받으면 배우자와의 관계가 [악화/위축/이별/사별]할 수도 있다.

○ 여성이 지지에서 인오술 合(火. 관살혼잡)이 이뤄지면 [직장 문제/異性 문제/배우자 문제]가 동시에 발생되기도 한다.

○ 눈이 매력적인 여성이 庚午 일주에 많다. 정관 丁화의 영향력 때문으로 보인다.

○ 庚午 일주는 자신과 같은 干支(간지)인 庚午년과 庚午월, 庚午일을 '각별 조심'해야 한다.

○ 辛巳, 辛未(년, 월, 일)와 己巳, 己未(년, 월, 일)도 특별히 조심하고 대비할 필요가 있다.

◎ '07 庚午(경오)'의 물상적 형국과 그에 따른 명리학的 [조언/충고]:

제철공장의 용광로. 금형 주물공장.

→ 적정 수준의 목표라면, 어떤 형태로든 결실이 있다.

경
금

庚申(경신) 일주

○ 申금 지장간 분석: [비견+12운성 建祿건록].

  정인 己土   1: 정인的 정인(따뜻한 자애심, 앞뒤 연결의 고리일 뿐).
  편인 戊土   6: 편인的 편인(공허, 신비, 보수).
  식신 壬水   7: 식신的 식신(연구, 궁리, 창의성).
  비견 庚금 16: 비견的 비견(주체성, 고집).

○ 강력한 주체성(비견의 중복). 못 말리는 인정욕구. 뚜렷한 가치관. 강인한 의지.
○ 투명성이 더욱 부각되는 형태, 자신의 분야에 몰입하는 경향.
○ 강한 자존심, 자기과시, 저돌적 돌파력, 폭력성, 권력 집착, 냉혹한 일관성, 의리 등이 부각됨.
○ 너무 순수하고 투명하여 자신을 있는 그대로 주변에 드러내는 솔직한 일관성의 형태이다.
○ [솔직/자유분방]하고, [동심/순수]까지 더해져, [사회성/직업능력]에 문제 있을 가능성도 있다.
○ [순수 학문 연구나 발명·특허, 심리·철학·종교, 교직과 강의, 문학·예술, 금융, 기술공학/정밀기계, 유럽(특히 독일/독일어/독일 문화)] 쪽으로의 재능과 직업진로적성이 있다고 보인다.
○ 자신의 관심 분야에 대한 집중력과 고집은 꽤 강하며, 새로운 아이디어나 창조성으로 의외의 연구 성과나 학문적 가치를 인정받을 가능성도 꽤 있다(배짱+대담무쌍함+연구+궁리+고집).
○ 극단적 성향(비정/냉혹/고집/자존심/독선/카리스마)과 심리적 특성이 지도자, 집단이나 조직의 長, 대표자, 짱, 일진. 조폭 두목, 팀장, 영웅/양아치, 행동대장 등의 양면적 극단성을 보인다.
○ [절차/과정/단계]를 아주 중요시하는 행동특성을 보여 주기도 한다.
○ 운세의 부침이 극단적이다. 별칭 '하늘의 기운이 열리는 神將(신장) 자리'이다.
○ 성격과 심리는 정의롭고 간명하고 깔끔해 보이기는 하지만, 土기운이 왕성해지면 예상 밖의 복잡하고 때 묻은 내면으로 주변을 놀라게도 하며, 강한 고집과 편견이 주위를 어렵게도 한다.
○ 자기관리나 통제가 안 되는 경우와 물질적, 현실적 인식이 부족한 경우에는 [독선적인 추진력/사회적 대인관계의 협소함/과시와 외모집착] 등으로 마찰을 빚기도 한다.
○ [연예/예능, 기술공학/정밀분야, 운동/유흥오락/향락소비] 업종 쪽의 직업진로성향도 강하다.
○ 내가 남을 찌르거나 남에게 찔리는 경우가 의외로 많다.
  ['찌르다': 정신적, 육체적 고통주기 혹은 사건사고, 요절, 대수술, 피살/살인].
  옛날 사주 신살 이론에서 흔히 말하는 懸針殺[현침살. 천간에 甲辛, 지지에 卯午申 글자가 올 때. 칼, 바늘, 송곳, 총, 칼, 창, 주사기, 가위, 침 등의 무기]과 관련됨.
○ 물질과 기계의 [메커니즘/알고리즘]을 다루는 공학이나 자연과학 분야도 괜찮은 직업적성이다.
○ 일주에 申금이 오면 특히 [건강/질병/신체손상] 등에 조심할 것(인신 冲일 때 더욱 심함).
○ 사주에서 [火/水]기운이 조화를 이루면 자신의 분야에서 이름 석 자를 남길 수 있을 것이다.
  1) 火로 [정제/단련]. 2) 水로 힘과 사회성을 조절(이 2가지 조건을 갖추면 최고의 귀격이다).
○ 부부간의 금슬문제에 조금만 더 신경 쓰면 좋을 터(庚申 일주는 여성이 더 강하다. 남편운은 괜찮은 편). 조심과 대비가 없으면 예상치 못한 [사고/변고/事故死(사고사)/별거/(맞)바람/이혼]으로 번지기도 한다.

○ 외모도 대체로 평균치 이상이 많으며, 이동성 역마기질과 더불어 성격은 아주 강한 편이다.
○ 자기주관이 뚜렷하고 명예욕과 자기과시가 상당하며, [好/不好]가 너무 뚜렷해서 탈이다.
○ 일지에 비견을 두어 [친구/동료]와의 [의리/우정/활동성]에 집착하기도 한다.
○ 고지식하고 자존심이 강하니, 자기 기준에 너무 얽매이지 말고 유연한 사고와 부드러움을 갖춘다면 上格이다.
○ 힘이 좋아서, [학업/전공/직업/사업] 쪽에서는 일관성 유지가 관건이다. 마무리가 다소 약해서, 양다리는 금물이다.
○ [형제/자식/동료]의 신뢰가 있고 自手成家형이라서, 독자사업도 괜찮다.
○ 주변 신뢰가 좋고, 조직생활에서 인정받는다. 단, [부모/부부] 인연이 좀 거친 것이 흠결이다.
○ 천간에 癸수 혹은 丁화가 투출하거나 위치가 좋으면 뛰어난 외모와 性的 매력을 풍긴다.
  자칫 음란퇴폐로 이어지기 쉬우니 각별 조심.

○ 참고로 최강의 카리스마 전직 대통령이 '庚申' 일주라는 설이 있음(1979己未년 逝去).
○ 父女가 모두 대통령직에 오른 두 사람의 일주도 [庚申(父)/辛丑(女) 혹은 戊寅(女)]이라는 說도 있다(김동완 說). 참고 바람.
○ 庚申 일주는 특히 대세운에서 천간 癸수(상관 기운)가 오는 해(1963癸卯년, 1973癸丑년, 1983癸亥년, 1993癸酉년, 2003癸未년, 2013癸巳년, 2023癸卯년, 2033癸丑년, 2043癸亥년)나 癸水와 관련된 [일/직업/업무활동] 등을 할 때, 특별히 조심하고 대비해야 한다.

경
금

○ 일주가 간여지동(干與支同. 천간 지지가 같은 오행)이라 원국이 조금만 편향되어도 전체구조의 흔들림(변동수/재물상실/심신손상/사건사고/ 등등)이 생길 수 있으니 조심 대비할 것.
  凶만 아니고 吉도 가능함. 특히 陰干(乙목, 丁화, 己토, 辛금. 癸수)이면 더욱 심각함.
○ 간여지동 [甲寅/乙卯/丙午/丁巳/戊辰/戊戌/己丑/己未/庚申/辛酉/壬子/癸亥]의 공통점
 1. 예술的 감수성 탁월 2. 공학/기술분야 재능 3. 운세의 부침↕ 4. 부부인연 취약 5. 고집

○ 庚申 일주는 자신과 같은 干支(간지)인 庚申년과 庚申월, 庚申일을 '각별 조심'해야 한다.
○ 辛未, 辛酉(년, 월, 일)와 己未, 己酉(년, 월, 일)도 특별히 조심하고 대비할 필요가 있다.

◎ '57 庚申(경신)'의 물상적 형국과 그에 따른 명리학的 [조언/충고]:
중첩된 암벽, 철광산의 철 구조물. 예리한 칼을 만드는 대장간.
→ [경쟁/효율성]에만 집착하지 말고, 우선 주변 사람을 챙기고 배려하라.

庚戌(경술) 일주

○ 戌土 지장간 분석: [편인+12운성 衰쇠].

겁재 辛금   9: 겁재的 겁재(합리성에 눌린 경쟁심. 辛금과 丁화 사이에 극이 일어남).
정관 丁화   3: 정관的 정관(합리적 수용. 辛금과 丁화 사이에 극이 일어남).
편인 戊土 18: 편인的 편인(신비주의에 대한 관심과 대응).

○ 火극金(지장간에서 丁화 尅 辛금)하니 불균형의 배합으로 상당히 복잡한 양상을 띰.
○ 겉으로 보기엔 합리적, 보수적인 모습으로 보이지만(투철한 정의감과 희생정신 때문) 내면에 잠복했던 경쟁 심리나 승부사的 폭력성도 불쑥 발휘되곤 한다. 평소엔 잘 드러나지 않는다.
○ 지장간끼리의 충돌과 불균형으로 성격과 심리가 상당히 복잡다양함(지지 戌土의 특성)을 띤다.
○ 남의 [의견·주장]에는 잘 따르지 않는 고집스러움(자기과시/냉정/섬세/치밀한 논리/판단력/자기중심적/출세 욕구)이 있으며, 원활하지 못한 대인관계로 인한 갈등의 소지가 많다.
○ [집단/조직] 생활과 동업에는 부적절하다.
○ [분노/송사/구설수/폭력/수형생활(감옥)/정신건강 손상/파괴심리] 등의 [사고/변고]로 나타나기도 하니 각별 조심할 것.
○ 겉으로는 윗사람, 어른들에게 복종하기는 하지만 내면적으로 반발하는 경우가 많다.
○ [명석한 두뇌/정확한 판단/예술적 감수성/다양한 재주/창의성/개혁 마인드]는 좋지만, 성격과 심리가 엉뚱한 모습(잠재성을 살리지 못한 경우)으로 나타날 때가 많다.
○ 자존심을 건드리면 못 참고 폭발한다.
○ 장인기질을 밑바탕으로 깔고 있어, 잠재력만 잘 살려 주면 대성한다.
단, [저항성/충돌성/과격한 폭력성]을 조심할 것.
○ 사주 전체에서 火, 土기운이 너무 강하면 庚금 일간이 [조열/함몰]될 위험성이 크다.
1) 적절한 水기운의 도움을 절실히 필요로 한다.
2) 너무 메말라 버리면 정신건강의 손상이 예상된다.
○ 신비하고도 형이상학적인 분야(종교/철학/역학/역술/靈的 분야)에 대한 이해와 수용이 빨라서 인연이 닿는다면 이름 석 자를 남길 수도 있다.
○ 특이하게 [독신/匠人(장인)/종교 투신] 쪽으로의 인연도 강하게 나타난다.
○ 타인을 무시하는 기질적 속성이 있다. [비판/반발]에 항시 직면하고 있다는 사실을 명심할 것.
○ [경쟁/리더십/배짱/뚝심/의리/카리스마/지도자] 기질이 요구되는 분야 쪽으로도 바람직한 직업적 인연이 있다.
○ [의·약, 검/경/군(장교, 무관), 사회봉사, 정치외교 분야, 의류/패션/디자인, 스포츠/운동, 공직/행정권력] 계통으로도 직업진로적성이 강하게 흐른다.
○ 庚금 일간의 상사나 부하직원, 남편과 아내, 시어머니나 며느리는 상대하기 어렵다.
[특히 庚辰, 庚戌, 壬辰, 壬戌, 戊辰, 戊戌의 魁罡(괴강) 일주는 정도가 심한 편. 그나마 庚戌 일주는 좀 약한 편].
○ 계절에서 가을 출생은 힘은 좋은데 쓸 데가 마땅찮을 때가 많다. 여러 번 축적하여 한 번에

경
금

쓰는 것이 좋다.

○ 뛰어난 예술적 감수성, 리더십과 더불어 예민한 동물적 감각도 가지고 있다.

○ 강한 집념과 자존감으로 한 분야에서 두각을 나타내기도 한다.

○ 과한 자존심과 의지가 '오만과 잘난 척'으로 보여 지기도 하니, 자신의 내면을 계속 성찰하라. [자식/어머니]와의 인연은 괜찮은 편이다.

○ 화개(추상적/고독/명예/형이상학/적막)의 특성이 잘 드러나는 삶이다. [예술/예능]적 재능도 좋은 편.

○ 일지 편인에 12운성 '쇠'까지 겹치니, [학문/전통 예능/의약/교육/깨달음/철학/종교] 분야에도 좋은 직업인연이 있다.

○ 외모는 괜찮은 편이며 성격은 다소 급한 쪽이다. 술(酒. 알콜. 일지 戌土가 불火의 창고)로 인한 실수도 혹간 있다.

○ 戌(술)은 戈(과. 창/무기/흉기)를 갖고 있어, 사고, 칼부림, 수술, 상처 등의 [흉터/흔적]을 몸에 남기기도 한다.

○ 여성의 경우 여장부가 많으며, 남녀 공히 배우자와의 인연이 약하다(독신, 사별, 이혼, 별거, 공처가 남편).

○ 金, 水의 기운이 조화를 이루면 [양의/한의/수의/약/물리 치료/주물 처리/열쇠제작 수리] 등의 직업진로적성으로 많이 나타난다.

○ 火 기운이 좋으면 [말/언어/외국어] 등의 적성과 재주를 보여 준다.

○ 전직 노태우 대통령이 庚戌 일주로 알려져 있다. 참고할 것.

○ [甲辰/庚戌/辛未] 일주 여성은 배우자와의 충돌과 갈등 조심.

○ 참고로 1910년 庚戌國恥(경술국치. 한일합방. 일본이 우리나라를 공식적으로 식민지 지배하기 시작한 해)를 당한 해이니 1970년, 2030년의 庚戌년도 알게 모르게 일본(乙목의 나라)과의 부정적 관련성을 가질 가능성이 높다.

○ 庚戌 일주는 자신과 같은 干支(간지)인 庚戌년과 庚戌월, 庚戌일을 '각별 조심'해야 한다.

○ 庚辰, 辛酉, 辛亥(년, 월, 일)와 己酉, 己亥(년, 월, 일)도 특별히 조심하고 대비해야 함.

◎ '47 庚戌(경술)'의 물상적 형국과 그에 따른 명리학的 [조언/충고]:
석양 속의 석탑, 동굴, 석굴암.
→ 조급한 [성취/과시] 욕구를 경계하면서 순리적 흐름을 타라.

8-1. 辛金(신금) 일간

○ 본질: 블랙홀, 경쟁적 주체성(경쟁, 투지, 질투, 생존 욕구), 내성적, 단단한 결정체로서의 광물, 예리함(칼과 무기), 응집력 절정, 보석(빛나고 차갑고 정제된 광물), 숫자는 4.

○ 金의 質:
1) 응집·응축力 최강. 빨아들임. 매운 맛. 냉정, 살벌함, 단단한 결정체. 씨앗, 결실, 종자.
2) 블랙홀: 무극에서 태극으로 음양이 분화되는 Big-bang의 순간에 생겨난 것으로, 중력의 밀도가 초고밀도라서 빛마저 빨아들이는 중력장의 구멍.
3) 무극에서 태극으로 분화되는 그 순간을 서양물리학에서는 'Big-bang(대폭발)'이라 한다.
4) 상대적이며 경쟁적인 주체(성). 자기중심적, 이성적, 논리적.

○ 고전(적천수/궁통보감/자평진전):
1) 辛금은 온기와 습기를 만나면 맑고 깨끗해진다(淸白).
   자신을 뒤덮는 흙(土)에 묻힐까 두려워하고, 물(壬수, 습기, 씻어 줌)을 만나 빛나는 것(보석/조명/스크린/빛. 丙화)을 좋아한다. 즉, 壬수와 丙화를 좋아한다(丙화는 辛금을 두려워 함).
2) 丙화를 도와(丙辛 合化 水) 백성(木)을 구한다(수生목). 火극金이 통하지 않는 辛금이다.
   丙화를 통제하여 물로 변해 木(庚금 비겁 기준의 재성=木. 水생木. 관리대상=관심대상=백성)의 소실을 방지한다.
3) 여름 더위(燥熱)의 辛금은 己토(습토)를 만나야 더위를 피할 수 있다.
4) 겨울 추위(寒冷)의 辛금은 丁화(열)를 만나야 金水의 냉기가 상쇄된다.

○ 辛금은 丁화를 두려워하지만(녹여 버리기 때문), 丙화를 두려워하지 않고, 오히려 좋아함.
○ 庚금은 丙화를 부담스러워하고, 丙화는 辛금을 무서워한다.
○ [자존심/생존力/기억력]은 최강. 단단함. 결코 양보는 없다. 섬세하면서도 날카롭다. 공평무사.
○ [예리/예민]하다. 겉은 [냉정/살벌/싸늘]하면서도 속으로는 다정다감한 양면성도 있다.
○ 辛금은 누구라도 자신을 건드리면 참지 못한다. 어떤 때는 무섭기도 하다.
○ 水를 못 만나고, 土가 많으면(매장. 파묻힘) [정신건강/지능/정서]에 문제가 생기기도 함.
○ [인정 욕구/잘난 척/질투심/복수심] 등이 아주 강하다. 치밀한 구상과 실천力을 갖고 있다.
○ 자존심(자기과시)은 최강이며 논리 정연함. 자질구레한 특성의 乙목을 거부하고 경멸함.
○ 정열적 丙화도, 친화력 乙목도 辛금을 두려워함. [성격/의지]가 妙(묘)한 사람이 많다.
○ 운명의 극단적인 기복이 심하며, 상당히 [드라마틱한 삶/평범하지 않은 삶]을 살게 된다.
○ 물질, 동식물, 몸(재성 乙목), 음식 등에 대한 [관리/통제]의 [관심/호기심/재능]을 갖고 있다.
○ 단정 깔끔하면서도 [암기/기억력]이 월등하며, 목표달성에 대한 집착력도 아주 강하다.
   오행의 구성이 괜찮으면 외모가 뛰어난 사람도 많다.
○ 身弱 辛금은 [음흉함/위선적/무자식(식상이 없거나 약한 여성)]의 성향도 상당히 있다.
○ 웬만하면 辛금(아주 모질고 끈질김) 일주와 싸우지 마라. 득 될 일은 없고 크게 다친다.
○ 병신 合을 이루는 운세에서는 항시 異性 문제가 불거지기 쉽다.

吉凶의 양면성이 공존하지만 일단 조심을 요한다.

丙辛 合: 1986 丙寅년, 1996 丙子년, 2006 丙戌년, 2016 丙申년, 2026 丙午년, 2036 丙辰년.

○ 혹간 辛금 [일간/월지 지장간]이 丙화 세운을 만나면, [큰 일/큰 시험/큰 명예/큰 승진/큰 계약/큰 사업] 등에서 좋은 결과를 맛보기도 한다. 물론 凶으로 나타날 때도 있다.

○ 辛辛 병립: 극심한 삶의 기복, 칼의 운명/예리/잔인/투쟁/냉정/복수심/인명 손상, (외과)의사, 수의사, 대장장이, 이용/미용 업종, 정육점, 도살 업종 등.

○ 장기: 폐(肺, 허파).
  신체: 코, 피부, 인후(목구멍), 성대(목소리), 유방, 피부, 기관지, 다리 부분.

* 해당 오행이 [너무 강성/아주 쇠약]할 때 발생되는 [증세/질환]:
  [호흡기/기관지/신경계/대장/치주] 질환, 치질/변비/설사, 피부염, [뼈/골수] 관련 질환, 인후염.

○ 사주에서 만약

  木 과다: 균형상실, 허영사치, 손재수   火 과다: 병약체질, 고립무원, 주색잡기
  土 과다: 일신고단, 유명무실, 무정세월   金 과다: 구설시비, 가정불화, 심신손상
  水 과다: 노력허사, 질병조심, 부부이별

['過多(과다)'라는 말은 본인의 사주(四柱) 팔자(8字)에서 특정한 하나의 오행(木, 火, 土, 金, 水)이 6글자 이상 나타나고, 월지를 장악하면서 힘과 비중을 막강하게 갖추었을 때를 말함이다. 웬만한 사주는 여기에 해당하지 않으니 조심해서 적용하기 바란다. ※무궁한 변화는 여기서부터 시작일 뿐].

신
금

8-2. 辛금 일간의 生月(생월. =월지, =계절)別 用神, 貴賤, 運勢, 吉凶 정리.

* 辛금은 자신을 맑고 빛나게 해 주는 [壬수/丙화]를 좋아한다.
* 여름 辛금에겐 壬수(조후)가 필수이다. 겨울 辛금은 癸수를 몹시 꺼린다.
* 음간(辛금)이 약할 때는 겁재(庚금)가 좋고, 양간(庚금)이 약할 때는 인수(己土)가 좋다.
* 음간(辛금)이 강할 때는 洩氣(水기운)가 좋고, 양간(庚금)이 강할 때는 剋(火기운)이 좋다.

寅월 辛금:
1. 계절상 약한 辛금이니 우선 己土로 생조하고 壬수로 씻어 주면 상격. 2. 己壬庚이면 최상격(庚금으로 寅월의 강한 甲목 기운 제압). 3. 壬己庚도 상격. 4. 火기운을 극하면서 약한 辛금을 보호하는 壬수는 상격. 5. 丁화를 보면 하격(약해지는 辛금). 6. 지지 火국이면 최하격.

卯월 辛금:
1. 壬수만 있어도 상격. 2. 壬庚도 상격. 3. 辛금을 매장하는 土(病=우둔/고집)를 막아 주는 甲목(藥)도 좋다(壬甲도 상격). 4. 壬수와 丙화(조명으로 보석 辛금을 빛나게 함). 5. 辛금이 약할 때는 겁재(庚금)도 좋다. 6. 辛금이 강할 때는 洩(水기운)하는 것이 좋다. 7. 壬수가 여럿이거나(이때는 물론 戊土로 制함이 吉), 지지 火국(庚壬이 투하면 吉)이면 하격.

辰월 辛금:
1. 土기운이 강해서 甲목을 우선하니 壬甲이면 상격. 2. 壬수와 丙화(조명으로 보석 辛금을 빛나게 함)가 우선이다. 3. 壬甲이 전무하면 하격. 4. 지지 土국이면 하격. 특히 甲乙목이 없으면 빈천. 5. 壬수=깨끗하게 씻어 주기. 甲목=土기운에 대한 疏土(소토) 기능.

巳월 辛금:
1. 조후로는 壬수가 좋은데 더운 여름이라 壬수가 약하니 癸수와 辛庚금으로 힘을 더하면 상격. 2. 지지 火국 혹은 木국이 오면 하격. 3. 壬癸수가 없고 火기운이 강하면 종교귀의 가능성. 하격. 4. 水가 없을 땐 火를 土기운으로 洩해야 吉.

午월 辛금:
1. 辛금과 壬수 모두 약해지니 壬(壬癸)수로 씻어 주고 己土로 辛금 생조하면 상격(壬己, 癸己이면 상격). 2. 己土는 金을 생하지만 戊土는 金을 생하지 못한다. 이때 지지에 壬수기운이 깔려 있으면 습한 기운이 유지되니 더욱 좋다. 3. 水가 없으면 하격. 4. 壬己가 투출하지 못하고 火기운만 드세면 최하격. 5. 火왕할 때의 辛금은 己土가 있어도 水가 없으면 녹아 버리니 흉. 6. 여름 水는 지지에 申금, 辰土, 亥수, 子수, 丑土(통근 가능)를 봐야만 힘을 얻는다.

未월 辛금:
1. 未월은 土기운이 강하니 甲목을 우선하고, 다음이 壬수. 2. 己土가 와서 甲己 슴이 되면 하격. 3. 壬庚이면 상격(약한 壬수는 庚금의 도움이 절실). 4. 壬庚이 투출 못하고 지장간에만 있어 줘

신
금

도 괜찮다. 5. 壬수를 극하는 戊土의 투출은 하격이나 甲목으로 制하면 괜찮다. 단 甲己 합이 되면 안 된다. 6. 지지 木국에 壬庚이 水源(수원)을 이뤄 주면 최상격.

申월 辛금:
1. 壬수만 있어도 상격(癸수로는 보석 辛금을 씻어 줄 수 없다). 2. 申월은 壬수의 生지이니 강한 水라면 戊土로 制하는 것이 좋다(申 中 壬수밖에 없을 때 戊土로 制하는 것은 흉). 3. 戊土 투출에 甲목이 없다면 하격. 4. 戊甲이 다 있다면 상격. 5. 金水 기운이 강할 때는 우선 戊土가 있고, 다음에 甲목이 戊土를 制해야 상격.

酉월 辛금:
1. 壬甲이면 상격. 2. 壬수가 旺할 때는 戊土가 있어야 길. 己土로는 壬수를 막기엔 역부족. 3. 己土가 강하면 종교입문 가능성. 하격. 4. 戊己土는 病(壬수를 혼탁케 하고 金을 [매몰/오염]시킴)이 되니 하격. 이때는 甲목이 있어야 상격.

戌월 辛금:
1. 壬甲이면 상격. 2. 건조한 土기운이라 壬甲을 쓰고 지지에 水가 깔려 습하면 최상격. 3. 메마르고 건조한 土기운이 강해서 강土를 制할 수 있는 강한 甲목과 세척과 濕潤기능의 壬수가 필수적임. 4. 甲戊壬이 전무하면 하격. 5. 건조한 戌월이니 水가 전무하면 하격. 6. 戊土와 癸수가 모두 兩透(양투. 2개 지장간이 천간으로 투출)하면 흉. 戊土대신 己土라면 작은 부귀는 가능.

亥월 辛금:
1. 조후 丙화(최우선)와 壬수면 상격. 2. 丙壬이 전무하면 하격. 3. 丙화 투출에 壬수는 지장간에만 있어 줘도 하격은 면한다. 4. 반대로 壬수 투출에 丙화 암장이면 재물 정도에 만족. 5. 丙壬 모두 암장되면 총명함에만 그친다. 5. 壬수가 많은데 戊土가 없으면 하격. 이때 戊土가 투출하면 상격. 6. 癸수 투출하면 辛금이 얼어붙기에 몹시 꺼린다.

子월 辛금:
1. 조후 丙화와 壬수면 상격. 2. 우선 丙화가 없으면 하격. 3. 癸수 투출하면 辛금이 얼어붙기에 몹시 꺼린다. 4. 丙壬 양투하고, 戊癸를 보지 않으면 최상격. 5. 지지 水국에 癸수 투출해도 2개의 戊土로 制할 수 있다면 최상격.

丑월 辛금:
1. 조후 丙화와 壬수면 상격. 2. 우선 丙화가 없으면 하격. 3. 丙壬이 암장되어 있어도 의식주는 괜찮다. 4. 水가 旺해도 戊己土를 用하여 制할 수 있다면 상격. 5. 癸수 투출하면 辛금이 얼어붙기에 몹시 꺼린다.

辛丑(신축) 일주

○ 丑토 지장간 분석: [편인+12운성 養양].

식신 癸수　9: 상관的 식신([사교성/끼/비판력]을 갖춘 창조성).
비견 辛금　3: 겁재的 비견(경쟁적 주체성).
편인 己토 18: 정인的 편인(자애로움, 수용성의 [공허/고독/신비]).

○ 큰 비중을 가진 癸수와 己토의 [대립/갈등]으로 상당히 복잡다단한 성격과 심리를 보여 준다.
○ 1) 거기다가 비견 辛금의 어정쩡한 태도.
　 2) 두려움과 경쟁심의 주체로서 뺏기지 않으려는 [경계심/자존심/피해의식/질투심/복수심].
　 3) 위의 두 가지가 뒤섞임으로 말미암아 더욱 복잡미묘한 양상을 띤다.
○ 대인관계가 협소하고 예민해서 [의심/경계/분노/복수]의 태도를 자주 갖게 된다.
　 즉, 2가지 마음(양면성/이중성)이다.
○ 재물과 물질에 대한 불안심리 때문에 항상 경계하고 조심하는 궁리와 생각이 많다.
○ 내 것을 지키고자 하는 재물에 대한 [욕심/성취 욕구]는 대단하지만, [결실/성과]는 미흡한 편이 많아 좌절감을 자주 맛봄. [고난/역경/상처]로 점철된 삶의 모습이다.
○ 시시비비가 분명하고 [냉정/냉혹]하다. 그러나 내면에서는 겁 많은 소심함도 공존한다.
　 간혹 '짠돌이', '인정머리 없다', '무서운 놈' 이라는 소리를 들을 때가 있다.
○ [명석한 두뇌/섬세/예리/성실성/순발력/돌파력/뛰어난 손재주/최강의 자존심/신용/강한 직관력]은 좋은 특성이다.
○ 재물과 물질에 대한 창의적 아이디어가 뛰어나고 乙목(음식/요리/수예/뜨개질, 신체/의약, 손을 사용하는 기능, 동식물 기르기, 의복, 디자인)을 [관리/통제/조작]하는 능력이 좋다.
○ [재물/조직/업무/인맥]을 관리하는 능력이 좋으며, 마음에 들면 간이라도 빼 준다.
○ [부동산/건축/토목] 관련, 엄정한 [비밀/자료]의 관리, 범죄 수사, 예체능/패션/정밀기술/신체활동(운동/스포츠)/복지/서비스 업종, 재물 관리(경영·경제) 등 쪽으로도 직업진로적성이 보인다.
○ 단독의 개인 사업이나 생산과정을 포함하는 제조업 등에는 인연이 멀다.
○ 일간의 강약에 따라, 선택적 결단을 요구할 때 양 극단(절치부심 극복/사기꾼 기질/예상 밖의 우유부단)의 모습이다.
○ 인내, 신뢰, 성실함 쪽으로는 좋은 평가를 받는다. 그러나 [계산/실리]에는 냉정하다.
○ 적당한 火기운은 반가운 손님이지만 왕성한 火기운은 [공부·학습] 쪽으로의 인연을 멀게 한다.
　 火기운이 아예 없으면 어린 시절이 어렵거나, 여성은 [직업/남편] 운이 취약하다.
○ 5행이 불균형하면 부모와의 인연도 비교적 박하다.
○ 사주와 대세운이 相助할 때 집단이나 조직의 [리더/경영자/지도자]로 급격한 성취를 이룸.
○ 水, 火, 金이 조화를 이룬 어느 전직 대통령(건설/토목 ceo 출신)의 일주도 辛丑이다.
　 참고하길 바람[正官 巳화가 좋아서 대통령이 됐다는 說도 있지만. 잘 이룬 조화는 없는 재물(木)과 권력(火)도 만들어내는 힘이 있음이다].
○ 父女가 모두 대통령직에 오른 두 사람의 일주도 庚申(父)과 辛丑(女) 혹은 戊寅(女)이라는 說도

신
금

있다. 참고 바람.

○ 어려움을 극복하는 [의지/끈기/집념]이 대단하다.

　주어진 [맏이/리더]의 역할을 마다하지 않고 잘 수행한다.

○ 겉으로는 여유 있어 보이지만, 속으로는 실리 집착의 논리가 분명하다.

○ 한번 틀어지면 뒤도 돌아보지 않는 [매서움/냉혹함/재물 욕심]을 조금 자제할 필요가 있다.

○ 성패와 기복은 어차피 있게 마련이지만, 폭과 강도를 줄여야 한다.

　특이한 [異性 상대사업/異性 취향제품/컨설팅/상담/힐링] 직업 관련성이 좋다.

○ 혹시 유아청소년기에 [양육/교육] 불안정성과 청장년기에서의 [재혼/중혼]의 가능성도 있음.

○ 일지가 偏印 丑土라 인생의 浮沈이 심하고 다소 드라마틱하다. 吉보다는 凶이 다소 많다.

○ 아버지와의 인연은 취약한 편이며, 배우자는 편인[의약/신체/간호/인명구조/생명/보육/양육] 쪽에 몸담고 있는 경우가 많다.

○ 일간 辛금은 乙목(일본)과 의외의 인연이 있다.

○ 여성의 경우 두뇌 명석하고 사회생활에서 두각을 드러낸다. [전원생활/화초 가꾸기/가축 기르기/명상/기도] 등을 권한다.

○ 火기운이 중첩되면 [유흥/풍류/신상복잡/가무음주] 등으로 흐를 가능성이 크다.

○ 月支나 日支 자리에 未土(사주원국 혹은 대세운)가 와서 丑未 충이 형성되면 예상 못한 [사고/변고]가 상당한 기간 동안 연달아 생기는 경향마저 있다.

○ 辛丑 일주는 자신과 같은 干支(간지)인 辛丑년과 辛丑월, 辛丑일을 '각별 조심'해야 한다.

○ 壬子, 壬寅(년, 월, 일)과 庚子, 庚寅(년, 월, 일)도 특별히 조심하고 대비할 필요가 있다.

◎ '38 辛丑(신축)'의 물상적 형국과 그에 따른 명리학的 [조언/충고]:

창고 속에 방치된 보검, 정밀기계.

→ 조심성을 갖고 접근하면 최악의 손실을 면한다.

신
금

辛卯(신묘) 일주

○ 卯목 지장간 분석: [편재+12운성 絶절].

정재 甲목 10: 편재的 정재([관리/통제] 욕구 속의 치밀함, 실리추구).
편재 乙목 10: 정재的 편재(치밀하고 합리적인 통제력).
편재 乙목 10: 정재的 편재(치밀하고 합리적인 통제력).

○ 재물과 몸에 對한 강력한 통제와 관리를 본능적으로 하려 한다.
○ 자신의 소유나 관리체제에 접근하거나 반발하면 강력한 저항과 갈등이 야기된다.
○ [지배/종속/간섭]을 지극히 싫어하며 자신의 의지대로 밀고 나가는 [뚝심/칼 같은 신념]을 은근히 내세운다.
○ 편재 乙목이 辛금의 억압으로 [변덕/수동적/나약/신경 예민/섬세/불안/초조] 등으로 나타나서 호탕한 맛이 감소됨.
○ [관리·감독·통제력]을 갖춘 자기 주도적 창업, [신체 단련/건강/레저/스포츠 산업(헬스, 사우나, 펜션, 피부 미용 등)], 사회복지와 봉사, 경호 계통에 어울리는 직업진로적성이다.
○ 숲기운이 설쳐 대면 일처리에서 [능동적 활동성/적극적 추진력]이 떨어져 [집단/조직]에서의 직업인연이 멀어진다.
○ 평소엔 잘 참다가 한번 폭발하면 끝장을 보는 '차갑고도 혹독한 냉혈한'이라는 평가를 받기도 한다.

○ 日干과 日支가 강하게 충돌하기에 정신건강 손상이 우려된다. 조심 요망.
○ 주관적 편견의 지배를 받는 입장이라 성급함과 무모함, 그리고 대단한 아집과 선입견이 큰 단점으로 작용할 가능성이 크다.
○ 가무음주와 주색잡기도 대흉을 부르는 큰 변수가 되며, 역마적 공간 이동도 많이 나타난다.
○ 혼자서 북 치고 장구치고 하는 스타일(호탕한 스케일)이라서 타협과 관용, 그리고 폭 넓은 대인관계 쪽으로 인식 전환을 이룰 수 있다면 좋은 운세의 흐름을 탈 수도 있다.
○ [깔끔/의심/조심성 과다/엉뚱함/기발한 착상]도 큰 특성이지만, 주변으로부터 '이기적이다', '인내심이 부족하다'는 평가를 받게 될 때 특히 조심하여야 한다.
○ 개인적 사생활은 선이 굵고 호기롭지만, 일(사업, 학업)에서는 일관된 진행이 어렵고, 중간 중간 끊어질 때가 많다.
○ 특히 5행의 기운이 편향되면서 [여유/안정감/침착성]이 떨어질 때, [주거/심신] 쪽으로 손상이 올 수 있다. 드물게는 사고로 이어질 수도 있으니 각별 조심해야 한다.
○ 남녀 공히 [부모/배우자]와의 인연은 취약한 편(남성이 더욱 심한 편). 정편재 혼잡 때문
○ 여성은 [시모/시가]와의 우호적인 관계 [개선/유지]에 더욱 신경 써야 한다.
○ 남성은 일지(재성 木)가 심하게 [충/극/형] 받을 때 아내의 [변고/사고]가 생기기 쉽다.
○ 무엇인가를 만들어내는 [손재주/신체적 능력/감각적 스킬]은 좋지만, 身弱한데다 財성(木)이 많으면 재물이 많아지는 것이 아니라 정반대로 재물로 말미암아 거칠고 힘든 삶을 살게 된다.
○ 최근 北의 두 지도자가 권력을 承繼한 바 아버지는 庚子(父. 김정일의 일주), 아들은 辛卯(子.

김정은의 일주를 丙申 혹은 辛丑으로 보기도 함) 일주다. 중급자 이상이면 참고하라.
○ 천간, 지지 두 글자 모두 '현침(살)'이어서 [세밀/예리/꼼꼼/깔끔]하다.
○ 妙한 매력으로 異性에게 인기가 많고, [예체능/문학/미술] 분야에서도 재능을 보이기도 한다 (일지 도화 卯목의 영향 때문으로 보인다).
○ 무엇보다 재성이 강하고 혼잡해서 돈 버는 [능력/욕심]도 있지만, 빠져나가기도 잘하니, 재물을 지키는데 많은 노력과 주의가 필요하다.
○ 까칠한 성격과 상처를 주고받는 언행이 큰 문제가 될 수 있으니, 상대를 이해하려는 노력이 적극 필요하다.
○ [거친 언행/정신 건강] 문제가 대두되기도 한다. 기복이 출렁거리는 인생살이다.
○ 중년 이후 [性的 문제/배우자 문제/불안정한 가정] 가능성 있으니 조심해야 한다.
○ 妙(묘)한 성격이 많으며, 극단적인 인생행로(특이한 性的 취향/변고/종교적 광신과 맹신/多事多難 등)도 간혹 있다. 외모도 나쁘지 않으며, 妙한 매력을 풍긴다.
○ 상당히 폭력적일 때가 많다(허장성세/리더십/정치권력 집착). 특히 甲申 일주와 辛卯 일주.
○ '부모와 자식 사이, 혹은 남편과 아내 사이가 다 같은 辛卯(신묘) 일주'라면 크게 흉하다.
   거처를 같이하지 말고 빨리 따로 떨어져 사는 것이 좋으며, 이것이 [敗家亡身/신체손상]을 피하는 지름길이다. 다른 일주는 '부모 자식이 동일 일주'라도 조금 흉한 정도로 끝나지만, 이 辛卯 일주는 특별하니 반드시 공간적 거리를 두는 것이 좋다.
   다른 일주들끼리라도, 만약 [남편-아내/부모-자식]이 '동일 일주'면서 같은 [사업/직장/거주지]라면 지금 당장 [분리/거리두기/차별화/격리/이동]하는 것이 좋다.
○ [건강 질병 문제/단명/요절]이 나타나는 것은 [金극木] 형태일 때다. 특히 조심해야 한다.
   가장 무서운 것이 辛卯 일주일 때다[강약 순서: 辛卯(신묘)>庚寅(경인)>乙酉(을유)>甲申(갑신)].
○ 특히 일지(배우자 궁)가 편관이면서 12운성 절(絕)일 때, 삶이 피곤해지고 남녀 모두 배우자와의 인연이 부정적으로 나타날 때가 많다.
○ [개두/절각] 참고.
   蓋頭(개두. 지지에서 천간을 보고 하는 말. '머리를 덮어버림'. 예시) 辛卯. 辛금 剋 卯목).
   截脚(절각. 천간에서 지지를 보고 하는 말. '다리를 잘림'. 예시) 乙酉. 酉금 剋 乙목).
○ 우리 민족이 가장 많이 죽고, 처참했던 전쟁이 1950庚寅(6·25 전쟁), 1231辛卯(몽골 침입), 1592壬辰(임진왜란)이다. 세 사건이 거의 모두 360년 격차를 두고 있다는 점에 유념할 것.
   3년 연속해서 들어오는 해이니 각별 조심해야 한다(강대국과의 마찰과 갈등/이념 갈등/미국/중국/일본 등과의 문제일 것이다).
   [1950-1951-1952], [2010-2011-2012], [2070-2071-2072]년이 모두 [庚寅-辛卯-壬辰] 3년의 연속된 간지이다(간산 說).
○ 辛卯 일주는 자신과 같은 干支(간지)인 辛卯년과 辛卯월, 辛卯일을 '각별 조심'해야 한다.
○ 庚寅, 庚辰(년, 월, 일)과 壬寅, 壬辰(년, 월, 일)도 특별히 조심하고 대비할 필요가 있다.
◎ '28 辛卯(신묘)'의 물상적 형국과 그에 따른 명리학的 [조언/충고]:
눈길을 끄는 액세서리. 손에 쥔 면도날.
→ 무리한 목표와 욕심에 자신이 당할 때가 많다. 자제하면 심신의 손상은 면한다.

신
금

辛巳(신사) 일주

○ 巳화 지장간 분석: [정관+12운성 死사].

　정인 戊토　7: 편인的 정인([고독/공허/신비]한 수용성. 온화함).
　겁재 庚금　7: 비견的 겁재(주체성을 갖춘 경쟁과 반발).
　정관 丙화 16: 편관的 정관(억압적인 일처리).

○ 정관(자기관리, 자기억제, 합리성) 丙화가 손상 받을 때가 가장 위험하다.
　정신건강의 문제가 초래될 수도 있기 때문.
○ 본인이 집착하는 [명예/자존심/체면]을 다치거나 재물 손재수와 함께 나타날 수도 있다.
○ 겁재의 이중적 분포(주체성 庚금 기준으로 일간 辛금=겁재. 일간 辛금 기준으로 지장간 庚금=
겁재)가 비밀스럽고, 복잡한 [성격·심리]를 암시한다.
○ 강인한 힘의 단호함과 원칙적 책임감이 매섭다. [경쟁/억압/갈등]의 양상으로 치달을 수 있다.
○ 경쟁과 우열비교의 습관적 인식(자기과시/단호함/엄격한 원칙주의가 부르는 충돌)이 있지만,
[의리/신뢰/합리성]도 일정 부분 갖춤과 동시에 여린 내면도 있어 주변상황을 크게 어렵게 만들지
는 않는다. 단, 조금 [은밀/복잡]한 편이다.
○ 주변의 소외와 외로움에 노출되었다고 본인 스스로 느낄 때가 많다.
○ 타인과 사회를 인정하고 받아들이는 길이 지름길이다.
　그러나 이 辛巳 일주는 본질적으로 약한 힘은 아니다.

○ 외부적 상황을 수용하고 이해하는 힘은 있으나 天干이 地支로부터 극을 받는 상황이라 애매모
호한 상태(이중적 잣대 때문)에서 자신의 포용성을 거부하는 마음이 생기기도 하며, 본능적 경쟁
심을 억제하느라 마음고생도 꽤 있었을 것으로 보인다.
○ 不動의 自尊感은 좋은 장점이나 자칫 실패한 [권력욕구/지배욕구]로 이어지기도 하니 조심 要!
○ 일간과 일지가 서로 극(火克金)하고 合(丙辛 합)하는 이상한 관계라서 아주 급하고 강하고 냉
정한 성격의 부정적 국면으로 대부분 발현된다.
○ 빛이 나기에 인기와 시선을 끌지만, 동업과 창업은 절대 금물이다.
○ 칼의 예리함 속에 감춰진 세속적 욕망이 인간적이지만, 춤추는 권력과 지배 욕구에 적과 경쟁
자가 많아진다.
○ 천간에서 火克金이나 金克木이 나타나면 정신건강 손상, [언어/이성/대인] 관계 장애가 발생하
기도 한다.
○ 사주에서 水(식상 기운)를 만나면 억제된 경쟁심이 해제되고, 자기과시가 나타나기도 한다.
○ 손재주 좋은 [피부/미용/물리치료/예체능/커피 제조] 등과 관련된 인연이 생겨나기도 한다.
○ 간혹 청소년기에서는 [공부/학습/진학]을 놓치는 수가 있다.
○ 주변의 정당한 [자극/격려]는 자기과시 욕구와 긍정적 반응을 일으켜 자기성장과 발전(권력욕
구)의 원동력이 된다.
○ 무서움 없이 [질주/과속]하기도 한다. 인기도 끌지만, 자연 경쟁자도 많아진다.
○ 월지에 강한 편인(丑토, 未토) 기운이 들어오면 [종교/철학] 쪽에 심취하거나 몸담게 된다.

○ 물상的 관점으로는, 일간 辛금 보석이 丙화의 조명을 받으니, 은근히 외모를 뽐낸다.

○ 겁재(金 기운)가 힘을 받으면, [송사/시비/구설수]에 휘말릴 가능성이 더욱 커진다.

○ 성패의 기복이 있으나, 인생의 중반 이후는 안정적으로 흐른다.

○ 좋은 머리와 총명함이 있어, 한 분야에 매진하면 남들이 부러워할 만한 [성과/결실]은 충분히 가능하다.

○ 중년 이전에 몇 번의 위기를 잘 이겨내면, 삶 자체가 상당히 재미나고 드라마틱해진다.

○ 아주 다양한 직업진로적성이다. 다만 사주에서 木기운이 받쳐준다면 [공무원, 금융(은행·보험·주식·채권 등 모든 분야) 계통]이나, [경영·경제·무역], [사회봉사/인문/예술/기술공학/사회복지/양육·보육] 계통으로도 좋은 직업진로적성을 보인다.

○ 사주 원국에서 巳亥충이 일어나면 목표(꿈)가 무참히 좌절되거나 몸을 크게 다치기도 한다.

○ 대세운에서도 편인(丑토, 未토) 기운이 들어오면 건강에 이상이 오기 쉬우니, 조심 要.

○ 異性에 대한 [관심/호기심/집착]이 강하고 다정다감하지만, 문제를 야기할 가능성이 크다.

○ 상대의 내면과 비밀에 대한 [호기심/관음증]도 있으니, 정신건강을 지킬 필요성이 있다.

○ 여성은 [자만심/외모/보석 집착]이 정비례한다. 자식 인연에는 몇 번의 고통과 슬픔이 따른다.

○ 배우자 인연은 다소 부정적이다. 서로 상대방에 대한 불신이 일정 부분 깔려 있기 때문이다.

○ 水, 火기운이 조화를 이루면 [외모/신장]이 모두 좋고, 직업의 꿈도 성사될 가능성이 크다.

○ 土, 金기운이 왕성해지면 [자식문제/재물/공부/직업/대인관계] 등에서 모두 고초를 겪을 확률이 매우 높아진다.

○ 일주의 자체의 丙辛 暗合(암합)이라 부부 관계에 문제발생의 가능성이 커진다.
  [의처증/의부증] 포함(이정호 說).

○ 정관을 깔고 있어 원리원칙을 중요시 여기며, 바르고 강직한 성품을 가지고 있다.

○ 辛巳 일주는 자신과 같은 干支(간지)인 辛巳년과 辛巳월, 辛巳일을 '각별 조심'해야 한다.

○ 壬辰, 壬午(년, 월, 일)와 庚辰, 庚午(년, 월, 일)도 특별히 조심하고 대비할 필요가 있다.

◎ '18 辛巳(신사)'의 물상적 형국과 그에 따른 명리학的 [조언/충고]:
어둠 속의 가로등. 가을빛 석양.
→ 재주와 능력은 충분하지만, 주변 신뢰와 본인의 자존감 회복이 시급하다.

신
금

辛未(신미) 일주

○ 未土 지장간 분석: [편인+12운성 衰쇠].

    편관 丁화　9: 정관的 편관(모범적인 [합리/객관]성을 갖춘 통제).
    편재 乙목　3: 정재的 편재(치밀하고 실리적인 관리능력).
    편인 己토 18: 정인的 편인(온화하고 부드러운 [고독/철학]).

○ 복잡한 성격과 다양한 심리구조의 소유자이다.
○ 성정과 심리의 변화가 극심하고 다양해서, 편안하고 안정된 언행과 태도는 못 된다.
○ [라이벌 의식/승부욕/경쟁심]이 자못 강하다.
○ 경쟁심을 왜곡하거나, 부정적으로 수용하면 심리적인 억압요인이 발생하게 된다.
○ 강하게 밀어 붙이겠다는, 내 마음대로 한번 해 보겠다는 생각까지 겹치면 상대방은 거리감과 억압감으로 받아들인다.
○ [욕심/집착/자존감] 때문에 심하면 대인관계에 금이 갈 위험성도 내포한다.
○ 원래는 [얌전/내향적/깔끔/포용성]의 성격인데, 간혹 드라마틱한 감정의 소용돌이를 타면 주변 사람들과 본의 아닌 마찰과 갈등의 국면이 조성되기도 한다.
○ 승부사적 기질과 경쟁적 주체성(냉정한 비판/세밀한 분석/상황 판단/의리/자존감/고집/편견)이 강해서 주위에서 어려움을 호소하거나 떠나는 사람도 생길 것이다.
○ 동심어린 순진무구함과 반발적 경쟁 욕구가 동시반복으로 나타나니, 주변을 어리둥절하게 만들기도 한다.
○ 더러는 '다재다능과 자유분방함'으로 비쳐지기도 한다.
○ 집단이나 조직의 [브레인/참모] 기능 혹은 [관리/감독] 기능, [교직/언론/법조], 프리랜서나 자영업종(부동산/건물 관리/학원 강사/학원 운영) 쪽으로 어울리는 직업적성이 보인다.
○ 예리하고 섬세(침, 주사, 메스, 서예, 문자글꼴, 디자인 등)한 [분석/기획/설계/정보 수집] 능력, [문학·예술]的 감각, 극한의 [운동·게임·스포츠], [정밀/기계] 공학, [의·약] 분야 등의 첨단정밀 분야 쪽으로도 좋은 직업 관련성을 가진다.
○ 쓸쓸하고 외롭지만, 내면을 잘 드러내지 않아서 음흉, 음침하다고 비난받을 수도 있다.
○ 매사에 부정적인 시각으로 의심, 확인하는 태도는 업무진행과 직업능력으로는 긍정적이지만, 평상시엔 주변과 자신 모두를 힘들게 한다.
○ 土기운이 꽉 들어차면 인생이 답답해지면서 결혼과 직업 모두 의외의 우여곡절을 겪게 된다.
○ 여성은 직업능력, 대인관계, 사회성, 사교성, 판단력, 진취성, 눈치와 감각, 발전과 욕심 등에서 남성보다 비교적 강한 편이다. 특히 [시댁/媤母]와의 관계 유지에 힘써야 한다.
○ 이상, 야망, 꿈, 목표가 너무 크고 무거워서, 본인을 어렵게 할 때가 많다.
○ 가끔 역마적 공간이동으로 인한 [주거/의식주/직업] 등에서 잠시 불안정할 수도 있다.
○ 재물과 명예가 긴장과 갈등의 관계일 때는, 辛未 일주는 재물보단 명예를 택하는 편이 훨씬 안전하고 또 좋은 결과를 낳는다.
○ 무게(꿈과 목표에 대한 강한 집착과 중압감)를 이기지 못해 자칫 깔리게 되면, 인생행로가 몹

시 어려워진다.

○ 性的 본능의 관리에도 신경을 써야 할 때가 많다. 작용(자극)과 반작용(대응)의 관계이다.

○ 천간과 지지가 모두 현침(살)으로 되어 있어, [예리/사리 분별력/영감]이 뛰어난 사람이 많다.

○ 상처 주는 말과 입바른 소리로 상대를 주눅 들게도 할 수 있다.
   마음을 너그럽게 하고 언행을 따뜻하게 한다면, 운세 전환은 충분히 가능하다.

○ 화개(추상/명예/순수 학문/형이상학/적막/철학/종교/靈的 감각)와 관련된 삶을 살기도 한다.

○ [예술/예능/신체]的 재능 쪽으로 좋은 직업 관련성을 갖는다.

○ [전공 학문/예능/의학/깨달음] 분야에서 특출한 재능 발현도 충분히 가능하다.

○ [부모(특히 아버지)/자녀/친구] 덕을 보기 어려운 사주이다.

○ 어머니와의 인연은 괜찮은 편이지만, 부부 인연은 다소 춥게 보인다.

○ 주변이 고독하고 적막하며 외로울 때가 많다.

○ 그 외로움이 변하면 [냉정/이기주의]로 돌변하기도 한다.

○ [甲辰/庚戌/辛未] 일주 여성은 배우자와의 충돌과 갈등 조심.

○ 辛未 일주는 자신과 같은 干支(간지)인 辛未년과 辛未월, 辛未일을 '각별 조심'해야 한다.

○ 壬午, 壬申(년, 월, 일)과 庚午, 庚申(년, 월, 일)도 특별히 조심하고 대비할 필요가 있다.

◎ '08 辛未(신미)'의 물상적 형국과 그에 따른 명리학的 [조언/충고]:

여름 한낮의 사원, 사찰, 돌비석.

→ 성장과 깨달음을 위한 과정이니, 꾸준한 마음으로 나아가면 목표를 이룬다.

신
금

辛酉(신유) 일주

○ 酉금 지장간 분석: [비견+12운성 建祿건록].

　　겁재 庚금 10: 비견的 겁재(주체성이 넘치는 힘).
　　비견 辛금 10: 겁재的 비견(경쟁심과 승부욕에 불타는 자아).
　　비견 辛금 10: 겁재的 비견(경쟁심과 승부욕에 불타는 자아).

○ 단순하면서도 승부의 집착이나 [고집/자존심/경쟁심/호승심(好勝心)]이 강력하다.
　　뒤따르는 [손실/손상/손해/주변 피해]가 만만찮다.
○ 타협 없는 고지식함에다 강직하면서도 [간명/냉정]하다.
○ 스스로를 '보석'이라고 생각하는 경향이 있다.
○ 차갑고 고즈넉한 성정의 소유자(순수한 金의 본질적 속성).
○ [복잡/소란/다양/온화]와는 거리가 멀다. 자연스럽게 다가오는 [소외/소원]한 대인관계 조심.
○ 용감하면서도 [저돌적 추진력/뚝심/신념]을 갖춰, 매사 적극적인 모습으로 나타난다.
○ 과도한 욕심(특히 재물/권력 쪽 욕구)이 주변은 물론이고 자신을 힘들게 할 수도 있다.
○ [강직/깔끔/자존심/저돌적 정의감]이 막강하며 타협과 조정에는 약하다.
　　[단순무식/조폭] 같은 느낌이 들 정도이다.
○ [소란/복잡/이중적 양면성/억압]을 몹시 싫어한다.
○ 명예와 재물, 모두에 집착하기도 한다(재물=金의 본질).

신금 ○ 드러나는 고집은 최강(乙卯, 辛酉, 壬子. 3대 고집. 陰적 성향)이며, [다혈질/증오심/복수심]도
의외로 강하며 오래간다.
○ 목표의식이 흐려지면 '잔머리 굴린다.'는 주변의 혹평을 받을 수가 있다.
○ 재물의 기복이 몇 번 있으며, [결실/성과/실리]에는 다소 취약함.
○ 특히 [학습/지식] 방면으로 재주 많고, 예술적 [재능/기억력]이 뛰어나며 사교성도 좋다.

○ 일주가 간여지동(干與支同. 천간 지지가 같은 오행)이라 원국이 조금만 편향되어도 전체구조의
흔들림(변동수/재물상실/심신손상/사건사고 등등)이 생길 수 있으니 조심 대비할 것.
　　凶만 아니고 吉도 가능함. 특히 陰干(乙목, 丁화, 己토, 辛금. 癸수)이면 더욱 심각함.
○ 간여지동 [甲寅/乙卯/丙午/丁巳/戊辰/戊戌/己丑/己未/庚申/辛酉/壬子/癸亥]의 공통점
　1. 예술的 감수성 탁월 2. 공학/기술분야 재능 3. 운세의 부침↕ 4. 부부인연 취약 5. 고집

○ 火·水 기운이 조화롭다면, '공부 잘하는 모범생'이라는 소리도 듣게 되고 외모도 괜찮다.
○ 火·水 기운의 조합이 깨지면 도리어 자기 꾀에 자기가 넘어가는 禍(화)를 자초할 수도 있다.
○ 人生에서 七顚八起해야 할 때가 본인이 좋든 싫든 2~3회 있을 터!
○ 주관과 편견이 심하다는 평가를 받을 때, 易地思之의 마음으로 주변 상황을 빨리 파악할 수만
있다면, 집단의 리더로서 성장할 가능성이 크다.
○ 여성은 두뇌명석하고 다재다능하며 [경제력/재물집착/생활력]도 의외로 강하다.

○ 다른 사람들에 대한 포용과 봉사의 마음으로 살고 싶은 때가 자연스럽게 몇 번 생긴다. 흠行을 부드럽게만 할 수 있다면 운세 변화도 가능하다. 이때가 성공의 좋은 기회가 된다.

○ 일주 전체가 순도 높은 金기운으로만 이루어져 있어, 상당히 독선적이다.

○ 예민하고 고집 있어 까칠해 보여도, 속정은 있는 편이다.

○ 번거로운 것을 싫어하며 밖으로는 사교적이지만, 가정에선 독불장군이 된다.

○ 술(火기운)을 아주 좋아하거나 술로 인한 피해가 있을 수가 있다.

○ 자기과시가 강하고 화가 나면 무서울 정도인데, 집착과 욕심도 상당해서 주위를 피곤하게 할 때가 많다.

○ 간여지동의 좋은 힘이라서, [학업/사업/출세/직업] 쪽의 일관성 유지는 필수적이며, 양다리는 절대 금물이다.

○ [자식/동료]의 도움은 큰 힘이 된다. 독자사업도 좋다.

○ 주변 신뢰가 좋고, 조직생활에서 인정받는다. 異性 문제와 함께 부부인연이 약한 것이 흠결.

○ 개인 창업과 집단조직 생활 양쪽 다 가능하지만 동업은 피하는 것이 좋다.

○ 오행기운이 좋다면 개인적인 노력과 성실함이 통하는 [창의성·연구개발] 분야, 성과를 따지는 전문연구직(경제/금융/유럽 쪽/학자), [조형예술/금속공예/건축/조각/설계/기계공학], [스포츠/게임] 쪽의 직업적성이 좋다.

○ 물질과 기계의 정밀한 [메커니즘/알고리즘]을 다루는 공학과 자연과학 분야도 괜찮은 직업적성이다.

○ 만약 [도박·게임·사행성오락] 쪽으로 빠지면 치명적이다. 조심 要!

○ 큰 경기(올림픽·월드컵, 국제경기)나 극단의 인내와 고통을 요구하는 [연예계/스포츠/격투기 종목]에서 유의미한 [성과/명예]를 움켜쥘 수도 있다. 庚申보다 辛酉일주가 더 날카롭고 무섭다!

○ [韓醫(한의. 침)/洋醫(양의. 눈, 신경, 성형, 정형, 메스)/약학/齒醫(치의. 정밀, 기공, 조형)/獸醫(수의. 수술, 훈련)] 분야 직업인연도 괜찮다.

○ 일간과 일지가 같은 성분 金이라서 부부 사이가 그렇게 좋지는 않다. 다툴 땐 크게 다투며, 화해가 어렵거나 오래 간다.

○ 부부 둘 다 가정경제 주도권에도 강하게 [마찰/집착]한다.

○ 火, 土기운이 좋으면 [교직/언론/신방/행정 공권력/공무원] 등의 진로직업적성도 보인다.

○ 부모형제 덕을 보는 경우가 거의 없는 일주이다.

○ 외모와 피부가 맑고 깨끗한 사람이 많다.

○ 辛酉 일주는 자신과 같은 干支(간지)인 辛酉년과 辛酉월, 辛酉일을 '각별 조심'해야 한다.

○ 壬申, 壬戌(년, 월, 일)과 庚申, 庚戌(년, 월, 일)도 특별히 조심하고 대비할 필요가 있다.

◎ '58 辛酉(신유)'의 물상적 형국과 그에 따른 명리학的 [조언/충고]:
잘 연마된 보석. 기능이 섬세한 정밀기계. 차가운 조각상.
→ 심신의 손상이 우려되는 위험한 시공간이다. 당장에 상처를 주거나, 받기 쉬우니 조심해야 한다. 빛과 열은 큰 도움이 된다.

신
금

辛亥(신해) 일주

○ 亥水 지장간 분석: [상관+12운성 沐浴목욕].

　　정인 戊土　7: 편인的 정인([공허/보수/철학]的 수용성).
　　정재 甲목　7: 편재的 정재(통제와 관리 속의 치밀한 실리추구).
　　상관 壬수 16: 식신的 상관(여유 있는 [화술·끼]).

○ 치밀하고 섬세하면서도 他人을 이해, 수용하는 마음도 따뜻하지만 남들이 알아주지 않으면 큰일이 난다. 경쟁하고 질투하는 자존심, 자만심, 교만함, 호승심이 강한 탓이다.
○ 명석한 두뇌에 [이해력/관찰력]이 뛰어나며 좋은 피부와 외모에도 신경 쓰는 깔끔한 멋쟁이.
○ 자신의 생각과 연구를 은근히 즐기면서도 그것의 성과와 결과물을 남들이 인정해 주어야만(내성적 성향) 작업의 의미와 가치가 있다고 스스로 만족해하는 스타일이다.
○ [소심/내성적/소극적/비관적]이지만 [반대/비판] 세력에게는 의외로 가혹하다.
○ 내재된 많은 [생각/잡념/망상/경계심/의심/과도한 재능]으로 적절한 기회를 자주 놓치고 손실을 자초하기도. 이 부분만 잘 극복하면 큰 스케일로 [도약/발전/성공]할 수 있다.
○ 겉으로 약해 보여도 사교성, 대인관계, 논리적 말솜씨로 주변을 드러나지 않게 장악한다.
○ 연구, 궁리의 성과물이 치밀한 이해득실의 과정을 거쳐, 제2, 제3의 [결실/재물]로 만드는 재주가 있다.
○ 木, 火기운이 좋으면 [공직/공무원]으로도 많이 진출한다.
○ 물을 건너는(해외/국제적/글로벌/유학/이민) 경우도 제법 생긴다.
○ [전직/이직/겸직/주기적인 백수생활]도 심심찮게 나타나기도 한다.
○ [재주/능력]에 비해 [출세/인정/지위/성과/결실]은 다소 미치지 못한다.
○ 부부간의 인연이 몇 번 출렁거릴 수도 있다.
○ 집단에서 첫 적응이 다소 복잡하고 낯가림이 있지만 차후의 대응능력은 매끄럽다.
○ 침착하고 차분한 일처리 중에서도 실리 추구의 계산에는 빈틈이 없다.
　　그 과정이 거부감을 주는 것이 아니라 물 흐르듯 자연스럽게 보인다.
　　'식상生재'의 결과로 보인다.
○ 자료와 업무를 처리함에 안정적이고 질서정연하며 논리와 합리성으로 표출된다.
○ 내면적으로 자기과시와 우월감이 상당한 비중을 차지하기에, 손상되면 그 상처를 오래 기억하면서 간혹 복수(대가 지불)하기도 한다.
○ [칼/가위/바늘/침/정밀 기계/금속성 도구]와 직업적 인연을 가진 사람이 많다.
○ 본질적 성향은 [점잖음/소극적 소심함/성실성/명예존중/자기학대(비관/의심/점검/경계)]의 특성을 갖는다.
○ 아픔이 크면 그 반발력도 당연히 크다. 겉으로가 아니라 내재화된 [슬픔/고통]이다.
○ [직관/설득/논리적 판단/언어능력/관찰력]이 예리하고 신속하며 정확하다.
　　흔히 말하는 '좋은 머리'다.
○ 주역과 점술 그리고 동양철학에도 인연이 있다.

신
금

○ '金水쌍청'이라 좋은 외모에 논리적이며 예술적 감수성 또한 풍부하다.

○ 異性 문제와 자기관리에 실패한다면 말년이 많이 힘들어 질 수도 있다.

○ 상관 水기운이 왕성해지면, 남들과는 다른 엉뚱한 길을 가는 경우가 생기고, 우여곡절을 많이 겪기도 한다.

○ 규칙과 정도를 지켜야지, 편법(돈/이성/폭력 등)에 집착한다면 삶이 더욱 [피곤/위험] 해진다.

○ 만약 불안정한 가정환경에 심성마저 반항적이면, 이때가 가장 위험할 때다.

○ 잔병치레와 허약 체질이 이 辛亥 일주에서 많이 발견된다.

○ 스타 기질이 충만하며, 예술적 재능과 감각도 수준급이다.

○ 삶의 여정이 상당히 파란만장하면서도 드라마틱하다. [건강/질병] 문제를 조심해야.

○ 청장년기에 [재혼/중혼]도 간혹 나타남. 더하여 늦은 결혼(만혼)을 더욱 권장함.

○ 위험성을 어느 정도 내포하고 있지만 [재물의 통제와 관리(경제, 금융계통)/주식/선물/외환 분야, 문화/예술/언론/공무원, IT/벤처/제조/유통 분야, 이미용 업종, 도서/고문헌/정보/강의] 분야 쪽으로도 좋은 직업진로적성이 엿보인다.

○ 정관 巳火와 일지 상관 亥水 사이에 巳亥 충이 생기면 직장과 배우자 문제로 큰 갈등이 유발 될 수 있으니 조심해야 한다.

○ [피부/외모]가 좋고 깨끗하며, 부모덕은 좀 약한 편이다.

○ 특히 여성은 은연중에 배우자를 깔보는 경향이 있다.

○ 지지 [亥水/子水]와 천간의 [壬수/癸수]가 土로부터 강하게 극을 받으면 여성의 경우 자식 문제가 크게 대두된다.

○ 金, 水기운이 좋으면 두뇌 명석하고 문필과 언변이 뛰어나 이름 석 자를 남길 만하다.

○ [甲子/辛亥] 일주는 남녀 공히, 중말년 운세에서 異性 문제 더욱 조심(12운성 '목욕' 참고).

○ 木, 火기운이 좋으면 [공직/공무원]으로도 많이 진출한다.

신
금

○ 전 보건복지부 장관 유시민의 일주가 바로 辛亥 일주라고 알려져 있다. 참고하길 바람.
　　특히 '상관' 水기운의 진수를 보여주는 일주이다. [변신/전업/두뇌회전/언어 감각]이 남다르다.
　　1. 운동권 2. 경제학(자) 전공 3. 정치인 4. 행정관료(장관) 5. 작가 6. 방송 예능(인).

○ 辛亥 일주는 특히 '비즈니스' 역마라고 해서 [사업가/해외 주재원/유학생/국제무역 종사자] 들에게는 행운의 역마라고 설명하는 학자도 있다(강헌 說).
　　그러나 필자의 실제 임상에서, 유의미한 비중으로 나타나지 않았음을 밝힌다(간산 說).

○ 辛亥 일주는 자신과 같은 干支(간지)인 辛亥년과 辛亥월, 辛亥일을 '각별 조심'해야 한다.

○ 壬戌, 壬子(년, 월, 일)과 庚戌, 庚子(년, 월, 일)도 특별히 조심하고 대비할 필요가 있다.

◎ '48 辛亥(신해)'의 물상적 형국과 그에 따른 명리학的 [조언/충고]:
동해 바다의 독도, 해금강.
→ [햇빛/조명]이 괜찮은 시공간, 작업환경을 선택하라.

9-1. 壬水(임수) 일간

○ 본질: 기체, 궁리, 변화, 공기, 바람을 불어 넣은 풍선의 상태와 같은 감각. 숫자는 1.
○ 水의 氣: 흡수력, 정화, 유동성, 정체성, 저장성, 변동성, 확산성, 공기, 냉기, 식욕, 대기.
○ 土 속에 水가 존재(토췌수. 土는 水를 감싸고 있는 存在의 집. 土는 水를 포용함):
 1) 戊土(地上, 자연 공간, 대기권, 동물활동공간) 속 壬수(水의 氣, 流動性의 氣체 상태).
 2) 己土(地下, 인간의 공간, 토양, 식물뿌리공간) 속 癸수(水의 質, 流動性의 液체 상태).

○ 고전(적천수/궁통보감/자평진전):
 1) 金의 한기를 받으면 냉기가 강화됨(금생수).
 2) 庚금의 숙살지기(한기)를 이어받아 만물이 얼어붙는 냉기로 작용함(에어컨의 '냉매'와 흡사).
 3) 壬수는 강하면서도 德이 있어 천지사방 막히는 곳 없이 두루두루 흐른다.
    부정적 표현은 '기웃거리며 돌아다님'. 지지에 통근하는 곳(亥수, 子수).
 4) 지지 물바다(水局)에 壬수, 癸수가 같이 투출하면 그 힘(沖天奔地충천분지)을 旺土(왕성한 土기운)라도 췌이 不可하며, 木으로 泄氣(설기)함이 낫다.
    旺한 壬수라면, 물론 戊土(제방)로 [제압/관리]한다.
 5) "丁火를 만나면 有情해진다.": 만물의 시작, 木의 [생성/생명] 활동 시작(丁壬 合化 木).
 6) 공중에서 습기 유지: 金은 부서지지 않고, 土는 균열 생기지 않고, 木은 말라 죽지 않는다.
 7) 癸수에 비해서 순발력과 반응성이 더욱 빠르고, 존재 범위(영향력)가 넓고 크다.
 8) 己土를 만나면 탁해져서 하격이다(己土濁壬기토탁임). 壬수는 丙화와 庚辛금을 좋아한다.

○ 적극성, 생각 많음, 모험심, 지혜(철학/수학), 침착성[부정적으로는 음흉함].
○ 여유(적극성 부족, 활동 자제, 느린 행동) 있게 보이기도 한다.
○ 냉정한 비판(력), 말/논리/언어/강의/강연, 연구/예술적 재능/깨달음/저술활동.
○ 휴식/차분/무뚝뚝/애교 없음.
○ [知的 과시/생활 적응력/재물집착] 등의 성향도 다소 있음.
○ 정신적 반응은 빠르고 정확하지만, 일관성이 없고 행동적 반응은 느리고 다소 부정확하다.
○ 자신의 잠재적 연구 성과를 과시하는 전문가, [연구자/교수/학자/풍류/예술/해운/항공/우주]
쪽의 적성재능, 외로움과 고독, 큰 스케일, 물질 중시와 집착.
○ 재물과 물질적 이익에 집착하는 [개인주의/이기심]도 밑바닥엔 강하게 깔려 있다. 평소에 잘
드러나지 않을 뿐이다.
○ 壬수 일주는 '木생火' 이후 '水'가 없거나 약해지면 거의 종교(신앙) 쪽의 인연이 발생한다.
○ 壬수 일간의 상사나 부하직원, 남편과 아내, 시어머니나 며느리, 장모나 사위 등은 상대하기
어렵다. 특히 庚辰, 庚戌, 壬辰, 壬戌, 戊辰, 戊戌 등의 魁罡(괴강) 일주는 정도가 심한 편이다.
○ 陽간 壬수는 청(金水雙淸)하면 지혜롭지만, 탁(己土濁壬기토탁임)해지면 [무례/간교/양다리 걸
치기/변신/무자식/음란] 쪽으로 연결되기도 한다.
○ 혹간 壬수 [일간/월지 지장간]이 丁화 세운을 만나면, [큰 일/큰 시험/큰 명예/큰 승진/큰 계
약/큰 사업] 등에서 좋은 결과를 맛보기도 한다. 물론 凶으로 나타날 때도 있다.

○ 보통, 壬수는 己토를 꺼리고, 甲목을 선호한다.
　　통상, 癸수는 乙목과 잘 어울림.
　　陰간 癸수는 대체로 취약해서 항시 庚辛금의 도움이 절실하다.

○ 壬壬 병립: 왕성한 도화기질(인기/사랑/경쟁), 신중한 실패(너무 많은 생각), 연예인(서태지-3개 壬수) 기질, (인기)강사, 예능. 어렵게 얻은 작은 성공, 쉽게 당하는 큰 실패, 무서운 기세의 [흐름/현상/쓰나미/홍수/큰물/큰비(물폭탄)].

○ 장기: 방광(膀胱, 오줌통).
　　신체: 머리카락, 입(입술), 혈액, 장딴지(종아리) 부분.
* 해당 오행이 [너무 강성/아주 쇠약]할 때 발생되는 [증세/질환]:
　[신장/비뇨기/순환계/性的(性慾)] 관련 질환, 당뇨, 만성 피로, 허리 통증, 코피.

○ 사주에서 만약
　　木 과다: 신상혼탁, 가족이별.　　　　火 과다: 가정불화, 외화내빈, 주변배신.
　　土 과다: 정신건강, 손재수.　　　　　金 과다: 자식문제, 박복신세, 용두사미.
　　水 과다: 패가망신, 주거불안, 심신불안.

　['過多(과다)'라는 말은 본인의 사주(四柱) 팔자(8字)에서 특정한 하나의 오행(木, 火, 土, 金, 水)이 6글자 이상 나타나고, 월지를 장악하면서 힘과 비중을 막강하게 갖추었을 때를 말함이다. 웬만한 사주는 여기에 해당하지 않으니 조심해서 적용하기 바란다. ※무궁한 변화는 여기서부터 시작일 뿐].

임
수

9-2. 壬수 일간의 生月(생월. =월지. =계절)別 用神, 貴賤, 運勢, 吉凶 정리.

* 壬수는 己土를 제일 꺼린다(己土濁壬).
* 여름 壬癸수는 증발 때문에 대부분 金水를 쓴다. 겨울 壬癸수는 남방 火운으로 흘러야 좋다.
* 水(壬수, 癸수)는 유동성이 강해 수시로 변하니 계절마다 용신을 달리 한다.

寅월 壬수:
1. 壬수가 약한 계절이니 우선 庚금(계절상 사실 庚금도 약함)을 쓰고 戊土로 생조하면 상격. 이 때 壬수와 잘 어울리는 丙화(조후)가 필수. 2. 壬수가 강하면 戊土로 制하고 丙화가 있어야 상격. 단 己土는 濕土라서 안 된다. 3. [戊(貴)/丙(富)]이 전무하면 하격. 4. 庚/丙/戊 모두 투출하면 최상격. 5. 丙辛 合이 되면 하격. 6. 寅월 속에는 丙화(필수)가 잠복되어 있으니 일단 안정적.

卯월 壬수:
1. 壬수가 더욱 약한 철이니 戊土 제방(둑)과 생조해주는 水源 辛금(차선 庚금)이 필요함. 戊土와 辛금이 양투하면 상격. 2. 水가 강할 때 戊土가 없으면 하격. 水 대세운마저 가세하면, 익사 위험이니, 최하격. 3. 木旺에 庚금이 없으면 하격. 4. 火가 강할 때 壬癸수가 없으면 하격. 5. 木투출에 火왕하면 일간 壬수가 약해지니 比劫(水)으로 신강해져야 富貴(부귀) 가능.

辰월 壬수:
1. 土가 강하니 우선 甲목(소토), 다음 庚금(약한 壬수를 생조함)이면 상격. 2. 이때 甲庚은 붙어 있으면 剋(극)을 하니 떨어져 있어야 상격. 3. 戊土가 壬수를 制하면 하격. 4. 지지 土기운이 강할 때 甲목이 투출 못하면 최하격. 5. 甲庚이 전무하면 하격. 6. 木왕하면 庚금을 用하고, 水왕에 庚금이 많으면 丙화로 制해야 吉.

巳월 壬수:
1. 水기운이 약한 계절이니 조후 壬수와 辛금이 절실(庚금 대체 가능). 壬辛이면 상격. 2. 庚금(巳월 지장간. 녹을 염려 있음)이 있어도 壬癸수가 없다면 빈천하니 하격. 3. 壬수나 辛금이 전무하면 빈천(壬수 증발 가능성 때문). 4. 甲乙목이 많을 때는 庚금이 투출해야 상격. 5. 지지 水국이면 좋다. 6. 金이 많으면 壬수가 강해지고, 巳화 中 지장간 丙戊와 함께 [財=>官=>印]을 이루니 상격. 7. 丙화는 암장되어 있어야지 만약 투출하여 丙辛 합화 水가 되면 하격. 8. 여름 壬癸수는 증발하기 쉬워서 대부분 金水를 쓴다.

午월 壬수:
1. 조후 癸수(증발 우려)와 庚금(차선 辛금)이면 상격(午월엔 丁화 기운이 있어 丁壬 合을 고려한다면 壬수 단독으론 어렵고 壬癸수를 같이 쓰면 좋다). 2. 癸庚이면 최상격. 壬庚이라도 상격(財성이 강하니 劫財가 좋다). 3. 金水 기운이 없으면 증발되니 하격. 4. 庚辛금이 없으면 하격. 5. 己土 투출해서 탁(己土濁壬)해져도 하격. 6. 지지 火국이면 하격. 7. 甲乙목 가세하면 최하격. 8. 丁壬 합만 안 되면 壬수도 좋다. 9. 여름 壬癸수는 증발하기 쉬워서 대부분 金水를 쓴다.

未월 壬수:
1. 未월이면 강土라 약체 壬수가 되니 癸수 용신에 辛금(차선 庚금, 乙庚 合 고려)으로 생조하고 甲목으로 己土기운 제압하면 최상격. 2. 甲壬(未 中 己土가 있어 甲己 合 우려)보다 庚壬이 낫다. 3. 壬수는 清하면 지혜롭지만 濁하면 간교함. 4. 강한 己土에 甲乙목이 없으면 하격(겁 많고 유약함). 5. 여름 壬癸수는 증발하기 쉬워서 대부분 金水를 쓴다.

申월 壬수:
1. 申월은 壬수의 生지라서 강한 壬수를 戊土(제방. 지장간 戊土로는 壬수를 막기엔 역부족)로 막고 申월의 강한 庚금 기운을 丁화(제련 기능)로 制하면 상격. 2. 戊丁이 양투하면 최상격. 전무하면 하격. 3. 丁壬 合 조심(서로 떨어져 있어야 함). 合이 되면 하격. 4. 戊癸 合 조심(서로 떨어져 있어야 함). 合이 되면 하격. 5. 戊土가 많으면 甲목으로 制해야 貴格. 안 되면 하격.

酉월 壬수:
1. 申월과는 달리 金白水清(금백수청)한 辛壬이라 戊己 토(金水 기운을 탁하게 하거나 매몰시킴)를 制하는 甲목이 우선이다. 甲목만 투출해도 상격. 2. 金水가 많은데 戊土가 투출하지 못하면 깔끔하지만 재능이 없으니 하격. 3. 庚금을 用하면서 甲목이 없다면 부귀하다.

戌월 壬수:
1. 土가 강하니 우선 甲목을 쓰고, 丙화(차선은 丁화)를 쓸 수 있다면 상격. 2. 庚금이 투출했는데 丁화가 없다면 빈천하니 하격. 3. 甲丙이 전무하면 하격. 4. 丙화가 없으면 하격.

亥월 壬수, 子월 壬수:
1. 水기가 강하니 우선 戊土, 다음은 조후 丙화이다. 戊丙 양투하면 상격. 2. 戊土(혹은 戊己토)가 없다면 하격. 丙戊가 전무하면 최하격. 3. 戊土만 있고 丙화가 없다면 재물만 취할 뿐이다. 4. 丙화만 있고 戊土가 없으면 일의 성과가 미약해진다. 5. 지지 水국에 丙화마저 없으면 최악이다. 戊土(차선의 조후)라도 있으면 中격은 된다. 6. 지지 火국이면 큰 재물! 그러나 [月주/時주]에 비견(亥수, 壬수), 年간에 丁화(정재)를 보면 爭財(쟁재)가 일어나니 재물은 물거품이 된다. 7. 천간에 丁화 투출하고 지지에 辰戌丑未가 깔리면 큰 부귀. 특히 火(재물)의 창고인 戊土(인오'술'의 고地)가 좋다. 8. 戊土가 용신이니 甲목이 오면 안 된다. 甲목이 있다면 庚금(亥 中 甲목이 戊土를 억제함을 방지)이 함께 있어 줘야 함. 9. 戊庚이 兩透(양투)하면 좋은 관직이다.

丑월 壬수:
1. 우선은 조후 丙화, 다음은 甲목(용신 丙화 생조+기토탁임 억제). 2. 丙화와 辛금(壬수 생조)이면 상격. 3. 丙화만 있어도 상격. 丙화가 없다면 하격. 4. 지지 金국에 丙丁화가 없으면 빈천. 이때 火일점이면 中격 이상(단 丙辛 合, 丁壬 合을 조심). 5. 丙丁甲, 丙戊이면 상격. 6. 水旺하면 [지혜/총명]. 7. 水土혼잡이면 [완고/우둔]. 8. 겨울 壬癸수 일간은 남방 火운으로 흘러야 좋다.

임수

壬子(임자) 일주

○ 子수 지장간 분석: [겁재(양인)+12운성 帝旺제왕].

　　비견 壬수 10: 식신的 비견([연구/공부/관심]의 주체성).
　　겁재 癸수 10: 상관的 겁재(사교성과 화술을 갖춘 경쟁, [예술/공학/기술] 분야).
　　겁재 癸수 10: 상관的 겁재(사교성과 화술을 갖춘 경쟁, [예술/공학/기술] 분야).

○ 자신의 연구, 궁리, 공부, 知的 성취에 대한 [과시/적극성/자신감/진취성/추진력]이 강하다.
○ 특히 주변에 경쟁자(라이벌)가 있으면 더욱 분발하는, 羊刃(양인)의 탄력까지 더해져서 힘이 아주 강왕한 일주다.
○ 지혜롭고 순수하나, [자존심/고집/생각(심사숙고)/상상력/의심]이 강하고 많은 편이다.
○ 내면에 감춰진 이기심도 만만치 않으며, 속을 알 수 없는 사람이라는 평가를 받기도 함.
○ 마음이 넓고 스케일이 커서 항상 호탕함과 여유가 있고, 유유자적하여 시간에 구애받지 않고 조급함이 전혀 없다.
○ 역마적 스케일이 물을 잘 만나면, [국제적/글로벌/해외 이동과 거주] 등의 인연을 만난다.
○ 직장 생활보다는 자신의 전문성을 갖는 쪽, 생각과 창의성을 요구하는 개인자유 업종, 전문 연구직, [예술/전문기술/교직/상담/봉사/시민활동] 쪽의 직업진로적성이다.
○ 중첩되는 식상 水기운(하건충의 '궁성 이론' 기준)으로 性的 본능이 혼탁해지기도 한다..
○ 남의 간섭이나 종속적 상황에 어려워하고 반발하는 성향이 있다.
　　'너무 [주관적/논리적]이야!' 혹은 '너무 여유 만만해!'라는 평가를 받기 쉽다.
　　그러나 천성은 [순수/순박]하다.
○ 자신이 하고 싶어야 움직이는 성격이라서 주변의 오해를 받기가 쉽다.
○ 한번 경쟁심리가 발동하면 꽤 탄력이 있다. 예술적 감각과 끝없는 상상력도 장점이다.
○ 책임과 의무(지휘통솔 욕구)에 대한 부담과 스트레스는 남들보다 심하게 느끼는 편이다.
　　그러나 시간에 쫓기는 법은 없다.
○ 가장 큰 문제는 제어되지 않는 ['분노의 축적'/'性的 욕구']의 문제이다.
○ [학문적 성취(수학/순수과학/외국어), 창조적 idea와 상상력, 종교/철학/신앙(심)]을 요구하는 분야에서 두각을 나타내기가 쉽다.

○ 일주가 간여지동(干與支同. 천간 지지가 같은 오행)이라 원국이 조금만 편향되어도 전체구조의 흔들림(변동수/재물상실/심신손상/사건사고/ 등등)이 생길 수 있으니 조심 대비할 것.
　　凶만 아니고 吉도 가능함. 특히 陰干(乙목, 丁화, 己토, 辛금. 癸수)이면 더욱 심각함.
○ 간여지동 [甲寅/乙卯/丙午/丁巳/戊辰/戊戌/己丑/己未/庚申/辛酉/壬子/癸亥]의 공통점
　1. 예술的 감수성 탁월 2. 공학/기술분야 재능 3. 운세의 부침↕ 4. 부부인연 취약 5. 고집
○ 같은 간여지동이라도, 火(丙午, 丁巳)기운보단 水(壬子, 癸亥)기운의 간여지동이 더욱 무섭다.
　　壬子 일주도 부드럽고 情도 있지만, 화가 나면 제어하기가 거의 불가능할 정도다.

임
수

○ 매사에 의욕이 넘쳐, [과묵/신중/음흉/자신감/은근 과시]의 복잡한 성향을 보일 때가 많다.

○ 상상력과 예술적 감수성이 풍부하고, 知的 탐구심도 상당하다.

○ 넓고 깊은 바다의 物象으로, 포용력이 있고 스케일도 커서 주변에 사람들이 많다.

○ 쓸데없는 자기고집과 알 수 없는 속마음 때문에 극단적 평가와 오해를 받기도 한다.

○ 陽간의 겁재인 羊刃(양인)이기에, 부디 자제심을 가지고 감정조절에 힘써야 한다.

○ 배우자와의 관계설정 조심. 재물과 몸 관리에도 주의해야함. 겸손한 처신을 적극 권유함.

○ 너무 강하면 [소외/고립]의 위험성이 확대된다.

○ 火, 土 기운의 조화로움까지 뒷받침해 준다면 더 이상 무엇을 바라리오.

○ 타고난 [직관·영감·창조성]의 능력은 특히 예술분야의 큰 성취로 이어질 수 있다.

○ 여러 분야에서 [다재다능/유창한 언변/논리정연]하니 주변에 사람들이 많다.

○ 土 기운이 水 기운을 컨트롤 못하면 재물이 줄줄 새어 나간다.

○ 직업 전전과 재물의 성패가 심한 편이다. 재물 욕심도 은근히 강하다.

○ 壬子 일주는 아래의 경향성이 늘 따라다니는 편이다.
　　1). 유흥과 풍류. 2). 재물 풍파. 3). [진로/직업/종교/거주지] 전환. 4). 다양한 사건사고.

○ 여성의 경우 [재주/감각/총명]을 구비하여, [시민사회/공익봉사/재물관리] 등의 활동에서 특히 두드러진다.

○ 남녀 모두 [배우자/아버지]와의 인연이 그리 밝지는 않다.
　　같은 [방향/가치관/관심사]를 갖고 있지만 서로 기준이 달라 갈등과 마찰이 끊이지 않는다.

○ [자식/종교/탐구 열정/異性 문제]가 壬子 일주에게는 치열한 화두가 된다.
　　결국 聖俗의 [양면성/이중성/갈등]의 구조 때문이다.

○ 木, 火기운만 받쳐 준다면 [재물(관리)/외국어(주로 英美권) 관련/개인 사업] 등에서도 두각을 나타낸다.

○ '사주첩경'으로 유명한 자강 이석영 선생도 壬子 일주로 알려져 있다.
　　재성(몸)을 손상시키는 겁재운이었던 1983 癸亥년에 卒하셨다.

○ 은근한 고집은 최강(乙卯, 辛酉, 壬子)이며, 한번 화가 나면 말리기 어려울 정도이다.

○ [丙午/丁巳/戊午/己巳/壬子/癸亥] 일주는 배우자의 건강질병도 조심해야 함. [임신/출산] 後 배우자와 거리감 발생.

○ 壬子 일주는 자신과 같은 干支(간지)인 壬子년과 壬子월, 壬子일을 '각별 조심'해야 한다.

○ 癸亥, 癸丑(년, 월, 일)과 辛亥, 辛丑(년, 월, 일)도 특별히 조심하고 대비할 필요가 있다.

◎ '49 壬子(임자)'의 물상적 형국과 그에 따른 명리학的 [조언/충고]:
큰비(물 폭탄)가 내리고 있는 댐, 저수지.
→ 주변을 잘 살피고, 작은 [위험/균열/갈등]도 가볍게 여기지 마라.

壬寅(임인) 일주

○ 寅목 지장간 분석: [식신+12운성 病병].

    정관 己土 1: 정인的 정관([수용성/온화함]을 갖춘 합리성. 준법정신).
    편관 戊土 6: 편인的 편관(철학자적인 면모와 극단적 통제의 양면성).
    편재 丙화 7: 편관的 편재(통제하고 억압하는 치밀함).
    식신 甲목 16: 편재的 식신(광범위한 실리추구와 저돌성).

○ 연속적이고 반복적인 그리고 끊임없이 집착하는, 연구와 궁리의 성분으로 점철되었다 해도 과언이 아닌 성향이다.
○ 긍정적인 분야에서 제대로 불붙으면, [성공/발전]할 확률이 상당히 높다.
○ 강화된 식상에다가 재성을 겸비했으니 실리추구와 그에 따른 결실(재성)도 바라볼 만하다.
○ 자수성가하는 경우가 많으며, 대체로 바쁜 사회생활(직업)로 이어진다.
○ 분주하면서도 [과시욕구/권력욕구/목표/포부]도 크며, 맏이 역할을 많이 한다.
○ 좋은 머리에, [논리적 언변/추진력/대범함/진취성/浩然之氣]까지 갖추었으니 괜찮은 일주이다.
○ 예리한 [직관/정확한 판단력/논리적 화술/잔情이 많음]도 좋은 무기가 된다.
○ 오행이 편향되면 [무사안일/어리석다/인심이 후하다/생각이 없는 놈/관리가 안 되는 놈] 등의 평가를 받기도 한다.
○ 문제는 [박력 있는 선택적 결단/우유부단한 머뭇거림] 사이에서 발생하는 양면적 갈등이다.
○ 평소엔 겁과 두려움이 없어 [조정/타협/아부]와는 거리가 멀다.
○ 특히 베푸는 것을 좋아한다. 자연히 사람들이 따를 수밖에.
○ [싫어지면 바로 중단해버리는 성향/결과 부실/마무리 취약]하다는 평가를 받기도 한다.
    전직과 이직이 잦은 편이다.
○ 자신의 정확한 적성분야를 찾기만 하면 승승장구할 가능성이 높다.
○ 木과 金기운을 잘 갖춘 배우자를 만나면 금상첨화이다.
○ 독창성과 치밀한 idea를 요구하는 직업진로적성 쪽이다.
○ 섬세한 연구 성과를 적용하는 제조업·생산업종(물건·상품을 직접 만들고 포장), 전문 연구직이나 교수직, 일반적인 [자연과학/기술공학] 계통, [예술/연기/예능/언론/엔터테인먼트] 분야에 어울리는 직업진로적성이다.
○ 남들의 간섭과 억압(土 성분)을 본능적으로 기피한다.
○ [안정감/부지런함/큰 스케일]은 돋보이는 장점이다.
○ 역마적 이동성은 강하면서도 좋지만, 기복이 있는 삶의 여정을 맛본다.
    청장년기에 학업과 직장을 놓칠 때가 생기는데, 특히 이때를 조심해야 한다.
○ 吉凶도 다소 극단적(戊寅, 庚寅 壬寅 일주의 공통된 경향)으로 나타난다. 단, 吉凶 판단불가.
○ 남성은 아내 덕을 제법 본다.
○ 여성은 생활력이 강하고, 남편 덕보다는 자식 복이 낫다.
○ 夫/婦 사이와 父母/子息 사이의 [오해/반발]이 자주 생길 수 있는 상황이다.

임
수

○ [식상/재성/관성]을 골고루 갖추고 있어 식복이 있으며, 잘 먹고, 잘 놀고 책임감도 강하다.
○ 언변과 대인관계도 원만해서 주변의 인정을 받고, 인기도 좋다.
○ [연구/궁리/창의성/학문] 분야로 나아가면, 가능성이 무궁무진하다.
○ 쓸데없는 오지랖과 고집에 곤란할 때가 간혹 생기니, 맺고 끊음을 확실히 해야 한다.
○ 다재다능에 인간미도 좋지만, 꾸준한 추진력은 다소 모자란다.
○ 재물운은 괜찮은 편이며, 중년 이후의 의식주도 안정세를 탄다.
○ 병약한 청소년기를 보낼 가능성 있으며, [총명/신경질적/일관성 부족]의 성향이다.
○ 남녀 공히 뛰어난 외모와 신장은 아니지만, 단 火기운이 받쳐 주면 이야기가 달라진다.
○ 木, 火기운이 좋으면 [문학/예술/교직] 쪽의 적성이 드러난다. 자연히 몸집도 실해진다.
○ 가끔씩 깐깐하고 외롭고 까칠하다는 평가를 받을 때가 제법 있을 것이다.
○ 3형살(寅/申/巳)이 오거나, 申금(인신 沖)의 운세가 올 때는 각별 조심해야 한다.
　 특히 몸을 다치거나, [다리/발] 손상 위험성이 크다.

○ 壬寅 일주는 자신과 같은 干支(간지)인 壬寅년과 壬寅월, 壬寅일을 '각별 조심'해야 한다.
○ 癸丑, 癸卯(년, 월, 일)와 辛丑, 辛卯(년, 월, 일)도 특별히 조심하고 대비할 필요가 있다.

◎ '39 壬寅(임인)'의 물상적 형국과 그에 따른 명리학的 [조언/충고]:
비바람을 동반한 태풍. 큰비를 맞이한 숲속 생태계.
→ 실리도 좋지만, 우선 이동과 변화에 대처해야 한다.

임
수

壬辰(임진) 일주

○ 辰토 지장간 분석: [편관+12운성 墓묘].

    상관 乙목　9: 정재的 상관(치밀하고 섬세한 결실추구).
    겁재 癸수　3: 상관的 겁재(화술과 사교성을 갖춘 경쟁심).
    편관 戊토　18: 편인的 편관(고독한 인내와 반발심).

○ 항상 남과 자신을 비교하면서 스스로를 경쟁시키는 [복잡/다양/미묘]한 성격의 소유자다.
   일지 편관 辰토 헨 일간 壬수 때문이다.
○ 성장기 이후 신체비대의 가능성이 다소 있으니 인생 중반 이후엔 건강 조심.
○ 배우자와 크고 작은 마찰 가능성이 있어 발전하면 별리의 아픔까지도 가능하다.
○ 스스로를 억제하고, 인내(대단한 참을성)하고, 긴장하고 조바심(호승심, 경쟁심)을 내는 억압적
인 심리 구조이다.
○ 겉으로는 [두뇌명석/솔직담백/자신감 넘치는 화술/순발력]이 좋게 보인다.
○ [내면의 고집/자기과시/편견/독선적/충동적 흥분기질]은 보이지 않는 암초이니 조심해야 함.
○ 동정과 연민의 마음에다가 인내심과 솔직함까지 겸비했으니 마음고생이 상당했을 터!
○ 일지에 깔고 있는 辰토의 복잡 다양성이 성격과 심리에도 영향을 끼쳐 상당한 왜곡과 스트레
스를 동반한다.
○ 외형적 태도나 언행이 불안정해 보이는 것은 편관 辰토 때문이다.
○ 겉으로는 자신을 잘 억제하고 남의 견해를 잘 따라 주는 편.
   안으로는 [독단적/조급/감정 왜곡/급 흥분/스트레스]를 끼고 사는 편!
○ 평소엔 내성적이며 조용해도 기회가 오면 [과감/급변/신속]해지기도 하고 多辯의 표출 욕구가
폭발하기도 한다. 왕성한 水기운 때문이니 조심할 것(정신건강 손상이 우려됨).
○ 웬만한 일에는 수용하고 복종한다.
   그것은 비난이나 불이익에 대한 자기억제나 통제의 결과이다.
○ 목표와 꿈은 원대하고, 스케일도 크다.
○ 활동에 비해 [실리/실속]은 없고 경제적 안정감도 취약한 편이다.
○ 경쟁심과 치밀한 실리추구의 연장선에서, 적극성 넘치는 [생명력/생동감]을 보여주기도 한다.
○ 확실한 [리더십/지배욕구/소유욕구/자존감/승부근성]도 상당히 강한 편이다.
○ [몸/물질/性]에 대한 은근한 관심과 집착도 있다. 남녀 공히 [의부증/의처증] 조심해야 한다.
○ 자기억제와 관리 그리고 명예를 존중하는 보수성으로 다소 권위적인 공직이나 교육계통의 직
업적성이 어울린다.
○ [양육·보육 기관, 군/검/경, 시민단체, 고궁/미술관/도서관/박물관, 철학/종교] 쪽 직업진로적
성의 인연도 괜찮은 편이다.
○ [지적 능력/화술]이 괜찮고, '博學多識', '教養과 常識이 폭 넓다' 소리도 자주 듣는 편.
○ 壬辰 일주의 상사나 부하직원, 남편과 아내, 시어머니나 며느리 등은 상대하기 어렵다.
   특히 庚辰, 庚戌, 壬辰, 壬戌, 戊辰, 戊戌 등의 魁罡(괴강) 일주는 정도가 심한 편.

○ 다소 과격한 언행들로 眼下無人(안하무인)이라는 평을 듣기도 한다.

○ 자존심 또한 강해서 싫은 소리를 들으면 쉽게 흥분한다.

○ 지장간에 편관, 겁재, 상관이 있어 언행이 거칠고 상대에게 모진 말로 상처를 주기도 한다.

○ 지장간 편관 戊土와 겁재(양인) 癸수가 '羊刀合殺'을 잘 하면, 오히려 빛을 발하기도 한다.

○ 힘의 강약 조절이 관건. 삶의 기복은 다소 심한 편. 여성은 [직업/남편] 문제로 고민.

○ 중년 이후 운세하강. 부부인연 취약. 의식주와 주거는 다소 불안.

○ 여성의 경우 상당한 [편견/주체성/고집]이 있으며, 남편복은 약한 편이다.
배우자가 의외의 변고를 당하기도 한다.

○ 火기운이 살아 있을 때는 재물이 길게 들어오지만, 충극을 받으면 일시에 빠져나간다.

○ 木, 火기운이 좋으면 [수리과학/미술/디자인/설계/패션/연예계/의류] 쪽의 적성이 나타나며 외모도 수준급이다.

○ 남자는 丙戌 일주에서, 여자는 壬辰 일주에서 특히 천라지망의 특성이 잘 발현되니 조심.

○ 木, 土, 水기운이 왕성해지면 몸이 불어나기 시작하니 각별 조심할 것.

○ 일지 편관을 깔고 앉았으니 삶이 다소 특이하거나, 혹은 드라마틱한 배우자일 가능성이 크다.
일지 편관(甲申/乙酉/戊寅/己卯/壬辰/壬戌/癸丑/癸未 일주) 참고(간산 說).

1. 삶이 많이 힘들어질 때는, [외부로/밖으로/타향으로/해외로] 시선을 돌려 보라!
공간 이동과 삶의 패턴 변화를 시도해볼 필요가 있다는 말씀. 충분한 효과가 있을 것임.

2. 일지에 [寅목/卯목/申금/酉금]이 오면 특히 [건강/질병/신체손상] 등에 조심해야 한다,
특히 일지에서 인신 沖, 묘유 沖이 성립하면 몸의 손상이 더욱 심하게 나타난다.

3. 잦은 [이직/전직]과 극단을 오고가는 삶의 여정에 피곤할 때가 많다.

4. 배우자 쪽으로의 문제가능성 대비. 외모도 파격적인 데가 있는 편이다(길흉판단 불가).

5. 상당히 폭력적일 때가 많다(허장성세/리더십/정치권력 집착). 특히 甲申 일주, 辛卯 일주.

6. 지지에서 인신사 3형(2형도 가능)을 이루면 의술 계통에 종사할 가능성도 된다.

○ 세종대왕의 일주가 壬辰 일주라고 알려져 있으니 참고할 것.

○ 우리 민족이 가장 많이 죽고, 처참했던 전쟁이 1950庚寅(6·25 전쟁), 1231辛卯(몽골 침입), 1592壬辰(임진왜란)이다. 세 사건이 거의 모두 360년 격차를 두고 있다는 점에 유념할 것.

3년 연속해서 들어오는 해이니 각별 조심해야 한다([강대국과의 갈등과 마찰/이념 문제/미국/중국/일본] 등과의 긴장 국면일 것이다).

[1950-1951-1952], [2010-2011-2012], [2070-2071-2072]년이 모두 [庚寅-辛卯-壬辰] 3년의 연속된 간지이다(간산 說).

○ 壬辰 일주는 자신과 같은 干支(간지)인 壬辰년과 壬辰월, 壬辰일을 '각별 조심'해야 한다.

○ 특히 한국인들은 壬辰倭亂(임진왜란. 임진년에 일어난 왜구들의 난리)이 일어난 해인 1592년이 壬辰年이라는 사실을 명심할 것. 임진년은 1952년, 2012년, 2072년 등이다.

○ 癸卯, 癸巳(년, 월, 일)와 辛卯, 辛巳(년, 월, 일)도 특별히 조심하고 대비할 필요가 있다.

◎ '29 壬辰(임진)'의 물상적 형국과 그에 따른 명리학的 [조언/충고]:
큰 장마에 또 먹구름. 물을 크게 보유한 큰 댐.

→ 관리, 저장만 잘 해도 본전은 한다. 물론 유비무환의 자세는 필수적이다.

壬午(임오) 일주

○ 午화 지장간 분석: [정재+12운성 胎태].

편재 丙화 10: 편관的 편재(강한 억제, 억압의 통제, 관리).
정관 己토 9: 정인的 정관(온화한 [합리성·보수성]).
정재 丁화 11: 정관的 정재([합리/모범/객관]성 갖춘 치밀함).

○ 丙화/丁화(편재/정재)의 중복, 강화될 때 공통점.
  1) 직관, 영감, 창의성이 상당히 긍정적이다.
  2) [설명/카운셀링/힐링]하기를 좋아하며 대인관계에서 성과를 내놓을 수 있다.
  3) 사람을 끌어당기거나, 貴人의 도움을 받는 묘한 인연의 힘이 있다
○ 자유분방한 연구의욕과 창조욕구가 섬세하고 온화한 丁화의 기운으로 더욱 객관적, 논리적으로 변한다.
○ 책임과 의무에 관한한 비교적 명확하게 경계를 지을 줄 안다. 전형적인 外柔內剛형 인물이다.
○ 미래에 대해선 상당히 여유 있고 낙천적인 면을 보여 주면서 과거지사에 대해서는 예상외로 초연하다.
○ 주변 상황과 사람들이 자신의 [관리/통제] 아래에 있다고 믿는 [자신감/자기과시] 성향도 있다.
○ 기준이 엄격하고 매사 원칙주의자로서의 깐깐함(고집/외골수 기질/끈기/무리수)이 주변을 피곤하게 할 수도 있다.
○ 자신의 뜻에 거슬리면 즉각 설득과 반발의 자세로 변신한다.
○ 한번 뒤틀리면 끝까지 간다(뒤끝이 있다).
○ 끝장 보는 성격이 불쑥 드러나기도 하며, 간혹 자식문제가 발목을 잡기도 한다.
○ 건강과 몸에 대한 [관심/실천]도 높은 수준이며, 水, 火 기운이 좋으면 외국어 능력과 언어감각이 강화됨.
○ 몸에 관한 욕망(이동성, 역동성, 활동성, 식욕, 性的 욕망, 외모과시, 치장, 사치)이 자칫 왜곡된 형태로 나타나는 경우도 있다.
○ 재물(재물관리)과 사람에 대한 탐욕과 집착이 강하게 나타난다.
○ 재물복은 다소 있으나 사람복(인복, 인덕)이 없어 일신이 외로울 때가 많다.
○ 자신의 전문분야, 적성분야, 관심분야 밖의 일에 대해선 색깔이 없다. 거의 무관심하다.
○ 다정다감하며 사교성은 좋지만 그것이 오히려 대인관계나 사회성 쪽으로 약점이 될 수 있으니 조심해야 한다.
○ 여성은 [외모/사회활동/사교성/재물운] 등에서 긍정적 실리를 취하며, 집 밖으로 활동하는 경우가 좋다.
○ 남녀 모두 괜찮은 외모지만 혼잡한 재성으로 말미암아, 특이한 性的 취향, 異性문제, 잦은 [이직/전직], 재물문제, 화려한 개인기 등으로 주변의 [관심/비난]을 동시에 받기도 한다.
○ 타인에 대한 수용성이 약한 것은 자신의 강한 가치관(아집, 편견)에 얽매이기 때문이다.
  易地思之해 줄 수만 있다면 錦上添花이다.

○ 丁火의 기운이 왕성해지면 충동과 표출의 욕구가 부정적 방향(財物/異性 문제)으로 튀는 경우가 예상된다. 일관된 참을성만 갖추면 상격의 사주다.

　　조심 要(자체 內 丁壬 合). [수췐화]로 合을 부정하는 학자도 많지만, 인정하기 어렵다.

○ 부드러운 듯 은근한 고집과 끈기와 매력이 있어 이성에게 인기가 많다.

○ 일단 재성이 강하며 정편재 혼잡하고, 일간과 지장간 재성 丁火가 암합까지 하고 있어, 재물에 욕심도 많고 집착하기도 한다.

○ 사연 많은 [財物(재물)/異性(이성)]의 [입출/왕래]가 심해서 마음고생도 많다.

○ 水火의 기운이 서로 대립하기에 밀어 붙일 때는 과감하다.

○ 일이 꼬일 때는 포기도 빠르고, 감정기복도 잦은 편이다.

○ [부모/가족/배우자]의 형식적 후원은 있으나, 언제나 불만족스럽다.

○ 내면 [심리/정서]의 불안정성과 더불어 외롭다는 하소연이 잦다.

○ 눈(目)과 판단이 예리하며, [화려한 예술/언어/빛·조명·보석·의상/야간 직업/디자인 감각/미술/연기/연예인] 계통의 직업적성이 좋아 보인다.

○ [주식·채권·금융] 관련 쪽으로도 직업진로적성의 인연이 좋다.

○ 개인 사업이나 자영업은 취약하니 조심해서 접근할 것.

○ 金, 水기운이 조화를 이루면 운세가 순조롭고, 아주 빼어난 외모의 소유자며, 인기도 좋다.

○ [배우자/부모]와의 인연은 대체로 약한 편이다.

○ 火기운이 너무 왕성하면 몸이 불어나고, 성향이 [부정적/비판적/억압적]으로 변한다.

○ 평소 온화한 심성이지만 일주 간지 水火가 충극하니 속내를 알 수 없을 때가 많다.

○ [일간/일지]가 丁壬 암합(합화 木)이면 [연구/궁리/집착]이 활성화된다(이정호 說).

　　단, 경박해질 우려가 다소 있다.

○ 壬午 일주는 자신과 같은 干支(간지)인 壬午년과 壬午월, 壬午일을 '각별 조심'해야 한다.

○ 癸巳, 癸未(년, 월, 일)와 辛巳, 辛未(년, 월, 일)도 특별히 조심하고 대비할 필요가 있다.

◎ '19 壬午(임오)'의 물상적 형국과 그에 따른 명리학的 [조언/충고]:
큰 규모의 보일러실이나 온천탕.
→ 스케일은 크지만, 작은 [일/과정/충돌]도 무시해서는 안 된다.

임
수

壬申(임신) 일주

○ 申금 지장간 분석: [편인+12운성 長生장생].

　　정관 己토　1: 정인的 정관(포용성, 자애심을 갖춘 모범적 수용성. 큰 비중 없음).
　　편관 戊토　6: 편인的 편관(보수성, 고독, 공허한 억압통제).
　　비견 壬수　7: 식신的 비견(연구, 궁리하는 주체성).
　　편인 庚금 16: 비견的 편인(주체성 있는 공허함, 신비함).

○ 추상적, 비현실적, 신비적 분야에 대한 관심과 연구의 태도가 진지하다.
○ 언어구사력(언변), 자신이 주장, 행동적 실천, 신체적 감각이 적극적이면서도, [세련미/완숙미/완벽주의]를 보인다.
○ 의심과 의혹의 성향도 내재해 있어 연구, 궁리의 기폭제가 된다.
○ 성공도 크게, 실패도 크게 한다.
○ 삶의 기복이 있어, 자칫 [체념/포기]로 빠질 때 再起가 어렵다.
○ 겉으로는 온화 단정하고 너그럽고 내성적으로 보이지만 실제 내면에서는 냉정한 심성으로 다소 폐쇄적 심리구조와 부정적 속성도 지닌다.
○ 평소엔 [적응력/포용성/활동성/카리스마/리더십]은 좋으나, 金水 기운이 강해지면 성정이 [냉혹/냉담/잔인/신경질]적으로 변할 때가 있다.
○ 특히 과잉한 性的 욕구문제가 대두될 수 있으니, 조심해야 한다.
○ 火기운이 부족하면 [심장/혈관/호흡기] 질환 쪽으로 특히 조심!
○ [철학/종교/예술, 무역/유통, 의약 계통, 검·경, 조사와 수사, 감사, 정보관리] 분야가 직업진로 적성으로 좋아 보인다.
○ 남을 가르치고, 설득하고, 이해시키는 작업을 꽤나 좋아하며, 사람을 모으는 재주도 뛰어나다. 물론 그에 따른 [피곤/구설수/상처]도 정비례한다.
○ 세칭 말하는 '좋은 두뇌와 총명한 머리'다.
○ [다양한 관심분야/다재다능/임기응변]의 기질과 능력은 충분하지만, 귀가 얇아서 주변에 비해 한 박자 늦을 때가 자주 생긴다.
○ 연민이나 동정심, 측은지심도 많이 갖고 있으나 겉으로 드러내기를 주저하는 편이다.
○ 직관력이 좋으며, 주변의 [관심/인기/시선]을 끌어 모으는 [재주/매력]이 있지만, 간혹 엉뚱한 생각과 아이디어라고 부정적 평가를 받기도 한다.
○ 정신적 깨달음의 경지도 계기만 주어진다면 상당히 높은 수준까지 도달한다.
○ 火·土 기운이 너무 왕성하면 힘을 쓰기가 어려운 지경(火극金)에 빠질 수 있다.
　　어떤 때는 부모형제와의 인연이 악화되는 경우로도 발전한다.
○ 생각이 많아져서 인내와 끈기를 발휘하기가 어려워지면, [성과/결실]이 사라질 때가 많다.
○ 월지 자리가 허약하면 자칫 여러 [직업/직장]을 섭렵할 수도 있다([백수/비정규직/임시직] 자리를 왔다 갔다 할 가능성이 상당히 높음). [동업/창업]은 금물이다.
○ 일지 배우자 자리가 申금 偏印(편인)이라 배우자(본인 포함)가 [몸의 수술/통제/칼/침/보석/의

약/西方淨土(서방정토. 불교의 이상향. 서쪽은 金)] 등과 인연을 갖고 있다.

○ 생기 넘치는 [외모/매력/멋/끼]가 있어, 異性에게 인기가 많은 편이다.

○ 눈치가 빨라 사람들을 잘 다루며 공사구분이 확실하다.

○ 차갑고 냉정해서 자기중심적이라는 평가를 받기도 한다.

○ 이해심 넓고 배포가 커 보이지만, 한번 틀어지면 오래 가는 까탈스러움도 있다.

○ [자녀운/배우자운]은 긍정적이지만, 부모(특히 아버지 쪽)와의 이른 이별수의 위험성이 제법 있으니 유의해야 한다.

○ [예능/예술/연기 연예활동/무대 체질] 분야의 직업적성도 괜찮다.

○ 안정된 배우자와 가정을 이룰 가능성은 비교적 높은 편.

○ 여성은 [다재다능/학습능력/사회성]이 좋아서 [사회/신체/직업] 활동에서 두각을 나타낸다.

○ 火, 木기운이 조화롭다면 [외국/외국어/외국문화]를 접하거나 공부하거나 그곳에서 살게 되거나 하는 기회가 몇 번 생긴다.

○ 잔병치레가 있으며, 청장년기에 2~3번의 건강문제에 당면하게 되니 조심해야 한다.

○ 木기운이 세게 깔렸는데 火기운이 취약하면 되는 일이 없다.

○ 적정한 시기에 이뤄야 할 [공부/진학/직업]을 놓치는 수도 혹간 생긴다.

○ 일주에 申금이 자리하면 특히 [건강/질병/신체손상] 등에 조심할 것(특히 인신 沖일 때 더욱 심하게 나타난다).

○ 壬申 일주는 자신과 같은 干支(간지)인 壬申년과 壬申월, 壬申일을 '각별 조심'해야 한다.

○ 癸未, 癸酉(년, 월, 일)와 辛未, 辛酉(년, 월, 일)도 특별히 조심하고 대비할 필요가 있다.

◎ '09 壬申(임신)'의 물상적 형국과 그에 따른 명리학的 [조언/충고]:
물이 풍족한 다이아몬드 광산.
→ 적정한 火 기운만 보완되면, [성과/실리]가 괜찮다.

임
수

壬戌(임술) 일주

○ 戌土 지장간 분석: [편관+12운성 冠帶관대].
　　정인 辛금　9: 겁재的 정인(경쟁하는 수용성과 온화함).
　　정재 丁화　3: 정관的 정재(합리적 관리와 치밀함).
　　편관 戊土 18: 편인的 편관(외로운 억압과 난폭함).
○ 실리추구의 욕망이 거칠어지면 [이기심/강직함/과격성/난폭성]이라는 평가를 받을 수 있다.
○ 치밀한 생각과 궁리로 [물질/사람]을 다루고 관리하는 능력을 괜찮지만, 직관력은 약하다.
○ 드물게 조그만 일에도 잘 삐치거나 마음이 상하거나 한다. 내면 깊숙한 자존심 때문이다.
○ [물질/몸/재물/사업]에 대한 문제를 떠난 다른 분야의 [적응력/활동력]은 다소 약하다.
○ 사주원국에서 '목생화'가 좋으면, 아주 괜찮은 재물운에, 지도자감이다.
○ 언행이 [유연/온화/합리적]이나, [자기 과신/명예/과잉 체면]에 빠질 때가 가장 위험하다.
○ 사회적 공익이나 다수를 위하는 역할에는 [솔직담백/성실/적극적]으로 나서는 편이다.
○ 일신이 쓸쓸하고 적막하지만, 무게 있는 언행과 신중하고 차분한 일처리를 항시 의식한다.
○ 스스로를 너무 [억압·통제]하는 성향이 있어, 자유로운 발상이나 창의성이 억압받기도 한다.
○ [간섭/억압/구속/통제]를 누구보다 싫어하고 회피한다. 예리한 감각과 눈치는 일품이다.
○ 年주나 月주에서 강한 土성분이 추가되면 연구와 궁리의 좋은 능력들이 사장될까 두렵다.
○ [권력/재물] 욕심만 자제한다면 다방면으로 능력을 인정받는 기회가 자주 올 것이다.
○ 자신에게 주어진 역할이나 의무를 피하지 않고 당당히 나서는 태도는 퍽 긍정적이다.
○ [화통/활달]한 성향이라 뒤끝이 없지만, [결실/이익]은 초라하며 손실을 자초하기도 한다.
○ 壬수 일간의 상사나 부하직원, 남편과 아내, 시어머니나 며느리 등은 상대하기 어렵다.
　　[특히 庚辰, 庚戌, 壬辰, 壬戌, 戊辰, 戊戌 등의 魁罡(괴강) 일주는 정도가 심한 편].
○ 지장간 辛금과 丁화의 충돌이 있어 대인관계나 재물관리에서 예상 밖의 고전이 예상됨.
○ 丁壬 合의 운세에서는 심각한 異性 문제에 대한 집착과 고민이 다가올 수도 있음.
○ [財·官·印]을 두루 갖추고 있어 木기운만 적절히 조화를 이뤄 준다면 구성이 좋은 사주이다.
○ 창의적 연구원, 전문직, 교직, [IT/인터넷/언론/정치/외교/방송/TV/의류/기호식품(차/음료),
　프리랜서] 등의 직업진로적성이 괜찮다.
○ 여성의 경우 土기운(官星)이 드세면 몸매는 좋지만, 남자(배우자)운이 약하며, 여러 사람(남성)
　을 상대하거나 여러 직업을 전전하기도 한다.
○ 천간과 지지에서 [丙丁/巳午] 火기운이 강하게 들어오면 [재물/사업/건강(몸)/부(부모)/이성(배
　우자)] 등으로 문제가 同時多發로 터질 수가 있으니 각별 조심해야 한다.
○ 土와 金이 잘 배치되면 보기 드문 수재형으로 두뇌명석하고 학문으로도 이름을 남길 만하다.
○ '괴강'과 '백호'의 혼합이라 강한 소유욕과 집착 때문에 자칫 물거품이 될 수도 있음이다.
○ 남들보다 특이한 [사고/변고(수술, 불치병, 교통사고, 몸의 흉터나 큰 점, 가까운 가족의 흉사)]
　를 겪는 경우도 제법 있지만, 불굴의 의지와 돌파력으로 긍정적 효과를 내기도 한다.
　　흔히 말하는 백호살(甲辰/戊辰/丙戌/壬戌/乙未/(己未)/丁丑/癸丑)에 해당하기 때문이다.
○ [지혜/총명/예지력] 좋고 따뜻한 성품이다. 내면에선 상당한 [소외/고립]이 자리 잡고 있다.
○ 한번 믿으면 끝까지 가는 성격으로, [자기과시/고집]이 만만치 않아서 손해를 보기도 한다.

임
수

○ 감정조절, 자기관리에 충실하면 최상의 사주. 상황대처의 힘은 좋지만, 길흉의 부침이 있다.
○ [자존심/고집]을 조금만 억제하면 운세는 상당히 호전된다. 많이 베풀면 더 많이 들어온다.
○ 사연이 많은 부부인연이지만, [사회/조직/직업]활동에서는 상당히 긍정적임.
○ 戌(술)토는 '戈(과. 창/무기/흉기)'가 있어 [사고/상처/수술] 등의 [흉터/흔적]을 몸에 가진다.
○ 일지가 편관이어서, 삶이 다소 특이하거나, 혹은 드라마틱한 배우자일 가능성도 있다.
　　일지 편관(甲申/乙酉/戊寅/己卯/壬辰/壬戌/癸丑/癸未 일주) 참고(간산 說).
 1. 삶이 많이 힘들어질 때는, [외부로/밖으로/타향으로/해외로] 시선을 돌려 보라!
　　공간 이동과 삶의 패턴 변화를 시도해볼 필요가 있다는 말씀. 충분한 효과가 있을 것임.
 2. 일지에 [寅목/卯목/申금/酉금]이 오면 특히 [건강/질병/신체손상] 등에 조심해야 한다,
　　특히 일지에서 인신 沖, 묘유 沖이 성립하면 몸의 손상이 더욱 심하게 나타난다.
 3. 잦은 [이직/전직]과 극단을 오고가는 삶의 여정에 피곤할 때가 많다.
 4. 배우자 쪽으로의 문제가능성 대비. 외모도 파격적인 데가 있는 편이다(길흉판단 불가).
 5. 상당히 폭력적일 때가 많다(허장성세/리더십/정치권력 집착). 특히 甲申 일주, 辛卯 일주.
 6. 지지에서 인신사 3형(2형도 가능)을 이루면 의술 계통에 종사할 가능성도 된다.
* 마이크로소프트 창업자 빌 게이츠('壬戌'일주) 사주: [乙未년/丙戌월/壬戌일/辛亥시 출생].
 [소프트웨어/비지니스/시장 감각]이 탁월, 土기운 왕성한 [고집/기부와 봉사/현실주의자].
 1955 乙未생. 전형적인 금수저, 다소 특이한 [괴강/백호/천라지망 '戌亥'] 동시 성립.
* 애플 창업자 스티브 잡스('丙辰' 일주)의 사주:
 [乙未년/戊寅월/丙辰일/丁酉(戊戌)시 출생], [辛卯년/戊戌월/癸巳일/庚申시 사망] 참고용.
* 두 사람(빌 게이츠/스티브 잡스)의 공통점(간산 說):
 1. [IT 업종/인터넷]을 기반으로 함.　2. 土기운 왕성(고집과 다양성). 3. 1955년 乙未생.
 4. 비교적 튼실한(비록 신강은 아니지만) 일간. 5. '식상生재'를 갖춤. 6. 일지 土(戊토, 辰토).
 7. 일지와 일간이 생조하고 있음(금생수, 목생화, 화생토). 8. 특정 기운의 일관된 흐름.
* 두 사람(빌 게이츠/스티브 잡스)의 차이점(간산 說):
 1. 빌 게이츠의 시간적 흐름: 연지 未토->월지 戌토->일지 戌토->시지 亥수(순조로운 흐름).
　　재산 절반 이상을 조건 없이 기부(거대한 편재 발생時 살아남는 [기부/봉사] 대처법).
　　비겁 水가 너무 강왕해지면 財성(재물/여성/몸/人的 네트워크)에 문제가 생길 수도 있다.
 2. 스티브 잡스의 시간적 흐름: 연지 未토->월지 寅목->일지 辰토->시지 酉금(순조롭지 못함).
　　不死不滅을 꿈꾸며 식단을 제한하고, 익히지 않은 채식을 고집했지만 결국 56세에 요절.
　　사망시점: 2011 辛卯년 췌장암으로 사망. 병신 합화 水(편관으로 작용).
　　신약한 丙화 일간이 신금에게 빨려 들어간 것으로 보임.
 3. 출생계절(월지 배경): 빌 게이츠는 가을(결실) 출생. 스티브 잡스는 봄(입춘/춘궁기) 출생.
○ 壬戌 일주는 자신과 같은 干支(간지)인 壬戌년과 壬戌월, 壬戌일을 '각별 조심'해야 한다.
○ 癸酉, 癸亥(년, 월, 일)와 辛酉, 辛亥(년, 월, 일)도 특별히 조심하고 대비할 필요가 있다.
◎ '59 壬戌(임술)'의 물상적 형국과 그에 따른 명리학的 [조언/충고]:
메마른 가뭄 끝에 큰 비구름.
→ 문제는 곧 해결되지만, 그 여파와 피해는 산발적으로 계속된다.

10-1. 癸水(계수) 일간

○ 본질: 액체, 생명의 근원(반드시 丁화가 필요함), 사교성, 물, 유희, 소리[音], 淨化(정화), 변신, 응집력(弱), 양면성, 예술성, 性的 능력[생산. 자손 잉태(저급하면 음란)]. 숫자는 6.
○ 水의 質: 1) 모여 있음, 유동성, 진짜 물, 응결(액체의 모습), 씨앗(종자, 자식).
　　　　　　 2) 癸수: 액체, 생산, 성취, 성욕, 연예인의 재능(감각, 몸과 끼의 재주), 구체성.
　　　 [* 壬수: 기체, 식욕, 학자의 머리와 논리(창의성, 연구와 궁리의 재주), 추상성].
○ 土 속에 水가 존재함(토剋수. 土는 水를 감싸고 있는 存在의 집. 土는 水를 포용함):
 1) 戊土(地上, 자연공간, 대기권, 중력권, 동물활동공간)속의 壬수(水의 氣, 流動性의 氣체상태).
 2) 己土(地下, 인간의 공간, 토양, 지구, 식물뿌리공간)속의 癸수(水의 質, 流動性의 液체상태).

○ 고전(적천수/궁통보감/자평진전):
 1) 극단적 응축, 응고 속에는 이미 발산의 기미를 내포. 발산의 기운(火)이 잠재.
 2) 남성을 만나는 여성의 자궁. 水路(수로)와 하늘 나루터(天津)는 부부의 性的 결합(천간合)을 의미함.
 3) 정자와 난자: 응축된 癸수[음·양의 精(정), 核(핵)].
 4) 神(신): 자연의 절대섭리나 신비, 창조와 생명진화 기능.
 5) 龍(윤택한 습기나 수분)을 얻어 축축해지면 그 업적(공적)을 '神'이라 할 만하다.
 6) 가장 약하고, 가장 변화가 심한 천간이 癸수이다(陰기운 최강, 陽기운 최강은 丙화).
 7) 火기운이 왕성하면 火(재성)를, 土가 왕하면 土(관살)를 따라야 吉(從火종화, 從殺종살).

○ 우리나라 [고전/문학/설화/민속학]에서의 '癸수'의 모습.
 * 가야의 '水路' 부인(수로. 여성의 자궁, 직역하면 '물의 길', 생명의 길, 임신과 생명 창조).
 * 가야의 김 '首露'王[수로. 직역하면 '머리(대가리)를 드러냈다'는 이 표현은 '性器를 露出시켰다'는, 혹은 남녀 交接을 뜻함].

○ 일반적인 자연과학.
　火: 사상, 엄격, 공익, 공명정대, 원칙, 발산, 정신, 희생, 정의.
　水: 생명, 식욕, 성욕, 꿈, 무의식, 잠[내면 성찰, 꿈, 에너지 비축, 대리 욕망, 잠재의식 발현].
　* 성욕/꿈/무의식(지그문트 프로이트). * 콤플렉스/집단 무의식(칼 구스타프 융).
○ 해운, 예술, 사교, 무대, 빛(조명) 집착, 언어(화술), 항공 쪽으로 [능력/자질/적성/진로]가 작용한다. 일부에서는 학문적 집중이 약해서 [학업/공부] 쪽의 인연이 멀어지기도 한다.
○ 戊·癸 合化 火: 허공(戊土) 속의 습기나 수증기(壬수)는 반드시 따뜻한 기운(丁화)을 만나야만 구름(丁·壬 合 木)이 될 수 있고 나중에 비(丙·辛 合 水. 진짜 물. 癸수)로 내리는 물의 순환이 가능해진다(간산 說).
○ 壬수에 비해서는 癸수는 몸의 순발력, 적응력, 영향력이 다소 느리고 작다.
○ 구석구석 빈틈없이 스며드는 유연한 성분[사교성과 순진성]. 겨울에 봄을 기대하는 이중성.
○ 논리성, 추상성(壬수의 특성)을 거부하고 아주 구체적, 현실적, 실질적인 것을 좋아한다.

계
수

○ 남을 설득하거나 좌중을 이끌어 나가는 화술이 참으로 '물 흐르듯' 한다.

○ 상황에 대처하는 [순발력/표현력/대인 관계]도 상당히 좋은 편이다.

○ 생동감 있는 변신을 자유자재로 하니 가히 '變身의 鬼才'이다.

○ [사교/친화/적응력/설득력/분쟁 조정력]은 대단하다.

○ 癸수 일주는 소리[청각 예술/音과 聲]와 말[화술/언어/음성/외국어]와의 관련성이 깊다.

○ 기운이 편중되면 변덕과 싫증, 자기과시, 과대망상, 과잉성욕, 특이한 性的 취향, 집착 등에 빠질 위험성이 있다.

○ 극단적 [신약/신강]한 癸수는 [호기심/사랑/멋내기/매력/만남/충동/음란/유혹/퇴폐] 관련 가능성이 상당히 크다.

○ [감정적 이중성/양면성/다양성(발랄/명랑/쾌활/조용/우울)+정서적 침투성과 유연성]의 상태가, [재치/꾀/지혜, 비밀, 유흥, 방랑, 논리적 과격성, 조현병/조울증/공포/변신]의 상태로 변화되어 나타나기도 한다.

○ 水(壬수/癸수)는 流動性(기웃거리며 돌아다님)이 강해 수시로 변하니 계절마다 용신을 달리함.

○ 陽干 壬수는 청(金水雙淸)하면 지혜롭지만, 탁(己土濁壬)하면 [무례/간교/無자식/음란]함.
  陰干 癸수는 대체로 취약해서 항시 庚辛 금의 도움이 절실하다.

○ 혹간 癸수 [일간/월지 지장간]이 戊토 세운을 만나면, [큰 일/큰 시험/큰 명예/큰 승진/큰 계약/큰 사업] 등에서 좋은 결과를 맛보기도 한다. 물론 凶으로 나타날 때도 있다.

○ 보통 壬수는 甲목, 癸수는 乙목과 잘 어울린다.

○ 癸癸 병립: 여성성 강화, 대단한 [재주/능력/머리], 긍정적인 도화기운, 이중적 양면성, 우울증 조심, 음란퇴폐 가능성, 일과 사업에서의 [추진력 부족/느림/결실 미약/힘든 성취] 등.

○ 장기: 신장(腎臟, 콩팥).
  신체: 뼈, 귀, [정액/난자/생리/뇌수/골수/오줌/땀/침/눈물], 생식기 부분.
* 해당 오행이 [너무 강성/아주 쇠약]할 때 발생되는 [증세/질환]:
  [신장/비뇨기/순환계/性的(性慾)] 관련 질환, 당뇨, 만성 피로, 허리 통증, 코피.

○ 사주에서 만약
  木 과다: 인면수심, 가정풍파   火 과다: 공포불안, 口舌수다, 정신건강
  土 과다: 박복인생, 잔병치레, 관재   金 과다: 無識輕薄, 父母子息 불화, 客地역마
  水 과다: 허장성세, 송사, 일신고단

['過多(과다)'라는 말은 본인의 사주(四柱) 팔자(8字)에서 특정한 하나의 오행(木, 火, 土, 金, 水)이 6글자 이상 나타나고, 월지를 장악하면서 힘과 비중을 막강하게 갖추었을 때를 말함이다. 웬만한 사주는 여기에 해당하지 않으니 조심해서 적용하기 바란다. ※무궁한 변화는 여기서부터 시작일 뿐].

계
수

10-2. 癸수 일간의 生月(생월. =월지, =계절)別 用神, 貴賤, 運勢, 吉凶 정리.

* 陰간 癸수는 대체로 취약해서 항시 金(뿌리)의 도움이 절실하다.
* 水(壬수, 癸수)는 유동성이 강해 수시로 변하니 계절마다 용신을 달리 한다.
* 겨울 壬癸수는 남방 火운으로 흘러야 좋다.
* 천간 戊土, 지지에 辰土가 있으면 庚辛금이 生해줘도 戊癸 合化 火이니 火土 운세에 吉.
* 가을겨울 生이면 水기운이 왕성하여 從勢(종세: 세력에 순종함)하니 金水 운세에 吉.

寅월 癸수:
1. 계절상으로 약한 癸수라 우선 辛금(용신)으로 생조하고, 다음 조후로 丙화 태양을 쓰면 좋다.
2. 辛丙, 癸丙, 庚丙 등이면 상격. 3. 寅월의 강한 木기운 때문에 金기운이 필요하며 金水만으로
는 차가우니 丙화가 투출해야 吉. 4. 丙辛이 전무하면 빈천 하격. 5. 지지 火국이면 辛금의 손상
을 막아주는 壬수가 투출해야 富貴. 6. 庚辛금이 있어도 丙화가 없으면 하격. 7. 지지 水국엔 丙
화는 투출하고, 壬수는 없어야 부귀.

卯월 癸수:
1. 木기운이 강하니 약한 癸수를 庚금(차선 辛금. 계절상 金기운도 약함. 乙庚 合을 조심)으로 생
조하면 상격. 이때 丁화가 투출해주면 중격. 2. 庚辛금이 없으면 빈천. 하격. 3. 戊土 투출하면 하
격(무계 合). 이때 壬수가 같이 투출해 주면 괜찮다. 4. 庚辛금이 旺하면서 己丁(財官)이 투출해도
부귀. 5. 土旺하면 甲목이 있어야 吉. 6. 丙辛 양투(양쪽 모두 투출)해야 최상격.

辰월 癸수:
1.丙화(용신) 태양만 투출해도 상격. 2. 土기운 강한 辰월엔 癸수(봄비)가 약하니 庚辛금으로 생조
하면 상격. 3. 丙庚辛 전무하면 하격. 4. 지지 木국에 金기운이 갖춰지면 상격.

巳월 癸수:
1. 마르기 쉬우니(신약) 辛금(차선 庚금)으로 생조하고 壬수로 강화시켜야 상격. 2. 지지나 지장간
에서도 火기운이 적어야 증발되지 않는다. 3. 辛壬이 모두 투출하고 지지에 火기운이 강하지 않으
면 상격. 4. 金水기운이 전무하면 하격. 5. 辛壬에 丁화가 끼어들면 中격 이하(1. 丁壬 합. 2. 丁
화 헨 辛금). 6. 火기가 드세고 비겁(水)이 없으면 눈(目)이나 精氣에 손상이 온다. 7. 火왕에 庚
壬 양투하면 부귀. 물론 천간에 丁화가 있으면(1. 丁壬 합 2. 庚금 손상) 최하격. 8. 辛금이 핵심
이니 丁화가 끼어들면 하격. 9. 여름 壬癸수는 증발하기 쉬워서 대부분 金水를 쓴다.

午월 癸수:
1. 癸수가 증발되기 쉬운 계절(신약)이니 우선은 印성 庚辛금으로 생조하고 그다음 비겁 壬癸수로
강화시켜주면 최상격. 2. 丁화를 억압하는 水기운이 없으면 하격. 金水(印星과 比劫)가 전무하면
최하격. 3. 火기가 드세면 눈(目)이나 精氣에 손상이 온다. 4. 金 투출하고 지지에 [申/子/辰]을
보면 부귀. 5. 지지 火국에 壬수가 투출 못하면 [철학/신앙/종교] 귀의 가능성. 6. 壬庚 양투하면
최상격. 7. 여름 壬癸수는 증발하기 쉬워서 대부분 金水를 쓴다.

未월 癸수:

1. 火土기운이 강하니 庚辛금으로 생조하고 壬癸수로 강화시키면 상격. 2. 庚辛금(水근원/보호자) 전무하면 하격. 金水가 전무하면 최하격. 3. 未월은 陰陽이 크게 변하는 大전환기임을 명심할 것. 4. 천간과 지지 모두 丁화를 꺼린다. 5. 여름 壬癸수는 증발 때문에 대부분 金水를 쓴다.

申월 癸수:

1. 庚금 왕성한 계절이니 丁화(제련기능. 용신)를 쓰면 상격. 丁화를 생조하는 甲목이 있으면 최상. 2. 丁화가 힘있게 통근하면 富貴 병존. 3. 庚금에게 丁화는 剋 아닌 生으로 작용. 丁庚이면 상격. 4. 水강하면 戊토로 制해야 상격. 5. 土강하면 甲목(丁화 생조)으로 制해야 상격. 6. 丁화가 빠지면 申월 庚금을 제련 못하니 하격. 7. 천간 丁庚은 항시 좋은 관계. 8. 庚丁甲이면 최상격.

酉월 癸수:

1. 金白水淸의 계절이니 辛금(용신)으로 생조하고 조후 丙화를 쓰면 상격. 2. 이때 丙辛은 붙으면 [습/剋]이 되니 떨어져 있어야 상격. 3. 丙화 없으면 하격. 4. 壬수 투출하면 관살土가 용신.

戌월 癸수:

1. 火土 기운이 있어 癸수가 약하니 辛금으로 생조하고 甲목으로 강한 土기운을 制해 줘야 상격. 2. 건조한 토양의 戌월이니 지지는 습기(水)가 있어야 상격. 3. 辛甲이 양투하고 지지 子수(지장간 癸수)이면 최상격. 전무하면 빈천 최하격. 4. 甲목 없이 戊토가 旺하면 빈천.

亥월 癸수:

1. 亥월 지장간 甲목 때문에 癸수가 힘이 빠지니 庚辛금으로 생조하고 조후 丙화를 쓰면 상격(庚辛丙). 이때 金을 剋하는 丁화가 오면 하격. 2. 丙화가 없다면 하격. 丙庚辛 전무하면 최하격. 3. 火가 강하면 外華內貧. 4. 지지 木국이면 癸수가 더욱 신약해져서 하격. 5. 庚辛금 투출하고 丁화가 이를 억제하면 부귀와 명예.

子월 癸수:

1. 드센 추위에 우선 조후 丙화로 해동하고 辛금으로 생조하면 金溫水暖(금온수난)이 되어 상격. 2. 丙화(핵심)가 없다면 빈천(단 丙辛 습 조심, 丙화와 辛금이 붙어 있으면 안 좋다. 丙辛 습 때문). 3. 겨울 추위에 壬癸수 가세하면 빈천/고독/요절. 4. 겨울 壬癸수 일간은 남방 火운으로 흘러야 좋다. 5. 戊己 토가 많으면 빈천/요절. 6. 辛금으로 生助해 줘야 癸수는 계속 흐를 수 있다.

丑월 癸수:

1. 조후 丙화 태양만 투출해도 상격. 2. 丙丁화(핵심)가 없다면 하격. 3. 겨울 추위에 壬癸수 가세하면 빈천/고독/(丙辛 습과 丁壬 습 조심). 4. 월지 丑토 지장간 己토가 투출하면, 반드시 丁화를 用할 수 있어야 상격. 5. 지지 水국에 丙화가 안 보이면 일생 피곤. 6 지지 金국에 丙화 [투출/통근]한다면 최상격. 7. 지지 木국이면 [잔병/건강문제]를 조심해야 함.

癸丑(계축) 일주

○ 丑土 지장간 분석: [편관+12운성 冠帶관대].

　　비견 癸수　9: 상관的 비견(끼, 사교성, 구체적 현실성을 갖춘 주체성).
　　편인 辛금　3: 겁재的 편인(경쟁, 질투하는 고독, 공허, 직관).
　　편관 己토 18: 정인的 편관(부드럽게 들어오는 강제성, 억압성).

○ 겉으로는 내성적이며 소극적인 모습으로 남의 뜻을 잘 따르고 수용하는 편.
○ 심지어 위축된 모습을 보이기조차 하지만, 내면으로는 [힘/저돌적 추진력/리더십/용맹성/카리스마/호승심/의지]가 충만하다. 외유내강.
○ 비교적 괜찮은 외모에 조용하고 수수한 겉모습과는 달리 극단적 경쟁심리가 대단하다.
○ 심신의 기력이 강하지만, 길흉의 기복은 잦은 편이다.
○ 스스로를 억압하는 내면에 반발하여 순환반복式의 폭발(오기/분노)이 내면화되어 있다.
○ 상당한 [고집/추진력/질투심/배짱]이 결정적 순간에 강한 반발심과 함께 발현되기도 한다.
○ 겨울 丑土와 강한 陰기운으로 무장한 극단적인 [힘/욕망/靈的 감각/경쟁심/끈기/의지]가 주변을 놀라게 할 때가 많다.
○ 丑土는 얼어붙은 땅이라 [성격·심리]가 아주 [복잡/다양/미묘]할 때가 많다.
○ 사람의 심리와 성격을 잘 [파악/대처/활용]하는 재주가 있다. 그래도 동업은 금물이다.
○ '사려 깊다. 남을 배려할 줄 안다.'라는 평가를 자주 받기도 한다.
○ 이 癸丑 일주는 춥고 외로운 상태([인정 욕구/칭찬받기]에 집착)라서 온열한 火기운이 사주에서 잘 배치되어 있으면 좋은 인생행로가 전개된다. 그러나 한번 꺾이면 재기가 어렵다.
○ 몸을 쓰는 일에도 [재주/감각]이 좋다.
○ 부부간의 금슬유지에 특히 힘쓸 필요가 있다. 특히 부부인연의 잦은 변화에 유의해야 한다.
○ 편향되면서도 과도한 性的 매력 혹은 집착이 문제를 야기하기도 한다.
○ 좋은 화술과 [총명/다정다감/자상/사교성]으로 대인관계를 만들어 나가는 능력이 돋보인다.
○ 손해 본다는 피해의식과 그것을 억압하는 내면의식이 주변과의 관계를 어렵게 한다.
　　내면의 [고통/상처/비밀]을 잘 어루만져줄 필요가 있다.
○ '끝까지 간다.'라는 [끈기/집념/고집/오기/자존심/의지]가 성패의 파고를 극단화시킨다.
○ 시키면 하지 않는 일을 분위기만 띄워 주면 혼자서도 신명나게 잘하는 특성도 있다.
○ 사회적 공익을 위하는 마음과 봉사정신도 많이 가지고 있으나, 경계하는 마음과 내성적 성향으로 기회가 와도 잘 포착하지 못하는 편이다. 적극적으로 나서라.
○ 끈기, 집념, 일관성, 고집 등은 타의 추종을 불허한다.
○ 혼자서 하는 작업이나 직무, [의·약] 계통, [조사·검열·강의·감독] 분야, [외국어/모델/연예인/의류/패션/화장/피부미용] 쪽의 직업진로적성이 좋아 보인다.
○ [사회정의실현/공익봉사활동] 쪽으로 가치관이 변화되면 긍정적 운세로 바뀔 가능성이 크다.
○ 寅시(지장간 辛금과 인신 沖) 출생자라면 路上에서 변고를 당하거나, 특히 [발/다리]를 다치기가 쉽다(이정호 說).

계
수

○ 자신의 일을 끝까지 마무리 짓는 능력이 뛰어나다.

○ 겉모습은 차갑고 냉정해 보이지만, 내면의 성품은 부드럽고 여린 구석도 많다.

○ 좋고 싫음이 선명하고 감정기복도 불쑥 있어, [오해/갈등]의 여지를 남긴다.

○ 생활력은 좋지만, 길흉의 부침(우여곡절/역경/경쟁/뜻밖의 성취)이 자주 나타나는 편.

○ [자존심/고집]을 조금만 억제하면, 운세는 즉시 호전된다.

○ [사회/조직/직업] 활동에서는 상당히 [능동적/긍정적]임.

○ 여성은 가정에 안주하기보다는, [사회생활/가치관/직업/전공]을 선택하기도 하며, 간혹 자식에 극단적으로 집착하기도 한다.

○ 일지 배우자 자리가 [편관/백호]라서 결혼도 복잡한 과정을 거치며, [가정생활/배우자 인연/자녀] 덕도 약한 편이다.

○ 木(식상), 火(재성) 기운이 어우러지면 살림살이가 확 펴질 때도 있다.

○ 화술과 언어활동에 관련된 방송, 부동산, 무역, 종교신앙, 물류유통 계통의 직업진로적성에도 좋은 인연이 있으며 현상을 바라보는 직관력도 도움이 된다.

○ 土, 金기운이 들어오기 시작하면 몸이 무거워지거나 [보호자/귀인]이 사라짐. 건강 조심.

○ 火, 土가 득세하면 문서 필화, 뒷담화, 구설수, 관재 송사 등으로 이어지니 조심, 또 조심.

○ [통일교 교주 故 문선명/야구감독 선동렬]의 명식이 癸丑 일주로 알려져 있다. 참고할 것.
    일주끼리 천극지충 관계인 국회의원 손혜원의 일주가 丁未임을 참고할 것.
    [야구감독 선동렬 對 국회의원 손혜원]의 논쟁을 참고한다면, 참으로 흥미롭고 유의미함.

○ 남들보다 특이한 [사고/변고(수술, 불치병, 교통사고, 몸의 흉터나 큰 점, 가까운 가족의 흉사)] 를 겪는 경우도 제법 있지만, 불굴의 의지와 돌파력으로 긍정적 효과를 내기도 한다.
    흔히 말하는 백호살(甲辰/戊辰/丙戌/壬戌/乙未/(己未)/丁丑/癸丑)에 해당하기 때문이다.

○ 일지 편관은 삶이 다소 특이하거나, 혹은 드라마틱한 배우자일 가능성도 있다.
    일지 편관(甲申/乙酉/戊寅/己卯/壬辰/壬戌/癸丑/癸未 일주) 참고(간산 說).

 1. 삶이 많이 힘들어질 때는, [외부로/밖으로/타향으로/해외로] 시선을 돌려 보라!
    공간 이동과 삶의 패턴 변화를 시도해볼 필요가 있다는 말씀. 충분한 효과가 있을 것임.

 2. 일지에 [寅목/卯목/申금/酉금]이 오면 특히 [건강/질병/신체손상] 등에 조심해야 한다,
    특히 일지에서 인신 沖, 묘유 沖이 성립하면 몸의 손상이 더욱 심하게 나타난다.

 3. 잦은 [이직/전직]과 극단을 오고가는 삶의 여정에 피곤할 때가 많다.

 4. 배우자 쪽으로의 문제가능성 대비. 외모도 파격적인 데가 있는 편이다(길흉판단 불가).

 5. 상당히 폭력적일 때가 많다(허장성세/리더십/정치권력 집착). 특히 甲申 일주, 辛卯 일주.

 6. 지지에서 인신사 3형(2형도 가능)을 이루면 의술 계통에 종사할 가능성도 된다.

○ 癸丑 일주는 자신과 같은 干支(간지)인 癸丑년과 癸丑월, 癸丑일을 '각별 조심'해야 한다.

○ 甲子, 甲寅(년, 월, 일)과 壬子, 壬寅(년, 월, 일)도 특별히 조심하고 대비할 필요가 있다.

◎ '50 癸丑(계축)'의 물상적 형국과 그에 따른 명리학的 [조언/충고]:

물이 찰랑거리는 갯벌, 늪지.

→ 주변 [환경/사람]을 따뜻하게 감싸면 의외의 결실로 돌아온다.

계
수

癸卯(계묘) 일주

○ 卯목 지장간 분석: [식신+12운성 長生장생].

　　상관 甲목 10: 편재的 상관(통제되고 관리되는 화술과 사교성).
　　식신 乙목 10: 정재的 식신(치밀하게 실리를 추구하는 궁리나 연구).
　　식신 乙목 10: 정재的 식신(치밀하게 실리를 추구하는 궁리나 연구).

○ 실리나 보상에 대한 집착은 있으나, 봉사와 헌신의 마음도 상당하다.
○ 자신의 재주와 능력을 발휘하고자 하는 [머리/발상/창의성/노력]이 대단하다.
○ [끝마무리/실리/실속]에는 취약하다.
○ 재주와 능력의 화학적 결합이니 금상첨화이다.
○ 겉으로는 대범하나, 속은 소극적이며 소심하고 여린 편이다.
○ 연구하는 자세와 더불어 창작의 욕구도, 창조적 발상의 능력도 상당히 양호하다(전문직 연구원/창의성/기획 파트/아이디어).
○ 정서적 낭만을 추구하면서 여유 있게 살아가고픈 욕망(가정적/물질적 가치)이 공존하다.
○ 스스로 동하지 않는 일에는 철저하게 외면하고, [사회봉사/공익활동/시민활동]에 헌신한다.
○ 심성은 동심이나, 겉보기와는 달리 내면은 양면성과 이중성(소심/대범, 자부심/열패감, 다정다감/냉혹함)을 띤다.
○ [문학/예술/예체능/엔터테인먼트] 쪽으로도 좋은 능력과 재능이 있다.
○ 외형적 품위와 멋과 끼, 비판적 화술, 더하여 사교성까지 좋아서 대인관계의 그물망을 순간순간 잘 엮어 나간다.
○ 조급하지 않고 여유 있는 생활의 리듬을 유지하면서도 사람의 [몸·생명·음식]에 대한 [집착/관심/이해]가 있다.
○ 자극에 대한 [반응·반발력]과 일처리는 빠르고 깔끔하다.
○ 판단은 신속하나, [끈기/일관성/자신감/결단성]이 부족할 때가 있다.
○ [好·不好]가 너무 선명하여 주변인들과의 관계가 소원해질 때가 있다. 그러나 뒤끝은 없다.
○ 개인 사업이나 창조적 발상의 예술/예능, 자유업/요식업종, 교직, [생명공학/전기/전자/수리/물리, 한의/양의/약/치의/수의] 분야에 좋은 직업진로적성이 보인다.
○ 사주에서 乙목 기운이 빛나면 [몸/피부/음식] 관련 직업진로적성 쪽으로도 인연이 있다.
○ 가무음주와 주색잡기, 異性 문제까지 감각이 닿아 있으니 스스로 자제해야 할 터이다.
○ 너무 감각적인 면으로 생각과 사고, 그리고 생활습관이 고정되면 힘들어진다.
○ 일지가 卯(묘)이면 대체로 妙(묘)한 성향과 '妙한 심성', 그리고 '妙한 性的 매력'이 있다.
○ 사주 원국에서 식신생재(木生火)가 이뤄지면 볼 것 없이 [식품공학/음식(점)/요리(연구)/화장(품)/피부/미용/영양관리/신체활동/홈쇼핑/임대임차 업종/컨설팅] 등의 진로직업적성이 어울린다.
○ 재물은 부록으로 따라오기 마련이다. 단, 잦은 [전직/이직] 충동을 잘 자제해야 한다.
○ 여성은 대체로 사교성 좋고 호감형의 외모가 많다.
　그러나 배우자 인연엔 2~3 번의 굴곡이 있다.

계
수

○ 고전명리학에선 '天乙貴人'이라 하여 아주 귀하게 여기는 일주이다(천을귀인: 丁酉/丁亥/癸卯/癸巳).

○ 오행의 균형이 깨지면 [천박한 언행/性的인 방종/변태]가 드러나기도 한다.

○ [논리적/창의적]이며, 봉사심과 더불어 본인이 가진 것을 나누고 베푸는 마음도 강하다.

○ 소심하고 겁이 많아서, 생각보다는 실속을 챙기지는 못한다.

○ 식상의 기운이 강하고 혼잡해서 오지랖도 넓지만, 過하면 모자람만 못한 법이다.

○ 실수(고집/편견 때문)는 있지만, 주변 신뢰와 더불어 비교적 안정된 삶을 누린다.

○ 출세와 무관한 多才多能(다재다능)이지만, 삶의 좋은 무기가 된다.

○ 안정된 배우자와 가정을 특히 선호하지만 남녀 공히 한두 번의 위기가 온다.

○ 水, 木기운이 잘 배열되면 [외국/외국어/외국생활과 문화(주로 英美권)]와 교류하는 인연이 생기기도 한다.

○ 외모와 신장도 상당히 괜찮은 수준이다.

○ 재물복과 부모덕을 심심치 않게 보는 것도 '天乙(천을)귀인'이 주는 여러 혜택 中 하나다.

○ 직관적 감각이 좋아서 [점술/주역/동양철학] 등에도 재주와 인연이 닿아 있다.

○ 人的 네트워크도 원만해서 주변의 호감을 사는 편이다.

○ 癸卯 일주는 자신과 같은 干支(간지)인 癸卯년과 癸卯월, 癸卯일을 '각별 조심'해야 한다.

○ 甲寅, 甲辰(년, 월, 일)과 壬寅, 壬辰(년, 월, 일)도 특별히 조심하고 대비할 필요가 있다.

◎ '40 癸卯(계묘)'의 물상적 형국과 그에 따른 명리학的 [조언/충고]:

비 내리는 잔디밭.

→ 성취의 눈높이를 낮추고, 거시적 안목으로 주변을 살펴라.

계
수

癸巳(계사) 일주

○ 巳화 지장간 분석: [정재+12운성 胎태].

  정관 戊토 7: 편인的 정관(보수, 공허 고독, 철학적인 객관성과 합리성).
  정인 庚금 7: 비견的 정인(주체적인 수용성과 온화함).
  정재 丙화 16: 편관的 정재(억압, 강압적인 치밀성과 실리추구).

○ 남의 생각을 잘 수용하지만 본인 스스로는 '외롭다, 내성적이다'라고 생각하는 편이다.
○ 부드럽지만, 분명하게 따지고 드는 [분석주의/원칙주의]가 고집스러워 주변을 어렵게 만든다.
○ 어물쩍 넘어가는 경우가 없다.
○ 자신의 [일/업무/사업]에는 아주 [성실/충실]하다.
○ 물(水)과 불(火)이 충돌하니 [변화/변덕/성급]의 성향과 심리를 강하게 드러낸다.
○ 일이 지체되거나 무엇과 충돌하거나 해서 답답할 때가 많지만 [실리/결과]는 뒤늦게라도 있다.
○ 고위 공직자 유형에서 많이 나타나는 일주이다. 웬만한 불기운일지라도 癸수는 두려움이 없다.
○ [공부/진학]에서도 좋은 운과 결과를 맛보는 편이다.
○ '역마-천을귀인'이면 [운 좋은 공부와 시험/고위 직책]을 맛보기도 한다.
○ 자신의 주장과 판단에 대한 집착이 강해서 추진력을 필요로 하는 단체의 장이나 [관리·감독]의 직업진로적성도 생각해볼 만하다.
○ 보수적이며 사람에 대한 이해와 휴머니즘도 괜찮다.
○ 오행이 편향되어 주관적인 고집이나 편견으로 성향이 흐르면, 자칫 주변 사람들에게 '독재자', '수용성이 모자란 사람', '인정머리 없는 놈'이란 혹평으로 이어질 수가 있다.
○ 실리추구나 경제관념에서는 상당히 [꼼꼼/섬세]한 면모를 보인다.
○ [직관력/추진력/처세술/리더십/사교성/대인관계]도 좋은 편이라 직장 內 평가도 긍정적이다.
○ 식복과 재물복은 좋으나, 재물(火)에 대해 연속된 집착을 느낄 때가 가장 위험하다.
○ 한발 물러설 줄도 알아야 한다. 모든 집착은 끝이 언제나 처참하다.
○ 호기심(귀가 얇다는 평가)도 많고, 성적 욕구도 자유분방해서, 리버럴 라이프스타일 쪽으로 빠져들기 쉽다. 윤리, 도덕적으로 재무장할 필요가 있다.
○ 주변을 즐겁게 만드는 재주가 있다. [말/언어/사회자/개그/강의/강연] 등의 숨은 재능이 분위기를 띄우기도 한다.
○ 자신의 욕망을 충족하기 위해 [불법적·편법적]인 지름길을 선택하는 경망함(귀 얇음/조급증/천박함 포함)도 있다. 이것이 敗家亡身의 지름길이 될 때가 있으니 각별 조심할 것!
○ 남성은 처복이 좋다. 일지의 배우자 정재 巳화가 [충/극/형]이 없으면 더욱 좋다.
○ 여성은 대개 [사회/봉사/직업] 쪽으로 기울게 된다.
  戊(정관)癸 暗合으로 남편의 의처증이 발생할 수도 있다(이정호 說).
○ 異性 문제 각별 조심(자체 內 무계 合 때문. 특히 천간에서 戊토의 기운이 들어오면 손재수나 구설수, 몸을 다치거나 명예손상, 부정적인 윤리 도덕문제 등에 휘말릴 수도 있다). 넘치는 끼와 매력의 절제가 적극 필요하다.

계수

○ 가장 보편적인 공무원(교육/세무/행정/복지) 혹은 회사 근무(관리직/연구직)의 직업진로적성으로 좋아 보이며, 개인사업 분야도 성장 가능성이 괜찮은 편이다.

○ 인정 많으며, 대인관계가 넓고 무난하다.

○ 계산과 눈치가 빠르며, 감각이 예민하고 섬세하다.

○ 癸수의 음기와 巳화의 양기가 서로 다투게 되면, 갑작스런 [감정기복/변덕]이 주변을 난처하게 만들기도 한다.

○ [부모/배우자]의 후원은 괜찮은 편이나, 청소년기의 일탈이 삶 전체에 발목을 잡기도 한다.

○ 안정된 가정을 지향하지만, [가정/직업/공동체] 생활에서 다소 피곤함.

○ [업무/공부/사업]에서도 들인 [땀/노력]에 비해 [성과/결과/실리/이익/성적]이 좋은 편이다.

○ 官성 土기운이 통관 혹은 생조를 잘 받으면 정의감이 강하며, 고위직까지도 가능하다.
　'재生관', '관인生'까지 할 수 있다면 사회적 [성공/출세]도 충분하지만, 자칫 '재剋인'으로 흐르게 되면 돈이나 異性에 집착하게 되어 오히려 삶이 피폐해 질 수도 있다.

○ 너무 신중하고, 생각과 의심이 많아서 적정 타이밍을 놓치는 경우가 더러 생긴다.

○ 고전명리학에선 '천을 귀인'이라 하여, 아주 貴하게 여기는 일주다(천을 귀인: 丁酉/丁亥/癸卯/癸巳).

○ [국무총리/행정안전부 장관/국회의원] 김부겸의 일주가 癸巳이다. 참고할 것.

○ 木, 火기운이 강성하면 간혹 심신의 장애를 동반하기도 한다.

○ 癸수는 [귀/소리/음악/만남/회합/사교/물/바다]와 맞닿아 있는 천간이라 그쪽으로 [감각/관심]이 뻗치기도 한다.

○ [철학/정신/數理/공학/통계/심리/해운/항공/해양/호수/물/양식업] 쪽으로의 좋은 직업적성이 나타나기도 한다.

○ 癸巳 일주는 자신과 같은 干支(간지)인 癸巳년과 癸巳월, 癸巳일을 '각별 조심'해야 한다.

○ 甲辰, 甲午(년, 월, 일)와 壬辰, 壬午(년, 월, 일)도 특별히 조심하고 대비할 필요가 있다.

◎ '30 癸巳(계사)'의 물상적 형국과 그에 따른 명리학的 [조언/충고]:
냉면집의 끓는 육수 국물.
→ 조급한 서두름만 경계한다면 매사 순조롭다. 자질구레한 실수가 예상된다.

계
수

癸未(계미) 일주

○ 未土 지장간 분석: [편관+12운성 墓묘].

  편재 丁화 9: 정관的 편재(합리성과 객관성을 갖춘 통제·관리).
  식신 乙목 3: 정재的 식신(치밀, 실리, 몸에 대한 연구와 궁리).
  편관 己토 18: 정인的 편관(수용성, 온화한 억압, 민첩함).

○ 일간 癸수가 극을 받음으로 상당히 피곤한 형태로 연속된 긴장의 모습을 보여준다.
○ 일지도 未土(辰戌丑'未' 토)라서 내면이 [섬세/복잡(양면성, 이중성)/다양/미묘]하다.
○ 특정한 임무나 작업에서 잘 적응하고 과도한 책임감도 있어 윗사람의 신임을 받게 된다.
○ 과중한 감정노동, 자기억압, 오지랖 넓음, 스트레스 등으로 주변과 [충돌/갈등]을 빚을 가능성도 꽤 있다.
○ [乙목->尅->己토->尅->癸수->尅->丁화] 과정에서 복잡한 충돌이 발생하니 편관의 고유특성을 상실하여 無色無臭하고도 [평범/온화/순박]한 형태로 변질될 가능성이 농후하다.
○ 癸수 일간 중에서는 가장 부드럽고 평범하다. 스케일도 다소 작은 편이다.
○ 자신의 적성과 재능을 잘 살리기는 하나, 가끔은 너무 목표돌진形이라 중간에 생각하지 못한 변수를 만나 인내와 고생만 하고 [공적/실속]은 허공으로 사라지는 허무한 경우도 생긴다.
○ 木, 火기운의 대세운을 잘 만나면 뜻하지 않은 큰 [성공/결실]도 가능하다.
○ 허둥지둥 일을 추진하다 보니, 안정성과 여유를 갖지 못해 몸만 바빠지고 정신건강까지 손상당할 우려가 있으니 조심 要(일처리 時, [수단/과정/목표/결과/가치]를 혼동할 때가 자주 있다). 건강과 질병 쪽으로 좀 더 많은 관심을 가질 필요가 있다.
○ 癸수와 未土는 陰과 陰끼리의 극이라 강도가 아주 세다. 재물과 권력에는 비교적 초연한 편임.
○ 사회적 대인관계와 개인적 대인관계를 혼동하여 [재물손실/오해]를 자초하기도 한다(공사구분 취약, 출세지향주의).
○ 정재的 식신 乙목이 장애를 받지 않으면 평생 의식주 걱정은 없다. 특히, 일과 사업으로 인한 역마적 이동성을 긍정적으로 잘 활용하면 예상밖의 성과를 거두기도 한다.
○ 숲을 못 보고 잔가지에 집착하다 失機하기도, 손실을 자초하기도, 위기를 맞기도 한다.
○ 부드럽고 유순해서 능력 있는 귀인이나 윗사람에게 인정받고 발탁될 가능성도 열려 있다.
○ [인문/사회] 과학 쪽 직업적성도 괜찮지만, 부동산 관련 업종과 관리 분야, 물질과 기계의 [메커니즘/알고리즘]의 공학 분야, 조직관리나 참모직책 쪽으로도 직업진로적성도 좋은 편이다.
○ 土기운이 왕성할 때를 조심해야 한다. 일간 癸수가 힘없이 무너지거나 흡수당할 가능성이 있기 때문이다. 그때만큼은 [가정/직업/배우자/자식]을 지키기 위한 배전의 노력이 있어야 한다.
○ [권력/출세/대인관계]에서 권모술수에 너무 집착하면 敗家亡身하기 쉬우니 적당히 할 것.
○ 사주의 오행 배열이 조화롭지 못하면[가령 강력한 木기운의 포진(식상. 느림/욕심/게으름/나태/태만)과 같은 경우] 매서운 비판과 저항도 각오해야 한다.
○ 식상, 재성, 관성 모두를 가지고 있어 인생을 열심히 사는 사람이다.
○ 작은 일에 상처받기도 하고, 속으로는 연연해하기도 한다.

○ 힘든 일을 겪더라도 자수성가하는 사람이 많다.
○ 돈에 너무 얽매이면 '재生살'이 되어 본인이 오히려 위험해질 수 있다(건강/질병 문제 포함).
○ 癸未 일주가 가진 좋은 무기인 '식신'으로 즐기며 베푸는 삶을 산다면 더욱 上격의 사주다.
○ 힘의 강약 조절이 [재물/직업/사회] 생활에서 관건이 될 때가 많다.
○ 삶의 선명한 기복은 인생 중후반에(吉凶 판단유보) 몇 번 있다.
○ 남녀 공히 부부인연은 다소 취약하며, 의식주와 주거불안도 잠시 그리고 살짝 지나간다.
○ 일지 편관(가정/직업/배우자 문제) 未土를 깔고 앉았으니 위험하면서도 부담스런 배우자일 가능성이 크지만, 지장간 식상 乙목이 투출하면 식록(식복)은 비교적 괜찮은 편이다.
○ 木, 火기운이 취약하거나 충극을 받으면, 먹고 살기가 빠듯해지고 의식주가 흔들린다.
○ 남녀 공히 결혼으로 이르는 과정이 늦어지거나 순탄하지 못한 편이다. 자연 자식도 늦어질 가능성이 크다.
○ 木, 火기운이 득세하면 [명상/철학/힐링/출판/전기/전자/인터넷-게임/패션-의류/시각예술(예체능)] 계통의 직업이나 일거리를 맡게 되는 경우가 많다.
○ 여성의 경우 평균치 이상의 외모와 사회직업 활동도 적극적이지만, 결혼과 자식이 늦거나 배우자 인연은 약하다. 자식 문제로 속앓이를 할 때가 몇 번 생긴다.
○ 남성의 경우, 잡다한 土기운은 직업을 전전하는 형태로도 많이 나타난다.
○ 土기운이 왕성하면 [종교/신앙] 활동, 사회복지, 공익 봉사, 시민활동 등의 진로적성이 좋다.
○ 본능적으로 丁화의 기운(빛, 눈의 자극과 욕망, 시각 예술, 디자인, 배우기질, 무대 예술, 자기과시, 관리와 통제)을 좋아하고, 또 필요로 한다.
○ 한화 회장 김승연의 일주가 癸未 일주로 알려져 있다. 참고할 것.
○ 일지 편관은 삶이 다소 특이하거나, 혹은 드라마틱한 배우자일 가능성도 있다.
  일지 편관(甲申/乙酉/戊寅/己卯/壬辰/壬戌/癸丑/癸未 일주) 참고(간산 說).
 1. 삶이 많이 힘들어질 때는, [외부로/밖으로/타향으로/해외로] 시선을 돌려 보라!
    공간 이동과 삶의 패턴 변화를 시도해볼 필요가 있다는 말씀. 충분한 효과가 있을 것임.
 2. 일지에 [寅목/卯목/申금/酉금]이 오면 특히 [건강/질병/신체손상] 등에 조심해야 한다,
    특히 일지에서 인신 沖, 묘유 沖이 성립하면 몸의 손상이 더욱 심하게 나타난다.
 3. 잦은 [이직/전직]과 극단을 오고가는 삶의 여정에 피곤할 때가 많다.
 4. 배우자 쪽으로의 문제가능성 대비. 외모도 파격적인 데가 있는 편(길흉판단 불가).
 5. 상당히 폭력적일 때가 많다(허장성세/리더십/정치권력 집착). 특히 甲申 일주, 辛卯 일주.
 6. 지지에서 인신사 3형(2형도 가능)을 이루면 의술 계통에 종사할 가능성도 된다.

○ 癸未 일주는 자신과 같은 干支(간지)인 癸未년과 癸未월, 癸未일을 '각별 조심'해야 한다.
○ 甲午, 甲申(년, 월, 일)과 壬午, 壬申(년, 월, 일)도 특별히 조심하고 대비할 필요가 있다.

◎ '20 癸未(계미)'의 물상적 형국과 그에 따른 명리학的 [조언/충고]:
여름 평야의 시원한 소낙비.
→ 지금은 어렵지만, 임박한 기회가 왔을 때는 강하게 밀어붙여야 한다.

계
수

癸酉(계유) 일주

○ 酉금 지장간 분석: [편인+12운성 病병].

    정인 庚금 10: 비견的 정인(주체성 있는 수용성과 온화함).
    편인 辛금 10: 겁재的 편인(경쟁, 질투의 고독, 공허, 철학).
    편인 辛금 10: 겁재的 편인(경쟁, 질투의 고독, 공허, 철학).

○ 감정적으로 [예민/화려]하고, [사회성/감수성]이 좋고, 빠른 직관력도 장점이다.
○ 다재다능하며 [암기력/몰입/집중력]이 좋으며, 차갑고 냉정한 이성적 감각, 깔끔한 보석과 같은 분위기(이미지)를 풍긴다. 총명하고 우수한 머리다.
○ 겉으로는 여유 있고 안정되어 보이나 내면적으로는 상당히 불안하고 여려서, 남들의 시선을 많이 의식하는 편이다.
○ 외모와 겉치레에 너무 빠지면 위험할 수도 있다(예술적 철학적 [끼/까탈/변덕/비밀]은 편인辛금, 酉금의 영향).
○ 한 번에 큰 것을 노리다보니 몸의 손상 내지는 경제적 손실의 위험도 있다.
○ 주변이 적막하고 [결백/순수/고독]한 심성이라 특히 정신건강 차원에서 조심을 요한다.
○ 스스로 외롭다는 인식과 함께 내면에서는 경쟁과 과거집착 그리고 불안을 동시에 소화하려니 어렵기만 하다.
○ 기회를 포착하면 제 것으로 만들 줄 아는 힘이 있다.
○ 남의 시선과 과거의 일은 모두 무시하고 빨리 잊어버리는 것이 상책이다.
○ 水기운이 강해서 차갑게 보이면서도, [창의성/공상/상상/생각/잡념/망상] 등은 많을 수밖에.
○ 밝고 화려하고 뜨거운 기운(火)을 가까이 하는 것도, 친구를 수다스럽게 여럿 사귀는 것도 도움이 될 수 있다.
○ [일관성/집념/의지/자기과시/자기과신/性的 욕구]는 아주 강하다.
    잘못되면 큰 적폐, 잘되면 큰 인물로 우뚝 선다.
○ 자신의 생각과 주장을 시원하게 펼치지 못해 생기는 억압구조가 변형되면, 자칫 부정적 왜곡(심한 변덕으로 표출됨)이나 폭력성으로 나타날 우려가 있다.
○ 歌舞飮酒(가무음주)와 풍류의 기질도 은근히 드세니, 술로 인한 여러 사연이 발생할 수도 있음을 유념할 것.
○ 주변인들에게 자신의 속마음을 자주 털어 놓으면 큰 도움이 된다.
○ 주체적 수용성과 부드러움 그리고 자상함이 부분적이긴 하지만 넓게 분포되어 있어, [내면적 사고/외형적 활동]도 활발하다.
○ 자신의 [억압/갈등]을 외부적으로 잘 [수습/표출]할 수만 있다면, 일단은 [긍정적/안정적] 생활로 접근할 수 있다.
○ [의·약]학, 신체활동 계통, [교육·교수·연구직], [철학/종교/예술], [경제/무역/개인 사업/물류 비즈니스/외국어] 분야 쪽으로 재능과 직업진로 적성이 좋아 보인다.
○ 물질과 기계의 [메커니즘/알고리즘]을 다루는 공학 분야도 괜찮은 진로직업적성이다.

○ 남녀 공히 晩婚(만혼. 늦은 결혼)을 적극 권유함.
○ 재주가 다양하고 감각이 뛰어나 예체능이나 문학, 예술, 철학 방면에서 성공하는 경우도 있다.
○ 印성이 중첩되어, 모친의 [영향력/집착]이 상당하며, 그 열정이 남다르다.
○ 강한 인성에 휘둘리면 [시가/처가]와의 갈등이 있을 수 있다.
○ 한번 틀어진 사람은 쳐다보지도 않는 냉정함도 있다.
○ 특수 분야의 [면허/자격]이면 坦坦大路다.
○ [종교/깨달음/형이상학] 등의 [분야/학문] 쪽으로 심취할 가능성도 제법 된다.
○ 병약한 청소년기를 보낼 가능성도 있음.
○ [총명/신경질적/일관성 부족]한 경향성을 알고 대비할 것.
○ 괜찮은 배우자운을 기대해볼 만하다.
○ 사주에서 火, 木기운의 좋은 관계가 유지된다면 상당기간 바람직한 운세를 맞이할 것임.
○ 여성은 [재치/애교/외모/사교성]이 뛰어나지만, 내면은 반작용의 힘(고집/주체성/반항)이 자못 강하다. 자식에 대한 질긴 집착이 마음의 병이 되기도 한다.
○ 여름 生이면 단연 西北쪽과 겨울, 밤의 활동의 직업에서 두각을 드러낸다.
○ 천간에서는 金이, 지지에서는 土가 안정되게 깔려 있으면 집단의 [지도자/리더/CEO/조폭두목/단체長]으로 급부상하는 경우가 있다. 전직 대통령 中 한 분도 이 癸酉 일주로 알려져 있다.
○ 木, 火, 土, 金기운의 배열이 좋으면 큰 무대에서 큰 성공으로 이름을 크게 떨친다. 바로 김연아 선수의 일주이다.
　　癸酉 일주가 맑고 투명한 얼음판을 그대로 상징하고, 월지의 정인 申금이 어머니의 헌신적 노력을 암시함. '癸酉'의 상징성을 압축하면 '얼음판 위의 [칼날/스케이트/보석]'이다.
○ 자신의 [능력/재주]를 너무 과신하다 敗家亡身(패가망신)한 사례가 많으니 주의할 것.
○ [戊申/癸酉] 일주는 [재혼/중혼]의 가능성이 있으니 조심 요망.

○ 癸酉 일주는 자신과 같은 干支(간지)인 癸酉년, 癸酉월, 癸酉일을 '각별 조심'해야 한다.
○ 甲申, 甲戌(년, 월, 일)과 壬申, 壬戌(년, 월, 일)도 특별히 조심하고 대비할 필요가 있다.

◎ '10 癸酉(계유)'의 물상적 형국과 그에 따른 명리학的 [조언/충고]:
암반에서 분출되는 石間水(석간수).
→ [끼/재주]는 충분하니, 과시욕구만 자제하면 긍정적 결과가 곧 可視化된다.

계
수

癸亥(계해) 일주

○ 亥水 지장간 분석: [겁재+12운성 帝旺제왕].

  정관 戊土 7: 편인的 정관(고독, 공허, 철학적인 보수, 합리성).
  상관 甲목 7: 편재的 상관(통제, 관리되는 끼, 사교성).
  겁재 壬수 16: 식신的 겁재(연구, 궁리하는 경쟁과 반발).

○ 기회를 엿보면서 경쟁과 게임을 할 줄 알고 또한 즐기기도 한다. 전형적인 外柔內剛형이다.
○ 두뇌 명석하여 [논리적·이성적]으로 상대방을 주눅 들게 할 수도 있으며, 설득과 논쟁에서는 뒤로 물러서는 법이 없다. 겉으로는 안정되고 여유 있게 보인다.
○ 무한한 [경쟁심/예지/직관/성장의 잠재력/과시욕구/인정욕구]도 대단하다.
○ 干支 위아래가 모두 水로 이루어져, 水의 본질인 [기억력/암기력/靈的 능력]이 대단하다(특히 辛亥, 癸亥, 癸酉 일주).
○ 물 흐르듯 부드럽고 시원시원하면서도 [치밀/섬세/다재다능]하여 공사구분이 완연하다.
○ 한눈팔지 않고 목표로 묵묵히 돌진하는 힘이 좋다.
○ [냉정함/차분함/신중함] 때문에 소극적인 사람(수동성/나약/비굴)으로 오해받을 때도 있다.
○ 경쟁적 라이벌이 나타나면 발동의 계기가 마련된 것처럼 분위기를 타면서 [적극적/공격적/비판적]으로 돌변한다.
○ 상대를 배려할 줄 안다. 단, 사람을 역이용하겠다는 태도로 비춰질 때가 있으니 조심할 것.
○ 公私를 엄격히 구분 짓는 자세가 긍정적이며, 큰 자산이 될 것이다.
  公적 영역: 강단 있고 분명한 [활동성/추진력]이 좋음.
  私적 영역: 감각적 사교성으로, 좋은 인간관계를 형성함.

○ 일주가 간여지동(干與支同. 천간 지지가 같은 오행)이라 원국이 조금만 편향되어도 전체구조의 흔들림(변동수/재물상실/심신손상/사건사고 등등)이 생길 수 있으니 조심 대비할 것.
  凶만 아니고 吉도 가능함. 특히 陰干(乙목, 丁화, 己토, 辛금. 癸수)이면 더욱 심각함.
○ 간여지동 [甲寅/乙卯/丙午/丁巳/戊辰/戊戌/己丑/己未/庚申/辛酉/壬子/癸亥]의 공통점
 1. 예술的 감수성 탁월 2. 공학/기술 분야 재능 3. 운세의 부침↕ 4. 부부인연 취약 5. 고집
 같은 간여지동이라도, 火(丙午, 丁巳)기운보단 水(壬子, 癸亥)기운의 간여지동이 더욱 무섭다.
 이 '癸亥' 일주도 부드럽고 情이 좋지만, 화가 나면 제어하기가 아주 어렵다.

○ 삶에서 드러나는 [재능/노력/고집/집착/자부심]이 모두 정비례한다(본질은 [사랑/인기/인정/관심]을 받기 위한 몸부림이다).
○ 타인에 대한 [애정/배려/봉사심]도 수준 이상이다(역시 본질은 [사랑/인기/인정/관심]을 받기 위한 몸부림이다).
○ 발산과 표출의 욕구가 항상 내재되어 있어 멍석을 깔아 주면 주변을 놀라게 할 정도의 [끼/활달함/재능]이 있다.

계
수

○ 만남과 모임을 즐기고, 대인관계도 원만한 편이다.

○ 부드럽고 [온화/유순]해 보이지만, 강단 있으며 분명한 성격이다.

○ 水기운의 부드러움은 있으나, 지나치면 폭풍해일이 일어나듯이 많은 것을 잃어버릴 수 있다. 감정조절과 자기관리에 더욱 신경 써야 한다.

○ [재물/몸] 관리에도 조심할 필요가 있으니, 신중한 처신을 권함.

○ 역마적 이동성과 변신의 재주, 힘이 너무 강해서 극단의 성패를 맛볼 위험성 등이 상존한다.

○ 지적 재능과 학습 능력이 탁월하며 또 그것을 은근히 과시할 줄도 안다.

○ 단 [재주/재능]이 넘쳐흘러서, 주변과의 인간관계가 갈등상황 속으로 빠져들거나 정신건강이 손상될 때가 간혹 있다.

○ 경쟁의식과 자기 우월감이 상호 동반되어 생활 속에서 자주 나타난다. 이럴 때, 부정적 운세(형/충/극)를 만나면 재물손상에다가 심신손상의 가능성까지 있다. 특히 천간이나 대세운에서 戊토가 와서 무계 合化 火를 이룰 경우도 그리 좋지 않다.

○ 부부간의 [불화·갈등] 치유에 특별히 관심 쏟을 것. 다른 문제로 확대되기 십상이다.

○ 특정 분야 전문연구직, [음악/수출입통관/관세/수리통계학] 분야, [의학/미용/간호/물리치료/생명공학/해운항공] 분야, 정치외교 분야, 교직(교육) 계통의 직업진로가 좋다.

○ 직업이나 전공분야에서 일관성을 갖고 십 년 정도만 '한 우물파기'에 전념하면, 그 분야에서 이름을 남길 가능성이 아주 크다.

○ 특히 활동 시공간이 밤[夜], 겨울[冬], 물[水], 北(북)과 관련된 시공간이라면 더욱 좋다.

○ 癸亥 일주는 특히 '연예/예술 역마'라고 해서, [연예인/예술계통/엔터테인먼트 종사자]들에게는 행운의 역마로도 알려져 있다(강헌 說).

○ 여성은 재주 있고 [생활력/경제력]은 좋지만, 자칫 [媤家/異性/이직과 전직] 문제를 야기할 가능성이 농후하다.

○ 부모형제 덕을 볼 일은 거의 없는 편이다.

○ 호남사람으로는 처음 집권여당의 당대표에 오른 이정현 의원이 癸亥 일주로 알려져 있다.

○ 그렇게 [금슬/궁합]이 좋은 배우자는 아니다. 그렇다고 헤어질 만한 사이도 아니다.

○ 木(식상), 土(관성)의 두 기운이 서로 충돌하게 되면 官運(관운. 직업운, 승진운, 여성의 남자운)이 [퇴색/문란/취약]해진다. [직업/업무/사업] 활동에서도 실수가 잦아진다(木극土의 원리).

○ [丙午/丁巳/戊午/己巳/壬子/癸亥] 일주는 배우자의 건강질병도 조심해야 함. [임신/출산] 後 배우자와 거리감 발생.

계수

○ 癸亥 일주는 자신과 같은 干支(간지)인 癸亥년, 癸亥월, 癸亥일을 '각별 조심'해야 한다.

○ 甲戌, 甲子(년, 월, 일)와 壬戌, 壬子(년, 월, 일)도 특별히 조심하고 대비할 필요가 있다.

◎ '60 癸亥(계해)'의 물상적 형국과 그에 따른 명리학的 [조언/충고]:
역동성이 큰 폭포수나 큰 파도(물결).
→ 힘 조절이 관건이다. 물론 규모도 줄이고 진행도 천천히 하는 것이 좋다.

IV편. 부록

사주명리학 전문용어 해설 사전

○ 가살위권(假殺僞權)
원국의 신강 일간에서 부정적인 칠살(편관)이 도리어 정상적인 권력을 상징하는 정관으로 변한다는 긍정적인 뜻이다.
*이와는 반대로 신약 일간에서는 정관도 일간에 피해를 주니 살(殺)이 된다.
*고전명리에서 '가살위권' 명식은 높은 관직에 올라 인격과 덕망으로 백성을 잘 다스린다고 본다.

○ 가상관격(假傷官格)
월지(月支)가 상관(傷官)이 아니라, 비겁이 많아서 설기(洩氣)할 필요할 때, 상관(傷官)의 대세운이 와서 잠시 용신(用神)기능으로 작용할 할 때를 '가상관격'이라고 말한다.

○ 가색(稼穡)
1. [곡식 농사/곡물 재배/심고 거둔다]의 뜻.
2. 사주원국이 土의 기운으로 가득 차 있고, 土를 극하는 木기운이 없는 상황을 말한다.
*땅(土 기운)과 밀접한 관련이 있다.
*稼(가): 심다, 농사, 벼.
*穡(색): 거두다, 곡식, 농사.

○ 가색격(稼穡格), '土-가색격'
일간이 [戊/己] 토이며, 원국이 거의 土기운으로 구성되어 있고 木오행이 없는 격이다.
*木 대세운에서 다소 부정적이지만, [火/土] 대세운에서는 상당히 吉하다.
*古典에서는 종격(從格) 혹은 일행득기격(一行得氣格)과 관련지어 설명하기도 한다.
*木-곡직격(曲直格), 火-염상격(炎上格)
土-가색격(稼穡格), 金-종혁격(從革格)
水-윤하격(潤下格)

○ 가종격(假從格)
아주 미약한 일간(日干)이라서 강한 세력으로 종(從)하려고 하는데, 일간(日干)을 생조해주는 오행이 있을 때를 말한다.
*대세운(大歲運)에서 일간(日干)을 돕는 오행이 제거되면, [진종/진종격(眞從/眞從格)]이 된다.
*통상 잘 사용되지 않는 격이다.

○ 가화격(假化格)
화격(化格. 별칭 化氣格화기격, 從化格종화격)을 이루는데 방해(妨害)가 되는 오행이 약하게 있을 때를 말한다.
*통상 잘 사용되지 않는 격이다.

○ 간극지충(干剋支沖)
천간끼리는 극하고 지지끼리는 충한다는 의미.
*갑자(甲子) 일주와 경오(庚午) 일주가 만나면 금剋목, 자오沖 하는 것을 말한다.
*'천극지충(天剋地沖)'이라고도 한다.

○ 간여지동(干與支同)
하나의 주(柱. 년주, 월주, 일주, 시주)에서 천간과 지지가 같은 오행으로 구성되어 있는 상황을 말한다.
*힘의 세기가 상당히 크다고 본다.
*[병립/병존]과는 방향이 반대이다.

○ 간지쌍련(干支雙連)
사주에 갑자(甲子)가 있는데 을축(乙丑)이 있거나, 병인(丙寅)이 있는데 정묘(丁卯)가 있거나, 정묘가 있는데 무진(戊辰)이 있는 등, [연/월/일/시]의 간지가 앞뒤의 60갑자 순서대로 나란히 배열되어 있는 것을 말한다.

○ 간지유정(干支有情)
천간과 지지가 서로 정을 나누고 있다는 뜻.
*'유정'은 슴을 말하는데, 천간과 지지의 지장간이 서로 슴하는 것으로 '戊子(무계 합)', '丁

- 354 -

亥(정임 합)', '壬午(정임 합)', '辛巳(병신 합)'
의 4개 간지가 있다.
*그런데 반드시 합을 하지 않아도 서로 유정한
경우가 있다. 천간에서 생조를 원할 경우에 지
지가 인겁이 되거나, 지지에서 생조를 원할 경
우에 천간이 인겁이 되어 생조해 주는 경우도
'유정'하다고 표현한다.

○ 간여지동(干與支同)
천간과 지지가 같은 오행일 때를 일컫는 말.
*원국이 조금만 편향되어도 전체구조의 흔들림
(변동수/재물상실/심신손상/사건사고 등)이 생
길 수 있다. 凶만 아니고 吉도 가능함.
*특히 陰干(乙목, 丁화, 己토, 辛금. 癸수)이면
그 영향력이 더욱 강해진다.
*간여지동[甲寅/乙卯/丙午/丁巳/戊辰/戊戌/己
丑/己未/庚申/辛酉/壬子/癸亥] 일주의 공통점
1. 예술的 [감수성/재능] 탁월.
2. [공학/기술] 분야에서도 특출.
3. 운세의 부침이 다소 극단적.
4. 부부 인연 취약. 5. 자존심/고집.
*고전명리학에서는 '간여지동'을 일종의 신살
(神殺)로 보기도 한다.

○ 강(强)
상대적으로 굳센 상태.
*굳이 구분하자면, 生해주는 인성의 오행이 많
을 때는 '강(强)'이라 하고, 비겁(비견+겁재)의
오행이 많을 때는 '왕(旺)'이라고 부르기도 함.
*통상 '강'과 '왕'을 엄격히 구분해서 사용하지
는 않는다.

○ 강금득화(强金得火)
강한 金이 火 관성을 얻었다는 뜻이다.
*金이 강하면 통제가 어려운데, 이때 오히려
힘 있는 火관성을 잘 만나면 그 쓰임새가 유용
해지거나 커진다는 말.

○ 강휘상영(江暉相暎)
원국에서 壬수와 丙화의 관계로 청정한 강물
위로 태양이 떠오르는 빛나는 물상(物象).
*고전명리에서 특히 큰 재물복이 있다고 본다.
*暉(휘): 빛, 광채, 빛나다.
*暎(영): 비추다, 비치다, 덮다.

○ 강휘상영 부유영(江暉相暎 浮柳影)
청정한 물 위로 태양이 떠올라 버드나무 그림
자가 어른거리는 아름다운 모습을 말한다.
*원국의 천간에서 [壬수+甲목+丙화] 또는 [壬
수+乙목+丙화]의 구조일 때를 말한다.
*고전명리학에서는 뛰어난 [사교성/人的 네트
워크]를 갖췄기에 크게 출세한다고 본다.
*浮(부): 뜨다, 떠오르다.
*影(영): 그림자, 사람 모습.

○ 개고(開庫)
창고 속의 감춰진 것들은 창고 문이 열려야 밖
으로 제 모습을 드러낼 수 있다는 뜻.
*지장간은 해당 지지가 [형/충/합] 등을 만나
서 '개고'되어야 기능과 작용이 발휘된다.

○ 개두(蓋頭)
'머리(천간)에서 아래(지지)를 덮어버림'의 뜻.
*지지에서 천간을 보면서 부정적으로 하는 말.
*'덮다'='극(剋)'. 예시: 辛卯(辛금 剋 卯목).
*[건강 질병 문제/단명/요절]이 나타나는 것은
[金극木] 형태일 때다. 특히 조심해야 한다.
*대세운에서만 [개두/절각]을 적용해야 한다는
학자도 있다.
*[개두/절각]의 강약 순서:
辛卯(신묘)>庚寅(경인)>乙酉(을유)>甲申(갑신).
*개(蓋): 덮다, 씌우다, 덮개.
*'절각(截脚)' 참고.

○ 1거관유살(去官留殺), 2거살류관(去殺留官),
   3합관류살(合官留殺), 4합살류관(合殺留官).

1. '官(정관)'을 제거하고 '殺(칠살)'만 남겨둠.
2. '칠살(편관)'을 제거하고 '정관'만 남겨둠.
3. '정관'을 합거하고, '칠살'만 남겨둠.
4. '칠살'을 합거하고, '정관'만 남겨둠.
*정편관이 뒤섞인 '관살혼잡(官殺混雜)'으로 사주가 혼탁할 때, 干合(간합)이나 [충/극]으로 하나를 제거하고 나머지 하나만 남기면 좋아지게 된다.
*원국에서 관성[관(정관)+살(편관)]이 왕성하면 [충/극]으로 '거살류관'이나 거관유살(去官留殺)을 만들고, 또 合으로 '官(정관)'이나 '殺(편관)' 하나를 정지시키고 나머지 하나만을 남겨 유지시키는 '합살류관'이나 '합관류살'을 만들 수 있다면 成格이 된다.
*合去(합거): 天干의 合으로 자신의 기능을 除去(제거. 기능을 발휘 못하게)함.
*'관'=正官(정관). '살'=七殺(칠살)=偏官(편관).

○ 거살유관(去殺留官)
'거관유살' 참고.

○ 거류서배(去留舒配)
제거하고 나서 남기거나, 흩어지게 하고서 짝을 맺는다는 뜻이다.
*'관살혼잡'된 사주를 거살[去殺. 살(편관)을 제거함] 혹은 거관(去官. 정관을 제거함)하거나, 혹은 다른 성분과 干合(간합)하여 오직 관성 하나만을 남기는 것을 뜻하는 말이다. '관살혼잡'을 정리하는 상황을 모두 일컫는 용어이다.
*舒(서): 펴다, 열리다, 흩어지다.
*配(배): 아내, 배필, 짝짓다.

○ 거탁유청(去濁有淸)
사주에 청탁(淸濁)이 혼재되어 있다가 혼잡한 濁氣는 사라지고 맑은 淸氣만 남은 상태를 말한다.
*'탁(濁)'이란 '관살혼잡(官殺混雜)'이나 '기토탁임(己土混壬)' 같은 상황이다.

*원국에서나 대세운에서 탁(濁)한 기운을 제거할 수 있다면, 다시 사주원국이 청해져서 격이 높아진다.
*火기운이 너무 강하면 水기운으로 불을 억제하거나, 木기운이 너무 강하면 金으로 木을 제압하는 것도 '거탁유청'의 한 방법이다.

○ 건록(建祿)
12운성 중에서, 천간(일간 포함)과 같은 [오행/음양]의 지지를 일컫는 말이다.
*'임관(臨官)' 혹은 '록(祿)'이라고도 한다.
*12운성 중에 가장 기운이 왕성하고 활동적이지만, 경직되어 노련함이 부족하다.
*원칙을 중요시하며, 자존심이 몹시 강하다.

○ 건명(乾命)
남성의 사주 命式(명식). 별칭 남명(男命).

○ 겁재(劫財)
'재물을 겁탈하다(빼앗다)'라는 뜻으로, 비견과 같은 오행이지만 음양이 다른 십신.
*劫(겁): 위협, 빼앗다, 부지런하다, 무한히 긴 시간(불교 용어. 찰나의 반대).
*財(재): 財星, 재물, 남성의 女親, 여성의 男親, 아내, 취향, 놀이(게임), 人的 네트워크.

○ 격각(隔角), 격각살(隔角殺)
원국의 지지에서 '酉亥', '亥丑'[1酉(2술)3亥, 1亥(2자)3丑] 처럼 인접 지지가 한 칸 건너뛰었을 때 발생되는 신살이다.
*'격각(살)'은 반드시 1의 자리가 아닌, 2와 3 자리에 [진/술/축/미] 土가 와야 성립한다고 보는 학자도 있다(간산 說).
*서로 밀어내는 관계가 된다. [월지/일지], 혹은 [일지/시지]가 격각(隔角)이라면 가까운 사이인 [부모/형제/자식]과의 관계가 악화되거나, [마찰/갈등]이 발생한다고 본다.
*더하여 역마살과 비슷한, 객지를 떠도는 고통

도 있다.

○ 격국(格局), 격(格)

'격국'은 주로 월지(태어난 계절)에서 구하는데, 그 명칭은 일간 기준, 월지(월지 지장간)와의 관계를 드러내는 십신의 이름으로 결정된다.

*월주(부모의 영향력/사회적 환경/가정적 배경)가 일간에게 가장 강력한 오행의 기운을 제공하기 때문이다.

*원국 당사자의 삶의 윤곽과 길흉화복의 흐름을 쉽게 파악할 수 있다.

*여러 십신이 뒤섞여 두드러진 십신이 없을 때, 격(格)을 정할 수 없는 경우도 있다.

*여러 고전과 학자들의 견해가 복잡다양하고 분분하여, 초급입문자들은 혼동하기 쉽다.

○ 경금대살(庚金帶殺)

庚금은 만물의 생명을 숙살하는 성분으로 살기를 띠고 있으니 四흉신 중에 가장 위험한 '편관'의 작용을 한다는 논리다.

*庚금을 매우 부정적으로 보는 이론이다.

*庚금은 천간에서 일곱 번째이므로 편관 '七살'과 관련된 의미로 사용되어 왔다. 그러다 보니, 고전명리학자들 사이에 부정적인 인식이 뿌리 깊게 전해져왔다.

○ 경금벽갑(庚金壁甲)

庚금으로 甲목을 쪼갠다는 말.

*궁통보감에 나오는 말로 甲목으로는 丁화를 생조할 수 없으므로 반드시 庚금이 있어 甲목을 쪼개야만 '목생화'할 수 있다는 이론이다.

*현대명리학의 실제 임상에서는, 수용하기가 힘든 이론이다.

○ 경발수원(庚發水源)

*庚금 암반에서 壬수인 맑은 물이 터져 나오는 상황(금生수)인데, 사주명식에서는 일간 壬수가 庚금을 보았을 때이다.

*[아이디어/창의성/기획력]이 탁월하다고 한다.

○ 고관무보(孤官無輔)

정관격을 이루거나, 정관 용신인데 정관을 보호해줄 오행 기운이 없을 때를 말한다.

*식상의 대세운을 만나도 인성이 있으면 상관을 制剋(제극)해줘서 정관이 안전하지만, 인성이 없다면 정관이 깨지게 되니, 이런 경우는 쉽게 직장을 잃거나, 승진이 어렵거나, 조직에서 소외되거나, [移職(이직)/轉職(전직)]이 잦은 명식으로 [감정/통변]하게 된다.

*輔(보): 돕다, 힘을 빌리다, 보좌, 벗.

*특히 요즘(2010年代 이후) 이런 경우가 부쩍 늘어난 추세임.

○ 고란과숙(孤鸞寡宿)

甲寅, 乙巳, 丁巳, 戊申, 辛亥 일주의 여성에게 해당하는 일종의 신살.

*독수공방(獨守空房), 배우자와 생리사별(生離死別), 배우자의 異性문제 등의 가능성.

*조혼(早婚)의 실패가능성이 많아, 옛날부터 만혼(晩婚. 늦은 결혼)을 권장했음.

*鸞(란): 난새, 방울, 천자의 수레.

*寡(과): 적다, 모자라다, 나(我), 임금의 낮춤말(寡人과인. 덕이 모자란 사람), 과부(寡婦).

*宿(숙): 묵다, 숙박, 머물다, 별자리.

○ 고신살(孤辰殺), 고진살

남자 명식에 해당하는 대표적인 '외로움'의 신살(神殺).

*亥子丑-寅, 寅卯辰-巳, 巳午未-申, 申酉戌-亥. 예시) 남자가 亥子丑년이나 亥子丑일에 출생에다 他 지지에 寅목이 오면 '고신살'이다.

*'고신살'은 역마와도 깊은 관련이 있다. 晩婚(만혼)을 권한다.

*가족이나 부부 이별 등을 조심해야 한다.

*별칭 '상처살(喪妻殺)', '홀아비살'.

*일지 배우자 자리에 '고신살'이 있으면, 당연

히 그 [피해/고통/영향력]은 크다고 본다.
*12운성 '病(병)' 관련. '역마살'과 관련 참고.
*'과숙살(寡宿殺)' 참고.

○ 고초인등(枯草引燈)
마른 초목이 불길을 끌어당긴다는 뜻.
*축축한 乙목은 태양 丙화로 말려야 사용할 수
있으므로, 丙화가 습한 乙목에 도움이 될 수
있는 긍정적인 사주명식을 말한다.
*습을상정(濕乙傷丁. 습기찬 乙목이 丁화 불꽃
을 상하게 한다는 말)과는 반대 개념이다.
*枯(고): 마르다, 수척하다, 야위다, 죽다.
*'습을상정(濕乙傷丁)' 참고.

○ 곡각(曲脚), 곡각살(曲脚殺)
원국에 乙목, 己토, 巳화, 丑토의 글자가 있을
때를 말한다. 원국에 2개 이상일 때 영향력이
확실하게 나타난다.
*주로 수족에 [신경통/골절/관절염/디스크] 혹
은 [사고/수술] 등으로 이상이 있을 수 있다.
*글자 자체가 휘어지거나, 꺾여 있어서 '곡각'
이라고 한다.

○ 곡직격(曲直格), 木-곡직격
사주명식이 온통 木의 기운으로만 되어 있는
격(格)으로, 木을 극하는 金기운이 원국이나 대
세운으로 들어오면 좋을 리가 없다.
*木-곡직격(曲直格), 火-염상격(炎上格),
 土-가색격(稼穡格), 金-종혁격(從革格),
 水-윤하격(潤下格)

○ 곤명(坤命)
여성의 사주 명식. 별칭 여명(女命).

○ 과갑(科甲)
고전명리에서 많이, 그리고 자주 사용하던 용
어인데, 과거(科擧) 혹은 고시(高試) 합격과 더
불어 우수한 성적으로 관직에 오른 아주 긍정

적인 상황을 말한다.

○ 과살(戈殺)
戊토나 戌토가 특히 일주(日柱)와 시주(時柱)에
있을 때의 신살이다.
*몸에 흉터가 있거나 중병으로 수술을 한다는
암시가 있다.
*戊(무)토와 戌(술)토 글자는 '戈(과. 창/무기/
흉기)'의 형상을 갖고 있다.
*사고, 칼부림, 수술, 상처 등의 [흉터/흔적]을
몸에 남기기도 한다.

○ 과숙살(寡宿殺)
일신의 신산(辛酸)과 고독(孤獨)을 대표적으로
보여주는 여명의 신살(神殺)이다.
*남성에게 '고신살(孤辰殺)'이 있다면, 여성에
게는 '과숙살(寡宿殺)'이 있다고 할 정도이다.
*亥子丑-戌, 寅卯辰-丑, 巳午未-辰, 申酉戌-
未(여자가 亥子丑년이나 亥子丑일에 출생하고
지지에 戌(술)토가 오면 '과숙살(寡宿殺)'이다).
*'과숙살(寡宿殺)'은 외로움과 쓸쓸함 그 자체
인데, 가족이나 부부 이별 등을 조심해야 한다
(별칭 고독살, 과부살).
*일지 배우자 자리에 '과숙살(잠자리의 외로
움)'이 있으면, 당연히 그 [피해/고통/영향력]
은 상당하며 異性 문제가 발생하기도 한다.
*12운성 '관대' 관련. 신살 '화개살'과 관련.
*'고신살(孤辰殺)' 참고.

○ 관(官)
1. 正官(정관).
2. 십신의 官星(관성. 정관+편관).
3. 관리(공무원).
4. '관'청(국가 기관/행정부), '官'災數(관재수.
官으로부터 발생된 재앙과 손실), 국가.
*사주명리학에서는 주로 1번, 2번의 뜻으로 많
이 쓰인다.

○ 관살병용(官殺倂用)

관(官)과 살(殺)을 함께 사용한다는 뜻이다.

*보통 '관살혼잡(官殺混雜)'을 꺼리지만, '관살병용'은 아주 상격일 때도 있다.

*酉月생 庚금 일간은 가을 金기운이 몹시 강하니, 官성인 [丙화/丁화] 기운으로 단련시켜야 좋고, 태양 丙화 기운으로 '조후(調候)'를 해도 금상첨화(錦上添花)이다.

*倂/竝/并/並(병)은 모두 같은 뜻(아우르다, 나란하다).

○ 관살혼잡(官殺混雜)

'관[정관]'과 '살[편관]'이 혼잡된 상태.

*'관살혼잡'은 破格(파격)에 해당한다.

*[관/살]이 동시에 있을 경우엔 일간이 강해야 좋다.

*사주의 '천간' 위치에서만 '관'과 '살'이 함께 있어야 관살혼잡이 성립하는 것으로 조건化시킨 학자들이 많은 편이다. 즉, 지지에서의 관살혼잡은 인정하지 않는다는 말.

*'관살혼잡'이 되었을 경우 '관'이나 '살' 中에 하나만 남겨두는 합살류관[合殺留官. =去殺留官(거살류관). 일간 庚금 옆에 丁화/丙화/辛금이 있다면 丙辛 合이 되어 丙화 칠살(편관)은 제거되고 정관 丁화만 남았다는 말]이나 합관류살[合官留殺. 일간 庚금 옆에 丁화/壬수/丙화가 있다면, 정관 丁화가 丁壬 합이 되었고 '살'인 丙화만 남았다는 말]이 되면 成格(성격)이 된다.

*관=正官(정관).

*殺(살)=七殺(칠살)=偏官(편관).

○ 관인상생(官印相生)

관성이 인성을 生하는 긍정적인 원국의 구조를 말하는 것이다.

*정관격의 인성 용신의 명식은 '관인쌍전'이라 하여 문무겸비의 지식인으로 높은 관직도 가능한 사주다.

*인성격에 정관 용신의 사주도 같은 원리이다.

*'탐생망극', '통관용신', '관인상생', '관인쌍전', '살인상생' 참고할 것.

*'살인상생(殺印相生)'이라고 할 때는 인성이 흉신(凶神)으로 소문난 칠살(七殺. 편관)의 힘을 뺄 때를 말한다.

○ 관인쌍전(官印雙全), 살인상생(殺印相生)

관성과 인수(印綬. =印星)가 조화를 이루면 貴격이 되니 '관인쌍전'이라고 한다.

*관성은 항시 [재성/인성]의 도움을 적극 필요로 한다.

*'살인상생'은 칠살격(편인격)에 인수(인성) 용신을 쓰는 것으로, 칠살의 부정적 기운을 인성이 洩氣(설기), 通關(통관)시켜 일간을 돕게 하니 퍽 긍정적이다.

*印綬(인수. 고관 도장을 넣어두는 비단주머니의 실끈으로 권위와 명예를 뜻한다. =印星)

*'탐생망극', '통관용신', '관인상생', '관인쌍전', '살인상생' 모두를 연결시켜 볼 것.

○ 괴강(魁罡), 괴강살(魁罡殺)

천강(天罡) 辰(진)토와 하괴(下魁) 戌(술)토를 합쳐, 줄여서 부르는 신살의 명칭이다.

*괴강(魁罡)은 辰(진)토와 戌토의 날(日)인데, [임진/임술], [무진/무술], [경진/경술]日을 말한다.

*원국에, 특히 일주가 괴강(魁罡)이면 길흉(吉凶)이 극단으로 나타난다.

*[무진/임술]을 약하다고 봐서, 괴강에서 제외하는 학자도 있다.

*드라마틱한 운세의 부침과 기복, 독특한 [발상/관점/시각/상상력/잠재력]이 그 특성이다.

*사주가 신강하면 크게 출세하지만, 신약하면 재앙으로 나타나기도 한다.

*魁(괴): 괴수, 우두머리.

*罡(강): 북두성, 별 이름, 꿋꿋함.

○ 괴강격(魁罡格)

일주가 '괴강(魁罡)'일 때를 말한다.

*'辰'토와 '戌'토는 해당 오행기운이 묘고지(墓庫地)로 들어가는 때이다.

*괴강격(魁罡格)이 되면 총명하고 리더십이 뛰어나지만 극흉의 경우도 있다.

*일간(日干)을 강하게 해주는 대세운을 만나는 것이 좋다.

*'격'으로 잡아주지 않는 학자들도 상당수이다.

○ 교신성(交神星)

생각이 깊고 자존감이 강해서 주변 상황에 만족하지 못하는 신살(神殺).

丙子, 丙午, 辛卯, 辛酉 일주가 해당한다.

*타인과의 [조화/융합]이 힘들다.

○ 군겁쟁재(群劫爭財), 군비쟁재(群比爭財)

'비겁'이 무리들이 서로 경쟁적으로 재물을 탐하기에 재물이 손상되거나, 파괴되거나, 줄어드는 상황.

*사주원국에 비견이 많으면 '군비(群比)'라 하고, 겁재가 많으면 '군겁(群劫)'이라 한다. 비겁은 재성을 극하기 때문에 비겁이 많으면 '군비쟁재' 또는 '군겁쟁재' 현상이 일어난다.

*원국에 재성이 없으면 이런 현상은 어렵지만, 재성이 있다면 이 재성은 손상되기 쉽다.

*이렇게 비겁이 강할 때 원국에 식상이 있거나, 식상의 대세운이 와서 通關(통관)시켜줄 수 있다면(비겁生식상生재성) 上格의 사주가 된다.

*비겁(형제자매)이 많으면 유산상속에 다툼이 생기거나, 상속분이 적어질 수도 있다.

○ 군겁탈부(群劫奪夫)

비겁이 무리를 이뤄서 관성(夫부. 여성기준에서의 남편, 지아비)을 탈진시킨다는 뜻.

*비겁이 강왕하고 관성이 약하면, 오히려 관성이 비겁을 극하지 못하는 상황이 되는데 이를 '군겁탈부', '자매강강(姉妹剛強)'이라고 한다.

*원국에 재성과 관성이 있어야만 '군겁쟁재', '군겁탈부'로 인정한다.

*劫(겁): 위협, 빼앗다, 부지런하다, 무한히 긴 시간(찰나의 반대).

*奪(탈): 약탈, 탈진, 빼앗다, 잃다, 없어지다.

*夫(부): 남편, 지아비, 사나이.

○ 군비쟁재(群比爭財)

*'군겁쟁재(群劫爭財)' 참고.

*'비겁쟁재(比劫爭財)' 참고.

○귀문(鬼門). 귀문관(關), 귀문관살(殺)

[정신집중/산만한 심리/신경 예민/두뇌회전/감수성과 끼/奇人기질/예술가적 풍모와 재질/작가/엉뚱하고 기이한 행동/정신질환(木관련 귀문)/接神(신들림)/신내림/광기(狂氣)/영특함/깨달음/역술/명상/기도/정신수련/타인의 마음을 꿰뚫어 보는 직관] 등과 관련된 신살.

*일지 기준으로 子酉, 丑午, 寅未, 卯申, 辰亥, 巳戌 지지가 서로 인접해서 만날 때가 '귀문'이 성립된다.

*형태는 [귀문/원진]이 서로 유사하다.

*사주에 [귀문/원진]이 있으면 [사주명리/역학] 공부의 인연이 생기기도 한다.

○ 극강(極強), 극왕(極旺)

오행이 힘이 [태왕/태강]보다 더 강왕한 상태.

*인성의 오행이 많을 때는 '강(強)'.

*비겁의 오행이 많을 때는 '왕(旺)'.

*강약 비교: [극강/극왕]>[태강/태왕]>[강/왕]
보통>약>쇠약>태약>극약.

*실제로는 엄격하게 구분하지 않는다.

○ 극설교가(剋洩交加)

'극(剋)'은 관살(官殺)의 공격이고, '설(洩)'은 식상(食傷)의 설기(洩氣)를 뜻하니, '엎친 데 덮친 격'의 부정적 상황이다.

*당연히 일간은 취약해질 수밖에 없다.

*일간(日干)이 [극/설(剋/洩)] 당하면 힘드니, 인수(印綬)나 비겁의 도움이 절실하다.
*'신약 일간'의 가능성과 원인, 해결방안을 설명할 때 많이 등장하는 용어이다.

○ 극약(極弱)
오행의 존립마저 힘들 정도로 아주 약한 상태.
*특정 오행이 심하게 [충/극]을 받거나, 洩氣(설기)를 당할 때이다.
*'태약(太弱)'보다 더 미약한 상태.
*강약 비교: [극강/극왕]>[태강/태왕]>[강/왕]>보통>약>쇠약>태약>극약.
*실제로는 엄격하게 구분하지 않는다.

○ 근묘화실(根苗花實)
사주팔자의 [연/월/일/시] 4개 간지를 일컫는 말로, 뿌리, 싹, 꽃, 열매를 뜻한다.
*生년은 뿌리, 生월은 싹, 生일은 꽃, 生시는 열매를 의미한다.
*生년으로 유소년기, 生월로는 청년기, 生일로는 장년기, 生시로는 노년기를 본다.

○ 금백수청(金白水淸)
1. 庚辛금 일간이 자기 계절인 가을(申酉戌월)에 태어나고, 천간에 壬癸수가 투출한 상태.
2. 원국이 [金/水] 기운을 중심으로 조화를 이루면서, 아름다운 '금생수'의 상생구조를 잘 갖춘 사주명식.
*'목화통명(木火通明)'과 더불어 가장 뛰어난 사주명식 中의 하나.
*머리가 총명하며, 성품이 고결하고, 용모 준수하며, 부귀를 누리는 대표적 명식이다.
*'금수상관(金水傷官. 겨울生)'에서 특히 좋은 사주를 '금수상함(金水相涵)', '금수쌍청(金水雙淸)', '금백수청(金白水淸. 가을生)'이라고 한다.
*겨울에 태어난 金이 壬수를 보면, 반드시 조후(調候) 丙화가 있어야 上격이다.
*淸(청): 맑다, 선명하다, 탐욕 없음.

*涵(함): 젖다, 적시다, 담그다, 가라앉다.

○ 금수상관(金水傷官)
庚금, 辛금 일간이 겨울(水=상관)에 태어나면 '금수상관(金水傷官)'이 된다.
*사주가 차가우니 조후 丙화가 절실하다.

○ 금수상관 희견관(金水傷官 喜見官)
겨울에 태어난 金 일간이 관성 火기운을 보는, '상관견관(傷官見官)'이 되어도 좋다는 뜻이다.
*절실한 겨울의 조후(調候) 효과인 火기운 때문이다.

○ 금수상함(金水相涵)
가을 金이 맑은 壬수를 만났을 때를 말한다.
*'금수상관(金水傷官)'과 비슷하지만, 격(格)이 잘 갖추어졌을 때를 말한다.
*'목화통명(木火通明)'처럼 뛰어난 知的 능력을 자랑한다.
*涵(함): 젖다, 적시다, 담그다, 가라앉다.

○ 금수쌍청(金水雙淸)
1. 金과 水가 만나 탁하지 않으면서도, 아주 맑고 깨끗하게 잘 어울린다는 뜻.
2. 비범하고 뛰어난 인재를 뜻할 때, '목화통명(木火通明)'과 짝을 지어 자주 언급되는 용어.
*'금수상함(金水相涵)'과 유사하다.

○ 금수왕양(金水汪洋)
金이 수국(水局. 亥/子/丑 혹은 申/子/辰)을 만나, 水기운이 지나치게 강해서 빈천해진다는 부정적인 의미이다.
*水기운이 지나칠 때는 戊土(무토. 1. 토극수 효과, 2. 무계합 효과)로 억제해 주어야 좋다.

○ 금수한랭(金水寒冷)
金기운과 水기운이 가득하여 한랭한 사주는 평생 동안 염려와 고통과 고난과 좌절을 겪으면서 살아간다는 논리.

*'금수한랭'을 '천한지동'이라고 부르기도 한다. '천한지동'은 하늘은 차고 땅은 얼어붙었다는 의미로, [해/자/축]月에 태어났으면서 원국이 金水로 이루어진 경우를 말한다.

*특히 겨울생 庚申, 壬癸 일주이면서 또 천간에 金水가 있으면 '천한(天寒)'이라고 하고 지지가 얼어 있으면 '지동(地凍)'이라고 한다.

○ 금온수난(金溫水暖)

金水는 특히 겨울에 더욱 얼어붙기 쉬운데, 이때 조후 丙화가 있으면 金水가 온난해져서 좋아진다는 의미.

○ 금왕목쇠(金旺木衰)

원국에서 金은 왕(旺)하고 木은 쇠(衰)하다는 뜻이다.

*木 대세운이 오면 균형을 이룬다.

*이런 상태에서 또 金 대세운이 오면, 木에 해당하는 [십신/가족/신체/장기]에 변고가 생길 수도 있다.

○ 금침수탕(金沈水蕩)

겨울 金은 물속으로 잠길 염려가 있다는 부정적인 뜻.

*水가 강할 때는 戊토가 좋고, 특히 겨울엔 丙화 조후까지 더해지면 더욱 좋다.

○ 금한수랭(金寒水冷)

金은 차갑고 물은 얼어붙었다는 뜻.

*[응결/수축]의 부정적 상태(근육 수축/몰두/집념/생각 집착/신경통 등 발생).

*조후(調候)가 어긋나 생긴 凶에서 벗어나려면, 조후 丙화(따뜻한 기운)가 절실한 형편이다.

*'금한수동(金寒水凍)'과 비슷한 뜻이다.

○ 기명(棄命)

원래의 명식(사주원국) 혹은 사주환경을 버리거

나 포기함.

*특정 오행 기운이 너무 강하면 강한 세력에 종(從)하는 것이 좋기 때문이다.

*강한 세력에 종(從)하기 위해 '기명'해야 할 때가 많다.

*棄(기): 버리다, 그만두다, 멀리하다.

○ 기명종살(棄命從殺)

원국에서 살(殺. 편관)의 세력이 아주 강하다면 일간(日干)은 버티지 말고 원국을 포기하고 살(殺)에 종(從)하는 것이 바람직한 상황.

○ 기명종재(棄命從財)

원국에 재성(財星)이 아주 강하다면 어려운 원국의 상황을 포기하고 일간(日干)은 재성(財星)에 종(從)해야 한다는 말.

○ 기반(羈絆)

1. 얽어 매이거나 묶여 자기 능력을 제대로 발휘 못하는 것.

2. 합(合. 천간 합)하여 제 역할을 못한다는 의미이다.

*연애나 혼인(婚姻) 등으로 合이 되어 자기 마음대로 행동하지 못함과 같다.

*丙화 용신인데 병신 합(丙辛 合)이라면 용신이 '기반'되어 흉하다. 이럴 때는 丁화가 辛금을 [충/극]해 준다면 '기반'이 힘을 잃게 된다.

*羈(기): 굴레, 재갈, 고삐, 끌다.

*絆(반): 줄, 잡아매다, 얽어매다.

○ 기토탁임(己土濁壬)

壬수 옆에 己토가 오면, 壬수가 탁해져서 좋지 않다는 부정적 의미이다(壬수 입장에서는 피해와 고통이지만 己토는 큰 피해가 없다).

*서로 대등했을 때 그렇다는 말이다. 만일 壬수가 지나치다면 戊토가 필요하고, 물론 차선책으로는 己토가 도움이 된다.

○ 낙정관살(落井關殺)

물로 인한 재난(災難)을 겪을 수 있다는 신살(神殺)이다. 물에 빠지거나(추락, 낙상 포함), 수재(水災)에 조심해야 하고, 물과 관련된 직업은 피하는 것이 좋다.

*[일간-지지]의 관계가 [甲己-巳], [乙庚-子], [丙辛-申], [丁壬-戌], [戊癸-卯]일 때이다.

*특히 庚辰일주, (庚)辰시 출생者는 조심 필요.

○ 단장관살(斷腸關殺)

위장, 대장, 소장 등 주로 내장기관에 [질병/수술] 가능성이 있는 신살(神殺)로 甲午, 乙未, 丙辰, 丁巳, 己卯, 庚寅, 癸丑일주가 해당된다.

*주로 용신의 '合去'나 '合化'와 관련 있음.

○ 대부대귀(大富大貴)

크게 부(富)하고 크게 귀(貴)하다는 뜻.

*대개 '물질적 부(富)'는 식재(食財)를, '신분의 귀(貴)'는 관인(官印)을 보면서 감정한다.

○ 대운(大運)

사주원국에서 개인의 월주를 기준으로, 10년마다 바뀌는 운세.

*사람들은 매년 똑같은 세운(1년 운세)을 맞이하지만, 10년 대운은 개인마다 각기 다르다.

* 10년 운(운세)=大운.
  1년 운(운세)=歲운(별칭 年운, 소운).

○ 대지보조(大地普照)

丙화 태양이 己토 논밭을 비추는 物象을 지칭하는 말.

*표현 능력이 우수하여 정치, 교육, 학술, 종교, 땅 관련 서비스업종에 좋은 직업진로 [적성/재능]을 갖고 있다.

○ 도세주옥(淘洗珠玉)

辛금(보석이나 도자기. '주옥')과 깨끗한 물 '壬수'와의 관계.

*총명한 재능을 충분히 발휘하여 학업이 우수하고 모든 일이 순조롭게 잘 풀리는 명식.

*壬수는 보석을 씻을 만큼만, 보석이 물에 빠질 정도(淘洗太過도세태과)가 되면 좋을 수가 없다. 즉 壬수가 흘러넘치면 오히려 흉하다.

*淘(도): 씻다, 헹구다, 흐르다.

*'화소주옥(火燒珠玉)' 참고.

○ 도세태과(淘洗太過)

辛금과 壬수의 관계는 통상적일 때는 괜찮지만, 여기서는 辛금 보석이 가라앉을 만큼의 과도한 壬수의 부정적 상황이다.

*淘(도): 씻다, 헹구다, 흐르다.

○ 도식(倒食)

밥그릇을 뒤집어 엎어버렸다는 말인데, '편인'을 부정적으로 칭하는 또 다른 이름이다.

*필요한 '식신'을 극할 때에는 '도식' 또는 '효신'이라는 부정적 이름을 붙이지만, 비겁을 생조하는 좋은 기능으로 쓰일 때는 긍정적 의미의 '印星(인성. 印綬인수)'이라고 부른다.

*倒(도): 넘어지다, 죽다, 거꾸로.

*'효신(梟神)' 참고.

○ 도화살(桃花殺)

아름다운 복숭아꽃이란 뜻의 살. 三合의 첫 글자 그다음 字가 '도화살'이다.

申子辰(年/日)-酉도화. 巳酉丑(年/日)-午도화. 寅午戌(年/日)-卯도화. 亥卯未(年/日)-子도화.

*도화(桃花)가 있으면 업무능력이 돋보이며, 풍류와 낭만의 기질도 있고, 異性의 시선을 끄는 매력적인 힘을 가진다.

*'도화살'은 별칭 ['함지살(咸池殺)'/'목욕살(沐浴殺)'/'년살(年殺)'/'패신(敗神)']이라고 한다.

○ 독산고목(禿山孤木)

甲목과 戊토와의 관계로 민둥山(戊토) 고목(枯木. 甲목)의 形狀(형상)을 일컫는 말.

*재물의 기복이 파란만장하고, 삶에 안정감이
없다고 한다.
*禿(독): 대머리, 벗겨짐, 떨어지다.

○ 동주사(同柱死)
같은 柱의 천간 아래 지지 위치에, 12운성 '死'
지가 놓인 상태를 말한다.

○ 득령(得令)
일간이 자기 계절에 태어나 월령(월지)을 획득
했다는 말. 즉, 월지가 십신上 '인비(인성/비
겁)'일 때를 말한 것이다. 학자들 마다 견해차
가 아주 크다.
*월지 '인/비'가 아니면 '실령(失令)'이라 한다.
*[甲/乙] 목 일간이 [寅/卯/(辰)/(未)/亥/(子)]
월에 출생한 경우 '득령'했다고 함, 신강한 일
간이 될 수 있는 중요한 조건이 되기도 한다.
*일간이 신강해지는 조건은 연지나 일지, 시지
보다 태어나는 월지(계절)가 가장 중요하다.
*'실령' 참고.
*'인비(印比)'='印'星+'比'劫.
*'식재관(食財官)'=食傷+財星+官星.

○ 득비리재(得比理財)
재성이 많아 신약한 일간인데, 생조해주는 비
겁이 와서 오히려 재물 [취득/관리]에 도움이
되는 경우를 말한다.
*내가 춥고 배고플 때, [동료/친구/형제자매]가
와서, 도움을 주는 상황이다.
*'득비리재'는 '군겁쟁재(群劫爭財)'와는 반대
개념이다.

○ 득세(得勢)
원국의 사주 8자에서 [일간/월지/일지]를 제외
한 5글자 중에서, 3글자 이상이 [인성/비겁]이
면 '득세'라 한다.
*2글자 이하면 '실세(失勢)'라 한다.
*'실세' 참고.

○ 득수이청(得水而淸)
庚금이 壬수를 만나는 물상을 일컫는 말.
*양간(陽干. 陽의 일간)의 식신은 선천적 재능
을 잘 발휘하며 주변의 [신뢰/인정]이 두텁다.

○ 득지(得地)
일지가 [인성/비겁] 성분일 때를 말한 것이다.
*일지가 [인성/비겁] 성분이 못되면 '실지(失
地)'라 한다.
*'실지(失地)' 참고.

○ 등라계갑(藤蘿繫甲)
부드럽고 나약한 등나무 넝쿨(乙목='등라')이
튼튼한 甲목을 타고 올라가는 아름다운 모습.
*이럴 때 乙목은 아주 고맙지만, 甲목은 크게
반갑지 않은 상황이다.
*원국에 甲목, 乙목만 있다고, 무조건 '등라계
갑'이 성립되는 것은 아니다. 원국의 신약한 乙
목이 감아서 타고 올라갈 甲목이 옆에 있어 주
거나, 지지 寅목이 받쳐주거나, 대세운에서 [甲
목/寅목]이 올 때라야 '등라계갑'이 성립한다.
*乙庚 合이 되면 '등라계갑'은 성립 안 됨.
*藤(등): 등나무.
*蘿(라): 넝쿨, 담장이.
*繫(계): 매다, 매달다. 죄수.

○ 등라반갑 하고(藤蘿絆甲 下固)
원국에서 乙목이 [甲목+戊토]를 만난 구조로
나타난 물상을 일컫는 말.
*乙목이 甲목을 감아 타고 잘 올라가고 있는
데, 든든하게 뿌리를 내릴 수 있는 戊토까지
받쳐주니 錦上添花인 셈이다.
*등라계갑+戊토(뿌리를 내릴 수 있는 땅).
*귀인의 도움 혹은 좋은 관운으로 출세한다.
*여기에 癸수까지 더해지면 학문적, 물질적으
로도 더욱 성공한다고 한다.
*絆(반): 잡아매는, 얽어매는 줄.
*固(고): 굳다. 단단하다.

○ 록겁용재(祿劫用財)

'록겁(祿劫)'은 비겁(比劫)의 강함(12운성 '건록'을 연상할 것)을 말하는 것인데, 적당히 강하면 재성을 잘 컨트롤할 수 있지만, '록겁(비겁)'이 너무 강하면 재성이 깨질 위험이 있다는 말.

*식상(통관 기능)이 있으면 자연스럽게 [비겁(比劫)->식상(食傷)->재성(財星)] 구조의 상생(相生)으로 흘러가니 아주 좋다. 즉, '용재(用財. 1. 재물을 잘 활용함. 2. 재성 용신)'가 가능하다는 말이다.

*원국에서 혹은 대세운에서 '록겁'이 적당히 강하거나, 식상의 개입이 있어주면 아주 긍정적이다.

○ 만국(滿局)

원국에서 특정의 기운(오행)으로 가득 찬 국면.

○ 망신(亡身), 망신살(亡身殺)

*삼합(三合)의 가운데 글자의 바로 앞글자이다. 주로 [구설수/탐욕/주색(酒色)] 등으로 망신(亡身)을 당할 수 있다.

*[오지랖/집착/독선적] 기질도 있다.

*별칭, '관부살(官符煞)' 또는 '파군살(破軍殺)'이라고도 한다.

○ 명관과마(明官跨馬)

선명한 관직에다가 말까지 잡아 탄 상황이라는 뜻이다.

*재성이 천간에 투출한 관성을 생조할 수 있는 환경이다. 남성은 아내(재성/馬)의 도움으로 관직에서 승승장구하는 경우이고, 여성이라면 남편(관성)의 지위가 높다.

*고전명리학에서 원국에 재관(財官)이 뚜렷하여 부귀한 팔자라는 뜻으로 많이 사용된 개념이다. 반대로 신약한데 재성이 칠살(편관)을 도우면, 일간은 상당히 고통스럽다.

*물론 '마(馬)'는 재성을 의미한다.

*跨(과): 타넘다, 넘어가다, 타다, 건너가다.

○ 명리쌍전(名利雙全)

'명'예(관성)와 물질적 실'리'(재성) 두 가지 모두를 갖췄다(온전하다)는 아주 긍정적 의미.

*사주명리학에서는 [직업/명예]는 관인(官印)으로, 재물은 식재(食財)를 중심으로 살핀다.

○ 모쇠자왕(母衰子旺)

女命(여성의 사주명식)에서 일간은 쇠약한데 식상이 왕성한 부정적인 상황이다.

*여기서 모(母)는 인성을 말하는 것이 아니고 식상을 생해주는 모(母)로서의 일간을 말한다.

*'모쇠자왕' 사주는 특히 출산할 때 産苦(산고)가 오래 지속되거나 유산을 하는 등 힘들다고 한다.

*이렇게 식상이 강해도, 원국에서나 대세운에서 印성이 와 주면, 식상을 통제할 수 있게 되어 퍽 긍정적이다.

○ 모자멸자(母慈滅子)

어머니가 너무 인자하여 자식을 망친다는 뜻.

*여기서 어머니는 인성이 된다. 이렇게 인성이 강하면 비겁으로 인성의 힘을 설기시켜야 한다. 이때 비겁(형제자매/친구/동료)은 희신이 된다. 혹은 인성이 강하면 힘 있는 재성으로 인성을 극하는 방법도 있다.

*'모자멸자' 원국에서 비겁이나 재성이 없거나 지극히 약하다면 결국 從(종)할 수밖에 없다.

○ 목강토산(木强土山)

원국에서 [己土+甲木]의 바람직한 구조의 물상.

*甲목이 기신(忌神)이면 건강에 조심해야 한다.

○ 목곤쇄편(木棍碎片)

甲목과 辛금의 관계로, 면도날 辛금으로 단단한 몽둥이 甲목을 자를 수는 없는 상황.

*관성 辛금이 부수어져 쓸모없는 조각이 되어버리니 고위직은 힘들다.

*棍(곤): 몽둥이, 곤장, 묶다.

*碎(쇄): 잘게 부수다, 깨뜨리다.

○ 목분화열(木焚火熱)
木이 화국(火局)을 만나 불타버린 흉한 모습.
*火기운을 제압할 水의 필요성이 다급하다.

○ 목왕지절(木旺之節)
木 기운이 왕(旺)하다는 의미이니, 봄의 계절을 말한다.

○ 목욕(沐浴)
12운성 中의 하나로 교육을 받는 [유아/청소년]기를 뜻한다.
*'목욕'은 함지(咸池), 패지(敗地) 또는 도화(桃花)라고도 한다.
*색욕(色慾)과 구설(口舌), 사치(奢侈)와 허영(虛榮) 등과 관련이 있다.
*용신, 희신(喜神)으로 작용하면 기술(技術), 예술(藝術), 창의성, 문장(文章)이 뛰어나다.

○ 목화상관(木火傷官)
[甲/乙] 木 일간이 여름에 태어나거나, 천간의 [丙/丁] 火(상관)가 힘이 있을 때를 말한다.
*통상 '목화상관(木火傷官)', '목화통명(木火通明)', '금수상원(金水傷官)'은 아주 지혜롭고 총명하다고 하지만, 조후(調候)가 받쳐주지 않으면 허사다.

○ 목화상관 희견수(木火傷官 喜見水)
여름 출생의 木 일간이 '목화상관(木火傷官)'으로 상관 火기운이 왕성할 때는, 조후(調候)를 조절해주는 水기운을 보는 것이 무엇보다도 반갑다는 말.

○ 목화통명(木火通明)
1. 甲乙목 일간이 자기 계절인 [寅/卯/辰]월에 출생하고 천간에 [丙화/丁화]가 투출하면 '목화통명'사주라 한다. 火기운을 용신으로 한다.

2. 원국에서 [木/火] 기운이 중심을 이루면서 서로 상생의 조화를 잘 갖춰진 사주명식을 일컫는 말이다.
*사주의 주인공은 [지적/학습] 능력이 특히 뛰어나며, 사리가 밝고, 학문에 조예가 깊고, 화술이 뛰어나며 [예술/문학]的 재주가 돋보인다.
*'목화상관(木火傷官)'에서 격이 갖추어진 좋은 사주를 특히 '목화통명(木火通明)'이라고 한다.
*'금수쌍청(金水雙淸)', '금백수청(金白水淸)'과 더불어 가장 좋은 사주 명식 中의 하나로 손꼽힌다.
*목생화(火=상관)를 참고할 것.
*明(명): 밝음, 지혜, 진리, 명석, 똑똑함.

○ 문창귀인(文昌貴人)
학문이 뛰어나다는 신살(神殺) 中 하나.
*총명하고 문학적 표현에도 뛰어나다.
*'학당귀인(學堂貴人)'과 유사함.

○ 미온지토(微溫之土)
꽁꽁 얼어붙은 丑토가 사주에서 火기운이 있으면 미약하나마 온기를 얻는다. 이 경우를 '미온지토'라고 한다.

○ 미한지토(微寒之土)
뜨거운 未토가 사주에 水기운이 있으면 약하게나마 한기를 받는다. 또한 사주 전체가 火기로 가득한데 丑토나 辰토가 하나 있으면, 미약하게나마 水기가 있는 토라고 해서 '미한지토'라고 한다.

○ 반안살(攀鞍殺)
12신살 中 하나로, 삼합(三合)의 가운데 다음 글자가 반안살이다.
*합격, 승진, 출세, 권위를 상징한다.
*정상에서 막 은퇴하여 편안한 위치에 이른 때이며, 아직 힘과 영향력도 좋은 편이다.
*'반안(攀鞍)'은 '장군의 말안장'을 뜻한다.

○ 방국일제(方局一齊)
하나의 사주원국에 방(方)과 국(局)이 함께 있음을 이르는 말이다.
*'方'은 '방합'을, '局'은 '삼합'을 뜻한다.

○ 백호, 백호살(白虎殺), 백호대살(白虎大殺)
사고나 피를 본다는 의미로 아주 흉하게 보는 살(殺)이라는 뜻으로, 辰(甲辰, 戊辰), 未[乙未, (己未)], 戌(丙戌, 壬戌), 丑(丁丑, 癸丑) 일주가 '백호살'이다.
*그러나 큰 [명예/권력/재물]을 성취한 경우도 많다. 吉凶이 공존한다.
*'己未(기미)'는 학자들 간에도 '백호살' 인정여부를 두고 견해차가 있다.
*일주를 중심으로 보지만, 사주의 어느 곳에 있어도 '백호살'이 성립된다.
*의사나 격투기 선수, [군인/검찰/경찰] 등도 '백호살'을 쓰는 경우가 많다.
*'大(대)' 字를 붙인 것은 겁을 주기위한 용도도 있지만, 다른 신살보다 '백호'가 그만큼 부정적 영향력이 강하다는 의미도 있음.

○ 백호창광(白虎猖狂)
'흰 호랑이가 미쳐 날뛴다'는 뜻인데, 연약한 乙목이 [庚금/辛금](백호. 가을 호랑이)을 만났을 때, 乙목이 [庚금/辛금]에게 [정신적/물질적]으로 손상당하는 형국이다.
*정신이나 신경계통에 이상이 올 수도 있다.
*辛금보다 庚금을 중심으로 보는 학자가 많다.
*猖(창): 미쳐 날뛰다.
*狂(광): 미치다.

○ 백호출력(白虎出力)
일간 辛금이 겁재 庚금을 만나면 무서운 성격이 증폭되거나, 흉함이 확대되어 큰 사건사고로 이어질 가능성이 높은 상황을 말한다.
*庚금, 辛금은 서로가 서로에게 겁재가 된다.
*특히 신강한 金 일간들은 가을철을 만나면 더

욱 조심해야 한다.
*'철추쇄옥(鐵鎚碎玉)' 참고.

○ 벽갑인정(劈甲引丁), 벽갑인화(劈甲引火)
왕성한 甲목에 丁화로 바로 불을 붙일 수는 없으니, 이때는 庚금 도끼로 쪼개어 장작(甲목)을 만들어야 불(丁화)이 잘 붙는다(목생화 가능)는 물상적 상황.
*이렇게 甲목 옆에 庚금이 있다면, 丁화도 함께 있어줘야 최상의 조합이 되기에, 이를 '벽갑인정' 또는 '벽갑인화(劈甲引火)'라고 한다.
*고전명리학에선 [庚금+甲목+丁화]의 관계인데 학습능력 뛰어나고, 두뇌 명석한 전형적인 上격의 사주로 유명하다.
*劈(벽): 쪼개다, 가르다, 깨뜨리다.

○ 竝立(병립)/竝存(병존)
두 개의 같은 천간, 두개의 같은 지지가 서로 이웃하여 붙어 있는 상태.
*대부분 부정적 상태로 본다.
*'간여지동'과는 방향이 반대이다.

○ 병불용금(丙不鎔金)
丙화로는 庚금을 녹일 수 없다는 뜻이다.

○ 병탈정광(丙奪丁光)
丁화와 丙화가 나란히 같이 있으면, 태양 丙화가 丁화의 기운을 빼앗아가므로 丁화가 탈진하여 자기 역할을 못하게 되는 상황.
*큰 기운에 가로 막혀 자신의 힘을 발휘 못하는 상황. 대낮에 별을 보지 못하는 것과 같다.
*奪(탈): 빼앗다, 잃다, 탈진.

○ 복음(伏吟)
엎드려 고통스럽게 신음하다.
*伏(복): 엎드리다, 숨다, 굴복.
*吟(음): 끙끙 앓다, 읊다(음미), 신음(呻吟).

○ 복음살(伏吟殺)
1. 사주 원국의 年支(연지)와 같은 地支(지지)의 해가 왔을 때를 일컫는 일종의 신살.
2. 사주 원국의 일주와 같은 간지의 세운이 왔을 때.
3. 사주 원국의 일주와 같은 [연주/월주/시주]가 있을 때.
*일이 성사되지 못하고 계속 답보 상태임.

○ 복음상극(伏吟相剋)
원국에 辛금이 같은 辛금을 만나 두 개의 면도칼을 들고 있는 물상.
*복수심이 강한 잔인한 속성이 배가되는 상황.

○ 복음연약(伏吟軟弱)
己토가 같은 己토를 만나면 일의 진행에 장애가 발생하거나, 진척이 느려지거나 해서 아주 답답한 상황.

○ 복음잡초(伏吟雜草)
乙목과 같은 乙목이 만나면 잡초끼리 얽힌 답답한 느낌의 물상.
*원국 혹은 대세운에서 형제나 동료의 도움(甲목)이 없으면, 동업은 아주 위험하다.

○ 복음준산(伏吟峻山)
戊토가 같은 戊토를 만나면 거대하고 險峻(험준)한 산이 중첩된 물상.
*꿈만 원대했고 실속이 없거나, 지나친 고집으로 고생하거나, 홀아비로 살게 되는 경우가 자주 생긴다.

○ 복음홍광(伏吟洪光)
丙화가 같은 丙화를 만나면 밝은 태양이 두 개 떠 있는 눈부시기 하지만, 부정적 형국이다.
*서로 방해가 되거나, 가진 실력을 제대로 발휘하지 못하는 '회재불우(懷才不遇)'를 겪는다고 한다.

○ 부귀겸전(富貴兼全)
식재(食財. '식'상과 '재'성)와 관인(官印. 관성과 인성)이 겸비되어 조화를 이루면서, 재산이 많고 지위가 높아져 완전하다는 의미.

○ 부귀쌍전(富貴雙全)
부귀(富貴)가 완벽하다는 뜻이다.
*부(富)는 식재(食財)로 판단하고, 귀(貴)는 관인(官印)으로 판단한다.
*'명리쌍전(名利雙全)', '부귀겸전(富貴兼全)'과 비슷한 의미이다.

○ 부성입묘(夫星入墓)
여명(女命, 여성의 사주명식)에서 배우자인 관성이 묘지(墓地)를 만난 상황.
*배우자궁이 墓지에 있어 손발이 묶인 상황을 의미하니 남편이 무능하거나, 힘을 못 쓰게 되거나, 부부지간에 갈등이 발생하기가 쉽다.
*女命에서는 통상 '부성입묘'를 꺼린다. 예를 들어 여명 丙화 일간이 壬辰월에 태어났다면, 월간 관성 壬수가 남편이 되면서 월지 '辰'토 묘지 위에 앉아 있는 격이라, 만약 경'술'년이 오면 '진술'충이 성립되면서 壬수(배우자)가 입묘되는 현상이 생기는 것이다.
*그러나 대세운에서 통관의 운이 오거나, 재관의 운이 오거나 하면 '부성입묘'는 성립하지 않는다.

○ 부옥빈인(富屋貧人)
집 건물은 부유한데, 생활은 빈곤한 사람.
*통상, 사주원국이 재다신약(財多身弱)한 경우 '부옥빈인(富屋貧人)'이라고 한다.

○ 부중귀경(富重貴輕)
부(富)는 중(重. 무겁다)하고 귀(貴)는 경(輕. 가볍다)하다는 뜻으로, 관인(官印)보다 식재(食財)를 비중 높게 쓰는 사주원국을 말한다.

○ 부중취귀(富中取貴)
부(富)한 중에 귀(貴)를 취한다는 뜻으로, 식재(食財)를 잘 쓰고 있는 중에 대세운에서 관인(官印)의 운세를 맞이한 좋은 경우를 말한다.

○ 불청불우(不晴不雨)
하늘이 청명하지 않은데 비는 오지 않는 상황으로, 丙화와 癸수와의 관계를 말한다.
*구름이 태양을 가린다고 부정적이긴 하지만, 여름에 火기운이 강할 때는 좋을 수도 있다.

○ 비견(比肩)
명리학에서 말하는 십신의 일종으로, 나를 뜻하는 일간(주체/자아/주체성)과 [음양/오행]이 모두 일치하는 성분의 십신을 지칭하는 용어.
*比(비): 견주다, 모방, 따르다, [비교/비례/비율]의 준말.
*肩(견): 어깨, 견디다, 이겨내다.

○ 비겁(比劫)
'비'견과 '겁'재를 합쳐 부르는 약칭.
*사주에 비견이 많으면 '군비(群比)'라 하고, 겁재가 많으면 '군겁(群劫)'이라 한다.
*比(비): 견주다, 모방, 따르다, [비교/비례/비율]의 준말.
*劫(겁): 위협, 빼앗다, 부지런하다, 무한히 긴 시간(불교 용어. 찰나의 반대).

○ 비겁쟁재(比劫爭財)
비겁(比劫)이 많아서 재성(財星) 혹은 재물을 서로 다툰다는 뜻.
*형제가 많아 유산을 나누어야 하는 상황.
*'군비쟁재(群比爭財)' 참고.
*'군겁쟁재(群劫爭財)' 참고.

○ 비인(飛刃)
'양인(陽刃)'에 해당되는 지지를 충(沖)하는 지지를 말한다.

*甲목 일간(日干)의 양인(陽刃)은 卯목이므로, 卯목과 충이 되는 酉금이 '비인'이 된다.
*'비인(飛刃)'은 예술이나 기술과 인연이 있다.

○ 비인살(飛刃殺)
집중은 잘 하지만 지속성이 없어 변덕이 심하게 나타난다는 신살.
*丙子, 丁丑, 戊子, 己丑, 壬午, 癸未 일주가 '비인살(飛刃殺)'에 해당된다.

○ 비조부혈(飛鳥趺穴)
나는 새가 최상의 둥지(구멍)를 찾아 앉아 있다는 뜻(다소 靜的인 분위기).
*원국에 丙화가 甲목을 만나면 소나무(甲목)를 따사롭게 비춰주는 태양(丙화)의 형상이라서, 뜻하지 않는 행운이 평생 있다고 한다.
*[庚금+壬수]의 관계도 같다.
*趺(부): 책상다리, 발등, 발뒤꿈치.
*穴(혈): 구멍, 구덩이, 동굴, 뚫다.

○ 비조질혈(飛鳥趺穴)
*원국에서 甲목이 丙화를 본 상황으로 나는 새가 둥지(구멍)로 나아가는 모습이다(다소 動的인 분위기).
*丙화가 甲목을 본 상황은 위의 '비조부혈(飛鳥趺穴)'이다.
*趺(질): 넘어지다, 달리다.
*穴(혈): 구멍, 구덩이, 동굴, 뚫다.

○ 사처봉생(死處逢生)
죽을 곳에서 '생(生)'을 만났으니 아주 반갑고 고맙다는 뜻.
*癸수에게는 申금이 12운성 '사'지('死'地)이지만 申금의 지장간 庚금이 癸수를 生해주고 또 지장간 壬수도 도와주니, 轉禍爲福(전화위복)이 된 셈이어서 '사처봉생'이라 한다.
*'절처봉생(絶處逢生)' 참고.

○ 산명수수(山明水秀)

산이 청명하고, 물은 **빼어나게** 맑은 격이란 뜻으로, 원국에서 일간 戊土('山明')가 壬수('水秀')를 보았을 때를 말한다.

*[지적/사업경영] 능력이 뛰어난, 우수한 두뇌의 소유자인 경우가 많다.

*壬수가 용신이거나 희신이어야 한다.

*秀(수): 빼어나다, 솟다, 높다.

○ 산명수수 강휘상영(山明水秀 江暉相暎)

원국 천간이 [壬수+戊土+丙화]의 구조일 때.

*주변에 잘 적응하며, [조직/직장/재물] 관리에 성공하는 좋은 명식(命式)으로 알려져 있다.

*暉(휘): 빛, 광채, 빛나다.

*暎(영): 비추다, 비치다, 덮다.

○ 살(殺)

1. 정관이 아닌, 칠살(살=편관)의 약칭.

*정관이 아닌 편관에 대해 특히 무섭다는 의미를 부여함.

2. '일반 신살'이나 '12 신살'을 통칭하여 '살'이라고 부른다. 예시: 백호'살', 반안'살'.

○ 살용식제(殺用食制)

칠살격(七殺格)은 식신(食神)으로 제(制)한다는 뜻으로, 이렇게 되면 성격(成格)이 된다.

○ 살인격(殺刃格)

칠살격(七殺格)에 양인(羊刃, 陽刃. 양간의 겁재 성분)을 써서 성격(成格)이 되는 경우이다.

○ 살인상생(殺印相生), 관인쌍전(官印雙全)

'살인상생(殺印相生)'이라고 할 때는 인성이 흉신(凶神)으로 소문난 칠살(七殺. 편관)의 힘을 **빼주는** 경우를 말한다.

*관성은 언제나 [재성/인성]의 도움을 적극 필요로 한다.

*관성과 印綬(인수. =印星)가 조화를 이루면 貴격이 되니 '관인쌍전'이라고도 한다. '살인상생'은 칠살격에 인성(=인수) 용신을 쓰는 것으로, 흉폭한 칠살의 부정적 기운을 인성이 洩氣(설기), 通關(통관)시켜 일간을 돕게 하니 아주 긍정적인 상황으로 본다.

*이런 경우에 편관(칠살)은 곧바로 일간을 극하지 못하는 利點이 생긴다.

*印綬(인수. 고관의 도장을 넣어두는 비단주머니의 실끈으로 권위와 명예를 뜻한다. =印星).

*이런 사주의 당사자는 오히려 성격이 온화하고 덕망이 있다.

*'탐생망극', '통관용신', '관인상생', '관인쌍전', '살인상생' 모두를 연결시켜 볼 것.

○ 살인상정(殺刃相停)

칠살(살. 편관)과 양인(羊刃, 陽刃)이 서로 균형을 이뤄 같이 머무르고 있는 상태이다.

*원국에서 칠살만 있고 양인이 없으면 내 몸이 다치기 쉽고, 양인만 있고 칠살이 없으면 재성이 겁탈 당하게 마련이다. 그래서 칠살과 양인이 같이 있을 때는 반드시 '살인상정'이 되어야 한다.

*'살인상정'이 잘 된 사주는 주로 [군/검/경/권력/무술/힘쓰는 특수자격이나 면허] 쪽에서 빛을 보는 사주가 된다.

*停(정): 머무르다, 정체되다, 정해지다, 정거장, 밀리다.

○ 살중신경(殺重身輕)

일간(日干)을 공격하는 칠살(七殺)은 강하고, 일간(日干)은 가볍고 약한 모습.

*거친 풍파나 삶의 기복이 예상된다.

○ 삼기(三奇)

1. 甲戊庚 天上三奇(천상삼기), 乙丙丁 地下三奇(지하삼기), 壬癸辛 人中三奇[인중삼기. '人元三奇(인원삼기)'라고도 한다].

2. 신강한 일간에다가 정재, 정관, 정인 3가지

가 모두 갖춰진 상태. 아주 긍정적 大貴, 大富에다 큰 인물됨을 상징하는 사주다.

3. 조건: 3글자가 순서대로, 연-월-일, 월-일-시에 연달아 있어야 함(3글자 순서는 학자들마다 견해차가 심함).

4. 현대명리학의 논리와 개념으로서는 수용하기 힘든 이야기지만, 워낙 고전(연해자평, 삼명통회 등)에서 힘주어 강조한 긍정적 신살이다.

○ 삼기득위(三奇得位)
정재, 정관, 정인 이 세 가지 성분(삼기)이 사주원국에 있을 때를 말한다.
*일간이 신강하고 '삼기'도 통근하고 있다면 아주 上格의 大貴한 사주가 된다.

○ 삼목위삼(三木爲森)
나무가 여럿 모여서 삼림(森林)을 이룬다는 뜻.
*원국이 [甲목+甲목+甲목] 형태로, 甲목이 세 번씩이나 중첩되니, 활동력이 아주 강해져서 특히 경쟁력이 뛰어난 귀명(貴命)이라고 한다.
*그러나 정반대(경쟁에 지친 피곤함)로 보는 학자도 있다.

○ 삼복생한(三伏生寒)
더위가 극(剋)에 이른 삼복이면 일점의 한기(寒氣)가 生한다는 의미.
*현실적인 실제 생활환경에서는, 대개 未월(양력 7월)에 그런 현상이 일어난다.
*원칙적으로는, 밤이 가장 긴 冬至(동지)가 들어 있는 子월(양력 12월)에 일점 陽의 기운이 발생하고, 낮이 가장 긴 夏至(하지)가 들어간 午월(양력 6월)에 일점 陰의 기운이 발생한다.

○ 상관견관(傷官見官)
상관(傷官)이 정관(正官)을 볼 때를 말한다.
*상관(傷官)이 정관(正官)을 손상시키니 부정적인 의미가 들어 있다.
*'금수상관 희견관(金水傷官 喜見官)' 참고.

○ 상관대살(傷官帶殺)
상관(傷官)이 칠살(七殺)을 보았다는 뜻이다.
*'식신제살(食神制殺)'과 비슷하다.
*상관보단 식신(食神)이 칠살(七殺)을 더 강하게 그리고 효과적으로 제압한다.

○ 상관사궁(傷官死宮)
동주사(同柱死) 일주(日柱) 중에서 甲午, 庚子(乙亥, 辛巳 포함하는 경우도 있음) 일주의 여성은 일지(日支)가 상관(傷官)이니 독수공방(獨守空房)하거나 심하면 상부(喪夫)한다.
*외견(外見)은 고고하고 도도하다고 한다.
*동주사(同柱死): 천간 아래 지지 위치에, 12운성 '死'지가 놓인 것.

○ 상관상진(傷官傷盡)
'상관'을 극하여 상관이 상처를 입고, 기진맥진(氣盡脈盡)해졌다는 뜻.
*상관을 '상진(傷盡)'시키는 이유는 상관이 긍정적인 정관을 극하는 흉한 기능을 억제시키기 위함이며, 상관은 일간의 기운을 심하게 설기시키니 상관의 힘을 소진시켜 일간을 보호하자는 뜻도 있다.
*'상관상진'의 사주에 관성이 전혀 없고 신왕하거나 인수운이 오면 貴하게 된다. 그러나 일간의 힘이 너무 강왕해서 문제가 된다면, 상관을 사용하여 일간의 힘을 빼주는 것이 좋다.

○ 상관생재(傷官生財)
상관(傷官)이 재성(財星)으로 흘러간다는 의미이니 자기의 재능을 재(財)로 연결시킬 수 있다는 말이다.
*식/재/관(食/財/官)을 잘 쓰려면 일간(日干)이 신강해야 한다.

○ 상관패인(傷官佩印)
상관이 인성을 지니고 있는 상황.
*상관(傷官)은 흉신(凶神)이기에 인성(印星)으로

극해 주면 좋다.
*佩(패): 차다, 패물, 노리개, 지니다.

○ 상생불식(相生不息), 생생불이(生生不已), 생화불식(生化不息)
사주원국이 순조로운 '생(生)'의 흐름을 잘 타고 있는 상황.
*원류(源流. 사물의 기원 혹은 근원) 참고.

○ 선화명병(鮮花名瓶)
고운 꽃이 명품 화병 속에 들어 있다는 뜻으로, 원국에서 乙목이 戊토를 보았을 때인데, 재물로 성공하는 높은 격의 사주이다.
*주로 예능계나 서비스, 오락 계통에서 성공하지만 기신(忌神)으로 작용하면 유흥가에서 성공하기도 한다.
*瓶(병): 병, 단지, 항아리.

○ 성격(成格)
격이 완성되었거나, 온전한 상태로 이뤄졌을 때를 말한다.
*'파격(破格)'과는 반대 개념이다. 참고할 것.

○ 성국간투 일관성(成局干透 一官星)
지지가 국(局)을 이룰 때, 천간으로 이를 극(剋)하는 관성의 오행 기운이 투출하면, 아주 좋지 않다는 부정적 상황을 말한다.

○ 세운(歲運. 별칭 小운, 年운)
60갑자 순서대로 순환하는 통상 1년의 운세.
*모든 사람들은 매년 똑같은 세운을 맞이한다.
*'세운'은 매년 맞이하는 12支 동물띠와 같다.

○ 소훼주옥(燒毁珠玉)
丁화가 辛금을 보면 '주옥' 보석이 불에 타거나 그을리는 물상이 되는데, 세상 물정을 모르는 무기력한 파격의 사주다.
*燒(소): 불타다, 태우다, 연소.

*毁(훼): 헐다, 비방하다, 무너지다.

○ 쇠약(衰弱)
'약(弱)'보다 더 약한 상태.
*강약 비교: [극강/극왕]>[태강/태왕]>[강/왕]>보통(중화)>약>쇠약>태약>극약.
*실제로는 엄격하게 구분하지 않는다.

○ 수근로수(樹根露水)
甲목이 癸수를 만나면 비와 이슬을 촉촉이 맞은 나무뿌리의 물상으로, 주변에 두루두루 호평 받는 처세가의 명식이다.

○ 수난금온(水暖金溫)
金과 水는 원래 차가운 것이지만, 丙화가 오게 되면 水는 따뜻해지고 金도 온화해진다.

○ 수다금침(水多金沈)
통상 '금생수(金生水)'라고 좋게 보지만, 원국에 水가 많으면 金은 물에 가라앉게 된다.
*좋은 것도 지나치면 위험해진다. 과유불급(過猶不及)이다.

○ 수다목부(水多木浮)
'수생목(水生木)'이라고 말하지만, 水가 강하면 木은 이리저리 떠다니게 된다.
*항상 원국의 오행은 균형 잡힌 상태를 유지하는 것이 중요하다.

○ 수다토류(水多土流)
'토극수(土剋水)'라고 하지만, 水가 土보다 많으면 土는 水를 극하지 못하고, 오히려 떠밀려 흘러내려 간다.

○ 수목상관(水木傷官)
壬수나 癸수 일간(日干)이 봄철 [寅/卯/辰] 월에 태어나거나, 천간 甲乙 목이 힘이 있을 때를 말한다.

*목화상관(木火傷官)이나 금수상관(金水傷官)처럼 상관(傷官)의 힘이 강하지는 않다.
*戊己 토 관살(官殺)을 보게 되면 좋지 않다.

○ 수범목부(水泛木浮)
물이 범람하면 木이 뜬다. 이때는 '수생목(水生木)'이 아니다.

○ 수중유영(水中柳影)
물 위에 버드나무 그림자가 비치는 물상으로, 원국에서 壬수가 甲목을 만나면 식신(食神)으로 성실하고 자신의 재능을 충분히 발휘하며, 행운이 찾아온다고 한다.

○ 수토동법(水土同法)
水와 土를 같은 범주에 넣고 적용하는 방식.
*壬수와 戊土, 癸수와 己土를 같이 보는 '명리정종'式의 오행(12운성 적용)구분 방식.

○ 수화기제(水火旣濟)
水기운과 火기운의 조화, 즉 음양(陰陽)이 조화로운, 이상적 상태를 의미한다.
*水는 위쪽, 火는 아래쪽에 있어 水는 내려오고 火는 올라가니 서로 섞여 새로운 생명을 창조하는 가장 이상적 상태라고도 설명한다.
*주역 64 점괘 중에서 최상의 吉卦로 꼽힌다.
*주역 64괘 중에서 63번째 순서의 괘.
*濟(제): 건너다, 가지런히 하다, 정제하다, 이루다, 구제.
*'화수미제(火水未濟)' 참고.

○ 순행(順行)
순조로운 흐름의 순서대로 나아가는 것.
*'逆行(역행)' 참고.

○ 순환상생(循環相生)
사주명식에서 목화토금수(木火土金水) 오행이 '상생(相生)'으로 흘러가고 있을 때를 말한다.

*아주 긍정적인 명식이라고 감정한다.
*[金生水→水生木→木生火→火生土→土生金]식으로 계속 흘러 살아가는 데 막힘이 없다.
*통상 천간을 기준으로 보지만, 지지까지 합쳐서 같이 보는 학자들도 많다.

○ 습윤옥토(濕潤玉土)
癸수가 己土를 만나는 좋은 구조.
*직장 생활이나 관청, 대기업 등에 적합하다고 본다.

○ 습을상정(濕乙傷丁)
축축한 乙목은 丁화 불꽃을 상(傷)하게 한다.
*'목생화(木生火)'를 못하는 부정적 상태다.
*태어난 계절이나 사주명식의 주변상황이 중요하다.
*'고초인등'과 반대. 참고할 것.

○ 식상생재(食傷生財)
재(財)는 식상(食傷)의 도움을 받아야 지속적인 재(財)의 결실이 가능해진다는 말이다.
*재물을 논할 때 필수적인 大전제가 된다.
*물론, 일간(日干)이 허약해서는 안 된다.
*'재봉식상(財逢食傷)' 참고.

○ 식신격(食神格)
원국에서 가장 두드러진 세력이 식신(食神)일 때를 말한다. 월지(月支)에서 투출한 천간이 식신(食神)이면 '식신격'이 된다.
*식신(食神)을 쓰려면 일간(日干)이 강해야 하고, 일간(日干)과 식신(食神)이 강하면 재운(財運)으로 갈 때 당연히 발전한다.
*'식신격'이 손상되지 않으면 수복(壽福)을 겸비한다.

○ 식신봉효(食神逢梟)
식신이 '효신(편인)'을 만났다는 뜻.
*식신이 편인을 잘못 만나 제 역할을 못함.

*식신(食神)은 길신(吉神)으로 좋은 것인데, 부정적 의미인 '효신(梟神. =편인)'이 식신(食神)을 극하여 파격(破格)이 되는 경우를 말한다.
*逢(봉): 만나다, 맞다, 영합하다.
*梟(효): 올빼미.
*'효신탈식(梟神奪食)' 참고.

○ 식신제살(食神制殺)
식신(食神)이 칠살(七殺)을 제압한다는 뜻.
*신강 식신격(食神格)에 칠살(七殺)이 있으면 칠살(七殺)은 일간(日干)을 극하지 못하는 긍정적 효과가 있다.
*'상관대살(傷官帶殺)' 참고.

○ 신강재강(身强財强)
왕성한 재물(재성)를 취하려면 일간(日干)도 강해야 한다는 뜻.

○ 신병살(身病殺)
몸에 늘 병(病)이 따라다니거나, [접신/정신건강 손상], [맹신/광신]的 종교생활, 잔병치레가 잦은 삶 등의 특성이 나타난다는 신살(神殺).
*乙巳, 乙未, 己巳, (己未)가 일주(日柱)나 시주(時柱)에 있으면 '신병살'에 해당한다.
*'己未'의 인정 여부는 학자들마다 다르다.
*특히 일시주에 같이 나타나면 아주 흉하다고 본다.
*[화개(살)/곡각/귀문/고란/과숙/형(刑)/현침살 등]의 신살과 관련이 깊다.

○ 신살양정(身殺兩停)
일간과 칠살(편관)이 같이 균등한 역량을 갖췄다는 말.
*칠살(七殺)은 일간(日干)을 공격하는 것이지만, 일간(日干)이 충분히 강왕하여 칠살의 공격을 견뎌낼 수 있다면 격(格)이 훨씬 높아진다.
*[권위/공명/출세]와 관련된 인연이 생긴다.

○ 신왕살강(身旺殺强)
칠살(七殺)이 일간(日干)을 공격한다고 해도 일간(日干)이 왕하면 능히 공격에 견딜 수 있다.
*오히려 일간의 재능과 경쟁력이 커진다.

○ 신왕재왕(身旺財旺)
왕성한 재성(財星)도 일간(日干)이 강해야 잘 쓸 수 있다.
*일간(日干)이 왕(旺)하고 재성(財星)도 왕(旺)하여, 큰 재물을 논할 수 있는 명(命)이다.

○ 실령(失令), 실기(失期)
일간이 자신의 오행 계절에 태어나지 못하고, 일간을 생해주는 인성의 계절도 아닌 [재성/관성/식상]의 계절에 태어난 것을 말한다. 즉, 가장 중요한 월지에서 [인성/비겁] 성분을 잃어버렸다, 분실했다, 획득에 실패했다는 말이다.
*甲乙 목 일간이 亥월에 태어나면 亥수는 甲乙 목을 生해주는 인성이고, 亥수 지장간 戊甲壬 中 甲목의 근원이 되며, 또 12운성 '장생지'가 되므로 '실령'이라고 말하지 않는다.
*그러나 未월에 태어나면 未토는 甲乙 木 일간의 재성이니 甲乙 목을 설기시켜 힘을 빼는 오행이라서 '실령'했다고 말한다.
*물론 未토 지장간 [丁/乙/己] 中 乙목의 뿌리를 얻는다 하여도 '실령'이다.
*'득령' 참고.

○ 실세(失勢)
세력을 얻지 못했다는 말.
*사주 8자에서 [일간/월지/일지]를 제외한 5글자 중에서 [인성/비겁]이 2글자 이하면 '실세(失勢)'라 한다.
*'득세' 참고.

○ 실지(失地)
일지가 [인성/비겁] 성분이 못되면 '실지(失地)'라 한다.

*'득지' 참고.

○ 쌍목위림(雙木爲林)
두 개의 甲목이 활기찬 경쟁을 하면서 마치 숲을 이루듯이 나아가는 모습이다.
*아주 경쟁력이 좋은 명식이다.

○ 아능생모(兒能生母)
원국의 칠살이 강할 때, 나(비겁, 부모)의 자식(兒)인 식상이 칠살을 통제하여 부모인 비겁을 生해주는 상황을 말한다.
*甲목 일간이 약한데, 庚금 칠살(편관)이 강하면 甲목 일간은 견디기가 어렵다. 이때 식상兒(아. 엄마가 낳은 자식)에 해당하는 火기운이 金기운 칠살을 잘 막아주면, 甲목 일간인 어머니(母)가 좋아진다고 보는 것이다.

○ 아우생아(兒又生兒)
'아(兒)'가 다시 '아(兒)'를 낳는다는 뜻이다.
*조부모가 손자를 본 것과 같다.
*'아(兒)'는 어미(비겁)가 낳은 자식(식상)이고 식상이 또 식상을 낳았으니 즉 재성을 낳은 셈이다. 물 흐르듯 순탄하게 흘러감을 의미한다.
*굳이 격을 설정한다면 '식상생재격'에 해당한다. 이때 식상이나 재성을 극하는 비겁이나 인성이 오면 좋을 리가 없다.
*통변에서, 재물을 논할 때 이 '식상생재'나 '아우생아' 개념을 전제로 재물운을 감정하는 경우가 많다. 물론 '신강해야 함'은 거의 필수적인 조건이다.
*'식상생재' 참고.

○ 암간(暗干)
지지 속의 天干, 즉 지장간.

○ 암록(暗祿)
'암록'은 12운성 '건록(建祿)'의 글자와 '지지6합(合)'을 하는 글자를 말하는데, 재물과 뜻밖의 행운이 따른다는 吉한 신살(神殺)이다.
*丙申, 丁未, 戊申, 己未, 壬寅, 癸丑이 해당한다.

○ 암장(暗藏)
1. 보이지 않게 숨겨진 지장간 성분.
2. 숨겨서 저장함.

○ 암합(暗合)
지장간이 개입된 천간합(간합)을 말한다.
*지지의 子수와 천간의 戊토가 암합한다는 것은, 子수의 지장간 癸수와 천간 戊토가 戊癸 合化 火로 암합하는 것을 말한다.
*지지의 丑토와 巳화가 암합을 한다는 것은 丑토의 지장간 辛금과 巳화의 지장간 丙화가 丙辛 合化 水로 암합하는 것이다.
*암합에서는 통상 지장간 정기(말기)를 비중 높게 보는 편이다.

○ 야초난생(野草亂生)
己토가 乙목을 만난 모습이니, 잡초가 논밭을 덮어버린 형국.
*일처리를 제대로 하지 못하니 행운이 따르지 않는다.

○ 약(弱)
오행의 힘이 상대적으로 허약한 상태.

○ 양(養)
12운성의 하나로 어머니 뱃속에서 양육(養育)되는 것처럼, 앞으로의 운명이 하늘에 매달린 상황으로 본다.
*아직 형태가 결정되지 않았으니 기다릴 수밖에 없다. 순수하고 호기심 많은 상태다.

○ 양금상살(兩金相殺)
원국에 庚금과 庚금이 만나, 쇠끼리 부딪치는 요란함과 살벌함의 상황이다.

*일생에 한두 번은 크게 다친다고 한다.

○ 양인(羊刃, 陽刃)
양간(陽의 일간)의 겁재에 해당하는 오행 성분.
* 12운성 '帝旺(제왕)'의 별칭, 혹은 신살의 이름이 되기도 함.
*癸수는 壬수의 '양인'이 되지만, 壬수는 癸수의 '양인'이 되지 못한다.
*칼을 들고 있어 강인한 기질이 있으며, 혹독(酷毒), 살상(殺傷), 혁명(革命), 돌파(突破)의 내면적 의미를 포함한다.
*'살인상정(殺刃相停)'처럼 성격(成格)이 되면 출세한다고 알려져 있다.

○ 양인가살(陽刃駕殺)
'양인'이 '편관(칠살)'을 올라 탄 격이라서, '칠살(七殺)'을 잘 사용하면 성격(成格)이 된다.
*[정치 지도자/리더/군/검/경/스포츠/경호/무술] 등에서 아주 좋은 직업적성이다.
*駕(가): 수레, 타다, 오르다.

○ 양인도과(陽刃倒戈)
'양인'은 일간(日干)의 기운이 넘치는 것을 말하는데, '양인'이 인성(印星)의 생조를 받아 더욱 과격해져, 남을 해치는 것이 아니라 거꾸로 자기 자신을 해치는 것을 말한다.
*倒(도): 넘어지다, 죽다, 거꾸로.
*戈(과): 창, 싸움, 전쟁, 무기.

○ 양인로살(陽刃露殺)
양인은 지나친 힘으로 일간을 포장하니, 노출된 칠살(七殺)로 강한 일간을 억제하는 긍정적 현상을 말한다.

○ 양인합살(陽刃合殺)
양인(陽刃)으로 말미암아 일간(日干)의 힘이 지나칠 때는 흉신(凶神)인 칠살(七殺)과 합(合)하여 칠살을 합거(合去)시키면 더욱 좋다는 뜻.

*무관(武官)으로 출세한다고 알려져 있다.

○ 양토배화(壤土培花)
乙목이 己토의 좋은 땅을 만난 형상이라 꽃이 더욱 잘 자란다는 말.
*[예능계/오락/서비스/엔터테인먼트] 분야에서 좋은 재능을 발휘한다고 한다.
*壤(양): 흙, 토양, 경작지.

○ 양토육목(壤土育木)
甲목이 己토의 좋은 땅을 만났으니, 튼실하게 잘 자란다는 뜻.
*거부(巨富)를 논할 수 있다고 한다.
*원국 구조에서 오행의 균형이 중요하다.

○ 양투(兩透)
지지 지장간의 두 개 오행 기운이 동시에 천간으로 透出(투출. 별칭 透干투간)했다는 말.
*지지 辰월 지장간 [乙/癸/戊] 중에 천간으로 戊토와 乙목이 보일 때, [戊/乙]이 '양투'했다고 말한다.
*투출하면 해당 지지가 왕성한 힘을 갖는다.
*통근과 투출은 서로 반대이며, [신강/신약]을 결정짓는 중요한 요소가 된다.
*透(투): 통하다, 뛰어넘다, 透出(투출), 다하다.

○ 양화위염(兩火爲炎)
丁화가 丁화를 만나, 불길이 거침없이 타오르는 긍정적인 형국의 물상이다.
*丁화는 속성이 약하기에, 많아도 괜찮다.
*[인터넷/컴퓨터/IT] 계통에서 좋은 재능이다.
*속도에서 기선을 제압하여, 성공할 가능성이 높다.

○ 억부(抑扶), 억부법(抑扶法)
일간의 [신강/신약]을 기준으로 용신을 정하여 사주를 간명하는 방법이다. 일간이 신강하면 [충/극]하거나 설기(洩氣)하여 힘을 빼고, 신약하면 생조(生助)해줘서 기울어진 사주원국의 [균형/중화]를 이루게 하는 방법이다.
*대부분의 사주는 [억부(법)/억부용신(법)]으로 감정하는 것이 보편적이다.
*抑(억): 누르다, 억압, 굽히다, 물리치다.
*扶(부): 돕다, 붙들다, 떠받치다.

○ 억부용신(抑扶用神)
일간이 신강하면 [충/극]하거나 설기(洩氣)하여 힘을 빼주는 오행 글자가 '억부용신'이 되고, 신약하면 생조(生助)해줘서 힘을 더해주는 오행이 '억부용신'이 된다. 기울어진 사주원국의 [균형/중화]를 이루게 해주는 용신법이다.
*통상 용신을 구할 때, 이 '억부용신(법)'을 말할 때가 거의 대부분이다.
*抑(억): 누르다, 억압, 굽히다, 물리치다.
*扶(부): 돕다, 붙들다, 떠받치다.

○ 역마(驛馬), 역마살(驛馬殺)
이사, 자리변동, 공간이동, 유학, 해외근무, 이민, 여행, 출장 등과 인연이 많은 대표적 신살 (일반신살, 12신살에서 모두 같은 명칭을 사용함).
*삼합(三合)에서 첫 글자와 충(沖)이 되는 글자가 역마(驛馬)가 된다.
*직업으로는 여행사, 무역업, 외교관, 운수업, 신문, 방송, 통신, 광고업 등에 진출하면 좋다.
*역마(驛馬)가 공망(空亡)이면 빈 수레와 같아 바쁘기만 하고 실속은 없다.
*특히 일지가 '편관'일 때 '역마의 공간이동 원리'를 잘 이용하면 큰 효과를 보기도 한다.

○ 역행(逆行)
순행과는 반대 흐름으로(거꾸로) 나아가는 것.
*'순행(順行)' 참고.

○ 염상격(炎上格), 火-염상격(炎上格)
丙화나 丁화 일간(日干) 원국에서 火의 기운이

넘칠 때를 말한다.
*물론 강한 火기운을 극하는 水의 기운이 없어야 한다.
*사람됨이 예의가 바르고 대인관계를 중요시한다.
*일행득기격(一行得氣格)에 속하며 木火土(목화토) 대세운을 기뻐하고 金水(금수) 대세운을 꺼린다.
*木 - 곡직격(曲直格), 火 - 염상격(炎上格), 土 - 가색격(稼穡格), 金 - 종혁격(從革格), 水 - 윤하격(潤下格)

○ 염양려화(艶陽麗花)
丙화가 乙목을 만나, 고운 꽃을 비추는 찬란한 태양의 물상일 때를 말한다.
*知的 능력과 학업이 우수하다고 한다.
*艶(염): 곱다, 부러워하다.
*麗(려): 곱다, 우아하다, 짝.

○ 영향(影響)
'그림자의 힘(영향력)'이라는 원래의 뜻.
*원국에서 거리가 먼 지지들의 沖은 힘이 약하다는 의도의 말이다.
*影(영): 그림자, 사람 모습.
*響(향): 울림, 음향.

○ 요계(遙繫)
멀리 떨어진 것을 매단 것처럼 힘이 없다는 말이다.
*연간 庚금과 시간 乙목은 合으로서의 영향을 미치지 못하는 '요계'와 같다.
*遙(요): 멀다, 아득하다, 길다.
*繫(계): 두레박, 매달다.

○ 오양종기부종세(五陽從氣不從勢)
5개 양(陽)의 천간(甲목/丙화/戊토/庚금/壬수)은 氣(기. 정신적 가치의 기운)를 따를 뿐, 세력[힘/재물/물질/생존환경 등]의 유불리를 따르지 않는다는 말이다.
*陽천간의 특성을 잘 지적한 뛰어난 표현이다.

○ 오음종세무정의(五陰從勢無情義)
다섯 음(陰)의 천간(乙목/丁화/己토/辛금/癸수)은 勢力(세력. [힘/재물/물질/생존환경]의 有不利)을 따르니, 情과 義理(의리. 정신적 가치)가 없다는 말이다.
*陰천간의 특징을 잘 지적한 뛰어난 표현이다.

○ 옥토위생(玉土爲生)
己토가 癸수를 만나, 좋은 토양이 더욱 濕潤(습윤)해진 긍정적 상황.
*큰 부자를 기대해 볼만하다는 명식이다.

○ 왕(旺)
상대적으로 왕성한 상태.
*굳이 구분하자면, 生해주는 인성의 오행이 많을 때는 '강(強)'이라고 하고, 비겁(비견+겁재)의 오행이 많을 때는 '왕(旺)'이라고 함.
*통상적으로 '강'과 '왕'을 구분해서 사용하지는 않는다.

○ 왕양대해(汪洋大海)
壬수가 또 壬수를 만나 중첩된 두 개의 壬수가 거대한 물을 만든 형국이다.
*무슨 일이든 그냥 흘러 지나쳐버리기에 실패할 가능성이 많다고 한다.
*汪(왕): 넓다, 깊다, 큰 물.

○ 용(用)
'용(用)'은 [변화/기능/속성/용도/현상/작용]의 성질을 가지며, 상황에 따라 잘 변한다.
*천간이 '체'라면 지지는 '용'으로 볼 수 있다.
*'체(體)'는 [중심/근본/본체/기준/근원/불변]의 성질을 띤다.
*'체(體)' 참고.

○ 용(用), 용(用)하다
1. 쓰다, 사용하다.
2. '용신'으로 쓰다, '용신'을 삼다.
*고전명리에서 통상 2번으로 많이 사용되는, 대표적인 표현법이다.

○ 용신(用神)
1. 사주원국의 균형을 잡아주는 대표적인 십신(별칭 육친, 십성) 또는 오행의 기운.
2. 운세흐름에 따라, 사주원국에서 가장 절실하게 필요한 오행의 기운.
*통상 [억부/조후/통관/병약/전왕] 용신 정도로 구분해서 사용하기도 한다.
*통상 '억부용신'이 용신을 대표하기도 한다.

○ 운(運), 운세(運勢), 운수(運數)
1. 사람의 타고난 운명이나 운수.
2. 대운, 세운(年운/小운), 月운, 日운(日辰일진), 時운을 모두 합하여 일컫는 말로 구분 없이 사용되기도 한다.
*運=運勢=運數.

○ 운로(運路)
운세가 나아가는 길이나 흐름.
*'행운(行運)'과 비슷함. 참고할 것.

○ 운명(運命. 혹은 명운命運)
1. 인간을 포함한 모든 삼라만상을 지배하는 초월적인 힘.
2. 이미 결정되어버린 사람의 처지와 환경(숙명론적인 관점).
3. 변하는 부분을 '운(運)'이라 하고, 변하지 않는 부분을 '명(命)'이라 한다.
*사주명리에선 3번의 용법으로 많이 쓴다.

○ 원류(源流)
1. 원국의 年주부터 시작하여 月주, 日주(時주까지를 포함하기도 함)까지 계속 相生(상생)으

로 이어지는 것을 말한다.

2. 사물의 기원 혹은 근원.

*年간 水, 月간 木에 日간 火로 이뤄진 원국이라면 연주부터 일주까지 수생목=>목생화 로 연결되는 것이다. 이는 마치 조상(조부모)에서부터 부모를 거쳐 본인까지 순조롭게 내려오는 吉함과 福을 계속 누리는 것과 같다.

*명리학에선 보통 1번의 뜻으로 많이 쓴다.

*상생불식(相生不息), 생화불식(生化不息), 생생불이(生生不已) 참고.

○ 원진(元嗔), 원진살(元嗔殺)

가까워지면 서로 미워하고 다투고, 싸우게 된다는 뜻으로 남녀궁합(男女宮合) 등에 많이 참고하는 신살(神殺).

*충(沖)이 되는 지지 바로 옆 글자가 '원진(元嗔)'이 된다.

子-未/丑-午/寅-酉/卯-申/辰-亥/巳-戌

*'怨嗔(원진)'이라고 많이 쓰지만, '원진(元嗔)'이 정확한 표현이다.

*[귀문/귀문관/귀문관살]과 유사하니, 혼동하지 말 것.

*진(嗔): 성내다.

○ 월건(月建)

월주(月柱)를 세운다는 뜻으로 월주(月柱)와 같은 말이다.

*윤달(閏月)이 들어있는 해의 윤달에 해당하는 월의 간지(干支)라는 뜻으로도 사용한다.

○ 월령(月令).

월지의 별칭.

*통상 '월지'가 사주원국을 [지배/통제]하는 힘이 센 '사령부(명'령'을 내리는 곳)'라는 뜻에서 나온 말.

○ 유신유화(有薪有火)

甲목이 丁화를 만나거나 丁화가 甲목을 만나,

불(丁화)이 붙은 땔나무(甲목, 장작)의 물상을 이룬 형국이다.

*두뇌가 명석하여 학문이나 예술적 재능이 탁월하다고 한다.

*薪(신): 섶, 땔나무, 잡초.

○ 유신유화유로(有薪有火有爐)

원국, [甲목+丁화+戊토]의 구조는 가마(戊토) 속에 甲목을 넣고 불(丁화)을 붙이는 물상이다.

*知的 능력이 뛰어나고, 학업이 우수하다.

*薪(신): 섶, 땔나무, 잡초.

*爐(로): 화로, 난로, 향로.

○ 유화유로(有火有爐)

戊토가 丁화를 만나거나 丁화가 戊토를 만난 물상의 모습.

*일을 솜씨 있게 다루는 재능이 뛰어나서 성공 가도를 달린다고 한다.

*爐(로): 화로, 난로, 향로.

○ 육수(六秀)

성격이 급하고 재치가 있지만, 자기 이익만 챙기는 독단적인 성격이 있어 동업(同業)을 피하라는 충고의 신살이다.

*丙午, 丁未, 戊子, 己丑, 戊午, 己未 일주(日柱)가 '육수'에 해당된다.

○ 육친(六親)

십성, 십신의 별칭이다.

*[對人/家族] 관계에서 파생된 용어이다.

*1(일간/본원/나 자신/주체)+5(비겁, 식상, 재성, 관성, 인성)=6(六親).

○ 윤하격(潤下格), 水-윤하격(潤下格)

壬수나 癸수 일간(日干)이 겨울 계절에 출생하고, 원국에 水기운이 왕성할 때 '윤하격(潤下格)'이라 한다.

*물론 강한 水기운을 극하는 土가 있으면 성립

되지 않는다. 金의 생조(生助)를 받으면 좋다.
*木 - 곡직격(曲直格), 火 - 염상격(炎上格),
土 - 가색격(稼穡格), 金 - 종혁격(從革格),
水 - 윤하격(潤下格)

○ 음양순역(陰陽順逆)
음과 양은 한쪽이 강왕(强旺)하면 다른 한쪽은
자연스럽게 쇠약(衰弱)해진다는 뜻이다.
*음과 양은 한쪽이 순행하면, 다른 한쪽은 역
행한다는 뜻으로 사용하기도 한다.

○ 음욕살(淫慾殺)
말 그때로 음흉(陰凶)하고 색정(色精)적인 기질
을 가지고 있다는 신살(神殺)이다.
*甲寅, 乙卯, 丁未, 己未, 戊戌, 庚申, 辛酉,
癸丑 일주가 '음욕살'에 해당한다.
*달리 표현하면, 일지가 겁재를 제외한 비견으
로 이루어진 간여지동의 일주.
*丁火와 癸水는 火土동법, 水土동법을 따른다.
*'辛酉' 대신 '辛卯'로 보는 학자도 있다.

○ 의금(衣衾)
옷과 이불이라는 뜻이지만, 명리학 고전(古典)
에 많이 나오는 단어로 먹고 살기에 부족함이
없다는 좋은 뜻.
*衾(금): 이불, 침구.

○ 의부살(疑夫殺)
乙巳, 丁亥, 己亥, 辛巳, 癸亥 일주의 여자는
배우자에게 [집착/의심]하는 경향이 있다고 알
려진 신살.

○ 의처살(疑妻殺)
甲午, 丙戌, 戊辰, 庚辰, 壬戌 일주의 남자는
처(妻)에게 [집착/의심]하는 경향이 있다고 알
려진 신살.

○ 이도(異途)

고전(古典)에 많이 나오는 단어로 어떤 분야에
서 열심히 노력해도 이루지 못했지만, 그 힘을
밑바탕으로 삼아, 오히려 다른 방면에서 성공
하거나 긍정적 실리를 거두는 경우를 말한다.
*[다른 방편/차선책/다른 길/다른 과정]이라는
뜻도 갖고 있다.
*途(도): 길, 도로, 방법.

○ 이로공명(異路功名)
1. 원국에 없는 오행 글자나 공망(空亡)의 오행
글자는 열심히 추구해도 끝내 이루지 못하지
만, 그 노력의 결과로 다른 분야에서 성공하는
것을 말한다.
2. 이도(異途)로 부귀(富貴)를 이룬 상황.
*일간이 得氣(득기)하고 더하여 財星(재성)을
만났을 때다(出: 적천수).

○ 이전최화(利剪摧花)
일간 乙목이 辛금을 만나, 날카로운 칼로 꽃을
자르고 꺾는 형국이라 일반 직장 근무가 맞지
않다. '乙酉' 일주가 대표적인 케이스다.
*水기운이 通關(통관)시켜 준다면 轉禍爲福(전
화위복)이 된다.
*뇌, 신경계, 두통, 히스테리, 불면증 쪽으로
주의해야 한다.
*利(이): 날카롭다, 통하다, 이로움.
*剪(전): 자르다, 가위, 화살.
*摧(최): 꺾다, 부러뜨리다, 억압.

○ 인다용재(印多用財)
재성(財星)을 용(用)하여 강한 인성(印星)을 극
해 주면 좋다는 뜻.
*인성(印星)은 일간(日干)을 도와주는 글자이지
만, 지나치면 안 된다.

○ 인보상관(刃輔傷官)
'양인(양간의 겁재 성분)'이 '상관'을 돕는다는
뜻으로, 원국에서 [甲목+丁화+乙목], [丁화+戊

토+丙화], [辛금+壬수+庚금]의 구조이다.
*'겁재(劫財)'의 [경쟁/배짱/투기]的 성향과 '상관'의 좋은 머리로 단번에 상류사회로 진입하는 경우가 많다.
*흔히 '자고 일어났더니 유명해져 있더라!'의 상황이다.

○ 인봉관살(印逢官殺)
인수격(印綬格. 인성격)이 관살을 만나 성격(成格)이 되는 것을 말한다.
*관인(官印) 또는 살인(殺印)을 써서 고위직에 오를 수도 있다.

○ 인수(印綬)
'정인 혹은 인성'을 긍정적 의미로 사용할 때의 옛 명칭이다.
*고전명리에서 자주 나오는 용어로, 옛날 고관의 도장을 넣어두는 비단주머니의 실끈이라는 뜻으로 권위와 명예를 뜻한다.

○ 인수봉관(印綬逢官)
인수격(印綬格)이 정관(正官)을 상신(相神)으로 쓰는 것으로 '관인쌍전(官印雙全)'과 비슷한 의미를 갖는다.

○ 인수용재(印綬用財)
인수(印綬)가 너무 지나치게 강하면 독(毒)이 될 수 있으므로 재성을 써서 극해 주면 성격(成格)이 된다.

○ 인중삼기(人中三奇)
壬/癸/辛 3가지가 동시에 사주원국에서 나타날 때를 일컫는 말이다. 고전명리학에서는 大貴, 大富의 신살로 인정했음.
*특히 [재물/금전]과 관련된 '인중삼기(辛금/壬수/癸수)'의 오행기운이 두 사람 원국 천간에 나타나면 아주 좋은 [파트너십/동업자] 관계라고 보았다.

○ 일귀(日貴), 일귀격(日貴格)
일지(日支)에 '천을귀인(天乙貴人)'이 있는 일주(日柱)로 丁酉, 丁亥, 癸巳, 癸卯의 4개 일주가 해당된다.
*인품이 준수한 지성인이며, 귀인(貴人)의 도움이 항시 있다고 한다.
*일지가 공망 혹은 [형/충]을 당하면 파격(破格)이 되고, 合하면 더욱 귀격(貴格)이 된다.

○ 일락서산(日落西山)
1. 해는 서산으로 진다는 단순한 뜻, 혹은 석양의 아름다운 모습을 일컫는 말.
2. '日'은 丙화를 상징하고 '西山'은 서쪽을 상징하므로 [申/酉/戌]월 출생을 말한다. 즉, 丙화 일간이 가을에 태어난 것을 '일락서산'이라고 한다.
*가을에 태어난 丙화는 '떨어질 락(落)'을 써서 신약하다고 하고, 12운성으로도 [병/사/묘]지에 해당하므로 신약하다 그러나 丙화는 陽중에 최고의 陽이므로 '從'을 하지 않고 주변에서 조금만 밀어주면 능력을 발휘한다고 본다.
*'五陽從氣不從勢(오양종기부종세)' 참고.

○ 일월상회(日月相會)
1. 辛금이 丙화를 만난 형국으로, 보석 위에 빛나는 조명을 비추는 물상이다.
2. 해와 달이 만나 조화를 잘 이루었다는 뜻.
*丙화는 辛금을 겁내지만, 辛금을 丙화를 두려워하지 않고, 오히려 반긴다.
*실력 이상의 [인정/결실/발전]을 이루며, 자기 것을 확실하게 챙기는 경향도 강하다.

○ 일진(日辰)
특정한 날의 운수를 살펴보기 위한 그날의 간지(천간+지지).
*四柱에서 말하는 日柱(일주)의 별칭.

○ 일출동산(日出東山)

戊土가 丙화를 만나면 장엄한 산에서 해가 뜨는 보기 좋은 물상이 된다.
*처음에는 고생하지만, 나중에는 대기만성(大器晩成)한다.

○ 자매강강(姉妹剛强)
비겁이 아주 강한 상태로, 흔히 女命에 사용되는 명칭이다.
*男命은 군겁쟁재, '군겁탈부(群劫奪夫)' 참고.
*그러나 꼭 남녀를 구분하지는 않는다.

○ 자왕모쇠(子旺母衰)
식상(食傷)이 강해지면 일간(日干)인 모(母)는 쇠약(衰弱)해진다는 의미이다.
*일간(日干) 입장에서 식상(食傷)이 자식이니, 여명(女命)에게 사용하는 경향이 있다.
*그러나 꼭 남녀를 구분하지는 않는다.

○ 잔질(殘疾)
명리학 고전(古典)에 많이 나오는 단어로, 몸에 질병이나 탈이 남아 있는 상태, 혹은 잔병치레하는 체질을 말한다.

○ 장생(長生)
12운성 '장생'은 힘차게 태어났다는 것이니 많은 사람의 관심을 받고, 설치는 힘이 좋다.
*집의 환경을 바꾸고, 가업을 일으킬 정도의 강한 힘을 가진다고 한다.

○ 장성살(將星殺)
12신살의 하나로 사업이나 직장에서 최고의 위치에 도달한다는 신살.
*원국이나 대세운에서 '장성살(將星殺)'이 오면 군인, 검찰, 경찰, 의사, 법조인, 스포츠 쪽에서 두각을 드러낸다고 한다.

○ 재격투인(財格透印)
재격(財各. 재성격)에 인성이 투출(透出)한 형

국으로, 인성을 用하여 성격이 된 경우다.
*통상 재성은 일간(日干)의 힘을 빼는 것이니, 인성으로 일간(日干)을 도와주면 좋다.
*透(투): 통하다, 뛰어넘다, 透出(투출), 다하다.
*透出[투출, 별칭 透干(투간)]: 지지의 지장간 오행 성분이 그대로 천간의 오행 성분으로 나타나는 현상.

○ 재격패인(財格佩印)
재성이 성격(成格)을 이룬 사주에 인성으로 일간을 생조하는 경우를 말한다.
*재성과 인성이 불애(不碍)하면 대부귀(大富貴)의 사주이고, 財星과 印星이 붙어 있으면 작은 부귀에 그친다고 한다.
*碍(애): 거리끼다, 가로 막다, 장애, 방해.
*佩(패): 차다, 노리개, 지니다.
*'재인불애(財印不碍)' 참고.

○ 재경비중(財輕比重)
재성은 가볍고 비겁(比劫)이 무거우면, 재(財)가 극을 당하니 파격(破格)이 된다.

○ 재고귀인(財庫貴人)
지지에 재성의 창고를 두었으니, 재물성취의 가능성을 보여주는 긍정적 신살(神殺)이다.
*甲辰, 丙戌, 丁丑, 戊戌, 己丑, 辛未, 壬戌 일주가 해당된다.

○ 재관쌍미(財官雙美)
정재와 정관이 짝을 지어 조화를 이루어서 아름답다는 뜻이다.
*재관(財官)을 동시에 쓰게 되므로 반드시 신강해야 한다.
*60 갑자에서 癸巳 일주와 壬午 일주만 지장간에 [재성/관성]이 동시에 들어 있다.
*봄이나 여름生은 水일간 입장에서 신약할 가능성이 크므로 '재관쌍미'를 적용하지 않는다.

○ 재극인(財剋印)
현실적인 [재물/욕망/아내(처)/여성]에 집착하다 보면, 자칫 [명예/자존심/인격/교육/학습/학문/어머니(아내의 시어머니)]가 손상되는 경우를 말한다. 財星에 너무 몰입해서 印星이 부서지는 경우이다.
*재성과 인성의 적절한 조화를 강조할 때 많이 등장하는 명리학적 개념이다.
*재성을 경계하라는 [교훈적/경세적/교육적]인 차원에서도 많이 쓰인다.

○ 재기통문(財氣通門)
재물 기운이 한 관문으로 통하여 집중되어 큰 富를 이룬다는 뜻의 전통명리학 입장이다. 원국 일간이 신강하고 재격을 이루거나 재성 용신에 식상을 만난 상황을 일컫는 말이다.
*통상 부자 사주로 [감정/통변]한다.

○ 재다신약(財多身弱)
신약 일간이 왕성한 재성을 만났다는 뜻으로, 재물을 [관리/소유]할 힘이 없어 빈곤해지기가 쉽다.
*재(財)를 쓰려면 일간(日干)이 신강해야 한다.
*신약한 일간(日干)의 상태에서는 財星(재성)을 컨트롤하기가 어려우니 파격(破格)이 된다.
*'군겁쟁재'와는 반대의 개념.

○ 재봉식상(財逢食傷)
재격에 식상(食傷)을 상신으로 써서 성격이다.
*재(財)는 식상(食傷)의 도움을 받아야 지속적인 재물 성취가 이루어진다. 즉, '식상생재(食傷生財)'가 가능해진다는 말이다.
*물론, 일간(日干)이 강해야 한다.
*'식상생재(食傷生財)' 참고.

○ 재성혼잡(財星混雜)
정재(正財)와 편재(偏財)가 섞여 있는 부정적인 상황을 말한다.

*혼잡(混雜)은 순수한 것보다 좋지 않다. 목표에 일관성이 없고, 실리는 미세하고, 잡스럽기 때문이다.

○ 재왕생관(財旺生官)
재성이 왕(旺)해서 관성으로 흐르면 성격(成格)이 된다.
*식/재/관(食/財/官)을 쓰려면, 물론 일간(日干)이 강해야 한다.

○ 재왕생살(財旺生殺)
재(財)가 왕(旺)하여 칠살(七殺. 편관)로 흘러갈 때를 말한다.
*칠살(七殺)을 용(用)할 수 있다면 좋은 결과를 가져올 것이다.
*항상 사주원국의 전체적인 오행 구조가 조화로운 상황인지를 유념해서 살펴야 한다.

○ 재인불애(財印不碍)
재성과 인성이 서로 장애가 되지 않는 상황.
*재격, 관성격을 이룬 사주는 일간이 신약해지기 쉬우므로 인성이 있어 일간을 생조하면 좋지만, 인성은 재성에 '극'을 당하므로 財와 印이 사주 위치상 멀리 떨어져 있어서 서로 '극'이 되지 않는 긍정적 상황을 말한다.
*재성과 인성이 일간을 사이에 두고 있거나, 연간과 시간에 있다면, '재인불애', '재격패인(財格佩印)'이라고 부르며 大부귀 사주로 본다.
* 碍(애): 거리끼다, 가로 막다, 장애, 방해.
* 佩(패): 차다, 노리개, 지니다.

○ 재자약살(財滋弱殺)
신강의 사주원국에서 통상 용신을 칠살(편관)로 쓰기 쉬운데, 약한 칠살이라 재성이 도와주는 긍정적 상황을 말한다.
*가장 중요한 조건은 일간이 신강해야 하고 칠살이 미약해야 한다는 것이다.
*'명관과마(明官跨馬)'라고도 부르며, 아주 긍

정적인 사주로 본다.
*물론 일간이 신약한데 재성이 칠살을 돕게 되면, 일간은 아주 부정적 국면을 경험하게 된다.

○ 재투칠살(財透七殺)
재격에 칠살(七殺)이 투출(透出)하면 강해진 칠살(七殺)이 무력한 일간(日干)을 공격하니 파격(破格)이 된다.

○ 적수오건(滴水熬乾)
'적수'는 작은 물방울 같은 허약한 물인데 '오건'은 메말라서 火기가 너무 강하니, 결국 건조한 사주원국을 뜻하는 말이다.
*천간에 쇠약한 정도의 水기운만 존재하는데, 지지에서는 물을 찾아볼 수 없고 더불어 지지가 모두 火국으로 이루어져 있으면 천간의 水기운은 뿌리가 없어 '적수오건' 상태가 된다.
*適(적): 가다, 이르다, 도달, 만나다.
*熬(오): 볶다, 타다, 졸이다.
*乾(건): 하늘, 임금, 건조.

○ 절(絶)
12운성의 하나로 '절(絶)'은 형태가 사라지고 아무것도 할 수 없는 상태를 말한다.
*'절처봉생(絶處逢生)'이란 말처럼 하나의 주기나 시대가 끝나야 새로운 시대나 삶이 열리는 법이다.

○ 절각(截脚)
'다리(지지)에서 머리(천간)를 끊어버림'의 뜻.
*천간에서 지지를 보고 하는 말.
*끊음='극(剋)'. 예시: 乙酉(酉금 剋 乙목).
*절(截): 끊다, 다스리다, 정제하다.
*[건강 질병 문제/단명/요절]이 나타나는 것은 [金극木] 형태일 때이니, 특히 조심해야 한다.
*대세운에서만 [개두/절각]을 적용해야 한다는 학자도 있다.
*[개두/절각]의 강약 순서:

辛卯(신묘)>庚寅(경인)>乙酉(을유)>甲申(갑신).
*'개두(蓋頭)' 참고.

○ 절처봉생(絶處逢生)
12운성 중 '절'지(絶地)에 해당하는 곳에서 '生'을 만났다는 아주 긍정적인 뜻.
*甲申 일주라면 지지 申금은 '절(絶)'지라서 모든 것이 단절되고 끊어진 상황인데, 亥수(12운성 '長生') 운세를 만났다면 반가운 생명력을 얻은 셈이다.
*지옥에서 부처님을 만난 격으로 반가운 상황.
*逢(봉): 만나다, 영접. 점치다, 맞다.

○ 점기(占機)
점을 치게 된 계기나 기회, 혹은 그 간절함이나 필요성.
*점기가 동(動)했을 때 점을 쳐야 효력이 있다.

○ 제(制), 제(制)하다
1. 기운을 제압하거나, 눌러 억제시켰다는 말.
2. 간혹 '충극'의 뜻으로도 사용됨.
*고전명리학에서 가장 빈번하게 쓰이는 용어.
*制(제): 만들다, 자르다, 누르다, 억제하다.

○ 제극(制剋), 제극(制剋)하다
억눌러 억제시키거나 이겨냄.
*'충극'과 같은 뜻은 아니지만 접근함.

○ 제복(制伏)
억눌러 굴복시킴.
*制(제): 만들다, 자르다, 누르다, 억제하다.
*伏(복): 엎드리다, 숨다, 굴복하다.

○ 제살태과(制殺太過)
일간을 '剋(극)'하는 칠살(편관)은 부정적인 흉신이라서 왕성한 식신으로 '剋(극)'하면 좋다. 그러나 이 '剋'도 過(과)하면 문제가 되는데, 이런 상황을 '제살태과'라 한다.

*'제살태과'가 성립되면 칠살이 지나치게 제복(制伏)되어 破格(파격)이 되어버리니, 좋을 리가 없다.
*이때는 힘이 빠진 관살을 生해주는 재성이 용신이 된다.
*'진법무민(盡法無民)' 참고.

○ 조후(調候)
원국에서의 한난조습(寒暖燥濕)의 기후적 상황.
*조후가 심하게 불균형할 때 시급히 필요한 것이 균형 잡힌 '중화(中和)'이다.
*원국에서 한난조습의 중화를 이루게 하는 오행이 '조후용신'이다.
*조후는 '월지(태어난 계절)'를 가장 최우선적으로 본다.
*겨울生 甲목 일간에게 가장 절실한 용신은 水기운이 아니라, 火기운의 '조후용신'이다.

○ 조후용신(調候用神)
사주가 아주 춥고 더울 때 조절해 주면서 균형을 잡아주는 용신 글자를 말한다.
*한난조습의 중화를 이루게 하는 오행이 '조후용신'이다.
*사주가 춥다면 火기운의 오행이 조후용신이 되고, 사주가 뜨겁다면 水기운의 오행이 '조후용신'이 된다.
*겨울 출생 甲목 일간이 신약하다고 인성 水기운을 용신으로 잡을 수는 없다(얼어 죽기 때문). 이때는 우선 조후용신으로 火기운의 오행을 원국에서 찾아봐야 한다.
*[여름/겨울]철에 출생한 사람들에게만 '조후용신'을 적용한다는 학자들이 많은 편이다([봄/가을] 계절에 출생한 사람들에게는 '조후용신'을 적용하지 않는다는 말).

○ 좌우협기(左右協氣)
일간의 좌우에서 일간을 협조해주는 상황.
*월주나 시주에서 일간을 도와주는 경우에 해

당한다고 보면 된다.

○ 중용(中庸)
1. 지나치거나 모자라지 아니하고 한쪽으로 치우치지도 아니한, 떳떳하며 변함이 없는 상태나 정도.
2. 유학 경전인 사서(四書)의 하나[孔子의 손자인 자사(子思)가 지은 책이름].
3. 원국에서 오행의 기운이 치우침이나 과함이 없이, 일간과 더불어 조화와 균형을 이룬 상태.
*명리학에서는 1, 3번 용법으로 많이 쓰임.

○ 중화(中和)
1. 적절하게 균형을 이루고 있는 상태.
2. 원국의 오행 기운이 극단적인 편향성으로 기울어지지 않고, 조화로운 중용의 유지 상태.
*명리학에서는 2번 용법으로 많이 쓰임.

○ 종신(從神)
1. 從격의 용신.
2. 從하는 용신.
3. 강한 세력을 따라가는 용신.

○ 종즉유시(終卽有始)
끝(마지막)은 처음(시작)과 통한다(같다)는 말.
*계속 이어지는 자연과 생명의 [순환/반복]을 설명할 때 자주 쓰이는 말이다.
*물의 순환: [=>고체(얼음)=>액체(물/비)=>기체(수증기)=>].
*오늘밤 12시(24시)는 내일의 00시와 같다.
*원의 시작점은 끝점과 같다.
*죽어야 다시 태어난다(불교의 윤회론적 관점).

○ 종혁격(從革格), 金-종혁격(從革格)
가을 출생 庚금, 辛금 일간으로 지지에서 金의 방합이나 삼합으로 金기운이 지배적이며, 이를 극하는 火(丙화/丁화/午화) 기운이 섞여 있지 않을 때를 말한다.

*일행득기격(一行得氣格) 中의 하나이다.

○ 지신일기격(地辰一氣格)
원국의 4개 지지가 모두 같은 오행일 때를 '지신일기격(地辰一氣格)'이라고 한다.
*'지신일기격'은 특별히 좋거나 나쁘다고 할 수 없다.
*오행이 편향되었다는 점에서 삶의 기복이 심하게 출렁거릴 가능성은 충분히 있다.
*吉凶판단 유보.
*'천원일기격' 참고.

○ 지장간(支藏干)
12지지에 숨겨져 있는 천간 성분. 별칭 '장간'.
*사람의 내밀한 심리와 욕망, 숨겨진 사연을 파악하는데 도움을 준다.
*천지인(天地人) 3재(三才)의 원리:
천간=하늘(天), 지지=사람(人), 지장간=땅(地).
*관상에서는 [天/地/人] 3재를 [이마/코/턱]이라고 본다.

○ 지지연여(地支連如)
뿌리가 연달아 뻗어 나가는 것처럼 지지가 이어져 있다는 뜻이다.
*이 때 연월일시 순서 또는 그와 반대로 시일월년 순서 모두 '지지연여'에 해당한다.
*'명연영지(名聯榮地)', '명영연지(名榮聯地)', '연지명영(聯地名榮)' 모두 같은 의미다.

○ 진법무민(盡法無民)
법치가 탈진되어 온전한 백성이 없다는 말.
*'제살태과'가 되었거나 식상이 태왕하여 관살이 존재할 수 없는 상황에 이른 사주원국은, 마치 국가나 사회에 정상적인 [통치/법치]가 없는 혼란에 빠진 공동체와 같다.
*이런 사주원국의 주인공은 대개 [무뢰배/탈법자/무법자/양아치]들이 많다.

○ 진신(進神)
자신이 하고 싶은 일을 할 수 있으니 즐겁다는 뜻의 좋은 신살(神殺)이다. 甲子, 己卯, 甲牛, 己酉 일주(日柱)가 해당된다.
*판단력이 뛰어나고 문장력도 좋다고 한다.
*관재수(官災數)를 조심해야 한다.

○ 천극지충(天剋地沖)
천간끼리는 剋하고 지지끼리는 沖한다는 뜻.
*갑자(甲子) 일주와 경오(庚午) 일주가 만나면 금剋목, 자오沖 하는 것을 말한다.
*'간극지충(干剋支沖)'이라고도 한다.

○ 천라지망(天羅地網)
모든 것이 걸려드는 하늘의 그물과 땅의 그물.
*戌亥는 '천라(天羅)', 辰巳는 '지망(地網)'인데 줄여서 '라망(羅網), 망라'라고 한다.
*그물(망)에 걸린 것처럼 [일상생활/사업/부부관계] 등에서 일이 꼬이고, 갇히고, 걸리고, 잡히고, 들어가고, 꼼짝 못하게 되고, 일의 진척이 안 되고, 파란곡절을 겪기도 하는 신살이다.
*사주원국 배치가 좋으면 당하는 위치가 아닌, 집행하는 위치의 법조(판/검/변), 수사(경찰/군대/정보기관/검찰), 권력기관에 몸을 담기도 한다.
*丙戌, 壬辰 일주가 특히 그렇다고 한다.
*羅(라): 새그물, 지남철, 벌리다, 비단.
*網(망): (물고기)그물, 무늬. 규칙, 법.

○ 천록귀인(天祿貴人)
인격이 온후하고 정직하니 다른 사람의 도움과 신뢰를 받는다는 신살(神殺)이다.
*丙子, 丁亥, 辛巳 일주에 해당한다.
*祿(록): 녹, 녹봉, 행복.

○ 천문성(天門星)
하늘의 門이 열린다. 혹은 생명의 門은 하늘로 통한다는 뜻에서 '天門'이라 한 것이다.

*하늘의 뜻과 명을 비교적 잘 알아채고 판단하는 능력이 있다.
*[卯묘 未미 戌술 亥해(영향력 강)/寅인 酉유(영향력 약)]의 글자들이 원국의 4개 지지에 오거나, [일지/월지]에 동시에 올 때. 보통 2~3글자 이상일 때 '천문성'으로 인정한다.
*木기운이 갖는 [생명性/생명力. 해묘미 木 3합. 인묘진 木 방합] 때문인 것으로 보인다.
*생명과 운명 혹은 역학 관련 직업, 119 구급, 응급처치 관련, 교정공무원, 한의사, 양의사, 간호사, 약사, 침술사, 역술가, 변호사, 판사, 검사, 점술사, 풍수(지관), 샤먼, 힐링, 심리 상담, 면담 등의 직업군으로 잘 나타난다.
*유명한 역학 역술 [전문가/학자/프로]들 중에 이 '천문성' 신살을 타고난 사람들이 비교적 많은 편이다.

○ 천복지재(天復地載)
천간으로 덮어주고 지지로 실어준다는 뜻이다.
*'천복'은 천간이 지지를 생해주거나 도와주는 것을 말하고, '지재'는 지지가 천간을 생해주거나 도와주는 것을 말한다.
*천간의 甲乙이 지지의 [寅/卯] 木기운이나 [巳/午] 火기운을 도와주거나 생해주면 '천복'이다.
*지지의 [寅/卯/亥/子]가 천간의 [甲/乙/壬/癸]를 도와주거나 생해주면 '지재'라고 한다.
*復(복): 돌아오다, 뒤집다, 회복, 반복, 덮다.
*載(재): 싣다, 오르다, 운반, 기재하다, 얹다.

○ 천진지양(天津地洋)
하늘과 바다를 건너는 나루터라는 뜻으로, 壬수가 癸수를 나란히 만나면, 모든 경쟁에 강하고 일이 순조롭게 진행된다는 상황이다.
*용신(用神)이거나, 희신(喜神)일 경우이다.
*津(진): 나루, 나루터, 언덕.

○ 천원일기격(天元一氣格)

원국에서 4개 천간이 모두 같은 글자로 되어 있는 상황을 말한다.
*'천원일기격'이라도 특별히 좋거나 나쁜 것은 없고, 일반 사주처럼 [감정/통변]하면 된다.
*그러나 오행이 편향되었다는 점에서 삶의 기복이 심하게 출렁거릴 가능성은 충분히 있다.
*吉凶판단 유보.
*'지신일기격(地辰一氣格)' 참고.

○ 천한지동(天寒地凍)
하늘은 차갑고 땅은 얼어붙었다는 뜻으로, [亥/子/丑]월에 태어난 겨울생을 말한다.
*[亥/子/丑] 겨울생이라도 木火 일간들은 덜 춥겠지만, 金水 일간들은 주변에 木火 글자가 없으면 '천한지동'의 상태가 된다.
*가장 시급한 것은 火기운의 조후용신이다.
*火기운이 강해 언 땅이 녹고 따뜻해지면 貴하게 되지만, 그렇지 못하면 從(종)해야 한다.
*火기운도 없고, 從격도 안 되면, 많이 힘든 삶의 행로가 예상된다.

○ 철추쇄옥(鐵鎚碎玉)
쇠망치로 구슬을 깨부수는 물상이다.
*일간 庚금이 辛금을 만나면 무서운 성격이 되어 큰 사고를 낸다고 하는 형국이다. 대인관계에서도 문제가 발생하는 경우가 많다.
*金끼리 만남은 좋은 경우가 거의 없다.
*鐵(철): 쇠, 검은 빛, 단단, 견고.
*鎚(추): 쇠망치.
*碎(쇄): 부수다, 깨뜨리다.
*'백호출력(白虎出力)' 참고.

○ 청룡반수(靑龍返首)
푸른 용이 머리를 오히려 돌린다는 뜻으로, 甲목이 丙화를 만나 소나무가 태양을 만나는 형국이 되어 실력과 권위가 뚜렷해진다고 한다.
*햇볕이 너무 가깝고 강해서, 소나무가 힘들어 시든다는 물상으로 해석하는 학자도 있다.

*청룡이 돌아와 우두머리 자리를 되찾는다는 형국으로 보는 전문가도 있다.
*返(반): 돌아오다, 바꾸다, 새롭게 하다.

○ 청초조로(靑草朝露)
乙목이 癸수를 만나면 푸른 풀잎에 맺힌 아침이슬의 물상으로, 대인 관계가 좋으며 남의 힘을 잘 이용하여, 뻗어나가는 [발전성/진취성]이 돋보인다고 한다.

○ 체(體)
'체(體)'는 [중심/근본/본체/기준/근원/불변]의 성질을 띤다.
*천간이 '체'라면 지지는 '용'으로 볼 수 있다.
*'체(體)'와 반대로 '용(用)'은 [변화/기능/속성/용도/현상/작용]의 성질을 가지며, 상황에 따라 잘 변화한다.
*'용(用)' 참고.

○ 체양용음(體陽用陰)
본체(本體)는 양(陽)이지만, 작용은 음(陰)으로 하는 것을 말한다.
*지지에서 子수는 본'체'(體)는 양이지만 음으로 사'용'(用)하고, 午화 또한 실'체'(體)는 양이지만 작'용'(用)은 음으로 작용한다.

○ 추수통원(秋水通源)
가을의 水는 근원과 통한다는 뜻이다.
*'추수'는 가을의 물로 [申/酉/戌] 月 출생의 [壬/癸] 水일간을 말하고, '통원'은 근원이 통했다는 의미다.
*가을은 金의 계절이므로 '金생水'의 이치에 따라 水기운이 왕성하다는 의미이다.

○ 춘불용금(春不容金)
보통 甲목은 庚금과 좋은 관계이지만, 이른 봄의 어린 나무는 庚금을 허용하지 않는다는 뜻.

○ 출수부용(出水芙蓉)
乙목이 壬수를 만나니 연꽃이 호수에서 활짝 핀 형국이다.
*좋은 감각과 사교성에다 귀인의 조력까지 업고서, 순식간에 상류사회에 진입한다고 한다.
*'출수홍련(出水紅蓮)' 참고.
*芙蓉(부용): 연꽃.

○ 출수홍련(出水紅蓮)
壬수가 乙목을 만나 호수에 붉은 연꽃(홍련)이 탐스럽게 피어난 모습이다.
*능력 이상으로 인정받고, 남의 도움까지 얻으니 성공할 명(命)이다.
*원국에 丙화까지 있어주면 최상의 명식이다.
*'출수부용(出水芙蓉)' 참고.

○ 충천분지(沖天奔地)
1. 하늘을 찌르고 땅을 내달리는 물의 폭발력을 보여주는 무시무시한 모습.
2. 癸수가 壬수를 만나 저돌적으로 맹진하여 실패하는 기상으로 건강이나 재산에 타격을 입는다고 알려진 물상.
*특히 [건강/질병/재물] 관련, 주의해야 한다.
*奔(분): 달리다, 달아나다, 패주하다.

○ 칠살봉재(七殺逢財)
칠살격(七殺格)이 재(財)를 만나면 칠살(七殺)이 강해져서 일간(日干)을 극하게 되니 파격(破格)이 된다.

○ 탐생망극(貪生忘剋)
사주원국에 인접하여, '生(생)'과 '剋(극)'이 동시에 일어날 때 '剋'보다 '生'을 먼저 한다는 말. '生'을 탐하느라 '剋'을 잊는다는 漢字식 표현이다.
*원국 천간에서 庚금 좌우에 甲목과 壬수가 있다면, 庚금은 甲목을 '剋'하기보다 먼저 壬수를 '生'한다.

*실제 임상에서는 필연의 법칙으로 적용하기는 어려워 보인다(간산 說).
*효력발생의 우선 순서는 [합>생>충/극]이다.
*'탐생망극', '통관용신', '관인상생', '관인쌍전', '살인상생' 모두를 연결시켜 볼 것.

○ 탐재괴인(貪財壞印)
신약하면 통상 印성이 용신인데, 원국에 재성이 있거나, 財성의 대세운이 와서 印성 용신을 무너뜨리는 경우 말한다.
*재성(재물/여자/취향/人的 네트워크)에 너무 탐닉하면, 인성(명예/자존심/체면)을 잃게 되는 상황이 온다.
*壞(괴): 무너지다, 무너뜨리다.

○ 탐합망극(貪合忘剋)
사주원국에 인접하여, '合(합)'과 '剋(극)'이 동시에 있을 때 '剋'보다 '合'을 먼저 한다는 말.
'합'을 탐하느라 '극'을 잊는다는 표현이다.
*원국지지 辰土 좌우에 亥水, 寅木, 卯木이 있을 때 辰土는 亥水를 '극'하기 전에 [寅/卯/辰(인/묘/진) 木기운]과 '합'을 먼저 한다.
*효력발생의 우선 순서는 [합>생>충/극]이다.

○ 태강(太强), 태왕(太旺)
오행의 힘이 지나치게 강하거나 왕한 것.

○ 태약(太弱)
오행이 힘이 '쇠약(衰弱)'보다 더 약한 것.

○ 토다금매(土多金埋)
'수다금침(水多金沈)'처럼 土가 지나치게 많으면 자연스레 金은 土에 [매몰/매장] 된다.

○ 토다목절(土多木絶)
土가 많아 木이 꺾여 부러졌다는 뜻.
*오행의 상생상극은 이상적인 우주운동으로 지구에서는 적용되지 않는다.

*土가 木보다 훨씬 강하면 '목극토(木剋土)'현상은 일어나지 않고, 당장 '토극목(土剋木)'이 되어 버린다.
*[생각/잡념]이 많아지면 자기 [주관/판단]에 자신감이 없어 지레 포기하는 현상이다.

○ 통관(通關)
두 가지의 오행 기운이 [대치/대립/충극]하고 있을 때, 중간에 끼어들어 두 기운을 서로 소통시켜주는 것을 말한다.

○ 통관용신(通關用神)
두 가지의 오행 기운이 대치되어 강약을 분별하기 힘들 경우에는 마땅히 화해를 시켜야 하니 이럴 때 중간에 끼어들어 通關(통관)의 妙(묘)를 살려주는 오행 글자이다.
*그러므로 통관시켜 주는 오행 기운이 바로 '통관용신'이 된다.
*사주에서 火, 水 기운이 너무 강해 서로 대립('水극火'의 '극'하는 상태)하고 있다면, 水생木, 木생火의 원리에 따라 木을 '통관용신'으로 삼는다.
*'탐생망극', '관인상생', '관인쌍전', '살인상생' 참고.

○ 통근(通根)
천간의 오행성분이 그대로 지지의 지장간 오행성분으로 나타나는 현상(음양 무관). 흔히들 '뿌리를 내린다(통근)'라고 표현하기도 한다.
*작용력의 방향은 천간에서 지지로 하향함.
*'통근'하면 해당 천간이 강해짐.
*특히 월지(지장간 말기)에 통근한 천간이 최강이다.
*통근과 투출은 서로 반대이며, [신강/신약]을 결정짓는 중요한 요소가 된다.
*비겁은 물론, 인성까지도 통근의 범주에 넣어주는 학자도 많다.

○ 투출(透出), 투(透)
지지의 지장간 오행 성분이 그대로 천간의 오행 성분으로 나타나는 현상. 별칭 '투간(透干)'.
*투출하면 해당 지지가 왕성한 힘을 갖는다.
*통근과 투출은 서로 반대이며, [신강/신약]을 결정짓는 중요한 요소가 된다.
*透(투): 통하다, 뛰어넘다, 透出(투출), 다하다.

○ 파격(破格)
격이 깨어지거나, 정상에서 벗어나 부정적이고 흉한 형태를 보일 때를 말한다.
*'성격(成格)'과는 반대. 참고할 것.

○ 파료상관(破了傷官)
'상관을 깨어 버렸다'는 의미에서 '상관상진(傷官傷盡)'과 비슷한 상황이다.
*'상관상진'은 일간이 신약할 때 상관이 강하면 힘의 소모가 커서 일간이 위험하니 상관의 힘을 못 쓰게 한다는 긍정적 의미이다.
*'파료상관'은 신강 사주에서는 상관으로 힘을 빼는 것이 필요한데, 印성의 운세가 와서 상관을 무력하게 만드는 부정적인 경우를 말한다.

○ 한목향양(寒木向陽)
겨울에 태어난 甲목, 乙목 일간(日干)은 조후(調候) 상으로 태양 丙화가 필요하다는 말.
*차가운 겨울나무는 따뜻한 양지를 좋아한다.
*이때는 오히려 水기운이 오는 것을 꺼린다.

○ 한수빙목(寒水氷木)
물이 차가우니 나무가 얼어 있는 상태로 몹시 힘이 드는데 겨울 나무가 특히 그렇다.
*춘하추동(春夏秋冬), 즉 '어떤 계절(월지/월령)에 출생했느냐'가 더욱 절실하고, 또 중요하다.

○ 한유(寒儒)
고전명리에서 자주 언급되는, [진로(進路)/등용/권세/재물] 등이 어렵거나 운세가 잘 풀리지 않는 선비를 말한다.

○ 합관류살(合官留殺)
*'합살류관(合殺留官)' 참고.
*'거관유살(去官留殺)' 참고.
*관=正官(정관). 살=七殺(칠살)=偏官(편관).

○ 합거(合去)
合(합)으로 除去(제거. 기능을 발휘 못하게)함.
*여기서 '합'은 [3합/방합/지지 6합]이 아니라 '干合(천간합)'을 말한다.
*특히 용신이 '합거'되는 상황은 최악이니 아주 조심해야 한다.

○ 합이불합(合而不合)
외형적으로 '合'은 되었지만, 주변에 '沖'이나 '剋'이 있으면 '合'이 잘 성립되지 않는다는 말이다.

○ 합이불화(合而不化)
合하긴 했지만, 변화('合化'와 같은 뜻)되지는 않았다는 의미.
*원래 合을 하면 자신의 본래 오행기운을 망각하게 되는데, 본래의 오행기운이 사주원국에서 왕성하면 合 자체가 어렵거나, 장애가 발생하게 된다.

○ 행운(行運)
1. 사주 명식(원국/주인공)이 만나는 운(운세).
2. 운(운세)의 흐름.
3. 흘러가는 운(운세)
*'운로(運路)'와 뜻이 유사함. 참고할 것.

○ 현달(顯達)
명리 고전(古典)에 많이 나오는 용어로 관직이 높아지고 세상에 이름을 알린다는 의미이다.
*'입신양명(立身揚名)'과 비슷하다. 참고할 것.
*顯(현): 나타나다, 바깥, 표면, 드러나다.

○ 현침살(懸針殺)

글자의 모양이 침이나 바늘과 같다고 하여 붙여진 이름의 신살이다.

*원국에서나 대세운에서 [天干에 甲 辛. 地支에 (卯) 午 未 申] 글자들이 2~3개 이상 나타날 때를 '현침살'이라고 한다. '懸針(현침)'은 針이 매달려, 모습을 드러냈다는 뜻이다.

*침이나 뾰족한 물건, 흉기, 칼, 주사기, 가위, 메스, 송곳, 바늘 기타 등등의 예리한 물건으로 인한 [피해/신체손상/직업적 관련성]이 나타남.

*卯(묘)를 '천문성'으로 보고 '현침살'로는 인정하지 않는 전문가들도 있다.

*양의사(메스), 한의사(침), 물리치료사, 간호사(주사바늘), 기자(펜), 침술사, 문필가, 기계정비사, 영양사, 조리사, 네일 아트, 이미용사(가위), 정육점, 도살업종 등의 직업 인연이 있다.

*懸(현): 매달다, 늘어지다, 드러내다, 걸다.

○ 홍염살(紅艷殺)

도화(桃花)와 유사한 기질이며, 특히 이성에게 [호감/관심]을 끄는 매력이 있다는 신살.

*[다정다감/인기/끼/주색/풍류/로맨틱/방송연예계/엔터테인먼트] 등의 특성이 나타난다.

*甲(午), 丙(寅), 丁(未), 戊(辰), 庚(戌), 辛(酉), 壬(子), 壬(申) 등이 '홍염살이다.

[기준 일간+(해당 '홍염살' 지지)] 형태로 표기.

甲목 일간에 지지 午화가 오면 '홍염살'이다.

*[乙(午)], [己(辰)], [癸(申)] 등은 학자에 따라 '홍염살' 인정여부가 달라지기도 한다.

*특히 고전명리학에서는 심하게 가정이 불안정하며, 배우자와의 관계가 순탄하지 못하며, 화류계로 진출하거나, [재혼/중혼]의 가능성까지 있다고 보았다.

○ 화기격(化氣格)

일간(日干)이 간합(干合. 별칭 '천간合')하거나 합화(合化) 기운과 같은 오행이 원국에 가득할 때 일간(日干)은 자신의 오행 기운을 버리고 새롭게 합화(合化)된 오행을 취하는 것을 말함.

*통상 화격(化格)이라고도 한다.

*새롭게 화(化)한 기운을 거스르는 기운이 미약하게라도 있으면 '가화격(假化格)'이라고 함.

○ 화다토초(火多土焦)

'화염토조(火炎土燥)'와 비슷한 뜻으로, 火기운이 많으면 土가 불에 그을리고 메말라서 갈라진다는 의미이다. 과한 印성의 도움이 오히려 문제가 되기도 한다.

*원국에 水가 없으면 성장에 지장이 있거나 과부 또는 홀아비 신세가 많다고 한다.

*사주를 볼 때는 음양(陰陽), 즉 조후(調候)가 최우선이다.

*목사, 승려, 신부, 수녀, 도인 등 종교계통 종사자가 많다.

*특히 위장 계통의 질환을 조심해야 한다.

*焦(초): 그을리다, 애타다, 지치다.

○ 화련진금(火煉眞金), 화련진금(火鍊眞金)

원국에서 丁화가 庚금을 만나는 형국인데, 庚금 쇠붙이를 丁화의 고열로 제련하는 모습.

*자기의 재능을 충분히 발휘하여 큰 발전과 성공을 이룬다.

*丁화가 적당하면 '화련진금(火煉眞金)', 丁화가 지나치면 '화열금용(火烈金熔)'이 된다.

*원국 천간에 丁화, 庚금, 戊토가 나란히 있을 때에만, '화련진금(火鍊眞金)'이라고 인정해주는 학자도 있다.

*煉(련): 제련, 정련, 굽다.

*鍊(련): 단련, 훈련, 정련.

○ 화소주옥(火燒珠玉)

辛금이 丁화를 만나 보석을 불태워 훼손하는 물상이다.

*세상 물정을 모르거나, 남에게 잘 속는 경우가 많으니 대인관계에서 어려움이 많다.

*燒(소): 사르다, 불태우다, 燃燒(연소), 타다.

*‘도세주옥(淘洗珠玉)’과는 반대. 참고할 것.

○ 화소초원(火燒草原)
乙목이 丁화를 만나면, 불타는 초원의 부정적
인 모습이다.
*식신이지만 표현력이 약하고 재능을 인정받지
못하는 불우함이 있다.
*丁화가 기신 역할을 하기 때문이다.
*주변이 걸리적거리거나, 자신의 재능을 잘 드
러내지 못한다.
*燒(소): 사르다, 불태우다, 燃燒(연소), 타다.

○ 화수미제(火水未濟)
주역 64괘 中에서 마지막 64번째 괘.
*물과 불 기운이 서로 조화를 이루지 못하여
무엇 하나 이루어지는 것이 없는, 미정(未定)의
상태로 흔히 ‘Big-bang 이전의 단계’라고 설명
하기도 한다.
*주역 64괘 중에서 가장 凶卦로 꼽힌다.
*Big-bang: 태초의 우주 생성時 대폭발.
*濟(제): 건너다, 가지런히 하다, 정제, 구제.
*‘수화기제(水火旣濟)’ 참고.

○ 화열금용(火烈金熔)
庚금이 丁화를 만나면 庚금을 제련해줘서 좋은
관계이지만, 왕성한 丁화가 기신이 되면 庚금
을 녹여버리니 좋을 수가 없다.
*丁화가 적당하면 ‘화련진금(火煉眞金)’, 丁화
가 지나치면 ‘화열금용(火烈金熔)’이 된다.
*熔(용): 녹이다. =鎔(용).

○ 화염토조(火炎土燥)
원국이 火, 土로만 구성되어 가뭄에 갈라진 메
마른 논밭처럼 되어버린 형상이다.
*메마른 땅에서는 水가 없어 생명이 자랄 수
없으므로 ‘화염토조(火炎土燥)’ 또는 ‘화다토초
(火多土焦)’의 팔자는 남환여과(男鰥女寡. 남자
홀아비와 여자 과부)의 위험성이 많다고 본다.

*목사, 승려, 신부, 수녀, 도인 등 종교계통 종
사자가 많다.
*燥(조): 마르다, 건조, 말리다.
*‘화다토초(火多土焦)’ 참고.

○ 화토동법(火土同法)
火와 土를 같은 범주에 넣고 적용하는 방식.
*丙화와 戊土, 丁화와 己土를 같이 보는 ‘연해
자평’式의 오행(12운성 적용)구분 방식.

○ 화토상관(火土傷官)
丙丁 火일간이 [戊/己, 辰/戌/丑/未]토를 월지
에서 만나거나, 사주원국에서 많이 만나는 경
우를 말한다.
*물상론으로 본다면 넓은 논밭에 태양이 많이
비추고 있는 형국이다.
*丙화 일간이 丁화 일간보다 안정적이다.

○ 화조물병(火燥物病).
모든 사물과 생명체는 불(火)기운으로 건조해지
면 수분이 사라져 죽게 된다.

○ 회광(晦光)
1. 화생토(火生土)가 일어나서, 火의 기운이 土
로 흡수되는 상황을 말한다.
2. 일반적으로 빛이 흐려지거나, 약해질 때를
‘회광’이라고도 한다.
*강한 火기운은 土로 흡수되는 것이 좋다.
*晦(회): 그믐, 어둠, 밤, 캄캄하다.

○ 회재불우(懷才不遇)
고전명리에서 자주 나오는 고사성어로, 뛰어난
인재가 환경을 잘못 만난 탓에 재주를 펼 기회
가 없다는 뜻.
*‘낭중지추(囊中之錐)’와 반대.

○ 횡당유영(橫塘柳影)
甲목이 壬수를 만나면 연못위로 수양버들 그림

자가 가로지르는 아름다운 형국이 된다.
*壬수 편인(偏印)으로 [사교성/인기]가 좋다.
*丙화가 더해지면 최상격의 명식이다.
*軍 관련 [적성/직업/재능]도 좋다.
*橫(횡): 가로, 동서, 옆으로 눕다.
*塘(당): 연못, 둑, 제방, 저수지.
*影(영): 그림자, 사람 모양, 초상.

○ 효신(梟神)
'편인'을 지칭하는 또 다른 부정적 의미의 별칭
이다.
*吉星(길성)인 식신을 극할 때에는 '도식(倒食)'
또는 '효신(梟神)'이라는 이름의 凶神(흉신)으로
취급하지만, 吉星으로 쓰일 때는 '印星(인성.
혹은 印綬인수)'이라고 부른다.
*이름이 '효신'인 것은 부엉이가 자신의 자식
(혹은 부모)을 잡아먹는다고 잘못 알려진 유래
에서 비롯된 것이다.
*梟(효): 올빼미. '不孝'를 상징하는 대표적인
새로 잘못 알려졌음.
*'도식(倒食)' 참고.

○ 효신탈식(梟神奪食)
효신(梟神. 편인)이 식신(食神)을 탈취해 갔다
는 말인데, 식신의 긍정적 기능을 발휘하지 못
하게 만들었다는 부정적 뜻이다.
*'식신봉효(食神逢梟)' 참고.

○ 흑운차일(黑雲遮日)
丙화가 癸수를 만나면 검은 구름으로 가려진
태양이 되어버린 형국이다.
*직장생활이 힘들거나, 자기 역할을 제대로 못
하거나, 조직內 [평가/대우]도 시원찮은 경우가
자주 생긴다.
*午월에 출생한 丙화는 아주 강하니, 그때는
癸수가 두렵지 않다.
*遮(차): 막다, 가리다, 덮다, 차일.

○ 흔목위재(欣木爲財)
庚금으로 단련된 甲목은 좋은 재목감이 된다는
뜻으로, 甲목이 庚금(편관)을 만나면 도끼(庚
금)로 다듬어진 장작(甲목)의 물상이 된다.
*윗사람을 한결같이 모시는 지조가 있다고 알
려져 있다.
*좋은 편관(庚금)의 기운이다.
*欣(흔): 기뻐하다, 흔쾌(欣快), 기쁨.